ISTITUZIONI DI DIRITTO INTERNAZIONALE

STEFANIA BARIATTI - SERGIO M. CARBONE - MASSIMO CONDINANZI
LUIGI FUMAGALLI - GABRIELLA GASPARRO - PAOLA IVALDI
RICCARDO LUZZATTO - FRANCESCO MUNARI - BRUNO NASCIMBENE
ILARIA QUEIROLO - ALBERTO SANTA MARIA

ISTITUZIONI DI DIRITTO INTERNAZIONALE

a cura di
Sergio M. Carbone, Riccardo Luzzatto, Alberto Santa Maria

Terza edizione

G. GIAPPICHELLI EDITORE – TORINO

© Copyright 2006 - G. GIAPPICHELLI EDITORE - TORINO
VIA PO, 21 - TEL. 011-81.53.111 - FAX: 011-81.25.100
http://www.giappichelli.it

ISBN 88-348-6530-8

Composizione: C.D.R. - Sistemi di stampa di Maria Angela Roviera - Torino

Stampa: Stampatre s.r.l. - Torino

Fotocopie per uso personale del lettore possono essere effettuate nei limiti del 15% di ciascun volume/fascicolo di periodico dietro pagamento alla SIAE del compenso previsto dall'art. 68, comma 4 della legge 22 aprile 1941, n. 633 ovvero dall'accordo stipulato tra SIAE, AIE, SNS e CNA, CONFARTIGIANATO, CASA, CLAAI, CONFCOMMERCIO, CONFESERCENTI il 18 dicembre 2000.

Le riproduzioni ad uso differente da quello personale potranno avvenire, per un numero di pagine non superiore al 15% del presente volume, solo a seguito di specifica autorizzazione rilasciata da AIDRO, via delle Erbe, n. 2, 20121 Milano, telefax 02-80.95.06, e-mail: aidro@iol.it

INDICE

pag.

Premessa alla III edizione — XXI
Premessa alla II edizione — XXII
Premessa alla I edizione — XXIII

Principali abbreviazioni — XXV

PARTE I

CAPITOLO I
I SOGGETTI E GLI ATTORI NELLA COMUNITÀ INTERNAZIONALE
di SERGIO M. CARBONE

1.1. La personalità giuridica degli Stati nel diritto internazionale	3
1.2. La struttura paritaria della Comunità internazionale	5
2.1. La sovranità esterna o "indipendenza giuridica"	6
2.2. Dipendenza politica e indipendenza giuridica	7
2.3. Il caso del Ciskei	8
2.4. Negazione della personalità giuridica degli Stati membri di Stati federali	8
3.1. La sovranità (interna): la triade popolo-governo-territorio	10
3.2. Gli ulteriori potenziali requisiti: il rispetto dei diritti dell'uomo e del principio di autodeterminazione	11
3.3. Prassi recente in tema di autodeterminazione dei popoli	13
4.1. Il riconoscimento: suo valore meramente dichiarativo	14
4.2. Posizione dello Stato non riconosciuto nella Comunità internazionale	15
4.3. Gli effetti del riconoscimento nelle relazioni internazionali	16
4.4. La posizione degli organi dello Stato	18
5.1. La personalità degli enti diversi dagli Stati: gli Insorti ed i Movimenti di Liberazione Nazionale	18
5.2. Il caso della Palestina	19
5.3. In particolare, i diritti attribuiti agli Insorti: alcuni esempi	20
5.4. (segue): lo speciale e limitato *status* dei Movimenti di liberazione nazionale	21

		pag.
6.1.	Il Sovrano Ordine Militare di Malta	21
6.2.	La Santa Sede	23
7.1.	Le organizzazioni internazionali intergovernative	24
7.2.	Caratteri della personalità giuridica delle organizzazioni internazionali	25
7.3.	Il valore delle disposizioni contenute negli statuti o negli accordi di sede	26
7.4.	La personalità giuridica di diritto interno delle organizzazioni internazionali	27
8.1.	La personalità giuridica degli individui: nel diritto internazionale classico	28
8.2.	(segue): e nelle più recenti tendenze	30
8.3.	I *crimina juris gentium*	31
8.4.	La tutela internazionale dei diritti degli individui	32
8.5.	La personalità giuridica limitata dell'individuo	32
9.1.	Le tendenze evolutive della struttura interstatale della Comunità internazionale	33
9.2.	Evoluzione dei sistemi di cooperazione tra Stati e presenza di nuovi "attori" in ambito internazionale	35
9.3.	Il ruolo delle imprese multinazionali	37
9.4.	Diritto internazionale e globalizzazione	38
Bibliografia essenziale		39

Capitolo II
IL DIRITTO INTERNAZIONALE GENERALE E LE SUE FONTI
di Riccardo Luzzatto

1.1.	Il diritto internazionale nel quadro della società universale del genere umano	43
1.2.	Diritto internazionale generale e diritto internazionale particolare	44
2.1.	Caratteri essenziali del diritto internazionale generale	45
3.1.	La consuetudine internazionale ed i suoi vari elementi ed aspetti	46
3.2.	L'accertamento giudiziale delle norme consuetudinarie	47
3.3.	Elemento oggettivo ed elemento soggettivo della consuetudine nella pratica giurisprudenziale	50
3.4.	I fatti rilevanti al fine della formazione delle norme consuetudinarie: la prassi diplomatica e gli altri atti e comportamenti degli Stati	53
3.5.	(segue): la giurisprudenza internazionale	54
3.6.	(segue): i trattati internazionali	55
3.7.	Il significato attuale del fenomeno consuetudinario	56
3.8.	Le contestazioni delle norme consuetudinarie ed il loro rilievo	57
4.1.	La codificazione delle norme consuetudinarie	59
4.2.	L'opera delle Nazioni Unite per la codificazione	60
4.3.	Il significato e la portata degli accordi di codificazione	61
5.1.	Le Dichiarazioni di principi dell'Assemblea generale delle Nazioni Unite	62
6.1.	Le moderne trasformazioni nel processo di formazione delle norme consuetudinarie	64

	pag.
7.1. Le consuetudini regionali e locali	65
8.1. I principi generali di diritto	65
8.2. I principi generali dell'ordinamento internazionale	66
8.3. I principi generali degli ordinamenti giuridici interni e il loro rilievo a livello internazionale	68
8.4. (segue): la funzione integrativa dei principi generali di diritto interno	69
8.5. Determinazione dei principi generali e loro condizioni di utilizzabilità	70
8.6. Ipotesi di utilizzazione dei principi generali	71
9.1. Significato e contenuto del diritto internazionale generale	72
10.1. Lo *jus cogens* internazionale	73
11.1. Le obbligazioni *erga omnes*	75
12.1. Altre fonti di norme internazionali	76
13.1. Le fonti previste da trattati	77
14.1. La c.d. "*soft law*" in diritto internazionale	78
Bibliografia essenziale	80

Capitolo III
L'ACCORDO NEL SISTEMA DELLE FONTI E IL DIRITTO DEI TRATTATI
di Stefania Bariatti

1.1. L'accordo nel sistema delle fonti del diritto internazionale	83
1.2. La libertà degli Stati nel determinare il contenuto dei trattati e i suoi limiti	84
2.1. Gli effetti delle norme pattizie	85
2.2. I rapporti tra norme generali e norme pattizie	85
3.1. La Convenzione di Vienna sul diritto dei trattati: codificazione o sviluppo progressivo?	86
3.2. L'ambito di applicazione della Convenzione di Vienna	87
4.1. La procedura di formazione del trattato: i pieni poteri	88
4.2. Il negoziato, l'adozione e l'autenticazione del testo	89
4.3. La manifestazione del consenso	90
4.4. L'entrata in vigore del trattato	91
4.5. Gli accordi in forma semplificata	92
5.1. La competenza a stipulare nell'ordinamento italiano: i trattati in forma solenne ...	92
5.2. ... e gli accordi in forma semplificata	93
5.3. I poteri delle Regioni in relazione alla stipulazione di trattati	94
5.4. Le conseguenze del mancato rispetto delle norme interne sulla competenza a stipulare nell'ordinamento internazionale e nell'ordinamento italiano	95
6.1. L'interpretazione dei trattati. Il valore delle regole codificate nella Convenzione di Vienna	96
6.2. La regola generale di interpretazione e il contesto del trattato	97

pag.

6.3. Gli strumenti primari di interpretazione	98
6.4. Gli strumenti complementari di interpretazione	100
6.5. L'interpretazione dei trattati in più lingue	101
6.6. Il valore delle norme sull'interpretazione; l'interpretazione dei trattati istitutivi di organizzazioni internazionali	102
7.1. Le riserve ai trattati: la Convenzione di Vienna	103
7.2. La prassi successiva	105
8.1. Le cause di invalidità dei trattati	107
8.2. La violazione da parte del rappresentante dello Stato dei limiti stabiliti nei pieni poteri circa la manifestazione del consenso	108
8.3. L'errore	109
8.4. Il dolo e la corruzione	110
8.5. La violenza sullo Stato e sul rappresentante	110
8.6. Il contrasto con norme di *jus cogens*	111
9.1. Le cause di estinzione e di sospensione dei trattati	111
9.2. L'estinzione e la sospensione per effetto della volontà degli Stati; la denuncia e il recesso	112
9.3. L'estinzione o sospensione dei trattati come conseguenza della violazione da parte di uno o più Stati partecipanti	114
9.4. L'estinzione del trattato per impossibilità sopravvenuta	116
9.5. L'estinzione del trattato per il mutamento fondamentale delle circostanze	117
9.6. La sopravvenienza di una nuova norma di *jus cogens*	118
9.7. La procedura per far valere una causa di invalidità, estinzione o sospensione di un trattato	118
10.1. La successione degli Stati nei trattati: le vicende della sovranità territoriale	119
10.2. La prassi internazionale: le regole e le eccezioni	120
Bibliografia essenziale	121

Capitolo IV
L'ADATTAMENTO DEL DIRITTO INTERNO AL DIRITTO INTERNAZIONALE
di Paola Ivaldi

1.1. Monismo e dualismo nei rapporti tra diritto internazionale e diritto interno	126
1.2. L'orientamento dualista seguito dalla giurisprudenza italiana	126
2.1. Il tradizionale principio della "indifferenza" del diritto interno rispetto al diritto internazionale che non abbia costituito oggetto di idonee procedure di adattamento	127
2.2. Il (parziale) superamento del principio in esame alla luce di quanto oggi previsto dall'art. 117, primo comma, Cost.	129

pag.

3.1. Il principio relativo alla (tendenziale) correlazione tra vigore nei rapporti tra Stati e applicabilità in ambito interno della norma di origine internazionale ... 132
3.2. (segue): l'eccezione all'operatività del principio in esame in caso di norme internazionali che abbiano costituito oggetto di adattamento in via ordinaria ... 132
4.1. Il rispetto, da parte dello Stato, dei vincoli che gli fanno carico in virtù del diritto internazionale: obblighi di mezzi o di risultato? ... 133
4.2. L'obbligo, a carico degli Stati, di garantire interpretazione ed applicazione "uniformi" alle norme di origine internazionale ... 134
5.1. Procedimento ordinario e procedimento speciale di adattamento del diritto italiano al diritto internazionale ... 135
5.2. Conseguenze negative del ricorso al procedimento ordinario e casi nei quali esso si rende (tuttavia) necessario ... 136
6.1. L'adattamento "automatico" alle norme consuetudinarie previsto dall'art. 10, primo comma, Cost. ... 137
6.2. Esclusione dell'operatività dell'art. 10, primo comma, Cost., alla stregua di norma *di* adattamento applicabile anche con riguardo ai trattati internazionali ... 138
7.1. L'adattamento ai trattati internazionali tramite ordine di esecuzione ... 139
7.2. Caratteristiche ed effetti del rinvio ai trattati internazionali formulato nell'ordine di esecuzione ad essi relativo ... 140
8.1. Il ruolo degli enti sub-statali nella fase di attuazione ed esecuzione degli accordi internazionali: la disciplina costituzionale in materia ... 141
8.2. La partecipazione regionale alla "fase discendente" del diritto internazionale nella normativa di attuazione del quinto comma dell'art. 117 Cost. ... 142
9.1. L'attuazione delle fonti c.d. di terzo grado (diverse da quelle della Comunità e dell'Unione europea) nella prassi seguita nell'ordinamento italiano ... 144
9.2. (segue): le posizioni della dottrina al riguardo ... 145
10.1. Il rango delle norme risultanti dall'adattamento del diritto italiano al diritto internazionale ... 145
11.1. Rapporti tra norme risultanti dall'adattamento al diritto consuetudinario e norme, incompatibili con le prime, autonomamente adottate dal legislatore nazionale ... 147
12.1. La "specialità" delle norme risultanti dall'adattamento ai trattati internazionali ... 148
12.2. L'interesse dello Stato al rispetto degli obblighi internazionali e la tesi della conseguente "resistenza all'abrogazione" propria delle norme risultanti dall'adattamento ai trattati ... 149
13.1. La particolare "resistenza all'abrogazione" delle norme interne di adattamento alla Convenzione europea per la salvaguardia dei diritti dell'uomo e delle libertà fondamentali ... 150

	pag.
13.2. (segue): il ricorso alla Convenzione europea in funzione integrativa e la sua "parametricità" nel giudizio costituzionale	151
14.1. Il sindacato di costituzionalità sulle norme risultanti dall'adattamento al diritto internazionale ed i parametri di giudizio impiegati dalla Corte	153
14.2. La verifica in ordine alla compatibilità di norme di origine interna con norme di esecuzione di convenzioni internazionali	154
15.1. Ancora sul vincolo, per il legislatore italiano, al rispetto degli "obblighi internazionali", a norma dell'art. 117, primo comma, Cost.	156
Bibliografia essenziale	157

CAPITOLO V

COMUNITÀ EUROPEE, UNIONE EUROPEA
E ADATTAMENTO

di MASSIMO CONDINANZI

1.1. Le ragioni dell'integrazione comunitaria	159
1.2. Le Comunità europee. Cenni introduttivi	160
1.3. Le Comunità e l'Unione europea	161
1.4. L'allargamento e il futuro dell'Unione europea	163
2.1. La nozione di "ordinamento comunitario" e la specificità dei meccanismi di adattamento	165
3.1. L'adattamento al diritto primario	168
4.1. L'adattamento agli accordi stipulati dalla Comunità e dall'Unione	169
4.2. Gli accordi della Comunità	169
4.3. Gli accordi dell'Unione	170
5.1. L'adattamento al diritto comunitario derivato	171
5.2. I regolamenti	171
5.3. Le direttive	173
5.4. L'efficacia diretta delle direttive	174
5.5. Gli effetti delle direttive nelle more dell'attuazione	178
6.1. Le decisioni	179
7.1. La riforma della legge "La Pergola" e il ruolo delle Regioni	179
8.1. L'adattamento agli atti dell'Unione	183
8.2. Gli atti della Politica estera e di sicurezza comune	183
8.3. Gli atti della Cooperazione di polizia e giudiziaria in materia penale	184
9.1. Il rapporto tra diritto comunitario e diritto interno (norme costituzionali e leggi ordinarie)	188
9.2. Il rapporto con le norme della Costituzione	188
9.3. Il rapporto con la legge ordinaria	189
9.4. La "non applicazione" della norma interna contrastante	191
9.5. Il controllo costituzionale dell'adattamento al diritto comunitario e dell'Unione	193

	pag.
9.6. I "controlimiti" alla prevalenza del diritto comunitario	195
Bibliografia essenziale	199

Capitolo VI
SOVRANITÀ TERRITORIALE, "JURISDICTION" E REGOLE DI IMMUNITÀ
di Riccardo Luzzatto e Ilaria Queirolo

1.1. La garanzia dell'esclusività del potere di governo dello Stato ad opera del diritto internazionale generale	203
1.2. La portata specifica della protezione internazionale del potere di governo dello Stato e dei correlativi obblighi	206
2.1. L'immunità dalla giurisdizione degli Stati e dei loro organi: classificazione	209
2.2. Immunità statale in senso stretto: immunità dalla giurisdizione di cognizione	209
2.3. Dall'immunità assoluta all'immunità ristretta: la distinzione tra atti *jure imperii* e atti *jure privatorum*	210
2.4. Il metodo della lista	214
2.5. Immunità statale e rapporti di lavoro subordinato	216
2.6. L'immunità dalla giurisdizione esecutiva	218
3.1. L'immunità funzionale	220
3.2. I limiti (oggettivi) alla regola dell'immunità funzionale	224
3.3. La dottrina dell'*Act of State*	229
4.1. L'immunità personale	230
4.2. L'inviolabilità personale	233
5.1. L'immunità dei soggetti diversi dagli Stati: Ordine di Malta e Santa Sede	234
5.2. (segue): le organizzazioni internazionali	236
5.3. L'immunità dei funzionari delle organizzazioni	237
6.1. Immunità giurisdizionale e diritto d'azione: la teoria della soddisfazione per equivalenti	238
Bibliografia essenziale	240

Capitolo VII
RISOLUZIONE PACIFICA E PREVENZIONE DELLE CONTROVERSIE INTERNAZIONALI
di Francesco Munari

1.1. Definizione delle controversie internazionali, loro natura e obbligo degli Stati di risolverle pacificamente	243
1.2. Sviluppi nel sistema di risoluzione delle controversie: erosione del volontarismo e nascita di fori specializzati	245

pag.

1.3.	Globalizzazione, applicazione extraterritoriale del diritto interno e conseguenti tensioni nei rapporti internazionali	246
1.4.	L'uso della forza per risolvere controversie inerenti a profili di sicurezza nazionale	247
2.1.	I c.d. mezzi diplomatici di risoluzione delle controversie: il negoziato	248
2.2.	Il rapporto tra il negoziato e gli altri mezzi di risoluzione pacifica delle controversie	248
2.3.	L'obbligo di negoziare prima di agire in autotutela e l'obbligo di negoziare in buona fede	249
2.4.	Negoziato e prevenzione delle controversie internazionali: i c.d. vertici	250
2.5.	Prevenzione e risoluzione delle controversie all'interno delle organizzazioni internazionali regionali	251
3.1.	Gli altri mezzi diplomatici: buoni uffici, mediazione, conciliazione e commissioni di inchiesta	252
3.2.	I mezzi diplomatici per la risoluzione delle controversie previsti nel sistema delle N.U.	253
4.1.	L'arbitrato: natura e caratteristiche	254
4.2.	La Corte permanente di arbitrato	255
4.3.	"Fortuna" dell'arbitrato e suoi vantaggi	255
4.4.	(segue): la possibilità di impiegare l'arbitrato in controversie coinvolgenti anche "attori" diversi dagli Stati. Le principali esperienze invalse nella prassi	256
5.1.	La Corte internazionale di giustizia: struttura e funzionamento	258
5.2.	Funzioni della Corte internazionale di giustizia: la competenza consultiva	258
5.3.	(segue): la funzione giurisdizionale. Le parti in giudizio e la loro legittimazione	259
5.4.	Accettazione della giurisdizione della Corte internazionale di giustizia ad opera degli Stati: trattati, clausola compromissoria, clausole opzionali e altre fattispecie. Momento determinante l'insorgere della competenza della Corte	261
5.5.	Assenza di un obbligo degli Stati di sottoporsi al giudizio della Corte internazionale di giustizia. Irrilevanza della competenza della Corte ai fini della responsabilità degli Stati	264
5.6.	L'intervento di Stati terzi	265
5.7.	Il giudizio dinanzi alla Corte	266
5.8	La competenza cautelare della Corte	267
5.9.	Efficacia e ruolo prospettico della Corte internazionale di giustizia nel sistema di risoluzione delle controversie tra Stati	268
6.1.	I Tribunali internazionali specializzati	269
6.2.	La risoluzione delle controversie all'interno dell'OMC	270
6.3.	Controversie OMC e interessi "sostanziali" in gioco: la partecipazione al giudizio di soggetti non statali	271
Bibliografia essenziale		273

pag.

Capitolo VIII
ILLECITO E RESPONSABILITÀ
di Luigi Fumagalli

1.1.	L'illecito quale presupposto della responsabilità	275
1.2.	Norme primarie e norme secondarie	276
1.3.	Il contenuto della responsabilità	276
1.4.	La fonte della disciplina della responsabilità	277
1.5.	La responsabilità di soggetti diversi dagli Stati	278
2.1.	Gli elementi costitutivi dell'atto internazionalmente illecito	279
2.2.	Irrilevanza del diritto interno nella qualificazione dell'illecito	279
3.1.	L'elemento "soggettivo" dell'illecito: il principio generale di attribuibilità di un atto allo Stato	281
3.2.	Il comportamento dei privati	283
3.3.	La complicità nell'illecito internazionale	286
4.1.	L'elemento "oggettivo" dell'illecito: caratteri del comportamento dello Stato	286
4.2.	Irrilevanza dell'origine dell'obbligo internazionale violato	287
4.3.	Il carattere della norma violata	288
4.4.	Il momento di commissione dell'illecito	289
5.1.	La colpa nell'illecito internazionale	289
5.2.	Il danno nell'illecito internazionale	290
6.1.	Le circostanze di esclusione dell'illiceità	291
6.2.	Il consenso dello Stato leso	292
6.3.	La legittima difesa	293
6.4.	Le contromisure	294
6.5.	La forza maggiore	294
6.6.	L'estremo pericolo	295
6.7.	Lo stato di necessità	296
7.1.	Le conseguenze dell'illecito	297
7.2.	L'obbligo di cessare il comportamento illecito	297
7.3.	L'obbligo di riparazione	298
7.4.	Le conseguenze della violazione di una norma imperativa di diritto internazionale generale	301
8.1.	La legittimazione ad invocare la responsabilità dello Stato	302
8.2.	La responsabilità nei confronti del privato	303
9.1.	La reazione all'illecito: le contromisure	304
10.1.	I regimi speciali di responsabilità internazionale	305
10.2.	Il sistema comunitario come esempio di regime speciale di responsabilità internazionale	307
11.1.	Il problema della responsabilità senza illecito	307
Bibliografia essenziale		308

Capitolo IX
L'USO DELLA FORZA E IL SISTEMA DI SICUREZZA COLLETTIVA DELLE NAZIONI UNITE
di Massimo Condinanzi

1.1.	L'uso della forza nelle relazioni internazionali. *Ius ad bellum* e *ius in bello*	311
2.1.	L'affermazione del divieto di ricorrere alla forza nei rapporti tra gli Stati nel diritto pattizio e nel diritto consuetudinario	312
3.1.	La nozione di forza vietata	315
3.2.	La forza internazionale e la forza interna	316
4.1.	Il divieto di minaccia dell'uso della forza	317
5.1.	Le eccezioni al divieto. La legittima difesa	318
5.2.	La nozione di «attacco armato»	319
5.3.	I requisiti di necessità e proporzionalità	323
5.4.	Il requisito temporale	325
5.5.	La legittima difesa preventiva	326
5.6.	La legittima difesa collettiva	327
5.7.	Lo stato di necessità	328
5.8.	Caso fortuito, forza maggiore, estremo pericolo (*distress*)	329
5.9.	Consenso dell'avente diritto	330
5.10.	Le misure contro "Stati nemici"	331
5.11.	L'intervento umanitario	332
5.12.	L'intervento a protezione dei cittadini all'estero	338
6.1.	Il sistema di sicurezza collettiva delle Nazioni Unite e il Consiglio di Sicurezza	339
6.2.	Il ruolo dell'Assemblea Generale e degli altri organi delle Nazioni Unite	342
7.1.	Gli atti del Consiglio di Sicurezza nell'ambito del Capitolo VII della Carta	345
8.1.	L'accertamento della minaccia alla pace, della violazione della pace e dell'atto di aggressione	346
9.1.	Le misure provvisorie	348
10.1.	Le misure non implicanti l'uso della forza	350
10.2.	I Tribunali penali internazionali	352
11.1.	Le misure implicanti l'uso della forza	353
11.2.	Il ricorso alla forza "autorizzata"	354
11.3.	L'inammissibilità di un'autorizzazione implicita	357
12.1	Le misure di *peace-keeping*	360
Bibliografia essenziale		363

PARTE II

CAPITOLO X
L'INDIVIDUO E LA TUTELA INTERNAZIONALE DEI DIRITTI UMANI
di Bruno Nascimbene

Sezione prima
La condizione giuridica dell'individuo e la tutela dei suoi diritti

1.1.	Personalità internazionale dell'individuo: tradizione ed evoluzione	369
1.2.	Metodo d'indagine	371
2.1.	La protezione dell'individuo: "diritto umanitario" e "diritti dell'uomo"	371
2.2.	La nozione di diritto internazionale umanitario	372
2.3.	La nozione di diritti dell'uomo	374
3.1.	L'ambito di applicazione delle norme in materia	376
3.2.	Ambito temporale e soggettivo	376
3.3.	Il riconoscimento di diritti allo straniero	377
3.4.	La protezione diplomatica	377
3.5.	Il riconoscimento di diritti civili, politici, economici e sociali	379
3.6.	I diritti *erga omnes*	382
4.1.	Le strutture e i meccanismi di controllo per garantire l'effettività dei diritti umani	383
4.2.	L'attività delle Nazioni Unite: a) la Dichiarazione universale dei diritti dell'uomo; b) i Patti internazionali; c) altri atti	384
4.3.	Le convenzioni di carattere regionale: in particolare la Convenzione europea per la salvaguardia dei diritti dell'uomo	388
4.4.	Altre convenzioni ed atti: a) la Convenzione americana; b) la Carta africana; c) la Carta araba	392
5.1.	La tutela dei diritti dell'uomo nell'Unione e nella Comunità europea	393

Sezione seconda
I tribunali penali internazionali e il controllo giurisdizionale

6.1.	Il ricorso ad organi giurisdizionali internazionali. Le ragioni della loro istituzione	398
6.2.	I tribunali penali internazionali	399
6.3.	In particolare, la Corte penale internazionale	401
6.4.	Il ricorso ad organi giurisdizionali nazionali	403
7.1.	Diritti dell'uomo, giustiziabilità e sovranità dello Stato: considerazioni finali	405
Bibliografia essenziale		407

pag.

Capitolo XI
IL DIRITTO DEL MARE
di Gabriella Gasparro e Paola Ivaldi

1.1. L'evoluzione storica del diritto internazionale del mare: dal principio della libertà dei mari alle Convenzioni di Ginevra del 1958 — 410
1.2. La terza Conferenza delle Nazioni Unite sul diritto del mare e la Convenzione di Montego Bay del 1982 — 411
1.3. (segue): il valore delle norme codificate dalla Convenzione di Montego Bay e le successive evoluzioni del diritto internazionale del mare — 412
2.1. La delimitazione delle zone marittime nella prassi e nella disciplina prevista dalla Convenzione di Montego Bay: il sistema delle linee di base — 413
2.2. (segue): la (discussa) esperienza italiana in tema di delimitazione delle linee di base — 414
3.1. Il regime del mare territoriale, tra regole consolidate dalla prassi e questioni ancora "aperte" — 415
3.2. Il diritto di passaggio «inoffensivo» delle navi straniere nelle acque territoriali — 416
3.3. Fatti "interni" ed "esterni" ai fini dell'esercizio, da parte dello Stato costiero, della giurisdizione penale su fatti avvenuti a bordo di navi straniere — 417
3.4. Il regime giuridico delle acque arcipelagiche previsto dalla Convenzione di Montego Bay — 419
4.1. La disciplina della zona contigua tra prassi interna e regimi convenzionali — 419
4.2. Natura e contenuto dei poteri riconosciuti allo Stato costiero nell'ambito della zona contigua — 420
4.3 L'Italia e l'istituzione della zona contigua — 420
5.1. La zona archeologica nella disciplina prevista dalla Convenzione di Montego Bay e la sua correlazione con il regime delineato a proposito della zona contigua — 421
5.2. Il ritrovamento di beni di interesse storico o archeologico oltre il limite del mare territoriale: la prassi italiana, l'art. 94 del d.lgs. 21 gennaio 2004, n. 42 istitutivo del Codice dei beni culturali e la legge 8 febbraio 2006, n. 61, che istituisce zone di protezione ecologica — 422
6.1. I poteri esclusivi di sfruttamento delle risorse presenti nel fondo e nel sottosuolo delle acque marine: il regime della piattaforma continentale — 424
6.2. La disciplina della piattaforma continentale alla luce dei principi più significativi elaborati al riguardo dalla Corte internazionale di giustizia — 425
6.3. (segue): il contributo della giurisprudenza italiana alla precisazione del regime applicabile alla piattaforma continentale — 427
7.1. I "diritti sovrani" riconosciuti allo Stato costiero nell'ambito della zona economica esclusiva — 428
7.2. (segue): i poteri riconosciuti in favore degli Stati diversi da quello costiero nell'ambito della zona economica esclusiva — 429

		pag.

7.3 La prassi degli Stati costieri del mar Mediterraneo in materia di zona economica esclusiva e la legge 8 febbraio 2006, n. 61 istitutiva di zone di protezione ecologica oltre il mare territoriale   431
8.1. Il regime dell'alto mare tra libertà "tradizionali" ed esigenze vecchie e "nuove" di limitazione e controllo delle attività che si svolgono in tale ambito   432
8.2. I limiti ai poteri che gli Stati sono autorizzati ad esercitare sulle navi in alto mare   434
8.3. (segue): il diritto d'inseguimento continuo (c.d. *hot pursuit*)   436
9.1. Inquinamento marino e regole internazionali di responsabilità: il regime delineato dalla Convenzione di Montego Bay   436
9.2. Le regole di condotta previste dal diritto internazionale in materia di protezione e preservazione dell'ambiente marino   437
9.3. (segue): gli obblighi degli Stati in materia di riparazione dei danni, ad essi imputabili, causati all'ambiente marino   438
10.1. Dalla elaborazione della nozione di "patrimonio comune dell'umanità" all'istituzione di un organo deputato alla tutela dei "beni" riconducibili a tale nozione   439
11.1. Le tecniche di soluzione pacifica delle controversie relative all'interpretazione ed applicazione della Convenzione di Montego Bay e di altri accordi internazionali in materia di diritto del mare   440
11.2. (segue): in particolare, il ruolo del Tribunale internazionale del diritto del mare   441
Bibliografia essenziale   442

Capitolo XII
TUTELA INTERNAZIONALE DELL'AMBIENTE
di Francesco Munari

1.1. La dimensione internazionale della tutela ambientale   445
1.2. Evoluzione della materia: la protezione ambientale solo quale effetto mediato dell'applicazione dei principi sulla responsabilità degli Stati   447
1.3. Le tappe fondamentali dello sviluppo del diritto internazionale dell'ambiente: dalla Conferenza di Stoccolma del 1972 a quella di Rio de Janeiro del 1992   447
1.4. (segue): attuali criticità presenti nella materia; la mancanza di un "forum" globale per l'ambiente e l'emersione di altre priorità nell'Agenda internazionale   448
1.5. L'influenza delle discipline metagiuridiche nel diritto internazionale dell'ambiente   450

pag.

1.6. Tutela dell'ambiente, salvaguardia dei diritti umani e diritto allo sviluppo   451
2.1. Genesi delle norme e dei principi generali in materia di protezione ambientale: dalle origini ai casi della *Fonderia di Trail* e dello *Stretto di Corfù*   453
2.2. La norma consuetudinaria contenuta nel *Principio n. 21* della Dichiarazione di Stoccolma   455
2.3. Problemi applicativi del *Principio n. 21*: sua operatività nei confronti di attività "non transfrontaliere"   455
2.4. (segue): le conseguenze della violazione del *Principio n. 21* e il regime di responsabilità ad esso relativo   456
2.5. L'assenza di regole generali di responsabilità e l'affermarsi invece di standard comportamentali positivi in capo agli Stati   457
3.1. L'obbligo di cooperazione tra gli Stati per la tutela dell'ambiente transnazionale   458
3.2. L'obbligo di consultazione e informazione e la rilevanza della c.d. valutazione di impatto ambientale nella sfera internazionale   459
3.3. L'obbligo di negoziare l'esecuzione di attività lesive dell'ambiente e il principio di buona fede   460
3.4. Il c.d. approccio precauzionale   461
3.5. Il principio della responsabilità comune ma differenziata   462
3.6. Il c.d. sviluppo sostenibile   463
4.1. L'attuazione delle consuetudini in materia ambientale nel diritto internazionale pattizio   463
4.2. Trattati in materia ambientale e Stati terzi   464
4.3. Specificità dei contenuti delle norme dei Trattati sull'ambiente. Il rapporto tra accordi quadro e norme o protocolli di attuazione   465
4.4. Gli obblighi di cooperazione internazionale nei trattati in materia ambientale   468
5.1. Tutela dell'ambiente, inquinamento derivante da attività non statali individuali e regime della responsabilità civile   468
5.2. Incidenti ambientali transnazionali e norme internazionali ad essi applicabili   470
5.3 Il ruolo degli "attori non statali" nel diritto internazionale dell'ambiente   473
6.1. Le misure con efficacia extraterritoriale adottate dagli Stati per proteggere l'ambiente transnazionale e il regime di diritto internazionale ad esse relativo   474
6.2. (segue): le c.d. TREMs e la loro legittimità alla luce delle norme GATT-OMC   475
Bibliografia essenziale   477

Capitolo XIII
IL DIRITTO INTERNAZIONALE DELL'ECONOMIA
di Alberto Santa Maria

		pag.
1.1.	La cooperazione economica internazionale come strumento per garantire la pace	479
2.1.	Dal GATT 1947 alla WTO ed all'attuale disciplina internazionale del commercio mondiale	480
3.1.	L'adesione alla WTO da parte della Comunità europea	487
3.2.	L'attuazione della disciplina della WTO da parte degli Stati Uniti	489
4.1.	Il processo di globalizzazione dell'economia: il ruolo della WTO	490
5.1.	Il protocollo di accesso della Repubblica Popolare di Cina nella WTO	491
5.2.	(segue): le misure di salvaguardia nell'ambito della WTO	494
5.3.	Il processo di globalizzazione: l'ampliarsi della forbice fra paesi ad alto livello economico e paesi in via di sviluppo (PVS). Le difficoltà del *Doha Round*	497
6.1.	PVS e multinazionali. La nozione di "impresa multinazionale"	499
6.2.	Imprese multinazionali e diritto internazionale	499
6.3.	Elementi caratterizzanti il fenomeno in generale: i vantaggi non comparabili e le conseguenti distorsioni di base della concorrenza	507
6.4.	Comportamenti illegittimi delle imprese multinazionali come elementi estranei alla fattispecie e meramente eventuali	509
6.5.	La cooperazione internazionale per la soluzione dei problemi suscitati dall'operare delle imprese multinazionali	510
6.6.	(segue): i c.d. "codici di condotta"	512
7.1.	"*Dumping*" e "sovvenzioni" come strumento di distorsione del commercio internazionale	513
7.2.	La nuova disciplina internazionale del *dumping* e delle sovvenzioni e l'attuazione nella Comunità europea	514
7.3.	(segue): la natura giuridica del *dumping*: i requisiti	516
7.4.	*Dumping* e concorrenza nella Comunità europea	518
7.5.	L'attuazione della disciplina convenzionale sul *dumping* e sulle sovvenzioni negli Stati Uniti d'America	521
7.6.	L'attuazione delle regole del GATT/WTO sul *dumping* e sulle sovvenzioni nell'ordinamento cinese	523
Bibliografia essenziale		725

Bibliografia generale	527

PREMESSA ALLA III EDIZIONE

In presenza di un rapido quanto lusinghiero esaurimento della II^a edizione, il continuo sviluppo delle relazioni internazionali e la conseguente evoluzione della prassi, anche a carattere giurisprudenziale, ci hanno consigliato di predisporre una nuova edizione del manuale piuttosto che limitarci alla ristampa della precedente.

L'impostazione del lavoro resta invariata. Ed altrettanto invariato è il metodo espositivo che riporta, per ogni argomento, riferimenti normativi o "pezzi" di pratica giurisprudenziale al fine di fornire al lettore una puntuale verifica dell'effettività dei principi e delle nozioni esposte.

Particolare enfasi è stata assegnata alle più recenti evoluzioni dell'ordinamento internazionale, pur nella consapevolezza delle difficoltà che incontra il diritto internazionale ad offrire soluzioni adeguate che consentano di prevenire i focolai di guerra e gli atti di terrorismo che hanno caratterizzato questi ultimi anni. Tra le novità più salienti si segnalano, oltre alla sempre più evidente affermazione della presenza di attori non statali nell'elaborazione ed attuazione delle norme di diritto internazionale, gli importanti esiti normativi conseguiti attraverso la codificazione della disciplina del settore delle c.d. immunità. Inoltre, nell'ambito dei temi riguardanti l'adattamento del diritto interno al diritto internazionale, è stata particolarmente evidenziata la tormentata evoluzione della giurisprudenza nell'applicazione delle norme internazionali sulla tutela dei diritti dell'uomo. Proprio con riguardo a tali norme, si è, così, messo in luce il progressivo affermarsi ed il sempre più significativo ruolo delle sedi giurisdizionali internazionali a carattere penale dedicate a punirne le violazioni.

Il capitolo dedicato al diritto dell'Unione europea è stato mantenuto, pur nella consapevolezza che gli opportuni approfondimenti avverranno nell'ambito dei corsi specifici sulla materia. Si è ritenuto, infatti, che dalla conoscenza dei temi di fondo di questo diritto non si potesse prescindere in un manuale di diritto internazionale proprio perché il fenomeno comunitario, benché dotato di caratterizzazioni peculiari, è sorto e tuttora vive nell'ambito dell'ordinamento internazionale.

Genova-Milano, Settembre 2006

SERGIO M. CARBONE   RICCARDO LUZZATTO   ALBERTO SANTA MARIA

PREMESSA ALLA II EDIZIONE

La favorevole accoglienza da parte dei colleghi e degli studenti ha consigliato di anticipare, rispetto ai tempi programmati, la pubblicazione della seconda edizione.

Si è così provveduto ad indicare le principali trattazioni generali della materia e, nei singoli capitoli, alcuni essenziali riferimenti bibliografici per coloro che siano interessati ad approfondire specifici temi.

Si è, inoltre, provveduto a cambiare l'ordine di alcuni capitoli suddividendo più nettamente l'esposizione in una parte generale, nella quale sono trattati gli argomenti istituzionali, cui segue una parte speciale, nella quale sono trattati alcuni specifici argomenti che, secondo i particolari interessi e le esigenze didattiche, consentono di approfondire i più recenti sviluppi del diritto internazionale materiale in settori di grande attualità.

Il metodo impiegato è rimasto invariato. Si sono privilegiate, dunque, le citazioni di testi e materiali nonché i richiami alla prassi internazionale ed interna, a giustificazione e precisazione di quanto esposto nel testo.

Un sincero ringraziamento a tutti gli autori che hanno, con entusiasmo e dedizione, contribuito alla tempestiva pubblicazione di questa seconda edizione operando gli opportuni interventi. Un particolare ringraziamento a Bruno Nascimbene per il suo generoso coinvolgimento personale anche nella cura della presente edizione.

È auspicio dei curatori di questa nuova edizione che l'omogeneità della trattazione dei vari capitoli risulti più chiaramente percepibile, nonostante il rischio di frammentazione che ogni opera collettiva inevitabilmente comporta.

Genova-Milano, Settembre 2003

SERGIO M. CARBONE   RICCARDO LUZZATTO   ALBERTO SANTA MARIA

PREMESSA ALLA I EDIZIONE

Le grandi modificazioni che si sono susseguite nella realtà internazionale negli ultimi vent'anni del secolo scorso e all'alba del nuovo secolo hanno concorso a rendere insoddisfacenti diversi aspetti dell'impostazione dei manuali tradizionali del diritto internazionale.

Basti pensare alla crisi dello Stato, non più idoneo sotto diversi profili a rappresentare da sé solo la complessa realtà sociale stabilita nel suo ambito territoriale, al consolidarsi nelle varie aree geografiche di centri economici pluristatali con interessi spesso fortemente contrapposti e, ancora, al proliferare delle organizzazioni non governative ed alla loro sempre maggiore presenza nelle grandi assise internazionali unitamente ai soggetti tradizionali dell'ordinamento internazionale.

Di qui la necessità di un nuovo approccio all'intera tematica, non per ricavarne, sia chiaro, soluzioni rispetto alle quali il giurista (e non solo lui) appare tuttora impreparato – anche per gli aspetti contraddittori che la realtà attuale presenta – ma allo scopo di sottoporre ad attento scrutinio i nuovi fenomeni, partendo dal dato reale; con l'aspirazione che ciò possa portare in un prossimo futuro all'enunciazione di nuovi possibili criteri di riferimento.

Il volume qui presentato si colloca in questa prospettiva. Esso vuole soltanto essere un libro di "istituzioni", idoneo, quindi, ad "avviare" allo studio del diritto internazionale esponendone gli elementi di base. Accanto ai più classici argomenti istituzionali, alcune parti del lavoro sono dedicate a temi di grande attualità (la tutela internazionale dei diritti dell'individuo, il diritto dell'ambiente, il diritto internazionale dell'economia, l'adattamento al diritto comunitario e dell'Unione europea), da affrontare alternativamente in sede seminariale ed anche in successivi corsi specialistici della materia. In tutti i casi, proprio al fine di assicurare la massima aderenza possibile al dato giuridico positivo nella sua reale e concreta applicazione, si sono particolarmente privilegiati le citazioni di testi e materiali internazionali nonché i richiami alla prassi internazionale ed interna, in ogni loro tipica manifestazione. Per non appesantire eccessivamente la trattazione dei singoli capitoli, affidata ad autori diversi ed anche per garantirne l'omogeneità quanto meno sul piano formale, in questa prima edizione si è invece preferito omettere qualsiasi richiamo dottrinale, sia nel testo, sia all'inizio od alla fine di ciascun contributo.

La presenza di una pluralità di autori, resa necessaria dall'enorme incremento dei dati – normativi, giurisprudenziali, dottrinali – che devono essere tenuti presenti quando si voglia descrivere un fenomeno, come quello del diritto internazionale, che ha tanto dilatato i propri confini negli ultimi decenni, può creare il rischio, come in ogni lavoro collettivo, di un'eccessiva frammentarietà. Ci si augura che ciò abbia potuto essere evitato, pure in mancanza di un vero e proprio coordinatore, in virtù della visione largamente comune del fenomeno giuridico internazionale nella quale gli autori dei diversi contributi si riconoscono e che è alla base di questi. Una visione che, per la maggior parte degli autori, si riconduce ad esperienze scientifiche e didattiche svoltesi nell'ambito di corsi internazionalistici tenuti all'Università di Genova ed all'Università di Milano nell'arco degli ultimi venticinque anni, e per tutti, direttamente o indirettamente, all'insegnamento della scuola che fa capo a Piero Ziccardi: uno studioso capace di teorizzare, già molti decenni or sono, l'esistenza di un diritto comune internazionale, inteso non tanto come diritto di una società di Stati quanto piuttosto di una società universale della quale gli Stati sono soltanto una delle componenti essenziali. A Piero Ziccardi, pertanto, questo volume è dedicato.

Genova-Milano, settembre 2002

SERGIO M. CARBONE   RICCARDO LUZZATTO   ALBERTO SANTA MARIA

PRINCIPALI ABBREVIAZIONI

All ER	All England Reports
Am. Journ. Int. Law	American Journal of International Law
Ann. études int.	Annuaire d'études internationales
Ann. franç. dr. int.	Annuaire français de droit international
Ann. Institut dr. int.	Annuaire de l'Institut de droit international
British Practice Int. Law	British Practice in International Law
British Year Book Int. Law	British Year Book of International Law
Cah. dr. eur.	Cahiers de droit européen
C.E.D.H., Recueil	Recueil des arrêts et décisions de la Cour Européenne des Droits de l'Homme
CG	Corte di giustizia delle Comunità europee
CIG	Corte internazionale di giustizia
C.I.J., Recueil (v. *I.C.J., Reports*)	Recueil des arrêts, avis consultatifs et ordonnances de la Cour Internationale de Justice
Clunet (v. anche *Jour. dr. int.*)	Journal du droit international
Com. int.	La Comunità internazionale
Common Market Law Rev.	Common Market Law Review
Comunicazioni e Studi	Comunicazioni e Studi dell'Istituto di diritto internazionale dell'Università di Milano
CPGI	Corte permanente di giustizia internazionale
C.P.J.I., Recueil (v. *P.C.I.J., Collections*)	Recueil des arrêts, avis consultatifs et ordonnances de la Cour Pérmanente de Justice Internationale
Cornell Int. Law Journ.	Cornell International Law Journal
Digesto, Disc. pubbl.	Digesto IV ed., Discipline pubblicistiche, Torino
Dir. com. e scambi int.	Diritto comunitario e degli scambi internazionali
Dir. eccl.	Diritto ecclesiastico
Dir. int.	Diritto internazionale

Dir. mar.	Il Diritto marittimo
Dir. pubbl.	Diritto pubblico
Dir. pubbl. comp. e eur.	Diritto pubblico comparato ed europeo
Dir. Un. eur.	Il Diritto dell'Unione europea
Enc. dir.	Enciclopedia del diritto, Milano
Enc. giur.	Enciclopedia giuridica Treccani, Roma
Enc. Publ. Int. Law	Encyclopedia of Public International Law
Eur. Journ. Int. Law	European Journal of International Law
Eur. Law Rev.	European Law Review
Fordham Int. Law Journ.	Fordham International Law Journal
Foro it.	Il Foro italiano
German Yearbook Int. Law	German Yearbook of International Law
Giur. cost.	Giurisprudenza costituzionale
Giur. it.	Giurisprudenza italiana
Giust. civ.	Giustizia civile
Giust. pen.	Giustizia penale
G.U.	Gazzetta Ufficiale della Repubblica italiana
GUCE	Gazzetta Ufficiale delle Comunità europee
GUUE	Gazzetta Ufficiale dell'Unione europea
Harvard Law Rev.	Harvard Law Review
I.C.J., Reports (v. *C.I.J., Recueil*)	Reports of Judgments, Advisory Opinions and Orders of the International Court of Justice
Indian Journ. Int. Law	Indian Journal of International Law
Int. Comp. Law. Quar.	International and Comparative Law Quarterly
Int. Law Rep.	International Law Reports
Int. Legal Mat.	International Legal Materials
Journ. dr. int. (v. anche *Clunet*)	Journal du droit international
L.N.O. Journ.	League of Nations Official Journal
Mass. Giur. it.	Massimario della Giurisprudenza italiana
Netherlands Yearbook Int. Law	Netherlands Yearbook of International Law
Nov.mo Digesto it.	Novissimo Digesto italiano, Torino
P.C.I.J., Collections (v. *C.P.J.I., Recueil*)	Collections of Judgments, Advisory Opinions and Orders of Permanent Court of International Justice
Pol. dir.	Politica del diritto
Quad. cost.	Quaderni costituzionali
Raccolta	Raccolta della giurisprudenza della Corte di giustizia delle Comunità europee e del Tribunale di primo grado
Rass. Avv. Stato	Rassegna dell'Avvocatura dello Stato
Recueil arb. int.	Recueil des arbitrages internationaux
Recueil des Cours	Recueil des Cours de l'Académie de Droit International de La Haye

Rev. gén. dr. int. publ.	Revue générale de droit international public
Rev. int. théorie dr.	Revue internationale de la théorie du droit
Rev. trim. dr. eur.	Revue trimestrielle de droit européen
Riv. cooperaz. giur. int.	Rivista della cooperazione giuridica internazionale
Riv. dir. eur.	Rivista di diritto europeo
Riv. dir. int.	Rivista di diritto internazionale
Riv. dir. int. priv. e proc.	Rivista di diritto internazionale privato e processuale
Riv. dir. proc.	Rivista di diritto processuale
Riv. dir. pubbl.	Rivista di diritto pubblico
Riv. giur. amb.	Rivista giuridica dell'ambiente
Riv. int. dir. uomo	Rivista internazionale dei diritti dell'uomo
Riv. it. dir. pub. e com.	Rivista italiana di diritto pubblico e comunitario
Riv. soc.	Rivista delle società
UNRIAA	United Nations, Reports of International Arbitral Awards
U.S. Foreign Relations	United States Foreign Relations
Yearbook Int. Law Comm.	Yearbook of the International Law Commission, United Nations
YEL	Yearbook of European Law

PARTE I

CAPITOLO I

I SOGGETTI E GLI ATTORI NELLA COMUNITÀ INTERNAZIONALE

di Sergio M. Carbone

SOMMARIO: 1.1. La personalità giuridica degli Stati nel diritto internazionale. – 1.2. La struttura paritaria della Comunità internazionale. – 2.1. La sovranità esterna o "indipendenza giuridica". – 2.2. Dipendenza politica e indipendenza giuridica. – 2.3. Il caso del Ciskei. – 2.4. Negazione della personalità giuridica degli Stati membri di Stati federali. – 3.1. La sovranità (interna): la triade popolo-governo-territorio. – 3.2. Gli ulteriori potenziali requisiti: il rispetto dei diritti dell'uomo e del principio di autodeterminazione. – 3.3. Prassi recente in tema di autodeterminazione dei popoli. – 4.1. Il riconoscimento: suo valore meramente dichiarativo. – 4.2. Posizione dello Stato non riconosciuto nella Comunità internazionale. – 4.3. Gli effetti del riconoscimento nelle relazioni internazionali. – 4.4. La posizione degli organi dello Stato. – 5.1. La personalità degli enti diversi dagli Stati: gli Insorti ed i Movimenti di Liberazione Nazionale. – 5.2. Il caso della Palestina. – 5.3. In particolare, i diritti attribuiti agli Insorti: alcuni esempi. – 5.4. (segue): lo speciale e limitato *status* dei Movimenti di liberazione nazionale. – 6.1. Il Sovrano Ordine Militare di Malta. – 6.2. La Santa Sede. – 7.1. Le organizzazioni internazionali intergovernative. – 7.2. Caratteri della personalità giuridica delle organizzazioni internazionali. – 7.3. Il valore delle disposizioni contenute negli statuti o negli accordi di sede. – 7.4. La personalità giuridica di diritto interno delle organizzazioni internazionali. – 8.1. La personalità giuridica degli individui: nel diritto internazionale classico. – 8.2. (segue): e nelle più recenti tendenze. – 8.3. I *crimina juris gentium*. – 8.4. La tutela internazionale dei diritti degli individui. – 8.5. La personalità giuridica limitata dell'individuo. – 9.1. Le tendenze evolutive della struttura interstatale della Comunità internazionale. – 9.2. Evoluzione dei sistemi di cooperazione tra Stati e presenza di nuovi "attori" in ambito internazionale. – 9.3. Il ruolo delle imprese multinazionali. – 9.4. Diritto internazionale e globalizzazione.

1.1. *La personalità giuridica degli Stati nel diritto internazionale.*

L'individuo è il soggetto primario degli ordinamenti statali in funzione delle cui caratteristiche ed esigenze è formulata la normativa di diritto comune. Gli enti collettivi sono, invece, soggetti secondari o strumentali. Pertanto, allorché si attribuisce a questi ultimi personalità giuridica, gli ordinamenti statali ne determinano le condizioni, le caratteristiche organizzative ed il procedimento costitutivo prevedendo nei loro riguardi una disciplina speciale rispetto ai contenuti della normativa di diritto comune.

In diritto internazionale, al contrario, i soggetti primari della disciplina di diritto comune sono enti collettivi. Di tali enti i più importanti sono gli Stati, le cui caratteristiche, peraltro, sono assunte come un dato di fatto ai fini della loro tutela, della relativa disciplina e della soddisfazione di alcune loro esigenze. Su queste basi si qualifica l'origine e l'evoluzione del diritto internazionale dell'era moderna.

Quanto ora indicato, ovviamente, si riflette sull'attribuzione della personalità giuridica internazionale agli Stati che costituiscono il nucleo sociale più significativo della Comunità internazionale. Il diritto internazionale, infatti, per le ragioni innanzi esposte, adotta, al riguardo, soluzioni opposte rispetto al normale atteggiamento dei sistemi giuridici nei confronti delle varie forme associative (pubbliche o private). Mentre il diritto interno determina e regola sia le modalità costitutive sia le condizioni organizzative e di funzionamento dei vari enti collettivi che operano nel suo ambito allorché attribuisce loro la personalità giuridica, il diritto internazionale non detta gli assetti organizzativi degli enti cui attribuisce la personalità giuridica. Si limita, invece, con specifico riferimento agli Stati, a prendere atto della loro esistenza e delle loro caratteristiche operative, provvedendo a tutelare il loro modo di essere che si è concretamente realizzato nella fattualità storica.

In realtà, il diritto internazionale dell'era moderna ha origine proprio quando, nel XVII secolo, gli Stati si affermano storicamente come enti caratterizzati da indipendenza e sovranità (e, pertanto, come enti imprescindibili e supremi dei rapporti sociali che rientrano nel loro ambito di sovranità) senza che tali requisiti siano predeterminati dal diritto internazionale ed a prescindere dal modello organizzativo adottato al fine di conseguire, gestire e organizzare la loro indipendenza e sovranità. Pertanto, il diritto internazionale è modellato su tali caratteri dello Stato in quanto è considerato l'ente più idoneo per tenere insieme e soddisfare due esigenze apparentemente contraddittorie: garantire la sicurezza (intesa nel senso della latina *securitas*) e realizzare la solidarietà degli individui che sono ricompresi nella sua popolazione. I popoli risultano, così, uniti, secondo la fattualità storica che ne caratterizza le origini, in varie comunità organizzate secondo le loro tradizioni ed esigenze senza reprimere, al tempo stesso, le potenzialità dell'individuo. Esigenze che, per diverse ragioni, Impero e Papato non erano più in grado di soddisfare. Tanto che Grozio precisa che solo lo Stato, quale «*riunione perfetta di uomini liberi associati*», consente al tempo stesso «*di godere della protezione delle leggi e di realizzare la utilità comune*».

Il momento iniziale di questo periodo storico è abitualmente indicato nella conclusione del Trattato di Westfalia del 1648 (che pose fine alla guerra dei trent'anni) in occasione del quale lo Stato, da un lato, consolida definitivamente la propria indipendenza rispetto al Papa e rispetto all'Imperatore, dei quali si disconosce, pertanto, qualsiasi supremazia e, dall'altro, afferma il proprio dominio esclusivo su un determinato territorio e sulla relativa popolazione, con eliminazione dei vari centri di potere (feudali o comunali) che si erano formati nei secoli precedenti in una logica pluralistica.

Nel senso ora indicato, *sovranità esterna* o *indipendenza* (da qualsiasi altro ente o sistema normativo) e *sovranità interna* (su territorio e popolazione) dello Stato riassumono, da un lato, le peculiarità e le esigenze da soddisfare da parte del diritto internazionale e, dall'altro, gli elementi costitutivi dello Stato quale soggetto di diritto internazionale. Infatti, la sovranità protegge lo Stato da interferenze esterne ed, al tempo stesso, esprime il potere supremo dello Stato sulle altre aggregazioni sociali esistenti nel suo ambito. Si deve trattare, quindi, di enti che nella fattualità storica risultano dotati di un ordinamento originario con poteri e competenze legittimati al loro interno: e cioè, senza che essi siano attribuiti né precostituiti dal diritto internazionale, che si limita a prendere atto della loro esistenza al fine di tutelarne i caratteri e di garantire a tali enti le reciproche relazioni esterne.

1.2. *La struttura paritaria della Comunità internazionale.*

Il diritto internazionale, quindi, non attribuisce la sovranità alle organizzazioni collettive normalmente identificate con gli Stati e non determina la legittimità del loro ordinamento originario. Si limita, invece, a verificare la presenza di tali requisiti nelle organizzazioni collettive ora indicate e, in funzione di essi, conferisce loro la conseguente personalità giuridica, garantendo una specifica disciplina rivolta proprio a preservare tali caratteristiche ed a renderne compatibile la coesistenza con quelle di ognuno di essi. In questa prospettiva, pertanto, si conferma, come già accennato, che le caratteristiche relative agli elementi costitutivi della personalità giuridica internazionale dello Stato giustificano, al tempo stesso, le peculiarità dei contenuti del diritto internazionale e le esigenze in funzione delle quali esso esiste ed è destinato a produrre i suoi effetti:

> «il diritto internazionale disciplina i rapporti tra Stati indipendenti. Le norme che vincolano gli Stati originano dalla loro libera volontà come si manifesta in trattati o consuetudini ... al fine di disciplinare i rapporti tra comunità indipendenti che coesistono oppure nell'ottica di perseguire obiettivi comuni» (CPGI, 7 settembre 1927, sentenza relativa al caso *The S.S. Lotus (Francia e Turchia)*, in *C.P.J.I., Recueil*, Série A, n. 10, 18).

Tali circostanze, di per sé, rendono il diritto internazionale giuridicamente sovraordinato rispetto agli ordinamenti degli Stati (dotati di personalità giuridica internazionale nel senso ora indicato), ma al tempo stesso non comportano che gli ordinamenti statali debbano considerarsi dipendenti dall'ordinamento internazionale. Infatti, resta tuttora immutata la struttura paritaria dell'ordinamento internazionale la cui caratteristica principale consiste, appunto, nel garantire autonomia ed indipendenza tra gli Stati salvo i condizionamenti reciproci voluti dagli stessi Stati o affermatisi in virtù di norme consuetudinarie in funzione del perseguimento di ulteriori valori comuni agli Stati interessati o all'intera Comunità internazionale.

È ben vero che l'autonomia degli Stati tende ad essere progressivamente ridotta dall'evoluzione attuale del diritto internazionale, sempre più erosiva di alcune competenze relativamente alle quali le determinazioni statali subiscono vincoli e condizionamenti da parte del diritto internazionale, come, ad esempio, si è riscontrato nelle materie della tutela dei diritti dell'uomo, della protezione dell'ambiente, della lotta alla criminalità economica, della lotta al traffico delle sostanze stupefacenti, della lotta al terrorismo, ecc. Ed è anche vero che questo accade, a volte, addirittura secondo normative che prevedono modalità attuative contraddittorie rispetto alla tutela dell'indipendenza e della sovranità assoluta degli Stati. Ma è altrettanto vero che tali condizionamenti non pregiudicano il rilievo per cui ogni Stato ed ogni corrispondente ordinamento statale devono autolegittimare la propria sovranità ed indipendenza, in particolare, trovando in se stessi la fonte che ne origina l'esistenza, al fine di vedersi attribuita la personalità giuridica internazionale ed ottenere la conseguente tutela internazionale delle sue caratteristiche costitutive ora indicate.

Tanto più che le caratteristiche strutturali della Comunità internazionale restano saldamente ancorate alla pacifica e (almeno sotto il profilo giuridico) paritaria coesistenza di Stati dotati degli elementi costitutivi ora indicati, di cui è interesse dell'intera Comunità internazionale preservare la conservazione. Anche perché è soprattutto attraverso il loro tramite e all'interno del loro ambito di operatività che la progressiva evoluzione del diritto internazionale trova la sede e la compiuta garanzia della sua effettività. Delle caratteristiche costitutive della personalità giuridica internazionale degli Stati nel senso ora indicato si tratta, quindi, di precisare gli aspetti qualificanti, nella consapevolezza che essi sono, al tempo stesso, oggetto della tutela prevista al riguardo dal diritto internazionale e garanzia della sua effettività.

2.1. *La sovranità esterna o "indipendenza giuridica".*

Per quanto riguarda l'*indipendenza* (da qualsiasi altro ente o sistema normativo) dello Stato (altrimenti definita, come già accennato, "sovranità esterna" o "capacità di intrattenere rapporti con altri Stati") essa deve essere valutata soprattutto (se non esclusivamente) in termini di *"indipendenza giuridica"*: e cioè, di indipendenza dell'ordinamento giuridico dello Stato rispetto ad altri ordinamenti o sistemi normativi. In questo senso, come già accennato, si tratta di verificare l'originarietà del suo ordinamento giuridico. Esso, quindi, deve trovare in se stesso la fonte della sua legittimità *e non deve dipendere dall'ordinamento di un altro Stato o dall'ordinamento di qualsiasi gruppo di Stati*. Tale impostazione è ben documentata, *a contrario*, da quanto osservato dal Giudice Anzilotti in occasione del più classico dei casi che hanno affrontato il tema in esame allorché si è precisato in che cosa consista la dipendenza di uno Stato (CPGI, 5 settembre 1931, *Opinione individuale relativa al caso del regime doga-*

nale tra Germania e Austria, in *C.P.J.I.*, *Recueil*, Série A/B, n. 41, 57). Essa, infatti, è stata definita come una situazione che

> «necessariamente comporta un (formale) rapporto tra uno Stato superiore (egemone, protettore, ecc.) ed uno Stato inferiore o sottoposto (vassallo, protetto, ecc.)» in quanto si deve trattare di «un rapporto tra uno Stato che può legalmente imporre la propria volontà ed uno Stato che è giuridicamente obbligato a sottostare a questa volontà».

Pertanto, lo Stato che si trovi in tali condizioni non potrà essere considerato indipendente con conseguente sua mancanza di personalità giuridica internazionale, e tanto meno dotato di sovranità esterna, a causa della sua impossibilità di intrattenere (autonomamente) rapporti con altri Stati. Per altro verso, sempre secondo Anzilotti,

> «allorché non esiste tale (formale) supremazia e subordinazione (di un ordinamento statale rispetto ad un altro ordinamento), è impossibile parlare di dipendenza a sensi di quanto previsto dal diritto internazionale».

Ne consegue che la concezione giuridica di indipendenza non ha nulla a che fare con la (e non è contraddittoria rispetto alla) soggezione di uno Stato al diritto internazionale secondo quanto precisato nel par. 1.2. E d'altro canto l'indipendenza giuridica di uno Stato nel senso ora indicato non esclude una dipendenza di fatto (economica o politica) che caratterizza sempre più di frequente i rapporti di uno Stato con altri Stati.

2.2. *Dipendenza politica e indipendenza giuridica.*

Sulla scorta di queste considerazioni, di per sé, le restrizioni alla libertà dello Stato (i) imposte dal diritto internazionale consuetudinario o (ii) dipendenti da impegni volontariamente assunti o (iii) di fatto esistenti nei confronti di un altro Stato, non incidono sulla sua "indipendenza" intesa nel significato ora indicato ai fini dell'attribuzione della personalità giuridica: e cioè tali circostanze non incidono sulla sua "sovranità esterna". Solo quando esse si trasformano in vincoli che pongono uno Stato sotto una vera e propria *"autorità legale"* di un altro Stato, con una intensità *tale da impedire la sua autonomia decisionale*, si potrà ritenere che esse pregiudichino la sua "indipendenza" in modo tale da essere rilevanti ai fini di escludere la sua personalità giuridica internazionale.

Da quanto osservato, pertanto, nei limiti ora indicati, risulta irrilevante la sola dipendenza di fatto di uno Stato rispetto ad un altro proprio in quanto essa opera solo sul terreno politico, non già sul piano giuridico e comunque secondo criteri che non privano lo Stato della sua autonomia decisionale. Ed altrettanto priva di significato rispetto alla determinazione dell'indipendenza di uno Stato ai fini in esame risulta essere la presenza di limitazioni alle sue libertà conseguenti a trattati da esso conclusi, ad esempio a proposito di una alleanza ineguale. Si tratta, infatti, di limitazioni *che non incidono*, nel senso innanzi indicato, *sull'indipendenza*, e quindi sull'originarietà, dell'ordinamento giuridico statale, essendo semplici restrizioni convenzionali delle libertà dello Stato, che non lo privano della sua autonomia decisionale, se non nella misura da esso voluta, e, pertanto, *non rilevano ai fini della valutazione della indipendenza* della sua struttura giuridico-istituzionale.

2.3. *Il caso del Ciskei.*

Vi sono peraltro, come già accennato, alcune situazioni in cui la dipendenza di fatto di uno Stato da un altro è talmente significativa da ricondursi ad una dipendenza rilevante anche ai fini giuridici. Si tratta dei casi in cui l'autonomia decisionale dello Stato conseguente all'originarietà del suo ordinamento è del tutto inesistente. Un esempio: nel corso degli anni '70 alcune collettività politiche appartenenti al Sud-Africa sono state costituite in Stati dotati di una formale autonomia ed indipendenza giuridica (ad esempio, il Ciskei), pur essendo di fatto totalmente dipendenti dal Sud-Africa in termini decisionali in quanto privi di qualsiasi risorsa economica e di una propria politica di bilancio. Nonostante un'iniziale ferma posizione a favore della loro personalità giuridica internazionale, argomentata proprio dalla loro formale autonomia giuridica, non si è avuta esitazione nell'escluderla con successo rilevando che il Sud-Africa «di fatto esercita la sua autorità di governo» ed è «l'autorità responsabile con riguardo agli eventi ed ai rapporti che si verificano sul territorio di tali Stati» con precisi effetti giuridici verso gli Stati terzi. Ed infatti, a seguito di tali constatazioni, questi Stati sono stati pacificamente considerati privi di personalità giuridica e si è provveduto a rimuovere anche quegli atti normativi che assegnavano loro una apparente indipendenza giuridica dal Sud-Africa.

Parimenti, con riguardo alle restrizioni convenzionali alla propria libertà da parte di uno Stato (che pur in linea di principio non escludono la sua indipendenza intesa nel senso ora indicato), allorché evolvono in modo tale da risultare così significative da incidere sulla sua struttura giuridico-istituzionale, esse cessano di essere riconducibili al diritto internazionale e si spostano su quello dei rapporti costituzionali interni dello Stato egemone, con conseguente perdita della personalità giuridica internazionale dell'altro Stato proprio per difetto di sua indipendenza.

2.4. *Negazione della personalità giuridica degli Stati membri di Stati federali.*

Non possono, quindi, considerarsi dotati di personalità giuridica internazionale, proprio per difetto di indipendenza nel senso ora indicato, gli Stati membri di Stati federali (ad esempio, degli USA), i Cantoni (ad esempio, della Confederazione elvetica), i Länder (ad esempio, della Repubblica federale di Germania) e le Regioni (ad esempio, dello Stato italiano). Essi, infatti, pur dotati di qualche autonomia anche relativamente alla conclusione di accordi di rilevanza internazionale, non sono in grado di instaurare tali rapporti quale attività di un distinto soggetto rispetto allo Stato federale o allo Stato al quale appartengono. È, infatti, l'ordinamento federale, o l'ordinamento dello Stato unitario al quale appartengono le Regioni, il sistema normativo da cui dipende l'indicata autonomia ed il relativo esercizio comunque subordinato a precise condizioni di validità che, in alcuni casi, consistono addirittura nello specifico consenso preventivo o successivo del governo federale o del governo centrale giustificato, tra l'altro, dal fatto che è lo Stato federale o unitario che di tali atti resta, comunque, responsabile nei confronti degli altri Stati.

In realtà, anche nei casi in cui le norme costituzionali riconoscono in alcune materie un "potere estero" agli Stati federati o alle Regioni, si riscontra sempre che il relativo esercizio deve avvenire nel quadro di garanzia e coordinamento predisposto dai poteri dello Stato centrale oltreché nella salvaguardia della competenza esclusiva del potere centrale in politica estera. In altri termini, anche nei casi in cui Stati federati o Regioni si vedono riconoscere un'autonomia sul piano delle relazioni internazionali tale da consentire loro di concludere accordi vincolanti con Stati esteri, tale autonomia può essere esercitata soltanto nel rispetto delle indicazioni e sotto la vigile osservanza dei poteri centrali. In tal senso, precise conferme sono fornite dalla giurisprudenza italiana allorché, pur in presenza delle notevoli aperture del nuovo testo dell'art. 117 Cost. it. al riconoscimento di un "potere estero" delle Regioni, non si è esitato a rilevare che:

> «Tale potere estero deve, peraltro, essere coordinato con l'*esclusiva competenza statale in tema di politica estera*, donde la competenza statale a determinare i "casi" e a disciplinare "le forme" di questa attività regionale così da salvaguardare gli interessi unitari che trovano espressione nella politica estera nazionale» (cfr. Corte Cost., 19 luglio 2004, n. 238, in *Riv. dir. int.*, 2004, 858, spec. 866-867).

D'altronde, l'impossibilità da parte di Stati federati e Regioni di instaurare rapporti di rilevanza internazionale quale attività di un soggetto di diritto internazionale distinto rispetto allo Stato federale o allo Stato al quale appartengono è ancora più chiaramente enunciata dalla Cassazione allorché precisa che gli Stati federati possono

> «mantenere relazioni internazionali, concludere accordi internazionali e istituire uffici di rappresentanza all'estero .., ma sempre che ciò *non richieda o non comporti l'acquisto della personalità di diritto internazionale* (riservata al solo Stato Unione) o comunque non sia in conflitto con i poteri dello Stato Unione o con gli interessi dell'altro Stato (federato)» (cfr. Cass. pen., 28 dicembre 2004, n. 49666, in *Riv. dir. int. priv. proc.*, 2005, 783, spec. 790).

Nessun dubbio, quindi, che gli Stati federati, i Cantoni, i Länders, le Regioni ecc. devono essere considerati privi di personalità giuridica in quanto difettano del requisito dell'indipendenza anche nei casi in cui è loro riconosciuto un potere estero. Il relativo esercizio di tale potere è, infatti, sempre subordinato e/o condizionato dal potere centrale dello Stato.

3.1. *La sovranità (interna): la triade popolo-governo-territorio.*

Per quanto riguarda la *sovranità* (o sovranità interna) che deve caratterizzare lo Stato per consentirgli di acquisire la personalità giuridica internazionale, essa comporta necessariamente la presenza di una comunità che consiste di un territorio e di una popolazione governata da una autorità politica organizzata (cfr. la Dichiarazion del 27 agosto 1991 della Comunità europea adottata in occasione della formazione dei nuovi Stati appartenenti alla *ex* Jugoslavia). In tal senso, d'altronde, si è chiaramente espressa in un importante caso la Cassazione italiana affermando che:

> «Il diritto internazionale riconosce come Stati soltanto quegli enti che, in piena indipendenza, esercitano il proprio potere di governo collettivo nei confronti di una comunità stanziata su di un territorio, onde è da ritenersi principio acquisito che la sintesi statuale debba essere espressa dalla triade popolo-governo-territorio e che richieda, quindi, necessariamente che la componente della popolazione e l'apparato di governo da essa espresso ricadano su un luogo di esercizio di tale governo e dell'attività dei soggetti» (Cass. pen., Sez. I, 28 giugno 1985, n. 1981, in *Riv. dir. int.*, 1986, 885).

E sempre nello stesso senso ancora più di recente la Cassazione italiana non ha avuto dubbi nel confermare che:

> «l'organizzazione di governo che eserciti effettivamente ed indipendentemente il proprio potere su una Comunità territoriale diviene soggetto di diritto internazionale in modo automatico. Uno Stato sovrano, quindi, sussiste come soggetto autonomo di diritto internazionale in presenza della triade territorio-popolo-governo ed in presenza dei requisiti della effettività ed indipendenza» (Cass. pen., 28 dicembre 2004, n. 49666, cit., spec. 787).

Tradizionalmente, con riferimento alla *popolazione*, essa consiste in un insieme di individui che convivono stabilmente nell'ambito di spazi con caratteristiche di "comunità" dotata di una propria e particolare coscienza politica, pur potendo appartenere a differenti culture, origini e/o credi religiosi. Gli spazi di comune convivenza devono necessariamente identificarsi in uno specifico *territorio*, anche se non è indispensabile che tale territorio abbia frontiere definitivamente stabilite ed assolutamente certe. In realtà, pur in presenza di controversia con Stati confinanti, è sufficiente che esista una sicura ed effettiva base territoriale anche se con limiti esterni ancora incerti. Ne è conferma la recente esperienza dello Stato di Israele, la cui piena personalità internazionale non è oggetto di alcuna ragionevole obiezione, pur in presenza di ancora accese controversie in merito agli esatti confini del suo territorio rispetto ai suoi Stati vicini.

Ma, soprattutto, ciò che rileva è la presenza di un'*autorità politica organizza-*

ta in grado di esercitare le funzioni sovrane con caratteristiche di effettività nell'ambito di un territorio e su una popolazione, intesi nel senso innanzi indicato. Non si tratta, quindi, di verificare l'origine e la legittimità dell'esercizio di tale autorità politica, ma la sua effettiva potestà di imperio e di governo, che deve essere in grado di creare ed applicare il diritto sui predetti territorio e popolazione. Si è, infatti, affermato che uno Stato non può considerarsi dotato di personalità giuridica internazionale sino a quando

> «non è stata creata una stabile organizzazione politica e le "autorità" pubbliche sono divenute sufficientemente forti da affermarsi nell'ambito dei territori dello Stato senza l'assistenza di truppe straniere» (Rapporto della Commissione relativa al caso delle Isole Aaland, in *L.N.O. Journ.*, 1920, sp. *Supp.* n. 3).

Ciò che interessa, pertanto, è l'effettivo esercizio di tutte le funzioni sovrane su un territorio e su una popolazione, a prescindere dai criteri attraverso i quali si è addivenuti alla titolarità di tali funzioni sovrane e dalle modalità di loro esercizio, che rilevano soltanto ai fini della verifica dell'effettivo esercizio delle funzioni sovrane. In altri termini,

> «la forma dell'organizzazione politica interna e le disposizioni costituzionali costituiscono dei semplici fatti benché sia utile e necessario prenderli in considerazione per accertare l'effettività del potere del governo sul popolo e sul territorio» (Commissione d'Arbitrato Badinter, parere n. 1 del 29 novembre 1991, in *Rev. gén. dr. int. publ.*, 1992, 264).

3.2. *Gli ulteriori potenziali requisiti: il rispetto dei diritti dell'uomo e del principio di autodeterminazione.*

In senso parzialmente difforme da quanto ora indicato, la progressiva evoluzione del sistema normativo internazionale sembra voler qualificare e limitare le modalità attraverso le quali l'accennato controllo ed esercizio del potere di imperio e di governo si manifesta al fine di essere preso positivamente in considerazione nella valutazione della personalità giuridica di uno Stato. Infatti, secondo alcune manifestazioni della pratica internazionale sempre più rilevanti, tale potere deve essersi affermato e deve essere gestito nel rispetto di alcuni principi di diritto internazionale particolarmente significativi. Tra questi, la complessa ed articolata disciplina relativa alla tutela dei diritti dell'uomo che grandemente condiziona le modalità di esercizio delle funzioni sovrane sino a legittimare, in caso di loro violazione su ampia scala, l'intervento da parte di altri Stati e l'uso della forza al fine di garantirne il rispetto. Ma soprattutto il potere di governo e di imperio deve essere legittimato da, e garantire il, c.d. diritto all'autodeterminazione (interna) dei popoli, codificato nella Dichiarazione relativa alle relazioni amichevoli ed alla cooperazione fra gli Stati del 1970 (in *Riv. dir. int.*, 1971, 283) in cui si stabilisce inequivocabilmente «il divieto di ricorrere a qualsiasi misura coercitiva suscettibile di privare i popoli del loro diritto all'autodeterminazione».

Ed ancora più chiaramente nell'Atto finale di Helsinki (1975) della Conferenza per la Sicurezza e la Cooperazione in Europa (CSCE) si precisa il diritto di

«tutti i popoli di stabilire in piena libertà – quando e come lo desiderano – il loro regime politico senza ingerenza esterna e di perseguire come desiderano il loro sviluppo politico, economico, sociale e culturale» (Atto finale della Conferenza sulla Sicurezza e la Cooperazione in Europa, Dichiarazione del 1° agosto 1975 sui principi guida delle relazioni tra gli Stati partecipanti, in Am. Journ. Int. Law, 1976, 420).

Tanto che da parte di alcuni si è addirittura affermato che in tal modo il diritto internazionale attribuisce direttamente ai popoli diritti ed obblighi.

Nessuno stupore, quindi, che la pratica internazionale abbia avuto occasione di precisare, da un lato, che la creazione di uno Stato sovrano deve costituire per ogni popolo il modo concreto di esercizio del suo diritto all'autodeterminazione e, dall'altro, che l'integrità territoriale e l'unità politica di uno Stato sovrano deve essere tutelata dal diritto internazionale solamente se esso risulti

«dotato di un governo che rappresenti l'insieme del popolo appartenente al territorio senza distinzione di razza, di fede e di colore».

In tal modo, l'autodeterminazione sembra assumere anche precise connotazioni di garanzia di rappresentatività dell'intera popolazione presente nel territorio. Tanto che in più occasioni, nell'ambito delle N.U., proprio invocando questa esigenza di autodeterminazione dei popoli, non si è esitato a precisare che

«la Comunità internazionale appoggia lo sviluppo della democrazia che passa attraverso il rafforzamento delle istituzioni (nel caso di specie di Haiti) ed un'attenzione prioritaria accordata ai problemi sociali e politici che devono essere affrontati (o quanto meno i più importanti di essi) per realizzare un'effettiva democrazia» (Risoluzione dell'Assemblea Generale delle Nazioni Unite dell'11 ottobre 1991 sulla situazione della democrazia e dei diritti dell'uomo ad Haiti, in Riv. dir. int., 1992, 213).

La presenza di un sistema effettivamente rappresentativo, sino a qualche decennio orsono considerata circostanza del tutto irrilevante a fronte di un controllo effettivo e dell'esercizio del potere di governo su un determinato territorio, tende, pertanto, ad assumere un sempre più preciso significato ed anche una qualche rilevanza giuridica nella valutazione della personalità giuridica di uno Stato. Di recente, infatti, allorché si è trattato di verificare se la Repubblica Socialista Federativa di Jugoslavia continuasse ad essere un soggetto internazionale di fronte agli eventi che hanno caratterizzato l'inizio degli anni '90, non si è avuta esitazione ad escluderne la personalità internazionale osservando, tra l'altro, che i suoi organi

«non soddisfano più le esigenze ed i criteri di partecipazione e rappresentatività (inerenti ad uno Stato federale)» (Commissione d'Arbitrato Badinter, parere n. 1 del 29 novembre 1991, cit.).

E nella stessa prospettiva, allorché si è trattato di valutare la personalità internazionale dei nuovi Stati in Europa orientale e in Unione Sovietica, a seguito degli eventi che hanno caratterizzato in questi ultimi anni queste regioni, grande enfasi è stata assegnata alla circostanza che questi enti, da un lato,

> «non siano nati in seguito ad un'aggressione» e, dall'altro, «siano costituiti su base democratica ... con garanzia dei diritti dei gruppi etnici e nazionali oltreché delle minoranze ...» (Dichiarazione dei ministri degli esteri dei dodici Stati membri delle Comunità europee sulle linee direttrici sul riconoscimento di nuovi Stati in Europa orientale e in Unione Sovietica del 17 dicembre 1991, in *Riv. dir. int.*, 1991, 1050).

3.3. *Prassi recente in tema di autodeterminazione dei popoli.*

Peraltro, l'adeguata rappresentatività politica delle autorità pubbliche dotate del potere di imperio su un determinato territorio e la loro legittimazione secondo corretti criteri di autodeterminazione dei popoli costituiscono circostanze che solo di recente hanno assunto una qualche rilevanza ai fini della soggettività internazionale degli Stati. Esse, infatti, sono state soprattutto impiegate nell'ambito del processo di decolonizzazione ed in quello conseguente allo smembramento dell'Unione delle Repubbliche sovietiche e della ex Jugoslavia.

È, in ogni caso, escluso che al principio di autodeterminazione possano essere assegnati effetti retroattivi tali da incidere sulla personalità giuridica internazionale di enti statali che si sono già affermati come soggetti della Comunità internazionale a prescindere da una specifica ed autonoma determinazione democratica da parte della loro popolazione. E tanto meno il principio in esame potrà consentire di rimettere in discussione situazioni territoriali definite (a prescindere da qualsiasi consenso delle popolazioni interessate) a seguito dei più importanti eventi bellici del secolo scorso con effetti che, altrimenti, metterebbero in discussione la certezza dei confini nazionali, il dovere di sudditanza dei popoli e la stabilità politica degli Stati. Ma non soltanto. Allorché si è trattato di valutare gli effetti del principio di autodeterminazione in diritto internazionale in occasione di un recente caso relativo alle pretese rivendicazioni (peraltro respinte) di indipendenza del Québec rispetto al Canada non si è esitato a definirne ulteriormente i limiti precisando che

> «il diritto all'autodeterminazione previsto dal diritto internazionale offre un'apertura al diritto ad una c.d. autodeterminazione esterna che riguarda le situazioni relative (a) ai casi delle ex colonie; (b) a popoli assoggettati ad una dominazione militare straniera; (c) ad un gruppo sociale definito che si vedono rifiutare un accesso effettivo alle autorità pubbliche rivolto ad ottenere il suo sviluppo politico, economico, sociale e culturale. In tali situazioni il popolo interessato gode di un diritto all'autodeterminazione esterna perché gli è rifiutata la facoltà di esercitare, all'interno dell'ordinamento al quale appartiene, il suo diritto all'autodeterminazione» (Cour suprême du Canada, 1998, Renvoi relatif à la sécession du Québec [1998] 161 D.L.R. (4th), 385, in *Journ. dr. int.*, 1999, 797) (per chiarezza espositiva sono state aggiunte le lettere distintive delle tre situazioni innanzi descritte).

Si deve, pertanto, ritenere che, pur essendo presenti nella Comunità internazionale importanti fermenti (di cui *supra*, par. 3.2) rivolti ad affermare (ed estendere l'operatività dei valori dell'autodeterminazione dei popoli (ed attraverso essi i principi di legittimazione democratica), ciò che tutt'ora rileva ai fini della personalità giuridica degli Stati sia ancora da ricondurre, come precisato nei precedenti paragrafi, alla presenza di un'organizzazione dotata di potere effettivo ed indipendente in grado di esercitare il proprio potere su una comunità territoriale. Ed in questa prospettiva, una parte autorevole della dottrina non esita ad affermare che, quanto meno nell'attuale evoluzione del diritto internazionale, "il popolo" non può essere titolare di situazioni giuridiche direttamente tutelabili in virtù di garanzie proprie dell'ordinamento internazionale ed in modo indipendente da qualsiasi struttura organizzata di tipo statale dotata delle caratteristiche di cui ai precedenti paragrafi. Infatti, come già precisato nel precedente par. 1.1, il diritto internazionale risulta nella pratica tutt'ora strutturato in modo da soddisfare le esigenze e preservare i caratteri di enti ed organizzazioni collettive (di cui i più importanti sono, appunto, gli Stati) e non già direttamente dei popoli.

4.1. *Il riconoscimento: suo valore meramente dichiarativo.*

Le circostanze da ultimo esaminate (v. *supra*, parr. 3.2 e 3.3), che, solo in prospettiva, potranno assumere una precisa e sicura rilevanza al fine dell'acquisto della personalità giuridica degli Stati in diritto internazionale, assumono una precisa valenza politica e non sono prive di effetti giuridici i quali si esprimono soprattutto attraverso il "riconoscimento degli Stati".

In realtà, è ben vero che l'acquisto della personalità giuridica internazionale avviene in presenza del fattuale riscontro degli elementi costitutivi dello Stato nel senso innanzi precisato (v. *supra*, par. 1.1 ss.), a prescindere da qualsiasi procedimento formale accertativo di tali elementi che, comunque, anche nei casi in cui la pratica ne fornisce l'evidenza, è da considerarsi privo di efficacia costitutiva. Ed è anche vero che il "riconoscimento" di uno Stato ha un valore meramente dichiarativo della sua personalità giuridica internazionale come ha chiaramente confermato la Commissione d'Arbitrato durante la Conferenza per la Pace in Jugoslavia, svoltasi a Parigi il 4 luglio 1992, nel suo parere n. 10, allorché si è osservato che

> «il riconoscimento non è un prerequisito necessario per la costituzione di uno Stato (e cioè, per l'attribuzione della personalità giuridica ad uno Stato), ha effetti sicuramente dichiarativi ed è un atto discrezionale che gli altri Stati possono adottare in un momento di loro scelta e nel modo che ritengono» (Commissione d'Arbitrato, parere n. 10, in *Rev. gén. dr. int. publ.*, 1993, 595).

In tal senso si è espressa chiaramente anche la giurisprudenza italiana a proposito di un caso in cui si trattava di valutare se uno Stato potesse godere dei diritti previsti dal diritto internazionale (nell'ordinamento italiano) nonostante esso non fosse riconosciuto dal governo italiano. In tale occasione, infatti, non si è esitato ad affermare che:

> «il riconoscimento di uno Stato da parte di un altro Stato ... non ha valore costitutivo della personalità di diritto internazionale. Altrimenti opinando, come osserva la dottrina internazionalistica, si verrebbe ad ammettere che, una volta affermatasi una nuova organizzazione di governo con caratteri di effettività ed indipendenza, gli Stati preesistenti possano esercitare nei suoi confronti, mediante il riconoscimento, una sorta di potere di ammissione nella comunità internazionale» (Cass. pen., 28 dicembre 2004, n. 49666, cit., spec. 787).

Ma è altrettanto vero che il predetto riconoscimento ha quanto meno l'effetto di poter essere invocato come prova presuntiva (*iuris tantum*) sia della sussistenza degli elementi costitutivi della personalità internazionale dello Stato, sia della volontà, da parte degli Stati che lo hanno effettuato, di intrattenere rapporti giuridici rilevanti nell'ordinamento internazionale con lo Stato nei confronti del quale opera il riconoscimento. Infatti, la pratica ha ripetutamente precisato che:

> «il riconoscimento di uno Stato è la formale ammissione da parte di un altro Stato che un determinato ente possiede i requisiti della statualità ... e comporta l'impegno di trattare tale ente come uno Stato. Il riconoscimento di un governo è la formale ammissione che un particolare regime politico è l'effettivo governo di uno Stato e comporta un impegno a trattare quel regime quale governo di quello Stato» (*Restatement of the Foreign Relations Law of the United States*, Third, St. Paul, Minn., 1987, sec. 202-203).

In breve, quindi, come già precisato nei parr. 1 e 2, l'esistenza fattuale di un ente-Stato dotato dei caratteri attributivi della personalità giuridica internazionale (v. *supra*, par. 2.1: e cioè, indipendenza e sovranità) è di per sé sufficiente al riguardo. Pertanto, l'eventuale non riconoscimento non incide sull'attribuzione della personalità giuridica di uno Stato e dei conseguenti diritti ed obblighi previsti dal diritto internazionale, salvo quelli che presuppongono l'instaurarsi di rapporti amichevoli e l'avvio di forme più o meno intense di cooperazione volontaria (cfr. *infra*, par. 4.3).

4.2. *Posizione dello Stato non riconosciuto nella Comunità internazionale.*

Ne consegue che anche uno Stato non riconosciuto, purché dotato delle caratteristiche indicate nei precedenti paragrafi, non può essere oggetto di atti di aggressione, che il suo territorio non può essere considerato *terra nullius* e che ha diritto di vedere riconosciute le immunità previste dal diritto internazionale ed in particolare quelle penali a favore dei suoi vertici istituzionali (Cass. pen., 28 dicembre 2004, n. 49666, cit.). Anche nei suoi confronti, infatti, operano principi e regole di diritto internazionale rivolte a garantire la coesistenza tra Stati ed a preservarne le caratteristiche di indipendenza e sovranità (v. *supra*, parr. 2.1 e 2.2). Lo Stato non riconosciuto, peraltro, non può pretendere di far valere, nei confronti degli Stati che non lo riconoscono, alcun diritto ad attivare i procedimenti di formazione volontaria delle norme di diritto internazionale al fine di instaurare rapporti di collaborazione ed assistenza interstatale. Questa situazione lo pone, pertanto, in una posizione di oggettiva debolezza e precarietà in una Comunità internazionale sempre più interdipendente e collegata in virtù di atti di cooperazione instaurati su base volontaria. Si deve, comunque, escludere che l'accennato effetto si estenda anche ad alcuni atti di tipo umanitario a favore delle popolazioni di Stati non riconosciuti il cui compimento è sempre dovuto nei loro confronti. E parimenti non si esclude che possano essere fatti valere diritti ed obblighi compresi in accordi e trattati internazionali multilaterali di cui siano parti alcuni Stati che pur reciprocamente non si riconoscono.

Il riconoscimento ed il mancato riconoscimento, quindi, sono sempre stati soprattutto utilizzati come importanti strumenti di politica internazionale, pur nella piena consapevolezza della loro inidoneità ad incidere sull'attribuzione della personalità giuridica internazionale degli Stati. Si è, così, evitato di riconoscere Stati, pur sicuramente dotati di personalità giuridica internazionale, al fine di rimarcare il dissenso politico nei confronti del loro regime e la volontà di non collaborare con essi (come si è verificato per alcuni decenni nei confronti della c.d. Cina comunista). Parimenti, si è provveduto a riconoscere Stati che ne erano privi, al fine di favorire la politica di collaborazione internazionale con Stati da cui dipendevano o da cui erano controllati (come è avvenuto per la Bielorussia e l'Ucraina allorché sono state ammesse alle N.U. al fine di favorire la distensione con l'URSS, dalla quale dipendevano, aumentandone il peso politico ed assegnandole un maggior numero di voti in sede di Assemblea delle N.U.).

4.3. *Gli effetti del riconoscimento nelle relazioni internazionali.*

Il riconoscimento, pertanto, è una specie di "biglietto di ammissione" ad effettivi ed intensi rapporti internazionali (di tipo difensivo, commerciale, economico-finanziario), e addirittura ai normali rapporti diplomatici e consolari, solamente nell'ambito dei quali, ed attraverso i quali, è possibile una piena e completa partecipazione degli Stati alla collaborazione internazionale, che si fonda su atti a base volontaria di cui soprattutto i nuovi Stati, ed in generale gli Stati più deboli (tra cui in particolare quelli in via di sviluppo), sentono l'esigenza al fine di realizzare le potenzialità delle risorse economiche ed umane di cui dispongono. In tal senso la giurisprudenza italiana ha precisato che

«Il riconoscimento di uno Stato da parte di un altro Stato ... rivela null'altro che l'intenzione di stringere rapporti amichevoli, di scambiare rappresentanze diplomatiche e di avviare forme più o meno intense di collaborazione mediante la conclusione di accordi» (cfr. Cass. pen., 28 dicembre 2004, n. 49666, cit., spec. 787).

Pertanto, in difetto della manifestata volontà politica da parte di altri Stati di intrattenere rapporti di collaborazione attraverso il riconoscimento di uno Stato, quest'ultimo rischia non solo di non poter attuare le proprie potenzialità di sviluppo economico, ma addirittura di vederle irrimediabilmente pregiudicate con rischio della sua stessa indipendenza e sovranità posti alla base della sua personalità giuridica. Tanto più che, in molti casi, gli stessi limiti entro cui è ammessa la collaborazione economica con imprese appartenenti a Stati non riconosciuti e/o è consentita l'attività di queste ultime, o è loro riconosciuto il diritto di stabilirsi, in altri Stati, crea quanto meno oggettive incertezze o addirittura preclusioni ostative ad instaurare rapporti economici con tali imprese.

Per converso, altrettanta incertezza caratterizza il regime giuridico di eventuali investimenti effettuati da imprese estere in ordinamenti di Stati non riconosciuti, proprio in quanto privi di quelle garanzie e di quella protezione che solo il diritto internazionale convenzionale ed il reciproco riconoscimento degli Stati consentono.

Ma non soltanto. La stessa applicazione (e l'eventuale estensione) delle immunità e del trattamento relativi alle norme ed agli atti di Stati non riconosciuti opera, a volte, secondo criteri molto più limitati rispetto a quanto avviene nei confronti dei corrispondenti atti appartenenti a Stati riconosciuti. Infatti, ad esempio, l'insindacabilità ed il riconoscimento degli effetti accordati negli ordinamenti di *common law* ai c.d. *"acts of State"* (e cioè, agli atti di imperio, normativi ed amministrativi, di Stati stranieri) non viene garantita allorché tali atti provengano da Stati non riconosciuti, nella preoccupazione di pregiudicare, altrimenti, l'effetto politico voluto dal Governo attraverso il non riconoscimento dello Stato di cui si tratta di applicare il relativo atto normativo o amministrativo o quanto meno di riconoscerne gli effetti.

Le soluzioni ora indicate, peraltro, sono rimaste minoritarie, quanto meno negli ordinamenti di *civil law*, ed in particolare criticate dalla dottrina e dalla giurisprudenza italiana favorevole a riconoscere

> «conformemente alla dottrina di gran lunga prevalente in Italia e in tutta l'Europa continentale, che in ordine ai rapporti di diritto internazionale e privato (dei quali qui trattasi dovendosi stabilire l'efficacia in Italia di un atto di diritto privato formato all'estero) sia irrilevante che lo Stato mantenga o meno normali rapporti diplomatici con quello cui appartiene la norma di diritto internazionale privato da applicare o che quest'ultimo non sia stato riconosciuto dal primo. Condizione necessaria e sufficiente per tale applicazione è invero l'effettività dell'ordinamento straniero (sia o meno riconosciuto lo Stato dal quale promana)» (Cass., 7 febbraio 1975, n. 468, in *Riv. dir. int. priv. e proc.*, 1976, 351).

In conclusione, quindi, il riconoscimento non incide costitutivamente sull'attribuzione della personalità giuridica degli Stati ma, da un lato, favorisce la prova della presenza delle circostanze al riguardo rilevanti e, dall'altro, è un atto essenziale al fine di permettere una loro effettiva partecipazione alla Comunità internazionale attraverso l'attivazione di rapporti di collaborazione ed assistenza interstatale.

4.4. *La posizione degli organi dello Stato.*

Un'ultima considerazione in merito alla rilevanza della personalità giuridica attribuita dal diritto internazionale agli Stati quali enti o organizzazioni collettive in funzione delle cui esigenze e caratteristiche è prevista la disciplina di diritto comune adottata nell'ambito della Comunità internazionale. Tale disciplina, allorché si indirizza allo Stato, designa a volte la comunità politica strutturata nel senso di cui ai precedenti capitoli, ed altre volte, gli organi di governo della comunità statale su cui questi esercitano il loro potere.

In quest'ultimo caso, gli organi di governo sono presi in considerazione non solo quale tramite necessario per consentire in concreto l'esercizio dei diritti riconosciuti, e l'attuazione degli obblighi imposti, agli Stati dal diritto internazionale, ma anche quali diretti destinatari di norme di diritto internazionale. Alcune di esse, in particolare, sono addirittura specificamente previste a tutela delle persone fisiche titolari di tali organi (si pensi, ad esempio, ad alcune immunità giurisdizionali previste a favore dei soggetti preposti ad alcuni organi statali). Pertanto, tali specifiche garanzie possono essere attivate non solo da parte dell'ente-comunità Stato di cui sono rappresentativi, ma anche da parte loro personalmente.

5.1. *La personalità degli enti diversi dagli Stati: gli Insorti ed i Movimenti di Liberazione Nazionale.*

Il diritto internazionale, elaborato per secoli secondo una disciplina di diritto comune coerente con la tutela delle caratteristiche costitutive degli Stati, ha progressivamente attribuito la personalità giuridica anche ad alcuni enti o organizzazioni collettive, pur carenti di alcuni requisiti propri degli Stati, ma dotati di effettività ed indipendenza rispetto ad altri ordinamenti giuridici, oltreché finalizzati a realizzare valori riconosciuti o loro attribuiti dalla Comunità internazionale o da alcuni suoi componenti. Pertanto, è proprio in funzione della diversità di tali enti rispetto agli Stati che la loro personalità giuridica internazionale è modellata e la disciplina di diritto internazionale comune viene adattata – o limitata nella sua operatività – nei loro confronti. In tal senso, con riferimento ad essi, la personalità giuridica internazionale produce effetti non necessariamente coincidenti con quelli assegnati agli Stati.

Tra tali organizzazioni collettive assumono un'importanza sempre più significativa, anche in funzione del progressivo affermarsi nell'ambito della Comunità internazionale di una coscienza favorevole al principio di autodeterminazione dei popoli, i c.d. *Insorti*, soprattutto allorché sono espressione di *Movimenti di Liberazione Nazionale*. Si tratta di entità organizzate rappresentative delle istanze di autodeterminazione delle popolazioni dei cui interessi si propongono come enti esponenziali, pur non essendo riconducibili a vere e proprie organizzazioni di tipo statuale in seno alla Comunità internazionale. Al fine di esercitare queste funzioni rappresentative ed avvantaggiarsi della protezione offerta dal diritto internazionale (e pertanto della personalità giuridica internazionale), tali enti devono quanto meno esercitare un *controllo effettivo sulla popolazione* delle cui istanze sono portatori, anche se tale controllo non è ancora stabile ed è esercitato con modalità differenti da quelle impiegate da una vera e propria organizzazione statale. Si deve trattare, comunque, di un controllo effettuato «sotto la guida di un comando responsabile» e con modalità tali «da permettere di condurre operazioni continue e concertate», come indicato dal Protocollo (dell'8 giugno 1977) addizionale alla Convenzione di Ginevra (del 12 agosto 1949) sui conflitti armati internazionali di cui estende l'operatività anche a favore delle vittime di conflitti armati non internazionali.

5.2. *Il caso della Palestina.*

È naturalmente assai complesso identificare l'esatto momento in cui i movimenti insurrezionali acquistano la personalità giuridica internazionale proprio a causa della difficoltà di riscontrare obiettivamente le circostanze ora indicate. Rileva, comunque, quale prova dell'esistenza di tali circostanze, la loro partecipazione alle relazioni internazionali, ed in particolare all'attività delle organizzazioni internazionali rilevanti ai fini da essi perseguiti, allorché in tali sedi operino come enti dotati di una relativa indipendenza. È quanto avvenuto, ad esempio, a proposito dell'Organizzazione per la Liberazione della Palestina (la c.d. OLP). Di tale organizzazione si è inizialmente disconosciuta la rilevanza. Successivamente si è affermata una sua "limitata soggettività internazionale" idonea a garantirle

> «un *locus standi* all'interno della Comunità internazionale al fine limitato di discutere su basi di perfetta parità con gli Stati territoriali i modi ed i tempi della autodeterminazione dei popoli ritenuta norma consuetudinaria a carattere cogente» (Cass. pen., Sez. I, 28 giugno 1985, n. 1981, cit.).

In tale prospettiva, nell'ambito delle N.U., è stato inizialmente assegnato all'OLP lo *status* di *"observer"* (con Risoluzione del 22 novembre 1974, n. 3237, in *Riv. dir. int.*, 1975, 367) e successivamente, a seguito del riconoscimento della sua mutata denominazione in "Palestina", il diritto di adottare documenti da far circolare come documenti ufficiali delle Nazioni Unite (con Risoluzione del 9 dicembre 1988 n. 43/160 A), oltreché il diritto di fare interventi orali in occasione di riunioni dell'Assemblea Generale a fini commemorativi (con Risoluzione del 9 novembre 1994 n. 49/12A e del 24 maggio 1995 n. 49/12 B).

Infine, a seguito dell'esercizio sempre più stabilizzato della sua sovranità sul territorio palestinese e del riscontro della sua rappresentatività popolare confermata a seguito delle elezioni democratiche del 20 gennaio 1996 (oltreché dalla sua partecipazione alla Lega Araba, all'Organizzazione della Conferenza islamica e al c.d. Gruppo dei 77), non si è avuta esitazione nell'estendere gli effetti conseguenti alla personalità internazionale della "Palestina" (ex OLP), tra l'altro, al suo

> «diritto di partecipare a qualsiasi discussione in sede di Assemblea Generale, di replicare ad ogni intervento, di presentare congiuntamente ad altre proposte di risoluzioni e decisioni relative alla Palestina ed all'Asia, di aver diritto ad essere localizzata nell'aula dell'Assemblea Generale nelle file immediatamente successive a quelle riservate agli Stati non membri (delle N.U.) e prima di quelle riservate agli altri osservatori (presso le N.U.)» (Risoluzione dell'Assemblea Generale delle Nazioni Unite del 7 luglio 1998 n. 52/250, in *Riv. dir. int.*, 1999, 312).

Si tratta, quindi, di un esempio assai significativo della progressiva espansione dell'ambito di operatività riconosciuta dal diritto internazionale alla personalità giuridica internazionale degli insorti in principio assai limitata, ma suscettibile di accrescersi progressivamente sino a stabilizzarsi definitivamente in un nuovo Stato oppure di estinguersi in caso di scioglimento degli insorti a seguito dell'insuccesso della loro iniziativa.

5.3. *In particolare, i diritti attribuiti agli Insorti: alcuni esempi.*

In ogni caso, l'acquisto della personalità giuridica internazionale da parte degli insorti in presenza delle circostanze ricordate al precedente par. 5.1 comporta l'estensione nei loro confronti dei privilegi conseguenti all'applicazione delle principali norme di diritto umanitario di guerra ed in particolare di quelle relative ai conflitti armati con specifico riferimento alle norme delle Convenzioni di Ginevra del 1949. Tanto che, secondo alcuni, l'applicazione di tali disposizioni dovrebbe avvenire anche prima del raggiungimento dello stadio di "*insurgency*", e pertanto anche a prescindere dal consolidato conseguimento dell'effettività del movimento, proprio per favorire l'autodeterminazione dei popoli allorché in tale direzione sia inequivocabilmente orientato il movimento.

Un'altra situazione conseguente alla personalità giuridica (e pertanto alla somma di privilegi che il diritto internazionale riconosce a favore) degli insorti riguarda i casi in cui questi ultimi prendono con la forza il possesso di una nave battente bandiera dello Stato contro il quale operano. Si riconosce, infatti, in tal caso, libertà di azione alle c.d. "navi ribelli" ed un obbligo di non interferenza da parte di Stati terzi sulla condotta e tali navi ed il governo contro il quale le navi sono dirette. In particolare, si è così affermato che proprio a seguito del loro speciale *status* riconosciuto dal diritto internazionale «un attacco da parte di una nave di cui gli insorti hanno preso il possesso contro il loro governo ... non è un atto di pirateria» (come affermato dal Governo britannico sin dal 1874).

Pertanto, le navi di cui gli insorti hanno preso il possesso, da un lato, non possono essere catturate per ordine del governo di un altro Stato proprio in virtù della personalità giuridica internazionale e del conseguente speciale trattamento riconosciuto agli insorti nell'ambito della Comunità internazionale, e, dall'altro lato, non possono ricevere assistenza nei porti di altri Stati in quanto, altrimenti, questi ultimi si espongono ad essere accusati di interferire illegittimamente nel conflitto tra gli insorti e lo Stato di loro appartenenza.

5.4. *(segue): lo speciale e limitato* status *dei Movimenti di liberazione nazionale.*

In difetto delle circostanze indicate nei precedenti paragrafi (v. *supra*, par. 5.1) i *Movimenti di Liberazione Nazionale* non hanno uno *status* nell'ambito della Comunità internazionale tale da garantire loro diritti almeno parzialmente assimilabili a quelli attribuiti agli Stati; tale, cioè, da assegnare a loro favore un insieme di privilegi previsti dal diritto internazionale adeguato a consentire di attribuire loro una vera e propria personalità giuridica internazionale.

In realtà, in difetto di un controllo effettivo sulla popolazione delle cui istanze sono portatori o di un comando responsabile, la Comunità internazionale riconosce a tali Movimenti soltanto il diritto ad essere ascoltati nelle varie sedi internazionali in cui si dibattono le determinazioni, e in generale i temi, relativi alle popolazioni ed ai territori di cui essi si pongono come interpreti delle istanze autonomistiche. Ed in queste occasioni, soprattutto se con riferimento ad esse è loro attribuito il particolare *status* di "osservatore", potranno godere di tutta una serie di privilegi previsti dal diritto internazionale. Ma tali privilegi, come già accennato, non hanno un'intensità ed una estensione tale da essere assimilati a – e tanto meno identificati (pur con i necessari adattamenti allo specifico *status* dei Movimenti di Liberazione Nazionale) con – quelli attribuiti agli Stati o anche semplicemente agli insorti. In tal senso, nei casi ora indicati, è dubbio che ai Movimenti in esame possa essere attribuita una vera e propria, pur limitata, personalità giuridica internazionale.

6.1. *Il Sovrano Ordine Militare di Malta.*

L'insieme dei privilegi conseguenti all'attribuzione della personalità giuridica degli Stati sono estesi, se pur con gli adattamenti e con le limitazioni del caso, ad altri enti ed organizzazioni collettive dotate di effettività ed indipendenza rispetto ad altri ordinamenti giuridici, in funzione della rilevanza e del ruolo loro riconosciuto ed ancora attualmente esercitato nelle relazioni internazionali.

Si tratta di enti collettivi attualmente diversi dagli Stati, ma nel passato dotati dei caratteri propri degli Stati che tutt'ora perseguono valori e fini che la Comunità internazionale riconosce come propri. Tra tali enti sono particolarmente significativi, anche per la specifica posizione loro riconosciuta nell'ambito dell'ordinamento italiano, la Santa Sede e il Sovrano Ordine di Malta. In realtà, è proprio all'interno dell'ordinamento italiano, grazie alla sua tradizionale apertura ai valori internazionalistici, che la personalità giuridica internazionale di tali enti si è manifestata con particolare evidenza attraverso il riconoscimento a loro favore in una misura assai ampia di posizioni soggettive tutelate dal diritto internazionale.

Il *Sovrano Ordine di Malta* è un'associazione sorta a fini militari e di assistenza sanitaria che inequivocabilmente manifestò pienamente la propria autonomia ed indipendenza dal XIV secolo allorché si dotò di una vera e propria sovranità territoriale su Rodi e Malta. Tale sovranità territoriale venne successivamente persa alla fine del XVIII secolo, ma l'ente in esame mantenne la propria autonomia ed indipendenza proseguendo la sua attività nel settore dell'assistenza sanitaria nella sua sede a Roma e mantenendo veri e propri rapporti diplomatici con molti Stati europei. L'esigenza di conservare a tale ente la personalità giuridica internazionale anche dopo la perdita della sovranità territoriale è stata possibile in quanto si è rilevato che:

> «è portatore di un ordinamento giuridico originario e indipendente da ogni altro dal quale sono disciplinati sia la sua organizzazione sia la sua attività» (Cass. civ., Sez. II, 30 gennaio 1997, n. 944, in *Giust. civ.*, 1997, I, 2173).

e si giustifica in funzione dell'esigenza di garantire il perseguimento dei suoi fini (secondo caratteristiche e con privilegi nella massima misura possibile assimilabili a quelli assegnati agli Stati) in quanto considerati essenziali dalla Comunità internazionale se pur nei limiti delle sue più circoscritte esigenze funzionali.

Tali principi sono stati ripetutamente ribaditi in varie occasioni, ancora di recente, allorché non si è avuta esitazione nel riconoscere la "qualità di soggetto internazionale" del Sovrano Ordine di Malta caratterizzandola e limitandola negli effetti con la precisazione che

> «si tratta di una forma particolare di soggettività internazionale, avente carattere funzionale, nel senso che opera esclusivamente per il raggiungimento delle sue finalità istituzionali di assistenza sanitaria ed ospedaliera» (Cass. civ., Sez. I, 5 novembre 1991, n. 11788, in *Riv. dir. int.*, 1992, 176).

Pertanto, i privilegi relativi alla personalità giuridica internazionale riguardano solamente gli atti, i beni e le persone che ne sono organi in quanto siano rilevanti per il perseguimento di quei valori universali che la tradizione e la pratica del diritto internazionale attribuisce al Sovrano Ordine di Malta. Entro tali limiti, peraltro, esso intrattiene regolari relazioni diplomatiche, conclude accordi internazionali e gode di immunità secondo la disciplina del diritto internazionale che gli consente anche di partecipare quale osservatore ad organizzazioni internazionali.

6.2. *La Santa Sede*.

La *ratio* indicata al precedente paragrafo quale esigenza condivisa dalla Comunità internazionale alla base dell'attribuzione (*rectius*, al mantenimento dell'attribuzione) della personalità internazionale al Sovrano Ordine di Malta vale, a maggior ragione, con riferimento alla *Santa Sede* ed allo *Stato della Città del Vaticano*. In realtà, pur essendo quanto meno discutibile che lo Stato della Città del Vaticano, di per sé, sia un vero e proprio Stato inteso nel senso di cui ai precedenti par. 1 ss., si è sempre ammesso che

> «la Santa Sede gode della sovranità nelle relazioni internazionali quale caratteristica relativa alla sua natura in conformità alle sue tradizioni ed alle richieste della sua missione nel mondo».

Infatti, la Chiesa Cattolica, con la Santa Sede che ne è l'ente esponenziale, opera, e risulta fattualmente dotata nella pratica dei rapporti internazionali, con le caratteristiche di originarietà ed indipendenza dell'ordinamento giuridico di cui si avvale, che le consente di agire come soggetto nell'ambito delle relazioni internazionali nel senso innanzi precisato. Quindi, in coerenza con la tradizione e con la soddisfazione delle esigenze relative alla sua funzione istituzionale, condivisa e richiesta dalla Comunità internazionale, la Santa Sede e lo Stato della Città del Vaticano godono della maggior parte dei diritti e dei privilegi che attraverso la personalità giuridica vengono attribuiti e garantiti dal diritto internazionale agli Stati.

Si tratta della somma di tutte le situazioni giuridiche che consentono alla Santa Sede di svolgere la propria missione di ordine religioso e morale a portata universale mantenendo una minima base territoriale a garanzia di una sufficiente autonomia dei suoi organi istituzionali. In tal senso, in particolare, la Santa Sede può intrattenere rapporti internazionali con gli Stati e con le organizzazioni internazionali, gode delle immunità previste dal diritto internazionale, conclude trattati internazionali, ottiene il riconoscimento dei suoi atti normativi e giurisdizionali e partecipa ad organizzazioni internazionali i cui scopi siano funzionali allo svolgimento della sua missione, ecc. E cioè,

> «alla Santa Sede, nella quale si concentra la rappresentanza della Chiesa Cattolica e dello Stato della Città del Vaticano è stata riconosciuta la soggettività internazionale ad entrambi i titoli e quest'ultima non è venuta meno neppure nel periodo in cui era cessata la titolarità di qualsiasi potere statuale» (Cass., S.U., 18 dicembre 1979, n. 6569, in *Riv. dir. int. priv. proc.*, 1981, 124). Infatti, «La Santa Sede è sopravvissuta quale soggetto di diritto internazionale alla estinzione dello Stato pontificio per *debellatio* avvenuta nel 1870 per effetto dell'annessione di Roma da parte dello Stato italiano» (Cass. civ., Sez. I, 3 dicembre 1988, n. 6547, in *Dir. eccl.*, 1989, II, 102). Essa, pertanto, «quale emanazione ed istituzione

somma della Chiesa Cattolica è titolare di personalità giuridica internazionale ed assume nell'ordinamento internazionale la stessa posizione che hanno gli Stati sovrani» (Cass., S.U., 17 novembre 1989, n. 4909, in *Riv. dir. int. priv. e proc.*, 1991, 488).

7.1. *Le organizzazioni internazionali intergovernative.*

Oltre agli enti innanzi indicati, l'ordinamento internazionale garantisce un trattamento privilegiato anche alle *organizzazioni internazionali* create dagli Stati in virtù di accordi internazionali rivolti a perseguire collettivamente ed istituzionalmente fini e valori internazionalmente rilevanti che singolarmente, bilateralmente o senza un adeguato supporto istituzionale internazionale gli Stati non possono realizzare con la necessaria adeguatezza.

Il fenomeno in esame trova le sue iniziali e timide manifestazioni sin dalla fine del XIX secolo. È stato, peraltro, solo il XX secolo ed in particolare il periodo successivo alla fine della II Guerra Mondiale che ha visto affermarsi il ruolo delle organizzazioni internazionali intergovernative con una precisa attribuzione ad esse in ambito internazionale di uno *status* ed una serie di privilegi riconducibili alla personalità giuridica internazionale. Si tratta appunto di privilegi attribuiti a

> «nuovi soggetti di diritto dotati di una certa autonomia, ai quali gli Stati affidano il compito di realizzare i comuni obiettivi».

Infatti, le organizzazioni internazionali, diversamente dagli Stati, non sono dotati di una competenza generale. Sono governate dal "principio di specialità" (CIG, 8 luglio 1996, *Parere sulla Legittimità dell'uso di armi nucleari in un conflitto armato*, in *C.I.J., Recueil*, 1996, 66): cioè, esse si vedono attribuire dagli Stati che le creano poteri i cui limiti sono fissati in funzione del perseguimento degli interessi comuni che gli Stati hanno loro attribuito.

In realtà, nel passato, tali privilegi erano giustificati riconducendoli agli Stati di appartenenza degli organismi istituzionali ora indicati enfatizzando, così, piuttosto il loro ruolo di "organi comuni" o "organi collettivi" o "enti strumentali" degli Stati partecipi della loro creazione. Peraltro, allorché tali organizzazioni internazionali si sono dotate e si sono affermate con le caratteristiche di autonomia e di finalità proprie, si è ormai da tempo affermato che esse possiedono una loro personalità giuridica internazionale distinta da quella degli Stati che partecipano ad esse. A tale principio si è ispirata anche la giurisprudenza italiana sin dai primi decenni del XX secolo. Peraltro, non tutte le organizzazioni internazionali sono titolari di una vera e propria personalità giuridica. Esse, a tal fine, devono, appunto, a) essere dotate di un'adeguata autonomia, anche organizzativa, distinta da quella degli Stati membri, b) avere una propria missione ben definita con attribuzione delle relative competenze al cui effettivo esercizio corrisponde la titolarità di uno specifico *status* nella Comunità internazionale.

7.2. Caratteri della personalità giuridica delle organizzazioni internazionali.

I caratteri ora indicati *sub* a) e b) e la loro rilevanza sono stati precisati allorché se ne è verificata l'esistenza e la rilevanza a proposito dell'Organizzazione delle Nazioni Unite da parte della Corte internazionale di giustizia in un caso assai famoso. Si trattava di stabilire se le N.U. godessero del diritto ad essere risarcite del danno provocato a seguito della violazione degli obblighi relativi al trattamento ed alla protezione internazionalmente dovuta ad un loro "agente". In tale occasione, infatti, si è osservato a proposito del requisito di cui *sub* a) che

> «la pratica – in particolare la conclusione di accordi di cui l'Organizzazione è parte – ha confermato questo carattere [di adeguata autonomia] dell'Organizzazione, che occupa una posizione per alcuni aspetti distinta dai suoi Membri, e ai quali ha il dovere, ove del caso, di ricordare [il rispetto] di certi obblighi».

Per quanto riguarda il requisito di cui *sub* b) si è precisato che

> «l'Organizzazione è stata destinata ad esercitare funzioni ed a godere di diritti che possono spiegarsi solo se ad essa è attribuita, in larga misura, la personalità internazionale e la capacità di agire sul piano internazionale ... Si deve riconoscere che i suoi Membri, assegnandole certe funzioni ... l'hanno dotata delle competenze necessarie per permetterle di svolgere effettivamente queste funzioni» (CIG, 11 aprile 1949, *Parere relativo alla Riparazione dei danni subiti al servizio delle N.U.*, in *C.I.J., Recueil*, 1949, 174).

In presenza di questi requisiti, peraltro, proprio in virtù del "principio di specialità" innanzi accennato, le organizzazioni internazionali non sono dotate di una personalità internazionale (e pertanto di una somma di diritti ed obblighi) con effetti identici a quelli attribuiti agli Stati proprio a causa della:

> «impossibilità di porre su un piano di parità assoluta Stati ed organizzazioni internazionali». Pertanto l'attribuzione della loro «soggettività giuridica internazionale non basta ad equipararla ad uno Stato esteso tanto da assicurare loro l'immunità giurisdizionale alla stregua del principio *par in parem non habet jurisdictionem*» (Cass., S.U., 28 ottobre 2005, n. 20995, in *Riv. dir. int.*, 2006, 248, spec. 251).

La personalità delle organizzazioni internazionali, quindi, da un lato, opera ed è prevista dal diritto internazionale entro limiti strettamente funzionali allo svolgimento della loro missione secondo la disciplina ricavabile dagli impegni che si sono assunti gli Stati, soprattutto in occasione della costituzione dell'organizzazione e della sua concreta attuazione, oltreché nei c.d. accordi di sede abitualmente conclusi tra la stessa organizzazione e lo Stato nel cui territorio essa stabilisce la sua sede. D'altro canto, è da escludere che, quanto meno nel presente stato evolutivo della Comunità internazionale, qualsiasi organizzazione internazionale, comprese quelle "universali" e di natura politica (tra cui soprattutto le Nazioni Unite), possa atteggiarsi a "super-Stato": in grado, cioè, di sovrapporre (e sostituire) la propria struttura organizzativa a quella della Comunità internazionale modificandola nel senso di garantire un accentramento, ed un processo evolutivo verso la verticalizzazione, delle funzioni di creazione ed attuazione del diritto internazionale.

Si tratta, quindi, di una personalità internazionale che consente alle varie organizzazioni internazionali, in misura più o meno accentuata in funzione delle loro "missioni" e dei poteri al riguardo conferiti da parte degli Stati che ne sono membri, di essere titolari di quelle situazioni giuridiche e di quella somma di privilegi tutelati dal diritto internazionale essenziali per consentire lo svolgimento della loro attività nell'ambito della Comunità internazionale; al fine, cioè, di permettere agli organi istituzionali dell'ente di intrattenere con gli Stati membri, con gli Stati terzi e, più in generale, con i vari soggetti di diritto internazionale, i rapporti giuridici necessari per operare efficacemente rispetto agli scopi ad essi assegnati in condizioni di adeguata autonomia ed indipendenza rispetto agli Stati che ne fanno parte.

Al riguardo la giurisprudenza internazionale non esprime alcuna incertezza. Ad esempio, a proposito della WHO (l'Organizzazione mondiale della sanità) si è affermato che tale organizzazione, alla stregua di altre dello stesso tipo,

> «è un soggetto di diritto internazionale vincolato, come tale, da tutti gli obblighi imposti nei suoi confronti dalle norme generali di diritto internazionale, dal suo atto istitutivo o dagli accordi internazionali di cui è parte». Non si è quindi esitato a precisare che esiste «un obbligo di cooperare in buona fede per favorire il perseguimento degli scopi e degli obiettivi dell'Organizzazione espressi nella sua Costituzione» (CIG, 20 dicembre 1980, *Parere relativo alla Interpretazione dell'Accordo 25 marzo 1951 tra l'O.M.S. e l'Egitto*, in *C.I.J., Recueil*, 1980, 73, par. 37).

7.3. *Il valore delle disposizioni contenute negli statuti o negli accordi di sede.*

In tale logica sono formulate ed attuate disposizioni *ad hoc* negli statuti ed in specifici accordi relativi allo *status* giuridico delle organizzazioni internazionali da cui è possibile ricavare i limiti entro cui opera una loro personalità giuridica internazionale. In particolare, così, in tale prospettiva sarà possibile valutare entro quali limiti ammettere il loro diritto ad avvalersi di privilegi ed immunità simili a quelli di cui godono gli organi ed i beni degli Stati, la capacità di intrattenere relazioni diplomatiche e di concludere accordi internazionali dai contenuti più vari, oltreché il diritto ad un trattamento dei propri dipendenti nell'ambito dei vari Stati simile a quello garantito a favore dei dipendenti degli altri Stati.

Ad esempio, si esprimono inequivocabilmente nel senso ora indicato le disposizioni statutarie del Fondo internazionale per lo sviluppo agricolo (IFAD) allorché si precisa all'art. 10, Sezz. I e II che

> «[i]l Fondo possiede la personalità giuridica internazionale e gode nel territorio di ogni Stato membro quei privilegi ed immunità necessari per lo svolgimento delle sue funzioni ed il perseguimento dei suoi obiettivi».

Parimenti, l'art. 4 dello Statuto della Corte penale internazionale precisa che

> «[l]a Corte ha personalità giuridica internazionale. Ha anche la capacità giuridica necessaria per esercitare le sue funzioni e per il raggiungimento dei suoi fini».

In ogni caso, tali disposizioni hanno una mera portata descrittiva e narrativa. Si tratta soltanto della dichiarata intenzione degli Stati membri di garantire la partecipazione dell'organizzazione internazionale alle relazioni internazionali godendo della somma dei privilegi riconosciuti a favore degli Stati nella misura necessaria al perseguimento dei suoi fini istituzionali. Sarà poi la concreta attuazione di tale intenzione e l'effettiva partecipazione alle relazioni internazionali con carattere di (quanto meno relativa) autonomia ed indipendenza rispetto agli Stati membri della organizzazione internazionale a consentire l'accertamento e l'affermazione della sua personalità internazionale, se pur entro i limiti e con le caratteristiche ora indicati.

Si deve segnalare che tradizionalmente la giurisprudenza, ed in particolare quella italiana, non ha difficoltà a riconoscere con grande generosità la presenza di tali caratteri alla quasi generalità delle organizzazioni internazionali alle quali, pertanto, è reso possibile di giovarsi del trattamento conseguente alla loro personalità giuridica internazionale, e, in particolare, è abitualmente riconosciuta l'"immunità" dalla giurisdizione civile con estensione ed effetti sostanzialmente identici a quelli di cui possono avvalersi gli Stati.

Peraltro, nonostante tale tendenza, come già accennato, la personalità giuridica internazionale di una organizzazione internazionale, non è, di per sé, equiparata nel trattamento riservato dal diritto internazionale agli Stati. Ad esempio, l'immunità giurisdizionale potrà operare e viene attribuita a favore delle organizzazioni internazionali soltanto nella misura in cui sia necessaria e funzionale, espressamente o per implicito, alle esigenze specifiche da soddisfare in virtù della missione loro affidata e da esse effettivamente attuata. Si deve, quindi, trattare di una immunità necessaria al fine di

> «non porre impedimenti ai poteri di autogoverno e di perseguimento dei fini propri delle organizzazioni internazionali»: e cioè, allorché si tratta di limiti all'esercizio della giurisdizione da parte dello Stato della sede «necessari perché impliciti nei suoi fini oppure fissati espressamente in accordi internazionali» (Cass., S.U., 18 marzo 1999, n. 149, in *Riv. dir. int. priv. e proc.*, 2000, 472).

7.4. *La personalità giuridica di diritto interno delle organizzazioni internazionali.*

Quanto ora indicato a proposito della personalità giuridica internazionale delle organizzazioni internazionali non deve essere confuso con la loro personalità giuridica di diritto interno. A quest'ultimo proposito, infatti, le disposizioni previste nei trattati istitutivi hanno una vera e propria efficacia normativa nel determinare i caratteri di tale personalità alla quale consegue nel diritto interno di ogni Stato membro la capacità dell'organizzazione internazionale di concludere contratti, di acquistare beni mobili ed immobili, di stare in giudizio.

In alcuni casi tale personalità giuridica ha i contenuti più ampi possibili, come si verifica per la Comunità europea, alla quale è riconosciuta nell'ambito dei vari ordinamenti statali:

> «la più ampia capacità giuridica riconosciuta alle persone giuridiche e legislazioni nazionali; essa può in particolare acquistare o alienare beni immobili e mobili e stare in giudizio» (art. 282 Trattato CE, ex art. 211).

Comunque, anche nei casi in cui l'accordo istitutivo di una organizzazione internazionale nulla disponga espressamente, non vi sono mai stati problemi o incertezze da parte dei giudici interni e/o da parte delle autorità amministrative degli Stati membri nel riconoscere a suo favore il trattamento riservato alle persone giuridiche di diritto interno nella misura in cui risulta funzionale al perseguimento dei suoi scopi sociali.

Analogo trattamento è riservato anche ad organizzazioni internazionali di cui siano membri solamente Stati terzi rispetto allo Stato in cui esse operano, attraverso vari argomenti giuridici. Tra essi rileva, soprattutto, la circostanza per cui a tali organizzazioni è attribuita la personalità giuridica di diritto interno dello Stato membro dell'organizzazione in cui essa ha la sede e/o svolge la sua attività principale; pertanto, tale personalità è riconosciuta anche in Stati non membri dell'organizzazione internazionale in virtù della normale operatività delle norme di diritto internazionale privato (come ad esempio è previsto dall'art. 25 della legge n. 218/1995). Peraltro, la disciplina relativa al suo funzionamento risulta determinabile soprattutto con specifico riferimento alla rilevante normativa contenuta nel Trattato istitutivo dell'organizzazione internazionale:

> «Sarebbe, infatti, contrario alla *comitas* tra Stati imporre l'applicazione della sola legge nazionale di uno Stato membro dell'organizzazione internazionale particolarmente allorché la disciplina del trattato comprende specifiche disposizioni che caratterizzano il funzionamento dell'organizzazione internazionale rispetto al diritto di un qualunque Stato membro. Ne consegue che la disciplina relativa all'esistenza, alla costituzione ed ai poteri rappresentativi dell'A.O.I. (*Arab Organization for Industrialisation*) è (anzitutto) il diritto internazionale e non già il diritto nazionale dell'Egitto (Stato in cui l'Organizzazione ha la sede e svolge la sua attività principale)» (Q.B.D., 3 agosto 1995, 2, *All ER*, 387).

8.1. *La personalità giuridica degli individui: nel diritto internazionale classico.*

È stato più volte sottolineato nei precedenti paragrafi che in diritto internazionale sono enti o organizzazioni collettive (ed in particolare gli Stati) i soggetti primari in funzione delle cui esigenze è prevista la disciplina di diritto comune ed è accordata la relativa personalità giuridica. In tale logica, quindi, non sembra che possa essere riservato alcuno spazio ad una eventuale disciplina speciale idonea a far sorgere, direttamente in ambito internazionale, nei confronti degli individui una, anche circoscritta, personalità giuridica.

È ben vero che molte norme di diritto internazionale prevedono una compiuta disciplina di rapporti giuridici o di situazioni giuridiche soggettive di cui sono destinatari gli individui secondo criteri e con modalità tali che ne consentono la diretta ed immediata applicazione ed attuazione nei loro confronti. Ma è altrettanto vero che, secondo l'impostazione tradizionale del diritto internazionale, tale applicazione ed attuazione può avvenire solamente per il tramite degli Stati e nell'ambito degli ordinamenti statali.

In tale direzione è chiaramente orientata la giurisprudenza internazionale allorché ha, a suo tempo, precisato

> «che può essere facilmente ammesso che, secondo un consolidato principio di diritto internazionale, ... un trattato internazionale non può, come tale, creare direttamente diritti ed obblighi nei confronti degli individui. Ma non può essere contestato che il contenuto reale di un accordo internazionale, secondo la intenzione delle Parti contraenti, può essere l'adozione di alcune precise regole il cui contenuto consiste nella creazione di diritti ed obblighi nei confronti degli individui di cui deve essere garantita l'attuazione da parte dei giudici statali» (CPGI, 3 marzo 1928, *Parere relativo al caso dei Danzig Railway Officials*, in *C.P.J.I., Recueil*, Série B, n. 15, 17-18).

Da tale impostazione consegue che, pur in presenza di norme di diritto internazionale idonee a compiutamente regolare situazioni giuridiche individuali o rapporti interindividuali, esse possono essere fatte valere da parte degli individui all'interno degli ordinamenti statali solamente allorché a) siano state volute come tali da parte degli Stati contraenti e b) siano effettivamente attuate in esecuzione del corrispondente obbligo internazionale nell'ambito degli ordinamenti statali. Solo in presenza di queste circostanze, infatti, potranno essere fatte valere da parte degli individui (non già in sede internazionale, bensì esclusivamente) all'interno degli ordinamenti statali che si sono adeguati a tale obbligo. Gli individui, infatti, pur essendo beneficiari sostanziali della situazione giuridica creata dalla norma di diritto internazionale, non sono in grado di ottenerne l'attuazione innanzi ai giudici nazionali nell'ambito degli ordinamenti degli Stati inadempienti a quanto indicato *sub* b) poiché, pur in presenza di queste circostanze, la norma internazionale non è produttiva di effetti all'interno di questi ordinamenti ed al tempo stesso gli individui, nella maggior parte dei casi (e salvo quanto precisato in appresso), non sono in grado di far valere l'inadempimento che ha provocato tale situazione utilizzando le garanzie e gli strumenti giurisdizionali previsti dal diritto internazionale.

Le ragioni e la logica che ne sono a fondamento sono ancora profondamente sentite in ambito internazionale. Tanto che, ancora in tempi recenti, la disciplina dei diritti degli individui e dei rapporti interindividuali da parte del diritto internazionale è stata razionalizzata come un frammento di un diritto internazionale interindividuale non riconducibile ad un sistema dotato di una vera e propria comunità su base universale in grado di attuarne i contenuti. Ne consegue che gli Stati sono restii a riconoscere, direttamente ed immediatamente a favore degli individui, diritti ed obblighi previsti da norme internazionali se non nei limiti in cui, ed in quanto, essi siano entrati a far parte, attraverso varie modalità (di cui *infra*, Cap. X), dei loro ordinamenti nazionali.

8.2. *(segue): e nelle più recenti tendenze.*

Peraltro, due recenti fenomeni hanno, almeno parzialmente, modificato la situazione e l'ottica innanzi indicata.

In primo luogo, l'affermarsi di una responsabilità penale personale direttamente prevista, e giurisdizionalmente garantita, nell'ambito dell'ordinamento internazionale nei confronti degli individui che commettono determinati comportamenti considerati *crimina juris gentium* anche se tali comportamenti sono adottati nella loro qualità di organi di enti dotati di personalità internazionale. Da un lato, infatti, si afferma al riguardo la responsabilità personale di tali individui e la loro giustiziabilità universale (e cioè da parte di tutti gli Stati o da parte di un organo giurisdizionale internazionale) e, dall'altro, si esclude che in questi casi essi possano giovarsi dei privilegi e delle immunità previsti dal diritto internazionale in funzione della loro eventuale qualità di organi di Stato o di altri soggetti dotati di personalità giuridica internazionale.

Inoltre, si riscontra, nel corso degli ultimi decenni, l'affermarsi di una disciplina dei comportamenti, ed in particolare la previsione di obblighi a carico (ed azionabili nei confronti) degli enti dotati di personalità giuridica internazionale (ed in particolare degli Stati) non più funzionali alla sola tutela della loro autonomia, indipendenza e sovranità a soddisfazione delle esclusive esigenze (e quindi non più soltanto della parte) dei "governanti", bensì alla protezione di almeno alcuni fondamentali diritti (e quindi si pone dalla parte) dei "governati". Ne sono inequivoca testimonianza la progressiva affermazione dei diritti internazionali dell'uomo e delle corrispondenti forme di tutela, anche giurisdizionale, direttamente previste a favore degli individui in ambito internazionale. Da ciò la sempre maggiore intensità ed efficacia diretta di norme dell'ordinamento internazionale rivolte agli individui di cui si affermano e si garantiscono (rendendo effettivi) alcuni diritti e libertà anche attraverso specifiche tutele internazionali (di vario tipo, comprese quelle giurisdizionali) utilizzabili anche nei confronti dello Stato di loro appartenenza. Si inizia ad affermare in tal modo, anche in ambito internazionale, una concezione individualistica – e non già esclusivamente interstatale – della società: e, pertanto, anche all'interno dell'ordinamento internazionale, si porta *"l'individuo al centro dei diritti e degli obblighi verso la società"* e l'intera Comunità internazionale, dalle libertà personali a quelle economiche.

8.3. *I crimina juris gentium*.

Per quanto riguarda, in particolare, il primo dei fenomeni innanzi indicati, in realtà, già nel passato alcuni comportamenti degli individui erano direttamente valutati da parte del diritto internazionale come crimini di cui anch'essi assumevano diretta responsabilità nell'ambito dell'ordinamento internazionale e nei confronti della Comunità internazionale. Si tratta della pirateria, della tratta degli schiavi, del contrabbando di guerra, dei c.d. crimini di guerra, ecc. Peraltro, anche in tali casi, le norme ora indicate potevano trovare concreta attuazione nei confronti degli individui responsabili dei comportamenti criminali sanzionati solo entro gli ordinamenti statali. Tanto che al riguardo si riteneva esistente un vero e proprio obbligo da parte degli Stati, cui corrispondeva il diritto degli altri Stati, di perseguire i colpevoli o quanto meno di consegnarli ad uno degli Stati che intendeva perseguirli per tali comportamenti.

In questi ultimi decenni, al contrario, si è affermata la rilevanza e diretta applicazione nei confronti degli individui (non più soltanto in ambito statale, ma anche), nell'ambito dello stesso ordinamento internazionale, delle norme da ultimo indicate che sanzionano i c.d. *crimina juris gentium*. Si è, infatti, definitivamente affermata la diretta previsione di norme (anche consuetudinarie) non solo dirette a disciplinare, ma anche rivolte a garantire in ambito internazionale la sanzione di individui per comportamenti criminali, sia precludendo loro la possibilità di avvalersi in qualsiasi sede degli istituti di diritto internazionale limitativi di tale effetto sanzionatorio (quali, ad esempio, l'immunità dalla giurisdizione), sia distinguendo nettamente l'eventuale (ulteriore) responsabilità dello Stato rispetto a quella degli individui coinvolti in comportamenti riconducibili ai c.d. *crimina juris gentium*.

Tali principi (di cui al successivo Cap. X) sono stati progressivamente affinati e precisati sino alla formulazione più evoluta prevista nello Statuto del Tribunale penale per la *ex* Jugoslavia (1998) in cui è previsto (all'art. 7) che:

> «Chiunque abbia progettato, istigato, ordinato, commesso o in altra maniera aiutato o incoraggiato la progettazione, preparazione o esecuzione di uno dei crimini elencati negli articoli da 2 a 5 del presente Statuto (i c.d. crimini internazionali di guerra) è individualmente responsabile di tale crimine. La posizione ufficiale dell'imputato, sia come capo di Stato o di governo sia come alto funzionario di governo, non lo esonera dalla propria responsabilità penale e non costituisce un motivo di attenuazione della pena».

Nello stesso senso sono formulate anche le corrispondenti disposizioni (artt. 25 e 33) dello Statuto della Corte penale internazionale (1998).

Nessun dubbio, quindi, che attualmente, a) il diritto internazionale prevede direttamente una disciplina della responsabilità di individui, distinta da quella degli Stati di cui sono eventualmente organi, con riguardo ad alcuni comportamenti specificamente vietati nei loro confronti e b) nell'ambito dello stesso ordinamento internazionale esistono istituzioni ed operano specifici strumenti processuali rivolti a consentire di giudicare e sanzionare tali comportamenti.

8.4. *La tutela internazionale dei diritti degli individui.*

Per converso, all'affermarsi di obblighi e di garanzie internazionali direttamente azionabili nei confronti degli individui corrisponde anche il definitivo consolidamento di diritti e garanzie direttamente previsti dal diritto internazionale a favore degli individui ed autonomamente azionabili da questi ultimi con sempre maggiore grado di intensità ed effettività.

Si tratta del progressivo consolidarsi nell'ambito dell'ordinamento internazionale di sistemi normativi e giurisdizionali specificamente rivolti a garantire, da un lato, la titolarità a favore degli individui di situazioni giuridiche soggettive internazionali e, dall'altro, la presenza di adeguati strumenti processuali internazionali idonei a realizzarne l'applicazione anche nei confronti degli Stati di appartenenza degli stessi individui. Tanto che, sulla scorta di tali circostanze, alcuni autori hanno affermato che in virtù di esse il diritto internazionale ha acquistato il proprio significato democratico.

Quanto ora indicato si riscontra con particolare riguardo ai diritti dell'uomo, affermati con norme rivolte a favore degli individui in virtù delle quali divengono diretti titolari di situazioni giuridiche nell'ordinamento internazionale ove essi possono giovarsi anche di strumenti di tutela giurisdizionale (sui quali v. *infra*, Cap. X). Tra questi ultimi si segnala, in particolare, il procedimento innanzi alla Corte europea dei diritti dell'uomo, le cui sentenze non solo producono effetti diretti anche nei confronti (ed anche nell'ambito) di tutti gli Stati contraenti della Convezione europea per la tutela dei diritti dell'uomo ma soprattutto la cui attività giurisdizionale può essere azionata in virtù di ricorsi individuali.

8.5. *La personalità giuridica limitata dell'individuo.*

Di fronte a tale evoluzione del diritto internazionale (meglio descritta al successivo Cap. X) sembra possibile riconoscere una pur limitata personalità internazionale degli individui circoscritta alle, e caratterizzata dalla peculiarità della disciplina delle, eccezionali situazioni innanzi indicate. Si tratta di una personalità giuridica del tutto particolare, e quindi speciale, rispetto alla personalità di diritto comune di cui soprattutto gli Stati sono i naturali destinatari in virtù di quanto esposto sin dal par. 1.1.

Pertanto, gli individui potranno far valere, e per converso potranno essere fatte valere nei loro confronti, in ambito internazionale, solamente specifiche situazioni giuridiche con i corrispondenti obblighi e diritti, oltreché con le particolari garanzie previste al riguardo. Essi non potranno, in particolare, né valersi di, né essere fatte valere nei loro confronti, tutte le situazioni giuridiche e/o garanzie di attuazione previste dal diritto internazionale generale proprio perché strutturate in funzione delle caratteristiche dei soggetti primari della Comunità internazionale (e cioè soprattutto degli Stati e delle organizzazioni internazionali) per la soddisfazione delle cui esigenze è prevista la normativa internazionale di diritto comune.

Tali ultimi rilievi, peraltro, non sembrano idonei ad escludere il riconoscimento dell'indicata particolare e limitata personalità giuridica agli individui nell'ambito dell'ordinamento internazionale adeguata alla soddisfazione di quelle limitate situazioni e di quelle specifiche esigenze che la recente evoluzione del diritto internazionale ha inteso proteggere o sanzionare direttamente, e con immediatezza, senza utilizzare il necessario tramite e la sede degli ordinamenti statali. Tanto più che la soluzione negativa non pare adeguata a cogliere le significative evoluzioni dell'ordinamento internazionale nell'ambito del quale sono ormai sempre più presenti, come risulta dai precedenti paragrafi, soggetti anche diversi dagli Stati dotati di una personalità giuridica sempre più differenziata in funzione della specifica disciplina e delle garanzie loro applicabili.

Si può, quindi, concludere che in diritto internazionale, all'opposto di quanto avviene negli ordinamenti statali, la normativa di diritto comune è formulata e prevista avendo come naturali destinatari enti ed organizzazioni collettive tra cui soprattutto gli Stati, mentre gli individui sono titolari solamente di una disciplina speciale (rispetto al diritto comune) in funzione e nei limiti della operatività della quale è loro attribuita la personalità giuridica in diritto internazionale.

9.1. *Le tendenze evolutive della struttura interstatale della Comunità internazionale.*

La più recente evoluzione della Comunità internazionale mette, quindi, in evidenza il progressivo ampiamento della tutela delle situazioni giuridiche conseguenti all'attribuzione della personalità giuridica a soggetti diversi dagli Stati che qualifica in tal senso anche i diritti e gli obblighi previsti dall'ordinamento internazionale nei confronti degli Stati. Ma non soltanto. Si riscontra, infatti, anche una sempre più attiva presenza nell'ambito della Comunità internazionale di ulteriori soggetti privi di una vera e propria personalità giuridica internazionale, che incidono in misura sempre più rilevante nella elaborazione ed attuazione delle norme internazionali i cui contenuti sono sempre più difficilmente riconducibili sotto il controllo e la direzione dei soli Stati.

Il fenomeno della c.d. globalizzazione, non ancora compiutamente valutabile nei suoi effetti giuridici, ha sicuramente messo in discussione le stesse fondamenta della struttura interstatale della Comunità internazionale e gli stessi equilibri macroeconomici alla base dei rapporti internazionali. La dimensione globale di alcuni fenomeni (quali, ad esempio, i mutamenti climatici, i problemi del sottosviluppo, l'immigrazione, il terrorismo, la proliferazione nucleare, i trasferimenti finanziari, i nuovi strumenti relativi alla c.d. *information technology*, la violazione dei diritti umani, ecc.), e la conseguente de-territorializzazione dei relativi rapporti giuridici, hanno evidenziato l'assoluta inadeguatezza ad affrontarli da parte di una Comunità internazionale fondata essenzialmente sull'indipendenza e sulla sovranità degli Stati e, pertanto, caratterizzata da una disciplina determinata in funzione della sola tutela di tali loro requisiti. Gli accennati fenomeni, infatti, da un lato, trascendono la capacità di qualsiasi Stato di affrontarli individualmente anche al limitato fine di condizionarne le conseguenze nel suo ambito territoriale di sovranità e, dall'altro, richiedono regole ed istituti internazionali adeguati al loro carattere transazionale, a controllarne gli effetti oltreché, ove del caso, a reprimerli.

Non sono, in realtà, ancora chiari la misura e gli effetti di tali mutamenti. Tanto più che la c.d. globalizzazione può rappresentare solo l'inizio di una vera e propria rivoluzione copernicana della struttura organizzativa e della base sociale della Comunità internazionale il cui esito non solo non è ancora definito, ma non è neppure prevedibile. Si assiste, infatti, ad una asimmetria sempre più evidente fra attività non più riconducibili ai, e fuggite dai, confini nazionali e regole internazionali ancora fondate sull'adeguatezza della sovranità statale ad affrontare e controllare gli effetti di ogni fenomeno sociale oltreché su istituzioni democratiche largamente rinchiuse entro i soli ambiti statali. Si percepisce, comunque, che la Comunità internazionale è destinata a non essere più esclusivamente stato-centrica e limitata ai soli soggetti da cui essa ha tratto le origini nel XVII secolo a fronte dell'accennata inadeguatezza dei singoli Stati a controllare e garantire individualmente sia la propria sicurezza nazionale sia lo sviluppo economico e sociale della loro popolazione.

Dallo *status* di sovranità assoluta e indipendenza degli Stati e da regole rivolte esclusivamente a garantire la salvaguardia di tali "valori" giuridici, si passa, pertanto, ad una condizione di sempre più intensa interdipendenza delle comunità statali e dei popoli oltreché di obiettivi e beni costituzionali condivisi. Ci si trova, così, di fronte all'esigenza di regole a contenuto materiale più ampio, che esigono contesti deliberativi comuni e forme di collaborazione interstatuali assai evolute, oltreché un progressivo, reale, allargamento dei loro destinatari ed una maggiore partecipazione di tutti gli interessi coinvolti alla elaborazione ed attuazione della relativa normativa.

Tale rilievo non significa che la comunità ed il diritto internazionale si siano già trasformati in un sistema sociale e normativo di popoli ed individui la cui collaborazione, cooperazione ed integrazione si realizza nell'ambito di strutture istituzionalizzate (ad esse direttamente riconducibili ed) in grado di elaborare ed attuare regole adeguate alle sempre maggiori esigenze imposte dalla globalizzazione. In realtà, collaborazione, cooperazione ed integrazione tra popoli ed individui appartenenti a differenti ambienti socio-economici e culturali per soddisfare le esigenze ed i fenomeni innanzi accennati (che pur trascendono i poteri dei singoli Stati) è ancora in grande misura stato-centrica e fondata su strumenti normativi direttamente riconducibili agli Stati nonostante la innanzi accennata loro inadeguatezza.

9.2. *Evoluzione dei sistemi di cooperazione tra Stati e presenza di nuovi "attori" in ambito internazionale.*

In tale contesto, comunque, già è emerso nei precedenti paragrafi il mutato ruolo degli individui e soprattutto la specifica rilevanza assunta da parte delle organizzazioni internazionali alle quali è attribuita una personalità giuridica sempre più estesa con effetti sempre più significativi sulle relazioni internazionali. Si è riscontrato, infatti, a quest'ultimo proposito, il passaggio da rapporti del commercio internazionale diretti da meccanismi interstatali (cfr. soprattutto il *General Agreement on Tariffs and Trade*), ad un sistema istituzionalizzato della disciplina dei rapporti economici internazionali nell'ambito di specifiche organizzazioni internazionali dotate di precisi poteri normativi, sanzionatori e giurisdizionali oltreché di personalità giuridica internazionale. Significativa, al riguardo, è l'evoluzione dell'innanzi citato GATT in *World Trade Organization*, nel cui ambito si sperimentano innovativi modelli organizzativi all'interno dei quali vengono riconosciuti precisi diritti anche a favore dei vari soggetti a diverso titolo coinvolti in operazioni economiche internazionali con previsione di specifici strumenti di tutela a garanzia dell'effettività di tali diritti. Ed altrettanto si verifica in altri ambiti istituzionali internazionali: ad esempio, presso la Banca Mondiale è stato costituito un Centro Internazionale per la risoluzione di controversie in materia di Investimenti, per il cui funzionamento sono previsti nella stessa Convenzione di Washington del 1965 specifici strumenti internazionali e precise garanzie processuali internazionali a favore dei, e direttamente azionabili dai, privati nei confronti di Stati che non rispettino le norme internazionali relative al trattamento degli investimenti stranieri.

Ciò che, peraltro, specificamente qualifica la mutata caratterizzazione della composizione della Comunità internazionale nella direzione innanzi indicata è la partecipazione ai processi di elaborazione normativa internazionale, ed ai relativi meccanismi di garanzia, di "attori" non ancora dotati di una vera e propria personalità giuridica internazionale, ma presenti e partecipi di tali processi e meccanismi. Tra essi assumono una particolare importanza le c.d. Organizzazioni non governative (le c.d. ONG) e le imprese multinazionali (le c.d. IMN). Esse, infatti, sono particolarmente rappresentative, rispettivamente, le prime, degli "interessi pubblicistici" della società civile universale e, le seconde, degli interessi produttivi di un sistema economico-finanziario globale coerente con modelli organizzativi idonei a massimizzarne l'efficienza e l'aumento del valore.

Tanto che tale loro ruolo essenziale (ad esempio, in occasione del Vertice di Johannesburg del 2002) non solo è stato ripetutamente ribadito nel senso ora indicato, ma è stato addirittura qualificato come fondamentale al fine di incrementare il principio democratico sul piano internazionale ed, in particolare, di perseguire gli obiettivi di sviluppo sostenibile dalla Comunità internazionale. Infatti, senza la partecipazione della società civile e delle imprese tali obiettivi sono destinati a restare un "sogno lontano".

Nessuno stupore, quindi, nel riscontrare, da un lato, una sempre più larga ed efficace partecipazione delle ONG alla elaborazione della normativa internazionale relativa agli argomenti di cui esse si propongono di tutelare gli interessi nella società universale, rendendosi interpreti e portatori delle preferenze e dei suoi valori.

Esempi importanti sono riportati nel c.d. Millenium Report (del 2000) presentato dal Segretario Generale delle Nazioni Unite in cui il ruolo degli Stati è stato parificato a quello delle ONG quali "elementi e forze determinanti" ai fini dell'approvazione di importanti norme e di risoluzioni internazionali. Anzi, in alcune situazioni il loro ruolo è addirittura "considerato indispensabile" con particolare riguardo alla elaborazione ed attuazione di strumenti internazionali efficaci "nella lotta contro la povertà, l'ignoranza e le malattie" oppure "nella causa della protezione dell'ambiente". Tanto da far ritenere che la partecipazione di queste ONG alla elaborazione ed attuazione del diritto internazionale

> «dà un nuovo significato all'espressione "Noi Popoli" (delle Nazioni Unite), dimostrando che la disciplina della *governance* della società globale non è un gioco a somma zero. Tutti i partecipanti (a vario titolo) a tale sistema vedono aumentare la loro influenza» (cfr. KOFI A. ANNAN, *We the Peoples: the Role of the United Nations in the 21st Century*, New York, 2000, 70-71, 80).

Nello stesso senso non si è esitato a riconoscere l'importanza del «coinvolgimento attivo delle Organizzazioni Non Governative» al fine di «consentire che la globalizzazione operi a favore di tutti i cittadini e specialmente per i poveri del mondo». Si è rilevato, peraltro, che le ONG possono essere «di grande aiuto per l'operatività» dei meccanismi e delle norme previste dal diritto internazionale solo in quanto siano in grado di dimostrare la loro assoluta indipendenza e la loro rappresentatività della società civile universale. Pertanto, in ambito delle Nazioni Unite (ad esempio, in virtù della Ris. 31 del Consiglio Economico e Sociale del 25 luglio 1996), si prevede che tali loro caratteri siano certificati, sulla scorta di parametri oggettivi, da parte di uno specifico Dipartimento.

La presenza delle ONG, comunque, rileva non solamente nell'elaborazione ed attuazione di norme internazionali, ma anche nell'ambito di procedimenti giurisdizionali, arbitrali e paragiurisdizionali relativi a controversie in cui gli interessi che esse perseguono sono coinvolti. Tanto che anche nei casi in cui le ONG per ragioni formali e/o processuali non possono esserne direttamente parti attive si riconosce loro quanto meno la posizione di *"amicus curiae"* (e cioè, di soggetto in grado di fornire al giudice elementi di fatto e di diritto utili per la decisione) allorché l'organo decisionale ne ritenga utile la presenza in giudizio (ad esempio, per completezza di informazione, come si è di recente affermato nei procedimenti relativi alla risoluzione delle controversie in ambito WTO).

In sede di WTO, infatti, si è precisato che i suoi organi decisionali se, da un lato,

> «non hanno l'obbligo giuridico di accettare e prendere in considerazione memorie non richieste da parte di organizzazioni che non fanno parte del WTO», dall'altro, «hanno l'autorità secondo le proprie regole procedimentali di accettare e prendere in considerazione memorie da parte di una ONG quale "*amicus curiae*" (anche) in appello allorché considerano utile e coerente tale scelta» (cfr. da ultimo, World Trade Organization, WT/DS138/AB/R, 10 maggio 2000, *United States – Imposition of Countervailing Duties on Certain Hot Rolled Lead and Bismuth Carbon Steel Products Originatine in the United Kingdom*, Report of the Appellate Body, sec. 40-42).

9.3. *Il ruolo delle imprese multinazionali.*

D'altro canto, in un sistema globalizzato, è sempre più significativo anche il ruolo delle IMN nella determinazione della disciplina di diritto internazionale: ad esempio, a proposito delle garanzie agli investimenti stranieri che gli Stati devono fornire in quanto interessati a promuovere ed attrarre nuovi investimenti in determinate aree geografiche soggette alla loro sovranità. A maggior ragione, tale ruolo è ancora più accentuato con riferimento alle regole internazionali relative alla circolazione ed agli effetti di alcuni specifici strumenti finanziari di cui soprattutto si avvalgono le IMN per i propri investimenti, reperendo le relative risorse dai mercati finanziari internazionali. Tanto che da tali regole gli stessi Stati non possono prescindere.

Sono, pertanto, sempre più determinanti al riguardo scenari normativi internazionali in cui le IMN risultano "attori" e destinatari di regole alle quali il diritto internazionale e la Comunità internazionale di fatto non possono fare a meno di tenere nel debito conto. Per converso, appare sempre più necessario che le IMN risultino direttamente assoggettate ad alcuni principi di diritto internazionale relativi alla tutela dei diritti dell'uomo, alla salvaguardia dei diritti sociali dei lavoratori ed al rispetto di alcuni valori propri degli Stati nel cui ambito si producono gli effetti dei loro comportamenti. Tanto che, ancora di recente (e cioè il 27 giugno 2000), gli Stati membri dell'OECD (*Organization for economic cooperation and development*) non hanno esitato a formulare al riguardo principi di comportamento direttamente rivolti alle IMN al fine di «rinforzare la reciproca fiducia tra le imprese e le società in cui esse esercitano la loro attività oltreché migliorare le condizioni ambientali per favorire gli investimenti stranieri ed aumentare il contributo delle imprese multinazionali allo sviluppo durevole».

D'altro canto, le stesse IMN sono state sottoposte direttamente a sanzioni adottate in ambito internazionale secondo procedimenti previsti da norme internazionali sul presupposto che esse devono ritenersi direttamente vincolate da alcuni obblighi di diritto internazionale e dirette destinatarie delle conseguenti sanzioni anche senza la necessaria intermediazione degli Stati a vario titolo interessati alla loro attività. Un esempio: il caso delle compagnie armatoriali e delle navi che hanno violato le sanzioni a suo tempo adottate nei confronti del Sud Africa in occasione dell'embargo deciso dal Consiglio di Sicurezza e dell'Assemblea delle Nazioni Unite. Nei loro confronti, infatti, sono state direttamente adottate specifiche misure sanzionatorie internazionali che comprendevano, tra l'altro, il loro diretto inserimento in una "*black list*" redatta dagli organi delle N.U. che, in pratica, le ha collocate fuori dal mercato dei rapporti economici internazionali.

Ne risulta, quindi, una situazione in cui le IMN, pur prive di personalità giuridica internazionale, non solo partecipano attivamente alla formazione delle norme internazionali che le riguardano, ma assumono anche un ruolo di interlocutore diretto degli Stati e delle organizzazioni internazionali nella concreta attuazione di tali norme nell'ambito di veri e propri rapporti internazionali. D'altro canto, le IMN sono anche in grado di essere partecipi a procedimenti giurisdizionali ed arbitrali in cui far valere, nei confronti di Stati, violazioni di garanzie e diritti previsti direttamente a loro favore da norme internazionali. E per converso, in presenza di violazione, da parte delle IMN, di *standard* internazionalmente adottati in specifiche norme di diritto internazionale o di misure adottate da organizzazioni internazionali è possibile far valere direttamente nei loro confronti le relative responsabilità in virtù di meccanismi e strumenti internazionali a prescindere dalla, ed oltre alla, specifica disciplina nazionale al riguardo applicabile e dalla necessaria intermediazione degli Stati.

9.4. *Diritto internazionale e globalizzazione.*

Si può, quindi, conclusivamente osservare che la globalizzazione si pone come un momento di discontinuità rispetto al processo di internazionalizzazione che ha caratterizzato la struttura della Comunità internazionale negli ultimi quattro secoli. Si tratta di un processo che tende a trasformare (anche se non ha ancora trasformato) l'organizzazione delle relazioni economiche e sociali ampliando l'ambito materiale della disciplina internazionale dei rapporti al riguardo rilevanti e rendendo più strettamente interconnesse le varie comunità statali. Ne risultano, così, una precisa tendenza ed una esigenza sempre più marcata.

La tendenza è verso una struttura della Comunità internazionale nella quale, da un lato, l'indipendenza e la sovranità territoriale degli Stati risultano allentati e, dall'altro, la disciplina internazionale dei rapporti economici e sociali si estende grandemente e dipende non solo dagli Stati, ma da una pluralità di altri soggetti e "attori" il cui coordinamento spetta in misura sempre maggiore ad organizzazioni internazionali che operano sulla scorta di modelli di democrazia associativa che comportano la consultazione ed il coinvolgimento nel processo decisionale anche dei rappresentanti di interessi collettivi.

L'esigenza è l'evoluzione verso un sistema internazionale in cui sono destinati ad operare con sempre maggiore intensità istituti e garanzie in virtù dei quali tutti i c.d. decisori globali (dotati di personalità giuridica internazionale più o meno estesa o "attori" presenti nello scenario internazionale) debbono rendere conto e giustificare i loro comportamenti non solo nei confronti dei loro immediati referenti diretti. Pertanto, ad esempio, gli Stati non devono rispondere solo ai propri cittadini, le organizzazioni internazionali non solo ai propri Stati membri e le IMN non solo ai loro azionisti o agli altri *stakeholders*, ma anche a tutti coloro che, a vario titolo, sono influenzati dai loro comportamenti e ne subiscono gli effetti. Solo attraverso la soddisfazione di tale esigenza si può, infatti, immaginare che la globalizzazione trasformi la struttura della Comunità internazionale in modo coerente con le esigenze di un incontro costruttivo e non conflittuale tra culture nel rispetto delle varie identità.

Peraltro, al fine ora indicato, la globalizzazione non potrà essere dissociata dallo sviluppo di criteri maggiormente democratici nella *governance* delle organizzazioni ed istituzioni internazionali. Ma soprattutto dovranno essere favoriti organismi c.d. sovranazionali a base regionale per mantenere e rinsaldare il rapporto tra sovranità e territorio che l'erosione del potere dei singoli Stati tende, altrimenti, a compromettere. È, infatti, soprattutto in questo ambito che si può più facilmente individuare lo "spazio governabile" in cui ristabilire la supremazia della politica e della democrazia al tempo stesso rispondendo alla sfida della globalizzazione ed alle pressioni, che essa comporta, verso l'assimilazione dei modelli economici e sociali eteroimposti limitativi del ruolo e della funzione democratica.

Bibliografia essenziale

a) In generale, *sugli Stati quali soggetti di diritto internazionale*: G. ARANGIO-RUIZ, *Gli enti soggetti dell'ordinamento internazionale*, Milano, 1951; ID., *Stati ed altri enti*, in *Nov.mo Digesto it.*, XVIII, Torino, 1971, p. 132 ss.; ID., *et alii*, *Soggettività nel diritto internazionale*, in *Digesto, Disc. pubbl.*, XIV, Torino, 1999, p. 298 ss.; H. MOSLER, *Réflexions sur la personalité juridique en droit international public*, in *Mélanges A. Rolin*, Paris, 1964, p. 228 ss.; G. SPERDUTI, *Sulla soggettività internazionale*, in *Riv. dir. int.*, 1972, p. 266 ss.; J. CRAWFORD, *The Criteria for Statehood in International Law*, in *British Year Book Int. Law*, 1976/1977, p. 93 ss.; L. PICCHIO FORLATI, G. PALMISANO, *La lezione di una vita: cos'è e com'è il diritto internazionale*, in *Studi in onore di G. Arangio-Ruiz*, Napoli, 2004, I, XVII ss.

b) In particolare (i) *sul riconoscimento degli Stati ed i suoi effetti in diritto internazionale*: J. BROWNLIE, *Recognition in Theory and Practice*, in *British Year Book Int.*

Law, 1982, p. 198 ss.; U. VILLANI, *Riconoscimento*, in *Enc. dir.*, XL, Milano, 1989, p. 633 ss.; J. VERHOEVEN, *La reconnaissance internationale: déclin ou renouveau?*, in *Ann. franç. dr. int.*, 1993, p. 7 ss. e C. CHAIGNE, *La reconnaissance des gouvernements chinois par la France: contribution à l'étude du principe d'effectivité en droit international public*, Aix-en-Provence, 1996 e (ii) *sull'autodeterminazione dei popoli ed i suoi effetti sulla personalità internazionale degli Stati*, G. GUARINO, *Autodeterminazione dei popoli e diritto internazionale*, Napoli, 1984; J. CRAWFORD, *Democracy and International Law*, in *British Year Book Int. Law*, 1993, p. 113 ss.; G. PALMISANO, *L'autodeterminazione interna nel sistema dei patti sui diritti dell'uomo*, in *Riv. dir. int.*, 1996, p. 365 ss.; G. ARANGIO-RUIZ, *Autodeterminazione*, in *Enc. giur.*, IV, Roma, 1998, p. 1 ss.; P. BERNARDINI, *Autodeterminazione e sovranità: un ragionamento critico*, Teramo, 2000.

c) *Sulla personalità giuridica internazionale*: (i) *delle Organizzazioni internazionali*, G. ARANGIO-RUIZ, *Stati e altri enti (soggettività internazionale)*, in *Nov.mo Digesto it.*, XVIII, Torino, 1971, p. 191 ss.; B. CONFORTI, *La personalità internazionale delle Unioni di Stati*, in *Dir. int.*, 1964, p. 324 ss.; P. KLEIN, *La responsabilité des organisations internationales dans les ordres juridiques internes et en droit des gens*, Bruxelles, 1998; D. SAROOSHI, *Conferrals by States of Powers on International Organizations: The Case of Agency*, in *British Year Book Int. Law*, 2004, p. 291 ss. e nella manualistica italiana C. ZANGHI, *Diritto delle Organizzazioni internazionali*, Torino, 2001; e (ii) *degli Insorti e dei Movimenti di Liberazione Nazionale*, R. BARSOTTI, *Insorti*, in *Enc. dir.*, XXI, Milano, 1971, p. 796 ss.; A.C. BUNDU, *Recognition of Revolutionary Authorities*, in *Int. Comp. Law Quar.*, 1978, p. 18 ss.; N. RONZITTI, *Le guerre di liberazione nazionale e il diritto internazionale*, Pisa, 1974; G. GUARINO, *Personalità giuridica di diritto internazionale: il caso dell'O.L.P.*, in *Studi in onore di G. Arangio-Ruiz*, Napoli, 2004, p. 85 ss.

d) Con riferimento alla *personalità giuridica internazionale*: (i) *della Santa Sede*, A.C. JEMOLO, *La Santa Sede soggetto di diritto internazionale*, in *Riv. dir. pubbl.*, 1925, I, p. 427 ss.; G. MORELLI, *Il Trattato fra l'Italia e la Santa Sede*, in *Riv. dir. int.*, 1929, p. 197 ss.; G.M. RUGGERO, *Note in tema di immunità della Chiesa cattolica secondo il diritto internazionale*, in *Dir. int.*, 1960, p. 144 ss.; G. ARANGIO-RUIZ, *On the Nature of the Legal Personality of the Holy See*, in *Rev. Belge droit. int.*, 1996, p. 354 ss. e (ii) *dell'Ordine di Malta*, G. CANSACCHI, *Le emissioni postali dell'Ordine di Malta e delle organizzazioni internazionali*, in *Dir. int.*, 1968, p. 111 ss.; R. MONACO, *Osservazioni sulla condizione giuridica internazionale dell'Ordine di Malta*, in *Riv. dir. int.*, 1981, p. 14 ss. e, in senso critico, B. CONFORTI, *Sui privilegi e le immunità dell'Ordine di Malta*, in *Foro it.*, 1990, I, c. 2597 ss.; M.C. CICIRIELLO, *La soggettività internazionale dell'Ordine di Malta: un problema ancora aperto?*, in *Studi in onore di G. Arangio-Ruiz*, Napoli, 2004, I, p. 47 ss.

e) *Sulla personalità giuridica internazionale dell'individuo*: G. SPERDUTI, *L'individuo nel diritto internazionale*, Milano, 1950; A. CASSESE, *Individuo* (diritto internazionale), in *Enc. dir.*, XXI, Milano, 1971, p. 184 ss.; M.W. JANIS, *Individuals as Subjects of International Law*, in *Cornell Int. Law Journ.*, 1984-1985, p. 61 ss.; C. DOMINICÉ, *L'émergence de l'individu en droit international public*, in *Ann. études int.*, 1988, p. 1 ss.; F.A.A. SATCHIVI, *Les sujets de droit. Contribution à l'étude de la reconnaissance de l'individu comme sujet direct du droit international*, Paris, 1999, p. 592 ss.

f) *Sul ruolo, nell'evoluzione del diritto internazionale, di alcuni soggetti privi di personalità internazionale, ma presenti sulla scena della Comunità internazionale*: B. GOLDMAN, PH. FRANCESKAKIS (a cura di), *L'entreprise multinationale face au droit*, Paris, 1977; L. CUTLER, *Global Interdependence and the Multinational Firm*, New York, 1978; J. DEL-

BRÜCK, *Structural Changes in the International System and its Legal Order: International Law in the Era of Globalization*, in *Schw. Zeitsch. Int. und Eur. Recht*, 2001, p. 1 ss.; A.M. SLAUGHTER, *The Role of NGO in International Law-making*, in *Recueil des Cours*, t. 285, 2000, p. 96 ss.; M. JOVANE, *Soggetti privati, società civile e tutela internazionale dell'ambiente*, in AA.VV., *Il diritto internazionale dell'ambiente dopo il vertice di Johannesburg*, Napoli, 2004, p. 133 ss.; A. VON BOGDANY, *Democrazia, Globalizzazione e futuro del diritto internazionale*, in *Riv. dir. int.*, 2004, p. 317 ss.; S.M. CARBONE, P. IVALDI, *La partecipazione delle Regioni agli affari comunitari e il loro potere estero*, in *Quaderni Regionali*, 2005, p. 701 ss.

Capitolo II

IL DIRITTO INTERNAZIONALE GENERALE E LE SUE FONTI

di Riccardo Luzzatto

Sommario: 1.1. Il diritto internazionale nel quadro della società universale del genere umano. – 1.2. Diritto internazionale generale e diritto internazionale particolare. – 2.1. Caratteri essenziali del diritto internazionale generale. – 3.1. La consuetudine internazionale ed i suoi vari elementi ed aspetti. – 3.2. L'accertamento giudiziale delle norme consuetudinarie. – 3.3. Elemento oggettivo ed elemento soggettivo della consuetudine nella pratica giurisprudenziale. – 3.4. I fatti rilevanti al fine della formazione delle norme consuetudinarie: la prassi diplomatica e gli altri atti e comportamenti degli Stati. – 3.5. (segue): la giurisprudenza internazionale. – 3.6. (segue): i trattati internazionali. – 3.7. Il significato attuale del fenomeno consuetudinario. – 3.8. Le contestazioni delle norme consuetudinarie ed il loro rilievo. – 4.1. La codificazione delle norme consuetudinarie. – 4.2. L'opera delle Nazioni Unite per la codificazione. – 4.3. Il significato e la portata degli accordi di codificazione. – 5.1. Le Dichiarazioni di principi dell'Assemblea generale delle Nazioni Unite. – 6.1. Le moderne trasformazioni nel processo di formazione delle norme consuetudinarie. – 7.1. Le consuetudini regionali e locali. – 8.1. I principi generali di diritto. – 8.2. I principi generali dell'ordinamento internazionale. – 8.3. I principi generali degli ordinamenti giuridici interni e il loro rilievo a livello internazionale. – 8.4. (segue): la funzione integrativa dei principi generali di diritto interno. – 8.5. Determinazione dei principi generali e loro condizioni di utilizzabilità. – 8.6. Ipotesi di utilizzazione dei principi generali. – 9.1. Significato e contenuto del diritto internazionale generale. – 10.1. Lo *jus cogens* internazionale. – 11.1. Le obbligazioni *erga omnes*. – 12.1. Altre fonti di norme internazionali. – 13.1. Le fonti previste da trattati. – 14.1. La c.d. "*soft law*" in diritto internazionale.

1.1. *Il diritto internazionale nel quadro della società universale del genere umano.*

Nell'ambito della società universale del genere umano si è storicamente venuto a sviluppare un nucleo, piuttosto ristretto, di principi e di norme di carattere non scritto, dotati di alcune specifiche e peculiari caratteristiche. Prima tra queste è il fatto che il complesso di principi e norme di cui si parla non ha la funzione di regolare nel suo insieme il comportamento dei soggetti che compongono la società universale nei rapporti che si instaurano tra di loro, o nei rapporti di tali soggetti con i vari centri di potere che si affermano storicamente come in grado di esercitare poteri di governo sulle varie comunità politiche separatamente organizzate. La loro funzione è, invece, quella di regolare giuridicamente i rapporti che si instaurano tra questi centri di potere, ossia – nella realtà storica affermatasi negli ultimi secoli – fra i vari Stati quali enti indipendenti e sovrani. Come risulta dall'esame dei soggetti e degli attori di quella che si è usi definire la Comunità internazionale, è soltanto come conseguenza della creazione di una disciplina giuridica dei rapporti tra gli Stati, e dell'emergere di talune specifiche esigenze della convivenza tra questi, che l'ambito di applicazione di una serie di norme internazionali è venuto progressivamente ad estendersi sino a prendere in considerazione comportamenti e situazioni facenti capo a soggetti diversi dagli Stati sovrani. In questa prospettiva, appare giustificato dire – come comunemente si fa – che il diritto internazionale pubblico è il diritto della Comunità degli Stati, o della Comunità internazionale. Tuttavia, è opportuno tenere presente che, così facendo, non si deve necessariamente presupporre la configurazione di tale comunità come una società a sé stante avente quali soggetti i soli Stati (e pochi altri enti), priva di qualsiasi collegamento con la società universale del genere umano. È certo possibile che, in determinate epoche storiche, l'atteggiamento concretamente tenuto dagli Stati nelle loro relazioni internazionali sia stato tale da suggerire e giustificare un'impostazione di questo genere. Ma sia sul piano teorico, sia su quello dell'attuale realtà internazionale, una completa e netta separazione dell'ambiente sociale costituito dalla sfera di convivenza degli Stati, quale si esplica nelle loro relazioni internazionali, nei confronti della più ampia realtà rappresentata dalla società universale, non appare più giustificata. La Comunità internazionale deve, pertanto, essere individuata in una specifica sfera di relazioni sociali, quelle appunto che si instaurano attraverso i rapporti internazionali fra gli enti sovrani, ma sempre nell'ambito della società universale del genere umano. La possibilità che quest'ultima esprima un proprio diritto, anche al di là della forma storicamente determinata assunta dall'attuale diritto internazionale, non può essere negata in via di principio: così come non può venire esclusa, in ragione di una presunta assoluta separazione tra i due ambienti sociali, la possibilità di comunicazione e scambio dei valori che vengono ad essere condivisi a livello di società universale, e la loro diretta influenza sul piano delle relazioni internazionali e della loro regolamentazione (si pensi, a questo riguardo, all'attività delle organizzazioni non governative ed all'influenza che esse possono esplicare sul piano del diritto internazionale attraverso la loro presenza all'interno dell'Organizzazione delle Nazioni Unite).

1.2. *Diritto internazionale generale e diritto internazionale particolare.*

Un'altra fondamentale caratteristica del diritto internazionale, inteso come diritto della Comunità internazionale nel senso ora precisato, sta nel carattere "autonomo" di tale diritto. Proprio perché risultante da regole poste in essere per disciplinare relazioni che si instaurano fra enti sovrani, esso non può non essere riconducibile in un modo o nell'altro, ed in forma più o meno diretta, agli atteggiamenti, alla condotta od alla vera e propria volontà di tali enti. Si ha dunque, in linea di principio, come comunemente rilevato, coincidenza fra creatori e destinatari delle norme, e non esiste al di sopra degli Stati (e degli altri soggetti *pleno jure* dell'ordinamento) alcun ente idoneo a svolgere la funzione, che negli ordinamenti interni degli Stati è propria del legislatore. La stessa idea si può esprimere, come spesso si fa, dicendo che le funzioni fondamentali dell'ordinamento sono svolte, nel sistema internazionale, in forma "decentrata", in contrasto con l'accentramento che è invece la regola nel diritto dello Stato.

Al dato appena rilevato si ricollega, poi, un'ulteriore importantissima conseguenza che va subito messa in rilievo. A seconda del differente tipo di fatti ai quali la formazione della norma internazionale è riconducibile, può variare la sfera dei destinatari della norma stessa, e quindi il suo ambito di efficacia.

Così, le norme internazionali che vengono poste in essere attraverso uno specifico atto di volontà di due o più Stati inteso alla loro creazione, non possono, in via di principio, che obbligare coloro ai quali tale volontà sia riconducibile: altrimenti, ci si troverebbe di fronte ad un vero e proprio fenomeno di "legislazione internazionale", che lo stato attuale del sistema internazionale esclude. Si tratta del fenomeno pattizio, dominato dal principio della relatività degli effetti dei trattati internazionali (v. *infra*, Cap. III), che dà luogo al c.d. diritto internazionale particolare.

2.1. *Caratteri essenziali del diritto internazionale generale.*

Diversamente accade a proposito delle norme internazionali appartenenti al c.d. diritto internazionale generale, o comune. Esse non sono il prodotto di atti di volontà dei soggetti intesi a porle in essere, ma si formano nell'ambiente sociale di convivenza degli Stati quale conseguenza dell'operare di fatti diversi. I fatti che ne determinano il sorgere operano, peraltro, su di un piano pregiuridico, in quanto fattori che orientano in un certo modo l'atteggiamento ed il comportamento degli Stati: ma non sono valutati dal diritto internazionale come di per sé idonei a provocare la nascita della norma generale. Questa viene ad esistenza se ed in quanto esprime una regola di condotta spontaneamente seguita dalla Comunità internazionale nel suo insieme. Le norme generali trovano perciò il loro fondamento ultimo in un fatto sociale, ossia nel riconoscimento spontaneo come diritto da parte dei soggetti delle regole di condotta che esse enunciano.

Non occorre diffondersi qui in un esame dei lunghi dibattiti dottrinali svoltisi, soprattutto in epoca meno recente, circa il fondamento dell'obbligatorietà del diritto internazionale in genere. Ai fini della presente esposizione, è sufficiente rilevare che la discussione si collegava soprattutto ad alcuni presupposti di carattere teorico, legati all'accettazione di postulati propri delle dottrine del positivismo giuridico statualistico nelle loro espressioni più estreme. Una volta affermato, come quelle dottrine facevano, che il fondamento ultimo del diritto non può che essere individuato nella volontà di un ente capace di imporne l'osservanza – lo Stato –, ne seguiva l'impossibilità di giustificare il diritto internazionale come fenomeno giuridico, se non riconducendolo anch'esso alla volontà statuale. Ciò poneva in crisi l'intero edificio del diritto internazionale pubblico, che – a meno di non volerlo senz'altro negare come fenomeno giuridico positivo – si cercava di spiegare riconducendolo, ora all'idea dell'"autolimitazione" da parte degli Stati, ora alla "volontà collettiva" di questi stessi; comunque, ad un fondamento volontaristico. Si tratta, peraltro, di dibattiti teorici ormai nettamente superati, e di posizioni ormai generalmente abbandonate.

Connotato essenziale del diritto internazionale generale è il suo carattere di diritto non scritto. Manca un procedimento di creazione e di formazione delle sue norme, che sia contemplato e regolato dal diritto. Si può dire perciò che, in esso, il momento della creazione è tutt'uno con quello dell'attuazione. La traduzione delle norme in forma scritta – ovviamente possibile, e certo desiderabile dal punto di vista della chiarezza della regolamentazione e della certezza del diritto – è rimessa a chi fa opera di interpretazione, e non si può mai inserire nel processo creativo della norma. Anche quando la redazione per iscritto avviene ai fini della codificazione del diritto, la traduzione in formule scritte, anche dove sia effettuata con la massima fedeltà possibile al reale contenuto della norma non scritta, è, e rimane, fenomeno distinto da quest'ultima, e viene ad accompagnarla, ma non a sovrapporvisi, sostituendola (v. *infra*, par. 4.3).

Le forme nelle quali si manifesta nella realtà contemporanea il diritto internazionale generale sono essenzialmente due: la consuetudine e i principi generali di diritto.

3.1. *La consuetudine internazionale ed i suoi vari elementi ed aspetti.*

La consuetudine internazionale viene considerata dalle opinioni più largamente rappresentate, tanto nella pratica giurisprudenziale quanto nell'elaborazione dottrinale, in modo analogo a quello tenuto comunemente presente nell'ambito degli ordinamenti interni. Le norme consuetudinarie internazionali sono così viste come la risultante di due distinti elementi: uno di carattere oggettivo (o materiale), l'altro di carattere soggettivo (o psicologico). Il primo consiste nella ripetizione costante e conforme di un determinato comportamento, considerato – a seconda dei casi – come doveroso, permesso o vietato dalla norma (*usus*). Il secondo consiste invece nell'opinione, o nella convinzione, che il comportamento stesso corrisponda a quanto previsto dalla norma (si parla, utilizzando un'espressione di origine incerta, di *opinio juris et necessitatis*).

Se questa è l'impostazione più largamente presente, va sottolineato che l'ampio dibattito teorico svoltosi da tempo a proposito della nozione di diritto consuetudinario, sia in relazione al diritto interno, sia a quello internazionale, ha dato luogo a posizioni notevolmente divergenti fra loro. Non mancano così coloro che riducono la nozione di consuetudine al solo elemento materiale consistente nell'uso, né – all'opposto – coloro che considerano determinante ai fini del sorgere di una norma giuridica consuetudinaria il solo elemento psicologico, ossia la convinzione che osservando un determinato comportamento si realizzi quanto previsto o richiesto da una norma giuridica. E ciò anche a voler prescindere da impostazioni più datate – o comunque, rispondenti a postulati teorici o ad istanze politiche sostanzialmente superati nella realtà contemporanea – che tendono a ridurre a livello internazionale il fenomeno consuetudinario a fenomeno volontaristico, configurando la consuetudine quale "patto tacito" (ma inevitabilmente deformandone così i caratteri reali).

La svalutazione dell'elemento soggettivo della consuetudine risponde all'idea che esso non può essere rilevante, perché non corrispondente alla realtà, sino al momento in cui la norma non sia venuta ad esistenza in virtù della costante ripetizione della condotta: ma, a quel punto, esso nulla aggiungerebbe al fenomeno già compiuto. La svalutazione dell'elemento oggettivo, al contrario, mentre nega che possa essere determinante ai fini della formazione della norma un elemento non determinato con esattezza nella sua consistenza ed estensione, ne afferma il rilievo quale mera descrizione sociologica di uno dei possibili processi di formazione della norma consuetudinaria, ma individua nella sola *opinio juris* l'elemento capace di spiegare l'affermazione dell'obbligatorietà delle regole di condotta attraverso il riconoscimento da parte dei soggetti. Tra l'altro, soltanto la svalutazione dell'elemento costituito dall'*usus* consentirebbe di aprire la strada ad una più rapida formazione delle norme consuetudinarie ed al loro ricambio in corrispondenza delle mutate necessità sociali, rispondendo in tal modo a precise esigenze della Comunità internazionale contemporanea e ad alcune tendenze presenti nella prassi dell'Organizzazione delle Nazioni Unite.

Guardando al fenomeno consuetudinario da un punto di vista puramente teorico, si può convenire che l'elemento specifico che ne giustifica, dal punto di vista giuridico, la capacità di creare regole di condotta vincolanti per i soggetti internazionali va rinvenuto in un fattore soggettivo, ossia nel riconoscimento della giuridicità della regola. Tuttavia, va tenuta presente la considerazione – già ricordata – che nel diritto non scritto il momento della creazione coincide con quello dell'attuazione della regola di condotta. Se si guarda alla realtà delle relazioni internazionali, ciò contribuisce a spiegare come la concreta realizzazione della condotta e l'intento psicologico che la guida siano tra loro strettamente connessi, e ben difficilmente distinguibili nella pratica con assoluta nettezza.

La distinzione fra i due elementi acquista rilevanza, se si prescinde dall'aspetto puramente teorico, nel momento dell'accertamento giudiziale della norma consuetudinaria.

3.2. *L'accertamento giudiziale delle norme consuetudinarie.*

In questa prospettiva, va tenuto presente anzitutto il celebre art. 38 dello Statuto della Corte internazionale di giustizia (mutuato dal precedente dello

Statuto della Corte permanente di giustizia internazionale), a norma del quale

«1. La Corte, la cui funzione è di decidere in base al diritto internazionale le controversie che le sono sottoposte, applica:
a) le convenzioni internazionali, sia generali che particolari, che stabiliscono norme espressamente riconosciute dagli Stati in lite;
b) la consuetudine internazionale, come prova di una pratica generale accettata come diritto;
c) i principi generali di diritto riconosciuti dalle nazioni civili;
d) con riserva delle disposizioni dell'articolo 59, le decisioni giudiziarie e la dottrina degli autori più qualificati delle varie nazioni come mezzi sussidiari per la determinazione delle norme giuridiche.
2. Questa disposizione non pregiudica il potere della Corte di decidere una controversia ex aequo et bono qualora le parti siano d'accordo».

Pur trattandosi di norme che hanno la funzione primaria di indicare le regole sulle quali la Corte deve fondare la propria decisione (ed in questo senso si è parlato in dottrina di "fonti di cognizione" e non di "produzione"), la loro importanza ai fini della ricostruzione complessiva del sistema non può essere misconosciuta, se si tiene presente, fra l'altro, che lo stesso art. 38 indica chiaramente che le fonti che esso elenca devono essere tenute presenti al fine di decidere le controversie sottoposte alla Corte "in base al diritto internazionale". Ora, la descrizione della consuetudine internazionale che si legge nel testo dell'art. 38 risulta chiaramente ispirata all'idea della presenza di entrambi gli elementi tradizionali della consuetudine: tanto quello oggettivo – la "pratica generale" – quanto quello soggettivo – "accettata come diritto": dove il termine "accettata", conformemente al significato che gli è proprio in altre lingue come l'inglese, non va inteso tanto in senso strettamente volontaristico, quanto piuttosto nel senso di "riconosciuta" (come del resto conferma anche la versione francese, che menziona una "pratique générale acceptée comme étant le droit").

A tale descrizione la giurisprudenza internazionale – e, in ispecie, quella della Corte internazionale di giustizia – si è sempre mantenuta fedele quando si è trovata a dover accertare l'esistenza ed il contenuto di una data regola di diritto internazionale consuetudinario. Nel procedere all'accertamento, la Corte si è anzitutto dedicata all'esame della prassi degli Stati, sotto il profilo dell'esistenza di un comportamento sufficientemente generalizzato e costante nel senso dell'asserita regola, e quindi sotto il profilo del c.d. elemento oggettivo o materiale della consuetudine (*diuturnitas* o *usus*). Ma ha poi avuto cura di precisare che la presenza di una pratica diffusa non è di per sé sufficiente per affermare l'esistenza della norma consuetudinaria, se non è accompagnata dalla convinzione della giuridica obbligatorietà del comportamento (*opinio juris et necessitatis*). Così è avvenuto nel caso della *Delimitazione della piattaforma continentale del Mare del Nord* (Danimarca – Paesi Bassi – Repubblica federale tedesca) sul quale la Corte si è pronunciata con la sentenza del 20 febbraio 1969, che può considerarsi un vero e proprio *grand arrêt* in materia di formazione di norme consuetudinarie internazionali. Dovendo accertare se il principio c.d. dell'equidistanza (dai punti più vicini delle linee di base del mare territoriale o delle coste degli Stati fra i quali il problema della delimitazione si pone), stabilito dall'art. 6 della Convenzione di Ginevra del 1958 sulla piattaforma continentale, fosse divenuto parte del diritto internazionale consuetudinario, la Corte – con riferimento all'atteggiamento degli Stati in materia di delimitazione delle rispettive piattaforme continentali – afferma che

> «il punto essenziale a questo riguardo – e sembra necessario sottolinearlo – è che, anche se i casi di azione da parte degli Stati non parti della Convenzione fossero molto più numerosi di quanto di fatto non siano, essi, anche considerati nel loro insieme, non sarebbero in sé stessi sufficienti a costituire l'*opinio juris*; perché, al fine di arrivare a tale risultato, devono essere soddisfatte due condizioni. Non soltanto gli atti in questione devono rappresentare una prassi consolidata, ma essi devono anche essere tali, od essere posti in essere in modo tale da essere prova di un convincimento che questa pratica è resa obbligatoria dall'esistenza di una regola di diritto che lo richiede. La necessità di un tale convincimento, ossia l'esistenza di un elemento soggettivo, è implicita nella stessa nozione dell'*opinio juris sive necessitatis*. Gli Stati interessati devono pertanto avvertire che si stanno conformando a ciò che costituisce un obbligo giuridico. La frequenza, od anche il carattere abituale degli atti non è sufficiente. Esistono molti atti internazionali, ad esempio nel settore del cerimoniale e del protocollo, che vengono compiuti quasi invariabilmente, ma sono motivati soltanto da considerazioni di cortesia, di opportunità e di tradizione, e non da un qualsiasi senso di dovere giuridico.
> A questo riguardo la Corte segue la posizione assunta dalla Corte permanente di giustizia internazionale nel caso *Lotus*, quale enunciata nel passaggio che segue, il cui principio è applicabile per analogia, quasi parola per parola, *mutatis mutandis*, al caso attuale (in *C.P.J.I.*, Série A, n. 10, 1927, 28):
> "Anche se la rarità delle decisioni giudiziali reperibili ... fosse sufficiente a dimostrare ... la circostanza allegata ..., ciò mostrerebbe soltanto che gli Stati si sono spesso astenuti, in fatto, dall'esercitare azioni penali, e non che si sono riconosciuti obbligati a farlo; poiché soltanto se l'astensione fosse fondata sulla loro consapevolezza di avere un obbligo di astensione sarebbe possibile parlare di una consuetudine internazionale. Il fatto allegato non consente di inferire che gli Stati siano stati consapevoli di avere un obbligo del genere; d'altra parte, ... vi sono altre circostanze idonee a mostrare che è vero il contrario". Applicando queste affermazioni al caso attuale, la posizione è semplicemente che in certi casi – non molto numerosi – gli Stati interessati hanno convenuto di tracciare, o hanno tracciato, i confini in questione in base al principio di equidistanza. Non vi è prova che essi abbiano agito in questo modo perché si sentivano giuridicamente tenuti a tracciarli in questo modo a causa di una regola di diritto consuetudinario che li obbligava a fare così, specialmente se si considera che essi avrebbero potuto essere motivati da altri ovvi fattori» (CIG, 20 febbraio 1969, *Delimitazione della piattaforma continentale del Mare del Nord*, Repubblica federale tedesca c. Danimarca, Repubblica federale tedesca c. Paesi Bassi, in *C.I.J.*, *Recueil*, 1969, 3, parr. 77-78).

La Corte internazionale di giustizia si è trovata a ribadire lo stesso principio nel, più recente, parere consultivo dell'8 luglio 1996, quando si è trovata a dover prendere posizione in merito all'esistenza di una norma consuetudinaria che qualifichi come illeciti la minaccia o l'impiego di armi nucleari. La Corte, premesso che la sostanza del diritto internazionale consuetudinario deve essere ricercata in primo luogo «nella pratica effettiva e nell'*opinio juris* degli Stati», afferma che

> «gli Stati che assumono la posizione che l'uso di armi nucleari è illecito si sono sforzati di dimostrare l'esistenza di una norma consuetudinaria che vieta tale uso. Essi si riferiscono ad una prassi uniforme di non utilizzazione di armi nucleari da parte degli Stati sin dal 1945 e vogliono vedere in tale prassi l'espressione di un'*opinio juris* da parte di coloro che possiedono tali armi.
>
> Alcuni altri Stati, che affermano la liceità della minaccia e dell'uso di armi nucleari in certe circostanze, hanno invocato a sostegno della loro tesi la dottrina e la pratica della dissuasione. Essi ricordano che si sono sempre riservati, di concerto con certi altri Stati, il diritto di usare queste armi nell'esercizio del diritto di autodifesa contro un attacco armato che minacci i loro vitali interessi di sicurezza. Secondo la loro posizione, se non sono state utilizzate armi nucleari dal 1945, ciò non è a causa di una consuetudine esistente o in via di formazione, ma solo perché non si sono fortunatamente verificate circostanze che ne avrebbero potuto giustificare l'impiego.
>
> La Corte non intende pronunciarsi qui sulla pratica nota come "politica di dissuasione". Essa constata che è un fatto che un certo numero di Stati hanno aderito a tale pratica durante la maggior parte della guerra fredda e continuano ad aderirvi. Inoltre, i Membri della Comunità internazionale sono profondamente divisi sulla questione se la mancanza di ricorso alle armi nucleari nel corso degli ultimi cinquant'anni costituisca l'espressione di un'*opinio juris*. In queste condizioni la Corte non ritiene di poter riscontrare l'esistenza di una tale *opinio juris*» (CIG, 8 luglio 1996, *Parere sulla liceità della minaccia o dell'uso di armi nucleari*, in *C.I.J., Recueil*, 1996, 66, parr. 65-67).

3.3. Elemento oggettivo ed elemento soggettivo della consuetudine nella pratica giurisprudenziale.

Se la sola constatazione di una pratica, pure diffusa e uniforme, non è stata ritenuta sufficiente a dimostrare l'esistenza di una norma consuetudinaria in mancanza dell'elemento soggettivo, neppure la mera affermazione di un'*opinio juris* può essere considerata idonea a giustificare la presenza di una norma consuetudinaria, se essa non si traduce in una pratica corrispondente. Anche tale esigenza di effettiva aderenza di quanto affermato sul piano astratto a ciò che viene davvero tradotto in pratica nel comportamento concretamente tenuto dai soggetti delle relazioni internazionali ha trovato occasione di essere sottolineata dalla Corte internazionale di giustizia. Nel caso delle *Attività militari e paramilitari in Nicaragua e contro il Nicaragua*, la Corte osserva che

> «vi è in fatto prova ...di un notevole grado di accordo fra le parti quanto al contenuto del diritto internazionale consuetudinario relativo al non impiego della forza e al non-intervento. Tale concorrenza di punti di vista non dispensa tuttavia la Corte dal dovere di accertare essa stessa quali regole di diritto internazionale consuetudinario sono applicabili. Il mero fatto che degli Stati dichiarino di riconoscere certe regole non è sufficiente perché la Corte le consideri come parte del diritto internazionale consuetudinario, e come tali applicabili a quegli Stati. Vincolata come essa è dall'art. 38 del suo Statuto ad applicare, *inter alia*, la consuetudine internazionale "come prova di una pratica generale accettata come diritto", la Corte non può trascurare il ruolo essenziale svolto dalla pratica generale. Ove due Stati convengano di incorporare una particolare regola in un trattato internazionale, il loro accordo è sufficiente a fare di tale regola una regola giuridica, vincolante nei loro confronti; ma nel campo del diritto internazionale generale, l'opinione condivisa dalle Parti quanto al contenuto di quella che essi considerano la regola

non è sufficiente. La Corte deve accertare che l'esistenza della regola nell'*opinio juris* degli Stati sia confermata dalla prassi» (CIG, 27 giugno 1986, *Attività militari e paramilitari in Nicaragua e contro il Nicaragua*, Nicaragua c. Stati Uniti d'America, in *C.I.J., Recueil*, 1986, 14, par. 184).

In un ordine d'idee non dissimile la stessa Corte parla del diritto consuetudinario come di un diritto che

«comprende in realtà un insieme ristretto di norme intese ad assicurare la coesistenza e la cooperazione vitale dei membri della Comunità internazionale, insieme al quale si aggiunge una serie di regole consuetudinarie la cui presenza nell'*opinio juris* degli Stati si prova per via di induzione e partendo dall'analisi di una pratica sufficientemente nutrita e convincente e non per via di deduzione partendo da idee precostituite a priori» (CIG, 12 ottobre 1984, caso del *Golfo del Maine*, Canada c. Stati Uniti, in *C.I.J., Recueil*, 1984, 246, par. 111).

Il ruolo dei due elementi che concorrono nel processo di formazione delle norme internazionali consuetudinarie ed il rapporto che li unisce possono essere descritti (in modo adeguato) nei termini che risultano dall'esposizione che precede in tutte le ipotesi in cui si trovi di fronte a regole ormai consolidate, a proposito delle quali l'*opinio juris* degli Stati trova adeguata dimostrazione nella pratica da essi seguita ed al tempo stesso si spiega facilmente per la presenza di una regola già operante. È quanto accade a proposito delle ipotesi più tradizionali di norme consuetudinarie, quali quelle – ormai plurisecolari – che tutelano lo svolgimento delle attività degli Stati nell'ambito della loro cerchia spaziale. La situazione può però assumere aspetti diversi in relazione alle varie ipotesi di regole consuetudinarie, ed in particolare alle circostanze del loro processo formativo ed alla sua rapidità, ed al momento in cui viene in concreto a porsi la questione dell'esistenza di una data regola. La stretta connessione che indubbiamente esiste fra quelli che si è soliti considerare i due elementi propri delle norme consuetudinarie spiega allora come, variando le circostanze che accompagnano la formazione di una norma, possa variare anche il modo di atteggiarsi di ciascuno di essi.

Si pensi, ad esempio, all'ipotesi di norme consuetudinarie sorte al fine di disciplinare relazioni fra Stati in materie nuove, in precedenza prive di regolamentazione: quali le norme in materia di attività degli Stati negli spazi extra-atmosferici, o quelle riguardanti l'estensione dei poteri degli Stati nelle zone marittime al di là del mare territoriale o nel sottosuolo marino. Regole del genere hanno la caratteristica comune di essersi sviluppate con notevole rapidità, sulla spinta di alcune specifiche esigenze avvertite come essenziali da parte di alcuni Stati. Ciò ha fatto sì, da una parte, che la pratica dei soggetti si sia manifestata con particolare intensità e frequenza nella fase iniziale portando rapidamente all'affermazione della regola. D'altra parte, a questa maggior concentrazione nella manifestazione degli elementi della prassi fa riscontro un particolare atteggiarsi dell'elemento soggettivo: in questa fase iniziale, infatti, più che la consapevolezza di tenere un comportamento previsto o richiesto da una norma, esso si traduce in una precisa direzione della volontà e dell'azione di certi soggetti, intese a far sì che la regola voluta trovi le condizioni necessarie per la sua affermazione. Anche la pratica giurisprudenziale dà atto della possibilità che una norma consuetudinaria venga a formarsi in un lasso di tempo relativamente breve: si veda la già citata sentenza della Corte internazionale di giustizia, nel caso della *Delimitazione della Piattaforma continentale del Mare del Nord*, in cui la Corte afferma che

> «sebbene il passaggio soltanto di un breve periodo di tempo non costituisca necessariamente, o di per sé, un impedimento alla formazione di una nuova norma di diritto internazionale consuetudinario sulla base di quella che era originariamente una norma puramente convenzionale, un requisito indispensabile è che nel periodo in questione, per quanto breve possa essere stato, la pratica degli Stati, compresa quella degli Stati particolarmente interessati, sia stata estesa e virtualmente uniforme nel senso della disposizione invocata e si sia manifestata in modo da stabilire un riconoscimento generale del fatto che una regola di diritto o un obbligo giuridico è in giuoco» (par. 74).

Importante appare qui la precisazione che, quando la norma venga a formarsi in un breve periodo di tempo, deve concorrere l'atteggiamento di tutti gli Stati i cui interessi siano specificamente posti in giuoco. È inoltre opportuno considerare come, nella fase della formazione della regola consuetudinaria, l'elemento soggettivo venga a configurarsi, per certi versi, più in senso volontaristico che puramente psicologico: i soggetti che assumono un ruolo particolarmente attivo nell'attuare i comportamenti considerati lo fanno indubbiamente con il preciso intento di promuovere la modificazione del diritto vigente nel senso voluto, mentre coloro che prestano acquiescenza o comunque si allineano possono essere mossi, più che dalla convinzione che si tratti di un comportamento previsto da una norma, dalla semplice persuasione di essere di fronte a qualcosa che risponde ad esigenze della convivenza sociale (c.d. *opinio necessitatis*).

La stretta interdipendenza fra elemento materiale ed elemento psicologico della consuetudine che si traduce nei diversi aspetti esaminati sinora, può assumere rilievo in una direzione ancora diversa, anche questa puntualmente colta dalla giurisprudenza internazionale. Si tratta qui di considerare le caratteristiche che la pratica degli Stati deve presentare per dare origine ad una regola consuetudinaria. Si parla normalmente a questo riguardo di pratica ripetuta, costante ed uniforme, intendendosi per tale quella che risulta da comportamenti fra loro simili e coerenti, sia con riferimento a ciascuno Stato, sia riguardo al loro insieme. Questo requisito, però, va preso in considerazione e determinato in vista della valutazione della pratica in correlazione con l'elemento soggettivo, e non semplicemente ricercando una meccanica corrispondenza di comportamenti ripetuti, che può benissimo mancare.

Prendendo in considerazione le norme consuetudinarie concernenti il divieto di uso della forza ed il principio di non intervento, la Corte internazionale di giustizia si esprime nei termini seguenti:

«Non ci si deve aspettare che nella prassi degli Stati l'applicazione delle norme in questione sia stata perfetta, nel senso che gli Stati si siano astenuti, in completa coerenza, dall'uso della forza o dall'intervento ciascuno negli affari interni degli altri. La Corte non considera che, perché una norma sia stabilita come consuetudinaria, la prassi corrispondente debba essere in conformità assolutamente rigorosa rispetto alla regola. Al fine di dedurre l'esistenza di norme consuetudinarie, la Corte ritiene sufficiente che la condotta degli Stati sia, in generale, coerente con tali regole, e che i casi di condotte statali non coerenti con una data regola siano stati trattati in generale come violazioni di essa, non come indicazioni del riconoscimento di una nuova norma. Se uno Stato agisce in maniera a prima vista incompatibile con una regola riconosciuta, ma difende la propria condotta invocando eccezioni o giustificazioni contemplate nella stessa norma, il significato di tale atteggiamento è di confermare piuttosto che di indebolire la norma, indipendentemente dal fatto che la condotta dello Stato sia in fatto giustificabile su quella base» (CIG, 27 giugno 1986, *Attività militari e paramilitari in Nicaragua e contro il Nicaragua*, cit., par. 186).

3.4. *I fatti rilevanti al fine della formazione delle norme consuetudinarie: la prassi diplomatica e gli altri atti e comportamenti degli Stati.*

Venendo ora ad esaminare più da vicino in che cosa gli elementi rilevanti ai fini della formazione delle norme consuetudinarie internazionali possono essere individuati, va in primo luogo sottolineato che la relativa rilevazione non può obbedire ad alcun criterio di natura formale, proprio perché si tratta di accertare un fatto sociale e non di determinare se è stato posto in essere un procedimento regolato dal diritto. Quanto osservato sin qui rende, poi, evidente che i fatti idonei a determinare la formazione della norma internazionale consuetudinaria vanno ricercati e individuati unitariamente, senza poter tracciare una distinzione netta fra quelli attinenti all'elemento materiale e quelli relativi all'elemento soggettivo della consuetudine; come si è visto, si tratta di due profili, in pratica, strettamente connessi tra loro. L'interprete è dunque costretto a rivolgere la propria attenzione a tutta una varia molteplicità di manifestazioni riconducibili agli Stati (e, nella misura in cui possano essere significative, agli altri soggetti internazionali), nell'ambito delle quali soltanto per comodità possono essere distinte diverse categorie di fatti.

Vengono, così, in considerazione anzitutto tutti i fatti che costituiscono nel loro insieme la c.d. prassi diplomatica degli Stati: ossia tutte quelle espressioni di punti di vista, intenzioni, richieste, pretese che vengono a trovare posto nella corrispondenza diplomatica dei vari Stati, e la cui documentazione è, per alcuni di essi, ordinata in apposite raccolte. Si tratta qui delle svariate forme nelle quali gli organi delle relazioni internazionali degli Stati provvedono a manifestare il proprio atteggiamento sulle più varie questioni che sorgono nel concreto sviluppo delle relazioni internazionali. Come tali, queste manifestazioni rappresentano l'espressione più immediata della posizione degli Stati su tali questioni, ed in quanto reagiscono a posizioni assunte da altri Stati contribuiscono in modo particolarmente efficace ad illuminare i vari aspetti delle situazioni oggetto di discussione.

Oltre ad esprimere le proprie posizioni attraverso la corrispondenza diplomatica, gli Stati possono naturalmente prendere posizione su questioni che implicano l'esistenza e l'applicazione di norme internazionali generali attraverso l'adozione di specifici atti, od il compimento di specifiche attività. Anche qui, il catalogo delle possibili forme è aperto, e non suscettibile di limitazioni formali: potranno venire in considerazioni atti legislativi, amministrativi, giurisdizionali, quale che sia la posizione gerarchica e la specifica funzione dell'organo statale che agisce nel quadro dell'ordinamento interno dello Stato, sempreché l'azione sia riferibile a quest'ultimo. Naturalmente, lo specifico significato di tali atti dovrà essere vagliato alla luce e nel contesto di tutte le circostanze rilevanti: non essendo, ad esempio, sufficiente un mero parallelismo di atti riferibili a Stati diversi, se non se ne può dimostrare l'effettiva rispondenza alla convinzione della giuridica obbligatorietà del comportamento che tali atti esprimono (v. *supra*, par. 3.2, quanto affermato già dalla Corte permanente di giustizia internazionale nel caso *Lotus*).

Particolarmente significativa anche ai fini della rilevazione della prassi internazionale è stata negli ultimi decenni la c.d. diplomazia multilaterale, il cui rilievo è venuto ad accrescersi notevolmente con il moltiplicarsi delle Organizzazioni internazionali contemporanee, a cominciare da quella delle Nazioni Unite. Le periodiche occasioni di riunione e di dibattito, che le sessioni degli organi plenari delle Organizzazioni offrono, provocano la trasformazione della tradizionale diplomazia da bilaterale a multilaterale, permettendo di rilevare contestualmente gli atteggiamenti di una pluralità di soggetti ed i loro punti di vista. In questo modo, viene evitata la necessità di ricostruire la prassi sulla sola base degli scambi e contatti bilaterali delle varie coppie di Stati, ed allo stesso tempo viene enormemente accelerato il processo formativo dei vari elementi della consuetudine, in precedenza destinato a trovare svolgimento nell'arco di decenni.

3.5. *(segue): la giurisprudenza internazionale.*

Accanto alla prassi dei soggetti, ed in ispecie degli Stati, una posizione di assoluto rilievo va naturalmente riconosciuta, ai fini della rilevazione delle norme consuetudinarie, alla giurisprudenza internazionale, così come alla stessa dottrina. Non si tratta di riconoscere a queste la qualità di fonti di diritto: come si è visto, l'art. 38 dello Statuto della Corte ne fa menzione, al par. 1, lett. *d*, precisando peraltro che si tratta di «mezzi sussidiari per la determinazione delle norme giuridiche» e facendo comunque riserva della disposizione dell'art. 59 dello stesso Statuto, secondo il quale

> «la decisione della Corte non ha valore obbligatorio che fra le parti in lite e riguardo alla controversia decisa».

Sebbene non esista, dunque, nel sistema internazionale alcun vincolo di carattere formale ai precedenti giurisprudenziali, il rilievo di tali precedenti ai fini della ricostruzione complessiva del diritto internazionale è di tutta evidenza, tanto più se si pensa ai caratteri tipici di questo diritto ed in particolare alla mancanza di accentramento delle funzioni, cui si è già accennato. Per le stesse ragioni si spiega il rilievo dato dall'art. 38 alla dottrina «degli autori più qualificati delle varie nazioni».

3.6. (segue): i trattati internazionali.

Infine, possono venire in rilievo ai fini della rilevazione del diritto consuetudinario anche i trattati internazionali, sotto due diversi profili. In primo luogo, i trattati rappresentano ovviamente elementi, assai importanti, della prassi degli Stati (e degli altri soggetti), oltre che atti specificamente intesi alla posizione di norme giuridiche. In quanto elementi della prassi, il fatto che determinate regole di condotta si trovino frequentemente, o magari costantemente, ripetute nella prassi convenzionale di più Stati può costituire la prova che tali regole valgono anche come norme consuetudinarie – con efficacia, quindi, generale –, e che i trattati ne rappresentano soltanto la riaffermazione. La mera ripetizione di determinate clausole non è, però, di per sé sufficiente a giustificare questa conclusione. Occorre in più anche la dimostrazione che ciò corrisponda alla convinzione che si tratta di comportamenti obbligatori: e una tale dimostrazione potrà essere ricavata da tutti gli elementi rilevanti desumibili dall'atteggiamento dei vari Stati, esterni dunque rispetto al trattato.

Il fenomeno è ben noto alla prassi internazionale. Ne dà atto, ad esempio il *Restatement of the Foreign Relations Law of the United States,* Third (1987), par. 102(1) (3), affermando che gli accordi internazionali "possono condurre alla creazione di diritto internazionale consuetudinario quando essi sono destinati all'adesione da parte degli Stati in generale e sono in fatto largamente accettati". Dal canto suo, la giurisprudenza della Corte internazionale di giustizia ha ritenuto desumibile una regola generale in materia di diritti degli Stati costieri, fra l'altro, dalla ripetizione di essa in una serie di trattati nella sentenza del 25 luglio 1974 relativa al caso della *Competenza in materia di pescherie*, Regno Unito c. Islanda, in *C.I.J., Recueil,* 1974, 3, par. 58; mentre ha negato la possibilità di considerare dimostrata l'esistenza di una regola consuetudinaria in materia di superamento della personalità giuridica delle società di capitali sulla base degli accordi di indennizzo stipulati in caso di nazionalizzazione di beni stranieri (sentenza 5 febbraio 1970 nel caso *Barcelona Traction, Light and Power Company*, Belgio c. Spagna, seconda fase, in *C.I.J., Recueil,* 1970, 3, par. 61).

Sotto un secondo profilo, una regola stabilita da trattati – in particolare multilaterali – può essere inizialmente posta in essere a fini di modifica del diritto preesistente, ma venire a generalizzarsi in un momento successivo, in quanto punto di riferimento della pratica degli Stati dopo la stipulazione del trattato.

La situazione è particolarmente suscettibile di verificarsi a proposito degli accordi conclusi a fini di codificazione, e verrà esaminata a questo riguardo (v. *infra*, par. 4.3).

3.7. *Il significato attuale del fenomeno consuetudinario.*

Le considerazioni sin qui svolte a proposito del fenomeno consuetudinario internazionale dimostrano come esso presupponga, per poter adeguatamente svolgere la propria funzione nell'ambito delle relazioni internazionali, adattandosi ove necessario all'evoluzione della società degli Stati, un notevole grado di omogeneità della base sociale che lo esprime. Come sempre accade anche nell'ambito delle società statali, il venir meno di tale omogeneità provoca una crisi delle regole consuetudinarie, che può essere superata soltanto attraverso l'intervento di qualche potere capace di imporre autoritativamente una nuova regolamentazione giuridica che prenda il posto di quella ormai priva del necessario consenso sociale.

Una crisi di questo tipo è stata subita anche dal diritto consuetudinario internazionale nel corso del ventesimo secolo, in conseguenza della frantumazione della precedente omogeneità della base sociale provocata da imponenti fenomeni quale la rivoluzione sovietica, le guerre mondiali, la divisione del mondo postbellico in due blocchi contrapposti e l'accesso all'indipendenza di una molteplicità di nuovi soggetti, che nel volgere di pochi decenni ha fatto quadruplicare il numero degli Stati esistenti. Un tale insieme di fenomeni ha prodotto un movimento di contestazione di buona parte del diritto consuetudinario esistente, visto di volta in volta da alcuni gruppi di Stati – in ispecie, quelli appartenenti al blocco socialista – come prodotto della civiltà e degli interessi degli Stati "capitalisti", e da altri – i c.d. Stati in via di sviluppo, di recente indipendenza – come insieme di regole ispirate da interessi e valori nei quali essi non volevano riconoscersi, e che pertanto rifiutavano. Di qui la tendenza, assai viva in certi momenti degli ultimi decenni, verso la sostituzione di gran parte delle regole consuetudinarie vigenti con norme nuove, alla cui elaborazione potessero prendere parte anche Stati nuovi, e comunque diversi da quelli che in passato avevano portato alla creazione delle antiche regole. Questa tendenza è venuta ad essere canalizzata attraverso i meccanismi previsti dal sistema delle Nazioni Unite, e si è tradotta soprattutto in due fenomeni: quello della codificazione e quello dell'emanazione da parte dell'Assemblea generale dell'Organizzazione delle c.d. Dichiarazioni di principi (v. *infra*, parr. 4.2 e 5.1).

Oggi la frattura si è in buona parte ricomposta, specie a seguito degli eventi successivi al crollo del muro di Berlino, del crollo dell'Unione Sovietica e della scomparsa di un blocco di Stati a regime socialista (dando luogo a nuove e diverse contrapposizioni, le cui conseguenze sul piano giuridico non sono ancora del tutto chiare). Si può dire che, nel suo complesso, il fenomeno consuetudinario ha retto alla prova ed ha confermato la propria capacità di adeguarsi alle nuove situazioni, sempreché non venga a mancare il presupposto di un sufficiente consenso sociale sui nodi fondamentali da sciogliere. Ma ciò è potuto accadere anche perché la sintesi fra principi e valori tradizionalmente alla base delle regole consuetudinarie internazionali ed istanze nuove ha avuto luogo anche con il concorso del processo di codificazione e dalle dichiarazioni di principi effettuate dall'Assemblea generale. Tutti questi fenomeni hanno contribuito, ciascuno per la propria parte, ad orientare il comportamento dei soggetti della Comunità internazionale ricreando basi sufficienti di consenso sociale su valori e posizioni parzialmente rinnovati. Il diritto internazionale consuetudinario ha potuto così mantenere sostanzialmente invariata la sua tradizionale configurazione come diritto "di autonomia", espressione immediata della base sociale, utilizzando però ai propri fini il sostegno istituzionale che gli è venuto dall'Organizzazione universale e traendone ulteriori elementi di adesione da parte dei soggetti che ne sono destinatari.

3.8. *Le contestazioni delle norme consuetudinarie ed il loro rilievo.*

Rimane comunque vero che la mancanza di omogeneità e la frammentazione della base sociale internazionale in una pluralità di gruppi eterogenei, ispirati ciascuno a valori, interessi e principi fra loro contrapposti, oltre a porre in crisi il fenomeno consuetudinario, può provocare il venir meno, per desuetudine, di determinate norme non più rispondenti all'*opinio* degli appartenenti a uno di quei gruppi, o ad una parte consistente di essi. Un fenomeno del genere si è, verosimilmente, manifestato a partire dagli anni cinquanta del secolo ventesimo, portando alla scomparsa di regole in precedenza vigenti (ad esempio, in materia di tutela degli interessi economici dei cittadini stranieri e di liceità di nazionalizzazioni).

Al di fuori di ipotesi di contestazione "collettiva" del tipo menzionato, si deve negare che la contestazione di una determinata regola consuetudinaria proveniente da un solo soggetto (o da un numero limitato di essi) valga di per sé a renderla inopponibile a chi tale contestazione muove, consentendogli di sottrarsi all'osservanza della regola. Un comportamento di tal genere non può che costituire violazione della norma, sino a che questa debba considerarsi esistente: e la contestazione potrà, al più, dove sia sorretta da un consenso sufficientemente esteso (anche se non tale da provocarne di per sé il venir meno), rappresentare l'inizio di un processo destinato a risultare in un fenomeno di desuetudine.

Va in particolare negato – contrariamente a posizioni abbastanza diffuse nella dottrina di alcuni paesi – che uno Stato possa sottrarsi all'applicazione di una norma consuetudinaria, quando abbia inequivocabilmente manifestato il proprio atteggiamento contrario sin dall'inizio della sua fase di formazione (c.d. obiettore persistente). Una tesi di questo genere non appare giustificata alla luce della giurisprudenza internazionale sulla quale la si vorrebbe fondare: ed è coerente soltanto con una concezione rigidamente volontaristica del diritto internazionale generale, la cui fondatezza è già stata qui esclusa (v. *supra*, par. 1.1). In realtà il solo precedente giurisprudenziale su cui la tesi è stata fondata è rappresentato da una sentenza della Corte internazionale di giustizia del 1951, nella quale si discuteva dell'esistenza di una regola consuetudinaria per la quale le baie con apertura superiore alle dieci miglia non avrebbero potuto essere incluse nelle c.d. acque interne dello Stato rivierasco. La Corte, pur avendo escluso che una norma avente tale contenuto dovesse considerarsi esistente, aggiunse che

> «in ogni caso la regola delle dieci miglia apparirebbe inapplicabile alla Norvegia, in quanto quest'ultima si è sempre opposta a qualsiasi tentativo di applicarla alla costa norvegese» (CIG, 18 dicembre 1951, caso delle *Pescherie*, Regno Unito c. Norvegia, in *C.I.J., Recueil*, 1951, 116).

Non si è trattato, dunque, di considerazione decisiva ai fini del decidere, ma di un semplice *obiter dictum*. Accanto alla decisione citata, viene a volte invocata dai sostenitori della tesi anche la precedente decisione della stessa Corte nel caso del *Diritto di Asilo* (20 novembre 1950, Colombia c. Perù, in *C.I.J., Recueil*, 1950, 266) – non richiamata da quella citata del 1951 –, in cui la Corte, dopo avere escluso l'esistenza di una certa consuetudine fra gli Stati latino-americani, aggiunse che comunque una tale consuetudine non avrebbe potuto essere invocata contro il Perù, che l'aveva respinta evitando di ratificare certe convenzioni internazionali concernenti la materia dell'asilo diplomatico. La mancanza di valore di precedente di questa decisione risulta evidente dal fatto che l'asserita norma consuetudinaria avrebbe avuto carattere locale (v. *infra*, par. 7.1). Quanto alla pratica degli Stati, nonostante la presenza di qualche elemento a favore della tesi, non sembra che la qualità di "obiettore persistente" sia stata univocamente considerata dalla prassi come tale da legittimare lo Stato che la assume a sottrarsi all'applicazione della norma. L'esistenza di un'eccezione al generale principio del carattere vincolante della norma consuetudinaria internazionale per tutti i soggetti dell'ordinamento deve, dunque, essere negata.

Verosimilmente, le situazioni in cui la qualità di "obiettore persistente" è stata invocata ai fini indicati si possono spiegare diversamente. Si può trattare, piuttosto, di situazioni nelle quali può essere prospettata la presenza di un accordo derogatorio rispetto ad un regime generale a favore di un dato soggetto, oppure di un regime speciale formatosi per acquiescenza; oppure ancora, in altri casi, di situazioni in cui lo Stato che obietta rimane, insieme ad altri, estraneo ad un regime consuetudinario che viene invece a crearsi per una cerchia di altri soggetti. Situazioni, insomma, di contrapposti atteggiamenti di raggruppamenti di Stati, che impediscono la formazione di norme generali, ma non escludono la formazione di regole, locali o convenzionali, ad efficacia soggettiva limitata. Ma appare da escludere l'esistenza di un'eccezione consuetudinariamente stabilita, in quanto riconosciuta dalla prassi e dall'*opinio* degli Stati, al carattere vincolante generale di una norma consuetudinaria che sia di per sé accertabile.

4.1. *La codificazione delle norme consuetudinarie.*

Tenuto conto dei caratteri tipici delle norme consuetudinarie ed in particolare del loro carattere di norme non scritte, si può facilmente comprendere come sia stata a più riprese avvertita la necessità, od almeno l'opportunità, di provvedere ad una traduzione del loro contenuto in forma scritta. E ciò al fine di contribuire alla chiarezza ed alla certezza delle norme di cui si tratta. Si parla, al riguardo, di codificazione del diritto internazionale consuetudinario.

Nonostante l'evidente esigenza che ne sta alla base, la codificazione si è però sempre scontrata con difficoltà assai rilevanti, proprio in considerazione di quelle stesse caratteristiche di fondo del diritto internazionale, che ne fanno avvertire la necessità. Quest'ultima sorge infatti dal fatto che il diritto internazionale generale nasce e vive in forma non scritta ad opera degli stessi soggetti che ne sono i destinatari. Ma ciò avviene perché le stesse regole di struttura della società internazionale escludono il riconoscimento di un accentramento di poteri normativi capaci di vincolare tutti i soggetti in capo ad un ente sovraordinato. Dunque, una vera e propria opera di codificazione è resa impossibile dalla mancanza di un ente fornito dal potere giuridico necessario.

Quando si parla di codificazione del diritto internazionale generale, ci si riferisce quindi – e non ci si può che riferire – al ricorso all'unico strumento che lo stesso diritto generale conosce e regola come idoneo a porre in essere norme giuridiche espresse in forma scritta: il trattato internazionale. Ma anche questo strumento è riferibile a quegli stessi soggetti che risulteranno destinatari dei relativi obblighi, e non ad un ente superiore: e la sua efficacia soggettiva è intrinsecamente limitata a coloro che ne divengano parti (v. *infra*, Cap. III). L'opera di codificazione può dunque tradursi soltanto nella conclusione di trattati internazionali che riproducano il contenuto delle norme consuetudinarie, operando però soltanto nei confronti dei soggetti che intendano divenirne parti.

Pur con i limiti intrinseci che derivano da quanto appena osservato, l'importanza della codificazione risulta anche da un'altra considerazione. Si è visto come la consuetudine possa esplicare in modo adeguato la propria funzione in ambienti sociali sufficientemente stabili, ma sia destinata ad entrare in crisi in periodi di tensioni ed instabilità. In situazioni del genere, soltanto l'intervento di una nuova disciplina capace di adattare il diritto non scritto in modo da consentirgli di riflettere i nuovi equilibri può evitare fratture troppo profonde dell'ordine preesistente. Emerge qui un secondo importante profilo dell'opera di codificazione: quello dell'adeguamento del diritto generale alle nuove esigenze. Questo profilo, teoricamente distinto da quello che consiste nella mera "verbalizzazione" delle norme consuetudinarie in formule scritte, si dimostra nella realtà ben difficilmente separabile da quest'ultimo.

4.2. L'opera delle Nazioni Unite per la codificazione.

Venendo ora ad esaminare i procedimenti concretamente utilizzabili ai fini della codificazione, e i loro più importanti risultati (e lasciando da parte i fenomeni di codificazione meramente privata, ad esempio ad opera di istituzioni scientifiche quale l'*Institut de droit international*), l'attenzione deve rivolgersi in particolare all'attività dell'Organizzazione delle Nazioni Unite in questo settore. Non mancano peraltro esempi più antichi di codificazione del diritto internazionale in determinate materie, quali il diritto bellico (Convenzioni dell'Aja del 1899 e 1907) e il diritto internazionale umanitario (Convenzioni di Ginevra del 1949 e Protocolli del 1977).

L'art. 13 dello Statuto delle N.U. prevede una competenza dell'Assemblea generale a intraprendere studi e fare raccomandazioni allo scopo di

> «a. promuovere la cooperazione internazionale nel campo politico ed incoraggiare lo sviluppo progressivo del diritto internazionale e la sua codificazione».

Con apposita Risoluzione (174 (III) del 21 novembre 1947), l'Assemblea istituì un apposito organo, la Commissione del diritto internazionale, il cui statuto, all'art. 15, indica anch'esso nella "codificazione e sviluppo progressivo" del diritto internazionale la funzione specifica della Commissione. All'attività di questo organo composto da esperti che ne fanno parte a titolo individuale, e non quali rappresentanti degli Stati, è dovuta buona parte dell'opera di codificazione sino ad oggi concretamente svolta. Non si tratta però del solo procedimento utilizzabile, in quanto altre volte l'Assemblea può incaricare altri organi, anche composti di rappresentanti di Stati, di predisporre studi e progetti intesi alla redazione di testi da sottoporre agli Stati per l'approvazione. Sia nell'uno, sia nell'altro caso, il procedimento si snoda poi attraverso la predisposizione di studi e rapporti, questionari da inviare agli Stati, progetti di testi, che, ove incontrino l'approvazione degli organi incaricati e successivamente degli Stati, potranno finalmente dar luogo all'adozione di un testo definitivo, da parte dell'Assemblea generale o di un'apposita conferenza diplomatica, che verrà sottoposto alla ratifica e all'adesione degli Stati. Procedimento, quindi, non formalmente regolato nei suoi vari passaggi, ma certo complesso e suscettibile di prolungarsi anche per svariati anni.

Quanto alle principali realizzazioni nell'ambito della Commissione di diritto internazionale, si ricorderanno le quattro Convenzioni di Ginevra del 1958 in materia di diritto del mare, poi sostituite dalla Convenzione di Montego Bay del 1982 (elaborata questa indipendentemente dalla Commissione); quelle sulle relazioni diplomatiche del 1961 e sulle relazioni consolari del 1963; quella sulle missioni speciali del 1969; quella, importantissima, sul diritto dei trattati del 1969, poi completata da quella del 1986 sul diritto dei trattati tra Stati e organizzazioni internazionali, o tra organizzazioni internazionali; quella, infine, sulla successione tra Stati in materia di trattati del 1978. Da molti anni sono poi in corso, nell'ambito sempre della Commissione di diritto internazionale, i lavori per un progetto di articoli in materia di responsabilità per fatti internazionalmente illeciti degli Stati, approvato in seconda lettura dalla Commissione stessa nel 2001 (v. *infra*, Cap. VIII).

4.3. *Il significato e la portata degli accordi di codificazione.*

Quando un accordo inteso alla codificazione del diritto internazionale generale – nel senso sopra indicato – venga stipulato, si tratta di determinarne gli effetti ed i rapporti con il diritto generale preesistente. Da un punto di vista formale, non vi è dubbio che l'accordo è capace di produrre tutti, ma soltanto, gli effetti che gli competono in quanto trattato internazionale: ed il solo fatto che esso intenda "codificare" il diritto generale non può attribuirgli alcun effetto diverso od ulteriore. L'accordo non vincola, quindi, se non i soggetti che ne siano divenuti parti. Il diritto generale, per parte sua, continua ad esistere e ad essere applicabile nei rapporti fra Stati non contraenti, e fra questi e gli Stati contraenti. La Convenzione di Vienna sul diritto dei trattati presuppone chiaramente tale principio disponendo, ad esempio, all'art. 43, che il venir meno degli effetti di un trattato non incide «sul dovere di uno Stato di adempiere ad ogni obbligo enunciato nel trattato al quale esso sia sottoposto in virtù del diritto internazionale indipendentemente dal trattato in questione».

Ma quale può essere, più precisamente, il rapporto fra l'accordo di codificazione e il diritto internazionale generale? La giurisprudenza della Corte internazionale di giustizia ha distinto, a questo proposito, tre diverse ipotesi. a) Vi è anzitutto la possibilità che un determinato accordo di codificazione si limiti a tradurre in forma scritta il contenuto di una norma generale già esistente (a "codificarla" nel senso più stretto del termine): la norma continuerà in questo caso a valere e ad applicarsi nel suo significato e portata originari, sia pure resi più certi dall'intervenuta "trascrizione", e l'effetto proprio dell'accordo avrà carattere meramente dichiarativo. b) Una seconda ipotesi è che l'accordo intervenga a completare un processo di formazione di una norma consuetudinaria già in corso, costituendone così il momento di "cristallizzazione". In questo modo, il processo di definizione e consolidamento della norma generale viene perfezionato e concluso proprio dall'adozione dell'accordo. c) Infine, un'ultima ipotesi è rappresentata da un accordo di codificazione che contenga una o più norme, in sé nuove rispetto al diritto preesistente, che costituiscono il punto di partenza di un processo destinato, attraverso il concorso degli atteggiamenti favorevoli degli Stati, a tradursi nella creazione di una nuova norma generale, a questo punto vincolante nei confronti di tutti i soggetti. Le tre ipotesi ricordate sono state esposte e illustrate nella sentenza della Corte internazionale di giustizia del 20 febbraio 1969 nel caso della *Delimitazione della piattaforma continentale del Mare del Nord*, già ricordata in precedenza. In altri casi, la stessa Corte ha fatto applicazione dei principi esposti affermando la corrispondenza di certe norme contenute in un accordo al diritto internazionale consuetudinario. Ad esempio, in materia di diritto dei trattati, la Corte ha affermato che essa

> «... ha a diverse riprese già avuto occasione di dire che alcune delle regole enunciate (nella Convenzione di Vienna sul diritto dei trattati) possono essere considerate come una codificazione del diritto consuetudinario esistente. La Corte ritiene che per molti aspetti questo è il caso delle regole della Convenzione di Vienna riguardanti l'estinzione o la sospensione dell'applicazione dei trattati, enunciate ai suoi articoli da 60 a 62» (CIG, 25 settembre 1997, caso del *Progetto Gabčíkovo-Nagymaros*, Ungheria c. Slovacchia, in *C.I.J.*, *Recueil*, 1997, 7, par. 46).

Analogo atteggiamento si può riscontrare a proposito delle norme relative all'immunità degli agenti diplomatici della giurisdizione civile.

Due aspetti vanno ancora ricordati. In primo luogo le tre ipotesi che si sono descritte possono verificarsi anche separatamente l'una dall'altra, con riferimento a norme diverse contenute in uno stesso accordo di codificazione. In secondo luogo, il problema del rapporto con la norma generale esistente e dell'influenza sull'eventuale formazione di una norma nuova, può porsi, non soltanto con riferimento ad un risultato del processo di codificazione già compiuto, ma anche riguardo ad un progetto non ancora tradotto in accordo. È il caso del ricordato progetto di articoli in materia di responsabilità internazionale, che è già stato preso in considerazione in alcune occasioni dalla Corte internazionale di giustizia e tenuto presente, per certe sue norme, come espressione del diritto generale.

5.1. *Le Dichiarazioni di principi dell'Assemblea generale delle Nazioni Unite.*

Un altro fenomeno capace di influire sul processo formativo di norme internazionali consuetudinarie, con aspetti e conseguenze paragonabili a quelli esaminati a proposito degli accordi di codificazione, è rappresentato dalle c.d. Dichiarazioni di principi dell'Assemblea generale delle Nazioni Unite.

Si tratta, dal punto di vista formale, di risoluzioni dell'Assemblea generale, adottate da questa secondo le sue ordinarie regole di funzionamento, che hanno valore di semplici raccomandazioni e sono prive di efficacia obbligatoria per gli Stati membri. Per tale carattere, esse non si distinguono in nulla dalla generalità delle risoluzioni dell'Assemblea, atti che – com'è ben noto – sono suscettibili di acquistare effetti vincolanti soltanto in ipotesi specialissime. Il carattere proprio delle Dichiarazioni in questione sta, invece, nella generalità e rilevanza dei principi proclamati e nella particolare solennità della loro enunciazione.

Il ricorso a Dichiarazioni di questo tipo diviene molto frequente a partire dai primi anni '60 del Novecento, anche se una tra le prime, e forse la più famosa, di esse è la Dichiarazione Universale dei diritti dell'uomo, che è del 10 dicembre 1948. L'impulso all'adozione veniva dal gruppo degli Stati di recente indipendenza che, sostenuto dai Paesi del blocco socialista, vi vedeva uno strumento capace di provocare un superamento del diritto internazionale classico e la sua sostituzione con regole ispirate a nuovi principi, più favorevoli alla tutela dei loro interessi. Negli anni più recenti, questo impulso si è in gran parte esaurito, lasciando tuttavia sussistere una certa tendenza a considerare almeno alcune tra le Dichiarazioni di principi come capaci di assumere il ruolo ed il significato di vere e proprie nuove fonti di diritto generale. Si può pensare alle dichiarazioni sull'uso dello spazio extra-atmosferico (1963, n. 1962 – XVII), sull'eliminazione delle discriminazioni razziali (1963, n. 1904 – XVIII), sulle relazioni amichevoli e la collaborazione fra gli Stati (1970, n. 2625 – XXV), sulla Carta dei diritti e doveri economici degli Stati (1974, n. 3281 – XXIX), e via dicendo.

Se, come si è visto, dal punto di vista formale le Dichiarazioni sono prive di valore obbligatorio in base alle norme che le regolano (che sono quelle dello Statuto dell'Organizzazione delle Nazioni Unite), non può nemmeno ritenersi che un'efficacia vincolante possa essere loro riconosciuta in base ad altri principi: ad esempio, come risultato di una regola consuetudinaria formatasi in questo senso nell'ambito della Comunità internazionale. Per una conclusione del genere mancano, infatti, tutti i necessari presupposti, non potendo essere riscontrata l'esistenza di una pratica costante e conforme, né tantomeno il convincimento dell'obbligatorietà delle Dichiarazioni, con la necessaria diffusione da parte degli Stati. La prassi è nettamente orientata in senso contrario, come dimostra, fra l'altro, il fatto che spesso l'adozione di una data Dichiarazione è stata seguita dalla stipulazione di uno specifico accordo inteso a tradurre il contenuto della prima in una serie di norme specifiche e vincolanti. Del resto, è sufficiente considerare che il riconoscimento del carattere obbligatorio alle Dichiarazioni significherebbe l'attribuzione di veri e propri poteri di legislatore internazionale all'Assemblea generale. Ad una prospettiva del genere, una consistente parte degli Stati membri dell'Organizzazione si è sempre indubbiamente opposta con decisione.

Tutto ciò non significa peraltro che alle Dichiarazioni di principi non debba essere attribuito notevole rilievo ai fini della rilevazione del diritto internazionale generale o nella prospettiva della sua evoluzione. Possono ripetersi, a questo riguardo, le considerazioni che la Corte internazionale di giustizia ha svolto, in ispecie nella sua sentenza nel caso della *Delimitazione della piattaforma continentale del Mare del Nord*, e che si sono ricordate in precedenza. Anche per quanto riguarda le Dichiarazioni, infatti, è possibile che il loro contenuto rifletta lo stato del diritto generale esistente, oppure che il fatto della loro approvazione cristallizzi norme in via di formazione, concludendo il relativo processo, o invece rappresenti una fase, magari iniziale, di tale processo. L'analogia che esiste in questo senso tra il fenomeno della codificazione e quello delle Dichiarazioni è pressoché completa. In entrambi i casi, comunque, ciò che occorre ribadire è che si tratta di fenomeni che non possono assumere, in sé e per sé, il carattere di fonti di diritto generale: la "fonte", in quanto norme di diritto generale si possano riconoscere esistenti, non può che essere la consuetudine (o, come si vedrà oltre, i principi generali di diritto). Come ha avuto occasione di chiarire la Corte costituzionale italiana a proposito della Risoluzione dell'Assemblea generale del 29 novembre 1985 (n. 40/34) contenente la Dichiarazione dei principi fondamentali di giustizia relativi alle vittime della criminalità e degli abusi di potere, tra le norme del diritto internazionale generalmente riconosciute, menzionate nell'art. 10 della Costituzione,

> «non rientrano le statuizioni contenute nelle risoluzioni dell'O.N.U. in materia di dichiarazioni di principio alle quali, secondo la prassi internazionale, è negato carattere cogente. Esse, infatti, non costituiscono fonti di diritto, pur potendo avere influenza nella formazione di consuetudini e di accordi conformi al loro contenuto» (Corte cost., sentenza n. 18/1989, in *Giur. cost.*, 1989, I, 62).

6.1. *Le moderne trasformazioni nel processo di formazione delle norme consuetudinarie.*

Tanto gli accordi di codificazione, quanto le Dichiarazioni di principi dell'Assemblea generale, si inseriscono nel quadro della prassi internazionale degli Stati (e degli altri soggetti): i primi, in quanto risultato del negoziato e della stipulazione di accordi; le seconde, in quanto esito di attività poste in essere nel quadro della c.d. diplomazia multilaterale. Rispetto alle manifestazioni più tradizionali della prassi, i due fenomeni si distinguono però per il fatto di essere specificamente intesi alla rilevazione e all'enunciazione di norme e di principi aventi carattere ed efficacia generale.

Ne conseguono significative differenze per quanto riguarda la fisionomia del processo di formazione delle norme generali. A parte l'ipotesi che l'accordo di codificazione o la Dichiarazione di principi si limitino a riflettere ed a riprodurre in forma scritta una norma generale già esistente, l'intervento dei due tipi di atti nel processo di formazione della norma, nell'una o nell'altra forma in precedenza delineate, fa sì che, quando la norma generale sarà venuta a formarsi, essa avrà come suo punto di riferimento una regola scritta: quella enunciata nell'accordo o nella Dichiarazione. Certamente, la norma consuetudinaria come tale sarà anche in questi casi il risultato degli elementi tradizionali, *diuturnitas* ed *opinio*. Ma non vi è dubbio che tali elementi si saranno sviluppati, non solo e non tanto in una serie di comportamenti e di atteggiamenti indifferenziati, dei quali l'interprete deve operare l'interpretazione e la sintesi: quanto, invece, in atti direttamente riferiti a norme già interamente formulate. Queste ultime non rappresentano, di per sé, le norme consuetudinarie, che conservano il proprio carattere fondamentale di norme non scritte. Ma certo ne costituiscono la base. Anche se è sicuramente eccessivo ed inesatto attribuire a tali nuovi processi formativi della consuetudine internazionale carattere di procedimenti "quasi legislativi", come taluni hanno ritenuto di poter fare, l'elemento di novità che viene così introdotto nel processo normativo e nelle stesse relazioni internazionali non può in alcun modo essere ignorato.

7.1. *Le consuetudini regionali e locali.*

Norme consuetudinarie internazionali possono venire a formarsi tra due o più Stati in modi e con presupposti analoghi a quelli che si sono esaminati in precedenza in via generale. Naturalmente, la sfera di efficacia di norme non scritte di questo genere deve ritenersi ristretta agli Stati ai quali i comportamenti sono riferibili. Il tema non attiene perciò al diritto internazionale generale. Basti sottolineare che norme consuetudinarie di questo tipo possono venire a formarsi fra Stati geograficamente confinanti (il problema si è posto ad esempio, a proposito degli Stati latino-americani) oppure fra gruppi di Stati legati tra loro da vincoli pattizi: in questo secondo caso le norme in questione possono avere la conseguenza di introdurre modifiche al regime del trattato, in quanto ciò sia consentito dal medesimo. La giurisprudenza ha inoltre precisato che

> «è difficile vedere perché il numero degli Stati tra i quali si può costituire una consuetudine locale sulla base di una pratica prolungata dovrebbe necessariamente essere superiore a due. La Corte non vede ragioni per le quali una pratica prolungata e continua tra due Stati, accettata da essi come regolante i loro rapporti, non sia alla base di diritti ed obblighi reciproci tra questi due Stati» (CIG, 12 aprile 1960, caso del *Diritto di passaggio sul territorio indiano*, Portogallo c. India, in *C.I.J., Recueil*, 1960, 6, 39).

Come è stato posto in rilievo in altri casi giurisprudenziali l'elemento consensuale assume in caso di consuetudine puramente locale un ruolo determinante, in quanto questa non potrebbe essere invocata nei confronti di uno Stato che «non vi abbia aderito con il proprio atteggiamento» (cfr. CIG, 20 novembre 1950, relativa al caso del *Diritto di asilo*, cit., parr. 277-278). Più che al fenomeno della consuetudine generale, tale elemento assimila piuttosto la consuetudine locale a quello dell'accordo tacito.

8.1. *I principi generali di diritto.*

Fanno parte del diritto internazionale generale anche i principi generali di diritto. A questo proposito va chiarito preliminarmente che questa denominazione ricomprende due fenomeni distinti, che assumono diverso rilievo sul piano dell'ordinamento internazionale. Da una parte, si parla di principi generali di diritto per indicare – così come si fa in qualsiasi ordinamento giuridico interno – i caratteri fondamentali e le regole generali che si ricavano in via induttiva dalle regole espresse del sistema. Dall'altra, si utilizza l'espressione per richiamare quei «principi generali di diritto riconosciuti dalle Nazioni civili» ai quali fa riferimento l'art. 38, n. 1, lett. *c* dello Statuto della Corte internazionale di giustizia. Le due prospettive vanno tenute nettamente distinte.

8.2. *I principi generali dell'ordinamento internazionale.*

Esistono, nell'ambito del diritto internazionale generale, alcuni principi generali che esprimono immediatamente certe specifiche caratteristiche della struttura del sistema giuridico nel quale la società internazionale è organizzata. Tali principi possono anche essere considerati, se si vuole, come ricavati in via induttiva da varie regole consuetudinarie, e partecipano dei caratteri propri di queste quanto ai loro elementi costitutivi ed al loro valore formale: non esiste, dunque, alcuna differenza di posizione gerarchica delle due categorie di regole. Tuttavia, appare opportuno attribuire ai principi di cui si parla una posizione a sé stante, per sottolinearne l'inerenza diretta alla struttura di fondo del sistema e il carattere generalissimo delle regole che essi consacrano, insieme al rilievo che queste assumono nel complesso dell'ordinamento. Per queste ragioni, alcuni parlano a proposito dei principi considerati di "principi costituzionali" dell'ordinamento internazionale. Rimane comunque ben fermo che non si tratta altro che di una particolare categoria di norme consuetudinarie.

Nell'ambito dei principi generali, si può introdurre una distinzione tra quelli che attengono alla disciplina degli aspetti formali fondamentali dell'ordinamento, come quelli che attengono ai soggetti ed alle fonti, e quelli che hanno carattere materiale, in quanto direttamente riguardano la regolamentazione delle relazioni internazionali. Tra i primi, va sottolineato il ruolo del principio che si suole esprimere con la formula *pacta sunt servanda*, ossia il principio che attribuisce all'accordo dei soggetti l'idoneità a porre in essere norme giuridiche internazionali. Per quanto riguarda i secondi, è opportuno richiamare l'enunciazione che ne è stata fatta dall'Assemblea generale delle Nazioni Unite nel 1970 con la Dichiarazione relativa ai principi di diritto internazionale concernenti le relazioni amichevoli e la cooperazione fra gli Stati, in conformità della Carta delle Nazioni Unite. In tale dichiarazione vengono solennemente proclamati sette principi, sintetizzabili come segue:

– il principio dell'*eguaglianza sovrana degli Stati*, che comprende secondo la Dichiarazione una serie di elementi, fra i quali il diritto di scegliere e di sviluppare liberamente il proprio sistema politico, sociale, economico e culturale: ciò include, fra l'altro, il diritto di ogni Stato di darsi l'assetto costituzionale che preferisce e di organizzare il proprio ordinamento giuridico determinandone i contenuti;

– il principio dell'autodeterminazione dei popoli;

– il principio del non-intervento negli affari interni o esterni di un altro Stato;

– il principio del divieto della minaccia o dell'uso della forza;

– il principio relativo all'obbligo di soluzione pacifica delle controversie internazionali;
– il principio relativo all'obbligo degli Stati di cooperare reciprocamente, in conformità con la Carta delle Nazioni Unite;
– il principio relativo all'*obbligo di adempiere in buona fede gli obblighi assunti in conformità con la Carta delle Nazioni Unite*, che riguarda tutto l'insieme degli impegni internazionali assunti da uno Stato.

Si tratta di principi in gran parte desumibili già dalla Carta delle Nazioni Unite, alla quale la Dichiarazione fa continui riferimenti, che vengono però, non soltanto solennemente riaffermati, ma anche svolti ciascuno in una serie di elementi costitutivi. La piena appartenenza dei principi così enunciati allo stato attuale del diritto internazionale generale è ormai sicura, ed è stata confermata, per quanto concerne il divieto della minaccia e dell'uso della forza e l'obbligo di soluzione pacifica delle controversie, dalla Corte internazionale di giustizia nella sentenza del 27 giugno 1986, già ricordata. A proposito della Dichiarazione considerata, si osserva che l'*opinio juris* rispetto all'astensione dalla minaccia e dall'uso della forza

«può fra l'altro dedursi, sebbene con la prudenza necessaria, dall'atteggiamento delle Parti nei confronti di certe risoluzioni dell'Assemblea generale, in particolare la Risoluzione 2625 (XXV) intitolata "Dichiarazione relativa ai principi di diritto internazionale concernente le relazioni amichevoli e la cooperazione fra gli Stati conformemente alla Carta delle Nazioni Unite". L'effetto di un consenso al testo di tali risoluzioni non può essere interpretato come quello di un semplice richiamo o di una semplice specificazione dell'obbligo convenzionale assunto nella Carta. Esso può, al contrario, essere interpretato come un'adesione al valore della regola o della serie di regole dichiarate dalla risoluzione e prese in sé stesse. Il principio del non-uso della forza, ad esempio, può così essere considerato come un principio del diritto internazionale consuetudinario non condizionato dalle disposizioni relative alla sicurezza collettiva o ai mezzi e contingenti da fornire in virtù dell'art. 43 della Carta. La presa di posizione ricordata, in altri termini, può apparire come l'espressione di un'*opinio juris* riguardo alla regola (o alla serie di regole) in questione, considerata indipendentemente ormai dalle disposizioni, in particolare istituzionali, alle quali essa è sottoposta sul piano convenzionale della Carta» (CIG, 27 giugno 1986, *Attività militari e paramilitari in Nicaragua e contro il Nicaragua*, cit.).

Quanto all'obbligo di soluzione pacifica delle controversie, la Corte dichiara che

«consacrato dall'art. 33 della Carta delle Nazioni Unite, che indica d'altra parte diversi mezzi pacifici ai quali è possibile fare ricorso, tale principio ha egualmente carattere di regola di diritto internazionale consuetudinario» (*ivi*, par. 290).

Non si trova enunciato nella Dichiarazione (ma soltanto indirettamente richiamato nel suo preambolo) alcun principio specifico riguardante il rispetto dei diritti umani fondamentali. È generalmente ammesso, tuttavia, che un principio che vieta le c.d. *gross violations* dei diritti fondamentali (violazioni gravi e generalizzate, quali genocidio, discriminazione razziale, trattamenti inumani o degradanti) debba essere ormai considerato esistente.

Importante infine tener presente che la Dichiarazione afferma l'idea del collegamento dei vari principi fra di loro nella loro interpretazione ed applicazione, aggiungendo che ciascun principio va interpretato nel contesto degli altri.

Quanto esposto non significa, naturalmente, che i soli principi generali individuabili sul piano dell'ordinamento internazionale siano quelli enunciati dalla Dichiarazione. Al contrario, è facile constatare che la giurisprudenza internazionale si è riferita non di rado ad altri principi, di generalità ed ampiezza variabili a seconda che riguardino l'insieme del sistema giuridico oppure specifici suoi settori. E così, ad esempio:

– "certi principi generali e ben riconosciuti, ossia: considerazioni elementari di umanità, che s'impongono ancor più in pace che in guerra; il principio della libertà di traffico marittimo; e l'obbligo di ogni Stato di non permettere consapevolmente l'uso del proprio territorio per atti contrari al diritto di altri Stati" (CIG, 9 aprile 1949, caso dello *Stretto di Corfù* (merito), Regno Unito c. Albania, in *C.I.J., Recueil*, 1949, 4, 22);

– i principi generali di diritto umanitario, ai quali le Convenzioni di Ginevra del 1949 danno semplicemente espressione specifica (CIG, 27 giugno 1986, *Attività militari e paramilitari in Nicaragua e contro il Nicaragua*, cit., par. 219);

– il principio generale dell'*uti possidetis*, che si afferma collegato logicamente con la forma di decolonizzazione considerata ovunque essa abbia luogo (CIG, 22 dicembre 1986, caso della *Controversia di frontiera*, Burkina Faso c. Mali, in *C.I.J., Recueil*, 1986, 553, par. 23).

8.3. *I principi generali degli ordinamenti giuridici interni e il loro rilievo a livello internazionale.*

Tutt'altro significato hanno i principi generali sorti ed accettati nell'ambito degli ordinamenti giuridici interni degli Stati, dei quali fa menzione l'art. 38, n. 1, lett. *c* dello Statuto della Corte internazionale di giustizia parlando di principi "riconosciuti dalle Nazioni civili".

Non si tratta qui di principi ricavabili dalle norme dello stesso diritto internazionale, e da questo autonomamente sviluppati, ma di principi validi sul piano del diritto interno degli Stati, ed accolti dalla maggioranza di questi nell'ambito dei propri sistemi giuridici.

Sin dall'inizio dello sviluppo dell'ordinamento giuridico internazionale è stata viva la tendenza di interpreti e giudici ad integrare il contenuto di tale sistema con i principi e valori desunti degli ordinamenti interni. La cosa si può facilmente spiegare da un lato in vista del carattere limitato della disciplina offerta dal diritto internazionale generale e, dall'altro, in considerazione del fatto che i principi generali così individuati tendevano ad essere dedotti da valori assoluti ed universali, ricollegati al diritto naturale. La duplice valenza di tali principi, tanto nei rapporti interindividuali quanto in quelli interstatali, rispondeva così al carattere universalmente valido dei principi stessi, in base a postulati giusnaturalistici. Il tramonto di concezioni legate al giusnaturalismo, e l'affermarsi delle dottrine positivistiche, contribuirono comprensibilmente a rendere più incerta l'utilizzabilità di quei principi nell'ambito delle relazioni fra gli Stati: ma la difficoltà rimase sostanzialmente limitata all'inquadramento teorico del fenomeno, in quanto la prassi internazionale non ha mai cessato di fare ricorso ai principi di diritto interno in questione a fini di integrazione del sistema giuridico internazionale.

Tenendo presente che i principi generali comuni agli ordinamenti statali esprimono valori riconosciuti ed accolti nell'ambito delle società organizzate a Stato, delle quali tali ordinamenti sono espressione, non può certo stupire che tali principi e valori trovino automaticamente riconoscimento anche nelle relazioni interstatali, a livello del sistema giuridico che regola queste ultime. Tale sistema trova infatti il proprio sostegno nella società universale, di cui quelle organizzate a Stato altro non sono che parziali articolazioni: e la mancanza di istituzioni politico-giuridiche comuni a livello interindividuale non esclude che i valori comuni alle società ed agli ordinamenti statali trovino immediato riscontro e riconoscimento a livello internazionale. In questa prospettiva, le norme che richiamano i principi generali di diritto interno – come il più volte citato art. 38 dello Statuto della Corte internazionale, e l'art. 21, n. 1, lett. *c*, dello Statuto della Corte penale internazionale, che fa riferimento ai «principi generali di diritto elaborati dalla Corte in base alla normativa interna dei sistemi giuridici del mondo» – hanno essenzialmente valore ricognitivo di un fenomeno che trova la propria spiegazione nella stessa struttura di fondo del sistema giuridico internazionale.

8.4. *(segue): la funzione integrativa dei principi generali di diritto interno.*

In virtù dell'appartenenza ad un comune ambiente di civiltà giuridica, del quale rappresentano l'espressione, i principi generali degli ordinamenti interni operano dunque anche in ambito internazionale applicandosi alla regolamentazione dei rapporti internazionali. Essi operano, in particolare, nel senso di *integrare* tale regolamentazione, attraverso il richiamo a regole generali di logica giuridica e di giustizia sostenute dai valori generalmente accolti dagli ordinamenti interni: sia nel senso di completare il tessuto connettivo rappresentato dalle regole elaborate direttamente in ambito internazionale, sia in quello di meglio specificare e chiarire portata e significato di tali regole là dove questi siano generici o poco determinati, come non di rado può accadere nel campo del diritto non scritto. Ciò spiega come il ricorso ai principi generali di cui si tratta sia destinato a divenire meno frequente, man mano che vengono autonomamente sviluppate sul piano delle relazioni internazionali norme apposite fornite di maggiore completezza di contenuto. Fenomeno, questo, facilmente rilevabile se si esamina la frequenza del ricorso ai principi da parte della giurisprudenza arbitrale internazionale meno recente, da un lato, e da parte di quella della Corte internazionale di giustizia degli ultimi anni, dall'altro.

D'altra parte, il rilievo dei principi generali considerati assume importanza nella prospettiva di un'interpretazione evolutiva delle norme internazionali. Essi possono svolgere un ruolo particolarmente significativo tutte le volte che l'interprete si trovi di fronte al compito di adeguare l'interpretazione delle norme vigenti alle mutate condizioni sociali, o di applicare nuove regole internazionali in settori che siano oggetto di disciplina recente. Si pensi, a questo riguardo, al caso del diritto internazionale penale, che rappresenta un settore soltanto da pochi anni oggetto di regolamentazione specifica. Qui, il richiamo ai principi generali comuni ai sistemi giuridici interni risulta particolarmente utile e frequente nell'esperienza recente del Tribunale penale internazionale per la ex Jugoslavia (si veda, ad esempio, la sentenza del 10 dicembre 1998 nel caso *Furundzija*, in *Int. Legal Mat.*, 1999, 317). Il già citato art. 21, n. 1, lett. *c* dello Statuto della Corte penale internazionale ne dà, del resto, esplicita conferma.

8.5. *Determinazione dei principi generali e loro condizioni di utilizzabilità.*

Perché i principi generali riconosciuti dagli ordinamenti giuridici interni possano essere assunti quali fonti di diritto internazionale generale, è necessario che ricorrano alcune condizioni. Non sarebbe corretto infatti, alla luce della realtà effettiva del diritto internazionale attuale, ritenere che il mero riconoscimento, ancorché generalizzato, di un principio valga a renderlo di per sé operante a livello di relazioni internazionali.

a) In primo luogo deve trattarsi effettivamente di un *principio generale*, ossia di una regola generale che esprime caratteri essenziali di un determinato settore normativo o istituto giuridico, ed è ricavabile in via induttiva dalle regole che disciplinano questi ultimi. Ne rimangono perciò escluse regole che esprimano normative di dettaglio: il richiamo ai principi generali non può essere considerato un mezzo per mutuare dal diritto interno una regolamentazione che la prassi degli Stati non abbia autonomamente sviluppato. Esso ha, come si è detto, funzione di integrazione normativa di realtà già esistenti.

b) In secondo luogo, un principio deve essere generalmente riconosciuto dagli ordinamenti giuridici interni. È vero che i giudici internazionali si astengono di solito da un esame particolareggiato del modo di essere dei sistemi interni, accontentandosi di enunciazioni alquanto aprioristiche. Ma ciò dipende essenzialmente dal fatto che i principi generali in concreto ritenuti esistenti ed applicati appaiono di tale evidenza, da rendere superfluo ogni riscontro specifico. Là dove un principio non risulti accolto da sistemi giuridici rappresentativi delle principali forme di civiltà giuridica, esso non può considerarsi riconosciuto dai soggetti dell'ordinamento internazionale, e non viene a far parte del diritto internazionale generale. A questo proposito, è appena il caso di ricordare che l'espressione che si legge nell'art. 38 dello Statuto della Corte internazionale di giustizia (principi "riconosciuti dalle Nazioni civili") va considerato strettamente legato alle condizioni politiche e sociali prevalenti nel momento in cui la norma venne per la prima volta concepita, e deve essere oggi intesa in modo da riferirsi alla generalità dei soggetti, senza discriminazione alcuna. Va tenuto presente che lo stesso Statuto della Corte, all'art. 9, stabilisce un principio di universalità nella composizione della Corte, nel senso che in ogni elezione dei giudici si deve curare che «nel collegio nel suo complesso sia assicurata la rappresentanza delle principali forme di civiltà e dei principali sistemi giuridici del mondo».

c) Non vi è, in via generale, alcuna limitazione quanto alla materia in cui un certo principio può essere richiamato. Tuttavia, un determinato principio generale sviluppato e riconosciuto dai sistemi interni può essere considerato operante nel diritto internazionale soltanto se riguardi settori e materie già oggetto di autonoma regolamentazione sul piano internazionale, e sia compatibile con le specifiche caratteristiche di tale disciplina. Il primo aspetto è connesso alla funzione integrativa propria dei principi (v. lett. a) *supra*). Il secondo riguarda invece le condizioni di "trasponibilità" di un principio dall'ambiente interno a quello internazionale, e riflette un'esigenza essenziale di coerenza. Così, ad esempio, la Corte internazionale di giustizia nel parere consultivo del 28 maggio 1951 relativo al caso delle *Riserve alla Convenzione sul genocidio* (in *C.I.J., Recueil*, 1951, 21) ha escluso l'applicabilità ai trattati internazionali del principio di integrità normalmente applicato al contratto nel diritto interno, in favore dell'opposto principio di "flessibilità".

8.6. *Ipotesi di utilizzazione dei principi generali.*

La prassi internazionale mostra ipotesi di utilizzazione dei principi generali di diritto interno in svariati settori. Fra gli altri, ed a titolo puramente esemplificativo:

– in materia *processuale*: il principio per cui nessuno può essere giudice in causa propria (CPGI, parere del 21 novembre 1925, *Interpretazione del Trattato di Losanna*, in *C.P.J.I., Recueil*, Série B, n. 12, 32); il principio relativo all'efficacia di cosa giudicata dalle decisioni rese da organi giurisdizionali (CIG, parere del 13 luglio 1954 sugli *Effetti delle sentenze di risarcimento rese dal Tribunale amministrativo delle N.U.*, in *C.I.J., Recueil*, 1954, 53); il principio dell'*eguaglianza* delle parti nel processo (CIG, parere del 23 ottobre 1956 sulle *Sentenze del Tribunale amministrativo dell'I.L.O.*, in *C.I.J., Recueil*, 1956, 86);

– in materia di *obbligazioni*: il principio per cui il risarcimento del danno deve comprendere sia il danno emergente sia il lucro cessante (sentenza arbitrale del 29 novembre 1902, arbitro Asser, nel caso *Cape Horn Pigeon et al.*, La Pradelle-Politis, in *Recueil arb. int.*, II, Paris, 1957, 285); il principio per cui la violazione di obbligazioni pecuniarie comporta il diritto del creditore al pagamento di interessi di mora (sentenza arbitrale 11 novembre 1912, Russia c. Turchia, in *Riv. dir. int.*, 1913, 49); il principio dell'integrale riparazione in caso di violazione di obbligazioni internazionali (CPGI, sentenza 13 settembre 1928 nel caso dell'*Officina di Chórzów (richiesta di indennizzo)*, in *C.P.J.I., Recueil*, Série A, n. 17, 47);

– in materia di *interpretazione di atti*: il principio dell'interpretazione *contra proferentem* (CPGI, caso dei *Prestiti brasiliani*, Série A, nn. 20-21, 114); il principio per cui una norma deve essere interpretata nel quadro complessivo del sistema giuridico quale esistente al momento dell'interpretazione (CIG, parere del 21 giugno 1971 sulle *Conseguenze giuridiche per gli Stati della presenza continuata del Sud Africa in Namibia (Africa del Sud-Ovest)*, in *C.I.J., Recueil*, 1971, 16, par. 53); e molti altri potrebbero aggiungersi, fra i quali il principio della conservazione degli atti (*res magis valeat quam pereat*);

– il principio c.d. dell'*estoppel*, in base al quale – nelle parole della Corte permanente di giustizia internazionale –, ad esempio:

> «una parte non può opporre all'altra il fatto che quest'ultima non ha eseguito un'obbligazione, e non si è avvalsa di un mezzo di ricorso, se la prima, con qualche atto contrario al diritto, ha impedito alla seconda di adempiere l'obbligazione in questione, o di ricorrere alla giurisdizione cui avrebbe potuto avere accesso» (CPGI, sentenza del 26 luglio 1927 nel caso dell'*Officina di Chórzów* (competenza), in *C.P.J.I., Recueil*, Série A, n. 9, 31);

– in materia *penale*, esiste una ricca giurisprudenza del Tribunale internazionale per la ex Jugoslavia. La Corte costituzionale italiana ha dovuto esaminare a più riprese la possibilità di applicare nei rapporti fra le giurisdizioni di vari Stati il principio che vieta un nuovo giudizio a carico dell'imputato per gli stessi fatti (*ne bis in idem*), e l'ha esclusa in considerazione della mancanza di indirizzi uniformi nei diversi Stati (sentenze n. 48/1967 e n. 69/1976, con riferimento all'art. 11 c.p., in *Giur. cost.*, 1967, 299 e 1976, I, 432). Nella sentenza 3 marzo 1997, n. 58, peraltro, la Corte ha considerato il principio in questione come

> «principio tendenziale cui si ispira oggi l'ordinamento internazionale (che) risponde del resto a evidenti ragioni di garanzia del singolo di fronte alle concorrenti potestà punitive degli Stati» (in *Giur. cost.*, 1997, I, 597).

9.1. *Significato e contenuto del diritto internazionale generale.*

Considerando la struttura complessiva dell'ordinamento giuridico internazionale, il diritto generale assume il significato di insieme di principi e regole comuni a tutti gli Stati (ed agli altri soggetti, per la parte in cui ne siano raggiunti), che esprimono i valori condivisi dalla generalità di essi e riconducono ad unità logica e giuridica i vari "sottosistemi" risultanti dalla molteplicità dei complessi normativi di carattere pattizio. Nello stesso tempo, il diritto generale rappresenta, nell'ottica della costruzione dell'ordinamento, il fondamento ultimo della validità di tutte le altre norme che ne fanno parte: appartiene infatti al diritto generale la norma, di carattere consuetudinario, che stabilisce l'obbligatorietà dei trattati (v. *infra*, Cap. III), così come vi appartengono le regole generali relative alle caratteristiche di questa fonte (detta, perciò, fonte di secondo grado).

Guardando al contenuto del diritto internazionale generale, è immediata la constatazione che al suo valore, primario dal punto di vista della costruzione dell'ordinamento, corrisponde una notevole limitazione quanto all'ampiezza dei settori che ne sono oggetto. La cosa si spiega facilmente, se solo si pensa al fatto che il diritto generale rappresenta la sintesi in termini giuridici dei valori condivisi da tutta la Comunità internazionale: il che, specie in tempi di tensioni e contrasti tra le varie componenti di questa, non può che portare ad una restrizione della sfera entro la quale una tale sintesi è possibile. Il nucleo essenziale delle norme che fanno parte del diritto internazionale generale – il primo a formarsi dal punto di vista storico – è ancora oggi costituito dalle regole che tutelano il potere di ogni Stato nei confronti di tutti gli altri, e ne determinano i limiti per quanto riguarda la sua esplicazione nelle varie cerchie spaziali e in relazione alle varie categorie di soggetti. Naturalmente, le modificazioni che le regole in questione hanno subito nel corso del tempo sono assai notevoli: ma l'evoluzione complessiva non ha comportato una rottura radicale rispetto allo schema logico e giuridico che ne costituiva l'ossatura di base.

In questo ambito complessivo, peraltro, sono venuti alla luce nel corso degli ultimi decenni una serie di elementi, che hanno inciso in modo – almeno potenzialmente – assai significativo sul carattere "individualistico" che risulta dall'assetto tradizionale. Qui occorre accennare brevemente a due aspetti che rilevano in questo senso: il fenomeno del c.d. *jus cogens* e quello delle obbligazioni *erga omnes*.

10.1. *Lo* jus cogens *internazionale*.

Nonostante il carattere "primario" che è proprio del diritto generale dal punto di vista della costruzione logica e giuridica dell'ordinamento, tale carattere non si traduce in un valore gerarchicamente superiore delle norme che ne fanno parte rispetto alle altre, in ispecie a quelle pattizie. Al contrario, le norme generali sono normalmente considerate di carattere flessibile, nel senso che è possibile ai soggetti di derogarvi per mezzo di una regolamentazione pattizia divergente. Per ripetere un esempio frequentemente addotto, non vi è dubbio che uno Stato abbia un diritto esclusivo, garantitogli da una norma del diritto internazionale generale, di svolgere le proprie funzioni nel proprio territorio ad esclusione di ogni altro Stato: ma è certo che attività sovrane di altri Stati possono essere ammesse a svolgersi nel territorio, sulla base di apposite regolamentazioni pattizie (esercizio di attività giurisdizionali, installazione di basi militari, ecc.).

A questo principio non venivano tradizionalmente riconosciute eccezioni, se non nel caso dei trattati c.d. *contra bonos mores*, ossia contrari a principi elementari di carattere etico, relativi al trattamento della persona umana od al riconoscimento dei requisiti minimi di sussistenza per uno Stato. In casi del genere, il trattato si riteneva invalido, con un procedimento logico e giuridico analogo a quello che presiede al rapporto fra norme imperative e regole contrattuali contrastanti nel diritto civile degli Stati. Ora, nel corso degli ultimi decenni, in occasione dei lavori della Commissione del diritto internazionale intesi alla codificazione del diritto dei trattati, si è pervenuti all'individuazione di una serie di principi propri e specifici del diritto internazionale, ai quali si attribuisce un valore fondamentale, capace di tradursi nell'inderogabilità delle relative norme, e quindi di condurre all'invalidità dei trattati che si ponessero in contrasto con essi. Ne è risultata la formulazione di un'apposita norma inserita nella Convenzione di Vienna nel diritto dei trattati, l'art. 53, secondo il quale

> «È nullo qualsiasi trattato che, al momento della sua conclusione, è in conflitto con una norma imperativa del diritto internazionale generale. Ai fini della presente Convenzione è norma imperativa del diritto internazionale generale una norma accettata e riconosciuta dalla Comunità internazionale degli Stati nel suo insieme come norma alla quale non è consentita alcuna deroga e che può essere modificata soltanto da una successiva norma del diritto internazionale generale avente lo stesso carattere».

A prescindere dalle critiche rivolte alla formulazione della norma, risulta evidente la mancanza di qualsiasi criterio idoneo a permettere la sicura identificazione delle norme imperative di cui si tratta. In questa sede sarà sufficiente ricordare che gli indirizzi prevalenti nella prassi e nella dottrina indicano quali principi di diritto cogente quelli posti alla base dello Statuto delle Nazioni Unite, e così, essenzialmente, il divieto della minaccia e dell'uso della forza, l'obbligo di soluzione pacifica delle controversie, il rispetto della sovranità e dell'eguaglianza degli Stati, la tutela dei diritti umani fondamentali ed i connessi principi di diritto umanitario (v. *infra*, Cap. X), l'autodeterminazione dei popoli (v. *supra*, par. 8.2). In questo senso, viene anche da molti richiamato il disposto dell'art. 103 dello Statuto delle Nazioni Unite, secondo il quale

> «in caso di contrasto tra gli obblighi contratti dai Membri delle Nazioni Unite con il presente Statuto e gli obblighi da essi assunti in base a qualsiasi altro accordo internazionale prevarranno gli obblighi derivanti dal presente Statuto».

Non può esservi dubbio che la categoria delle norme imperative appartiene ormai al diritto internazionale generale, ed è riconosciuta dalla prassi internazionale contemporanea, come dimostra la giurisprudenza, interna ed internazionale, che spesso vi fa riferimento. Con il riconoscimento di tale categoria di regole, il diritto internazionale generale va oltre il tradizionale carattere individualistico per dare tutela a valori fondamentali propri dell'intera Comunità internazionale, facendo emergere un nuovo concetto di "ordine pubblico internazionale" che, al di là delle incertezze connesse alla sua concreta applicazione (del resto, comuni a quelle che si incontrano nella classificazione delle norme come imperative nello stesso diritto interno), appare fecondo di sviluppi in senso solidaristico.

11.1. *Le obbligazioni* erga omnes.

Nello stesso filone ideale si inserisce anche la nozione di obbligazioni internazionali *erga omnes*: per questa ragione se ne fa un cenno qui, pur non trattandosi di tematica esclusiva del diritto internazionale generale.

Tradizionalmente, le norme del diritto internazionale (generale o particolare) sono fondate sulla reciprocità nel senso che, tutelando interessi propri dei singoli Stati, esse instaurano rapporti giuridici articolati su diritti ed obblighi spettanti a ciascuno Stato nei confronti di ciascuno degli altri. Ciò tanto nel caso di norme generali, quanto nel caso di trattati bilaterali o multilaterali. Lo schema in questione risulta ancora oggi perfettamente applicabile alla maggioranza delle norme internazionali, che continuano ad essere basate su di un principio di stretta reciprocità.

Negli ultimi decenni è però venuta via via emergendo la diversa nozione di obblighi che si instaurano, non nei confronti di un solo Stato, ma nei confronti della Comunità internazionale nel suo insieme (e, correlativamente, di diritti che possono essere fatti valere nei confronti di uno Stato da qualsiasi altro soggetto). Va ricordato a questo proposito, un celebre passo di una sentenza della Corte internazionale di giustizia nel caso *Barcelona Traction*:

> «Una distinzione essenziale deve essere fatta, in particolare, fra le obbligazioni degli Stati nei confronti della Comunità internazionale nel suo insieme e quelle che nascono nei confronti di un altro Stato nel quadro della protezione diplomatica. Per loro stessa natura, le prime riguardano tutti gli Stati. Vista l'importanza dei diritti in giuoco, tutti gli Stati possono essere considerati come aventi un interesse giuridico a che tali diritti siano protetti; le obbligazioni di cui si tratta sono obbligazioni *erga omnes*. Tali obbligazioni derivano ad esempio nel diritto internazionale contemporaneo dalla messa al bando degli atti di aggressione e del genocidio, ma anche dai principi e dalle regole concernenti i diritti fondamentali della persona umana, ivi compresa la protezione contro la pratica della schiavitù e della discriminazione razziale. Alcuni fra i diritti di protezione corrispondenti si sono integrati nel diritto internazionale generale ...; altri sono conferiti da strumenti internazionali di carattere universale o quasi-universale» (CIG, sentenza 5 febbraio 1970, *Barcelona Traction, Light and Power Company*, cit., parr. 33-34).

La categoria di obblighi così individuata appartiene senza dubbio al diritto internazionale contemporaneo, ed è stata utilizzata anche in altre recenti sentenze della stessa Corte: si vedano la decisione del 30 giugno 1995 nel caso di *Timor orientale*, in cui la Corte avalla l'affermazione fatta in causa dal Portogallo secondo cui

> «il diritto dei popoli di disporre di sé stessi ... è un diritto opponibile *erga omnes*» (*Timor orientale*, Portogallo c. Australia, in *C.I.J., Recueil*, 1995, 102, par. 29),

e quella dell'11 luglio 1996 nel caso dell'*Applicazione della Convenzione per la prevenzione e la repressione del crimine di genocidio*, in cui si dichiara che

> «i diritti e gli obblighi consacrati dalla Convenzione sono diritti ed obblighi *erga omnes*» (Bosnia Erzegovina c. Jugoslavia, in *C.I.J., Recueil*, 1996, 595, par. 31).

Va infine ricordato il parere consultivo della Corte in data 9 luglio 2004, relativo alle *Conseguenze giuridiche della costruzione di un muro nei territori palestinesi occupati*, nel quale viene anzitutto ribadito il carattere di diritto *erga omnes* del diritto all' autodeterminazione (par. 156), ed è inoltre affermato lo stesso carattere a proposito di molte norme appartenenti al diritto internazionale umanitario. La Corte si esprime nei termini seguenti:

> «Riguardo al diritto internazionale umanitario, la Corte ricorda che nel Parere Consultivo circa la *Legalità della minaccia o dell'uso di armi nucleari*, essa ha dichiarato che "numerosissime norme di diritto umanitario applicabili nei conflitti armati sono così fondamentali per il rispetto della persona umana e di considerazioni elementari di umanità ..." da dover essere "osservate da tutti gli Stati abbiano essi ratificato o meno le convenzioni che le contengono, in quanto contengono principi inviolabili di diritto internazionale consuetudinario" (*C.I.J. Recueil,* 1996 (I), 257, par. 79). Secondo la Corte, tali norme stabiliscono obblighi che hanno essenzialmente carattere *erga omnes*» (CIG, 9 luglio 2004, in *Riv. dir. int.*, 2004, 1074, par. 157).

Lo schema formale delle norme internazionali che stabiliscono obbligazioni *erga omnes* sottolinea il carattere indivisibile degli obblighi e dei beni giuridici tutelati, e si presta bene ad inquadrare le situazioni nascenti dalle norme che appartengono allo *jus cogens*, pur non essendo riferibile esclusivamente a queste ultime. Esso va quindi tenuto presente anche in relazione alle norme imperative ed alle nuove esigenze ed ai nuovi valori che queste intendono tutelare. Collegato immediatamente al tema delle obbligazioni *erga omnes* è quello della legittimazione a far valere le conseguenze della loro violazione, tema che è stato oggetto di numerose incertezze e discussioni nell'ambito dell'opera di codificazione effettuata dalla Commissione del diritto internazionale e culminata nel Progetto di articoli sulla responsabilità internazionale degli Stati approvato da questa nel 2001 (v. *infra*, Cap. VIII).

12.1. *Altre fonti di norme internazionali.*

Pur non venendo esse a far parte, dal punto di vista strettamente tecnico, del diritto internazionale generale, è opportuno fare un cenno in questa sede ad altre fonti di norme internazionali, riconducibili a tale diritto anche se non idonee a dar vita a norme generali.

Direttamente prevista da regole del diritto generale è l'efficacia obbligatoria della promessa unilaterale, che costituisce una dichiarazione di uno Stato (o di più Stati) di adottare un certo comportamento nei confronti di altri soggetti. La conseguenza, prevista dal diritto internazionale generale, della promessa è l'obbligatorietà del comportamento che ne è oggetto indipendentemente da qualsiasi reciprocità. Data la coincidenza fra fonti di obbligazioni e fonti di norme nel diritto internazionale (quale conseguenza della mancanza di ente sovraordinato dotato di potere legislativo nei confronti dei soggetti dell'ordinamento), si può dire che la promessa è fonte di norme giuridiche vincolanti per lo Stato che la fa.

Il carattere vincolante della promessa è stato più volte affermato dalla giurisprudenza internazionale: in particolare, la Corte internazionale di giustizia ha affermato che

> «È riconosciuto che dichiarazioni che rivestono la forma di atti unilaterali e concernono situazioni di diritto o di fatto possono avere come effetto la creazione di obblighi giuridici. Dichiarazioni di questa natura possono avere ed hanno spesso un oggetto molto preciso. Quando lo Stato autore della dichiarazione intende essere vincolato in conformità con questi termini, tale intenzione conferisce alla sua presa di posizione il carattere di un impegno giuridico, essendo lo Stato interessato ormai tenuto in diritto a seguire una linea di condotta conforme alla sua dichiarazione. Un impegno di tale natura, espresso pubblicamente e con l'intenzione di vincolarsi, anche al di fuori del quadro di negoziati internazionali, ha un effetto obbligatorio. In tali condizioni, non è necessaria alcuna contropartita perché la dichiarazione acquisti effetto, né un'ulteriore accettazione od una replica o reazione da parte di altri Stati, in quanto ciò sarebbe incompatibile con la natura strettamente unilaterale dell'atto giuridico con cui lo Stato si è pronunciato. – Beninteso, non ogni atto unilaterale comporta delle obbligazioni, ma uno Stato può scegliere di adottare una certa posizione su un argomento determinato con l'intenzione di vincolarsi – e ciò dovrà essere determinato interpretando l'atto. Quando gli Stati fanno dichiarazioni che limitano la loro futura libertà di azione un'interpretazione restrittiva s'impone». (CIG, 20 dicembre 1974, casi degli *Esperimenti nucleari*, Australia c. Francia e Nuova Zelanda c. Francia, in *C.I.J., Recueil*, 1974, 253 e 457, parr. 43-44 e 46-47).

In altri casi, in applicazione dei principi enunciati, il carattere vincolante della dichiarazione, confermato in via di principio, è stato escluso in concreto in vista delle circostanze del caso: si veda, ad esempio, la sentenza già citata nel caso *Nicaragua c. Stati Uniti* (par. 261) e quella del 22 dicembre 1986 della Camera della Corte internazionale nel caso relativo alla *Controversia di frontiera* (Burkina Faso c. Mali, cit., parr. 39-40).

È opportuno ricordare, per concludere, che la promessa unilaterale viene spesso menzionata nell'ambito della categoria generale degli atti unilaterali, insieme ad altri atti quali la protesta, il riconoscimento, la rinuncia o la notificazione. Solo la promessa può però essere considerata fonte di norme (o di obblighi). Gli altri atti ricordati possono essere soltanto presi in considerazione da altre norme di diritto internazionale generale, che vi ricollegano effetti da esse stesse predeterminati, e dunque non sono essi la fonte di tali effetti.

13.1. *Le fonti previste da trattati.*

a) Ancor più indirettamente possono essere ricondotte al diritto internazionale generale le fonti costituite da certi atti emanati da determinate organizzazioni internazionali in base ai propri statuti.

Si tratta qui di atti previsti come obbligatori dalle norme di tali statuti, che trovano perciò il loro fondamento in tali norme, aventi carattere pattizio. Per tale ragione, si parla comunemente in dottrina di fonti "di terzo grado" nella prospettiva della costruzione gerarchica dell'ordinamento, e dunque considerando di primo grado le norme generali e di secondo grado quelle pattizie. Questa prospettiva non è peraltro del tutto appropriata, se si pensa alla normale flessibilità delle norme internazionali generali: vero è, comunque, che il fondamento dell'accordo va rinvenuto, come si è detto, in una norma del diritto generale.

I casi in cui il potere di emanare atti vincolanti è attribuito a determinati organi di organizzazioni internazionali non sono molto frequenti nella realtà contemporanea, ma rivestono notevole significato. Basterà ricordare qui le decisioni vincolanti che il Consiglio di sicurezza delle Nazioni Unite può emanare in base all'art. 41 dello Statuto nei casi previsti dal Capitolo VII (azioni rispetto alle minacce alla pace, alla violazione della pace ed agli atti di aggressione: v. *infra*, Cap. IX). Anche nell'ambito di altre organizzazioni, quale l'ICAO (*International Civil Aviation Organisation*), è previsto un potere normativo di taluni organi (per l'ICAO, del suo Consiglio).

L'ipotesi più importante e significativa è peraltro quella delle Comunità e dell'Unione europea, in considerazione dell'ampiezza dei poteri dei quali le relative istituzioni sono fornite e dell'incidenza che gli atti in cui tali poteri si manifestano sono in grado di esplicare anche all'interno degli ordinamenti degli Stati membri. Si ricorderanno qui soltanto i regolamenti, le direttive e le decisioni del Consiglio e della Commissione, nell'ambito della Comunità europea, e le azioni e posizioni comuni, le decisioni-quadro e le decisioni nell'ambito del sistema dell'Unione europea (v. *infra*, Cap. V).

b) Un cenno infine va riservato all'ipotesi, in qualche modo affine, della sentenza pronunciata *ex aequo et bono* da giudici internazionali, come fra l'altro la Corte internazionale di giustizia in base all'art. 38, n. 2 del suo Statuto, sempre che le parti attribuiscano loro il potere di farlo. In casi del genere, la sentenza fondata sull'equità, in quanto prescinde dal diritto vigente, acquista significato e valore di fonte di nuove norme vincolanti per le parti in causa.

14.1. *La c.d. "soft law" in diritto internazionale.*

Non appartiene, a rigore, alla tematica delle fonti la materia della c.d. *soft law*. Data tuttavia la sempre maggiore frequenza dei riferimenti a questa nozione in rapporto alle vere e proprie fonti del diritto internazionale, è opportuno dedicarvi qui qualche cenno.

La categoria della c.d. *soft law* comprende una molteplicità di atti e di manifestazioni della prassi, i quali hanno in comune un elemento di carattere negativo, che consiste nell'assenza di effetti giuridici vincolanti. Non si tratta dunque di fatti inquadrabili in una precisa categoria tecnico-giuridica, quanto, piuttosto, di proposizioni (definite da taluni semi-normative) aventi la stessa struttura logica delle vere e proprie norme giuridiche vincolanti: un dato comportamento viene infatti indicato come doveroso al verificarsi di determinati presupposti. Peraltro, tale doverosità si colloca ad un livello diverso da quello proprio dell'obbligo giuridico: o perché il soggetto dal quale la proposizione proviene è privo del potere di emanare regole di condotta vincolanti, o perché la valutazione viene espressamente compiuta in termini diversi da quelli strettamente giuridici, risolvendosi nell'indicazione di comportamenti meramente "raccomandati", oppure definiti come doverosi dal punto di vista morale, sociale o politico.

Per varie ragioni, strettamente connesse alle caratteristiche di struttura dell'attuale Comunità internazionale, il fenomeno della *soft law* ha avuto una diffusione notevole a livello internazionale nel corso degli ultimi decenni: ed il suo ruolo può essere apprezzabile, tutte le volte che, in determinate materie, l'enunciazione di regole di condotta non giuridicamente vincolanti rappresenti in concreto l'unica possibilità di definire standard di comportamento, come ad esempio in materia ambientale.

Nell'ambito della categoria cui si riferisce la denominazione esaminata rientrano le più varie manifestazioni della prassi. Si può trattare di accordi di natura politica, nei quali è assente la volontà degli Stati di obbligarsi giuridicamente: uno degli esempi più noti è rappresentato dall'Atto finale della Conferenza sulla sicurezza e la cooperazione in Europa (c.d. Accordi di Helsinki) del 1975. Oppure, si può trattare di risoluzioni, di per sé prive di effetti vincolanti, dell'Assemblea generale delle Nazioni Unite (v. *supra*, par. 6.1). Ancora, proposizioni semi-normative appartenenti alla categoria della *soft law* possono assumere la forma di codici di condotta o di *guidelines* (si pensi alla disciplina delle imprese multinazionali nell'ambito dell'OCSE), o di *core principles* (come quelli del Comitato di Basilea per le regolamentazioni bancarie e le pratiche di vigilanza), o di analoghe dichiarazioni variamente denominate.

Date le specifiche caratteristiche proprie della c.d. *soft law*, nulla esclude che, pur non trattandosi per definizione di norme ed atti aventi valore vincolante, le regole di comportamento che ne fanno parte siano dotate di una certa idoneità ad acquisire, direttamente od indirettamente, una vera e propria efficacia normativa. È possibile, infatti, che determinati aspetti o parti di testi di *soft law* si evolvano, nel corso del tempo, divenendo elementi di norme consuetudinarie o di accordi internazionali, oppure che vengano conclusi accordi aventi per contenuto quello di testi originariamente non vincolanti. Altra possibilità è che la *soft law* divenga la base di comportamenti di istituzioni internazionali dotate del potere di condizionare l'applicazione di determinate norme agli Stati al rispetto dei principi di *soft law* da parte di questi. Si pensi, al riguardo, ai c.d. criteri di condizionalità al rispetto dei quali è subordinata l'ammissione degli Stati al godimento dei finanziamenti previsti dagli *arrangements* del Fondo monetario internazionale. Infine, le regole di *soft law* possono divenire, in determinati casi, vincolanti a seguito della loro applicazione da parte delle autorità competenti all'interno dell'ordinamento statale. Si pensi, al proposito, al rilievo dei principi enunciati dal Comitato di Basilea per le regolamentazioni bancarie e le pratiche di vigilanza, in quanto posti a base dell'azione svolta dall'autorità di vigilanza nei singoli Paesi aderenti.

Bibliografia essenziale

a) *Sul diritto internazionale non scritto e sulla consuetudine*: H. KELSEN, *Théorie du droit international coutumier*, in *Rev. int. théorie dr.*, 1939, p. 258 ss.; P. ZICCARDI, *La costituzione dell'ordinamento internazionale*, Milano, 1943, p. 183 ss.; ID., *La consuetudine internazionale nella teoria delle fonti delle norme giuridiche*, in *Comunicazioni e Studi*, X, 1960, p. 187 ss.; ID., *Consuetudine (dir. int.)*, in *Enc. dir.*, IX, 1961, p. 476 ss.; M. SÖRENSEN, *Les sources du droit international*, København, 1946, p. 84 ss.; G. SPERDUTI, *La fonte suprema dell'ordinamento internazionale*, Milano, 1946, p. 181 ss.; M. GIULIANO, *La comunità internazionale e il diritto*, Padova, 1950, p. 161 ss.; R. AGO, *Scienza giuridica e diritto internazionale*, Milano, 1950, p. 78 ss.; G. BARILE, *La rilevazione e l'integrazione del diritto internazionale non scritto e la libertà di apprezzamento del giudice*, in *Comunicazioni e Studi*, V, 1953, p. 150 ss.; G. GAJA, *Sull'accertamento delle norme internazionali generali da parte della Corte costituzionale*, in *Riv. dir. int.*, 1968, p. 315 ss.; R.R. BAXTER, *Treaties and Custom*, in *Recueil des Cours*, t. 129, 1970, p. 36 ss.; A. D'AMATO, *The Concept of Custom in International Law*, Ithaca, N.Y., 1971; ID., *Trashing Customary International Law*, in *Am. Journ. Int. Law*, 1987, p. 101 ss.; F. FRANCIONI, *La consuetudine locale nel diritto internazionale*, in *Riv. dir. int.*, 1971, p. 396 ss.; M. AKEHURST, *Custom as a Source of International Law*, in *British Year Book Int. Law*, 1974-75, p. 1 ss.; R.-J. DUPUY, *Coutume sage et coutume sauvage*, in *Mélanges Rousseau*, Paris, 1974, p. 75 ss.; P. WEIL, *Towards Relative Normativity in International Law?*, in *Am. Journ. Int. Law*, 1983, p. 433 ss.; M.E. VILLIGER, *Customary International Law and Treaties*, Dordrecht, 1985; J. CHARNEY, *The Persistent Objector Rule and the Development of Customary International Law*, in *British Year Book Int. Law*, 1985, p. 1 ss.; ID., *Universal International Law*, in *Am. Journ. Int. Law*, 1993, p. 529 ss.; L. FERRARI BRAVO, *Méthodes de recherche de la coutume internationale dans la pratique des Etats*, in *Recueil des Cours*, t. 192, 1985, p. 233 ss.; A. CASSESE, J. WEILER (eds.), *Change and Stability in International Law Making*, Berlin, 1988; G. ABI-SAAB, *La coutume dans tous ses états*, in *Etudes en l'honneur de R. Ago*, I, Milano, 1987, p. 53 ss.; ID., *Cours général de droit int. public*, in *Recueil des Cours*, t. 207, 1996, p. 169 ss.; G.M. DANILENKO, *The Theory of Customary International Law*, in *German Yearbook Int. Law*, 1988, p. 9 ss.; G. ARANGIO-RUIZ, *Consuetudine internazionale*, in *Enc. giur.*, VII, 1988; L. CONDORELLI, *Consuetudine internazionale*, in *Digesto, Disc. pubbl.*, III, 1989, p. 490 ss.; C. KIRCHNER, *Thoughts about a Methodology of Customary International Law*, in *Öst. Zeitschr. öff. Recht und Völkerrecht*, 1992, p. 215 ss.; K. WOLFKE, *Custom in Present International Law*, Dordrecht, 1993; V. DEGAN, *Sources of International Law*, The Hague, 1997; M. MENDELSON, *The Formation of Customary International Law*, in *Recueil des Cours*, t. 272, 1988, p. 155 ss.; G. CAHIN, *La coutume internationale et les organisations internationales: l'incidence de la dimension institutionnelle sur le processus coutumier*, Paris, 2001.

b) *Sulla codificazione del diritto internazionale generale*: H.W. BRIGGS, *Reflections on the Codification of International Law by the International Law Commission and by other Agencies*, in *Recueil des Cours*, t. 126, 1969, p. 241 ss.; H. THIRLWAY, *Interna-*

tional Customary Law and Codification, Leiden, 1972; W.K. GECK, *Völkerrechtliche Vertrage und Kodification*, in *Zeitsch. ausl. öff. Recht und Völkerrecht*, 1976, p. 96 ss.; R. AGO, *Nouvelles réflections sur la codification du droit international*, in *Rev. gén. dr. int. publ.*, 1988, p. 539 ss.; H. TORRIONE, *L'influence des conventions de codification sur la coutume en droit international public*, Fribourg, 1989.

c) *Sulle dichiarazioni di principi delle Nazioni Unite*: B. CHENG, *UN Resolutions on Outer Space: "Instant" International Customary Law?*, in *Indian Journ. Int. Law*, 1965, p. 23 ss.; J.O. ASAMOAH, *The Legal Significance of the Declarations of the General Assembly of the United Nations*, The Hague, 1966; B. CONFORTI, *La funzione dell'accordo nel sistema delle Nazioni Unite*, Padova, 1968, p. 150 ss.; G. ARANGIO-RUIZ, *The Normative Role of the General Assembly of the United Nations and the Declaration of Principles of Friendly Relations*, in *Recueil des Cours*, t. 137, 1972, p. 431 ss.; C. SCHREUER, *Recommendations and the Traditional Sources of International Law*, in *German Yearbook Int. Law*, 1977, p. 103 ss.; K. SKUBISZEWSKI, *Resolutions of the UN General Assembly and Evidence of Custom*, in *Etudes en l'honneur de R. Ago*, I, Milano, 1987, p. 503 ss.

d) *Sui principi generali di diritto*: G. BALLADORE PALLIERI, *I "principi generali di diritto riconosciuti dalle Nazioni civili" nell'art. 38 dello Statuto della Corte permanente di giustizia internazionale dell'Aja*, Torino, 1931; M. SCERNI, *I principi generali di diritto riconosciuti dalle Nazioni civili nella giurisprudenza della Corte permanente di giustizia internazionale*, Padova, 1932; B. CHENG, *General Principles of Laws as Applied by International Courts and Tribunals*, London, 1953; A. PELLET, *Recherches sur les principes généraux du droit en droit international*, Paris, 1974; G. GAJA, *Principi generali del diritto (diritto internazionale)*, in *Enc. dir.*, XXXV, Milano, 1986, p. 533 ss.; G. STROZZI, *I "principi" dell'ordinamento internazionale*, in *Com. int.*, 1992, p. 162 ss.; F. SALERNO, *Principi generali di diritto (diritto internazionale)*, in *Digesto, Disc. pubbl.*, XI, 1996, p. 524 ss.

e) *Sullo jus cogens*: A. VERDROSS, *Jus Dispositivum and Jus Cogens in International law*, in *Am. Journ. Int. Law*, 1966, p. 55 ss.; M. VIRALLY, *Réflections sur le "jus cogens"*, in *Ann. franç. dr. int.*, p. 5 ss.; A. GOMEZ ROBLEDO, *Le jus cogens international: sa genèse, sa nature, ses fonctions*, in *Recueil des Cours*, t. 172, 1981, p. 9 ss.; G. GAJA, *Jus Cogens Beyond the Vienna Convention*, ivi, p. 271 ss.; L. HANNIKAINEN, *Peremptory Norms (Jus Cogens) in International Law*, Helsinki, 1988; e *sulle obbligazioni* erga omnes: V. STARACE, *La responsabilité résultant de la création des obligations à l'égard de la Communauté Internationale*, in *Recueil des Cours*, t. 153, 1976, p. 271 ss.; P. PICONE, *Obblighi reciproci e obblighi* erga omnes *degli Stati nel campo della protezione internazionale dell'ambiente marino dall'inquinamento*, in *Diritto internazionale e protezione dell'ambiente marino*, Milano, 1983, p. 17 ss.; J.A. FROWEIN, *Collective Enforcement of International Obligations*, in *Zeitsch. ausl. öff. Recht und Völkerrecht*, 1987, p. 67 ss.; B. SIMMA, *From Bilateralism to Community Interests in International Law*, in *Recueil des Cours*, t. 250, 1994, p. 229 ss.; M. JOVANE, *La tutela dei valori fondamentali nel diritto internazionale*, Napoli, 2000; P. PICONE,*Comunità internazionale e obblighi "erga omnes"*, Napoli, 2006.

f) *Sulle altri fonti e la c.d. soft law*: S.M. CARBONE, *Promessa e affidamento nel diritto internazionale*, Milano, 1970; C. SCHREUER, *Die innerstaatliche Anwendung von internationalem "soft law" aus rechtsvergleichender Sicht*, in *Öst. Zeitschr. öff. Recht und Völkerrecht*, 1982, p. 243 ss.; D. THÜRER, *Soft Law*, in *Enc. Publ. Int. Law*, vol. Four, North Holland, 2000, p. 452 ss.

Capitolo III

L'ACCORDO NEL SISTEMA DELLE FONTI E IL DIRITTO DEI TRATTATI

di Stefania Bariatti

Sommario: 1.1. L'accordo nel sistema delle fonti del diritto internazionale. – 1.2. La libertà degli Stati nel determinare il contenuto dei trattati e i suoi limiti. – 2.1. Gli effetti delle norme pattizie. – 2.2. I rapporti tra norme generali e norme pattizie. – 3.1. La Convenzione di Vienna sul diritto dei trattati: codificazione o sviluppo progressivo? – 3.2. L'ambito di applicazione della Convenzione di Vienna. – 4.1. La procedura di formazione del trattato: i pieni poteri. – 4.2. Il negoziato, l'adozione e l'autenticazione del testo. – 4.3. La manifestazione del consenso. – 4.4. L'entrata in vigore del trattato. – 4.5. Gli accordi in forma semplificata. – 5.1. La competenza a stipulare nell'ordinamento italiano: i trattati in forma solenne ... – 5.2. ... e gli accordi in forma semplificata. – 5.3. I poteri delle Regioni in relazione alla stipulazione di trattati. – 5.4. Le conseguenze del mancato rispetto delle norme interne sulla competenza a stipulare nell'ordinamento internazionale e nell'ordinamento italiano. – 6.1. L'interpretazione dei trattati. Il valore delle regole codificate nella Convenzione di Vienna. – 6.2. La regola generale di interpretazione e il contesto del trattato. – 6.3. Gli strumenti primari di interpretazione. – 6.4. Gli strumenti complementari di interpretazione. – 6.5. L'interpretazione dei trattati in più lingue. – 6.6. Il valore delle norme sull'interpretazione; l'interpretazione dei trattati istitutivi di organizzazioni internazionali. – 7.1. Le riserve ai trattati: la Convenzione di Vienna. – 7.2. La prassi successiva. – 8.1. Le cause di invalidità dei trattati. – 8.2. La violazione da parte del rappresentante dello Stato dei limiti stabiliti nei pieni poteri circa la manifestazione del consenso. – 8.3. L'errore. – 8.4. Il dolo e la corruzione. – 8.5. La violenza sullo Stato e sul rappresentante. – 8.6. Il contrasto con norme di *jus cogens*. – 9.1. Le cause di estinzione e di sospensione dei trattati. – 9.2. L'estinzione e la sospensione per effetto della volontà degli Stati; la denuncia e il recesso. – 9.3. L'estinzione o sospensione dei trattati come conseguenza della violazione da parte di uno o più Stati partecipanti. – 9.4. L'estinzione del trattato per impossibilità sopravvenuta. – 9.5. L'estinzione del trattato per il mutamento fondamentale delle circostanze. – 9.6. La sopravvenienza di una nuova norma di *jus cogens*. – 9.7 La procedura per far valere una causa di invalidità, estinzione o sospensione di un trattato. – 10.1. La successione degli Stati nei trattati: le vicende della sovranità territoriale. – 10.2. La prassi internazionale: le regole e le eccezioni.

1.1. *L'accordo nel sistema delle fonti del diritto internazionale.*

Come negli ordinamenti interni una disposizione apposita permette ai soggetti di vincolarsi reciprocamente a tenere determinati comportamenti il cui adempimento può essere preteso mediante il ricorso ai sistemi di garanzia a ciò predisposti, così nell'ordinamento internazionale la regola generale *pacta sunt servanda* costituisce il fondamento della giuridicità dell'accordo come fonte di norme particolari, dette anche pattizie o convenzionali, che vincolano le Parti contraenti. In questo senso l'accordo – o trattato, nella terminologia corrente – può definirsi come l'incontro delle volontà di due o più Stati o altri soggetti dell'ordinamento internazionale che acconsentono ad assumere obblighi e diritti reciproci regolati dal diritto internazionale in relazione a una determinata materia e a rispettarli in buona fede. Manca però nell'ordinamento internazionale, data la sua struttura anarchica e decentralizzata, una procedura di applicazione generale e generalizzata che garantisca tale adempimento e che sanzioni le eventuali violazioni.

Con il termine "trattato", peraltro, si è soliti indicare anche la disciplina convenuta tra le parti, la regolamentazione concreta della materia oggetto dell'accordo, nonché, in una terza accezione, il testo nel quale essa è incorporata, indipendentemente dal titolo che viene prescelto, sia esso "trattato", "convenzione", "accordo", "carta", "statuto", "protocollo", "concordato", "memorandum", "atto". I trattati possono essere costituiti da un solo documento o da più strumenti, come gli "scambi di note" o gli "scambi di lettere", che possono eventualmente essere redatti in momenti diversi.

1.2. *La libertà degli Stati nel determinare il contenuto dei trattati e i suoi limiti.*

Gli Stati sono liberi quanto alla materia oggetto del trattato e alla natura delle norme in esso contenute. Gli Stati utilizzano infatti i trattati nei settori più vari, dalla cooperazione in materia commerciale alla navigazione, dalla condizioni dei rispettivi cittadini al rispetto dei diritti umani, dall'assistenza militare all'assistenza giudiziaria in materia civile o penale, e così via, sia per assumere reciprocamente obblighi in settori nei quali non esistono norme generali, sia per precisare o, al contrario, escludere nei rapporti reciproci l'applicazione di queste ultime. Il numero delle norme pattizie è in continua crescita anche perché lo sviluppo delle relazioni internazionali non può o non vuole attendere i tempi spesso lunghi necessari per la formazione di norme generali; inoltre, l'accordo permette una disciplina particolareggiata e precisa delle relazioni tra le parti e la previsione di procedure che non si prestano ad essere definite attraverso norme generali. Esso permette, infine, l'elaborazione di norme strumentali volte all'organizzazione della cooperazione degli Stati anche in forme istituzionali che, a loro volta, possono essere fonte di norme ulteriori, come avviene nei trattati istitutivi di organizzazioni internazionali che possono prevedere l'attribuzione di una potestà normativa agli organi di queste.

Sotto il profilo del contenuto dei trattati l'unico vincolo posto dal diritto internazionale odierno è costituito dal rispetto delle norme di *jus cogens*, che non possono essere derogate mediante trattato (v. *infra*, parr. 8.6 e 9.6).

2.1. Gli effetti delle norme pattizie.

I trattati sono fonte di obbligazioni tra gli Stati contraenti, ma di per sé non costituiscono fonte di norme giuridiche generali. In linea di principio, il loro ambito di applicazione è limitato ai rapporti tra gli Stati contraenti, che, soli, possono pretenderne l'adempimento reciproco. In questo le norme pattizie differiscono dalle norme consuetudinarie che vincolano, invece, la generalità degli Stati. Anche quando si tratti di accordi di codificazione (v. *supra*, Cap. II, parr. 4.1-4.3), gli Stati terzi che tengono un comportamento conforme a una norma ivi contenuta avente carattere, appunto, di codificazione stanno adempiendo a un obbligo imposto dal diritto consuetudinario, che è solo riflesso nella norma di codificazione.

Si è discusso a lungo in passato circa la possibilità che trattati multilaterali ad ampia partecipazione avessero un valore legislativo o quasi legislativo (c.d. *law-making treaties*), come gli accordi di codificazione più risalenti. Gli Stati hanno talvolta anche stipulato accordi destinati ad avere effetti di carattere generale o *erga omnes*, in quanto istitutivi di regimi internazionali o *status* internazionalmente riconosciuti: si pensi all'Atto finale del Congresso di Vienna del 1815 nel quale è disposta la neutralizzazione della Svizzera e la libertà di navigazione su alcuni corsi d'acqua internazionali, o agli accordi sulla libertà di navigazione nei canali di Suez o di Panama. In realtà, i primi non sembrano avere una particolare resistenza alle modifiche o alla pattuizione di deroghe e quanto ai secondi viene sempre tenuta ben distinta la posizione degli Stati contraenti da quella degli Stati terzi, che sono ritenuti i meri beneficiari delle disposizioni contenute nel trattato: la massima *pacta tertiis nec nocent neque prosunt*, che esclude la possibilità di creare obblighi o diritti a carico o a favore di Stati terzi senza il loro consenso, non conosce eccezioni (v. gli artt. 34-36 della Convenzione di Vienna sul diritto dei trattati) e la Commissione del diritto internazionale non ha ritenuto di dover proporre norme specifiche sui trattati istitutivi di regimi oggettivi (*Yearbook Int. Law Comm.*, 1966, II, 231). Come si è espressa la Corte permanente di giustizia internazionale in un caso risalente,

> «non si può presumere facilmente che disposizioni favorevoli a uno Stato terzo siano state adottate allo scopo di creare un vero e proprio diritto in suo favore. Peraltro, non vi è nulla che impedisca alla volontà di Stati sovrani di avere questo oggetto e questo scopo. La questione dell'esistenza di un diritto acquisito sulla base di uno strumento adottato tra altri Stati deve essere decisa caso per caso: si deve accertare se gli Stati che hanno stipulato la disposizione in favore di un altro Stato intendessero creare in capo a tale Stato un diritto che questo abbia accettato in quanto tale» (7 giugno 1932, *Zone libere dell'Alta Savoia e del distretto di Gex*, Francia c. Svizzera, in *C.P.J.I., Recueil*, Série A/B, n. 46, 147).

2.2. I rapporti tra norme generali e norme pattizie.

Le norme pattizie sono dunque definite, proprio per contrapporle a quelle generali, come norme particolari o speciali, e sul principio di specialità rispetto al diritto generale si fondano i reciproci rapporti quando coincida il loro oggetto. Il fatto che una norma generale costituisca il fondamento dell'obbligatorietà dei trattati, infatti, non attribuisce una posizione di preminenza o superiorità al diritto consuetudinario. Molto spesso, anzi, gli Stati stipulano un trattato proprio per introdurre nei rapporti *inter se* una regola diversa da quella che si applica nei rapporti generali, come, ad esempio, quando si concede una parte del territorio a forze armate straniere, quando si permette il sorvolo del territorio o l'esercizio di parte del potere giurisdizionale mediante l'esecuzione nel territorio di atti volti ad un procedimento all'estero, e così via. Questa prevalenza è riflessa nell'art. 38 dello Statuto della Corte internazionale di giustizia, nel quale le convenzioni generali e particolari in vigore tra gli Stati parte alla controversia (lett. *a*) vengono menzionate prima della consuetudine internazionale (lett. *b*). Fanno eccezione, come si è accennato, le norme di *jus cogens* (v. *supra*, Cap. II, par. 10.1), che non possono essere derogate mediante trattato (v. *infra*, parr. 8.6 e 9.6).

L'assenza di gerarchia, peraltro, non esclude che una norma generale successiva prevalga su una norma convenzionale precedente. La prassi degli Stati contraenti, infatti, ove porti alla formazione di una consuetudine, può modificare la disciplina pattizia, e questo, come ritenuto in dottrina, anche in relazione a trattati istitutivi di organizzazioni internazionali (nell'ambito delle Nazioni Unite, ad esempio, con riferimento alle competenze nel favorire la decolonizzazione o all'operare del limite della giurisdizione domestica).

3.1. *La Convenzione di Vienna sul diritto dei trattati: codificazione o sviluppo progressivo?*

I trattati sono sottoposti a una serie di norme internazionali che ne disciplinano i requisiti di validità ed efficacia, il procedimento di formazione, l'interpretazione, gli effetti delle modifiche, le cause di invalidità, sospensione ed estinzione, e così via. La maggior parte di esse sono state codificate nella Convenzione sul diritto dei trattati, adottata il 22 maggio 1969 dalla speciale Conferenza delle Nazioni Unite tenutasi a Vienna in due sessioni nel 1968 e nel 1969, e basata essenzialmente su un progetto di articoli predisposto dalla Commissione del diritto internazionale nel 1966, a conclusione di un lavoro di elaborazione durato quasi vent'anni.

In realtà, come molte altre convenzioni di codificazione, la Convenzione di Vienna contiene anche norme c.d. di sviluppo progressivo, sulle quali non si era ancora formato un consenso generalizzato degli Stati. Anzi, l'opposizione su queste norme da parte di alcuni Stati, che è riflessa nel risultato della votazione finale del testo (79 voti a favore, 1 voto contrario e 19 astensioni), ha pesato sulla successiva procedura di ratifica, tanto che la Convenzione è entrata internazionalmente in vigore solo undici anni più tardi, il 27 gennaio 1980 (oggi vincola però più di cento Stati).

A sottolineare la doppia natura delle norme in essa contenute la Convenzione si applica solo ai trattati stipulati dopo la sua entrata in vigore. Se molte tra le sue disposizioni, per quanto discusse in dottrina, si sono affermate e sono state applicate anche prima della sua entrata in vigore come espressione di norme generali non solo dalla Corte internazionale di giustizia, ma anche da arbitri internazionali, da giudici nazionali e da governi di Stati contraenti e non contraenti, alcune altre, allora considerate di sviluppo progressivo, non sono riuscite ad affermarsi e sono oggi superate dalla prassi. Sembra, infatti, che in alcuni settori si stiano sviluppando regole diverse rispetto a quelle che valgono per tutti i trattati, in quanto particolari esigenze rendono più opportune norme speciali che meglio tengono conto delle caratteristiche del settore stesso. Questo sta avvenendo, in modo piuttosto evidente, soprattutto nella prassi applicativa dei trattati in materia di protezione dei diritti dell'uomo. In generale, peraltro, e ad eccezione di questo caso, a distanza di più di trent'anni dalla sua adozione l'ampia partecipazione raggiunta e il costante riferimento da parte della prassi e della dottrina senza particolari opposizioni fanno ritenere che la quasi totalità delle disposizioni contenute nella Convenzione di Vienna ben esprima il convincimento degli Stati in materia di diritto dei trattati.

3.2. L'ambito di applicazione della Convenzione di Vienna.

Alla Convenzione faremo riferimento nell'esame delle norme in materia, anche se essa non si applica a tutti i trattati, ma solo agli accordi (i) fra Stati, (ii) stipulati per iscritto e (iii) retti dal diritto internazionale, quale che ne sia l'oggetto, ed esplicitamente (iv) anche ai trattati istitutivi di organizzazioni internazionali.

i) La Convenzione di Vienna del 1969 non vuole escludere che altre entità possano stipulare trattati soggetti alle norme consuetudinarie in materia (art. 3), come avviene, ad esempio, in alcuni Stati federali, la cui Costituzione permette agli Stati federati o ad entità territoriali interne di concludere accordi internazionali alle condizioni e nei limiti ivi stabiliti. Si è solo voluto escludere dalla Convenzione qualsiasi trattato stipulato da enti diversi dagli Stati, al quale le norme consuetudinarie in vigore si potranno eventualmente applicare in modo indipendente da quanto stabilito dalla Convenzione stessa. I trattati fra Stati e organizzazioni internazionali e quelli tra organizzazioni internazionali sono oggetto di una successiva Convenzione, stipulata a Vienna nel 1986, che tiene conto delle particolarità connesse ai caratteri delle organizzazioni internazionali, alle procedure per la manifestazione del consenso, e così via, pur riproducendo sostanzialmente, anche nella numerazione, le disposizioni di quella del 1969. Invece, non sono trattati ma contratti internazionali, e come tali non sono sottoposti di per sé al diritto internazionale, gli accordi conclusi da Stati e società straniere, come i contratti relativi allo sfruttamento delle risorse naturali di uno Stato (CIG, 22 luglio 1952, *An-*

glo-Iranian Oil Company, Regno Unito c. Iran, in *C.I.J., Recueil*, 1952, 112); né sono trattati gli accordi tra entità territoriali interne di Stati diversi volti ad istituire forme di cooperazione transfrontaliera (v. *infra*, par. 5.3).

ii) Non esistono norme internazionali che impongano condizioni di forma per la conclusione dei trattati. Peraltro, la forma scritta è la più utilizzata e molte regole generali hanno un contenuto che sembra meglio applicarsi agli accordi scritti. Il fatto che la Convenzione di Vienna, per motivi di chiarezza e semplicità (*Yearbook Int. Law Comm.*, 1966, II, 10), non si applichi agli accordi conclusi in forma non scritta non significa che questi siano sottratti alle norme consuetudinarie sul diritto dei trattati (art. 3 della Convenzione).

iii) Non tutti gli accordi tra Stati sono soggetti al diritto internazionale. Da un lato, gli Stati concludono talvolta accordi regolati dalle norme interne di uno di essi, come avviene quando creano imprese internazionali costituite secondo una legge nazionale (*Yearbook Int. Law Comm.*, 1962, II, 32); dall'altro, gli atti che rientrano nella c.d. *soft law* sono sottratti al diritto internazionale in quanto non creano obblighi e diritti reciproci. In genere, in questi casi la volontà degli Stati è espressa o facilmente determinabile e si può dunque ragionevolmente presumere che un trattato sia sottoposto al diritto internazionale, salvo che non risulti altrimenti.

iv) I trattati istitutivi di organizzazioni internazionali non presentano, sul piano dell'efficacia, dell'interpretazione e delle condizioni di invalidità, estinzione e sospensione, caratteri particolari che li sottraggano al diritto consuetudinario. Le norme della Convenzione di Vienna utilizzano termini applicabili anche a tali trattati (ad es. recesso, accanto a denuncia) e lasciano un ampio margine alla volontà degli Stati contraenti per la disciplina delle vicende dei trattati. Essi possono così elaborare le regole specifiche necessarie al funzionamento dell'organizzazione nel quadro delle regole generali.

4.1. *La procedura di formazione del trattato: i pieni poteri.*

Nelle diverse fasi della procedura che porta alla formazione del trattato gli Stati sono rappresentati dai c.d. plenipotenziari, persone espressamente autorizzate dall'organo competente dello Stato a negoziare, adottare, autenticare, e/o firmare il testo del trattato e ad esprimere eventualmente il consenso dello Stato. Il documento che identifica il rappresentante e indica l'ampiezza dei poteri a lui attribuiti nel caso specifico si chiama, appunto, "pieni poteri" e deve essere esibito ai rappresentanti degli altri Stati o depositato presso il segretariato dell'organizzazione nell'ambito della quale un trattato viene concluso, a meno che la prassi degli Stati interessati non mostri che essi avevano inteso considerare una determinata persona come rappresentante dello Stato senza la presentazione dei pieni poteri (art. 7.1 della Convenzione di Vienna; quest'ultima ipotesi si verifica principalmente nella procedura semplificata di stipulazione). Qualora un atto relativo alla conclusione di un trattato sia compiuto da un soggetto non autorizzato, tale atto non avrà effetto, salvo che sia successivamente confermato dallo Stato in questione (art. 8).

Alcune categorie di persone sono esentate dalla presentazione dei pieni poteri, godono cioè dei pieni poteri impliciti per effetto della funzione che svolgono nell'apparato dello Stato, per tutte o solo per alcune fasi della procedura di conclusione: si tratta dei capi di Stato, dei capi di governo e dei ministri degli affari esteri, che possono compiere qualsiasi atto relativo alla conclusione di un trattato; dei capi di missione diplomatica, limitatamente alla negoziazione e all'adozione del testo dei trattati fra lo Stato accreditante e lo Stato accreditatario; dei rappresentanti degli Stati accreditati presso una conferenza o un'organizzazione internazionale per la negoziazione e l'adozione del testo di un trattato nell'ambito di quella conferenza o organizzazione (art. 7.2; sulle conseguenze della violazione delle norme interne sulla competenza a stipulare v. *infra*, par. 5.4).

4.2. *Il negoziato, l'adozione e l'autenticazione del testo.*

Le fasi della procedura che porta alla stipulazione di un trattato sono diverse secondo che si tratti di accordi in forma semplificata o in forma solenne. La scelta della procedura non dipende dal numero di Stati coinvolti, ben potendosi stipulare in forma solenne anche accordi bilaterali o in forma semplificata accordi multilaterali.

La forma solenne prevede una prima fase di negoziato, che può svolgersi su impulso di uno o più Stati o nell'ambito di un'organizzazione internazionale ed è seguita dall'adozione del testo. La conferenza degli Stati che partecipano al negoziato o le regole dell'organizzazione nel cui ambito questo venga promosso possono determinare le modalità di svolgimento della procedura e le maggioranze necessarie per la votazione dei singoli articoli e del testo nel suo complesso. La Convenzione di Vienna pone quale regola generale l'unanimità, come avveniva in passato e come continua ad avvenire per i trattati bilaterali o conclusi tra pochi Stati, ma prevede che nel caso di una conferenza internazionale, che presuppone la presenza di un numero rilevante di Stati, il testo sia adottato a maggioranza dei due terzi, a meno che con questa stessa maggioranza gli Stati non decidano una regola diversa (art. 9). In alcuni casi più recenti gli Stati hanno scelto la procedura per *consensus*, una modalità di espressione della volontà degli Stati che prescinde dal voto formale e che permette di adottare il testo in assenza di obiezioni espresse.

All'adozione segue l'autenticazione, che "fissa" in modo definitivo il contenuto del testo del trattato. Questa può avvenire secondo modalità stabilite nel testo stesso o convenute fra gli Stati o, in mancanza, dalla firma *ad referendum* o dalla parafatura da parte dei plenipotenziari (art. 10), alla quale segue la firma definitiva. Questa può essere apposta in un solo luogo e in un solo momento per tutti gli Stati che hanno partecipato al negoziato oppure il trattato può rimanere aperto alla firma in più luoghi e anche per periodi di tempo piuttosto lunghi. La stessa Convenzione di Vienna, ad esempio, rimase aperta alla firma fino al 30 novembre 1969 presso il Ministero degli esteri austriaco e poi fino al 30 aprile 1970 presso la sede delle Nazioni Unite a New York. Il trattato di non proliferazione delle armi nucleari venne firmato in tre originali a Londra, Mosca e Washington il 1° luglio 1968 e poteva essere firmato fino alla data dell'entrata in vigore, avvenuta il 5 marzo 1970.

I trattati possono essere negoziati e autenticati in più lingue, secondo i casi (art. 33.1). Ogni versione potrà avere lo *status* di testo autentico se così convengono gli Stati, altrimenti potrà trattarsi di versioni ufficiali, cioè testi firmati dagli Stati ma non accettati come autentici, o di traduzioni non ufficiali, preparate da una o più parti.

Indipendentemente dalle versioni linguistiche in cui il testo è redatto e autenticato il principio di uguaglianza degli Stati comporta l'uguaglianza dei testi autentici, che fanno parimenti fede, salvo che gli Stati abbiano indicato che un testo debba prevalere sugli altri, vuoi direttamente nel testo del trattato, vuoi in altri strumenti elencati agli artt. 31 e 32 (sull'interpretazione dei trattati in più lingue v. *infra*, par. 6.5).

4.3. *La manifestazione del consenso.*

Nei trattati stipulati in forma solenne la manifestazione del consenso dello Stato a obbligarsi al trattato si esprime solitamente in un momento successivo rispetto alla firma, quando siano stati esauriti eventuali procedimenti interni di controllo o siano state raccolte le autorizzazioni da parte di altri organi o istituzioni dello Stato eventualmente prescritte da norme interne (v. *infra*, par. 5.1 per l'ordinamento italiano).

La Convenzione di Vienna menziona in proposito la ratifica, l'accettazione, l'approvazione o l'adesione, o qualsiasi altro strumento convenuto fra gli Stati (*Yearbook Int. Law Comm.*, 1966, II, 197 s.). Le prime tre espressioni coincidono (art. 2.*b* e art. 14.2) e indicano la manifestazione del consenso da parte di uno Stato che ha partecipato al negoziato e ha adottato e firmato il testo del trattato con riserva di ratifica successiva; l'adesione, invece, riguarda gli Stati che vogliano partecipare al trattato in un momento successivo alla firma, i quali possono eventualmente depositare il proprio consenso anche prima dell'entrata in vigore internazionale. L'adesione è possibile, però, solo per i trattati aperti, cioè per i trattati che permettono la partecipazione di altri Stati in modo esplicito o implicito, per la loro natura o il loro contenuto. Gli accordi regionali, ad esempio, sono trattati aperti solo agli Stati situati nella regione considerata.

Secondo la terminologia utilizzata nella Convenzione di Vienna, con la manifestazione del consenso uno Stato diventa "contraente" di un trattato, indipendentemente dal fatto che il trattato stesso sia entrato in vigore (art. 2.*f*); uno Stato "parte" è invece uno Stato nei cui confronti il trattato è in vigore (art. 2.*g*). Si tratta, però, di una distinzione terminologica non obbligatoria che può conoscere e conosce eccezioni nella prassi (v. ad es. le convenzioni anche recenti adottate nell'ambito della Conferenza dell'Aja di diritto internazionale privato).

Quando un trattato viene stipulato da un'organizzazione internazionale è alle norme del trattato istitutivo, al diritto derivato e alla prassi dell'organizzazione stessa, che si deve fare riferimento per determinare l'organo o l'istituzione competente. Il controllo di legittimità sull'atto, che investe anche il rispetto dei limiti posti nel trattato istitutivo all'attività dell'organizzazione (c.d. principio di attribuzione delle competenze), sarà effettuato secondo le procedure eventualmente previste nel trattato istitutivo stesso. Nelle Comunità europee la competenza a negoziare i trattati con Stati terzi spetta alla Commissione, sulla base di un'autorizzazione preventiva del Consiglio che ne fissa i limiti, anche sostanziali, mentre la competenza a stipulare spetta al Consiglio.

4.4. L'entrata in vigore del trattato.

Le modalità e i tempi per l'entrata in vigore dei trattati sono molto vari e sono generalmente stabiliti nelle disposizioni finali del trattato. Si noti che queste disposizioni, così come quelle relative alle riserve o alle funzioni del depositario, in quanto disciplinano il comportamento degli Stati al fine dell'entrata in vigore dell'accordo, si applicano immediatamente, sin dalla firma del trattato. Inoltre, nel periodo tra la firma e l'entrata in vigore gli Stati sono tenuti a comportarsi in buona fede per non porre nel nulla la futura entrata in vigore del trattato (artt. 24.4 e 18).

Quando il trattato è stato stipulato nell'ambito di una organizzazione o di una conferenza internazionale il segretario generale o, rispettivamente, lo Stato ospitante sono designati quali depositari di tutti gli strumenti di ratifica, accettazione, approvazione o adesione degli Stati e devono comunicare a tutti gli Stati firmatari e poi agli Stati aderenti l'avvenuto deposito del consenso degli altri Stati. Generalmente il trattato indica quanti strumenti di ratifica (o anche di adesione, secondo quanto espresso nel testo) sono necessari e quanto tempo deve decorrere dal deposito dell'ultimo di tali strumenti per l'entrata in vigore, nonché da quando decorrono gli effetti del consenso per gli Stati che lo manifestano in un momento successivo all'entrata in vigore internazionale (art. 24).

Gli Stati possono stabilire che un trattato o parte delle sue disposizioni si applichino in via provvisoria prima dell'entrata in vigore. Questo è avvenuto, ad esempio, per alcune parti dell'Accordo GATT, che sono state applicate in via provvisoria per più di quarant'anni, o per la Convenzione del 1987 sulla soppressione della legalizzazione degli atti tra gli Stati membri della Comunità europea, che viene applicata in via provvisoria solo tra alcuni di essi per effetto di dichiarazioni reciproche.

4.5. Gli accordi in forma semplificata.

La forma semplificata di stipulazione viene adottata solitamente per gli accordi bilaterali o per quelli conclusi tra gruppi ristretti di Stati e che riguardano generalmente questioni di carattere tecnico o amministrativo. Sono frequenti anche nelle organizzazioni internazionali per le decisioni relative al funzionamento delle istituzioni o alla nomina degli organi, che sono adottate dai rappresentanti degli Stati al di fuori delle istituzioni stesse (ad es., la nomina dei giudici della Corte di giustizia e del Tribunale di primo grado delle Comunità europee o del Presidente della Commissione europea).

In questi casi la firma del testo o lo scambio dei documenti o degli strumenti contenenti il trattato, secondo quanto stabilito dagli stessi Stati, costituisce la manifestazione del consenso. È necessario però, nel primo caso, che i pieni poteri indichino la volontà dello Stato di attribuire tale effetto alla firma del rappresentante.

L'entrata in vigore coincide, di solito, con la firma o lo scambio degli strumenti contenenti il trattato, ma gli Stati possono stabilire anche un momento successivo.

5.1. La competenza a stipulare nell'ordinamento italiano: i trattati in forma solenne ...

Ogni Stato determina liberamente quali organi hanno il potere al proprio interno a manifestare il consenso solenne ad obbligarsi mediante trattato. Si tratta, generalmente, di disposizioni contenute nella costituzione, materiale o formale, e comportano spesso il concorso dell'attività di più organi, secondo la struttura costituzionale dello Stato. Esse sono volte a garantire il controllo del Parlamento sull'attività dell'esecutivo e sulla gestione delle relazioni internazionali, come avveniva in passato in relazione all'attività del sovrano, nonché il controllo dell'esecutivo sull'attività del plenipotenziario.

Il diritto internazionale non pone vincoli in proposito, ma disciplina le conseguenze del mancato rispetto di tali disposizioni nei casi più gravi (v. *infra*, par. 5.4).

Per quanto concerne gli accordi stipulati in forma solenne, la Costituzione italiana attribuisce il potere di ratifica al Presidente della Repubblica (art. 87), ma si ritiene che tale riferimento comprenda anche l'adesione. Anche l'atto di ratifica risponde alla regola generale dell'art. 89 Cost., secondo la quale ogni atto del Presidente deve essere controfirmato dai ministri proponenti, che ne assumono la responsabilità e hanno il potere di iniziativa: si tratterà, in questo caso, del ministro degli affari esteri, in primo luogo, e dei diversi ministri competenti secondo la materia oggetto del trattato.

L'art. 87 Cost. prevede inoltre che la ratifica sia sottoposta ad autorizzazione preventiva da parte delle Camere nei casi indicati dall'art. 80 Cost. Questa disposizione permette al Parlamento di controllare, come si è detto, che il Governo non assuma obblighi internazionali scavalcando le competenze del Parlamento. L'articolo richiede, infatti, l'autorizzazione parlamentare per due categorie ampie e generali di trattati – i trattati di natura politica e quelli che comportano modificazioni di leggi – e per alcuni tipi di trattati identificati secondo il contenuto specifico, cioè quelli che comportano oneri alle finanze o variazioni del territorio dello Stato, o che prevedono l'istituzione di organi arbitrali internazionali o l'instaurazione di procedure internazionali di regolamento giudiziario.

La legge di autorizzazione alla ratifica deve essere approvata con la procedura normale di esame (art. 72, quarto comma, Cost.) e non può essere sottoposta a *referendum* (art. 75, secondo comma, Cost.).

L'autorizzazione parlamentare non produce, però, alcun obbligo a carico del Governo, che può rinviare anche *sine die* il deposito della ratifica. Si ritiene, infatti, che la scelta del momento per manifestare il consenso sul piano internazionale possa dipendere da considerazioni di politica internazionale che il Governo deve poter valutare caso per caso. Sul piano internazionale, si è detto, la volontà dello Stato non sarà manifestata fino al deposito dello strumento di ratifica, mentre sul piano interno si ritiene che il Parlamento possa chiedere conto al Governo delle ragioni che motivano il ritardo nel deposito e apprezzarle autonomamente, anche se mancano precedenti.

Nella prassi italiana l'autorizzazione viene richiesta dal Governo al Parlamento solo per la ratifica o l'adesione, e non anche per la denuncia o il recesso dal trattato (v. *infra*, par. 9.2). Un problema particolare riguarda la competenza a formulare le riserve nel caso di trattati soggetti ad autorizzazione parlamentare, se cioè il Governo sia vincolato alle riserve decise da Parlamento, se possa depositarne solo alcune o possa aggiungerne altre. Mentre la prima ipotesi sembra non essersi mai verificata, il Governo ha formulato riserve aggiuntive in diversi casi, tra i quali i più rilevanti riguardano la Convenzione europea sui diritti dell'uomo del 1950 e il Patto sui diritti civili e politici del 1966. Tra le soluzioni proposte in dottrina, sembra preferibile quella secondo la quale la volontà del Governo e quella del Parlamento devono concorrere per formare il consenso dello Stato sul piano internazionale e, di conseguenza, le riserve apposte dal solo Governo sono valide al pari di quelle volute dal solo Parlamento (sulla portata dei trattati in seguito alla formulazione di riserve v. *infra*, parr. 7.1 e 7.2).

5.2. ... e gli accordi in forma semplificata.

Il potere di concludere di accordi in forma semplificata spetta, invece, al Governo, per effetto, secondo alcuni autori, di una delega implicita da parte del Presidente della Repubblica. Come si è detto, si tratta di accordi specifici che riguardano materie di carattere tecnico o amministrativo, che devono spesso essere adottati in tempi rapidi.

La nostra Costituzione non ne parla esplicitamente, ma secondo la dottrina prevalente sono ammessi per tutte le materie diverse da quelle per le quali l'art. 80 richiede l'autorizzazione parlamentare. La conseguente rigidità viene temperata solo per i trattati che impongono oneri a carico del bilancio dello Stato, ove si ritiene che la riserva costituzionale valga solo per gli accordi che impongono oneri non preventivati. Difatti, nei casi o nei settori in cui più frequente è la conclusione di accordi aventi questo effetto vengono istituiti capitoli di bilancio appositi ai quali attingere di volta in volta le risorse per la loro applicazione.

L'unico limite che viene posto al potere del Governo di stipulare questi accordi sembra discendere da un divieto costituzionale implicito alla conclusione di trattati segreti.

5.3. *I poteri delle Regioni in relazione alla stipulazione di trattati.*

La modifica dell'art. 117 Cost. mediante la recente approvazione del nuovo titolo V Cost. (legge cost. 18 ottobre 2001, n. 3) ha mutato profondamente l'ambito rispettivo di competenza dello Stato e delle Regioni sia sul piano materiale, sia sul piano del potere di stipulare trattati internazionali.

Fino a tempi recenti il potere di rappresentare lo Stato era concentrato nelle mani del Governo e le Regioni potevano concludere, nelle materie di propria competenza elencate all'art. 117 nel testo precedente, solo accordi o intese prive dello *status* di fonti di norme internazionali, dai quali dunque non scaturivano obblighi per lo Stato. Si riteneva però in dottrina che tali intese, di carattere programmatico, non fossero vietate dalla Costituzione in quanto non avevano carattere giuridico, ma fossero piuttosto l'occasione per l'adozione di atti interni da parte delle Regioni nelle materie di loro competenza, nel rispetto delle forme e delle procedure previste dall'ordinamento. Sulla base di una giurisprudenza della Corte costituzionale più aperta alle richieste regionali era stato poi adottato il d.p.r. 31 marzo 1994, che permetteva alle Regioni, nelle materie di loro competenza e previo assenso del Governo, di stipulare anche veri e propri trattati, il cui inadempimento poteva far sorgere la responsabilità dello Stato.

Il nuovo art. 117 Cost. muta profondamente il quadro sostanziale dei rapporti reciproci tra Stato e Regioni poiché definisce in modo ben diverso i confini materiali delle rispettive competenze e attribuisce esplicitamente alle Regioni il potere di stipulare trattati nelle materie di loro competenza (sul problema a questo connesso dell'adattamento agli obblighi internazionali da parte delle Regioni v. *infra*, Cap. IV, parte prima, par. 7.2). La norma distingue tra "accordi con Stati" e "intese con enti territoriali interni ad altro Stato" e trova oggi nell'art. 6 della legge 5 giugno 2003, n. 131 (in *G.U.* 10 giugno 2003, n. 132) la definizione delle proprie modalità di applicazione. Il primo comma dell'art. 6 attribuisce alle Regioni e alle province autonome di Trento e Bolzano il potere di concludere, nelle materie di propria competenza legislativa, intese volte a favorire il loro sviluppo economico, sociale e culturale con enti territoriali interni ad altro Stato e a svolgere attività di mero rilievo internazionale, dandone comunicazione prima della firma alla Presidenza del Consiglio e al Ministero degli affari esteri, che potranno presentare osservazioni, anche con gli altri ministeri eventualmente interessati, entro trenta giorni. In mancanza di osservazioni le Regioni e le Province autonome possono firmare l'intesa. In questa attività esse non possono comunque esprimere valutazioni relative alla politica estera dello Stato, né possono assumere obblighi dai quali, tra l'altro, derivino vincoli o oneri finanziari per lo Stato.

Più limitati appaiono i poteri delle entità periferiche in relazione alla stipulazione di "accordi con Stati", che il secondo comma dell'art. 6 circoscrive, sempre nelle materie di competenza legislativa regionale, agli accordi esecutivi ed applicativi di accordi internazionali regolarmente entrati in vigore, agli accordi di natura tecnico-amministrativa e agli accordi di natura programmatica finalizzati a favorire il loro sviluppo economico, sociale e culturale, "nel rispetto della Costituzione, dei vincoli derivanti dall'ordinamento comunitario, dagli obblighi internazionali e dalle linee e dagli indirizzi di politica estera italiana, nonché, nelle materie di cui all'art. 117, terzo comma, Cost., dei principi fondamentali dettati dalle leggi dello Stato". La comunicazione preventiva riguarda in questo caso già la fase delle trattative, che possono essere soggette a principi e criteri dettati dal Ministero degli affari esteri. La firma dell'accordo è soggetta altresì all'attribuzione di pieni poteri da parte dello stesso Ministero secondo il diritto internazionale e la Convenzione di Vienna, pena la nullità dell'accordo. Sembra quindi che gli accordi regionali non saranno soggetti ad autorizzazione parlamentare, sia perché questa costituirebbe una forma di controllo sull'attività regionale non prevista dalla Costituzione, sia perché gli accordi stipulati dalle Regioni non dovrebbero comunque poter toccare le materie indicate all'art. 80 Cost. Forse per questo è stato affermato che le Regioni ai fini qui considerati si configurino piuttosto come "organi dello Stato dotati di competenza a stipulare".

La nuova disciplina, come era prevedibile, nulla innova quanto all'esclusiva soggettività internazionale dello Stato e alla sua conseguente esclusiva responsabilità in caso di inadempimento da parte delle Regioni: l'art. 8 della legge n. 131/2003 prevede dunque un meccanismo di sostituzione dello Stato alla Regione inadempiente, differenziato secondo i casi che possono presentarsi.

5.4. *Le conseguenze del mancato rispetto delle norme interne sulla competenza a stipulare nell'ordinamento internazionale e nell'ordinamento italiano.*

Qualora vengano violate le norme costituzionali sulla competenza a stipulare, perché l'atto di ratifica provenga da un organo incompetente o non siano state rispettate le procedure interne, la Convenzione di Vienna prevede all'art. 46 che uno Stato possa far valere tale violazione come vizio del proprio consenso e dunque motivo di invalidità del trattato. Si deve trattare, però, di una violazione manifesta, cioè obiettivamente evidente per qualsiasi Stato che si comporti secondo la prassi abituale e in buona fede, e deve riguardare una norma di diritto interno di importanza fondamentale. Come è stato rilevato, si tratta di una soluzione "internazionalistica", che non fa dipendere la validità del consenso sul piano internazionale da norme o prassi interne che potrebbero non essere note agli altri Stati contraenti e che è coerente con un principio generale di diritto internazionale, secondo il quale uno Stato non può invocare il proprio diritto interno per giustificare l'inadempimento di un obbligo internazionale. Tale principio risulta codificato, con riferimento all'adempimento degli obblighi derivanti dai trattati, all'art. 27 della stessa Convenzione, che menziona quale unica eccezione proprio l'art. 46.

La prassi internazionale è piuttosto rara, mentre vi sono alcuni casi di giudici nazionali che non applicano trattati conclusi dai rispettivi Governi in violazione delle norme interne sulla competenza a stipulare. Questo proverebbe sia che la valutazione dei giudici interni non ha suscitato reazioni negative da parte delle controparti ai trattati considerati, sia che i casi di violazione da parte dei governi non sono frequenti.

Il problema si pone nel nostro ordinamento soprattutto in relazione ai casi in cui il Governo stipuli in forma semplificata dei trattati per i quali l'art. 80 Cost. impone l'autorizzazione parlamentare. La prassi non è univoca: in alcuni dei casi che vengono solitamente riportati nei manuali e negli studi specifici (la domanda di ammissione alle Nazioni Unite, il *Memorandum d'intesa* per Trieste del 1954, la Dichiarazione di Tangeri del 1956, e così via), il Governo ha presentato il trattato al Parlamento in un momento successivo ottenendo l'autorizzazione alla ratifica, o un atto di attuazione o approvazione. In altri casi, invece, relativi principalmente ad accordi di cooperazione in materia militare o volti alla concessione di basi militari, il Governo non ha mai richiesto l'autorizzazione parlamentare, ma nondimeno tali accordi sono stati rispettati dalle parti e non è mai sorta sul piano internazionale alcuna questione sulla loro validità.

6.1. *L'interpretazione dei trattati. Il valore delle regole codificate nella Convenzione di Vienna.*

Fino alla conclusione della Convenzione di Vienna esisteva una qualche incertezza in dottrina sul valore delle regole internazionali interpretative che, secondo alcuni, erano vere norme di carattere generale vincolanti per l'interprete, in quanto manifestazione di una funzione essenziale di ogni ordinamento giuridico, mentre secondo altri erano meri canoni esegetici, principi di logica e buon senso, non vincolanti ma utili per guidare l'interprete nell'accertamento del significato delle espressioni utilizzate dagli Stati contraenti. La Commissione del diritto internazionale, da parte sua, ha individuato alcuni principi generali nei quali ha riconosciuto vere e proprie regole generali vincolanti sull'interpretazione dei trattati che sono state codificate agli artt. 31-33 della Convenzione. Questa conclusione sembra confermata non solo dall'unanimità che tali regole hanno ottenuto al momento della loro adozione da parte della conferenza, ma anche e soprattutto dall'applicazione costante da parte di organi internazionali giurisdizionali e arbitrali, accompagnata dall'affermazione esplicita della loro obbligatorietà.

Quanto al metodo esegetico, dopo molti decenni nei quali era stata affermata la prevalenza del metodo soggettivo, che cerca di ricostruire la volontà delle parti sulla base dei lavori preparatori, si era lentamente affermata una tendenza a svincolare il testo dalla volontà espressa dagli Stati parte ai negoziati perché i nuovi Stati che avessero voluto aderire ad un trattato non avrebbero potuto contare sul significato reso palese dal testo, ma avrebbero dovuto ricercare nei lavori preparatori, non sempre facilmente accessibili e spesso non disponibili, la reale volontà dei contraenti originari. Inoltre, la nascita di nuovi soggetti quali le organizzazioni internazionali, a composizione variabile e tendenzialmente aperte alla partecipazione di nuovi membri, poneva un duplice ordine di problemi: accanto al favore per l'ampliamento della base di partecipazione, che garantisse la massima applicazione possibile delle regole concordate e la massima cooperazione nel settore considerato, si poneva l'esigenza di permettere lo svolgimento e lo sviluppo dell'attività dell'organizzazione pur nella costanza del testo originario, che non può essere oggetto di modifiche continue, ma deve reggere il passo, con elasticità, alle nuove esigenze della vita dell'ente.

6.2. *La regola generale di interpretazione e il contesto del trattato.*

Il metodo esegetico codificato nella Convenzione ha natura prevalentemente oggettiva, poiché, secondo la Commissione del diritto internazionale, il metodo testuale può essere considerato "established law" (*Final Report of the International Law Commission*, in *Yearbook Int. Law Comm.*, 1966, II, 220, par. 11). Il primo elemento del procedimento interpretativo è costituito, infatti, dalla ricerca del significato letterale del testo in base all'art. 31.1, che dispone che un trattato deve essere interpretato in buona fede, secondo il significato naturale dei termini utilizzati nel loro contesto, alla luce del suo oggetto e del suo scopo. Si tratta, però, di un oggettivismo qualificato, che presenta numerosi correttivi, a partire dal riferimento alla buona fede, che permette di collegare opportunamente il momento interpretativo al momento applicativo – e dunque al rispetto degli obblighi assunti, secondo quanto precisa la regola *pacta sunt servanda* dell'art. 26. La buona fede è un principio di diritto positivo, avente natura giuridica, che si esprime in certi canoni di comportamento che, a loro volta, vengono a formare un parametro di valutazione oggettivo.

Il significato naturale dei termini, però, deve essere determinato nel quadro del contesto generale del trattato, che viene definito al par. 2 come l'insieme del testo, compreso il preambolo e gli allegati, oltre agli eventuali accordi relativi al trattato stipulati tra tutti gli Stati al momento della conclusione del trattato (lett. *a*) e agli strumenti predisposti da uno o più Stati nel medesimo momento e accettati dagli altri contraenti come strumenti relativi al trattato (lett. *b*). È pacifico nella dottrina e nella prassi internazionale che il preambolo e gli allegati formino parte integrante del trattato: il primo enuncia lo scopo del trattato e il quadro normativo nel quale esso si inserisce, mentre i secondi possono avere il contenuto più vario secondo la materia oggetto dell'accordo. Si può trattare di una carta geografica per un accordo in materia di confini, di un elenco di definizioni utilizzate nel testo, di un protocollo relativo alla soluzione delle controversie, e così via.

Gli altri due elementi, che hanno in comune l'elemento temporale, di essere stati predisposti al momento della conclusione del trattato, devono avere un certo rapporto con il trattato, che può variare anch'esso secondo le circostanze. Si può trattare, ad esempio, di un rapporto esplicativo del trattato che gli Stati abbiano accettato al momento della conferenza intergovernativa nella quale è stato negoziato il testo e al quale abbiano attribuito tale ruolo. Poiché la Convenzione non pone requisiti di forma per tali accordi o strumenti, si può trattare di accordi in forma scritta o anche di accordi o dichiarazioni orali, eventualmente formulate nel corso dei negoziati e documentate nei resoconti di seduta.

6.3. *Gli strumenti primari di interpretazione.*

La previsione dell'art. 31.2 attribuisce dunque particolare rilevanza alla volontà degli Stati contraenti e introduce forme di interpretazione autentica del trattato che sono poi sviluppate al terzo paragrafo, che impone di tenere in considerazione, accanto al contesto come sopra definito, ogni accordo successivo al trattato sull'interpretazione o l'applicazione del trattato (lett. *a*), la prassi successiva che dimostri l'accordo delle parti relativamente all'interpretazione delle sue disposizioni (lett. *b*) e ogni regola di diritto internazionale applicabile nelle relazioni tra le parti (lett. *c*).

Il primo caso riguarda l'ipotesi alquanto frequente in cui gli Stati specifichino il significato o l'applicazione di un termine, di una espressione o di una o più disposizioni di un trattato mediante un accordo esplicitamente concluso a questo fine, non vincolato alla forma del trattato interpretato, e che obbliga gli Stati a non discostarsi dall'interpretazione così convenuta. Ove non sia stipulato per iscritto può non essere agevole distinguere tale accordo dalla prassi successiva di cui alla lett. *b*, così come può essere difficile stabilire se un accordo o una prassi si limitino a interpretare un trattato o ne modifichino le disposizioni. Si rileva, inoltre, che secondo alcuni la lett. *b* dell'art. 31.2 non costituirebbe codificazione di una norma generale, ma introdurrebbe un elemento di sviluppo progressivo. In realtà, la coincidenza dei soggetti che emanano le norme, le interpretano e le applicano, che è propria dell'ordinamento internazionale, attribuisce alla prassi applicativa un elemento di accettazione del significato della norma applicata che si ricollega contemporaneamente al momento normativo e come tale è stata inserita tra i mezzi primari di interpretazione in quanto costituisce la manifestazione oggettiva del consenso degli Stati sul significato e la portata del trattato. La prassi deve comunque essere concordante, comune e costante, cioè univoca e ripetitiva, e deve comprendere atti, dichiarazioni o comportamenti degli Stati parte al trattato: non è necessario che ognuno di essi individualmente considerato abbia contribuito al formarsi della prassi, ma è sufficiente che l'abbia accettata. È possibile dunque che le prassi nazionali coincidano di fatto o che l'applicazione da parte di uno Stato venga espressamente o implicitamente condivisa dagli altri contraenti.

Quanto, infine, alle regole di diritto internazionale applicabili tra le parti della lett. *c*, si tratta del contesto dei rapporti internazionali tra gli Stati contraenti in cui il trattato si inserisce ed è destinato ad operare. Si farà riferimento non solo al tessuto normativo del diritto generale al quale certamente ogni trattato si riferisce per quanto non espressamente disposto, ma anche ai trattati in vigore tra le parti nella stessa materia o in materie affini, siano essi precedenti o successivi al trattato considerato. È vero che il c.d. principio di contemporaneità impone di interpretare un trattato secondo il significato dei termini al momento nel quale il trattato è stato stipulato, ma ciò nondimeno questa disposizione permette un'interpretazione evolutiva del trattato stesso nel rispetto della volontà delle parti e dell'ambiente normativo generale e particolare che le vincola.

Un elemento ulteriore che mitiga l'oggettività del metodo codificato nella Convenzione di Vienna a favore di metodi meno formalistici è dato dal ruolo attribuito all'oggetto – inteso come l'effetto giuridico del trattato, le disposizioni pattuite tra le parti – e allo scopo del trattato, cioè il fine cui esse tendono, la meta che si sono prefisse di raggiungere mediante la stipulazione del trattato. In questo modo, infatti, vengono in considerazione la volontà degli Stati e la funzione del trattato e si ammette in una certa misura l'interpretazione in chiave teleologica e funzionale. Peraltro, questi elementi concorrono al pari degli altri fin qui esaminati al fine dell'interpretazione e non hanno una posizione di preminenza.

Ben più ampio nel senso della considerazione della volontà degli Stati è, invece, l'effetto dell'art. 31.4, che permette agli Stati di utilizzare un significato speciale per i termini del trattato, che è destinato a prevalere sul significato oggettivo determinato sulla base dei paragrafi precedenti. È possibile, infatti, che le parti in quel contesto e a quel fine abbiano inteso attribuire a un termine un significato tecnico o particolare che costituisce per loro il senso ordinario, in quanto lo ritengano più opportuno al fine della regolamentazione pattuita. Tale significato speciale, che deve essere provato dalla parte che vuole farlo valere, potrà risultare dal contesto, dall'oggetto e dallo scopo del trattato o dagli altri strumenti primari indicati all'art. 31, ma più facilmente potrà essere desunto dai mezzi complementari di interpretazione dell'art. 32.

6.4. *Gli strumenti complementari di interpretazione.*

L'art. 32, infatti, permette il ricorso ad altri strumenti esegetici quando si voglia trovare conferma ulteriore del risultato al quale si è giunti sulla base della regola enunciata all'art. 31, o quando l'utilizzazione di questa non abbia eliminato i dubbi sul significato del testo che sia rimasto ambiguo o oscuro oppure abbia condotto ad attribuirvi un significato assurdo o irragionevole. Questa disposizione non mina l'unità del processo ermeneutico, né introduce alcuna innovazione circa il valore dei mezzi complementari, che sono sempre stati utilizzati dalla prassi internazionale, e in particolare dalla Corte permanente di giustizia internazionale e dalla Corte internazionale di giustizia, per sostenere o confermare un risultato già individuato sulla base del testo o per scegliere tra due o più significati possibili di un termine o di una espressione, per chiarirne la portata, o per respingere soluzioni incoerenti o irragionevoli rispetto al contesto o allo scopo del trattato. Con riferimento, infine, a quanto sopra detto circa la prevalenza del significato speciale a norma dell'art. 31.4, ove l'esame dei mezzi complementari al quale si ricorre per confermare un significato ordinario già raggiunto sulla base dell'art. 31 dimostri che le parti hanno invece inteso attribuire ad un termine un significato speciale, quest'ultimo dovrà prevalere.

Tra i mezzi complementari l'art. 32 cita esplicitamente i lavori preparatori del trattato, cioè i negoziati in senso ampio, come documentati per iscritto nei resoconti di seduta, o i lavori di gruppi di esperti che precedono la conferenza diplomatica, e le circostanze della sua conclusione, ovvero le vicende storiche che hanno portato alla conclusione del trattato, compresi i motivi che hanno ispirato l'azione degli Stati, le loro condizioni storiche e politiche, e così via.

Ciò non esclude che possano essere utilizzati strumenti diversi, come la prassi successiva unilaterale, che non rientra nell'art. 31.3, lett. *b*, o alcuni principi esegetici generali che costituiscono regole tecniche o logiche del ragionamento interpretativo e sono applicati in ogni ordinamento. In particolare, pare ammissibile il ricorso all'analogia, in funzione di auto-integrazione del sistema convenzionale in relazione alle inevitabili lacune che esso presenta, mentre altri canoni ermeneutici – come l'adagio *ut res magis valeat quam pereat* o il principio di contemporaneità – trovano già espressione nel principio di buona fede della regola generale (*Yearbook Int. Law Comm.*, 1966, II, 219). Quanto all'interpretazione restrittiva o estensiva, che costituiscono il risultato del processo ermeneutico e non un metodo, se fino a qualche tempo fa si riteneva di dover contenere le limitazioni di sovranità assunte dagli Stati mediante trattato e dunque preferire l'interpretazione che limitasse la portata degli obblighi, si sta affermando una posizione più flessibile, che privilegia la considerazione dello scopo del trattato, soprattutto in relazione ai trattati che istituiscono meccanismi di protezione dei diritti dell'uomo.

L'art. 32, infine, non prende posizione sull'opponibilità dei lavori preparatori agli Stati aderenti al trattato, che era stata esclusa da alcune decisioni internazionali (CPGI, 10 settembre 1929, *Giurisdizione della Commissione internazionale dell'Oder*, in *C.P.J.I.*, *Recueil*, Série A, n. 23, 42), ma sulla quale la Commissione del diritto internazionale non aveva ritenuto che si fosse formata una prassi univoca (*Final Report*, cit., 223, par. 20). La soluzione dipenderà dunque dal caso concreto e dall'accessibilità dei lavori preparatori: si può ritenere che uno Stato aderente sia tenuto a conoscere i lavori preparatori pubblicati e possa chiedere di consultare quelli non pubblicati ma accessibili o comunque disponibili. Per contro, il principio di buona fede impedisce che possano essergli opposti i lavori preparatori non pubblicati, dei quali non abbia potuto prendere conoscenza.

6.5. *L'interpretazione dei trattati in più lingue.*

La Convenzione di Vienna si occupa poi dei trattati in più lingue, per i quali dispone, come regola generale, che indipendentemente dalle versioni linguistiche in cui il testo è redatto e autenticato (art. 10 e *supra*, par. 4.2) il principio di uguaglianza degli Stati comporta l'uguaglianza dei testi autentici, salvo che gli Stati abbiano indicato che un testo debba prevalere sugli altri, vuoi direttamente nel testo del trattato, vuoi in uno degli altri strumenti indicati agli artt. 31 e 32.

In mancanza di tale volontà espressa, l'unità del trattato, che non può che contenere un'unica serie di espressioni e termini accettati dalle parti e sui quali si è formato il loro consenso, comporta che si debbano applicare gli artt. 31 e 32, sulla base della presunzione che tutte le versioni abbiano lo stesso significato. Ogni sforzo deve esser effettuato per trovare un significato comune, attraverso la conciliazione dei testi e l'accertamento delle volontà delle parti contraenti ricorrendo ai normali strumenti interpretativi. Ove si concluda che le diverse versioni linguistiche hanno significati diversi, l'art. 33.4 impone che si dia la preferenza al significato che meglio riconcilia i testi alla luce dell'oggetto e dello scopo del trattato. Non si tratta, però, come si riteneva in passato di giungere ad un'interpretazione restrittiva del trattato limitando la portata degli obblighi assunti dagli Stati (CPGI, 30 agosto 1924, *Concessioni Mavrommatis in Palestina*, Grecia c. Regno Unito, in *C.P.J.I.*, *Recueil*, Série A, n. 2, 19), ma di individuare, sulla base della natura del trattato e del contesto particolare in cui il termine viene utilizzato, il significato che rispetti l'armonizzazione dei testi disposta dall'art. 33 e che elimini ogni divergenza tra di essi. La Corte europea dei diritti dell'uomo nel caso *Wemhoff*, nello scartare la versione inglese dell'art. 5, par. 3 della Convenzione, più restrittiva, a favore di quella francese, ha affermato, infatti, che

> «posta di fronte a due versioni di un trattato che fanno ugualmente fede e che non sono perfettamente identiche la Corte, conformemente a una giurisprudenza internazionale consolidata, deve interpretarle in modo da riconciliarle per quanto possibile. Trattandosi di un trattato normativo [*law-making treaty*], è anche necessario ricercare l'interpretazione più appropriata per raggiungere lo scopo e realizzare l'oggetto del trattato anziché quella che

restringerebbe al massimo la portata degli obblighi delle Parti contraenti» (CEDU, 27 giugno 1968, in *C.E.D.H.*, *Recueil*, A 7, 23, par. 8; v. anche CIG, 27 giugno 2001, *LaGrand*, Germania c. Stati Uniti, in *C.I.J.*, *Recueil*, 2001, par. 101 ss.).

6.6. *Il valore delle norme sull'interpretazione; l'interpretazione dei trattati istitutivi di organizzazioni internazionali.*

Un punto particolare e controverso riguarda l'eventuale derogabilità delle norme sull'interpretazione quali codificate dalla Convenzione di Vienna, se cioè gli Stati possano indicare metodi e criteri esegetici diversi da quelli previsti dagli artt. 31-33. Non si tratta però di valutare la natura degli artt. 31-33, anche perché ritenerli inderogabili dalle parti porterebbe a considerarli pari alle norme di *jus cogens*. Si consideri piuttosto che regole interpretative speciali potranno facilmente rientrare in una delle ipotesi previste all'artt. 31.2 e 31.3 e che, quale che sia la disposizione interpretativa speciale introdotta dalle parti, il rispetto della loro volontà ne impone l'applicazione in quanto funzionale, nella visione degli Stati, al raggiungimento dei fini del trattato.

La flessibilità del metodo codificato nella Convenzione di Vienna risulta poi evidente quando si consideri l'interpretazione dei trattati istitutivi di organizzazioni internazionali, nei quali l'aspetto teleologico risulta prevalente nella prospettiva della vita e dello sviluppo dell'attività di tali enti, soprattutto quando sia attribuita a un organo apposito la competenza a interpretare il trattato in modo vincolante per gli Stati membri e l'organizzazione stessa. Se si guarda, principalmente, alla giurisprudenza della Corte di giustizia delle Comunità europee, si nota come il richiamo alle regole contenute nella Convenzione di Vienna e al diritto internazionale generale non ha impedito la piena utilizzazione della teoria dei poteri impliciti, ampiamente riconosciuta in ambito internazionale, in quanto costituisce un'applicazione particolare del principio di effettività ai trattati istitutivi di organizzazioni internazionali per far fronte allo sviluppo dell'attività di queste senza dover modificare mediante nuovi accordi il trattato istitutivo.

Questa teoria è stata elaborata inizialmente soprattutto nell'ordinamento statunitense per delimitare i poteri dello Stato federale rispetto agli Stati federati. La Corte internazionale di giustizia vi ha fatto ricorso in più occasioni per giustificare l'esercizio di competenze non previste esplicitamente dalla Carta delle Nazioni Unite: nel famoso parere sul ricorso per il risarcimento di danni subiti al servizio delle Nazioni Unite, ad esempio, ha affermato che

> «gli Stati membri, attribuendo determinate funzioni [alla organizzazione] con i relativi obblighi e responsabilità, vi hanno aggiunto i poteri necessari per adempiere a tali funzioni»

e che

> «in base al diritto internazionale, si deve ritenere che l'Organizzazione possieda quei poteri che, ancorché non previsti espressamente nella Carta, le siano stati conferiti ne-

cessariamente in modo implicito in quanto essenziali per l'adempimento dei suoi obblighi» (CIG, parere 11 aprile 1949, in *C.I.J., Recueil*, 1949, 180, 182; v. anche i pareri 13 luglio 1954, *Effetti delle sentenze del Tribunale amministrativo delle N.U.*, in *C.I.J., Recueil*, 1954, 57, e 20 luglio 1962, *Spese per le azioni delle N.U. in Medio Oriente e nel Congo*, in *C.I.J., Recueil*, 1962, 168, nonché il parere della CPGI, 13 luglio 1926, in *C.P.J.I., Recueil*, Série B, n. 13, 18).

In ambito comunitario la teoria dei poteri impliciti è stata utilizzata dalla Corte di giustizia delle Comunità europee già nel quadro del Trattato CECA, come riferimento a un criterio interpretativo vigente nell'ordinamento internazionale e negli ordinamenti nazionali in base al quale le norme di un trattato o di una legge sottintendono le norme senza le quali le prime non avrebbero senso o non potrebbero essere applicate in modo ragionevole ed efficace (29 novembre 1956, causa 8/55, *Fédéchar*, in *Raccolta*, 291; 15 luglio 1960, causa 20/59, *Italia c. Alta Autorità*, e causa 25/59, *Paesi Bassi c. Alta Autorità*, *ibidem*, 663 e 723). Tale teoria ha così trovato applicazione, tra l'altro, per fondare la competenza a concludere accordi internazionali, che

> «non dev'essere in ogni caso espressamente prevista dal trattato ... ma può desumersi anche da altre disposizioni del trattato e da atti adottati, in forza di queste disposizioni, dalle istituzioni della Comunità» (CG, 31 marzo 1971, causa 22/70, *A.E.T.S.*, in *Raccolta*, 263, n. 16; 19 marzo 1993, parere 2/91, *OIL*, *ibidem*, I-1061, n. 7; 28 marzo 1996, parere 2/94, *Adesione alla CEDU*, *ibidem*, I-1759, n. 25-26).

Più in generale,

> «quando un articolo del trattato CEE ... affida alla Commissione un compito preciso, si deve ammettere, se non si vuole privare di qualsiasi efficacia detta disposizione, che esso le attribuisce, per ciò stesso, necessariamente i poteri indispensabili per svolgere detta missione» (9 luglio 1987, cause 281/85, 283-285/85, 287/87, *Germania c. Commissione*, in *Raccolta*, 3203, n. 28).

7.1. *Le riserve ai trattati: la Convenzione di Vienna.*

La natura e l'ambito di applicazione delle norme pattizie comporta, come si è detto, che le regole convenute dagli Stati si applichino nei reciproci rapporti in modo uniforme. In realtà, l'aumento del numero degli Stati e la volontà di ottenere la più ampia partecipazione possibile ad un trattato hanno comportato un uso maggiore e più liberale che in passato delle riserve, che consistono in dichiarazioni unilaterali depositate dallo Stato al momento della firma o della manifestazione del consenso, che escludono o modificano l'effetto di determinate disposizioni del trattato con riferimento a tale Stato (art. 2.1.*d* della Convenzione di Vienna).

Le riserve intervengono solo nei trattati multilaterali, poiché in quelli bilaterali la proposta di uno Stato di limitare nei propri confronti l'applicazione di una disposizione costituirebbe in realtà una proposta di modifica che la controparte potrebbe accettare o rifiutare.

La Convenzione di Vienna ha adottato agli artt. 19-23 alcune regole, ritenute da molti di sviluppo progressivo, che riprendono in gran parte l'impostazione data dalla Corte internazionale di giustizia (CIG, 28 maggio 1951, *Parere sulle riserve apposte alla Convenzione sul crimine di genocidio* in *C.I.J., Recueil*, 1951, 15 ss.). La Corte aveva affermato che

> «è pacifico che nelle relazioni basate su un trattato uno Stato non può essere vincolato senza il proprio consenso e ... di conseguenza, nessuna riserva può produrre effetti nei confronti di uno Stato senza il suo accordo. Costituisce un principio generalmente riconosciuto anche che un trattato multilaterale è il risultato di un accordo concluso liberamente dalle Parti sulle sue disposizioni e che di conseguenza nessuno degli Stati contraenti può rendere vano o mettere in pericolo, attraverso dichiarazioni unilaterali o accordi particolari, lo scopo e la ragion d'essere del trattato. A questo principio era connessa la nozione di integrità del trattato, che nella sua accezione tradizionale comportava che nessuna riserva era valida se non era accettata da tutte la Parti contraenti senza eccezioni» (par. 35).

La Corte aveva poi ritenuto che uno Stato che depositi una riserva alla quale soltanto alcuni Stati obiettino può essere considerato parte del trattato se la riserva è compatibile con l'oggetto e lo scopo del trattato e che gli Stati che sollevano l'obiezione alla riserva ritenendola contraria all'oggetto e allo scopo del trattato possono considerare che lo Stato che l'ha depositata non sia parte del trattato, mentre gli Stati che accettano la riserva possono considerare tale Stato come parte del trattato. La Corte aveva dunque ritenuto che l'efficacia e l'integrità del trattato siano meglio garantite dalla partecipazione del più ampio numero possibile di Stati che ne accettino tutti la parte essenziale.

La Convenzione di Vienna permette ad uno Stato di formulare una riserva per iscritto al momento della firma o della manifestazione del consenso, salvo che il trattato in questione la vieti o preveda solo certe riserve e quella proposta non rientri tra queste, oppure se, nel silenzio del trattato, la riserva sia incompatibile con il suo oggetto e il suo scopo (art. 19). L'art. 20 richiede che la riserva venga accettata dalle altre parti, salvo che sia autorizzata esplicitamente nel trattato. L'accettazione, alla quale è equiparata l'assenza di obiezioni entro dodici mesi, deve provenire da tutte le altre Parti quando risulti dal numero limitato di Stati che hanno partecipato al negoziato e dall'oggetto e dello scopo del trattato che l'applicazione del trattato nella sua interezza costituisce una condizione essenziale del loro consenso. Negli altri casi e in assenza di disposizioni espresse nel trattato, l'accettazione può provenire da alcuni Stati soltanto e comporta che la parte che ha depositato la riserva divenga parte del trattato nei rapporti con essi. La riserva prende effetto dalla prima accettazione. Gli altri Stati possono anche sollevare obiezioni alla riserva, ma il trattato entra in vigore ugualmente con lo Stato autore della riserva salvo che l'obiezione esprima anche una volontà contraria all'entrata in vigore del trattato nei rapporti con questo Stato.

L'effetto della riserva, dunque, è di limitare o modificare nel senso indicato la portata del trattato nei rapporti reciproci tra lo Stato autore della riserva e gli

Stati che la accettano, mentre non ha alcun effetto nei rapporti tra questi ultimi Stati tra loro: per essi il trattato varrà nella sua interezza. Quanto ai rapporti tra lo Stato autore della riserva e lo Stato che solleva obiezioni, se questo ha comunque accettato che il trattato entri in vigore tra loro la disposizione alla quale è apposta la riserva non si applica nei rapporti reciproci (art. 21). Richiamando questa disposizione, nell'arbitrato tra Francia e Regno Unito sulla delimitazione della piattaforma continentale nella Manica (in *Int. Legal Mat.*, 1979, 397), la Corte arbitrale affermò che l'effetto della riserva della Francia all'art. 6 della Convenzione del 1958 sulla piattaforma continentale e dell'obiezione britannica era quello di rendere tale articolo inapplicabile tra i due Stati nella misura della riserva, ma che erano in vigore tra essi le altre norme e i principi di diritto internazionale generale sulla delimitazione della piattaforma continentale.

7.2. *La prassi successiva.*

La disciplina delle riserve contenuta della Convenzione di Vienna è parsa presto imprecisa e lacunosa, tanto che la Commissione del diritto internazionale ha ripreso i lavori in materia a partire dal 1994, anche con riferimento alle convenzioni del 1986 sui trattati stipulati dalle organizzazioni internazionali e del 1978 sulla successione degli Stati nei trattati. I punti più controversi, sui quali si è formata una prassi interessante successiva alla Convenzione, che secondo alcuni autori è superata sotto molti aspetti, riguardano la definizione delle riserve e la distinzione tra riserve e dichiarazioni interpretative, il regime delle riserve nei trattati in materia di diritti umani e gli effetti di una successione tra Stati sulle riserve e le obiezioni.

Limitandoci qui ai primi due punti, si osserva come le riserve possono avere contenuto sostanziale o riguardare solo l'interpretazione di una disposizione, nel senso che lo Stato si ritiene vincolato ad essa, ma con il significato indicato nella riserva interpretativa. Gli Stati tendono a presentare dichiarazioni interpretative soprattutto quando il trattato esclude le riserve o una riserva del tipo di quella proposta. Nel caso *Belilos*, relativo a una dichiarazione interpretativa depositata dalla Svizzera in relazione all'art. 6 della Convenzione europea dei diritti dell'uomo, il cui art. 57 (*ex* 64) esclude l'ammissibilità di riserve di carattere generale, la Corte europea dei diritti umani non considerò rilevante il fatto che nessun altro Stato aveva sollevato obiezioni, ma affermò che

> «La questione se una dichiarazione indicata come "interpretativa" deve essere considerata una "riserva" è difficile, in modo particolare – nel caso di specie – poiché il Governo elvetico ha depositato sia "riserve" che "dichiarazioni interpretative" nello stesso strumento di ratifica. Più in generale, la Corte riconosce l'importanza ... delle regole applicabili alle riserve e alle dichiarazioni interpretative fatte dagli Stati parte della convenzione. Solo le riserve sono menzionate nella convenzione, ma molti Stati hanno anche (o solo) depositato dichiarazioni interpretative, senza fare sempre una chiara distinzione tra le due. Al fine di determinare la natura giuridica di questa dichiarazione, si deve guardare al di là della denominazione e cercare di determinarne il contenuto sostanziale. Nel

caso di specie, risulta che la Svizzera intendeva escludere alcune categorie di procedimenti dall'ambito dell'art. 6.1 e garantirsi contro un'interpretazione di questo articolo che considerava troppo ampia. Peraltro, la Corte deve accertare che gli obblighi derivanti dalla convenzione non siano soggetti a restrizioni che non soddisfino le condizioni poste dall'art. 64 sulle riserve» (CEDU, 20 aprile 1988, in *C.E.D.H., Recueil*, A 132, par. 49).

La Corte ritenne che nel caso di specie si trattasse di una riserva e non di una mera dichiarazione e la dichiarò invalida in quanto aveva carattere generale in contrasto con quanto stabilito dall'art. 57.1 (*ex* 64.1) della Convenzione europea e non era accompagnata da un breve esposto della legge interna considerata come stabilisce l'art. 57.2 (*ex* 64.2). La Corte, peraltro, non valutò se la Svizzera dovesse ritenersi vincolata alla Convenzione ad eccezione dell'art. 6, né se la riserva fosse una condizione essenziale del suo consenso, ma affermò che la Svizzera era vincolata dalla Convenzione come se non avesse apposto la riserva (par. 60; nello stesso senso, ma in relazione alle restrizioni territoriali apposte alla dichiarazione di accettazione delle domande individuali e della giurisdizione della Corte v. la sentenza 23 marzo 1995, *Loizidou*, in *C.E.D.H., Recueil*, A 310, parr. 89, 97).

La Corte risolse dunque il secondo problema menzionato ritenendo la riserva come non apposta. La prassi successiva relativa ai trattati sulla protezione dei diritti umani sembra andare nella stessa direzione per favorire la partecipazione degli Stati, ma è accompagnata da numerose affermazioni sull'inapplicabilità delle regole contenute nella Convenzione di Vienna a questi trattati, sebbene si tratti di un regime piuttosto flessibile e rispettoso della volontà degli Stati, sia per il meccanismo delle obiezioni e dell'accettazione, sia per la possibilità che gli Stati permettano o vietino esplicitamente le riserve nel testo del trattato. Particolare importanza in proposito rivestono i commenti presentati nel 1994 dal Comitato sui diritti civili e politici, istituito dal Patto del 1966, che non contiene alcuna disposizione in materia di riserve (la Convenzione americana sui diritti umani del 1969 all'art. 75 ammette riserve solo in conformità alla Convenzione di Vienna, mentre la Convenzione sulla discriminazione razziale non ammette quelle contrarie all'oggetto e allo scopo del trattato o che impediscano il funzionamento degli organi istituiti dalla Convenzione stessa, ma subordina tale valutazione alla presentazione di obiezioni da parte di almeno due terzi degli Stati). Il Comitato, ritenendo che l'art. 19.3 della Convenzione di Vienna riflettesse il diritto generale in materia, affermò che

> «sebbene i trattati ... permettano agli Stati di derogare *inter se* all'applicazione di norme di diritto internazionale generale, è diversa la situazione dei trattati in materia di diritti umani, che sono stipulati a beneficio di soggetti all'interno della loro giurisdizione. Di conseguenza, le disposizioni del Patto che corrispondono a norme di diritto internazionale generale (e *a fortiori* quelle che hanno natura di norme inderogabili) non possono essere oggetto di riserve» (*Human Rights Law Journal*, 1995, 464 ss., par. 8).

Dopo aver indicato quali disposizioni del Patto avrebbero tale natura e non ammetterebbero riserve (ad esempio, oltre ai casi più evidenti relativi al divieto della schiavitù, della tortura, e così via, anche il divieto di discriminazioni o l'obbligo di adottare tutte le misure a livello interno necessarie per rendere efficaci i diritti sanciti nel Patto), il Comitato affermò altresì che riserve alle disposizioni inderogabili del Patto, come quelle che sanciscono diritti che non possono essere sospesi neppure in momenti di emergenza, non sarebbero compatibili con l'oggetto e lo scopo del Patto stesso, al pari di quelle che impedirebbero il funzionamento dei meccanismi di garanzia predisposti dal Patto (parr. 10-11). Il Comitato ritenne invece inapplicabile ai trattati in materia di diritti umani l'art. 21.3 della Convenzione di Vienna poiché

> «tali trattati ... non sono una rete di scambi di obblighi reciproci tra gli Stati. Essi riguardano l'attribuzione di diritti agli individui. Il principio di reciprocità tra gli Stati non ha alcun ruolo, salvo forse nel contesto limitato delle riserve alle dichiarazioni sulla competenza del Comitato in base all'art. 41. Poiché l'applicazione delle regole classiche sulle riserve è inadeguata per il Patto gli Stati non hanno ritenuto di avere alcun interesse o necessità di sollevare obiezioni alle riserve. La mancanza di proteste non può comportare che una riserva sia compatibile o incompatibile con l'oggetto e lo scopo del Patto ... La prassi è così poco chiara che non è possibile ritenere con certezza che uno Stato che non solleva obiezioni consideri la riserva come accettabile» (par. 17).

Infine, e in accordo con la decisione nel caso *Belilos* sopra citata,

> «la compatibilità di una riserva con l'oggetto e lo scopo del Patto deve essere accertata in modo oggettivo, con riferimento a principi giuridici ... La conseguenza normale di una riserva inammissibile non è che il Patto non sia in vigore del tutto per la parte che la appone. Invece, tale riserva sarà generalmente separabile, nel senso che il Patto sarà in vigore per tale Stato senza il beneficio della riserva (par. 18). Le riserve devono essere specifiche e chiare ... e non possono essere generali, ma devono riferirsi a una disposizione particolare del Patto e indicare in termini precisi il loro scopo in relazione ad essa ... Gli Stati dovranno tenere in considerazione anche l'effetto complessivo di un insieme di riserve nonché l'effetto di ogni riserva sull'integrità del Patto, che resta una considerazione fondamentale» (par. 19).

Peraltro, non tutti gli Stati concordano con questa impostazione e ritengono invece che la soluzione debba essere trovata nella stessa Convenzione di Vienna, nel senso dell'inapplicabilità del trattato nei confronti dello Stato che apponga una riserva incompatibile con l'oggetto e lo scopo del trattato. Le reazioni degli Stati alle proposte della Commissione del diritto internazionale e i lavori in corso in altre organizzazioni, quali il Consiglio d'Europa, non danno soluzioni univoche, anche se la dottrina ha accolto con favore le affermazioni dell'integrità dei trattati in materia di diritti umani.

8.1. *Le cause di invalidità dei trattati.*

Nel diritto internazionale costituiscono cause di invalidità dei trattati alcune circostanze che attengono alla manifestazione del consenso dello Stato o intervengono al momento della conclusione e rendono nullo il trattato *ex tunc*. Accanto alla violazione delle norme interne sulla competenza a stipulare sopra esaminata (n. 5), la Convenzione di Vienna prevede la manifestazione del consenso da parte del rappresentante al di là dei poteri a lui conferiti (art. 47), l'errore (art. 48), il dolo (art. 49), la corruzione del rappresentante (art. 50), la violenza sul rappresentante o sullo Stato (artt. 51-52), la contrarietà a norme di *jus cogens* (art. 53). Alcune di queste disposizioni costituiscono la codificazione di norme preesistenti, mentre altre sono state proposte per la prima volta nel corso dei lavori della conferenza. Per gli Stati contraenti della Convenzione di Vienna, peraltro, e per i trattati stipulati dopo la sua entrata in vigore queste disposizioni hanno carattere esclusivo ed esauriscono le cause di invalidità che possono essere invocate (art. 42.1).

Le cause di invalidità possono essere invocate solo con riguardo al trattato nel suo complesso, salva diversa pattuizione contenuta nel trattato stesso o convenuta tra le parti, e comunque purché la causa di invalidità investa solo alcune clausole del trattato, che siano separabili dal resto e non abbiano costituito per le altre parti una base essenziale del loro consenso e purché non sia ingiusto continuare ad applicare il resto del trattato. Questa possibilità è esclusa per i trattati viziati da violenza e da contrasto con norme di *jus cogens* (art. 44).

Qualora siano stati compiuti degli atti in applicazione di un trattato nullo ogni Parte può chiedere alle altre che sia ristabilita la situazione che si sarebbe avuta se tali atti non fossero stati compiuti. Gli atti compiuti in buona fede in esecuzione di una trattato nullo non sono considerati illeciti per questo solo motivo (art. 69.2). Questo non vale nei confronti della parte che ha commesso dolo, corruzione, o violenza.

Alcuni vizi del consenso possono essere invocati solo dallo Stato il cui consenso è viziato (artt. 46-50), mentre altri, per la loro natura e gravità, travolgono il trattato indipendentemente dalla richiesta di tale Stato (artt. 51-53). In relazione ai primi, uno Stato decade comunque dal diritto di far valere l'invalidità quando abbia esplicitamente accettato di considerare il trattato come valido o si debba desumere dal suo comportamento che abbia prestato acquiescenza alla sua validità (art. 45).

Gli artt. 65 ss. della Convenzione di Vienna istituiscono una procedura del tutto nuova al fine di far valere l'invalidità del trattato, che vincola dunque solo gli Stati ad essa partecipanti. Poiché tale procedura è comune alle disposizioni relative all'estinzione e alla sospensione dei trattati la esamineremo più oltre (v. *infra*, par. 9.7).

8.2. *La violazione da parte del rappresentante dello Stato dei limiti stabiliti nei pieni poteri circa la manifestazione del consenso.*

Si è detto a suo tempo che lo Stato in tutte la fasi della conclusione di un trattato è rappresentato dai plenipotenziari e che qualora un atto sia compiuto da un soggetto non autorizzato a tal fine tale atto non ha effetto, salvo che sia successivamente confermato dallo Stato in questione (v. *supra*, par. 4.1). L'art.

47 della Convenzione di Vienna concerne, invece, la diversa ipotesi del rappresentante che manifesti il consenso dello Stato al di fuori dei pieni poteri ricevuti, cioè senza tener conto di limiti o restrizioni specifiche e relative proprio al consenso. In linea di principio tali restrizioni possono essere opposte agli altri Stati contraenti solo se sono state ad essi notificate prima che il consenso viziato sia stato espresso, ad esempio in quanto contenute già nel documento dei pieni poteri. In caso contrario il consenso dello Stato dovrà ritenersi validamente prestato.

Si tratta, dunque, di un'ipotesi che può verificarsi esclusivamente in relazione ad accordi in forma semplificata, dato che gli accordi in forma solenne sono tutelati sotto questo profilo dalla maggiore complessità e articolazione del procedimento di formazione e i vizi derivanti dalla violazione di norme interne sulla competenza a stipulare sono oggetto di altra norma della Convenzione di Vienna (art. 46; v. *supra*, par. 5.4).

8.3. *L'errore.*

Ai sensi dell'art. 48 della Convenzione di Vienna, uno Stato può invocare l'errore quale vizio del proprio consenso solo se si tratti di un errore relativo a un fatto o a una situazione che lo Stato stesso riteneva esistente al momento della conclusione del trattato e che costituiva una base essenziale del consenso. Si tratta di una disposizione applicata raramente nella prassi internazionale data l'attenzione che circonda sul piano tecnico e politico la conclusione dei trattati. Come ha rilevato la Commissione del diritto internazionale, nella maggior parte dei casi che si sono verificati nella prassi l'errore ha riguardato la predisposizione di mappe e cartine geografiche (*Yearbook Int. Law Comm.*, 1966, II, 243).

La disposizione codifica poi una norma pacifica di diritto generale, affermata dalla Corte internazionale di giustizia nel caso del *Tempio di Preah Vihear* (CIG, 15 giugno 1962, Tailandia c. Cambogia, in *C.I.J.*, *Recueil*, 1962, 6) secondo la quale

> «uno Stato non può invocare l'errore quale vizio del proprio consenso se la parte che lo invoca ha contribuito con il proprio comportamento all'errore o avrebbe potuto evitarlo, o se le circostanze erano tali che tale Stato avrebbe dovuto rendersi conto della possibilità di un errore».

Nel caso di specie, relativo alla delimitazione del confine tra i due Stati in un trattato stipulato nel 1904 dai loro predecessori, la Francia e il Siam, la Corte internazionale di giustizia ritenne che la partecipazione alla commissione incaricata di predisporre le mappe di rappresentanti del Siam di provata competenza impediva alla Tailandia di invocare eventuali errori.

Un errore che non concerna una circostanza essenziale o che abbia natura meramente redazionale non inficia la validità del trattato, ma può essere corretto dalle parti seguendo una procedura concordata o quella contenuta all'art. 79 della Convenzione di Vienna.

8.4. Il dolo e la corruzione.

Anche il dolo non è frequente nella prassi internazionale, tanto che la Commissione del diritto internazionale non ha ritenuto di doverlo definire in modo dettagliato, ma ha lasciato alla prassi il compito di precisarne lo scopo e l'ambito di applicazione (*Yearbook Int. Law Comm.*, 1966, II, 244).

Quanto alla corruzione del rappresentante, secondo la stessa Commissione essa riguarda il caso di atti volti in modo specifico a esercitare un'influenza sostanziale sulla manifestazione del consenso del rappresentante che altrimenti non l'avrebbe prestato o non l'avrebbe prestato in quei termini. Non rientrano in questa ipotesi, però, cortesie o favori minori dimostrati al rappresentante connessi alla conclusione del trattato (*ibidem*, 245).

8.5. La violenza sullo Stato e sul rappresentante.

Gli artt. 51 e 52 riguardano due diverse ipotesi di violenza, rivolta nel primo caso contro il rappresentante dello Stato e nel secondo caso contro lo Stato.

I casi di violenza contro il rappresentante attraverso atti o minacce rivolti direttamente contro di lui sono piuttosto rari: si ricorda il caso della ratifica da parte della Dieta polacca dell'accordo per la spartizione di una parte della Polonia concluso tra Austria, Russia e Prussia nel 1772, che fu preceduta da minacce personali nei confronti dei parlamentari polacchi, che vennero anche circondati dalle truppe russe (v. BADIALI, *Testi e documenti per un corso di diritto internazionale*, 4ª ed., Rimini, 2001, 68 s.). Nel caso, invece, del trattato del 15 marzo 1939 tra la Germania e la Cecoslovacchia che stabiliva un protettorato tedesco in Boemia e Moravia, alla violenza diretta contro il rappresentante si accompagnarono minacce di azioni militari contro lo Stato: si riporta che il presidente cecoslovacco Hacha venne letteralmente inseguito da Goering e Ribbentrop, gli venne posta a forza la penna in mano e gli venne ripetuto più volte che Praga sarebbe stata bombardata entro due ore (v. HARRIS, *Cases and Materials on International Law*, 5ª ed., London, 1998, 832).

La violenza contro lo Stato, in realtà, fino alla Carta delle Nazioni Unite non era considerata motivo di invalidità dei trattati (per l'evoluzione dell'atteggiamento degli Stati rispetto all'uso della forza v. *infra*, Cap. IX). L'art. 52 della Convenzione di Vienna, che codifica dunque un principio affermatosi solo in tempi recenti, richiama così la minaccia o l'uso della forza in violazione dei principi di diritto internazionale incorporati nella Carta e fa dipendere il proprio ambito di applicazione dall'interpretazione di questa.

In entrambi i casi di violenza l'invalidità del trattato non dipende dal fatto che lo Stato vittima della violenza stessa invochi il vizio del proprio consenso, sì che la Commissione dei diritto internazionale ha ritenuto di parlare in questi casi di nullità anziché di invalidità del trattato. In questo modo, si afferma, una volta terminata la violenza lo Stato potrà valutare se concludere un nuovo accordo con il medesimo contenuto (*Yearbook Int. Law Comm.*, 1966, II, 246 s.).

Non è discussa, invece, la validità dei trattati di pace, che talvolta sono conclusi dallo Stato sconfitto ancora sotto la pressione dell'uso della forza bellica da parte dei vincitori. Né ha avuto seguito la dottrina sovietica dei "trattati ineguali", che sarebbero viziati per uno squilibri di forza o potere, anche economico, delle parti. La conferenza che portò alla Convenzione di Vienna adottò anche una dichiarazione sul divieto dell'uso della forza militare, politica o economica nella conclusione dei trattati, che condanna l'uso di ogni tipo di pressione in violazione dei principi di sovrana eguaglianza degli Stati e di libertà del consenso, ma che non fa parte del testo della Convenzione.

8.6. *Il contrasto con norme di* jus cogens.

L'art. 53 pone, infine, una causa di invalidità del trattato che colpisce anch'essa il trattato *ab inizio*, ma riguarda il contenuto del trattato anziché il consenso delle parti. Essa sancisce un limite alla libertà degli Stati che non possono stipulare trattati che contrastino con norme inderogabili di diritto internazionale generale, cioè con le norme di *jus cogens* (per la natura e il contenuto di esse v. *supra*, Cap. II, par. 10.1). Gli esempi che la Commissione del diritto internazionale aveva considerato, senza peraltro inserirli nel progetto di articoli, riguardavano un trattato comportante l'uso della forza in contrasto con la Carta delle Nazioni Unite o il compimento di un crimine internazionale o la commissione o la complicità nella commissione di atti come la tratta degli schiavi, la pirateria, il genocidio, o più in generale, la violazione di diritti umani, del principio di autodeterminazione o del principio di eguaglianza degli Stati (*Yearbook Int. Law Comm.*, 1966, II, 247 s.).

Questa disposizione, come quella che comporta l'estinzione di un trattato in caso di sopravvenienza di una norma di *jus cogens* dopo la sua stipulazione (art. 64, v. *infra*, par. 9.6), furono appoggiate da molti Stati in via di sviluppo e dai paesi dell'Europa orientale, mentre venne osteggiata dai paesi occidentali, che ne lamentavano l'imprecisione e la tautologia presente nella definizione (ad esse è dovuto il voto negativo della Francia alla Convenzione).

Quando si applica questa norma, le parti devono eliminare le conseguenze di qualsiasi atto compiuto sulla base di una disposizione contraria a una norma di *jus cogens* e rendere conformi ad essa i reciproci rapporti (art. 71.1).

9.1. *Le cause di estinzione e di sospensione dei trattati.*

Le cause di estinzione e di sospensione dei trattati, a differenza delle cause di invalidità sopra esaminate, operano in un momento successivo alla stipulazione, al verificarsi di una situazione o di una circostanza che impedisce che un trattato pur perfettamente valido continui a produrre i suoi effetti tra tutte la Parti contraenti o solo per alcune di esse. Questo può avvenire per una manifestazione espressa di volontà degli Stati volta a porre termine o a sospendere il trattato con diverse forme e modalità (artt. 54-59), o per effetto dell'inadempimento di una o più parti (art. 60), dell'impossibilità sopravvenuta (art. 61), del mutamento fondamentale delle circostanze (art. 62) o della sopravvenienza di una nuova norma di *jus cogens* (art. 64).

L'estinzione e la sospensione dei trattati sono regolate in via esclusiva dalla volontà espressa dalle parti al trattato o, in sua assenza, da queste disposizioni (art. 42.2), nella misura in cui costituiscono codificazione del diritto esistente (CIG, 25 settembre 1997, *Progetto Gabčíkovo-Nagymaros*, Ungheria c. Slovacchia, in *C.I.J.*, *Recueil*, 1997, par. 99). Anche in questo caso è possibile separare alcune clausole dal complesso del trattato (art. 44). Uno Stato non può far valere le cause di estinzione o sospensione degli artt. 60 e 62 quando abbia esplicitamente accettato di mantenere in vigore il trattato o si debba desumere dal suo comportamento che abbia prestato acquiescenza alla continuazione della sua applicazione (art. 45).

L'estinzione di un trattato, salva diversa pattuizione delle parti, le libera dall'obbligo di continuare ad applicare il trattato e non pregiudica alcun diritto od obbligo né alcuna situazione giuridica soggettiva delle parti che sia sorta durante il periodo di applicazione del trattato (art. 70). Se l'estinzione è dovuta alla formazione di una nuova norma di *jus cogens*, però, tali diritti, obblighi o situazioni giuridiche possono permanere solo se non sono in contrasto con la norma imperativa (art. 71.2).

9.2. *L'estinzione e la sospensione per effetto della volontà degli Stati; la denuncia e il recesso.*

Qualora un trattato contenga disposizioni specifiche relative all'estinzione, alla denuncia o al recesso degli Stati partecipanti (quest'ultimo indica generalmente il ritiro da un'organizzazione internazionale), questa potrà avvenire secondo la procedura eventualmente ivi prevista o, in mancanza, con il consenso di tutte le parti e previa consultazione con gli altri Stati contraenti (art. 54; si ricordi la distinzione tra Stati contraenti e Stati parte a un trattato, *supra*, par. 4.3).

Nel silenzio del trattato quanto all'ammissibilità dell'estinzione, della denuncia o del recesso, invece, si ritiene che questi non siano possibili, salvo che risulti che le parti intendevano ammetterli oppure il diritto di denuncia o recesso possa essere dedotto dalla natura del trattato. In questo caso la Convenzione di Vienna dispone che la dichiarazione prenda effetto dopo dodici mesi (art. 56). Secondo il Comitato dei diritti umani delle Nazioni Unite, il Patto sui diritti civili e politici del 1966 non può essere estinto né denunciato dalle parti perché non ha carattere temporaneo, ma anzi

> «i diritti consacrati nel Patto appartengono alle popolazioni che vivono nel territorio di uno Stato parte. Il Comitato dei diritti umani ha sempre ritenuto, come è dimostrato dalla

sua lunga prassi, che una volta che alle popolazioni è accordata la tutela dei diritti garantiti dal Patto, tale tutela si trasferisce con il territorio e continua ad appartenere ad esse, indipendentemente dal mutamento del governo dello Stato, compreso lo smembramento in più Stati o la successione o qualsiasi ulteriore azione da parte dello Stato volta a spogliarle dei diritti garantiti dal Patto. Il Comitato ritiene pertanto che il diritto internazionale non permetta a uno Stato che ha ratificato o aderito al Patto o è succeduto nella partecipazione al Patto di denunciarlo o recederne» (*General comments adopted by the Human Rights Committee under article 40, paragraph 4, of the Intenational Covenant on Civil and Political Rights, Addendum, General comment No. 26 (61)*, CCPR/C/21/Rev. 1/Add. 8, 29 ottobre 1997, parr. 4-5).

La denuncia o il recesso da parte di un numero di Stati tale per cui il numero delle parti contraenti scenda al di sotto di quello che era stato necessario per la sua entrata in vigore non comporta di per sé l'estinzione del trattato.

Un trattato può estinguersi anche per la stipulazione da parte di tutti gli Stati contraenti di un nuovo trattato sulla stessa materia qualora risulti implicitamente che tale fosse la loro volontà o qualora sia impossibile applicare contemporaneamente le disposizioni dei due trattati perché tra loro incompatibili (art. 59.1). Questa disposizione va letta in relazione agli artt. 30, 40 e 41, che disciplinano rispettivamente l'applicazione di trattati successivi sulla stessa materia e l'emendamento di trattati multilaterali, anche se i reciproci confini non sono sempre chiari. Mentre l'art. 59 riguarda il caso in cui tutti gli Stati contraenti del trattato precedente stipulano un nuovo accordo che si sostituisce completamente al primo che, appunto, si estingue, l'art. 30 concerne il caso in cui gli Stati stipulino un nuovo accordo senza voler estinguere quello precedente, che continuerà ad applicarsi per quanto compatibile con quello successivo (art. 30.3). Ove, però, al nuovo accordo partecipino solo alcuni Stati, i rapporti tra gli Stati che sono parte ad entrambi sono disciplinati secondo la regola ora enunciata, mentre i rapporti tra uno Stato parte a entrambi i trattati e uno Stato parte solo ad uno di essi sono soggetti al trattato al quale partecipano entrambi (art. 30.4). Si precisa che questa disposizione non esime uno Stato dalla responsabilità per l'eventuale inadempimento degli obblighi derivanti da uno di tali trattati nell'adempimento di un altro.

Con l'emendamento, invece, è il trattato originario che viene modificato tra tutti gli Stati partecipanti. Questo può indicare le modalità e le procedure, anche complesse, per adottare le modifiche (cfr., ad esempio, l'art. 48 del Trattato istitutivo dell'Unione europea), ma nel silenzio del trattato la Convenzione di Vienna dispone che la proposta di modifica sia notificata a tutti gli Stati contraenti che hanno il diritto di partecipare alla decisione sull'opportunità della modifica e al negoziato che porterà all'accordo di emendamento (art. 40.2). Qualora l'accordo di emendamento entri in vigore solo tra alcuni Stati, si applica l'art. 30.4. Uno Stato che divenga parte al trattato dopo l'entrata in vigore dell'accordo di emendamento diviene parte, salvo dichiarazione contraria, al trattato emendato e contemporaneamente, nei rapporti con gli Stati che non siano parte di questo, al trattato non emendato (art. 40.5).

È possibile che alcuni Stati soltanto si accordino per modificare un trattato nei reciproci rapporti se tale possibilità è prevista o se non è vietata dal trattato stesso, purché la modifica non pregiudichi i diritti né l'adempimento degli obblighi degli altri Stati e non riguardi una disposizione del trattato la cui deroga metterebbe in pericolo la realizzazione dell'oggetto e dello scopo del trattato. A questo fine gli Stati che intendono stipulare un accordo *inter se* devono notificare alle altre parti la loro intenzione e il contenuto delle modifiche proposte (art. 41).

Quanto si è detto per l'estinzione "volontaria" vale in gran parte anche per la sospensione per effetto della volontà delle parti. Qualora un trattato contenga disposizioni specifiche relative alla sospensione questa potrà avvenire secondo la procedura eventualmente ivi prevista o, in mancanza, con il consenso di tutte le parti e previa consultazione con gli altri Stati contraenti (art. 57). Le Parti possono anche sospendere l'applicazione di un accordo attraverso la stipulazione di un trattato successivo che contenga disposizioni incompatibili con il primo, sia esplicitamente, sia implicitamente (art. 59.2). È poi possibile che due o più Stati parti di un trattato multilaterale stipulino un accordo volto a sospendere nei reciproci rapporti l'applicazione del trattato stesso alle medesime condizioni sopra ricordate per la modifica di trattati *inter se*.

9.3. *L'estinzione o sospensione dei trattati come conseguenza della violazione da parte di uno o più Stati partecipanti.*

Per quanto non sia controversa l'esistenza del principio generale *inadimplenti non est adimplendum*, secondo il quale la violazione di una norma contenuta in un trattato da parte di uno Stato legittima gli altri contraenti a porre termine al trattato o a sospendere l'adempimento dei propri obblighi nei confronti del primo, vi è divergenza quanto alle condizioni alle quali tali reazioni sono sottoposte. La Commissione del diritto internazionale ha ritenuto di proporre delle disposizioni che escludono qualsiasi effetto automatico e portano all'estinzione del trattato solo in caso di violazione di norme importanti nell'"economia" generale del trattato stesso, distinguendo gli accordi bilaterali da quelli multilaterali, e lasciando comunque liberi gli Stati di predisporre qualsiasi diversa disciplina nel testo del trattato stesso (art. 60.4). La violazione, infatti, deve avere carattere "sostanziale", deve cioè consistere nel ripudio del trattato pretestuoso in quanto non autorizzato dalla Convenzione di Vienna o nella violazione di una disposizione essenziale per il raggiungimento dell'oggetto e dello scopo del trattato (art. 60.3). Non si tratterà dunque solo della violazione di disposizioni "fondamentali", connesse agli scopi centrali del trattato, ma anche di disposizioni che siano considerate da una parte come essenziali nell'applicazione del trattato (*Yearbook Int. Law Comm.*, 1966, II, 253 ss. La Corte internazionale di giustizia ha affermato che l'art. 60 costituisce sotto molti profili, peraltro non identificati, una norma di codificazione del diritto generale: 21 giugno 1971, parere sulle *conseguenze della presenza del Sud Africa in Namibia nonostante la Riso-*

luzione del Consiglio di sicurezza 276(1970), in *C.I.J.*, *Recueil*, 1971, 16; 25 settembre 1997, *Progetto Gabčíkovo-Nagymaros*, cit., par. 99). Si ricordi, comunque, che violazioni minori del trattato non portano all'estinzione, ma comportano la responsabilità internazionale dello Stato e legittimano eventualmente l'adozione di misure di ritorsione o rappresaglia (v. *infra*, Cap. VIII). Nel caso *Matthews c. Regno Unito*, ad esempio, la Corte europea dei diritti dell'uomo ha constatato che la Gran Bretagna, escludendo dal voto alle elezioni del Parlamento europeo la popolazione di Gibilterra in applicazione di un atto comunitario, aveva violato l'art. 3 del Protocollo n. 1 alla Convenzione europea del 1950 (sentenza 18 febbraio 1999, *Recueil*, 1999, I, p. 305).

Quanto agli accordi bilaterali, l'art. 60.1 dispone che in caso di violazione sostanziale da parte di uno dei due Stati, l'altra parte può invocare tale violazione come motivo di estinzione o di sospensione totale o parziale della sua applicazione. Come ha affermato la Corte internazionale di giustizia nel citato caso *Gabčíkovo-Nagymaros*, questo non significa però che l'inadempimento da parte di entrambi gli Stati porti

> «all'estinzione del trattato. La Corte stabilirebbe un precedente che avrebbe conseguenze negative sulle relazioni pattizie e l'integrità della regola *pacta sunt servanda* se ritenesse che un trattato in vigore tra Stati, che le parti abbiano eseguito in buona parte e con costi considerevoli per molti anni, potesse venire messo da parte unilateralmente a motivo dell'inadempimento reciproco. Diverso sarebbe, ovviamente, se le parti decidessero di estinguere il trattato per mutuo consenso» (par. 114).

Ben più complessa risulta la disciplina delle conseguenze della violazione di un trattato multilaterale. In primo luogo è previsto che tutti gli altri Stati possano decidere all'unanimità di sospendere o estinguere il trattato nei rapporti tra loro e lo Stato colpevole della violazione o nei rapporti tra tutti gli Stati (art. 60.2.*a*); in secondo luogo, uno Stato la cui posizione sia particolarmente lesa dalla violazione può chiedere la sospensione o l'estinzione del trattato nei rapporti bilaterali con lo Stato colpevole della violazione stessa (art. 60.2.*b*); oppure, qualora la violazione muti radicalmente la posizione di ognuno degli Stati parti al trattato con riguardo al futuro adempimento degli obblighi imposti dal trattato stesso, ogni Stato diverso da quello che ha commesso la violazione può chiederne la sospensione totale o parziale nei propri confronti (art. 60.2.*c*). La Commissione del diritto internazionale ha portato ad esempio il caso di un accordo in materia di disarmo che sia violato da uno degli Stati partecipanti. Un altro Stato non potrebbe applicare la lett. *b* in quanto verrebbe meno ai propri obblighi nei confronti degli altri Stati contraenti, ma nello stesso tempo potrebbe avere l'esigenza di proteggersi dal riarmo del primo Stato. La Commissione ha ritenuto necessario prevedere che uno Stato possa sospendere il trattato senza dover attendere il raggiungimento dell'unanimità di tutte le parti che è richiesto dalla lett. *a* (*Yearbook Int. Law Comm.*, 1966, II, 255).

L'art. 60.5, che venne aggiunto a Vienna, esclude che i parr. 1-3 possano applicarsi alle disposizioni contenute in trattati sulla protezione della persona umana e, in particolare, alle disposizioni che vietano qualsiasi rappresaglia contro le persone ivi protette. Oltre alle convenzioni di Ginevra del 1949, si fa riferimento alle convenzioni concernenti i rifugiati, la schiavitù, il genocidio e i diritti umani in generale. La Corte internazionale di giustizia, nel parere del 1971 sopra citato, ha respinto l'opinione secondo la quale il Patto della Società delle Nazioni non conferiva al Consiglio il potere di estinguere un mandato per inadempimento degli obblighi da parte del mandatario affermando che tale opinione comporterebbe a torto l'inapplicabilità

> «del principio generale di diritto secondo il quale il diritto di estinguere un trattato come conseguenza della violazione deve presumersi esistente in relazione a tutti i trattati, ad eccezione delle disposizioni relative alla protezione dei diritti umani contenute nei trattati di carattere umanitario (come indicato all'art. 60.5 della Convenzione di Vienna). Il silenzio del trattato sull'esistenza di tale diritto non può essere interpretato come comportante l'inesistenza del diritto stesso che ha la propria fonte al di fuori del trattato, nel diritto internazionale generale, e che dipende da circostanze che non sono normalmente previste quando il trattato è concluso» (par. 96).

9.4. *L'estinzione del trattato per impossibilità sopravvenuta.*

La Convenzione di Vienna prevede poi la possibilità di chiedere l'estinzione del trattato o di denunciarlo quando la scomparsa o la distruzione definitiva di un oggetto indispensabile all'esecuzione del trattato l'abbiano resa impossibile. Questa situazione non deve però derivare dalla violazione, da parte dello Stato che la invoca, di un obbligo derivante dal trattato o di un altro obbligo internazionale nei confronti di una delle parti al trattato. Se l'impossibilità è solo temporanea, può giustificare la richiesta di sospensione dell'applicazione del trattato (art. 61).

Si tratta di una regola consuetudinaria che è stata applicata, ad esempio, quando si è inabissata un'isola, un fiume si è inaridito o è stata distrutta una diga o un'installazione idroelettrica indispensabile per l'esecuzione del trattato. La Corte internazionale di giustizia nel citato caso *Gabčíkovo-Nagymaros*, ha ricordato che

> «durante la conferenza [a Vienna], venne proposto di estendere la portata dell'articolo per includervi casi quali l'impossibilità di effettuare determinati pagamenti a causa di difficoltà economiche ... Sebbene fosse riconosciuto che tali situazioni possono giustificare l'illiceità dell'inadempimento da parte di uno Stato degli obblighi derivanti da un trattato, gli Stati non erano pronti a considerarle come un motivo per l'estinzione o la sospensione di un trattato, e preferirono adottare una nozione più ristretta» (par. 102).

Comunque, nel caso di specie, esprimendo il dubbio che un regime giuridico ("legal régime") convenuto tra le parti potesse rientrare nella nozione di "oggetto", la Corte ritenne che

> «il trattato del 1977 dava agli Stati tutti gli strumenti per procedere, mediante negoziato, agli aggiustamenti resi necessari da esigenze economiche e esigenze ambientali. La Corte aggiunge che se lo sfruttamento congiunto dell'investimento non era più possibile

questo era dovuto inizialmente al fatto che l'Ungheria non aveva effettuato gran parte dei lavori per i quali era responsabile secondo il trattato del 1977; l'art. 61.2 della Convenzione di Vienna stabilisce espressamente che l'impossibilità della prestazione non può essere invocata quale motivo per l'estinzione del trattato da una parte al trattato qualora consegua dalla violazione degli obblighi derivanti da trattato ad opera della stessa parte» (par. 103).

In linea di principio, la rottura delle relazioni diplomatiche o consolari fra le parti di un trattato non giustifica l'estinzione del trattato poiché le comunicazioni tra gli Stati possono continuare anche attraverso terzi Stati e le relazioni diplomatiche non costituiscono un mezzo o un "oggetto" essenziale per l'applicazione del trattato (art. 63). A Vienna è stata però aggiunta una frase al progetto della Commissione del diritto internazionale, al fine di prevedere appunto questa ipotesi: si pensi, ad esempio, ad un accordo consolare che preveda il diritto del console di uno Stato di visitare i cittadini arrestati o detenuti dall'altra parte contraente, la cui applicazione diventa impossibile a seguito della rottura delle relazioni consolari.

9.5. *L'estinzione del trattato per il mutamento fondamentale delle circostanze.*

L'art. 62, che codifica il principio di diritto generale *rebus sic stantibus*, considera quale causa di estinzione o sospensione di un trattato il mutamento fondamentale delle circostanze, purché queste abbiano costituito la base essenziale del consenso delle parti a vincolarsi al trattato e il mutamento trasformi radicalmente la portata degli obblighi che restano ancora da adempiere in base ad esso. Come nel caso precedente, uno Stato non può invocare il mutamento fondamentale delle circostanze se esso deriva dalla violazione di un obbligo derivante dal trattato o di qualsiasi altro obbligo internazionale, ad opera dello stesso Stato, nei confronti di qualsiasi altra parte del trattato.

La Corte internazionale di giustizia rigettò la pretesa dell'Ungheria di invocare i profondi mutamenti politici intervenuti dell'Europa orientale, la diminuita redditività economica del progetto della diga Gabčíkovo-Nagymaros, il progresso delle conoscenze in campo ambientale e lo sviluppo di nuove norme e obblighi in base al diritto internazionale dell'ambiente per estinguere il relativo trattato affermando che nessuna di queste circostanze era così strettamente collegata all'oggetto e allo scopo del trattato da costituire la base essenziale del consenso delle parti. Inoltre, secondo la Corte,

«le mutate circostanze invocate dall'Ungheria non sono ... di natura tale, né singolarmente né nel loro complesso, da modificare radicalmente la portata degli obblighi che devono ancora essere adempiuti per completare il Progetto. Un mutamento fondamentale delle circostanze deve essere imprevisto; l'esistenza di tali circostanze al momento della stipulazione del trattato deve aver costituito la base essenziale del consenso delle parti a vincolarsi al trattato. Il testo negativo e condizionato dell'art. 62 della Convenzione di Vienna sul diritto dei trattati indica chiaramente, inoltre, che la stabilità delle relazioni pattizie richiede che si faccia ricorso al mutamento fondamentale delle circostanze solo in casi eccezionali» (par. 104).

Si ritiene che la guerra abbia l'effetto di sospendere gli accordi in vigore tra gli Stati belligeranti, almeno fino al termine delle ostilità (gli effetti della guerra sui trattati sono esclusi dalla Convenzione di Vienna: art. 73). La prassi è invece incerta sull'estinzione di tali trattati alla fine della guerra, che era affermata in passato, ma che conosce ora molte eccezioni, soprattutto in relazione ai trattati multilaterali. Pare preferibile dunque l'opinione secondo la quale la clausola *rebus sic stantibus* si applica anche in questo caso e si deve quindi accertare per ogni trattato se la guerra abbia modificato in modo fondamentale le circostanze.

La regola *rebus sic stantibus* non può essere invocata per gli accordi di confine, poiché si ritiene che si tratti di accordi "ad esecuzione istantanea", che esauriscono i propri effetti con la definizione del confine stesso e il cui rispetto attiene piuttosto al rispetto dell'ambito territoriale reciproco.

9.6. *La sopravvenienza di una nuova norma di* jus cogens.

La Convenzione di Vienna prevede infine, all'art. 64, che lo sviluppo di nuova norma di *jus cogens* costituisca una causa di estinzione del trattato, parallelamente a quanto si è visto in relazione all'esistenza di una tale norma quale motivo di invalidità di un trattato (v. *supra*, par. 8.6).

La Corte internazionale di giustizia nel caso *Gabčíkovo-Nagymaros* più volte citato, pur non pronunciandosi sull'esistenza di norme imperative in materia ambientale, ha affermato che il trattato considerato prevedeva la possibilità per le parti di adattarne le disposizioni per far fronte alle mutate condizioni poste dal diritto internazionale dell'ambiente (par. 112 ss.), così forse sottintendendo che la contrarietà a nuove norme imperative che vengano formandosi non costituisce una causa automatica di estinzione, almeno quando gli Stati hanno la possibilità di modificare il trattato per renderlo ad esse conforme.

9.7. *La procedura per far valere una causa di invalidità, estinzione o sospensione di un trattato.*

La Convenzione istituisce anche una procedura alquanto complessa per far valere una causa di invalidità, estinzione o sospensione, agli artt. 65-67. Non si tratta di norme di codificazione, ma

«quantomeno riflettono il diritto internazionale consuetudinario e contengono alcuni principi procedurali che si basano sull'obbligo di agire in buona fede» (CIG, caso *Gabčíkovo-Nagymaros*, cit., par. 109).

Ove non si applichi la Convenzione di Vienna,

«la determinazione dei termini temporali che devono essere seguiti nell'adempimento dell'obbligo di negoziare e di quale termine deve essere concesso per l'estinzione del trattato può variare necessariamente secondo la situazione del caso specifico. In linea di principio, perciò, spetta alle parti in ogni singolo caso stabilire la durata di tali termini attraverso negoziati in buona fede» (CIG, 20 dicembre 1980, parere sull'*interpretazione dell'Accordo del 25 marzo 1951 tra l'OMS e l'Egitto*, in *C.I.J., Recueil*, parr. 49, 96).

Secondo la Convenzione, la parte che intenda far valere una causa di invalidità, estinzione o sospensione deve notificare la sua pretesa per iscritto alle altre parti. In mancanza di obiezioni entro un periodo di almeno tre mesi, lo Stato può adottare la misura in questione, che deve essere contenuta in uno strumento emanato dal capo dello Stato, dal capo del governo o dal ministro degli esteri, o da un rappresentante munito dei pieni poteri. Qualora, invece, vengano sollevate obiezioni, le parti devono cercare una soluzione della controversia secondo l'art. 33 della Carta delle Nazioni Unite (v. *infra*, Cap. VII) o attraverso altri strumenti applicabili nelle relazioni reciproche.

Se non sia stata raggiunta una soluzione entro dodici mesi, la Convenzione distingue le controversie concernenti l'invalidità o l'estinzione per contrasto con norme di *jus cogens* dalle altre. Le prime possono essere sottoposte ad arbitrato con l'accordo di tutte le parti o alla Corte internazionale di giustizia con ricorso unilaterale, e le decisioni avranno effetto vincolante per le parti. Le altre sono sottoposte ad una procedura di conciliazione obbligatoria contenuta nell'allegato alla Convenzione, che si attiva su domanda al Segretario generale delle Nazioni Unite e si conclude con un rapporto non vincolante.

10.1. *La successione degli Stati nei trattati: le vicende della sovranità territoriale.*

La Convenzione di Vienna del 1969 esclude di occuparsi delle questioni che si possono porre in relazione a un trattato in seguito ad una successione di Stati (art. 73). Ad esse è dedicata un'apposita Convenzione, conclusa a Vienna il 23 agosto 1978, entrata in vigore quasi vent'anni più tardi tra un numero molto ristretto di Stati, tra i quali non figura l'Italia, che contiene disposizioni molto complesse e dettagliate che non sembrano completamente conformi alla prassi internazionale. Si consideri, come si dirà tra breve, che le questioni che sorgono nei casi di successione tra Stati vengono prevalentemente regolate mediante accordi, tanto che alcuni ritengono non possa addirittura parlarsi di norme generali in materia.

Le vicende che può subire uno Stato sul piano dei mutamenti della sovranità territoriale possono consistere in una fusione o un'incorporazione (o annessione) quando, rispettivamente, a due soggetti si sostituisce una nuova entità statale o quando uno Stato, che cessa di esistere come soggetto internazionale, viene assorbito parzialmente o totalmente in un altro, che continua invece la propria soggettività nel nuovo e più ampio ambito territoriale; oppure in una scissione (o smembramento) o un distacco quando, rispettivamente, da un unico Stato sorgono due o più soggetti distinti oppure una parte del territorio di uno Stato, che continua come soggetto internazionale su un territorio ristretto, dà vita ad uno Stato nuovo (talvolta il distacco si accompagna all'incorporazione in uno Stato preesistente). Mentre fusioni e scissioni sono alquanto rare nella prassi (i casi più recenti di smembramento sono costituiti dalla dissoluzione dell'Unione sovietica, della Cecoslovacchia e della Iugoslavia), molto frequenti sono stati i casi di incorporazione, soprattutto in seguito ad eventi bellici, ma non solo (si pensi, da ultimo, all'unificazione delle due Germanie nel 1990), e di distacco (l'indipendenza di Estonia, Lettonia e Lituana dall'Unione sovietica tra il 1990 e il 1991). Un'ipotesi particolare, che non è più attuale ma ha visto un'ampia prassi soprattutto a partire dagli anni Sessanta, riguarda l'indipendenza delle ex colonie.

10.2. *La prassi internazionale: le regole e le eccezioni.*

La prassi internazionale sembra dimostrare l'esistenza di due diversi principi che hanno un ambito di applicazione alquanto chiaro. In primo luogo viene in considerazione la regola della tabula *rasa*, secondo la quale lo Stato successore è libero da qualsiasi vincolo derivante da trattati stipulati dallo Stato predecessore in relazione al suo territorio. Possono poi seguire dichiarazioni unilaterali di successione da parte del primo Stato, accordi bilaterali tra i due Stati per "liberare" il secondo dagli obblighi derivanti da tali trattati e accordi con gli Stati parti a quei trattati che lo Stato successore intende "mantenere in vigore": la continuità nel rispetto dei diritti e degli obblighi convenzionali che erano in vigore sul territorio in questione è dunque la conseguenza di manifestazioni di volontà *ad hoc* o accordi da parte degli Stati interessati. La regola della *tabula rasa*, peraltro, è stata prevista nella Convenzione di Vienna del 1978 solo per gli Stati di nuova indipendenza (art. 16 ss.), mentre gli altri casi di successione sono sottoposti al principio di continuità (art. 31 ss.), con una serie di disposizioni che, si è detto, vengono ritenute di sviluppo progressivo.

In secondo luogo, in caso di distacco e di incorporazione si applica solitamente la regola della *mobilità delle frontiere dei trattati*, secondo la quale gli accordi in vigore per lo Stato incorporante si applicano all'interno dei nuovi e più ampi confini, mentre per lo Stato che vede ridursi il proprio territorio si restringerà in modo corrispondente anche l'ambito di applicazione dei trattati ai quali è parte (art. 15). Qualora la parte di territorio distaccatasi diventi un nuovo Stato si applica nuovamente la regola della *tabula rasa*.

Fanno eccezione a queste regole i trattati c.d. localizzabili, che istituiscono regimi territoriali specifici concernenti l'uso o i limiti all'uso di territori "considerati connessi con i territori in questione", che continuano a vincolare lo Stato che succede nell'esercizio della sovranità su quel dato territorio. Questo principio, pacifico nella prassi, è codificato all'art. 12 della Convenzione di Vienna del 1978, che prevede come unica eccezione gli accordi di concessione di basi militari. A questi vanno aggiunti anche i trattati di natura prevalentemente politica poiché la successione può costituire un mutamento fondamentale delle circostanze che hanno motivato il consenso degli Stati originari.

È preferibile ritenere, invece, che gli accordi di confine, anch'essi considerati un'eccezione alle regole sulla successione (art. 11), non siano pregiudicati da questa non tanto perché sono accordi localizzabili, ma piuttosto in quanto hanno già esaurito i propri effetti con la determinazione dell'ambito della sovranità territoriale dello Stato.

La Corte internazionale di giustizia ha affermato la natura consuetudinaria della regola espressa all'art. 12 e ha ritenuto che il trattato del 1977 tra Ungheria e Cecoslovacchia (alla quale era succeduta la Slovacchia) fosse un accordo di carattere territoriale in quanto impegnava gli Stati alla costruzione e gestione comune di un complesso ampio, integrato e indivisibile di strutture e installazioni su parti ben determinate dei rispettivi territori lungo il Danubio, stabiliva il regime della navigazione per una parte importante di questa via d'acqua internazionale e creava così una situazione che produceva effetti anche nei confronti degli altri utilizzatori del Danubio (sentenza nel caso *Gabčíkovo-Nagymaros*, cit., par. 122 ss.).

Una seconda eccezione sembra in via di formazione e riguarda i trattati in materia di diritti dell'uomo, dei quali si richiede il rispetto da parte dello Stato successore indipendentemente dagli eventi che hanno portato all'avvicendamento nella sovranità sul territorio. In questo senso è la prassi del Comitato dei diritti dell'uomo delle Nazioni Unite, che ha richiesto agli Stati sorti dalla dissoluzione della Iugoslavia, e ha da loro ottenuto, la presentazione di rapporti sulla situazione dei diritti umani nei rispettivi territori ritenendo che «tutte le popolazioni situate all'interno del territorio della ex-Iugoslavia hanno diritto alla tutela predisposta dal Patto sui diritti civili e politici» (v. le decisioni del Comitato del 7 ottobre 1992, in *General Assembly*, Forty-eighth session, A/48/40 (Part I), 7 ottobre 1993, 212 ss., e i resoconti delle sedute 1220-1204 del novembre 1992, in *Summary records of the meetings of the forty-sixth session*, 128 ss. V. anche i *General comments adopted by the Human Rights Committee under article 40, paragraph 4* del 29 ottobre 1997, sopra citati al par. 9.2).

Bibliografia essenziale

a) In generale, v. A.D. MCNAIR, *The Law of Treaties*, Oxford, 1961; J. KLABBERS, *The Concept of Treaty in International Law*, The Hague, 1996; G. STROZZI, *Il diritto dei trattati*, Torino, 1999; A. AUST, *Modern Treaty Law and Practice*, Cambridge-New York, 2000. *Sulla reciprocità e gli effetti nei confronti di Stati terzi*: Ph. CAHIER, *Le problème des effets des traités à l'égard des Etats tiers*, in *Recueil des Cours*, 143, 1974, p. 591 ss.; E. SCISO, *Gli accordi internazionali configgenti*, Bari, 1986; E. ROUCOUNAS, *Engagements parallèles et contradictoires*, in *Recueil des Cours*, 206, 1987, p. 9 ss.; C. CAMPIGLIO, *Il principio di reciprocità nel diritto dei trattati*, Padova, 1995; A. AUST, *The Modern Treaty Law and Practice*, Cambridge, 2000; G. GAJA, *Trattati internazionali*, in *Digesto pubbl.*, XV, Torino, 2000, p. 344 ss.

b) In generale, *sulla Convenzione di Vienna del 1969*: F. CAPOTORTI, *Il diritto dei trattati secondo la convenzione di Vienna*, in *Convenzione di Vienna sul diritto dei trattati*, Padova, 1969, p. 11 ss.; R. AGO, *Droit des traités à la lumière de la Convention de Vienne*, in *Recueil des Cours*, 134, 1971, p. 303 ss.; S. ROSENNE, *The Law of Treaties. A Guide to the Legislative History of the Vienna Convention*, Leyden-New York, 1970; T.O. ELIAS, *The Modern Law of Treaties*, Leyden, 1974.

c) *Sui trattati stipulati da organizzazioni internazionali*: G. GAJA, *A "New" Vienna Convention on Treaties between States and International Organizations or between International Organizations: a Critical Commentary*, in *British Year Book Int. Law*, 1987, p. 253 ss.

d) *Sul procedimento di formazione dei trattati*: F. MOSCONI, *La formazione dei trattati*, Milano, 1968; G. MASTROJENI, *Il negoziato e la conclusione degli accordi internazionali*, Padova, 2000; P. FOIS, *Il consenso degli Stati ad obbligarsi e il principio* pacta sunt servanda, in *Riv. dir. int.*, 2001, p. 5 ss.

e) *Sulla competenza a stipulare nel diritto italiano*: G. SPERDUTI, *Rilevanza internazionale delle disposizioni costituzionali sulla stipulazione dei trattati e suoi limiti*, in *Scritti Perassi*, Milano, 1957, II, p. 303 ss.; L. FERRARI BRAVO, *Diritto internazionale e diritto interno nella stipulazione dei trattati*, Napoli, 1964; A. CASSESE, *Art. 80*, in *Commentario della Costituzione (Branca)*, Bologna, 1979; R. PISILLO MAZZESCHI, *Risoluzione e sospensione dei trattati per inadempimento*, Milano, 1984. *Sulla competenza delle Regioni*: G. STROZZI, *Recenti sviluppi nella disciplina dei rapporti tra Stato e regioni in materia internazionale*, in *Riv. dir. int.*, 1988, p. 344 ss.; A. MATTIONI, G. SACERDOTI (a cura di), *Regioni, Costituzione e rapporti internazionali*, Milano, 1995.

f) *Sull'interpretazione dei trattati*: S. SUR, *L'interprétation en droit international public*, Paris, 1974; M.K. YASSEEN, *L'interprétation des traités d'après la Convention de Vienne sur le droit des traités*, in *Recueil des Cours*, 151, 1976, p. 1 ss.; D. SIMON, *L'interprétation judiciaire des traités d'organisations internationales*, Paris, 1981; S. BARIATTI, *L'interpretazione delle convenzioni internazionali di diritto uniforme*, Padova, 1986; D. FRENCH, *Treaty Interpretation and the Incorporation of Extraneous Legal Rules*, ICLQ, 2006, p. 281 ss.

g) *Sulle riserve e le dichiarazioni interpretative, oltre ai lavori ad esse dedicati dalla International Law Commission*: M. CALAMIA, *La disciplina delle obiezioni alle riserve e la Convenzione di Vienna sul diritto dei trattati*, in *Studi Sperduti*, Milano, 1984, p. 3 ss.; D. HORN, *Reservations and Interpretative Declarations to Multilateral Treaties*, Amsterdam, 1988; G. COHEN-JONATHAN, *Les réserves dans les traités relatifs aux droits de l'homme*, in *Rev. gén. dr. int. publ.*, 1996, p. 915 ss.; G. GAJA, *Le riserve al Patto sui diritti civili e politici e il diritto consuetudinario*, in *Riv. dir. int.*, 1996, p. 450 ss.; R. SAPIENZA, *Dichiarazioni interpretative unilaterali e trattati internazionali*, Milano, 1996; J.P. GARDNER, *Human Rights as General Norms and a State's Right to Opt Out: Reservations and Objections to Human Rights Conventions*, London, 1997; R. BARATTA, *Gli effetti delle riserve ai trattati*, Milano, 1999.

h) *Sulle cause di invalidità, di estinzione e sospensione* dei trattati: F. CAPOTORTI, *L'estinction et la suspension des traités*, in *Recueil des Cours*, 134, 1971, p. 504 ss.; T.O. ELIAS, *Problems Concerning the Validity of Treaties*, in *Recueils des Cours*, 134, 1971, p. 341 ss.; A. ORAISON, *L'erreur dans les traités*, Paris, 1972; E. BACK IMPALLOMENI, *Il principio* rebus sic stantibus *nella Convenzione di Vienna sul diritto dei trattati*, Milano, 1974; G. NAPOLETANO, *Violenza e trattati nel diritto internazionale*, Milano, 1977; L. SICO, *Gli effetti del mutamento delle circostanze sui trattati internazionali*, Padova, 1983; R. PISILLO MAZZESCHI, *Risoluzione e sospensione dei trattati per inadempimento*, Milano, 1984; L. CAFLISCH, *Unequal Treaties*, in *German Yearbook Int. Law*, 1992, p. 52 ss.; M.M. GOMAA, *Suspension or Termination of Treaties on Grounds of Breach*, The Hague-Boston-London, 1996; A. GATTINI, *Zufall und force majeure im System der Staatenverantwort-*

lichkeit anhand der ILC-Kodifikationsarbeit, Berlin, 1991; C. FEIST, *Kündigung, Rücktritt und Suspendierung von Multilateralen Verträgen*, Berlin, 2001; S. FORLATI, *Diritto dei trattati e responsabilità internazionale*, Milano, 2005. In particolare *sugli effetti dello* jus cogens: G. GAJA, *Jus cogens Beyond the Vienna Convention*, in *Recueil des Cours*, 172, 1981, p. 275 ss.; N. RONZITTI, *La disciplina dello* jus cogens *nella Convenzione di Vienna sul diritto dei trattati*, in *Comunicazioni e studi*, XV, 1978, p. 241 ss.

i) *Sulla successione degli Stati nei trattati*: T. TREVES, *La continuità dei trattati ed i nuovi Stati indipendenti*, in *Comunicazioni e studi*, XIII, 1969, p. 333 ss.; D.P. O'CONNELL, *Recent Problems of State Succession in Relation to New States*, in *Recueil des Cours*, 130, 1970, p. 95 ss.; N. RONZITTI, *La successione internazionale tra Stati*, Milano, 1970; E. SCISO, *Dissoluzione di Stati e problemi di successione nei trattati*, in *Com. int.*, 1994, p. 63 ss.; M.T. KAMMINGA, *State Succession in Respect of Human Rights Treaties*, in *Eur. Journ. Int. Law*, 1996, p. 469 ss.; B. STERN, *La succession d'Etats*, in *Recueil des Cours*, 262, 1996, p. 297 ss.; A. DEL VECCHIO (a cura di), *La successione degli Stati nel diritto internazionale*, Milano, 1999.

CAPITOLO IV

L'ADATTAMENTO DEL DIRITTO INTERNO AL DIRITTO INTERNAZIONALE

di PAOLA IVALDI

SOMMARIO: 1.1. Monismo e dualismo nei rapporti tra diritto internazionale e diritto interno. – 1.2. L'orientamento dualista seguito dalla giurisprudenza italiana. – 2.1. Il tradizionale principio della "indifferenza" del diritto interno rispetto al diritto internazionale che non abbia costituito oggetto di idonee procedure di adattamento. – 2.2. Il (parziale) superamento del principio in esame alla luce di quanto oggi previsto dall'art. 117, primo comma, Cost. – 3.1. Il principio relativo alla (tendenziale) correlazione tra vigore nei rapporti tra Stati e applicabilità in ambito interno della norma di origine internazionale. – 3.2. (segue): l'eccezione all'operatività del principio in esame in caso di norme internazionali che abbiano costituito oggetto di adattamento in via ordinaria. – 4.1. Il rispetto, da parte dello Stato, dei vincoli che gli fanno carico in virtù del diritto internazionale: obblighi di mezzi o di risultato? – 4.2. L'obbligo, a carico degli Stati, di garantire interpretazione ed applicazione "uniformi" alle norme di origine internazionale. – 5.1. Procedimento ordinario e procedimento speciale di adattamento del diritto italiano al diritto internazionale. – 5.2. Conseguenze negative del ricorso al procedimento ordinario e casi nei quali esso si rende (tuttavia) necessario. – 6.1. L'adattamento "automatico" alle norme consuetudinarie previsto dall'art. 10, primo comma, Cost. – 6.2. Esclusione dell'operatività dell'art. 10, primo comma, Cost., alla stregua di norma *di* adattamento applicabile anche con riguardo ai trattati internazionali. – 7.1. L'adattamento ai trattati internazionali tramite ordine di esecuzione. – 7.2. Caratteristiche ed effetti del rinvio ai trattati internazionali formulato nell'ordine di esecuzione ad essi relativo. – 8.1. Il ruolo degli enti sub-statali nella fase di attuazione ed esecuzione degli accordi internazionali: la disciplina costituzionale in materia. – 8.2. La partecipazione regionale alla "fase discendente" del diritto internazionale nella normativa di attuazione del quinto comma dell'art. 117 Cost. – 9.1. L'attuazione delle fonti c.d. di terzo grado (diverse da quelle della Comunità e dell'Unione europea) nella prassi seguita nell'ordinamento italiano. – 9.2. (segue): le posizioni della dottrina al riguardo. – 10.1. Il rango delle norme risultanti dall'adattamento del diritto italiano al diritto internazionale. – 11.1. Rapporti tra norme risultanti dall'adattamento al diritto consuetudinario e norme, incompatibili con le prime, autonomamente adottate dal legislatore nazionale. – 12.1. La "specialità" delle norme risultanti dall'adattamento ai trattati internazionali. – 12.2. L'interesse dello Stato al rispetto degli obblighi internazionali e la tesi della conseguente "resistenza all'abrogazione" propria delle norme risultanti dall'adattamento ai trattati. – 13.1. La particolare "resistenza all'abrogazione" delle norme interne di adattamento alla Convenzione europea per la salvaguardia dei diritti dell'uomo e delle libertà fondamentali. – 13.2. (segue): il ricorso alla Convenzione europea in funzione integrativa e la sua "parametricità" nel giudizio costituzionale. – 14.1. Il sindacato di costituzionalità sulle norme risultanti dall'adattamento al diritto internazionale ed i parametri di giudizio impiegati dalla Corte. – 14.2. La verifica in ordine alla compatibilità di norme di origine interna con norme di esecuzione di convenzioni internazionali. – 15.1. Ancora sul vincolo, per il legislatore italiano, al rispetto degli "obblighi internazionali", a norma dell'art. 117, primo comma, Cost.

1.1. *Monismo e dualismo nei rapporti tra diritto internazionale e diritto interno.*

Prima di affrontare, nella prospettiva dell'ordinamento italiano, il tema dell'adattamento del diritto interno al diritto internazionale, occorre ricordare almeno brevemente i termini del dibattito su monismo e dualismo. Tale dibattito ha affaticato a lungo la dottrina, per poi perdere interesse, in considerazione dello scarso rilievo pratico ad esso riconosciuto, quanto meno fino a quando il tema non si è riproposto con riguardo specifico ai rapporti tra diritto interno e diritto comunitario (v. *infra*, Cap. V, parr. 2.1, 9.3 e 9.4).

Secondo la dottrina dualista – che deve la propria iniziale elaborazione a Heinrich Triepel – il diritto interno e il diritto internazionale costituiscono, ciascuno rispetto all'altro, due ordinamenti giuridici originari ed autonomi, separati e distinti. Tale conclusione viene giustificata, in primo luogo, in considerazione della diversa volontà che pone l'ordinamento interno e quello internazionale: rispettivamente, la volontà dello Stato e quella della Comunità internazionale; in secondo luogo, in ragione della diversa "specie" dei rapporti da essi disciplinati: rispettivamente, i rapporti interni allo Stato e i rapporti tra Stati.

Secondo la concezione monista – che deve invece a Hans Kelsen il contributo più significativo – il diritto internazionale e i diritti nazionali dei singoli Stati devono essere riportati ad un sistema unitario di norme. Tra i postulati alla base della sua "dottrina pura del diritto" vi è infatti il principio per cui un ordinamento giuridico, allorché "efficace", va considerato, per ciò stesso, anche "valido"; movendo da tale presupposto, l'ordinamento internazionale e quelli statali, tutti efficaci e quindi "validi", altro non potrebbero essere che "parti" di un unico sistema giuridico, il cui fondamento di validità deve essere rinvenuto in un'unica "norma fondamentale".

All'impostazione monista viene per lo più associata l'idea del "primato" del diritto internazionale rispetto al diritto interno; si tratta peraltro di una generalizzazione priva di fondamento, in quanto la ricostruzione in esame è in astratto compatibile anche con la posizione di chi, affermando l'opposto principio del "primato" del diritto nazionale, ritenga che le norme internazionali acquistino validità soltanto quando, a seguito di "riconoscimento", divengono "parte integrante" di un ordinamento giuridico statale.

1.2. *L'orientamento dualista seguito dalla giurisprudenza italiana.*

Per quanto riguarda la giurisprudenza italiana, essa ha tradizionalmente aderito all'impostazione dualista nella descrizione dei reciproci rapporti tra diritto internazionale e diritto interno. Tale impostazione si evidenzia, ad esempio, nelle decisioni nelle quali viene precisato che, anche quando la norma internazionale ha per oggetto la disciplina di rapporti tra singoli individui (o persone giuridiche "private"), i suoi destinatari "immediati" e "diretti" sono esclusivamente gli Stati che hanno stipulato il trattato nel quale la norma internazionale è stata trasfusa (v. *supra*, Cap. I, par. 8.1, e Cap. III, par. 2.1).

La Corte costituzionale, d'altra parte, muove da premesse fondamentalmente "dualiste" anche nelle decisioni, a partire dalla sentenza *Granital*, nelle quali ha raggiunto il grado (fino ad oggi) massimo di "apertura" del diritto italiano nei confronti del diritto comunitario. In tali pronunce la Corte – pur aderendo, per certi aspetti almeno, ad una logica "integrazionista", difficilmente razionalizzabile ricorrendo alle categorie dogmatiche tradizionali – ragiona ancora di ordinamenti tra loro "separati e distinti", seppur "coordinati" sulla base di una ripartizione delle rispettive competenze. Tale ripartizione di competenze, infatti, è stata concordata dagli Stati membri della Comunità europea, con correlative "limitazioni di sovranità" fondate – per quanto riguarda l'Italia – sull'art. 11 Cost. e, oggi, anche sull'art. 117, primo comma, Cost. (v. *infra*, Cap. V).

2.1. *Il tradizionale principio della "indifferenza" del diritto interno rispetto al diritto internazionale che non abbia costituito oggetto di idonee procedure di adattamento.*

Se si ha riguardo alla giurisprudenza italiana antecedente alla riforma introdotta con la legge costituzionale n. 3/2001 (a proposito della quale v. *infra*, par. 2.2), le decisioni più significative nelle quali è stato affrontato e risolto il problema dei rapporti tra ordinamento internazionale ed ordinamento interno appaiono allineate alla tradizionale logica dualista, che postula l'irrilevanza del diritto internazionale per il diritto interno finché non intervenga l'"adattamento", cioè l'adozione della norma interna necessaria all'adempimento degli obblighi che fanno carico all'Italia in virtù del diritto internazionale:

> «Non è sufficiente che gli organi competenti a rappresentare lo Stato nei rapporti internazionali manifestino la volontà diretta a porre in essere una convenzione internazionale perché l'ordinamento interno ne risulti modificato. Una volta manifestata tale volontà, la convenzione è valida sul piano internazionale e crea il dovere di inserire il suo contenuto nell'ordinamento interno, esponendo anche lo Stato, in caso di inadempienza, a eventuali misure di carattere internazionale ... Affinché il contenuto di questa si inserisca nell'ordinamento interno è necessario, [ad esempio,] per tutte le materie disciplinate da legge, un analogo atto normativo del Parlamento, con cui viene impartito il c.d. ordine di esecuzione ... La ratifica della convenzione, che è atto diverso dall'ordine di esecuzione ... è inidonea di per sé a permettere la esecuzione della convenzione stessa mediante inserimento del suo contenuto» (Cass., S.U., 22 marzo 1972, n. 867, in *Riv. dir. int.*, 1973, 586).

In tale prospettiva, l'adattamento è stato dunque inteso dalla giurisprudenza come procedimento volto a rendere applicabile la norma internazionale all'interno dell'ordinamento italiano ed a giustificarne, al contempo, l'operatività in tale ambito. Seguendo tale impostazione, è stato così affermato che l'adattamento costituisce condizione necessaria (ancorché non esclusiva, come verrà chiarito in seguito: v. *infra*, par. 3.1) di efficacia nell'ordinamento interno della disciplina concordata in ambito internazionale:

> «I trattati internazionali, come è noto, vincolano gli Stati contraenti fra loro, perché i cittadini possono essere obbligati ed acquistano diritti soltanto da atto interno dello Stato, ma quando è intervenuto un atto dell'organo statale competente a dar vigore al contenuto del trattato nei rapporti interni, e ciò in adempimento dell'obbligo giuridico dello Stato, nella sua unità, verso l'altro Stato, nascente dal trattato, le norme e i patti in esso contenuti obbligano tutti i cittadini, come vincolano gli organi dello Stato, giurisdizionali e amministrativi» (Cass., 27 luglio 1964, n. 2093, in *Foro it.*, 1964, I, 2078).

Prima della ricordata riforma costituzionale, dunque, la norma internazionale – pur vincolante per l'Italia nell'ambito delle relazioni con gli altri Stati – veniva considerata, in mancanza di idonea procedura di adeguamento del nostro ordinamento interno, *tamquam non esset*:

> «Gli accordi internazionali, in quanto stipulati a livello degli Stati, sono diretti soltanto a regolare i loro rapporti internazionali, e da essi, in assenza di un provvedimento legislativo interno, non può derivare alcun diritto ai cittadini» (Cass., S.U., 21 marzo 1967, n. 631, in *Riv. dir. int. priv. e proc.*, 1967, 799).

È del tutto evidente che quanto ora ricordato veniva affermato non solo dal punto di vista dei privati, che eventualmente fossero i destinatari ultimi (seppur indiretti e "mediati") della disciplina concordata in ambito internazionale (così, per tutte, v. Cass., S.U., 6 febbraio 1978, n. 518, in *Riv. dir. int. priv. e proc.*, 1978, 805, e *supra*, Cap. I, par. 8.1), ma anche – ed innanzi tutto – dal punto di vista degli organi dello Stato:

> «Le convenzioni internazionali in tanto vincolano gli organi dello Stato ed i cittadini in quanto esista un atto degli organi competenti che dia vigore alla convenzione internazionale nei rapporti interni» (Comm. centrale imposte, Sez. II, 8 aprile 1963, n. 70536, in *Dir. int.*, 1965, II, 35).

Il tradizionale principio della "separazione" tra ordinamento interno e ordinamento internazionale (v. *supra*, par. 1.1) e della conseguente "indifferenza" del diritto interno rispetto al diritto internazionale che non fosse stato oggetto di idonee procedure di adeguamento si riteneva operante, naturalmente, non solo in caso di trattati stipulati attraverso il procedimento (c.d. solenne: v. *supra*, Cap. III, parr. 4.2 e 4.3) articolato nelle quattro fasi della negoziazione, firma, ratifica e scambio delle ratifiche, ma anche con riguardo a quelli conclusi in forma semplificata (v. ancora Cap. III, par. 4.5):

> «Mancando l'ordine di esecuzione, l'ordinamento interno rimane immutato e la convenzione internazionale risulta inidonea a far sorgere nei confronti dei singoli posizioni giuridiche corrispondenti alle varie disposizioni della convenzione stessa. Ciò vale tanto per le convenzioni poste in essere secondo il procedimento tradizionale, consistente nelle quattro fasi della negoziazione, conclusione, ratifica e stipulazione, quanto per i c.d. accordi in forma semplificata, posti in essere cioè dalla sola autorità governativa e perfezionati per il solo fatto della sottoscrizione da parte di quest'ultima, senza bisogno della ratifica da parte del Presidente della Repubblica e della legge di autorizzazione alla ratifica» (Cass., S.U., 17 aprile 1972, n. 1196, in *Riv. dir. int. priv. e proc.*, 1974, 75).

2.2. Il (parziale) superamento del principio in esame alla luce di quanto oggi previsto dall'art. 117, primo comma, Cost.

Come verrà meglio precisato in seguito (v. *infra*, par. 5.1), la nostra Costituzione prevede una norma generale di adattamento unicamente con riguardo al diritto consuetudinario.

Per quanto riguarda il diritto internazionale pattizio, prima della riforma operata dalla legge cost. 18 ottobre 2001, n. 3 (recante modifiche al Titolo V, Parte II, Cost., in *G.U.* n. 248 del 24 ottobre 2001), la mancata esecuzione, sul piano interno, dei trattati vincolanti per l'Italia, poteva implicare specifiche conseguenze a livello dell'ordinamento internazionale, impegnando eventualmente la responsabilità internazionale dello Stato nei confronti delle altre parti contraenti (v. *infra*, Cap. VIII, parr. 1.3 e 2.2), ma – in ossequio al principio tradizionale evocato nel precedente paragrafo – non era altresì ipotizzabile la violazione di alcuna norma costituzionale che sancisse l'obbligo di garantire attuazione agli obblighi internazionali assunti dal nostro Paese:

> «Non comporta violazione dell'art. 10, comma primo, Cost., né di altri precetti costituzionali, la mancata adozione delle norme di adattamento necessarie a dare efficacia nell'ordinamento interno a convenzioni internazionali stipulate dall'Italia» (Corte cost., sentenza n. 69/1976, in *Giur. cost.*, 1976, 432).

Occorre verificare se tale assunto debba essere riesaminato alla luce di quanto oggi previsto dal primo comma dell'art. 117 Cost., nel testo risultante a seguito delle modifiche introdotte in occasione della riforma cui si è fatto ora cenno. A tale specifico riguardo la norma costituzionale in esame prescrive infatti al legislatore *il rispetto* dei vincoli derivanti (tra l'altro) dagli obblighi internazionali:

> «La potestà legislativa è esercitata dallo Stato e dalle Regioni nel rispetto della Costituzione, nonché dei vincoli derivanti dall'ordinamento comunitario e dagli obblighi internazionali».

Si tratta di una norma che pone indubbiamente delicati problemi interpretativi, alla soluzione dei quali non sembra offrire un contributo decisivo neppure la legge 5 giugno 2003, n. 131 (in *G.U.* n. 132 del 10 giugno 2003), recante disposizioni per l'adeguamento dell'ordinamento della Repubblica alla legge cost. n. 3/2001. L'art. 1 di tale legge risulta così formulato:

> «Costituiscono vincoli alla potestà legislativa dello Stato e delle Regioni, ai sensi dell'articolo 117, primo comma, della Costituzione, quelli derivanti dalle norme di diritto internazionale generalmente riconosciute, di cui all'articolo 10 della Costituzione, da accordi di reciproca limitazione della sovranità, di cui all'articolo 11 della Costituzione, dall'ordinamento comunitario e dai trattati internazionali».

Sulla base dei dati normativi richiamati, va innanzi tutto precisato che i trattati internazionali costituiscono fonte di "obblighi internazionali", ai sensi dell'art. 117, primo comma, Cost., quando risultano soddisfatte – quanto meno –

due condizioni (a proposito delle quali v. *infra*, par. 3.1): la prima è che il trattato sia in vigore sul piano internazionale; la seconda è che il medesimo trattato sia vincolante per l'Italia, in quanto siano state completate le procedure richieste a tal fine dal diritto internazionale (v. *supra*, Cap. III, par. 4.4). Costituiscono pertanto vincolo per il legislatore nazionale gli accordi in vigore, rispetto ai quali l'Italia abbia manifestato il proprio consenso ad obbligarsi nel rispetto delle norme internazionali rilevanti al riguardo.

Un profilo problematico ancora insoluto attiene alla possibilità di individuare una condizione ulteriore (oltre alle due già evidenziate), cui subordinare il sorgere del vincolo, per il legislatore italiano, derivante dalla stipula di trattati internazionali. Occorre domandarsi, cioè, se costituiscano oggetto del rinvio agli obblighi internazionali, disposto dall'art. 117, primo comma, Cost., *tutti* i trattati internazionali in vigore per l'Italia (come sembrerebbe suggerire l'interpretazione letterale della disposizione in esame), ovvero *soltanto* quelli che, oltre a vincolare il nostro Paese sul piano delle relazioni internazionali, abbiano ricevuto attuazione nell'ordinamento interno, mediante idonee misure di adeguamento (*pacta recepta*).

La prima tesi, che si potrebbe definire "massimalista", include tra gli obblighi internazionali di cui al primo comma dell'art. 117 tutti i trattati, compresi gli accordi conclusi in forma semplificata (v. *supra*, Cap. III, par. 5.2), a prescindere dal loro recepimento. Si tratta tuttavia di un'opzione interpretativa che può apparire eccessiva, quanto meno nelle ipotesi nelle quali essa non sembra accordarsi sistematicamente con l'art. 80 Cost. Quest'ultima disposizione costituzionale, infatti, prescrivendo la legge di autorizzazione alla ratifica dei trattati che prevedono modificazioni di leggi (in vigore), fa apparire *a fortiori* necessario il passaggio parlamentare affinché un trattato internazionale sia idoneo a produrre vincoli per il legislatore futuro (qualche traccia di tale obiezione si rinviene in Trib. Roma, ord. 13 maggio 2006, reperibile sul sito <*http://www.federalismi.it*>).

La tesi "massimalista" sopra brevemente descritta ha riscosso qualche successo in dottrina, tanto più che, nel corso dell'esame parlamentare, è maturata la decisione di omettere, nel testo della disposizione legislativa di attuazione (l'art. 1 della legge n. 131/2003, sopra riportato), la precisazione (presente invece nel Disegno di legge approvato dal Consiglio dei ministri nell'aprile 2002) per cui i trattati internazionali fonte di vincoli per il legislatore a norma dell'art. 117, primo comma, sarebbero stati soltanto quelli "ratificati a seguito di legge di autorizzazione". Tuttavia, quanto meno con riferimento agli accordi in forma semplificata nelle materie di cui all'art. 80 Cost., l'obiezione di ordine sistematico cui si è fatto ora cenno conserva la sua validità.

Di tale questione vi è qualche riflesso in una recente pronuncia della Corte costituzionale, resa in tema di competenze regionali in ordine all'attuazione ed esecuzione dei trattati (sul punto v. *infra*, spec. par. 8.2), laddove precisa che «il riferimento all'attuazione degli accordi internazionali "stipulati" dallo Stato e non anche "ratificati" non potrebbe certo legittimare un'esecuzione da parte regionale *prima della ratifica* che fosse necessaria ai sensi dell'articolo 80 della Costituzione, anche perché in tal caso *l'accordo internazionale è certamente privo di efficacia per l'ordinamento italiano*» (Corte cost., sentenza n. 379/2004, in *Giur. cost.*, 2004, 4161, enfasi aggiunte).

Non è peraltro chiaro se tale affermazione della Corte debba essere riferita, oltre che alla "ratifica", anche alla previa legge di autorizzazione necessaria ai sensi dell'art. 80 Cost., la quale reca altresì (secondo una prassi ampiamente consolidata, sulla quale si tornerà fra un momento) l'ordine di esecuzione.

Per quanto riguarda gli accordi riconducibili al primo comma dell'art. 117 Cost., è invece ragionevole desumere da tale disposizione costituzionale non solo il vincolo di legiferare non in contrasto con gli accordi internazionali in vigore per il nostro Paese, ma anche quello – rivolto sempre al legislatore – di dare esecuzione agli accordi che presentano le caratteristiche indicate, in attuazione dell'obbligo di cooperazione assunto dallo Stato nei confronti delle altre Parti contraenti del medesimo trattato. Ci si chiede, in altre parole, se l'art. 117, primo comma, Cost., nella parte in cui prevede, in termini espressi, la necessità di garantire il rispetto dei vincoli internazionali, sancisca altresì – in modo quanto meno implicito – *un obbligo positivo di adempimento* a carico del legislatore.

La risposta affermativa a tale quesito è supportata da argomenti convincenti, in quanto tra i vincoli derivanti dagli obblighi internazionali (per utilizzare la formula impiegata dall'art. 117, primo comma, Cost.) non può ragionevolmente essere escluso quello che impone allo Stato contraente di adottare le necessarie misure di adeguamento del proprio ordinamento interno (allo scopo di garantire, per l'appunto, l'effettiva applicabilità in ambito statale dei trattati ai quali esso si è vincolato sul piano internazionale).

Aderendo all'impostazione delineata si può allora affermare l'esistenza (accanto al limite negativo, consistente nell'obbligo di esercitare la funzione legislativa in armonia, o almeno non in contrasto, con le norme internazionali vincolanti per l'Italia) di un obbligo ulteriore – implicitamente ricostruito sulla base di quanto oggi previsto dall'art. 117, primo comma, Cost. – di *attuazione dei trattati* internazionali.

È pur vero che, in caso di inadempimento dell'obbligo (che si assume costituzionalmente fondato) di trasporre le norme internazionali vincolanti, si evidenziano i complessi problemi di "azionabilità" che tipicamente sorgono allorché si tratta di sanzionare comportamenti totalmente omissivi da parte di organi dello Stato. È però altrettanto vero che la prassi, generalmente seguita nel nostro ordinamento anche prima della recente riforma, di adottare contestualmente la legge di autorizzazione alla ratifica, da un lato, e le misure interne di adeguamento, dall'altro (v. *infra*, par. 7.1), potrebbe consentire *di fatto* il superamento dei problemi di "giustiziabilità" ora evidenziati.

3.1. Il principio relativo alla (tendenziale) correlazione tra vigore nei rapporti tra Stati e applicabilità in ambito interno della norma di origine internazionale.

Dal punto di vista del diritto interno, la piena applicazione della disciplina prevista da norme internazionali è condizionata – oltre che dall'adozione di idonee misure di adeguamento del diritto interno – dall'entrata, e dalla permanenza, in vigore di tale disciplina nel suo ordinamento di origine (vale a dire nell'ordinamento internazionale).

Per quanto riguarda i trattati, ad esempio, l'atto interno recante l'ordine di esecuzione, salvo espressa disposizione contraria, non comporta l'applicabilità della disciplina convenzionale *prima* che questa entri in vigore nell'ordinamento internazionale (ovvero *successivamente* alla sua estinzione in tale ambito). Naturalmente, una norma interna può anticipare l'applicazione della disciplina internazionale non ancora in vigore (v. *supra*, Cap. III, par. 4.4), così come può estenderne l'ambito materiale o personale di operatività.

Ai fini della sua applicabilità sul piano interno, si richiede dunque, in linea di principio, che la norma internazionale, dalla quale trae origine l'obbligo di adeguamento a carico dello Stato, sia (e resti) in vigore nell'ambito nell'ordinamento internazionale, nel quale si è formata.

Per garantire la conoscibilità degli accordi bilaterali e multilaterali ai quali l'Italia si è vincolata sul piano delle relazioni internazionali, compresi quelli stipulati in forma semplificata, la legge 11 dicembre 1984, n. 839 (in *G.U.* n. 345 del 17 dicembre 1984), ne prevede la pubblicazione nella Gazzetta Ufficiale, sempre che non si sia già provveduto in tal senso con riguardo alle leggi ordinarie, ai decreti del Presidente della Repubblica o agli atti ministeriali eventualmente concernenti tali accordi (così in base all'art. 1, lett. f), della legge in esame). Nella medesima prospettiva, la legge n. 839 precisa altresì (al successivo art. 9) che, con cadenza annuale, il Ministero degli Esteri predisponga una pubblicazione, da allegare alla Gazzetta, recante "la situazione delle convenzioni internazionali vigenti per l'Italia, con l'indicazione degli Stati per i quali queste convenzioni sono efficaci e delle riserve ad esse relative".

3.2. (segue): l'eccezione all'operatività del principio in esame in caso di norme internazionali che abbiano costituito oggetto di adattamento in via ordinaria.

La regola enunciata – relativa alla (normale) correlazione tra vigore sul piano internazionale e applicabilità sul piano interno delle norme di origine internazionale – incontra tuttavia un'importante eccezione nel caso in cui (optando a favore di una delle tecniche impiegate nel nostro ordinamento allo scopo di garantire l'esecuzione degli obblighi internazionali vincolanti per l'Italia) l'adeguamento del diritto italiano sia avvenuto attraverso il procedimento c.d. ordinario (v. *infra*, parr. 5.1 e 5.2), consistente nella riformulazione delle norme internazionali mediante disposizioni interne emanate *ad hoc*, che determinano la totale "nazionalizzazione" delle prime:

> «L'operatività di una convenzione non può trovare ostacolo nell'omesso deposito da parte del competente Ministero dello strumento di ratifica, dato che tale deposito è un elemento della procedura di ratifica del trattato e rileva unicamente tra gli Stati contraenti. A livello interno la convenzione una volta che abbia avuto trascrizione materiale in una legge formale dello Stato, diventa a tutti gli effetti norma dell'ordinamento interno» (Trib. Modena, 16 giugno 1982, in *Riv. dir. int. priv. e proc.*, 1983, 651).

4.1. *Il rispetto, da parte dello Stato, dei vincoli che gli fanno carico in virtù del diritto internazionale: obblighi di mezzi o di risultato?*

L'individuazione delle tecniche di attuazione, da parte degli Stati, degli obblighi a loro carico in virtù del diritto internazionale è di regola rimessa alla loro libera determinazione: è infrequente, infatti, che vengano imposte *espressamente* a questi ultimi, al fine di un corretto e puntuale adempimento dei loro obblighi internazionali, le modalità concrete attraverso le quali operare le necessarie modifiche dei rispettivi ordinamenti interni. Normalmente il diritto internazionale si limita infatti a richiedere ai suoi destinatari che venga conseguito un determinato *risultato*, di cui la norma internazionale è espressione, senza precisare le modalità o il tramite (ad esempio, legislativo, giudiziario o esecutivo) attraverso i quali realizzarlo.

Quanto ora affermato concerne non solo il caso in cui all'origine dell'obbligo internazionale vi è una norma consuetudinaria, per sua natura non scritta, ma anche quello in cui tale obbligo consiste nel dare attuazione sul piano interno ad accordi recanti disposizioni *self-executing* (a proposito di tale nozione, v. *infra*, par. 5.2), come tipicamente avviene, ad esempio, nel caso di convenzioni di diritto uniforme.

Tali convenzioni prescrivono alle Parti contraenti l'obbligo (apparentemente, di "puro comportamento") di introdurre le modifiche dei rispettivi ordinamenti interni idonee a rendere applicabile la disciplina concordata in ambito internazionale nei termini e con gli effetti unitari da essa stessa "voluti".

Ma anche in questo caso, da un lato, gli Stati godono pur sempre di un margine di libertà di scelta in ordine al *livello* (costituzionale, legislativo o regolamentare) al quale operare le modifiche dell'ordinamento interno necessarie al corretto "recepimento" della disciplina uniforme e, dall'altro, sono tuttavia esposti a responsabilità sul piano internazionale allorché, pur avendo formalmente adempiuto gli obblighi loro facenti carico adeguando in modo puntuale la normativa interna a quella – già di per sé completa – prevista dalla convenzione, consentano, o quanto meno tollerino, violazioni significative e sistematiche degli obblighi assunti (sul punto, v. anche *supra*, Cap. III, par. 6.2).

4.2. L'obbligo, a carico degli Stati, di garantire interpretazione ed applicazione "uniformi" alle norme di origine internazionale.

Ed è proprio per il motivo ricordato nel paragrafo precedente che la giurisprudenza ha affermato l'esistenza, nel nostro ordinamento, di un principio generale volto a sancire l'obbligo di interpretare la disciplina di origine internazionale in virtù dei criteri propri dell'ordinamento nell'ambito del quale essa si è formata. Occorre dunque riferirsi alla Convenzione di Vienna del 1969 sul diritto dei trattati (in particolare, agli artt. 31-33 di tale Convenzione: v. *supra*, Cap. III, parr. 6.1-6.3), che codifica sul punto corrispondenti norme di diritto internazionale generale (v. *supra*, Cap. II, par. 4.3, *sub* ipotesi (a), e Cap. III, par. 6.6),

> «quando occorre, come nella specie, applicare una norma pattizia, per il fondamentale principio secondo cui l'interpretazione di una normativa deve essere condotta sulla base di criteri ermeneutici propri dell'ordinamento (in questo caso, appunto, l'ordinamento internazionale) cui quella disposizione appartiene» (Cass., 21 luglio 1995, n. 7950, in *Riv. dir. int.*, 1996, 530).

La nostra Cassazione, d'altra parte, già da tempo ha evidenziato con chiarezza (malgrado qualche imprecisione a proposito dei presupposti dai quali dipende il vigore, nel nostro ordinamento, di una convenzione internazionale) la necessità di non cedere alla tentazione di letture in chiave "unilateralistica" delle norme internazionali, allo scopo di garantirne (come precisato in altro passo della medesima sentenza) un'applicazione ovunque uniforme. Tutto ciò, in vista di assicurare il corretto adempimento degli obblighi internazionali e di prevenire, così, eventuali azioni di responsabilità avviate contro l'Italia da parte degli altri Stati contraenti (a proposito delle quali v. *supra*, par. 2.2, nonché, più ampiamente, *infra*, Cap. VIII):

> «La norma di derivazione internazionale fa parte, per effetto del provvedimento legislativo di ratifica del trattato o della convenzione, dell'ordinamento giuridico italiano, ma non può essere interpretata per mezzo di una norma interna ... con sfera di applicazione diversa dalla convenzione. In tal caso la norma che ha recepito la convenzione nell'ordinamento interno conserva una propria autonomia che esige di stabilirne la portata in relazione a quanto essa esprime secondo la sua originaria formulazione» (Cass., 24 giugno 1968, n. 2106, in *Riv. dir. int. priv. e proc.*, 1968, 911).

Le considerazioni finora svolte non intendono certamente contraddire la circostanza – peraltro incontestabile – che in molti casi l'esercizio dell'*attività normativa* da parte degli Stati costituisce *di fatto* il *tramite necessario* per realizzare il risultato concretamente "voluto" dal diritto internazionale. Ciò che si è inteso affermare, invece, è che il mancato conseguimento del risultato alla base della norma di diritto internazionale (e cioè la sua *concreta attuazione* con riguardo alle situazioni in essa contemplate) determina un illecito fonte di responsabilità per lo Stato (di cui, ancora, al successivo Cap. VIII), pur in presenza di un comportamento, da parte di quest'ultimo, astrattamente idoneo a permettere la piena operatività, nel suo ordinamento interno, della norma internazionale medesima.

5.1. *Procedimento ordinario e procedimento speciale di adattamento del diritto italiano al diritto internazionale.*

Poiché il diritto internazionale non contempla, in linea di principio, alcuna specifica previsione in ordine ai meccanismi attraverso i quali gli Stati devono provvedere ad adeguare i rispettivi ordinamenti interni, in attuazione degli obblighi che tale diritto loro impone, l'analisi di tali meccanismi non può che essere operata dal punto di vista di ogni singolo sistema giuridico statale.

Nel nostro ordinamento, ad esempio, si provvede all'attuazione degli obblighi internazionali che fanno carico allo Stato mediante due diverse tecniche: la prima, il c.d. procedimento *ordinario*, consiste nel *riprodurre* le *norme internazionali*, con legge ovvero altro atto dotato di "forza" normativa adeguata ai loro contenuti, riformulandole direttamente e materialmente nell'ordinamento nazionale mediante norme interne *ad hoc*; la seconda, il c.d. procedimento *speciale*, consiste invece nel *disporre un rinvio a norme internazionali, ordinando la loro osservanza*, senza alcuna riformulazione diretta delle medesime nell'ordinamento nazionale.

Mediante il procedimento ordinario, dunque, la norma internazionale oggetto di recepimento viene "nazionalizzata", recidendo ogni suo collegamento con l'ordinamento internazionale (salvo quanto si dirà fra un momento, a proposito dell'interpretazione delle disposizioni interne che ne riproducono i contenuti). Tale norma viene infatti materialmente incorporata nell'ordinamento nazionale ed è quindi omologata, per tale via, alle norme autonomamente adottate dal legislatore italiano. Si è affermato, infatti, che

> «attraverso il procedimento ordinario ... lo Stato, internazionalmente obbligato a regolare in un certo modo determinate situazioni, provvede a tal fine a porre in essere specifiche norme le quali vengono così a costituire l'unica fonte normativa della materia considerata» (Cass., S.U., 21 maggio 1973, n. 1455, in *Riv. dir. int. priv. e proc.*, 1974, 552).

Il legislatore, allorché viene seguito il procedimento ordinario, detta dunque le disposizioni "materiali" volte ad adattare l'ordinamento interno, in attuazione degli obblighi assunti sul piano internazionale. Le norme contenute nell'accordo internazionale, sostanzialmente *riformulate* nell'atto interno di "recepimento", subiscono una vera e propria "trasformazione" in norme nazionali, attraverso un'operazione che non può certamente considerarsi come semplicemente "interpretativa".

La dottrina più attenta a garantire – nella massima misura possibile – l'osservanza, da parte dell'Italia, dei vincoli a suo carico in virtù del diritto internazionale, si è tuttavia sforzata di individuare un obbligo di interpretazione della normativa interna attraverso la quale si procede all'adeguamento in via ordinaria del diritto nazionale in virtù dei canoni tipicamente impiegati con riguardo

5.2. Conseguenze negative del ricorso al procedimento ordinario e casi nei quali esso si rende (tuttavia) necessario.

alle norme di origine internazionale (di cui *supra*, par. 4.2, nonché, più ampiamente, Cap. III, parr. 6.1-6.3).

Da quanto precede emergono tuttavia con evidenza le conseguenze negative, difficilmente neutralizzabili, collegate all'impiego del procedimento ordinario di adattamento. Non di meno va ricordato che, in un numero considerevole di casi, il ricorso a tale tecnica costituisce una scelta obbligata per il legislatore, in quanto le norme internazionali talvolta non sono *self-executing*, non dettano, cioè,

> «una disciplina del tutto completa ed autosufficiente» (Cass., 10 novembre 1992, n. 12093, in *Riv. dir. int. priv. e proc.*, 1993, 725),

e sono prive, quindi, della compiutezza normativa necessaria affinché sia possibile una loro (per così dire)

> «applicazione immediata» (Cass. pen., S.U., 27 maggio 1992, in *Riv. int. dir. uomo*, 1992, 1151),

attraverso l'impiego in via esclusiva, da parte del legislatore interno, del meccanismo di adeguamento consistente nel rinvio (v. *infra*, par. 7.2) al diritto internazionale:

> «Le disposizioni di un trattato internazionale, immesse nell'ordinamento statale attraverso l'ordine di esecuzione contenuto in una legge, sono idonee a creare diritti e obblighi in rapporto al grado di compiutezza del precetto che esse contengono. Vi sono, così, norme espressive di meri programmi, che abbisognano di una ulteriore attività di produzione giuridica (riservata ovviamente al legislatore e non operabile dall'interprete); e norme dalle quali scaturiscono direttamente comandi o divieti di per sé attuali, senza necessità di interventi di adeguamento, integrazione o modificazione del tessuto normativo preesistente (norme dette *"self executing"*)» (Cass., S.U., 20 ottobre 1976, n. 3616, in *Riv. dir. int. priv. e proc.*, 1977, 912).

Pur in presenza di un ordine di esecuzione formulato in relazione ad un trattato, dovranno dunque essere adottate disposizioni "materiali" di adeguamento con riguardo alle norme non *self-executing* in esso eventualmente previste:

> «L'ordine di esecuzione, pur sempre necessario perché le disposizioni di un trattato internazionale possano essere recepite nel loro formale e sostanziale contenuto normativo nell'ordinamento statale, non sempre è sufficiente a tale scopo giacché occorre, invece, che lo stesso trattato contenga elementi specifici dai quali si possano ricavare norme complete. Non è infatti concepibile l'immissione, nell'ordinamento interno, di norme delle quali non sia determinabile il preciso contenuto, ed è anche chiaro che quella determinazione, quando non possa attuarsi attraverso i soliti strumenti ermeneutici, ma presupponga un'opera di produzione giuridica, non potrebbe essere rimessa all'interprete, ma imporrebbe il ricorso al procedimento ordinario di adattamento» (Cass., S.U., 8 giugno 1972, n. 1771, in *Foro it.*, 1972, I, 3119).

In mancanza di norme di adeguamento in via ordinaria, pertanto, rispetto alle norme non *self-executing* contenute in una convenzione internazionale

> «l'ordine di esecuzione ha la funzione di attuare un *principio di adattamento* per il quale le norme stesse pervengono a spiegare nell'ordinamento statale, [ad esempio,] effetti assimilabili a quelli spiegati da norme di principio o di organizzazione» (Cass., Sez. lav., 10 settembre 1993, n. 9459, in *Riv. dir. int.*, 1995, 807, corsivo aggiunto).

6.1. *L'adattamento "automatico" alle norme consuetudinarie previsto dall'art. 10, primo comma, Cost.*

Le norme di diritto internazionale generalmente riconosciute costituiscono l'oggetto del rinvio disposto dall'art. 10, primo comma, Cost.:

> «L'ordinamento giuridico italiano si conforma alle norme del diritto internazionale generalmente riconosciute».

Tale disposizione costituisce l'unica norma *di* adattamento di portata generale prevista nel nostro ordinamento (intendendo per norma *di* adattamento una disposizione volta direttamente a rendere applicabile in ambito interno la disciplina di origine internazionale). Ciò è ancora vero se si ritiene, come sembra preferibile, che l'art. 117, primo comma, Cost. (nel testo risultante dalle modifiche introdotte dalla legge cost. n. 3/2001: v. *supra*, par. 2.2), costituisca non già una norma di adattamento, bensì una norma *sulla produzione giuridica "interna"* (volta, cioè, a fissare limiti all'esercizio, da parte di Stato e Regioni, della loro potestà legislativa: v. *infra*, par. 15.1).

La formulazione dell'art. 10 Cost. si discosta in modo significativo da quella dell'art. 4 della Costituzione di Weimar del 1919, che pure costituisce il "modello" cui il nostro legislatore si è chiaramente ispirato: secondo quest'ultima disposizione, infatti, le norme di diritto internazionale generale costituiscono *"parte integrante"* dell'ordinamento statale, mentre in base alla nostra Costituzione è l'ordinamento italiano a modificarsi, per *conformarsi* alle norme internazionali fornite delle caratteristiche ora indicate.

La norma costituzionale in esame legittima dunque l'operatività "automatica", nell'ambito dell'ordinamento italiano, delle norme internazionali non scritte (a proposito delle quali v. *supra*, Cap. II, par. 2.1 ss.), nel loro contenuto autentico e nel significato loro proprio nell'ordinamento nel quale esse si formano e progressivamente evolvono:

> «Ai sensi dell'art. 10, comma primo, Cost. le regole di diritto internazionale generale (ossia le regole di condotta aventi per destinatari tutti, indistintamente, i membri della società internazionale e che si formano in modo spontaneo e sono riportabili direttamente ed immediatamente alla coscienza dei membri della Comunità internazionale) sono recepite automaticamente dall'ordinamento interno e, in quanto riconosciute come tali dal giudice, hanno immediata applicazione» (App. Torino, 2 luglio 1993, in *Riv. dir. int.*, 1994, 197).

Spetta dunque al giudice (e, più in generale, a tutti gli organi preposti all'applicazione del diritto nel nostro ordinamento) rilevare, caso per caso, il contenuto e la portata delle norme consuetudinarie in vigore e valutare, conseguentemente, in quale misura il diritto interno debba modificarsi, allo scopo di adeguarsi a quanto in esse previsto.

6.2. *Esclusione dell'operatività dell'art. 10, primo comma, Cost., alla stregua di norma* di *adattamento applicabile anche con riguardo ai trattati internazionali.*

Non ha avuto seguito in giurisprudenza (salvo qualche caso rimasto isolato: cfr. Trib. Varese, 30 marzo 1974, in *Riv. dir. int. priv. e proc.*, 1974, 325) la tesi, pur autorevolmente sostenuta (QUADRI), in base alla quale il "trasformatore permanente" previsto dal primo comma dell'art. 10 Cost., recependo nell'ordinamento italiano la norma consuetudinaria *pacta sunt servanda*, funzionerebbe come norma *di* adattamento (a proposito di tale nozione v. *supra*, par. 6.1) anche in relazione ai trattati. Al contrario, l'orientamento consolidato nel nostro ordinamento con il contributo decisivo della Corte costituzionale (per tutte cfr. la sentenza n. 323/1989, in *Giur. cost.*, 1989, 1482) è nel senso di escludere che l'art. 10, primo comma, Cost., possa essere invocato per giustificare l'operatività, nell'ordinamento interno, della disciplina prevista nei trattati internazionali di cui l'Italia è parte. Tale orientamento è stato efficacemente sintetizzato nei suoi punti essenziali già in una risalente decisione di merito:

> «L'art. 10 Cost. istituisce un dispositivo di adattamento automatico dell'ordinamento giuridico italiano alle norme di diritto internazionale generale che non si estende alle norme di origine pattizia. Ciò è desumibile, oltre che dal tenore letterale dell'art. 10 (che parla solo di norme di diritto internazionale generalmente riconosciute) e dai lavori preparatori dell'Assemblea costituente, anche dall'interpretazione sistematica del testo costituzionale, che conduce ad attribuire all'ordine di esecuzione la natura di una legge ordinaria, e non il ruolo di un semplice atto di promulgazione. ... L'adattamento automatico dell'ordinamento italiano ai trattati internazionali non può attuarsi attraverso la regola *pacta sunt servanda*, in quanto questa non è una norma suscettiva di esecuzione nell'ordine interno, ma è principio di carattere generale ed assoluto che preesiste allo stesso ordinamento internazionale e che assume come propri destinatari soltanto gli Stati in quanto soggetti di diritto internazionale» (Trib. Napoli, 22 aprile 1964, n. 1990, in *Riv. dir. int.*, 1965, 145).

È dunque il significato testuale dell'art. 10, primo comma, Cost., letto alla luce dei lavori preparatori e confermato dalla logica complessivamente desumibile dalle diverse disposizioni costituzionali rilevanti in materia, a suggerire di escludere il suo impiego come norma *di* adattamento relativa anche ai trattati internazionali.

7.1. L'adattamento ai trattati internazionali tramite ordine di esecuzione.

Al fine dell'adeguamento del diritto italiano alla disciplina prevista dai trattati, si utilizza, come già ricordato, la tecnica dell'adattamento in via ordinaria ovvero quella "speciale", fondata sull'ordine di esecuzione.

Si è già avuto occasione di soffermarsi sulla prima tecnica (v. *supra*, par. 5.1). A proposito del procedimento speciale di adattamento, consistente nel rinvio a convenzioni internazionali formulato nell'ordine di esecuzione, va invece precisato innanzi tutto che esso presenta elementi di analogia con la tecnica (anch'essa "speciale") impiegata dall'art. 10, primo comma, Cost., pur differenziandosene per un aspetto essenziale: mentre il rinvio operato da quest'ultima disposizione ha carattere generale (tanto che, in riferimento ad essa, si è parlato di una sorta di "trasformatore permanente"), quello compiuto dal legislatore interno per il tramite dell'ordine di esecuzione si riferisce solo al singolo trattato, specificamente richiamato nello stesso provvedimento di esecuzione:

> «L'"ordine di esecuzione" ... è l'atto (in genere legislativo) mediante il quale lo Stato, per dare piena ed intera esecuzione al trattato, rinvia in blocco alle norme in esso contenute, inserendole in tal modo nel proprio ordinamento» (Cass., S.U., 4 gennaio 1975, n. 2, in *Dir. com. e scambi int.*, 1975, 267).

Sono del pari evidenti gli elementi che distinguono la tecnica del rinvio ai trattati tramite ordine di esecuzione da quella che si attua mediante "ricezione" in via ordinaria dei loro contenuti. La caratteristica del procedimento speciale, infatti,

> «che maggiormente lo distingue dal procedimento ordinario, è data dal fatto di affidare all'interprete il compito di determinare quali modificazioni giuridiche siano necessarie per rendere completo l'adattamento. In base all'ordine di esecuzione di un trattato internazionale, pertanto, è l'interprete che, di volta in volta, deve stabilire quali siano state le variazioni dell'ordinamento statale venutesi a determinare per effetto dell'adattamento al diritto internazionale» (Pret. Bologna, 11 marzo 1995, in *Giur. it.*, 1995, I, 2, 804).

Con riguardo ai trattati per la ratifica dei quali, *ex* art. 80 Cost., è richiesta una previa autorizzazione, formulata con legge, l'ordine di esecuzione è normalmente (ma non necessariamente) contestuale a tale autorizzazione. Rientrano nell'ambito di applicazione di tale disposizione costituzionale, secondo l'ampia definizione da essa desumibile,

> «i trattati internazionali che sono di natura politica, o prevedono arbitrati o regolamenti giudiziari, o importano variazioni del territorio od oneri alle finanze o modificazioni di leggi».

Nei casi non contemplati dall'art. 80 Cost., la scelta dello strumento interno con il quale formulare l'ordine di esecuzione dipende dal *livello* al quale, se necessarie, vanno apportate le modifiche all'ordinamento interno:

> «La forma dell'ordine di esecuzione e la competenza ad emanarlo si desumono dal carattere innovativo o regolamentare che deve essere dato alle norme interne perché realizzino l'adattamento. In particolare, può essere dato con decreto presidenziale l'ordine di esecuzione di un accordo che non determini l'abrogazione o la modifica di norme interne» (Cons. Stato, Sez. I, parere n. 2916/65, in *Dir. int.*, 1967, II, 36).

7.2. *Caratteristiche ed effetti del rinvio ai trattati internazionali formulato nell'ordine di esecuzione ad essi relativo.*

L'ordine di esecuzione dispone un rinvio alla disciplina prevista nelle convenzioni internazionali che ne costituiscono l'oggetto:

> «[V]a innanzi tutto osservato che i trattati e le convenzioni internazionali hanno per oggetto di obbligare i soggetti contraenti in quanto tali, cioè come persone di diritto internazionale ... Che il trattato poi, anche quando il suo scopo mediato o immediato è di imporre doveri o di attribuire diritti individuali, possa, attraverso l'emanazione di quel particolare atto di diritto interno mediante lo Stato esprime la volontà che il testo di esso, pubblicato in annesso all'atto stesso, riceva attuazione, rendendosi in tal modo possibile l'assunzione in blocco nell'ordinamento interno delle norme del trattato attraverso un rinvio del diritto interno a quello internazionale, in quanto il primo rimette al secondo la determinazione del contenuto delle proprie norme, *non costituisce un rinvio ricettizio*, perché la norma internazionale del trattato ha sempre un contenuto diverso da quello della corrispondente norma interna di adattamento e non può, quindi, in nessun caso, considerarsi assunta nell'ordinamento interno per effetto dell'ordine di esecuzione» (Cass. pen., Sez. VI, 12 febbraio 1973, in *Foro it.*, 1973, II, 320, enfasi aggiunta).

Conseguentemente, la disciplina pattizia oggetto di rinvio preserva la propria "matrice internazionale" e determina, a livello dell'ordinamento interno richiamante, soltanto *le modifiche strettamente necessarie* a garantire un puntuale adempimento degli obblighi assunti dallo Stato, attraverso la conclusione del trattato:

> «L'ordine di esecuzione produce implicitamente *tutte le norme interne necessarie* perché lo Stato possa adempiere, sul piano internazionale, agli obblighi convenzionalmente assunti, *ma anche le sole norme interne indispensabili* a tale scopo» (Corte cost., sentenza n. 58/1997, in *Giur. cost.*, 1997, 597, enfasi aggiunte).

In particolare, le norme interne preesistenti verranno sostituite da quelle previste dalla convenzione internazionale soltanto quando possa ricostruirsi una volontà in tal senso, da parte degli Stati contraenti (dettata, ad esempio, da ragioni di uniformità), ovvero per abrogazione dovuta a incompatibilità (che si determina, per portare un altro esempio, quando la disciplina prevista dalla convenzione regola in modo così esaustivo le situazioni o i rapporti contemplati, da escludere qualsiasi applicazione residuale del pregresso regime di "diritto comune").

Come verrà precisato nel prosieguo, la giurisprudenza – allorché la situazione si presenta "rovesciata", in quanto le norme successive incompatibili sono quelle di origine interna – tende invece ad escludere la possibilità di abrogazione per incompatibilità dell'atto con il quale è formulato l'ordine di esecuzione, richiamandosi a diversi criteri, primo fra tutti quello della specialità (v. *infra*, spec. parr. 12.1 e 12.2).

8.1. Il ruolo degli enti sub-statali nella fase di attuazione ed esecuzione degli accordi internazionali: la disciplina costituzionale in materia.

L'art. 117 Cost. – nel testo risultante a seguito delle modifiche introdotte dalla legge cost. n. 3/2001 (v. *supra*, par. 2.2) – contiene diverse disposizioni rilevanti a proposito delle competenze riconosciute in capo alle Regioni (nonché alle province autonome di Trento e Bolzano) in materia di "rapporti internazionali": tra queste, soltanto alcune paiono realmente innovative rispetto al passato (si veda, in particolare, l'ultimo comma dell'art. 117 Cost.), mentre altre riflettono l'assetto pregresso dei rapporti tra Stato e Regioni in tale settore, ovvero semplicemente "costituzionalizzano" l'evoluzione già registratasi in materia, a seguito degli interventi normativi e giurisprudenziali verificatisi negli ultimi decenni.

Seppur dopo una fase caratterizzata da divergenze dottrinali ed incertezze giurisprudenziali (in senso contrario al principio alla base della disposizione in esame cfr., per tutte, Corte cost., sentenza n. 46/1971, in *Giur. cost.*, 1971, 509), già prima della riforma del Titolo V, infatti, si era affermata nel nostro ordinamento la competenza regionale a provvedere all'esecuzione degli accordi internazionali, nei limiti delle materie loro attribuite (in tal senso v., ad es., l'art. art. 2, c. 1, del d.lgs. 31 marzo 1998, n. 112, in tema di conferimento di funzioni e compiti amministrativi alle Regioni e agli enti locali, a norma dell'art. 1 della legge di delega n. 59/1997).

A prima lettura, il quinto comma dell'art. 117 Cost. sembra dunque limitarsi a formalizzare a livello costituzionale la prassi, già esistente, che assegnava un ruolo attivo alle Regioni in sede di attuazione ed esecuzione degli accordi internazionali conclusi nelle materie di loro competenza. Sulla base di tale disposizione, iterata o ripresa dagli statuti regionali (con l'eccezione, già vista, dello Statuto dell'Emilia Romagna, del quale peraltro la Corte cost. – nella sua sentenza n. 379/2004, richiamata *supra*, par. 2.2 – ha proposto un'interpretazione conforme a Costituzione), le Regioni (e le Province autonome) provvedono infatti, in tali materie, all'attuazione ed esecuzione degli accordi internazionali, peraltro «nel rispetto delle norme di procedura stabilite da legge dello Stato, che disciplina le modalità di esercizio del potere sostitutivo in caso di inadempienza».

Prima di esaminare l'effettiva portata delle innovazioni in tema partecipazione regionale alla "fase discendente" relativa al diritto internazionale introdotte dalla legge cost. n. 3/2001 e dalla sua disciplina di attuazione, occorre tuttavia ribadire che esse non pongono in discussione il principio, da sempre affermato dalla nostra giurisprudenza, secondo il quale va esclusa la soggettività internazionale degli enti sub-statali, per difetto dei requisiti che lo stesso diritto internazionale prescrive a tal fine (v. *supra*, Cap. I, par. 2.4):

> «Soltanto lo Stato è soggetto nell'ordinamento internazionale e ad esso vengono imputati giuridicamente in tale ordinamento gli atti, normativi o amministrativi, delle Regioni» (Corte cost., sentenza n. 182/1976, in *Giur. cost.*, 1976, 1138).

Necessita invece di adeguamento al nuovo quadro costituzionale il principio in base al quale

> «sono legittime le limitazioni imposte all'autonomia delle Regioni, anche nelle materie di loro competenza primaria o esclusiva, dall'esigenza di adempiere gli obblighi internazionali» (Corte cost., sentenza n. 182/1976, cit.).

Tale esigenza non è del resto estranea al nuovo testo costituzionale, che prevede poteri sostitutivi statali in caso di inadempienza e di mancato rispetto di norme e trattati internazionali (artt. 117, quinto comma, e 120, secondo comma, Cost.) né alla disciplina legislativa di attuazione (artt. 6, c. 1, e 8 della legge n. 131/2003).

8.2. *La partecipazione regionale alla "fase discendente" del diritto internazionale nella normativa di attuazione del quinto comma dell'art. 117 Cost.*

A norma del quinto comma dell'art. 117 che, per riprendere le parole della Corte costituzionale,

> «demanda allo Stato di stabilire le "norme di procedura" che le Regioni debbono rispettare nel provvedere all'attuazione e all'esecuzione degli accordi internazionali» (Corte cost., sentenza n. 238/2004, in *Giur. cost.*, 2004, 2487),

il legislatore ordinario ha dunque provveduto ad indicare le modalità secondo le quali le Regioni devono assolvere alla funzione loro assegnata in tale ambito.

A tale proposito, rileva innanzi tutto l'art. 6, c. 1, della legge n. 131/2003 (di cui *supra*, par. 2.2):

> «Le Regioni e le Province autonome di Trento e di Bolzano, nelle materie di propria competenza legislativa, provvedono direttamente all'attuazione e all'esecuzione degli accordi internazionali ratificati, dandone preventiva comunicazione al Ministero degli affari esteri ed alla Presidenza del Consiglio dei ministri - Dipartimento per gli affari regionali, i quali, nei successivi trenta giorni dal relativo ricevimento, possono formulare criteri e osservazioni. In caso di inadempienza, ferma restando la responsabilità delle Regioni verso lo Stato, si applicano le disposizioni di cui all'articolo 8, commi 1, 4 e 5, in quanto compatibili».

Alla luce di tale disposizione, che impiega l'avverbio "*direttamente*" per definire la misura del coinvolgimento degli enti sub-statali nella fase discendente, il citato quinto comma dell'art. 117 Cost. assumerebbe un significato fortemente innovativo se interpretato come abilitante le Regioni e le Province autonome a dare esecuzione agli accordi internazionali nelle materie di loro competenza indipendentemente da un previo atto statale di "immissione", tanto più che il c. 1 dell'art. 6, fa riferimento agli accordi internazionali semplicemente "ratificati". In tale prospettiva risulterebbe superato il tradizionale assunto dell'indifferenza, per gli enti territoriali, dei trattati internazionali non ancora fatti oggetto di un atto interno di "recepimento" da parte dello Stato. Benché – come appena sottolineato – la menzionata disposizione legislativa di attuazione riconosca alle Regioni la competenza a provvedere "direttamente" all'attuazione ed all'esecuzione degli accordi internazionali, l'opinione prevalente sembra ancor oggi ribadire l'accennato assunto tradizionale (circa la necessità di un previo "recepimento" statale) con riguardo ai trattati conclusi dallo Stato italiano.

D'altro canto, il c. 1 dell'art. 6, nel fare riferimento agli accordi internazionali "ratificati", opera una limitazione del proprio ambito applicativo forse non del tutto conforme al quinto comma dell'art. 117, circoscrivendo tale ambito ai soli accordi internazionali "ratificati". In questo modo, infatti, la norma attuativa in esame indiscriminatamente esclude l'attuazione da parte delle Regioni di qualsiasi accordo stipulato in forma semplificata nelle materie di loro competenza (v. *supra*, par. 2.2 e, in particolare, il richiamo alla sentenza della Corte cost. n. 379/2004).

Quanto poi al previsto potere governativo di "formulare criteri ed osservazioni" in relazione all'attività esecutiva regionale, da parte di alcuni si è denunciato il rischio che esso possa incoraggiare una funzione statale di indirizzo e coordinamento non del tutto compatibile con un esercizio pieno ed autonomo della competenza riconosciuta alle Regioni, sebbene la Corte costituzionale, nella già citata sentenza n. 238 del 2004, non abbia ravvisato al riguardo un'indebita interferenza nelle prerogative regionali, quali oggi garantite dal Titolo V. In tale pronuncia si legge, a tale specifico proposito:

> «I "criteri" e le "osservazioni" che l'organo governativo è abilitato a formulare rispetto alle iniziative e alle attività regionali ai fini dell'esecuzione degli accordi internazionali ... sono sempre e soltanto relativi alle esigenze di salvaguardia delle linee della politica estera nazionale e di corretta esecuzione degli obblighi di cui lo Stato è responsabile nell'ordinamento internazionale; né potrebbero travalicare in strumenti di ingerenza immotivata nelle autonome scelte delle Regioni» (Corte cost., sentenza n. 238/2004, cit.).

Neppure con riguardo alla disciplina dei poteri sostitutivi la legge n. 131 si è sottratta alle osservazioni critiche della dottrina. Con riferimento all'ipotesi di inadempienza regionale all'obbligo di eseguire accordi internazionale, tale legge ha infatti reso applicabile, a condizione di compatibilità, la disposizione da essa dettata in attuazione dell'art. 120 Cost., relativa ad ipotesi di inerzia o inadeguato intervento dell'amministrazione regionale.

Tale scelta legislativa ha destato perplessità giacché, da un lato (e con effetto indebitamente restrittivo del quinto comma dell'art. 117), l'art. 6, c. 1, presuppone che l'attuazione degli obblighi internazionali da parte delle Regioni possa avvenire solo nelle materie di loro competenza legislativa; dall'altro, in contraddizione con tale assunto, si estende una norma (l'art. 8 della legge n. 131) prioritariamente riferita, secondo l'interpretazione prevalente, a casi di mancato rispetto di norme e trattati internazionali da parte dell'amministrazione regionale e locale.

9.1. *L'attuazione delle fonti c.d. di terzo grado (diverse da quelle della Comunità e dell'Unione europea) nella prassi seguita nell'ordinamento italiano.*

Con riguardo all'adattamento agli atti adottati da organizzazioni internazionali ed enti, diversi dalla Comunità e dall'Unione europea, che traggono il proprio fondamento da trattati, si ripropone – quanto meno in linea teorica – l'alternativa tra procedimento ordinario e procedimento speciale di adattamento (per tale distinzione v. *supra*, par. 5.1), che si presenta a proposito dell'adattamento del diritto interno alle norme consuetudinarie, ovvero agli stessi trattati.

Nel settore specifico in esame va innanzi tutto sottolineata e condivisa la posizione affermata dalla nostra Corte costituzionale nelle decisioni in cui, rivedendo un proprio precedente orientamento difforme, ha escluso che le risoluzioni dell'Assemblea generale delle Nazioni Unite fossero da considerarsi "immesse" nell'ordinamento interno per il tramite dell'art. 10, primo comma, Cost. Si è così chiarito che, di per sé, una

> «risoluzione dell'Assemblea generale delle Nazioni Unite ... non costituisce una fonte di norme del diritto internazionale generalmente riconosciute – pur potendo avere influenza nella formazione di consuetudini e di accordi conformi al loro contenuto – cui l'ordinamento italiano si conformi ex art. 10 Cost.» (Corte cost., sentenza n. 18/1989, in *Giur. cost.*, 1989, I, 62).

Una conclusione diversa sarebbe infatti giustificata soltanto se della risoluzione volta a volta in considerazione venisse provato il carattere meramente riproduttivo rispetto al contenuto del diritto internazionale generale in materia, quale rilevabile dal giudice nel momento in cui viene sollevata dinanzi ad esso la questione.

La peculiarità riscontrabile con riferimento alle fonti c.d. di terzo grado (v. *supra*, Cap. II, par. 13.1) ora in esame consiste, tuttavia, nel pressoché unanime orientamento della prassi a condizionare la loro efficacia nell'ordinamento interno (a prescindere da qualsiasi indagine in ordine al carattere *self-executing* dei precetti in esse enunciati) all'adozione di norme *ad hoc*, da parte del legislatore italiano, volte al recepimento "diretto" e "materiale" della disciplina in esse contenuta (così, per tutte, Cass. pen., Sez. I, 8 luglio 1994, in *Riv. dir. int. priv. e proc.*, 1995, 760).

Si tratta di un atteggiamento che per qualche tempo è stato tenuto anche con riferimento agli atti comunitari di normazione derivata, finché la stessa Corte costituzionale, recependo tra l'altro inequivoche indicazioni in tal senso provenienti dalla Corte di giustizia delle Comunità europee, non è intervenuta allo scopo di dichiarare la contrarietà di tale prassi rispetto al diritto comunitario.

Va peraltro sottolineato che la nostra giurisprudenza costituzionale, allorché è giunta ad una conclusione nei termini indicati con riferimento agli atti di diritto comunitario derivato, ha giustificato la propria decisione – sul presupposto della specificità dell'ordinamento comunitario rispetto alle altre "forme" istituzionalizzate di cooperazione interstatale (v. *infra*, Cap. V, par. 2.1) – in base all'art. 11 Cost. Quest'ultima disposizione – come è evidente – non si presta tuttavia ad essere invocata in presenza di qualsiasi fonte di "terzo grado", bensì soltanto ove sia possibile ricostruire, tra l'altro, la volontà dello Stato italiano di addivenire alle "limitazioni di sovranità" alle quali il medesimo articolo fa esplicito riferimento.

9.2. *(segue): le posizioni della dottrina al riguardo.*

Parte della dottrina censura da tempo la prassi (presente anche in altri Paesi, sebbene non manchino indicazioni nel senso di possibili *révirements*: per quanto riguarda l'ordinamento francese, ad esempio, cfr. Cass., Ch. Soc., 4 giugno 1996, in *Rev. gén. dr. int. publ.*, 1998, 495) volta a condizionare l'operatività, in ambito nazionale, degli atti di organizzazioni internazionali, all'adozione di norme *ad hoc* di adeguamento in via ordinaria. L'argomento invocato è quello per cui la volontà espressa dal legislatore allorché ha autorizzato la ratifica ed ordinato l'esecuzione di un trattato produce l'effetto di rendere operative e vincolanti nell'ordinamento statale (allorché in vigore sul piano internazionale: v. *supra*, par. 3.1) *tutte* le disposizioni contenute nel trattato medesimo, comprese quelle che eventualmente istituiscano fonti di "terzo grado".

L'orientamento dottrinale cui si è fatto ora cenno appare difficilmente condivisibile soprattutto quando l'accordo non rechi alcuna indicazione espressa in ordine alla "diretta applicabilità", nell'ambito degli ordinamenti degli Stati che ne sono parti, delle fonti istituite dall'accordo medesimo. D'altro canto è normale il carattere non *self-executing* degli atti in esame e dunque la necessità, per gli Stati che ne sono destinatari, di procedere (direttamente, o per il tramite di organizzazioni internazionali di cui pure sono membri, dotate di specifiche "competenze" al riguardo) in funzione integrativa del disposto degli atti medesimi.

10.1. *Il rango delle norme risultanti dall'adattamento del diritto italiano al diritto internazionale.*

A proposito del valore, nell'ordinamento italiano, delle norme risultanti dall'adattamento del diritto interno al diritto internazionale, si è da tempo affermato a livello giurisprudenziale un principio di carattere generale, sul quale esiste un ampio consenso.

Il principio in esame attiene al *rango* che le norme di adattamento al diritto internazionale assumono nell'ambito della gerarchia delle fonti interne: tale rango – quanto meno in linea di principio e tendenziale (tenuto conto delle riflessioni suggerite da una parte della dottrina, che dubita della possibilità, per le fonti legislative, di creare fonti ad esse "concorrenziali", cioè dotate della loro medesima "forza formale") – coincide con quello che è proprio dello strumento normativo con il quale si è provveduto ad "immettere", nell'ordinamento interno, la disciplina internazionale. Si tratta di un principio destinato ad operare, naturalmente, non soltanto con riferimento alle norme consuetudinarie, cui il nostro ordinamento si adegua "automaticamente" per il tramite di una norma costituzionale (il più volte ricordato art. 10, primo comma, Cost.), ma anche con riguardo a quelle previste in accordi internazionali:

> «L'adattamento alle norme internazionali pattizie avviene per ogni singolo trattato con un atto *ad hoc* consistente nell'ordine di esecuzione adottato di regola con legge ordinaria. Ne consegue che i trattati internazionali [più precisamente, le norme che risultano dall'adattamento ai trattati internazionali] vengono ad assumere nell'ordinamento la medesima posizione dell'atto che ha dato loro esecuzione» (Corte cost., sentenza n. 323/1989, cit.).

Il principio ora evocato viene ribadito anche nella sentenza della Corte costituzionale sul caso *Baraldini*, allorché ci si sofferma sul "valore" delle norme risultanti dall'adattamento del diritto italiano a convenzioni internazionali non caratterizzate da "un particolare fondamento costituzionale":

> «Le norme di diritto internazionale pattizio prive di un particolare fondamento costituzionale assumono ... nell'ordinamento nazionale il valore conferito loro dalla forza dell'atto che ne dà esecuzione ... Quando tale esecuzione è disposta per legge, il limite costituzionale vale nella sua interezza, alla stessa stregua di quanto accade con riguardo ad ogni altra legge. Sottoponendo a controllo di costituzionalità la legge di esecuzione del trattato, è possibile valutare la conformità alla Costituzione di quest'ultimo ... e addivenire eventualmente alla dichiarazione d'incostituzionalità della legge di esecuzione, qualora essa immetta, e nella parte in cui immette, nell'ordinamento norme incompatibili con la Costituzione» (Corte cost., sentenza n. 73/2001, in *Giur. cost.*, 2001, 428).

Lo stesso principio viene sostanzialmente riaffermato anche in altro passo della medesima sentenza della Corte costituzionale (riportato *infra*, par. 14.1), ove si sottolinea il "particolare valore giuridico" delle norme internazionali che hanno ingresso, nel nostro ordinamento, per il tramite di norme costituzionali (art. 10, primo comma, Cost.), ovvero traggono a diverso titolo fondamento dalla Costituzione (in particolare, gli artt. 7, secondo comma, e 11 Cost.).

In applicazione del principio ora ricordato la nostra giurisprudenza costituzionale, in altre decisioni, ha rilevato l'effetto "modificativo" sul contenuto di leggi ordinarie in vigore nel nostro ordinamento dovuto all'operatività in tale ambito, ad opera dell'art. 10, primo comma, Cost., di disposizioni di adattamento a norme di diritto consuetudinario, successivamente consolidatesi in ambito internazionale (nella fattispecie, in tema di immunità degli Stati esteri dalla giurisdizione esecutiva e cautelare dello Stato del foro, v. *infra*, Cap. VI, par. 2.6):

> «La norma di adattamento, che in virtù dell'art. 10 Cost. si è formata nel diritto interno in conformità della norma di diritto internazionale generale, ha modificato la legge [si tratta della legge 15 luglio 1926, n. 1623, di conversione del r.d.l. 30 agosto 1925, n. 1621, relativo gli atti esecutivi sopra beni di Stati esteri]. I beni di Stati esteri destinati all'esercizio di funzioni pubbliche sono immuni *ex se* da misure coercitive, indipenden-

temente dalla condizione di reciprocità, la quale non è prevista né dall'art. 10 Cost. (a differenza dell'art. 11), né dalla consuetudine internazionale che per suo tramite viene trasformata in norma di diritto interno (salvi, s'intende, i mezzi legali di reazione nel caso eccezionale di violazione della norma internazionale da parte di uno Stato nei confronti dell'Italia)» (Corte cost., sentenza n. 329/1992, in *Giur. cost.*, 1992, 2683).

In puntuale coerenza con l'orientamento seguito nella decisione ora riportata, la Corte ha altresì affermato l'illegittimità costituzionale della normativa prevista da una legge ordinaria in contrasto con il contenuto di una disposizione di diritto internazionale generale, oggetto di rinvio ad opera dell'art. 10, primo comma, Cost.:

«Questa Corte, dopo aver riconosciuto (con la sentenza n. 974 del 1988) l'illegittimità costituzionale della sottoposizione agli obblighi di leva di chi abbia perduto la cittadinanza italiana a seguito dell'acquisto di quella di un altro Stato nel quale abbia già prestato il servizio militare, con la sentenza n. 278 del 1992 ha esteso tale illegittimità al caso in cui un soggetto, che aveva perduto la cittadinanza italiana, fosse divenuto cittadino di un altro Stato nel quale fosse tenuto a prestare il servizio militare. In tali casi, si trattava di ipotesi, reali o potenziali, di doppia imposizione dei doveri militari nei confronti di chi avesse perso la cittadinanza italiana, avendone acquisita una di altro Stato. Nel caso ora in esame, invece, la questione sollevata riguarda l'ipotesi di un'unica imposizione di obblighi militari da parte dell'ordinamento italiano, in quanto il soggetto già cittadino italiano sia divenuto cittadino di uno Stato in cui non esiste il servizio militare obbligatorio. Nei precedenti ricordati, la decisione di incostituzionalità è stata affermata in base al doppio argomento, variamente intrecciato, dell'irragionevolezza della legge e dell'esistenza di norme di diritto internazionale che, oltre perseguire l'obbiettivo della riduzione dei casi di doppia cittadinanza, escludono la doppia imposizione dell'obbligo militare. Ma, nella sentenza n. 278 del 1992 citata, questa Corte ha riconosciuto l'esistenza di una norma di diritto internazionale generalmente riconosciuta che, indipendentemente dall'esistenza di una doppia imposizione, vincola gli Stati a non assoggettare a obblighi militari i cittadini di altri Stati ... e ha concluso che, in conseguenza del principio di conformazione dell'ordinamento giuridico italiano alle norme del diritto internazionale generalmente riconosciute, principio sancito dall'art. 10, primo comma, della Costituzione, una normativa che imponesse loro il servizio militare sarebbe incostituzionale» (Corte cost., sentenza n. 131/2001, in *Giur. cost.*, 2001, 1012).

11.1. *Rapporti tra norme risultanti dall'adattamento al diritto consuetudinario e norme, incompatibili con le prime, autonomamente adottate dal legislatore nazionale.*

La giurisprudenza si è dovuta misurare in più di un'occasione con il delicato problema dei rapporti tra le norme risultanti dall'adattamento al diritto internazionale e le norme interne, autonomamente adottate dal legislatore statale, in contrasto con le prime.

Nelle ipotesi, in realtà non così frequenti, nelle quali il problema si è posto con riferimento alle norme di adattamento al diritto consuetudinario, è stato enunciato il principio secondo cui va dichiarata l'incostituzionalità delle disposizioni interne incompatibili con quelle di adeguamento del nostro sistema alle norme di diritto internazionale generalmente riconosciute:

> «La conservazione dell'obbligo di servizio militare a carico di coloro che hanno perduto la cittadinanza italiana ... è diventata anacronistica ... È inoltre da tener presente che la prassi internazionale dominante induce a ritenere esistente una norma generale, che vincola gli Stati a non assoggettare ad obblighi militari cittadini stranieri. In base alla conformazione dell'ordinamento giuridico italiano alle norme del diritto internazionale generalmente riconosciute, statuita dall'art. 10, 1° comma, Cost., una norma che continuasse a richiedere il servizio militare ai non cittadini contrasterebbe con la norma generale internazionale, violando la Costituzione» (Corte cost., sentenza n. 278/1992, in *Giur. cost.*, 1992, 2116).

Nella sua decisione sul celebre caso *Russel*, la Corte costituzionale ha inoltre affermato la *prevalenza a titolo di specialità* – rispetto a disposizioni interne di rango costituzionale – delle norme risultanti dall'adattamento al diritto consuetudinario. Nella fattispecie era stata ipotizzata la contrarietà, rispetto agli artt. 120, 24, primo comma, 3 e 10, secondo comma, Cost., delle norme interne di adattamento – prodottesi attraverso il procedimento "automatico" di cui all'art. 10, primo comma, Cost. – alla disciplina consuetudinaria in materia di immunità dell'agente diplomatico dalla giurisdizione civile esercitata dinanzi ai giudici dello Stato accreditatario. La Corte, nel dichiarare non fondata la questione, si è espressa nei termini seguenti:

> «Rimane ora da considerare come possa armonizzarsi l'immunità in questione con le disposizioni costituzionali di raffronto. Ritiene la Corte che il denunciato contrasto sia solo apparente e risolubile applicando il principio di specialità. Invero le deroghe alla giurisdizione derivanti dall'immunità diplomatica non sono incompatibili con le norme costituzionali invocate, in quanto necessarie a garantire l'espletamento della missione diplomatica, istituto imprescindibile del diritto internazionale, dotato anche di garanzia costituzionale, come risulta dall'art. 87 Cost., secondo cui il Presidente della Repubblica "accredita e riceve i rappresentanti diplomatici"» (Corte cost., sentenza n. 48/1979, in *Giur. cost.*, 1979, 373).

Meno convincente è invece il ragionamento sviluppato nel prosieguo dalla Corte nell'ambito della medesima decisione, allorché essa distingue tra consuetudini venute ad esistenza anteriormente, ovvero successivamente, all'entrata in vigore della Costituzione, riferendo soltanto a queste ultime il limite – al quale va invece riconosciuta valenza generale (v. *infra*, par. 14.1) – costituito dai «principi fondamentali del nostro ordinamento costituzionale».

12.1. *La "specialità" delle norme risultanti dall'adattamento ai trattati internazionali.*

Il criterio della *specialità*, d'altra parte, è stato in passato utilizzato – di regola, in combinazione con altri argomenti – anche per risolvere le antinomie tra le norme risultanti dall'adattamento ai trattati e le norme di origine interna. Il coordinamento delle prime con le seconde in modo conforme agli obblighi assunti dallo Stato in ambito internazionale è stato così assicurato – prima delle riforma introdotta con la legge cost. n. 3/2001 – sul piano meramente interpretativo, richiamandosi ad una specialità *ratione materiae* o *personarum*, ovvero ad una specialità *sui generis*, che caratterizzerebbe – in ragione della "specialità" del procedimento impiegato – le norme prodottesi nell'ordinamento interno a seguito del rinvio formulato dall'ordine di esecuzione.

In qualche caso il carattere "speciale" delle norme risultanti dall'adattamento del diritto interno alle convenzioni (in particolare, di diritto uniforme) è stato affermato, invece, valorizzando le caratteristiche "formali e funzionali" della stessa disciplina concordata in ambito internazionale: tali norme, così, sarebbero speciali perché dotate di apposite regole di applicazione, le quali definiscono – in piena autonomia rispetto alle norme interne di diritto internazionale privato – la sfera di operatività della stessa disciplina "internazionale", eventualmente escludendo, rispetto all'ambito in tal modo delimitato, l'interferenza di qualsiasi diversa volontà legislativa:

> «Una volta fissato il carattere di legge interna delle norme di esecuzione della convenzione, esse si contrappongono al sistema codificato formato dalle norme di diritto internazionale privato e richiedono, per la loro applicazione, solo la soluzione del problema dell'identificazione dei rapporti compresi nel loro ambito ... La specialità inerente alle norme internazionalmente previste ... comporta che esse, essendo caratterizzate rispetto a tutte le altre disposizioni dell'ordinamento statuale, derogano e rendono inapplicabili (nella misura stabilita dalle proprie regole di applicazione) ogni altra norma dell'ordinamento statuale ed in particolare ogni norma di diritto internazionale privato» (Cass., 17 gennaio 1980, n. 383, in *Riv. dir. int. priv. e proc.*, 1981, 140).

12.2. *L'interesse dello Stato al rispetto degli obblighi internazionali e la tesi della conseguente "resistenza all'abrogazione" propria delle norme risultanti dall'adattamento ai trattati.*

Tra gli ulteriori argomenti utilizzati dalla giurisprudenza – in modo variamente combinato – per garantire un'applicazione delle norme risultanti dall'adattamento alle convenzioni internazionali conformemente agli impegni assunti dall'Italia nei confronti degli altri Stati contraenti, vi è quello dell'*interesse generale dello Stato all'adempimento degli obblighi internazionali* che gli fanno carico. Valorizzando tale argomento si esclude così che la volontà di violare il trattato possa desumersi implicitamente dalla successiva adozione, da parte del legislatore nazionale, di norme interne, pariordinate rispetto a quelle di adattamento al trattato e con esse incompatibili (per l'applicazione, invece, del criterio dell'abrogazione tacita nell'ipotesi "rovesciata", che si determina quando oggetto di deroga sono le norme preesistenti di origine puramente nazionale, v. *supra*, par. 7.2). Nella medesima prospettiva è stato utilizzato anche l'argomento dell'*interesse "costituzionale" dello Stato all'osservanza di determinate norme di derivazione pattizia, in ragione del loro particolare contenuto*: è quanto talvolta si è verificato, ad esempio, con riferimento alle norme previste dalle convenzioni in materia di tutela dei diritti umani (v. *infra*, par. 13.1).

In coerenza con gli esiti della prassi cui si è fatto ora riferimento l'art. 2, secondo comma, della legge 31 maggio 1995, n. 218 (in *G.U.* n. 128 del 3 giugno 1995) di riforma del nostro sistema di diritto internazionale privato, prevede che la disciplina in essa contenuta non possa trovare applicazione in pregiudizio di quella contenuta in convenzioni internazionali in vigore per l'Italia. Tale disposizione invita dunque l'interprete a ricavare dalla disciplina di origine internazionale volta a volta rilevante le indicazioni che eventualmente ne prescrivano la "prevalenza" sulle norme, con essa incompatibili, autonomamente adottate dal legislatore interno.

13.1. *La particolare "resistenza all'abrogazione" delle norme interne di adattamento alla Convenzione europea per la salvaguardia dei diritti dell'uomo e delle libertà fondamentali.*

Con specifico riguardo alle convenzioni in tema di tutela dei diritti umani, è stata affermata la particolare resistenza all'abrogazione delle norme risultanti dall'adattamento del diritto interno a tali convenzioni, in considerazione della *"copertura"* ad esse *offerta dalle numerose disposizioni costituzionali volte alla protezione dei medesimi diritti*.

Tale principio è stato più volte enunciato nel nostro ordinamento in relazione alle norme di adattamento alla Convenzione europea per la salvaguardia dei diritti dell'uomo e delle libertà fondamentali (qui di seguito indicata anche con l'acronimo *CEDU*), adottata a Roma il 4 novembre 1950, resa esecutiva in Italia – ove è in vigore dal 26 ottobre 1955 – con legge 4 agosto 1955, n. 848 (in *G.U.* n. 221 del 24 settembre 1955) e successive modificazioni. La "particolare resistenza all'abrogazione" di tali norme di attuazione è stata per lo più motivata in ragione del *contenuto* di tale Convenzione, considerata codificatrice di "principi generali" alla base del nostro ordinamento:

> «Diversa [rispetto a quella che si prospetta in caso di rapporti tra diritto interno e diritto comunitario] è la situazione per la convenzione di Roma per la quale, più che di prevalenza nel senso sopra indicato, è corretto parlare di *particolare forza di resistenza della normativa di origine convenzionale rispetto alla normativa ordinaria successiva*. Tale particolare forza di resistenza – che la dottrina generalmente rapporta ora al criterio *lex generalis derogat priori speciali* ora alla garanzia costituzionale connessa al principio *pacta recepta sunt servanda* – è dovuta alla natura di principi generali dell'ordinamento che alle disposizioni della convenzione deve essere riconosciuta, in conseguenza del loro inserimento nell'ordinamento italiano» (Cass. pen., 10 luglio 1993, in *Riv. dir. int.*, 1993, 535, enfasi aggiunta).

Nella giurisprudenza della Corte costituzionale la particolare "forza di resistenza all'abrogazione", riconosciuta in favore della disciplina prevista dalla Convenzione in esame, è stata invece giustificata, in una occasione, sulla base della "atipicità" della fonte dalla quale essa promana:

> «Le norme internazionali appena ricordate [in tema di tutela dei diritti dell'imputato] sono state introdotte nell'ordinamento italiano con la forza di legge propria degli atti contenenti i relativi ordini di esecuzione (v. sentt. 188 del 1980, 153 del 1987 e 323 del 1989) e sono tuttora vigenti, non potendo, certo, essere considerate abrogate dalle successive disposizioni del codice di procedura penale, non tanto perché queste ultime sono vincolate alla direttiva contenuta nell'art. 2 della legge delega del 16 febbraio 1987, n. 81 ("il codice di procedura penale deve ... adeguarsi alle norme internazionali ratificate dall'Italia e relative ai diritti della persona e al processo penale"), quanto, piuttosto, perché si tratta di *norme derivanti da una fonte riconducibile a una competenza atipica* e, come tali, insuscettibili di abrogazione o di modificazione da parte di disposizioni di legge ordinaria» (Corte cost., sentenza n. 10/1993, in *Giur. cost.*, 1993, 52, enfasi aggiunta).

La pronuncia appena citata è rimasta tuttavia isolata. Né si è affermata in sede giurisprudenziale la tesi della "parametricità" delle norme previste dalla *CEDU*, in quanto "*norme interposte*" (norme, cioè, di cui la Costituzione prescrive l'osservanza) destinate a imporsi al legislatore in virtù di un implicito richiamo ad opera dell'art. 11 Cost. (nella parte in cui ammette, come già ricordato, limitazioni di sovranità, giustificate dal perseguimento di determinati obiettivi e garantite da una clausola di reciprocità).

Non ha trovato il conforto della giurisprudenza costituzionale neppure la tesi della "costituzionalizzazione" di tale Convenzione attraverso l'art. 2 Cost., che espressamente garantisce i "diritti inviolabili dell'uomo". L'ipotesi dottrinale era nel senso di una integrazione di tale disposizione costituzionale, in quanto "norma a fattispecie aperta", ad opera della disciplina prevista dalla *CEDU*; tale ipotesi, per le sue inevitabili implicazioni – l'equiparazione della Convenzione alla nostra Carta costituzionale – non ha fino ad oggi avuto seguito giurisprudenziale.

13.2. (segue): il ricorso alla Convenzione europea in funzione integrativa e la sua "parametricità" nel giudizio costituzionale.

La giurisprudenza – anche quella costituzionale – è invece disposta ad ammettere la possibilità che la *CEDU* venga impiegata come insieme di norme in conformità alle quali orientare l'interpretazione non solo della legge, ma anche della stessa Costituzione:

> «Indipendentemente dal valore da attribuire alle norme pattizie che non si collocano di per se stesse a livello costituzionale (tra le molte sentenze n. 188 del 1980 e n. 315 del 1990), mentre spetta al legislatore dare ad esse attuazione (sentenza n. 172 del 1987), è da rilevare che i diritti umani, garantiti anche da convenzioni universali o regionali sottoscritte dall'Italia, trovano espressione, e non meno intensa garanzia, nella Costituzione (cfr. sentenza n. 399 del 1998): non solo per il valore da attribuire al generale riconoscimento dei diritti inviolabili dell'uomo fatta dall'art. 2 della Costituzione, sempre più avvertiti dalla coscienza contemporanea come coessenziali alla dignità della persona (cfr. sentenza n. 167 del 1999), ma anche perché, al di là della coincidenza nei cataloghi di tali diritti, le diverse formule che li esprimono si integrano, completandosi reciprocamente nell'interpretazione» (Corte cost., sentenza n. 388/1999, in *Giur. cost.*, 1999, 2991).

È dunque un fatto che la nostra Corte costituzionale, anche nelle sue decisioni più "sbilanciate" in favore del riconoscimento di un "peculiare rilievo" inerente alla disciplina in tema di tutela dei diritti umani prevista dalla Convenzione in esame, ha evitato accuratamente di giustificare tale effetto affermando la "supremazia formale" di tale disciplina rispetto alla legge ordinaria, in quanto tale affermazione avrebbe richiesto l'individuazione di un "meccanismo" idoneo a garantire e rendere effettiva tale supremazia.

Un atteggiamento assai meno prudente a tale specifico riguardo si desume invece da una giurisprudenza ancora di recente riaffermata dalla Corte di Cassazione, a Sezioni Unite:

> «La natura immediatamente precettiva delle norme convenzionali a seguito di ratifica dello strumento di diritto internazionale è stata già del resto riconosciuta esplicitamente dalla giurisprudenza di questa Corte ... (Cass., S.U., 10 luglio 1991, n. 7662; ... Cass. 26 marzo 2002, n. 4297)», che, altresì, ha infine «espressamente riconosciuto *la natura sovraordinata alle norme della Convenzione* [europea per la salvaguardia dei diritti dell'uomo e delle libertà fondamentali] *sancendo l'obbligo per il giudice di disapplicare la norma interna in contrasto con la norma pattizia dotata di immediata precettività nel caso concreto* (Cass. 19 luglio 2002, n. 10542)» (Cass., S.U., 23 dicembre 2005, n. 28507, in *Foro it.*, 2006, 5, 1, 1423, enfasi aggiunta).

Anche tralasciando l'affermazione che sembra subordinare la "immediata precettività", sul piano interno, di una normativa pattizia *self-executing* alla sola circostanza che la convenzione – che tale norma contempla – sia stata oggetto di "ratifica" (di tale ambiguità – come più volte rilevato – si trova traccia in numerose decisioni: in questo senso, ad es., *supra*, parr. 2.2. e 3.1), la sentenza – nel passo riportato – non pare altresì conciliabile con i principi che, anche dopo la riforma del Titolo V, presiedono al coordinamento tra fonti di origine puramente interna, da un lato, e quelle di derivazione pattizia, dall'altro.

Come verrà precisato anche in seguito (*infra*, spec. par. 14.2), il giudice italiano, in presenza di una antinomia tra una disposizione risultante dall'adattamento alla Convenzione e una disposizione autonomamente adottata dal legislatore statale insuscettibile di essere superata sul piano interpretativo (attraverso una sorta di interpretazione "convenzionalmente conforme" del diritto interno), non può decidere di "disapplicare" la disposizione interna incompatibile.

Il giudice comune è piuttosto tenuto, nelle circostanze ora indicate, a rimettere il controllo in capo alla Corte costituzionale, la quale – se del caso – utilizzerà la *CEDU*, a norma del primo comma dell'art. 117 Cost., alla stregua di un parametro interposto nel giudizio di costituzionalità.

Tale impostazione è stata puntualmente condivisa in una recentissima ordinanza della Cassazione che, sempre con riguardo alla Convenzione europea in esame, si è discostata dall'orientamento giurisprudenziale appena ricordato, individuando nella questione di legittimità in via incidentale la "via corretta" da seguire, in armonia con il nuovo quadro costituzionale delineatosi a seguito della riforma del Titolo V:

«La giurisprudenza della Corte europea, conclusivamente, appare ormai del tutto consolidata nel ritenere il criterio indennitario stabilito dall'art. 5 bis, comma 7 bis [della legge n. 359 del 1990, introdotto dalla legge n. 662 del 1996] in contrasto con i menzionati precetti della Convenzione ... Ciò malgrado, il collegio non ritiene che nella specie possa disapplicarsi una legge vigente dello Stato, per far riemergere la disciplina previgente, ... muovendo da una pretesa violazione delle aspettative dell'avente diritto al *quantum* di una prestazione patrimoniale ... Ciò perché l'abrogazione della legge dello Stato si verifica nelle sole ipotesi ... dell'art. 15 disp. prel. cod. civ. e art. 136 Cost., che non tollerano la disapplicazione da parte del giudice, pur quando si avvalga della autorevole interpretazione del giudice internazionale». Nella fattispecie «non è, infatti, ravvisabile nell'ordinamento, riguardo il preteso contrasto del diritto interno con la Convenzione Europea dei diritti dell'uomo, un meccanismo idoneo a stabilire la sottordinazione della fonte di diritto nazionale, rispetto alla fonte di diritto internazionale. ... *La subordinazione della legge statale alle fonti internazionali è, invece, ora da riconoscere alla luce dell'art. 117 Cost, comma 1* ... Il ravvisato contrasto della vigente normativa indennitaria con la Convenzione ne determina una sopravvenuta ragione di incostituzionalità con l'art. 117 Cost., comma 1; *le norme della Convenzione*, in particolare gli artt. 6 e 1 prot. 1^ add., *divengono nome interposte*, attraverso l'autorevole interpretazione che ne ha reso la Corte di Strasburgo, *nel giudizio di costituzionalità*» (Cass., 20 maggio 2006, n. 11887, in *Corriere giuridico*, 2006, 942, enfasi aggiunte).

14.1. *Il sindacato di costituzionalità sulle norme risultanti dall'adattamento al diritto internazionale ed i parametri di giudizio impiegati dalla Corte.*

Nel caso venga ipotizzato il contrasto tra norme risultanti dall'adattamento al diritto internazionale e norme o principi costituzionali, il sindacato di legittimità avrà ad oggetto la norma interna per il tramite della quale è stata "recepita" nell'ordinamento statale la norma di origine internazionale.

In proposito va segnalata un'importante decisione della Corte costituzionale, con la quale è stato chiarito senza incertezze – in presenza di una prassi non condivisibile, volta a negare la "emendabilità" (nel senso di "modifica parziale") della legge recante l'ordine di esecuzione – che, nel caso venga ipotizzata l'incompatibilità delle norme risultanti dall'adattamento ad una convenzione internazionale con norme o principi costituzionali, il sindacato di costituzionalità "accentrato" (riservato, cioè, alla Corte costituzionale), avente ad oggetto l'atto che formula l'ordine di esecuzione, può concludersi affermandone l'illegittimità limitatamente alla parte in cui tale atto consente l'ingresso, nell'ordinamento interno, di specifiche disposizioni (puntualmente "modellate" sul contenuto di quelle pattizie) contrarie a norme o principi costituzionali:

«La disciplina censurata [si tratta della Convenzione di Varsavia 12 ottobre 1929 sul trasporto aereo, come modificata dall'art. XI del Protocollo dell'Aja del 1955] ... non è più sorretta dalle ragioni sottostanti all'originario assetto della convenzione di Varsavia, e non è, d'altra parte, compensata, o accompagnata, da alcuna misura del tipo dianzi ricordato, in punto di salvaguardia della pretesa risarcitoria. Nei termini in cui essa è configurata, la norma che di fronte alle lesioni corporee – e addirittura, come qui accade, di fronte alla perdita della vita umana – esclude il ristoro integrale del danno non è assistita da un idoneo titolo giustificativo. Occorre quindi concludere che essa lede la garanzia eretta dall'art. 2 della Costituzione a presidio inviolabile della persona ... La pronuncia della Corte concerne, si deve infine precisare, esclusivamente le disposizioni di legge che hanno conferito efficacia interna alle clausole pattizie in esame. Va dunque dichiarata la illegittimità costituzionale dell'art. 1 della legge 19 maggio 1932, n. 841 e dell'art. 2 della legge 3 dicembre 1962, n. 1832, nella parte in cui danno esecuzione all'art. 22.1 della Convenzione di Varsavia, come sostituito dall'art. XI del Protocollo dell'Aja» (Corte cost., sentenza n. 132/1985, in *Giur. cost.*, 1985, 934).

Come ribadito nella decisione sul caso *Baraldini*, già richiamata (*supra*, par. 10.1), la Corte costituzionale si riserva tuttavia il compito di accertare l'eventuale contrasto delle norme risultanti dall'adattamento al diritto internazionale con i "principi fondamentali dell'ordinamento costituzionale dello Stato" e dei "diritti della persona":

«L'orientamento di apertura dell'ordinamento italiano nei confronti sia delle norme di diritto internazionale generalmente riconosciute, sia delle norme convenzionali internazionali incontra i limiti necessari a garantirne l'identità e quindi, innanzi tutto, i limiti derivanti dalla Costituzione. Ciò vale perfino nei casi in cui la Costituzione stessa offre all'adattamento al diritto internazionale uno specifico fondamento, idoneo a conferire alle norme introdotte nell'ordinamento italiano un particolare valore giuridico. I "principi fondamentali dell'ordinamento costituzionale" e i "diritti inalienabili della persona" costituiscono infatti limite all'ingresso tanto delle norme internazionali generalmente riconosciute alle quali l'ordinamento giuridico "si conforma" secondo l'art. 10, primo comma della Costituzione (sentenza n. 48 del 1979); quanto delle norme contenute in trattati istitutivi di organizzazioni internazionali aventi gli scopi indicati dall'art. 11 della Costituzione o derivanti da tali organizzazioni ... E anche le norme bilaterali con le quali lo Stato e la Chiesa cattolica regolano i loro rapporti, secondo l'art. 7, secondo comma della Costituzione, incontrano, quali ostacoli al loro ingresso nell'ordinamento italiano, i "principi supremi dell'ordinamento costituzionale dello Stato"» (Corte cost., sentenza n. 73/2001, cit.).

14.2. *La verifica in ordine alla compatibilità di norme di origine interna con norme di esecuzione di convenzioni internazionali.*

Problemi delicati quanto quelli evocati nel precedente paragrafo si sono posti con riferimento all'ipotesi opposta, che si realizza quando sia in gioco non già la valutazione della legittimità costituzionale delle norme risultanti dall'adattamento a convenzioni internazionali, bensì quella delle norme adottate dal legislatore nazionale, che si pongano in contrasto con le prime. La questione ora evocata, prospettatasi con riferimento alle norme di adattamento alla *CEDU*, è stata in qualche caso risolta da giudici di merito attraverso la "disapplicazione" delle norme interne, con le prime incompatibili (Trib. Genova, Sez. lav., 30 novembre 2000, n. 4114, in *Informazione Previdenziale*, 2002, 578; Trib. Genova, 4 giugno 2001, in *Foro it.*, 2001, I, 2653; App. Roma, Sez. lav., ord. 11 aprile 2002, reperibile sul sito <*http://www.federalismi.it*>).

Si è già chiarito che il coordinamento tra la disciplina di origine convenzionale e le leggi interne successive non può essere operato sulla base dei medesimi meccanismi e principi che presiedono al coordinamento, all'interno degli Stati membri, tra norme comunitarie direttamente applicabili e disposizioni nazionali con le prime incompatibili. Nel caso del diritto comunitario, infatti, lo Stato, in conformità all'art. 11 Cost., ha acconsentito ad una limitazione di sovranità esplicitamente contemplata dal Trattato istitutivo della Comunità europea, che prevede la possibilità per le istituzioni comunitarie, nell'ambito delle rispettive competenze, di adottare atti recanti norme immediatamente applicabili nel nostro ordinamento "per forza propria", i quali non entrano «a far parte del diritto interno» e si sottraggono così «al regime disposto per le leggi (e gli atti aventi forza di legge) dello Stato» (v. *infra*, Cap. V, par. 5.2).

Nel caso della Convenzione europea per la salvaguardia dei diritti dell'uomo, invece, lo Stato italiano ha proceduto all'adattamento senza accettare, neppure implicitamente, una forma analoga di limitazione della sovranità, né ammettendone l'operatività "per forza propria", né, tanto meno, prevedendo un meccanismo di "non applicazione" delle norme interne, anche successive, incompatibili.

Eccezion fatta per la disapplicazione delle norme incompatibili con il diritto comunitario direttamente applicabile, il nostro ordinamento prevede il principio di soggezione del giudice alla legge, e non conosce casi ulteriori di disapplicazione di leggi – al di fuori, beninteso, dei principi che regolano la successione delle leggi nel tempo – neppure nell'ipotesi di contrasto con fonti sovraordinate.

Un sindacato diffuso sulla compatibilità delle norme legislative con la *CEDU*, nei termini in cui è stato ammesso nelle decisioni di merito richiamate, offrirebbe a tale Convenzione una garanzia giurisdizionale più "forte" (in quanto "diffusa") rispetto a quella che assiste la Costituzione nella materia dei diritti dell'uomo, instaurando un sistema parallelo di controllo della costituzionalità "materiale" delle leggi.

Alla soluzione del problema in esame offre – come già osservato – un contributo significativo la recente revisione del Titolo V, Parte II, Cost., posto che grava oggi sul giudice, allorché si profili un contrasto tra la norma risultante dall'adattamento ad una convenzione internazionale ed una (successiva) disposizione legislativa interna, l'obbligo di sollevare una questione di legittimità costituzionale in via incidentale, ipotizzando la violazione, da parte di quest'ultima, dell'art. 117, primo comma, Cost. In tale logica la norma di origine pattizia viene così a configurarsi come norma interposta – nel senso precisato *supra*, par. 13.1 – nel giudizio di costituzionalità (puntualmente in questo senso, la recentissima ordinanza Cass., 20 maggio 2006, n. 11887, di cui *supra*, par. 13.2).

15.1. *Ancora sul vincolo, per il legislatore italiano, al rispetto degli "obblighi internazionali", a norma dell'art. 117, primo comma, Cost.*

È stato già ricordato che, secondo l'orientamento preferibile, l'art. 117, primo comma, Cost., non modifica il sistema di adeguamento dell'ordinamento interno al diritto internazionale e non va intesa, pertanto, come norma *di* adattamento (nel senso precisato *supra*, parr. 2.2 e 6.1). Se si segue tale impostazione, essa va considerata piuttosto come norma sulla produzione giuridica, cioè come norma *sull'*adattamento, volta a disciplinare l'attività legislativa di adeguamento al diritto internazionale.

Quanto ora affermato non deve tuttavia indurre a trascurare la portata innovativa insita nella disposizione costituzionale in esame. A seguito della riforma, infatti, le norme risultanti dall'adattamento ai trattati acquisiscono il valore di norme "interposte", cioè di norme di cui la Costituzione prescrive il rispetto da parte del legislatore. In caso di violazione di tali norme da parte di disposizioni interne incompatibili, la Corte costituzionale sarà pertanto chiamata a dichiarare l'illegittimità delle seconde, per violazione dell'art. 117, primo comma, Cost.

Va altresì ribadito che, in base ad una interpretazione letterale, la disposizione in esame parrebbe diretta a vincolare (con efficacia dall'entrata in vigore della revisione costituzionale) il legislatore al rispetto di tutti gli obblighi perfezionati in base al diritto internazionale, indipendentemente dalla loro esecuzione nell'ordinamento nazionale. Quanto meno *prima facie*, infatti, l'art. 117 Cost. sembrerebbe prescrivere al legislatore il rispetto (tra l'altro) della generalità degli accordi internazionali, e pertanto anche di quelli conclusi in forma semplificata ovvero dalle Regioni, a norma del nono comma della medesima disposizione costituzionale (che disciplina il *treaty making power* riconosciuto alle medesime), dai quali derivano "vincoli" per lo Stato, a prescindere dalla verifica se siano state o meno adottate norme interne di adeguamento.

Si tratta peraltro, come già sottolineato (v. ancora *supra*, par. 2.2), di un'interpretazione non priva di conseguenze problematiche. Si evidenzia infatti, ad esempio, una qualche incoerenza del nostro sistema se si considera che esso richiede una legge (di autorizzazione alla ratifica, *ex* art. 80 Cost.) tutte le volte che si rende necessario, in attuazione di "obblighi internazionali", introdurre modifiche a disposizioni legislative precedentemente in vigore nel nostro ordinamento, mentre non verrebbe prescritto il passaggio parlamentare quando (sempre in attuazione di "obblighi internazionali") si trattasse invece di vincolare il legislatore "futuro".

Malgrado i profili di incertezza che sono stati evidenziati, resta tuttavia chiaro che la recente riforma costituzionale ha l'effetto di accentuare notevolmente l'"apertura internazionalistica" che caratterizza il nostro sistema. Ed in tale prospettiva si giustifica così la lettura dell'art. 117, primo comma, Cost., volta a porre a carico del legislatore italiano un vincolo non solo negativo (relativo al divieto, *pro futuro*, di adottare disposizioni in contrasto con gli obblighi internazionali), ma anche positivo, consistente cioè – come già osservato *supra*, par. 2.2 – nel garantire altresì l'*adempimento dei medesimi obblighi* sul piano interno.

Bibliografia essenziale

a) Sui *termini del dibattito su monismo e dualismo nei rapporti tra diritto interno e diritto internazionale sono fondamentali i contributi* di H. TRIEPEL, *Völkerrecht und Landesrecht*, Leipzig, 1899, trad. it. *Diritto internazionale e diritto interno*, Torino, 1913; D. ANZILOTTI, *Il diritto internazionale nei giudizi interni*, Bologna, 1905, ora in *Scritti di diritto internazionale pubblico*, I, Padova, 1956, p. 281 ss., e H. KELSEN, *Reine Rechtslehre*, Wien, 1960, trad. it. a cura di M.G. LOSANO, *Dottrina pura del diritto*, Torino, 1990.

b) In generale, *a proposito del problema* dell'*adattamento del diritto statale al diritto internazionale* (anche con riguardo a profili di diritto comparato): P. DE VISSCHER, *Les tendances internationales des constitutions modernes*, in *Recueil des Cours*, t. 80, 1952, p. 511 ss.; A. LA PERGOLA, *Costituzione e adattamento dell'ordinamento interno al diritto internazionale*, Milano, 1961; G. SPERDUTI, *Le principe de souveraineté et le problème des rapports entre le droit international et le droit interne*, in *Recueil des Cours*, t. 153, 1976, p. 319 ss.; A. CASSESE, *Modern Constitutions and International Law*, in *Recueil des Cours*, t. 192, 1985, p. 394 ss.; F.G. JACOBS, S. ROBERTS (eds.), *The Effect of Treaties in Domestic Law*, London, 1987; B. CONFORTI, *Cours général de droit international public*, in *Recueil des Cours*, t. 212, 1988, p. 48 ss.; U. LEANZA (a cura di), *Costituzione dello Stato e norme internazionali*, Milano, 1988; A. BERNARDINI, *Norme internazionali e diritto interno. Formazione e adattamento*, Pescara, 1989; G.I. TUNKIN (ed.), *International Law and Municipal Law*, Berlin, 1988; L. ERADES, *Interactions between International and Municipal Law: a Comparative Case Law Study*, The Hague, 1993; V. VERESHCHETIN, *New Constitutions and the Old Problem of the Relationship between International Law and National Law*, in *Eur. Journ. Int. Law*, 1996, p. 29 ss.; G. CATALDI, *Rapporti tra norme internazionali e norme interne*, in *Digesto, Disc. pubbl.*, XII, 1997, p. 391 ss.; G.G. FLORIDIA, *Diritto interno e diritto internazionale: profili storico-comparatistici*, in *Dir. pubbl. comp. e eur.*, 2002, p. 1340 ss.

c) In particolare, *con riguardo all'adattamento del diritto italiano al diritto consuetudinario*: A. MIELE, *La Costituzione italiana e il diritto internazionale*, Milano, 1951; A. CASSESE, *Art. 10*, in *Commentario alla Costituzione* a cura di G. BRANCA, *Principi fondamentali*, Bologna, 1975, p. 485 ss.; L. SICO, *Adattamento del diritto interno al diritto internazionale generale*, in *Enc. dir.*, Agg., II, Milano, 1998, p. 347 ss.

d) A proposito dell'*adattamento del diritto italiano ai trattati internazionali*: G. BARILE, *Diritto internazionale e diritto interno. Rapporti tra sistemi omogenei ed eterogenei di norme giuridiche*, Milano, 1960; C. FABOZZI, *L'attuazione dei trattati internazionali mediante ordine di esecuzione*, Milano, 1961; A. BERNARDINI, *Produzione di norme giuridiche tramite rinvio*, Milano, 1966; L. CONDORELLI, *Il giudice italiano e i trattati internazionali. Gli accordi* self-executing *e non* self-executing *nell'ottica della giurisprudenza*, Padova, 1974; F. MOSCONI, *Ordine di esecuzione e mancata ratifica*, in *Riv. dir. int. priv. e proc.*, 1983, p. 582 ss. Ancora, relativamente alla distinzione tra accordi internazionali *self-executing* e non *self-executing*: T. BUERGHENTAL, *Self-Executing and Non-Self-Executing Treaties in National and International Law*, in *Recueil des Cours*, t. 235, 1992, p. 303 ss. Più specificamente, *in relazione*: (i) ai *rapporti tra norme autono-*

mamente adottate dal legislatore interno e norme risultanti dall'adattamento agli accordi internazionali in vigore per l'Italia: E. CANNIZZARO, *Trattati internazionali e giudizio di costituzionalità*, Milano, 1991; ID., *Gerarchia e competenza nei rapporti fra trattati e leggi interne*, in *Riv. dir. int.*, 1993, p. 351 ss.; S. AMADEO, *I trattati internazionali dinanzi alla Corte costituzionale*, Milano, 1999; (ii) alla *portata attuale dell'art. 117, primo comma, Cost., e all'estensione delle competenze regionali in materia di attuazione dei trattati internazionali*: F. SORRENTINO, *Nuovi profili costituzionali dei rapporti tra diritto interno e diritto internazionale e comunitario*, in *Dir. pubbl. comp. e eur.*, 2002, p. 1355 ss.; E. CANNIZZARO, *Le relazioni esterne delle Regioni nella legge di attuazione del nuovo titolo V della Costituzione*, in *Riv. dir. int.*, 2003, p. 759 ss.; G.F. FERRARI, G. PARODI, *Stato e Regioni di fronte al diritto comunitario e internazionale*, in *La revisione costituzionale del Titolo V tra nuovo regionalismo e federalismo. Problemi applicativi e linee evolutive*, Padova, 2003, p. 429 ss.; E. SCISO, *I "nuovi" poteri esteri delle regioni*, in *Com. int.*, 2004, p. 659 ss.; (iii) al «*valore», nell'ordinamento italiano, delle norme risultanti dall'adattamento alle convenzioni di diritto uniforme*: S.M. CARBONE, *Contratto di trasporto marittimo di cose*, in *Trattato di diritto civile e commerciale* già diretto da A. CICU e F. MESSINEO, continuato da L. MENGONI, vol. XXVI, t. 2, sez. I, Milano, 1988, p. 37 ss.; B. CONFORTI, *Obblighi di mezzi e obblighi di risultato nelle convenzioni di diritto uniforme*, in *L'unificazione del diritto internazionale privato e processuale. Studi in memoria di M. Giuliano*, Padova, 1989, p. 373 ss.; N. BOSCHIERO, *Il coordinamento delle norme in materia di vendita internazionale*, Padova, 1990, p. 335 ss., spec. p. 357 ss.; (iv) alla *peculiare "forza normativa", riconosciuta prima della riforma attuata con legge n. 3/2001, delle norme risultanti dall'adattamento a convenzioni in tema di tutela dei diritti umani*: F. RASPADORI, *I trattati internazionali sui diritti umani*, Milano, 2000; L. MONTANARI, *I diritti dell'uomo nell'area europea tra fonti internazionali e fonti interne*, Torino, 2002.

e) Sull'*attuazione delle "fonti previste da accordi", che promanano dagli organi di organizzazioni o enti diversi dalla Comunità e dall'Unione europea*: G. GAJA, *Sull'esecuzione in Italia delle sanzioni prese nei confronti del Sud Africa*, in *Riv. dir. int.*, 1987, p. 125 ss.; D. RINOLDI, *Atti delle organizzazioni internazionali*, in *Enc. giur. Treccani*, III, Roma, 1988, p. 1 ss.; G. CATALDI, *Sull'applicazione delle decisioni del Consiglio di Sicurezza nel diritto interno*, in *Riv. dir. int.*, 1998, p. 1022 ss.; A. LANG, *Le risoluzioni del Consiglio di Sicurezza delle Nazioni Unite e l'Unione europea*, Milano, 2002.

CAPITOLO V

COMUNITÀ EUROPEE, UNIONE EUROPEA E ADATTAMENTO

di Massimo Condinanzi

Sommario: 1.1. Le ragioni dell'integrazione comunitaria. – 1.2. Le Comunità europee. Cenni introduttivi. – 1.3. Le Comunità e l'Unione europea. – 1.4. L'allargamento e il futuro dell'Unione europea. – 2.1. La nozione di "ordinamento comunitario" e la specificità dei meccanismi di adattamento. – 3.1. L'adattamento al diritto primario. – 4.1. L'adattamento agli accordi stipulati dalla Comunità e dall'Unione. – 4.2. Gli accordi della Comunità. – 4.3. Gli accordi dell'Unione. – 5.1. L'adattamento al diritto comunitario derivato. – 5.2. I regolamenti. – 5.3. Le direttive. – 5.4. L'efficacia diretta delle direttive. – 5.5. Gli effetti delle direttive nelle more dell'attuazione. – 6.1. Le decisioni. – 7.1. La riforma della legge "La Pergola" e il ruolo delle Regioni. – 8.1. L'adattamento agli atti dell'Unione. – 8.2. Gli atti della Politica estera e di sicurezza comune. – 8.3. Gli atti della Cooperazione di polizia e giudiziaria in materia penale. – 9.1. Il rapporto tra diritto comunitario e diritto interno (norme costituzionali e leggi ordinarie). – 9.2. Il rapporto con le norme della Costituzione. – 9.3. Il rapporto con la legge ordinaria. – 9.4. La "non applicazione" della norma interna contrastante. – 9.5. Il controllo costituzionale dell'adattamento al diritto comunitario e dell'Unione. – 9.6. I "controlimiti" alla prevalenza del diritto comunitario.

1.1. *Le ragioni dell'integrazione comunitaria.*

La comprensione dei meccanismi attraverso i quali l'ordinamento italiano garantisce l'applicabilità al suo interno del complesso delle regole costituenti il diritto comunitario e dell'Unione europea presuppone la cognizione, sia pur del tutto embrionale e sommaria, degli enti denominati Comunità europee e Unione europea che da parte di quelle regole sono disciplinati e che altra parte delle medesime hanno posto in essere, attraverso procedimenti c.d. di terzo grado.

L'origine dell'integrazione comunitaria trova giustificazione e ragion d'essere, sul piano storico-politico, nelle vicende della seconda Guerra Mondiale, attraverso cui si erano drammaticamente evidenziati conflitti e rivalità tra gli Stati dell'Europa occidentale.

Le pressanti esigenze di cooperazione economica (l'attuazione del programma di aiuti americano noto come *Piano Marshall*), la volontà politica di contrapposizione al blocco europeo sotto l'influenza sovietica, il desiderio di garantire la pace e la tutela dei diritti fondamentali dell'individuo offesi dalle trascorse esperienze totalitarie, favorirono la stipulazione di trattati istitutivi di organizzazioni internazionali intergovernative, quali l'Organizzazione europea per la cooperazione economica (OECE, 1949), l'Organizzazione dell'Atlantico del Nord (NATO, 1949) e il Consiglio d'Europa (1949). Accanto ad esse, nel contesto di una rinnovata cooperazione internazionale, la Francia, attraverso il proprio ministro degli esteri Robert Schuman, proponeva nel 1950 di risolvere le controversie franco-tedesche per lo sfruttamento dei bacini carboniferi della Saar, della Ruhr, dell'Alsazia e della Lorena, affidandone il controllo ad un'autorità sovranazionale, nel contesto di uno strumento di cooperazione internazionale aperto a tutti gli Stati europei.

1.2. *Le Comunità europee. Cenni introduttivi.*

Il 18 aprile 1951, Belgio, Francia, Germania, Italia, Lussemburgo e Paesi Bassi stipulavano il Trattato istitutivo della Comunità europea del carbone e dell'acciaio (CECA), entrato in vigore il 23 luglio 1952. Per quanto le competenze della nuova organizzazione fossero fortemente limitate *ratione materiae*, alcune sue caratteristiche passarono nelle Comunità europee successivamente create, trovando giustificazione, sostanzialmente, in un tratto unificante l'intera esperienza comunitaria: la strumentalità della limitata cooperazione economica ad una finalità più ampia, non immediatamente realizzabile e non meramente economica, che viene ricordata anche nel preambolo del Trattato CECA. Gli obiettivi ultimi di tutti i trattati comunitari sono, infatti, già menzionati nel preambolo del primo di essi: concorrere alla preservazione della pace mondiale, e delle relazioni pacifiche tra gli Stati europei, alla creazione di una solidarietà di fatto. Rispetto ad essi, l'«espansione delle produzioni fondamentali» degli Stati membri diviene mezzo per il conseguimento del fine, anch'esso menzionato nel preambolo del Trattato CECA, di «una comunità più vasta e profonda tra popoli» e le istituzioni previste dal trattato sono concepite come «capaci di indirizzare un destino ormai condiviso» dagli Stati membri.

Con l'estinzione del Trattato CECA per decorso del termine finale di cinquant'anni dalla sua entrata in vigore (cfr. art. 97 CECA), quegli obiettivi finali sono rimasti consegnati agli altri due trattati, stipulati a Roma il 25 marzo 1957 ed entrati in vigore il 1° gennaio 1958, l'uno istitutivo di una Comunità europea ancora settoriale (la Comunità europea dell'energia atomica, CEEA), l'altro fondante l'organizzazione comunitaria di più ampio respiro (la Comunità economica europea, CEE), consacrata alla creazione non di una semplice unione doganale, ma di un mercato comune al cui interno i fattori della produzione (normativamente identificati nelle persone, nelle merci, nei servizi e nei capitali), potessero circolare liberamente, in uno spazio giuridico tendenzialmente omogeneo, caratterizzato da uniformi condizioni di concorrenza.

L'ampiezza dei fini della CEE, giustificata anche da una certa qual vaghezza definitoria (la creazione «di un'unione sempre più stretta fra i popoli europei», «il miglioramento del tenore e della qualità della vita», cfr. preambolo e art. 2 del Trattato), ne ha indotto una progressiva estensione dell'attività a settori della vita economica e sociale degli Stati membri inizialmente esclusi (o solo indirettamente riguardati) dall'influenza del diritto comunitario.

I trattati che, a partire dell'Atto Unico Europeo del 1986, hanno progressivamente esteso l'ambito di applicazione dell'ordinamento comunitario dapprima a materie quali la politica sociale, la ricerca e lo sviluppo tecnologico, l'ambiente e, successivamente (con il Trattato di Maastricht del 1992), all'istruzione e alla formazione professionale, alla cultura, alla sanità pubblica, alla protezione dei consumatori, alle reti transeuropee, alla cooperazione allo sviluppo, hanno giustificato la soppressione, perché ormai anacronistica, dell'aggettivazione "economica" nella definizione nominale di Comunità europea.

1.3. *Le Comunità e l'Unione europea.*

Con il Trattato di Maastricht, gli Stati membri hanno preso atto dell'ormai accentuata contiguità tra gli obiettivi dell'integrazione economica e sociale, affidata ai meccanismi comunitari, con altri aspetti finora governati in via esclusiva dai singoli Stati o, al più, parzialmente consegnati a meccanismi classici di cooperazione internazionale, quali il sistema dei c.d. Accordi di Schengen ovvero quelli posti in essere da strumenti elaborati in seno al Consiglio d'Europa. Ne è derivata, quindi, l' istituzionalizzazione, accanto alle Comunità, di forme di cooperazione tra gli Stati che, pur mantenendo (per i procedimenti di adozione degli atti e per gli effetti dei medesimi) carattere essenzialmente intergovernativo, hanno trovato collocazione in un «quadro istituzionale unico», capace di assicurare «coerenza e continuità» tra l'azione realizzata attraverso le organizzazioni comunitarie e gli obiettivi (ancora) affidati alle più consuete tecniche di collaborazione internazionale. L'una e gli altri costituiscono l'Unione europea, disciplinata dal Trattato sull'Unione europea (Trattato UE), il quale, dal punto di vista sistematico, si compone di un primo titolo recante disposizioni comuni alle Comunità europee e alle altre forme di cooperazione, dei titoli secondo, terzo e quarto, recanti modificazioni dei trattati istitutivi delle tre Comunità, ed infine dei titoli quinto e sesto, dove trovano collocazione le norme che disciplinano i metodi di cooperazione intergovernativa cui si è fatto cenno. In particolare, tali metodi hanno interessato la Politica estera e di sicurezza comune (PESC), prevista dal titolo quinto, estesa a tutti i settori della politica estera e della sicurezza che l'Unione è chiamata a elaborare e la Cooperazione in materia di giustizia e affari interni (GAI), riguardante la cooperazione giudiziaria in materia civile e penale, la cooperazione di polizia e il controllo dei flussi migratori attraverso politiche comuni in materia di visto, asilo e immigrazione, disciplinata dal titolo sesto.

Secondo un'immagine ormai consolidata nelle descrizioni dottrinali, i titoli quinto e sesto del Trattato UE rappresentano il secondo e il terzo pilastro dell'Unione, aggiungendosi al primo, in cui trova collocazione la cooperazione comunitaria vera e propria e, quindi, le tre (ora due) Comunità originarie. L'Unione appare così, in una fase iniziale, più un complesso di metodi e di atti, che non un'organizzazione internazionale, come tale dotata di personalità giuridica. Al suo interno, l'Unione, pur formalmente istituita dall'art. 1 del Trattato UE, non appare una realtà stabile e definita, neppure con riferimento alla delimitazione dell'ambito di applicazione delle regole comunitarie in senso stretto (primo pilastro), rispetto a quello delle regole contenute nel secondo e nel terzo pilastro.

L'art. 48 del Trattato di Maastricht annunciava, in effetti, una revisione del trattato ad opera di una successiva conferenza intergovernativa, che si aprì a Torino il 29 marzo 1996, conducendo alla stipulazione del Trattato di Amsterdam il 2 ottobre 1997, entrato in vigore il 1° maggio 1999. Quest'ultimo strumento internazionale ha significativamente innovato quanto alla delimitazione delle materie di competenza del diritto comunitario e del diritto dell'Unione, ampiamente rimaneggiando la frontiera tra il primo e il terzo pilastro. Più in particolare, materie oggetto di cooperazione intergovernativa nell'ambito del terzo pilastro, sono state "trasferite" al primo pilastro e quindi consegnate al metodo comunitario del Trattato CE.

La Comunità europea ha così acquisito specifiche competenze relativamente, da un lato, alle misure relative ai controlli alle frontiere esterne, all'asilo, all'immigrazione e alla salvaguardia dei diritti dei cittadini di paesi terzi e, dall'altro lato, alla cooperazione giudiziaria in materia civile con implicazioni transfrontaliere (titolo IV del Trattato CE: visti, asilo, immigrazione ed altre politiche connesse con la libera circolazione delle persone). Ciò ha consentito la "comunitarizzazione" delle relative materie e quindi la sostituzione di atti comunitari ai precedenti strumenti di diritto pattizio a cui gli Stati membri avevano fatto ricorso per coordinare, nei settori interessati, la rispettiva attività. Al terzo pilastro, gli Stati hanno conservato la cooperazione di polizia e giudiziaria in materia penale, destinata ad incidere in settori che appaiono (ancora) strettamente legati alle prerogative più intime della sovranità statuale.

L'esistenza di una certa permeabilità tra i diversi pilastri dell'Unione emerge non soltanto dalla constatazione del trasferimento di competenze dai pilastri intergovernativi a quello comunitario, ma anche da una certa "osmosi" di atti, procedimenti e funzioni che le istituzioni sono chiamate ad esercitare nei diversi settori dell'integrazione europea.

Se è pur vero che il metodo comunitario si caratterizza, rispetto alla cooperazione intergovernativa, per l'iniziativa normativa affidata in esclusiva alla Commissione (organo sovranazionale di individui) e per l'adozione dell'atto a maggioranza da parte del Consiglio (in cui siedono i rappresentanti degli Stati), a seguito di procedure a cui partecipa, a vario titolo, il Parlamento europeo, è altrettanto vero che, dopo il Trattato di Amsterdam, nella cooperazione di polizia e giudiziaria penale, la Commissione ha visto un rafforzamento dei propri poteri di iniziativa, accanto a quelli – tradizionali – degli Stati e al Parlamento è riconosciuto un più ampio ruolo consultivo da esercitarsi nei confronti del Consiglio. La Comunità europea è una "comunità di diritto", in cui il controllo di legalità dei comportamenti e degli atti degli Stati come delle istituzioni è affidato dal trattato ad un complesso sistema di ricorsi alla Corte di giustizia e al Tribunale di primo grado delle Comunità europee e, di recente, a «camere giurisdizionali incaricate di conoscere in primo grado di talune categorie di ricorsi proposti in materie specifiche», secondo la previsione dell'art. 225 A CE, la cui prima attuazione si è avuta con l'istituzione del Tribunale della funzione pubblica dell'Unione europea, competente per il contenzioso del personale (*GUUE*, L 333 del 9 novembre 2004). Al contrario, i settori di cooperazione intergovernativa sono, tradizionalmente, estranei ad un diffuso controllo di legalità, potendosi caso mai ipotizzare l'applicazione dei consueti rimedi per la soluzione delle controversie tra gli Stati. Tuttavia, la cooperazione di polizia e giudiziaria penale ha conosciuto, con il Trattato di Amsterdam, una più marcata "giurisdizionalizzazione" grazie all'attribuzione di limitate competenze interpretative e di controllo della legalità al giudice comunitario. Anche con riferimento al sistema delle fonti, è immediata la constatazione di come quelle del terzo pilastro traggano, almeno parzialmente, ispirazione, anche definitoria, da quelle comunitarie, con qualche problema di corretta identificazione degli effetti attribuibili alle une e alle altre.

1.4. *L'allargamento e il futuro dell'Unione europea.*

Il venir meno della contrapposizione tra Europa dell'Est ed Europa occidentale, conseguente alla caduta dei regimi comunisti, ha posto l'Unione europea di fronte alle problematiche di un massiccio allargamento, prospettato dalle richieste di adesione da parte di tutti gli Stati dell'Europa orientale, ormai fondati sui principi di libertà, democrazia, dello stato di diritto e rispettosi dei diritti dell'uomo e delle libertà fondamentali (art. 6, par. 1, del Trattato UE). Gli Stati membri dell'Unione hanno posto le basi istituzionali per l'adesione, stipulando a Nizza, in data 26 febbraio 2001, un nuovo trattato modificativo tanto del Trattato sull'Unione, quanto dei Trattati comunitari, ed entrato in vigore il 1° febbraio 2003 (cfr., in particolare, il protocollo sull'allargamento dell'Unione europea). Oltre a modificare sensibilmente l'apparato istituzionale, il Trattato di Nizza, attribuendo all'Unione il potere di concludere accordi internazionali vincolanti per le sue istituzioni, ne rende evidente l'ormai avvenuta evoluzione in un'organizzazione dotata di personalità giuridica di diritto internazionale, con propri organi, capace di adottare atti per i fini e gli obiettivi indicati nel Trattato istitutivo. Una prima applicazione del nuovo potere dell'Unione si è avuta con la conclusione degli accordi tra l'Unione e gli Stati Uniti d'America sull'estradizione e sulla mutua assistenza giudiziaria in materia penale stipulati il 25 giugno 2003 (in *GUUE*, L 181 del 19 luglio 2003).

Il 16 aprile 2003, ad Atene, gli Stati membri dell'Unione e delle Comunità da un lato, Slovenia, Slovacchia, Lettonia, Lituania, Estonia, Repubblica Ceca, Ungheria, Polonia, Cipro e Malta dall'altro, hanno firmato il Trattato di adesione alle Comunità e all'Unione (in *GUUE*, L 236 del 23 settembre 2003), entrato in vigore il 1° maggio 2004. Oggi, pertanto, l'Unione e le Comunità sono composte da 25 Stati membri e, a partire dal 1° gennaio 2007, ne conteranno 27, avendo ad esse aderito, con trattato firmato a Lussemburgo il 25 aprile 2005 (in *GUUE*, L 157 del 21 giugno 2005), anche Bulgaria e Romania.

Resta peraltro ancora oggi incerto quale sarà l'assetto istituzionale che governerà l'Unione allargata. Come noto, infatti, i lavori della "Convenzione sul futuro dell'Unione europea", investita dal Consiglio europeo di Laeken del 14-15 dicembre 2001, del mandato di esaminare le questioni essenziali che il futuro sviluppo dell'Unione avrebbe comportato e di ricercare le diverse soluzioni possibili, sono sfociati nel progetto di trattato che istituisce una Costituzione per l'Europa (in *GUUE*, C 169 del 18 luglio 2003), utilizzato dalla Conferenza intergovernativa apertasi a Roma il 4 ottobre 2003 quale base per la stipulazione di un nuovo trattato atto a rifondare i meccanismi di funzionamento dell'Unione. Dal trattato che adotta una Costituzione per l'Europa (secondo la nuova "intitolazione" accolta in sede di firma a Roma il 29 ottobre 2004; per il testo cfr. *GUUE*, C 310 del 16 dicembre 2004) emerge un'Unione europea quale unica organizzazione internazionale, che ingloba le attuali Unione e Comunità europea, i cui trattati istitutivi sono abrogati. Non viene abrogato il trattato istitutivo della CEEA, la quale conserva distinte autonomia e personalità giuridica e rispetto alla quale non si verificano fenomeni di successione e di continuità giuridica in capo all'Unione europea. L'apparato istituzionale, senza essere sconvolto nelle sue linee essenziali, risulta modificato in misura significativa. Le fonti dell'Unione vengono organizzate secondo un criterio gerarchico finora assente nel sistema, assicurando la prevalenza alla "legge europea", atto normativo di portata generale, alla cui adozione concorrono il Parlamento europeo ed il Consiglio (dei ministri).

I metodi e gli effetti con cui si realizza l'adattamento dell'ordinamento nazionale agli atti dell'Unione dovrà allora essere confrontato con le caratteristiche dei nuovi atti, i cui tratti fondamentali non paiono, peraltro, profondamente diversi da quelli degli attuali atti comunitari. Tuttavia, a seguito dei risultati negativi del referendum popolare in Francia e nei Paesi Bassi (il cui esito positivo era invece *conditio sine qua non* per il deposito della ratifica del nuovo trattato da parte di questi Paesi e, quindi, per la sua entrata in vigore), è difficile prevedere con sicurezza quale sarà la sorte del trattato che adotta una Costituzione per l'Europa e, quindi, come appunto si diceva, quale sarà l'assetto istituzionale e normativo che reggerà l'Europa a 27.

Per il momento, appare quindi opportuno concentrare l'analisi sulle fonti del diritto comunitario e dell'Unione che, nel diritto vigente, vengono adottate dalle istituzioni nell'esercizio delle loro competenze nei diversi pilastri e così sui meccanismi di adattamento a tali fonti come oggi disciplinato nel nostro ordinamento.

Occorre allora, innanzitutto, rilevare come l'adattamento al diritto delle Comunità e dell'Unione europea ha conosciuto, nell'esperienza giuridica italiana, un percorso evolutivo che ha finito col renderlo coerente e funzionale alle finalità di quegli ordinamenti, anch'essi, come si è visto, in costante evoluzione. Sotto questo profilo, può anzi sottolinearsi che la stessa Unione, non diversamente dall'adattamento ai suoi atti, più che una realtà statica è un procedimento mai definitivamente compiuto, destinato a mutare seguendo i cambiamenti della realtà che, attraverso di essa, si vuole governare.

2.1. La nozione di "ordinamento comunitario" e la specificità dei meccanismi di adattamento.

L'ordinamento comunitario (sia consentita per ora questa tradizionale indicazione, lacunosa per non considerare il diritto dell'Unione) che deriva, almeno quanto al suo momento genetico, da quello internazionale, non è però descrivibile semplicemente come ordinamento interno di un'organizzazione internazionale (v. *supra*, Cap. I, par. 7.1), presentando specificità, quanto alle fonti che lo compongono e ai rapporti con gli ordinamenti interni dei singoli Stati membri, tali da meritare, anche quanto all'adattamento, un'autonoma considerazione, che si sappia affrancare, nella giusta misura, dalle categorie del diritto internazionale.

L'ordinamento comunitario si compone, come si è visto, innanzitutto, di un *diritto primario*, rappresentato dai Trattati istitutivi delle Comunità europee (CE e CEEA, venuta meno la CECA), nonché dagli accordi che in seguito li hanno modificati ed integrati. Accanto al diritto primario, abitualmente si identifica un *diritto secondario*, comprensivo dell'insieme degli atti emanati dalle istituzioni comunitarie in attuazione delle previsioni dei trattati. Il fenomeno è riconducibile, nelle sue linee generali, all'esperienza delle organizzazioni internazionali in cui comunemente si identificano procedimenti di produzione giuridica c.d. di terzo grado (v. *supra*, Cap. IV, par. 9.1). Il diritto comunitario derivato comprende, peraltro, una gamma vasta e variamente articolata di atti, che offrono all'interprete un orizzonte alquanto "frastagliato", in cui il solo dato uniforme è rappresentato dalla subordinazione delle relative disposizioni alle norme contenute nei Trattati istitutivi e nelle fonti ad essi equiparati, dai quali, del resto, le prime traggono la loro forza normativa.

Con il Trattato di Maastricht sull'Unione europea, al già complesso sistema rappresentato dalle tre Comunità si sono affiancate, e in parte sovrapposte, come si è visto, "politiche e forme di cooperazione" (art. 1 del Trattato UE) di tipo spiccatamente intergovernativo (e quindi più vicine al modello classico della cooperazione tra Stati) le cui finalità vengono conseguite attraverso atti, variamente denominati, che costituiscono, insieme agli atti comunitari ma distintamente da essi, il *diritto dell'Unione europea*, articolato, in atti del secondo pilastro (Politica estera e di sicurezza comune) e del terzo pilastro (Cooperazione di polizia e giudiziaria in materia penale), nel primo pilastro trovando collocazione gli ordinamenti delle due Comunità originarie.

Oltre all'eterogeneità delle fonti comunitarie e dell'Unione e agli effetti che ad esse la giurisprudenza comunitaria e nazionale hanno attribuito negli ordinamenti interni degli Stati, le peculiarità che si riscontrano nello studio dell' adattamento dell'ordinamento interno al diritto comunitario sono dovute al rilievo che in esso ha assunto l'individuo, inteso come persona fisica e giuridica che si contrappone agli Stati membri (e alle istituzioni). La centralità che l'ordinamento comunitario riconosce all'individuo, in quanto titolare di posizioni soggettive di derivazione comunitaria immediatamente tutelabili (soprattutto) di fronte al giudice nazionale, ha richiesto l'elaborazione di soluzioni originali anche per l' adattamento degli ordinamenti statali alle regole (comunitarie) che quelle posizioni conferiscono.

La specificità dell'ordinamento comunitario è stata sottolineata sia dalla Corte di giustizia delle Comunità europee, sia dalla Corte costituzionale, benché in due prospettive diverse. La prima ha affermato che

> «la Comunità costituisce un ordinamento giuridico di nuovo genere nel campo del diritto internazionale ... che riconosce come soggetti, non soltanto gli stati membri, ma anche i loro cittadini» (CG, 5 febbraio 1963, causa 26/62, *Van Gend & Loos*, in *Raccolta*, 23)

e analogamente, in una sentenza di poco successiva, che

> «a differenza dei comuni trattati internazionali, il Trattato CEE ha istituito un proprio ordinamento giuridico, integrato nell'ordinamento giuridico degli stati membri ... istituendo una comunità dotata ... di poteri effettivi provenienti da una limitazione di competenza o da un trasferimento di attribuzioni degli stati alla comunità, questi hanno limitato, sia pure in campi circoscritti, i loro poteri sovrani e creato quindi un complesso di diritto vincolante per i loro cittadini e per loro stessi» (CG, 15 luglio 1964, causa 6/64, *Costa/Enel*, in *Raccolta*, 1129),

così mostrando di aderire ad una concezione monista (v. *supra*, Cap. IV, par. 1.1) basata sull'unicità del sistema giuridico cui appartengono le norme comunitarie e quelle nazionali. In tale prospettiva, dall'«integrazione nel diritto di ciascuno stato membro di norme che promanano da fonti comunitarie», nonché dallo spirito e dai termini del trattato, viene fatto discendere il *primato* (*primauté*) del diritto comunitario su quelli nazionali, che si traduce nell'«impossibilità per gli stati di far prevalere, contro un ordinamento da essi accettato a condizione di reciprocità» provvedimenti unilaterali, dal momento che «scaturito da una fonte autonoma, il diritto nato dal trattato» laddove trovasse un limite in qualsiasi provvedimento interno, «in ragione della sua specifica natura», finirebbe col «perdere il proprio carattere comunitario», con la conseguenza che non potrebbe non risultarne «scosso il fondamento giuridico della stessa Comunità», con pregiudizio per la stessa unità ed uniformità del diritto comunitario (sent. ult. cit.). Il *primato* del diritto comunitario, pur non esplicitamente sancito dai trattati istitutivi, viene perciò giustificato in un'ottica di sovraordinazione gerarchica rispetto alle norme nazionali, affermando, infatti, la Corte di giustizia che le disposizioni del trattato e gli atti delle istituzioni comunitarie

> «fanno parte integrante, con rango superiore rispetto alle norme interne, dell'ordinamento giuridico vigente nel territorio dei singoli stati membri» (CG, 9 marzo 1978, causa 106/77, *Simmenthal*, in *Raccolta*, 629).

Diversamente, e muovendo dal tradizionale insegnamento della dottrina italiana, la Corte costituzionale aderisce ad un'impostazione dualista, sia pur con qualche temperamento. Pur configurando i rapporti tra ordinamento comunitario e ordinamento nazionale in prospettiva di separazione di competenze e non di gerarchia, e ribadendo quindi la necessità dell'adattamento del secondo al primo, poiché

> «il diritto delle Comunità europee e il diritto interno degli Stati membri possono configurarsi come sistemi giuridici autonomi e distinti, ancorché coordinati secondo la ripartizione delle competenze stabilita e garantita dal Trattato» (Corte cost., sentenza n. 183/1973, in *Giur. cost.*, 1973, 2401) per avere «la legge di esecuzione del trattato trasferito agli organi comunitari, in conformità dell'art. 11 Cost., le competenze che questi esercitano, beninteso nelle materie loro riservate» (Corte cost., sentenza n. 170/1984, in *Giur. cost.*, 1984, I, 1098),

la Corte costituzionale giunge, come si vedrà, a conclusioni analoghe a quelle della Corte di giustizia. Rimanendo diverse le premesse di fondo, e muovendo quindi, dalla separazione degli ordinamenti, da cui discende l'estraneità delle norme comunitarie al sistema delle fonti interne, le conseguenze ultime non sono, però, diverse: la Corte costituzionale negherà la conseguenza prima del dualismo puro, e quindi che le norme comunitarie entrate nell'ordinamento nazionale abbiano valenza pari al rango della norma interna con cui si è proceduto al relativo adattamento, accogliendo negli effetti la tesi del primato del diritto comunitario e affermando che le norme comunitarie dotate di effetti diretti devono entrare e permanere nell'ordinamento italiano senza che la loro efficacia possa essere intaccata da leggi interne, anteriori o successive, dovendo ricevere immediata applicazione da parte del giudice italiano, pur in presenza di confliggenti disposizioni nazionali (Corte cost., sentenza n. 170/1984, cit.). La dottrina ha preso atto della convergenza di risultati, ricorrendo ad espressioni suggestive, quali "dualismo temperato", che evidenziano l'inidoneità del tradizionale approccio dualista a spiegare gli effetti delle fonti comunitarie nell'ordinamento interno.

3.1. L'adattamento al diritto primario.

Come è stato sottolineato nel capitolo precedente il diritto internazionale lascia ampia libertà agli Stati nella scelta del procedimento di adattamento, essendo interessato solo al raggiungimento degli obiettivi prefissati e, dunque, a che gli Stati adempiano agli obblighi internazionali assunti. Principio non diverso vale con riguardo ai Trattati istitutivi (e modificativi) delle Comunità europee.

Il problema dell'adattamento è stato particolarmente avvertito in ordinamenti, come quello italiano, dove era imperante la concezione dualista. A fronte del trasferimento di competenze legislative, amministrative e giudiziarie effettuato dai Trattati istitutivi a favore dell'ordinamento comunitario, l'opportunità (o la necessità) di procedere all'adattamento mediante legge costituzionale, o comunque di prevedere espressamente in Costituzione l'adesione dell'Italia alle Comunità (così, ad esempio, gli artt. da 88-1 a 88-4 della Costituzione francese, l'art. 23 di quella tedesca e l'art. 93 di quella spagnola) fu ampiamente discussa. L'adattamento venne invece realizzato con legge ordinaria (v. per il Trattato CEE, legge 14 ottobre 1957, n. 1203), anche se, per la specificità del sistema e per l'esigenza di garantirne il primato, fu avvertita la necessità di una "copertura costituzionale" dell'adesione e dell' adattamento, individuata nell'art. 11 Cost., che «consente, in condizioni di parità con gli altri Stati, alle limitazioni di sovranità necessarie ad un ordinamento che assicuri la pace e la giustizia fra le Nazioni; promuove e favorisce le organizzazioni internazionali rivolte a tale scopo».

Nel 1965 la Corte costituzionale (sentenza n. 98/1965, in *Giur. cost.*, 1965, 1322), chiamata a verificare la legittimità costituzionale della legge n. 766/1952 di ratifica ed esecuzione del Trattato CECA nella parte in cui sottraeva al giudice italiano determinate categorie di controversie attribuendole alla Corte di giustizia, rilevava che, in forza delle limitazioni di sovranità accettate a favore delle istituzioni comunitarie, le competenze legislative, amministrative e giudiziarie attribuite dalla Costituzione agli organi dello Stato sono state ridotte al fine di creare uno spazio giuridico di competenza degli organi comunitari, come consentito dall'art. 11 Cost.

La «piena rispondenza del Trattato di Roma alle finalità indicate dall'art. 11 Cost.» viene ribadita in una sentenza di qualche anno successivo, in cui si afferma che

> «il costituente ... ha inteso con l'art. 11 definire l'apertura dell'Italia alle più impegnative forme di collaborazione e organizzazione internazionale: ed a tale scopo ha formalmente autorizzato l'accettazione, in via convenzionale, a condizioni di parità con gli altri Stati e per le finalità ivi precisate, delle necessarie "limitazioni di sovranità". Questa formula legittima le limitazioni dei poteri dello Stato in ordine all'esercizio delle funzioni legislativa, esecutiva e giurisdizionale, quali si rendevano necessarie per la istituzione di una Comunità tra gli Stati europei, ossia di una nuova organizzazione interstatuale, di tipo sovranazionale, a carattere permanente, con personalità giuridica e capacità di rappresentanza internazionale. Alla CEE, ... concepita come strumento di integrazione tra

gli Stati partecipanti, per fini comuni di sviluppo economico e sociale, e quindi anche per fini di difesa della pace e della libertà, l'Italia e gli altri Stati promotori hanno conferito e riconosciuto determinati poteri sovrani, costituendola come istituzione caratterizzata da un ordinamento giuridico autonomo e indipendente» (Corte cost., sentenza n. 183/1973, cit.).

4.1. *L'adattamento agli accordi stipulati dalla Comunità e dall'Unione.*

La Comunità ha competenza a concludere accordi con Stati terzi o organizzazioni internazionali, laddove ciò sia previsto ovvero nei limiti dell'attuazione delle sue competenze interne (art. 300 CE, v. CG, 15 novembre 1994, parere 1/94, in *Raccolta*, I, 5267). L'art. 300, par. 7, stabilisce che «gli accordi conclusi alle condizioni indicate nel presente articolo sono vincolanti per le istituzioni della Comunità e per gli Stati membri»: l'obbligatorietà ad essi conferita ne implica l'applicabilità immediata nell'ordinamento comunitario e in quelli nazionali, senza che sia necessario ricorrere all'adozione di provvedimenti di trasformazione dell'atto internazionale in diritto comunitario e di recepimento negli ordinamenti nazionali.

Le disposizioni di un accordo, perciò, per quanto riguarda la Comunità, «formano, dal momento della sua entrata in vigore, parte integrante dell'ordinamento comunitario» (CG, 30 aprile 1974, causa 181/73, *Haegeman*, in *Raccolta*, 449). Per gli Stati, l'obbligatorietà non discende da un diverso vincolo assunto sul piano internazionale, bensì direttamente dall'art. 300, par. 7, dato che, proprio in virtù di tale disposizione, «gli stati membri sono vincolati nello stesso modo delle istituzioni della Comunità dagli accordi internazionali che queste hanno il potere di concludere» e garantendo «il rispetto degli impegni derivanti da un accordo del genere essi adempiono un obbligo non solo nei confronti del paese terzo interessato, ma anche e soprattutto verso la Comunità che si è assunta la responsabilità del corretto adempimento dell'accordo» (CG, 26 ottobre 1982, causa 104/81, *Kupferberg*, in *Raccolta*, 3641). La Corte ha inoltre affermato che

> «dalla natura comunitaria di queste disposizioni convenzionali deriva che i loro effetti nella Comunità non possono variare a seconda che la loro applicazione incomba, in pratica, alle istituzioni comunitarie o agli Stati membri e, in quest'ultimo caso, a seconda degli effetti che il diritto di ciascuno degli stati membri attribuisce, nell'ordinamento interno, agli accordi internazionali da essi conclusi» (sent. ult. cit.).

4.2. *Gli accordi della Comunità.*

Gli accordi di cui all'art. 300 CE, per espressa affermazione della Corte di giustizia (*Haegeman*), sono parte integrante dell'ordinamento comunitario e, sovraordinati al diritto comunitario derivato, ne costituiscono parametro di legalità. Gli accordi sono suscettibili di produrre effetti diretti (v. *infra*, par. 5.4) quando, in considerazione della lettera, dell'oggetto e della natura dell'accordo, contengono un obbligo chiaro e preciso non subordinato nella sua esecuzione e nei suoi effetti all'intervento di ulteriori atti (CG, 26 ottobre 1982, causa 104/81, cit.; 30 settembre 1987, causa 12/86, *Demirel*, in *Raccolta*, 3719). L'efficacia diretta (così come la configurabilità dell'accordo come parametro di legittimità) è perciò esclusa nei casi in cui il contenuto precettivo dell'accordo non risulti sufficientemente preciso (CG, 12 dicembre 1972, cause riunite da 21 a 24/72, *International Fruit III*, in *Raccolta*, 1219; 5 ottobre 1994, causa C-280/93, *Germania/Consiglio*, in *Raccolta*, I-4973, dove la CG si è pronunciata relativamente a disposizioni del GATT, e pur ritenendolo vincolante per Comunità, ha motivato l'esclusione dell'efficacia diretta rilevando che l'accordo, caratterizzato da grande flessibilità delle disposizioni, da un'ampia facoltà di deroga consentita alle parti contraenti e dalla possibilità di adottare contromisure unilaterali, appare preordinato a costituire diritti ed obblighi non negli ordinamenti interni, ma esclusivamente sul piano internazionale). Ad analoghe conclusioni, benché con diversa motivazione, la Corte è pervenuta in relazione agli accordi stipulati nel quadro dell'Organizzazione Mondiale del Commercio (OMC) (cfr., ad esempio, CG, 23 novembre 1999, causa C-149/96, *Portogallo/Consiglio*, in *Raccolta*, I-8395 e, ancora di recente, CG, 30 settembre 2003, causa C-93/02 P, *Biret International/Consiglio*, in *Raccolta*, I-10497). Gli accordi OMC, pertanto, non figurano in linea di principio tra le normative alla luce delle quali la Corte controlla la legittimità degli atti delle istituzioni comunitarie, salvo che la Comunità abbia inteso dare esecuzione ad un obbligo particolare assunto nell'ambito dell'OMC ovvero nel caso in cui l'atto comunitario rinvii espressamente a precise disposizioni degli accordi OMC (cfr. sentenze citate da ultimo e, più recentemente, CG, 1° marzo 2005, causa C-377/02, *Van Parys NV*, in *Raccolta*, I-1465).

Nel caso di *accordi misti*, stipulati sia dalla Comunità sia dagli Stati perché aventi ad oggetto materie oggetto di competenza concorrente dell'una e degli altri, la loro applicabilità negli ordinamenti interni dipenderà dall'espletamento delle procedure di ratifica e adattamento da parte di tutti gli Stati membri, secondo i criteri propri di ciascun ordinamento nazionale. I conseguenti possibili ritardi vengono talvolta superati dalla Comunità mediante la stipulazione di accordi di applicazione provvisoria della parte comunitaria dell'accordo.

4.3. *Gli accordi dell'Unione.*

Alcuni accenni meritano anche gli accordi conclusi sulla base dell'art. 24 del Trattato UE nell'ambito della PESC e dell'art. 38 del Trattato UE nell'ambito della Cooperazione di polizia e giudiziaria penale, alla quale lo stesso art. 24, al par. 4, si dichiara espressamente applicabile. In linea di principio, e salvo quanto di seguito si osserverà, gli accordi conclusi sulla base della specifica procedura ivi prevista sono direttamente vincolanti per gli Stati. L'entrata in vigore del Trattato di Nizza, che modifica la disposizione in esame, comporta l'immediata obbligatorietà degli accordi che verranno conclusi anche per le istituzioni. L'art. 24 prevede, come ipotesi eccezionale, che «nessun accordo è vincolante per uno Stato membro il cui rappresentante in sede di Consiglio dichiari che esso deve conformarsi alle prescrizioni della propria procedura costituzionale». In tal caso «gli altri membri del Consiglio possono convenire che l'accordo si applichi a titolo provvisorio nei loro confronti».

5.1. *L'adattamento al diritto comunitario derivato.*

L'ordine di esecuzione contenuto nella legge ordinaria di adattamento ai Trattati istitutivi delle Comunità "copre" anche l'adattamento alle fonti previste dal trattato, almeno nella misura in cui tali fonti non richiedano ulteriori integrazioni quanto al loro contenuto precettivo.

5.2. *I regolamenti.*

Gli atti "tipici" di diritto comunitario derivato sono elencati nell'art. 249 CE, che ne definisce anche le caratteristiche. Limitandoci a considerare gli atti giuridicamente vincolanti, la norma menziona *regolamenti*, *direttive* e *decisioni*, qualificando i primi come «atti a portata generale, obbligatori in tutti i loro elementi e direttamente applicabili in ciascuno degli Stati membri», per il solo effetto dell'entrata in vigore nell'ordinamento comunitario, senza che la loro applicazione sia subordinata all'emanazione di provvedimenti interni ulteriori. La diretta applicabilità e l'effetto diretto (la prima nozione riguardando l'immediata applicabilità della norma nell'ordinamento nazionale indipendentemente da una norma di attuazione interna o comunitaria, la seconda riferendosi all'idoneità della norma a creare diritti ed obblighi in capo ai singoli direttamente invocabili avanti al giudice nazionale) della norma regolamentare sono stati affermati dalla Corte di giustizia:

> «in ragione della sua stessa natura e della sua funzione nell'ambito del sistema delle fonti del diritto comunitario, il regolamento produce effetti immediati ed è in quanto tale atto ad attribuire ai singoli dei diritti che i giudici nazionali devono tutelare» (CG, 14 dicembre 1971, causa 43/71, *Politi*, in *Raccolta*, 1039; 17 maggio 1972, causa 93/71, *Leonesio*, in *Raccolta*, 287);
> «l'efficacia diretta dei regolamenti comunitari implica che la loro entrata in vigore e la loro applicazione nei confronti dei singoli non abbisognano di alcun atto di ricezione nel diritto nazionale. Gli stati membri non possono emanare ... atti che nascondano agli amministrati la natura comunitaria di una norma giuridica e gli effetti che ne derivano. Essi non possono ... derogare o tollerare deroghe al diritto comunitario ovvero sminuirne l'efficacia» (oltre alla sent. ult. cit., cfr. CG, 2 febbraio 1977, causa 50/76, *Amsterdam Bulb B.V.*, in *Raccolta*, 137).

L'affermazione della Corte conosce un temperamento solo nell'ipotesi in cui si tratti di regolamenti non autosufficienti, incompleti, che necessitano, ai fini della loro concreta applicazione, dell'emanazione di norme (comunitarie o) statali di attuazione o di integrazione. Anche in tal caso, peraltro, al regolamento, già dotato di piena forza formale, si deve attribuire ogni possibile effetto comunque ricavabile dal suo contenuto.

Al di fuori dell'ipotesi da ultimo menzionata, l'emanazione di provvedimenti recettivi dà luogo, secondo la Corte, ad una violazione del diritto comunitario. Per tale motivo essa ha ritenuto illegittima la prassi seguita dall'Italia e consistente nel riprodurre i regolamenti in atti interni, pur aventi il medesimo contenuto, perché, impedendo la diretta e contestuale applicazione dell'atto comunitario (l'applicabilità è ritardata perché subordinata all'entrata in vigore dell'atto interno riproduttivo) in tutti gli Stati membri, oltre che nascondere agli amministrati l'origine comunitaria delle norme contenute nell'atto nazionale, pregiudica l'unità del diritto comunitario, nonché la sua uniformità applicativa ed interpretativa, privando il giudice comunitario della competenza esclusiva a pronunciarsi *ex* art. 234 CE:

> «l'efficacia diretta del regolamento implica che la sua entrata in vigore e la sua applicazione nei confronti degli amministrati non abbisognano di alcun atto di ricezione nel diritto interno ... Ne consegue l'inammissibilità di qualsiasi pratica che possa nascondere agli amministrati la natura comunitaria di una norma giuridica. La competenza attribuita alla Corte dall'art. 177 [*ora art. 234, n.d.a.*] resta intatta, nonostante qualunque tentativo di trasformare, mediante una legge interna, una norma comunitaria in diritto nazionale ... l'efficacia diretta negli ordinamenti giuridici degli stati membri, propria dei regolamenti e di altre norme comunitarie ..., non potrebbe essere contrastata in giudizio da una legge interna, senza che venissero messi in forse sia il carattere essenziale delle norme comunitarie in quanto tali, sia il principio fondamentale della preminenza dell'ordinamento giuridico comunitario. Ciò vale, in particolare, per la data a partire dalla quale la norma comunitaria ha efficacia e attribuisce ai singoli dei diritti soggettivi. Il potere degli stati membri di variare, ciascuno per ciò che lo riguarda e senza espressa autorizzazione, il momento dell'entrata in vigore delle norme comunitarie va escluso in vista della necessità di garantire l'applicazione uniforme e simultanea del diritto comunitario nell'intera comunità» (CG, 10 ottobre 1973, causa 34/73, *Variola*, in *Raccolta*, 981).

Adeguandosi alle pronunce della Corte di giustizia, anche la nostra Corte costituzionale ha affermato, dapprima incidentalmente (Corte cost., sentenza n. 183/1973, cit.), poi direttamente, l'illegittimità della prassi italiana di recepimento e riproduzione dei regolamenti, rilevando che

> «la successiva emanazione di norme legislative interne, anche se aventi lo stesso contenuto sostanziale dei regolamenti comunitari, comporta non soltanto la possibilità di differirne, in tutto o in parte, l'applicazione, in aperto contrasto con l'art. 189 [*ora art. 249, n.d.a.*], secondo comma, del Trattato di Roma, ma anche una ben più grave conseguenza, in quanto la trasformazione del diritto comunitario in diritto interno ne sottrae l'interpretazione in via definitiva alla Corte di giustizia delle Comunità, con palese violazione del regime stabilito dall'art. 177 [*ora art. 234, n.d.a.*] dello stesso trattato quale necessaria e fondamentale garanzia di uniformità di applicazione in tutti gli Stati membri ... È dunque evidente il contrasto con i principi enunciati dagli artt. 189 e 177 del trattato istitutivo della CEE, che comporta violazione dell'art. 11 della nostra Costituzione»

e sollecitando Parlamento e Governo

> «per quanto possibile, ad eliminare i provvedimenti interni che riproducono norme dei regolamenti comunitari direttamente applicabili, o che con essi contrastano, ed» ad evitare «per l'avvenire di procedere all'emanazione di provvedimenti non strettamente necessari per l'applicazione dei regolamenti stessi» (Corte cost., sentenza n. 232/1975, in *Giur. cost.*, 1975, II, 2211).

5.3. Le direttive.

Il terzo comma dell'art. 249 CE prevede che la direttiva «vincola lo Stato membro cui è rivolta per quanto riguarda il risultato da raggiungere, salva restando la competenza degli organi nazionali in merito alla forma e ai mezzi». Il carattere vincolante del solo «risultato» è stato ripetutamente affermato dalla Corte di giustizia, sottolineando come per effetto di tale previsione

> «agli Stati destinatari della direttiva è imposto un obbligo di risultato, che deve essere adempiuto alla scadenza del termine fissato dalla direttiva stessa. Ne consegue che, ogniqualvolta sia regolarmente attuata, la direttiva spiega i suoi effetti nei confronti dei singoli tramite i provvedimenti d'attuazione adottati dallo stato membro interessato» (CG, 19 gennaio 1982, causa 8/81, *Becker*, in *Raccolta*, 53).

Il ricorso alla direttiva si giustifica laddove non appaia possibile od opportuno perseguire la piena uniformità delle differenti normative nazionali, bastando il semplice "ravvicinamento" delle legislazioni. Le caratteristiche formali di questa fonte ne hanno fatto lo strumento tipico dell'armonizzazione, in ideale contrapposizione al regolamento, fonte che realizza piuttosto l'unificazione dei sistemi normativi, sostituendosi alle legislazioni nazionali. Dal momento che la direttiva vincola gli Stati, in linea di principio, solo quanto al raggiungimento del risultato prefissato, essa, nel modello paradigmatico descritto dal Trattato, necessita di provvedimenti nazionali di attuazione da adottarsi entro il termine dalla stessa stabilito ed entro un'area di discrezionalità che la norma sembra comunque garantire agli Stati membri.

Nella prassi, tuttavia, si assiste all'adozione di *direttive dettagliate*, contenenti una disciplina precisa, completa ed incondizionata della materia regolata, tale da escludere qualsiasi discrezionalità degli Stati quanto alla loro attuazione. Sul piano dell'efficacia obbligatoria, la direttiva dettagliata è assimilabile al regolamento, la portata precettiva non potendo essere limitata al solo risultato. La loro espressa previsione nel protocollo n. 30 «sull'applicazione dei principi di sussidiarietà e proporzionalità» (1997) allegato al Trattato CE supera i dubbi di legittimità talvolta avanzati con riferimento alle ipotesi in cui il trattato contempla l'adozione di sole direttive e non (anche) di regolamenti. Peraltro, la Corte di giustizia, neppure in precedenza, si era mai pronunciata per la loro illegittimità, limitandosi a sostenere che la possibilità che la direttiva contenga disposizioni dettagliate deve essere valutata caso per caso, in riferimento al risultato da raggiungere e osservando che «dall'art. 189 [ora art. 249, n.d.a.], 3° comma, del Trattato si desume che la competenza lasciata agli stati membri quanto alla forma e ai mezzi dei provvedimenti che devono essere adottati dagli organi nazionali è funzione del risultato che il Consiglio o la Commissione intendono sia raggiunto» (CG, 23 novembre 1977, causa 38/77, *Enka B.V.*, in *Raccolta*, 2203).

Alla direttiva dettagliata si è anzi attribuita l'efficacia diretta (v. *infra*, par. 5.4) e la prevalenza rispetto a disposizioni interne contrastanti, riconoscendo che

«secondo la giurisprudenza della Corte, l'effetto vincolante della direttiva implica che un'autorità nazionale non può opporre al singolo una disposizione legislativa o amministrativa nazionale che non sia conforme a una disposizione della direttiva che presenti tutte le caratteristiche necessarie per venire applicata dal giudice ... Al singolo non sono opponibili, da parte di un'autorità nazionale, disposizioni legislative o amministrative non conformi ad un obbligo tassativo e sufficientemente preciso imposto dalla direttiva» (CG, 7 luglio 1981, causa 158/80, *Rewe*, in *Raccolta*, 1805).

5.4. *L'efficacia diretta delle direttive.*

Per le direttive che a) impongono obblighi di non fare, il cui adempimento non richiede, dunque, ai destinatari alcuna misura positiva di esecuzione; b) si limitano a ribadire un obbligo già sancito dal trattato attraverso norme direttamente efficaci; c) contengono norme sufficientemente precise, dettagliate ed incondizionate, tali da escludere qualsiasi discrezionalità nell'adempimento, e rispetto alle quali (per tutte le ipotesi) sia decorso il termine per la relativa attuazione, la giurisprudenza comunitaria riconosce ai singoli il diritto di far valere davanti ad autorità nazionali le posizioni soggettive loro conferite dalla norma comunitaria. Con particolare riferimento all'ipotesi di cui *sub* c) la Corte ha, ad esempio, dichiarato che

«particolari problemi sorgono nel caso in cui uno stato membro non abbia regolarmente dato attuazione ad una direttiva e, in particolare, nel caso in cui le disposizioni di una direttiva siano rimaste inattuate alla scadenza del termine fissato ... lo stato membro che non abbia adottato, entro i termini, i provvedimenti d'attuazione imposti dalla direttiva non può opporre ai singoli l'inadempimento, da parte sua, degli obblighi derivanti dalla direttiva stessa. Perciò, in tutti i casi in cui disposizioni di una direttiva appaiano, dal punto di vista sostanziale, incondizionate e sufficientemente precise, tali disposizioni possono essere richiamate, in mancanza di provvedimenti d'attuazione adottati entro i termini, per opporsi a qualsiasi disposizione di diritto interno non conforme alla direttiva, ovvero in quanto sono atte a definire diritti che i singoli possono far valere nei confronti dello stato» (CG, 19 gennaio 1982, causa 8/81, cit.).

L'effetto diretto della norma comunitaria viene giustificato fondandolo sulla «natura, lo spirito, la lettera della disposizione di cui trattasi» (CG, 4 dicembre 1974, causa 41/74, *Van Duyn*, in *Raccolta*, 1337). La Corte sostiene, infatti che, benché l'art. 249 CE ammetta espressamente l'applicabilità diretta dei soli regolamenti, ciò non esclude che atti diversi possano produrre gli stessi effetti, anche perché sarebbe ridotta l'obbligazione giuridica imposta allo Stato, e dunque pregiudicato l'effetto utile della direttiva, se i singoli non ne potessero far valere l'efficacia e i giudici nazionali non potessero prenderla in considerazione (CG, 6 settembre 1970, causa 9/70, *Grad*, in *Raccolta*, 825; 5 aprile 1979, causa 148/78, *Ratti*, in *Raccolta*, 1629):

> «sarebbe incompatibile con l'efficacia vincolante che l'art. 189 [*ora art. 249, n.d.a.*] riconosce alla direttiva l'escludere, in linea di principio, che l'obbligo da essa imposto possa esser fatto valere dalle persone interessate; particolarmente nei casi in cui le autorità comunitarie abbiano, mediante direttiva, imposto agli stati membri di adottare un determinato comportamento, l'effetto utile dell'atto sarebbe attenuato se agli amministrati fosse precluso di valersene in giudizio ed ai giudici nazionali di prenderlo in considerazione in quanto elemento del diritto comunitario» (CG, 5 aprile 1979, causa 148/78, cit.).

Per quanto l'effetto diretto dipenda dalla natura della previsione di volta in volta rilevante, i diritti che derivano ai singoli da norme con tale caratteristica sono concepiti come sostanziale contropartita di obblighi imposti allo Stato. Nell'ottica della Corte, pertanto, l'effetto diretto non deve essere considerato una qualità intrinseca della direttiva, trovando piuttosto giustificazione nell'esigenza di evitare che lo Stato inadempiente possa opporre ai singoli il proprio comportamento illecito, ricavandone indebito vantaggio.

> «Lo stato membro che non abbia adottato, entro i termini, i provvedimenti d'attuazione imposti dalla direttiva non può opporre ai singoli l'inadempimento, da parte sua, degli obblighi derivanti dalla direttiva stessa; ne consegue che il giudice nazionale cui il singolo amministrato che si sia conformato alle disposizioni di una direttiva chieda di disapplicare una norma interna incompatibile con detta direttiva non recepita nell'ordinamento interno dello stato inadempiente deve accogliere tale richiesta, se l'obbligo di cui trattasi è incondizionato e sufficientemente preciso» (CG, 5 aprile 1979, causa 148/78, cit.).

Identiche considerazioni con riferimento alla direttiva non trasposta o trasposta erroneamente hanno condotto la Corte ad affermare che essa, se risponde ai requisiti necessari per essere invocata, potrà essere fatta valere contro lo Stato per evitare che quest'ultimo possa trarre vantaggio dalla «trasgressione» del diritto comunitario (CG, 26 febbraio 1986, causa 152/84, *Marshall*, in *Raccolta*, 737).

In tale prospettiva, resta irrilevante che la direttiva venga invocata dinanzi ad un giudice nazionale o ad un'autorità amministrativa di uno Stato membro, come la Corte ha evidenziato affermando che

> «in tutti i casi in cui alcune disposizioni di una direttiva appaiano, dal punto di vista sostanziale, incondizionate e sufficientemente precise, i singoli possono farle valere dinanzi ai giudici nazionali nei confronti dello Stato, sia che questo non abbia recepito tempestivamente la direttiva sia che l'abbia recepita in modo inadeguato. Va rilevato che il motivo per cui i singoli possono far valere le disposizioni di una direttiva dinanzi ai giudici nazionali ove sussistano i detti presupposti, è che gli obblighi derivanti da tali disposizioni valgono per tutte le autorità degli Stati membri. Sarebbe peraltro contraddittorio statuire che i singoli possono invocare dinanzi ai giudici nazionali le disposizioni di una direttiva aventi i requisiti sopra menzionati, allo scopo di far censurare l'operato dell'amministrazione, e al contempo ritenere che l'amministrazione non sia tenuta ad applicare le disposizioni della direttiva disapplicando le norme nazionali ad esse non con-

formi. Ne segue che, qualora sussistano i presupposti necessari, ... tutti gli organi dell'amministrazione, compresi quelli degli enti territoriali, sono tenuti ad applicare le suddette disposizioni» (CG, 22 giugno 1989, causa 103/88, *Fratelli Costanzo*, in *Raccolta*, 1839).

La concezione dell'effetto diretto quale "contropartita" dell'obbligo statale e finalizzato ad evitare che lo Stato opponga al singolo il proprio inadempimento ne ha limitato l'estensione ad una dimensione "unilaterale", nel senso che allo Stato è precluso invocarlo nei confronti del privato, valendo solo in senso inverso, e "verticale", potendo essere fatto valere dai singoli solo nei confronti dello Stato e non anche nei confronti di altri soggetti privati (effetto diretto "orizzontale"), ai quali, del resto, la direttiva non può imporre alcun obbligo (cfr. art. 249 CE).

Con riguardo al divieto di effetti diretti "verticali a rovescio", ovvero fatti valere dallo Stato nei confronti dei privati, esso è stato confermato ancora di recente dalla Corte di giustizia. In particolare nella sentenza *Berlusconi e a.* (cfr. CG, 3 maggio 2005, cause riunite C-387/02, C-391/02 e C-403/02, in *Raccolta*, I-3565), la Corte, senza valutare la compatibilità o meno con il diritto comunitario (la prima direttiva sul diritto societario) della nuova legislazione nazionale in materia di false comunicazioni sociali, ha di fatto imposto ai giudici *a quibus* l'applicazione di quest'ultima, contenente disposizioni sanzionatorie più miti rispetto a quelle previste dalla normativa abrogata che avrebbe (potuto, *rectius*) dovuto operare, secondo il principio *tempus regit actum*, in relazione ai fatti-reato perseguiti nei procedimenti penali pendenti in Italia. Tale soluzione è stata accolta, oltre che in virtù della configurazione del principio del *favor rei* (*sub specie* retroattività della legge penale più favorevole) quale principio generale di diritto comunitario, anche in virtù del fatto che la direttiva

> «non può essere invocata in quanto tale dalle autorità di uno Stato membro nei confronti di privati [*nella specie si trattava di imputati nell'ambito di procedimenti penali, n.d.a.*] poiché una direttiva non può avere come effetto, di per sé e indipendentemente da una legge interna di uno Stato membro adottata per la sua attuazione, di determinare o aggravare la responsabilità penale degli imputati» (sent. ult. cit.).

Occorre peraltro sottolineare come tale soluzione, ribadita nella successiva ordinanza *Mulliez e a.* (CG, 4 maggio 2006, cause riunite C-23/03, C-52/03, C-133/03, C-337/03 e C-473/03, non ancora pubblicata in *Raccolta*), non fosse invece stata accolta in precedenti sentenze in cui la Corte, accertando l'incompatibilità della nuova legislazione nazionale, più favorevole al reo, con il diritto comunitario, ne aveva escluso l'applicazione nei confronti degli imputati, i cui illeciti restavano pertanto punibili alla stregua della legislazione (compatibile con il diritto comunitario) vigente al momento della loro commissione (cfr. CG, 25 giugno 1997, causa C-304/94, *Tombesi*, in *Raccolta*, I-3561; CG, 11 novembre 2004, causa C-457/02, *Niselli*, in *Raccolta*, I-10853). Anche quest'ultima soluzione, a ben guardare, non pregiudica il divieto di effetti verticali a rovescio, non derivando la conseguenza giuridica sfavorevole al privato dalla direttiva comunitaria, ma – piuttosto – dalle misure nazionali che correttamente la attuavano ed erano in vigore all'epoca della commissione dei fatti.

Quanto poi all'esclusione degli effetti diretti "orizzontali", benché essa sia fonte di discriminazioni poiché, a parità di altre condizioni, l'avere quale controparte del rapporto giuridico un soggetto non riconducibile alla nozione di Stato preclude l'invocabilità della direttiva, e sia stato criticato in dottrina e nelle conclusioni degli avvocati generali, tale conseguenza ha trovato più volte conferma nelle decisioni della Corte (CG, 14 luglio 1994, causa C-91/92, *Faccini Dori*, in *Raccolta*, I-3325; 7 marzo 1996, causa C-192/94, *El Corte Ingles*, in *Raccolta*, I-1281; 13 luglio 2000, causa C-456/98, *Centrosteel*, in *Raccolta*, I-6007). Solo più recentemente si individuano, nella giurisprudenza comunitaria, pronunce che sembrano implicitamente – e perciò non è chiaro con quanta consapevolezza – consentire al singolo di avvalersi della direttiva non attuata o non correttamente attuata, anche in controversia di tipo "orizzontale", almeno laddove la violazione della direttiva si risolva in un vizio procedurale sostanziale nell'adozione della norma interna e quindi la norma comunitaria non attribuisca diritti ai singoli, ma semplicemente ponga condizioni procedimentali al cui rispetto è tenuto il legislatore nazionale (CG, 26 settembre 2000, C-446/98, *Unilever Italia*, in *Raccolta*, I-7535 e, già in precedenza, CG, 30 aprile 1996, causa C-194/94, *CIA Security*, in *Raccolta*, I-2201).

Le discriminazioni cui conduce l'effetto diretto nella sua limitata dimensione "verticale" trovano attenuazione in alcune "tecniche" alternative che la giurisprudenza della Corte offre al privato in nome dell'effetto utile del diritto comunitario. Innanzitutto, è ammessa un'interpretazione lata della nozione di Stato, per cui la direttiva non invocabile nei confronti del soggetto privato,

> «può essere fatta valere nei confronti di organismi o enti soggetti all'autorità o al controllo dello Stato o che dispongano di poteri che eccedono i limiti di quelli risultanti dalle norme che si applicano nei rapporti fra singoli, come enti territoriali od organismi che, indipendentemente dalla loro forma giuridica, siano stati incaricati, con un atto della pubblica autorità, di prestare, sotto il controllo di quest'ultima, un servizio di interesse pubblico» (CG, 4 dicembre 1997, cause riunite da C-253 a C-258/96, *Kampelmann*, in *Raccolta*, I-6907).

In secondo luogo, il diritto nazionale deve essere interpretato, là dove possibile, in modo conforme alle prescrizioni della direttiva, garantendone così l'applicazione anche nella controversia orizzontale. Infatti,

> «l'obbligo degli Stati membri, derivante da una direttiva, di conseguire il risultato da questa contemplato, come pure l'obbligo loro imposto dall'art. 5 [*ora art. 10, n.d.a.*] del Trattato, di adottare tutti i provvedimenti atti a garantire l'adempimento di tale obbligo, valgono per tutti gli organi degli Stati membri, compresi, nell'ambito di loro competenza, quelli giurisdizionali. Ne consegue che nell'applicare il diritto nazionale, il giudice nazionale deve interpretare il proprio diritto nazionale alla luce della lettera e dello scopo

della direttiva onde conseguire il risultato perseguito da quest'ultima e conformarsi pertanto all'art. 189 [*ora art. 249, n.d.a.*], terzo comma, del Trattato» (CG, 13 novembre 1990, causa C-106/89, *Marleasing*, in *Raccolta*, I-4135)

e ciò a prescindere dal fatto che si tratti di norme precedenti o successive alla direttiva (CG, 24 settembre 1998, causa C-111/97, *EvoBus Austria*, in *Raccolta*, I-5411 e 5 ottobre 2004, cause riunite da C-397/01 a C-403/04, *Pfeiffer*, in *Raccolta*, I-8835). Ovviamente, l'obbligo di interpretazione conforme conosce limiti intrinseci alla sua natura di mezzo ermeneutico e, quindi, soccorre il giudice nazionale fintantoché non contrasta con i principi generali del diritto e, in particolare, con quelli della certezza del diritto e della non retroattività, né può servire a giustificare un'interpretazione *contra legem* del diritto nazionale (CG, 4 luglio 2006, causa C-212/04, *Adeneler*, non ancora pubblicata in *Raccolta*).

Infine, laddove il risultato favorevole ai privati previsto dalla direttiva non possa essere conseguito neppure mediante l'interpretazione conforme del diritto interno, varrà, come in ogni altra ipotesi in cui l'effetto diretto non sia invocabile o in cui comunque lo Stato sia responsabile della violazione del diritto comunitario in danno ai singoli, il principio della responsabilità aquiliana dello Stato per i danni causati ai privati dalla mancata (o non corretta) attuazione della direttiva (CG, 14 luglio 1994, causa C-91/92, *Faccini Dori*, in *Raccolta*, I-3325), secondo le condizioni precisate nella giurisprudenza della Corte (CG, 19 novembre 1991, cause riunite C-6/90 e C-9/90, *Francovich*, in *Raccolta*, I-5357; 5 marzo 1996, cause riunite C-46/93 e C-48/93, *Brasserie du Pêcheur*, in *Raccolta*, I-1029; 8 ottobre 1996, C-178/94, *Dillenkofer*, in *Raccolta*, I-5086; 30 settembre 2003, causa C-224/01, *Köbler*, in *Raccolta*, I-10239).

5.5. Gli effetti delle direttive nelle more dell'attuazione.

Se è vero che i problemi, sopra esaminati, di omessa o non corretta attuazione della direttiva e dei possibili rimedi all'inadempimento dello Stato si pongono solo successivamente alla scadenza del termine, non è altrettanto vero che, prima del decorso del predetto termine, gli Stati non abbiano alcun obbligo rispetto al risultato prescritto dalla direttiva. Su di essi grava un obbligo di *standstill*, espressione del più generale dovere di buona fede e del principio di leale cooperazione di cui all'art. 10 CE, in virtù del quale gli Stati devono astenersi dall' adottare disposizioni che possano pregiudicare il conseguimento del risultato prescritto dalla direttiva. Infatti, ha osservato la Corte,

«è ben vero che durante il termine fissato per la trasposizione gli Stati membri devono adottare i provvedimenti necessari ad assicurare che il risultato prescritto dalla direttiva sarà realizzato alla scadenza del termine stesso. A questo proposito, anche se gli Stati membri non sono tenuti ad adottare queste misure prima della scadenza del termine per la trasposizione, dal combinato disposto degli artt. 5 [*ora art. 10, n.d.a.*], secondo comma, e 189 [*ora art. 249, n.d.a.*], terzo comma, del Trattato e dalla stessa direttiva risulta che, in pendenza di tale termine, essi devono astenersi dall'adottare disposizioni che possano compromettere gravemente il risultato prescritto dalla direttiva stessa. ... Nella sua valutazione il giudice nazionale dovrà accertare se le disposizioni di cui trattasi si presentino come completa trasposizione della direttiva ed esaminare gli effetti concreti dell'applicazione di queste disposizioni non conformi alla direttiva e della loro durata nel tempo. Ad esempio, ove le disposizioni di cui trattasi si presentino come trasposizione definitiva e completa della direttiva, la loro difformità dalla direttiva potrebbe far presumere che il risultato da questa prescritto non sarà realizzato entro i termini stabiliti se una loro modifica in tempo utile risulti impossibile» (CG, 18 dicembre 1997, causa C-129/96, *Inter-Environnement*, in *Raccolta*, I-7411).

L'obbligo è rafforzato nel caso in cui lo Stato membro benefici eccezionalmente di un termine di trasposizione più lungo rispetto agli altri Stati, in tal caso dovendo lo Stato considerato non soltanto astenersi dall'adottare misure incompatibili, ma altresì adottare progressivamente misure concrete al fine di conseguire il risultato prescritto dalla direttiva (CG, 22 novembre 2005, causa C-144/04, *Mangold*, in *Raccolta*, I-9981).

Di recente, la Corte di giustizia ha precisato che tale obbligo di astensione vale (oltre che per il legislatore) anche per i giudici nazionali, i quali devono,

«dal momento dell'entrata in vigore della direttiva, astenersi per quanto possibile dall'interpretare il diritto interno in un modo che rischierebbe di compromettere gravemente, dopo la scadenza del termine di attuazione, la realizzazione del risultato perseguito da(lla) ...direttiva» (CG, 4 luglio 2006, causa C-202/04, cit.).

L'obbligo cui sono tenuti gli Stati in pendenza del decorso del termine per la trasposizione della direttiva è, con le dovute differenziazioni, un'applicazione nel diritto comunitario del principio di diritto internazionale secondo cui gli Stati devono astenersi da atti che priverebbero il trattato del suo oggetto e del suo scopo prima della sua entrata in vigore (art. 18, Convenzione di Vienna sul diritto dei trattati del 1969, v. *supra*, Cap. III).

6.1. *Le decisioni.*

L'art. 249, quarto comma, CE definisce la *decisione* come «obbligatoria in tutti i suoi elementi per i destinatari da essa designati». Si tratta di un atto a portata individuale (corrispondente nella sostanza al provvedimento amministrativo dei sistemi giuridici nazionali), che può avere come destinatari sia i singoli, sia gli Stati. Con riguardo a queste ultime, la Corte ne ha riconosciuto, non diversamente dalle direttive, l'idoneità a produrre effetti diretti (CG, 6 ottobre 1970, causa 9/70, cit.). Peraltro, ad identica conclusione deve giungersi con riguardo alle decisioni rivolte a soggetti privati, se si ritiene che l'effetto diretto dipenda dal contenuto dell'atto comunitario, attributivo di un diritto soggettivo perfetto.

7.1. *La riforma della legge "La Pergola" e il ruolo delle Regioni.*

L'attuazione in Italia del diritto comunitario derivato avviene oggi, sia pur in via non esclusiva, rimanendo comunque possibile l'adozione di misure *ad hoc*, essenzialmente attraverso il meccanismo configurato dalla legge 4 febbraio 2005, n. 11, recante «Norme generali sulla partecipazione dell'Italia al processo normativo dell'Unione europea e sulle procedure di esecuzione degli obblighi comunitari», che ha interamente sostituito, abrogandola, la (più volte modificata) legge 9 marzo 1989, n. 86 (c.d. legge La Pergola).

La finalità e la struttura della legge non si distinguono, tuttavia, molto da quelle proprie della normativa abrogata. Tra gli aspetti di più spiccata differenziazione merita di essere menzionata l'attribuzione di un ruolo più incisivo agli organi statali (e regionali) nella c.d. fase "ascendente", ovvero di partecipazione alla formazione del diritto comunitario e dell'Unione. Il contributo degli organi nazionali alla elaborazione delle norme comunitarie trova una sede istituzionale di coordinamento nel Comitato interministeriale per gli affari comunitari europei (CIACE), di nuova creazione presso la Presidenza del Consiglio dei Ministri, mentre il Presidente del Consiglio e il Ministro per le politiche comunitarie sono responsabili di informare le Camere, trasmettendone i testi, di ogni progetto di atto comunitario e dell'Unione. Nel caso in cui le Camere avviino l'esame di tali testi, il Governo potrà procedere alle attività di propria competenza per la formazione di tali atti in seno al Consiglio dell'Unione solo a conclusione dell'esame parlamentare. La legge attribuisce rilevanza alla partecipazione delle Camere, al punto da prevedere al riguardo (cfr. artt. 4 e 5) l'istituto della c.d. "riserva di esame parlamentare", che si risolve nel potere del Governo di apporre, in sede di Consiglio dell'Unione, una "riserva" di esame dei testi da parte dei competenti organi parlamentari. Dell'innovazione, che certo varrà a rafforzare il legame tra Parlamento e Governo nell'ambito della formazione del diritto comunitario e dell'Unione, è lecito nutrire qualche dubbio in termini di efficacia a livello "europeo": essa, infatti, può bloccare (per un termine di venti giorni dalla relativa comunicazione alle Camere) la partecipazione del Governo italiano al procedimento di formazione di un atto comunitario o dell'Unione, ma non può precludere alle istituzioni comunitarie di proseguire nel processo di legiferazione.

Sostanzialmente riproduttivo dell'art. 1 della legge La Pergola è l'art. 1 della legge n. 11/2005, che ne indica le finalità nella disciplina del processo di formazione della posizione italiana nell'elaborazione di atti comunitari e dell'Unione e nella garanzia dell'adempimento degli obblighi derivanti dall'appartenenza dell'Italia all'Unione europea e conseguenti, quindi, all'emanazione di atti, in particolare del primo e del terzo pilastro e all'accertamento da parte della Corte di giustizia dell'incompatibilità di norme legislative e regolamentari nazionali con disposizioni dell'ordinamento comunitario. Il meccanismo di adattamento ivi delineato dovrebbe contribuire, come già quello del 1989, a ridurre i ritardi, eliminando gli inadempimenti del legislatore italiano nell'esecuzione degli obblighi comunitari, garantendo il continuo, sistematico, aggiornamento ed adeguamento della normativa nazionale a quella comunitaria.

La legge n. 11/2005 (cfr. artt. 8 e 9) prevede l'approvazione annuale di una *legge comunitaria*, che può recare direttamente le norme di attuazione del diritto comunitario (direttive e altri atti non direttamente applicabili), abrogando norme interne incompatibili e predisponendo le misure necessarie per la piena applicazione in Italia delle norme comunitarie, oppure autorizzare il Governo a procedere all'adattamento mediante l'adozione di decreti legislativi, di cui la legge comunitaria fissa i criteri direttivi, o regolamenti governativi, sia di attuazione sia di delegificazione, ovvero ministeriali, nonché con atti amministrativi generali (cfr. art. 11). Decreti ministeriali possono essere impiegati anche per attuare norme comunitarie non immediatamente applicabili «che modificano modalità esecutive e caratteristiche di ordine tecnico di direttive già recepite» (cfr. art. 13) e il Governo può adottare provvedimenti «anche urgenti» a fronte di sentenze o atti normativi, purché la scadenza per il loro recepimento risulti anteriore rispetto alla data di presunta entrata in vigore della legge comunitaria (cfr. art. 10).

L'art. 8 della legge n. 11/2005 ammette, quindi, che l'attuazione delle norme comunitarie possa realizzarsi, oltre che con atti amministrativi, anche mediante leggi regionali (e delle Province autonome di Trento e Bolzano), riconoscendo sia alle Regioni a statuto speciale, sia a quelle a statuto ordinario, nell'ambito delle loro competenze esclusive, la possibilità di dare attuazione immediata alle direttive e alle decisioni, senza dover attendere l'entrata in vigore della legge comunitaria.

Quanto alle materie che rientrano nella competenza concorrente di Stato e Regioni, la novella introduce un sistema di "coordinamento" più complesso rispetto a quello configurato dalla legge 5 giugno 2003, n. 131, contenente "Disposizioni per l'adeguamento dell'ordinamento della Repubblica alla legge costituzionale 18 ottobre 2001, n. 3" (in *G.U.* n. 132 del 10 giugno 2003), che, recante "modifiche al titolo V della parte seconda della Costituzione" (cfr., *supra*, Cap. III, par. 5.3; Cap. IV, par. 8.2 e, *infra*, par. 9.5), aveva, come noto, sancito a livello costituzionale (appunto) la competenza attuativa della normativa comunitaria in capo alle Regioni. L'art. 3 della legge cost. da ultimo citata ha, innovato, infatti, l'art. 117 della Costituzione, stabilendo, al suo quinto comma, che «le Regioni e le Province autonome di Trento e Bolzano, nelle materie di loro competenza, partecipano alle decisioni dirette alla formazione degli atti normativi comunitari e provvedono all'attuazione e all'esecuzione degli accordi internazionali e degli atti dell'Unione europea, nel rispetto delle norme di procedura stabilite da legge dello Stato» e consacrando così a livello costituzionale i principi emersi negli ultimi decenni nella legislazione ordinaria e nella giurisprudenza costituzionale.

Poiché qualsiasi inadempimento nell'attuazione delle direttive posto in essere da una Regione si risolve, comunque, in un inadempimento dello Stato a cui, unicamente, l'illecito è imputabile:

> «la circostanza che uno Stato membro abbia affidato alle proprie regioni l'attuazione di direttive non può avere alcuna influenza sull'applicazione dell'art. 169 [*ora art. 226, che disciplina il procedimento di infrazione nei confronti degli Stati per violazione degli obblighi comunitari, n.d.a.*]. Risulta, infatti, da una giurisprudenza costante che gli Stati membri non possono richiamarsi a situazioni del loro ordinamento interno per giustifica-

re l'inosservanza degli obblighi e dei termini stabiliti dalle direttive. Sebbene ogni Stato membro sia libero di ripartire come crede opportuno le competenze normative sul piano interno, tuttavia a norma dell'art. 169 esso resta il solo responsabile, nei confronti della Comunità, del rispetto degli obblighi derivanti dal diritto comunitario» (CG, 13 dicembre 1991, causa C-33/90, *Commissione/Italia*, in *Raccolta*, I-5987),

indispensabile risulta, in ipotesi di inerzia regionale, l'intervento sostitutivo dello Stato.

A seguito della riforma realizzata dall'art. 6 della legge cost. n. 3/2001, cit., il potere sostitutivo dello Stato è previsto direttamente dall'art. 120 Cost., il cui secondo comma dispone che

«il Governo può sostituirsi a organi delle Regioni ... nel caso di mancato rispetto di norme e trattati internazionali o della normativa comunitaria ...»

e la legge n. 131/2003 ha previsto un'apposita procedura per l'esercizio del potere sostitutivo, nel rispetto dei principi, costituzionalmente tutelati, di sussidiarietà e di leale collaborazione. In particolare, l'art. 8 di tale legge prevede, per il caso di mancato rispetto della normativa comunitaria, ipotesi in cui rientra anche il mancato adeguamento alla medesima dell'ordinamento regionale, che il Presidente del Consiglio dei ministri, su proposta del Ministro competente per materia, assegni alla Regione un congruo termine per adottare i provvedimenti dovuti. Solo in caso di inerzia, il Consiglio dei ministri potrà adottare i necessari provvedimenti, anche normativi, ovvero nominare un apposito commissario, su proposta del Presidente del Consiglio ovvero del ministro per le politiche comunitarie e del ministro competente per materia. Solo nei casi di assoluta urgenza, il Consiglio dei ministri, su proposta del ministro competente, adotta i provvedimenti necessari.

Il sistema previsto dalla legge n. 11/2005 per le ipotesi, come detto, di competenza concorrente, appare meno rispettoso (del precedente) dell'autonomia regionale, riconosciuta anche dalla nostra Corte costituzionale, che era giunta ad affermare, dopo un'iniziale "protezione" delle prerogative nazionali in relazione all'attuazione degli obblighi comunitari, che

«la partecipazione dell'Italia al processo di integrazione europea, e agli obblighi che ne derivano, deve coordinarsi con la propria struttura costituzionale fondamentale della quale fa parte integrante la struttura regionale dello Stato» (Corte cost., sentenza n. 126/1996, in *Giur. cost.*, 1996, I, 1044).

L'art. 9 della nuova legge attribuisce infatti al Parlamento nazionale il potere di individuare, mediante l'emanazione della legge comunitaria, alcuni fondamentali principi che le Regioni dovranno rispettare nell'esercizio della loro funzione legislativa di attuazione della normativa comunitaria e dell'Unione, esercizio che viene pertanto temporalmente limitato e subordinato, appunto, all'adozione della legge comunitaria. A completamento di tale meccanismo che rischia di condizionare costantemente l'attività legislativa regionale, l'art. 11 della legge in questione prevede quindi che il Parlamento possa adottare delle disposizioni normative di carattere generale, volte a sopperire ad eventuali ritardi o all'inerzia delle Regioni nell'attuazione del diritto comunitario e dell'Unione, che, come visto, determinano comunque la responsabilità dello Stato a livello "europeo".

Pur trattandosi di un intervento "centrale" di natura cedevole, nel senso che le disposizioni nazionali vengono meno nel momento in cui le Regioni emanano i provvedimenti attuativi, la previsione, oltre che ridurre, come detto, l'autonomia regionale, rischia di "incentivare" l'inerzia delle Regioni di fronte all'intervento statale anticipato e non appare del tutto conforme con quanto sancito dall'art. 120 Cost. (come modificato nel 2001). Esso sembra però poter trovare un fondamento o, comunque, una sorta di "copertura" nella pronuncia da ultimo citata della nostra Corte costituzionale (n. 126/96, peraltro antecedente la modifica costituzionale) secondo cui, nelle materie di competenza delle Regioni, l'attuazione delle norme comunitarie spetta innanzitutto a queste ultime, restando salvo, a fronte del regime comunitario che non conosce altro soggetto responsabile diverso dallo Stato, l'attribuzione a quest'ultimo di una competenza «di seconda istanza», purché essa consista non in «avocazioni di competenza a favore dello Stato, ma in *interventi* repressivi o sostitutivi e suppletivi, questi ultimi *anche in via preventiva, ma cedevoli di fronte all'attivazione dei poteri regionali*» (corsivo aggiunto).

8.1. *L'adattamento agli atti dell'Unione.*

Nel sistema dell'Unione, l'accennata (v. *supra*, par. 2.1) configurazione di un sistema delle fonti distinto da quello al quale fanno ricorso le istituzioni nell'ambito del primo pilastro è imposta dalla difficoltà che alcuni Stati avrebbero manifestato, in virtù della peculiarità delle materie rientranti nel secondo e nel terzo pilastro (politica di difesa e cooperazione penale), di fronte alla *reductio ad unum* delle varie forme di cooperazione nell'ambito del sistema comunitario.

8.2. *Gli atti della Politica estera e di sicurezza comune.*

L'art. 12 del Trattato UE, introdotto dal Trattato di Amsterdam, sancisce la competenza dell'Unione a perseguire gli obiettivi per l'attuazione di una politica estera e di sicurezza comune (PESC) «definendo i principi e gli orientamenti generali della politica estera e di sicurezza comune; decidendo strategie comuni; adottando *azioni comuni*; adottando *posizioni comuni*; rafforzando la cooperazione sistematica tra gli Stati membri per la conduzione della loro politica».

I principi e gli orientamenti generali della PESC sono delineati, *ex art.* 13 del Trattato UE, dal Consiglio europeo, chiamato anche a decidere strategie comuni (che devono fissare «i rispettivi obiettivi, la durata, nonché i mezzi che gli Stati devono mettere a disposizione»), in settori in cui gli Stati abbiano importanti interessi in comune, eventualmente su raccomandazione del Consiglio, investito del compito di attuarle, mediante l'adozione di azioni comuni e posizioni comuni, oltre che del compito di assicurare l'unità, la coerenza e l'efficacia dell'azione dell'Unione.

Le azioni comuni (art. 14 del Trattato UE) sono, per l'appunto, adottate dal Consiglio ed «affrontano specifiche situazioni in cui si ritiene necessario un intervento operativo dell'Unione», definendo «gli obiettivi, la portata e i mezzi di cui l'Unione deve disporre, le condizioni di attuazione e, se necessario, la durata». L'attuazione delle azioni comuni è riservata al Consiglio e agli Stati, che sono, perciò, vincolati ad esse e che devono informare l'istituzione comunitaria di ogni presa di posizione e azione adottata per dar loro attuazione, potendo solo in circostanze eccezionali, ed in assenza di decisioni del Consiglio, adottare misure d'urgenza. Se uno Stato incontra difficoltà nell'applicazione di un'azione comune, investe della questione il Consiglio, chiamato a trovare la soluzione appropriata che deve essere conforme agli obiettivi dell'azione e non nuocere alla sua efficacia.

Come le azioni comuni, anche le posizioni comuni possono essere adottate dal Consiglio per attuare una strategia comune, ma non esclusivamente a tale scopo. Esse «definiscono l'approccio dell'Unione su una questione particolare di natura geografica o tematica» (nella prassi, si è fatto ricorso alle posizioni comuni per manifestare la volontà dell'Unione di ricorrere a sanzioni economiche nei confronti dei paesi terzi). L'art. 15 del Trattato UE prevede, inoltre, che gli Stati debbano garantire la conformità delle loro politiche nazionali alle posizioni comuni. La norma sembra così sancire un obbligo di leale cooperazione, analogo a quello previsto, benché nel diverso contesto comunitario, dall'art. 10 CE.

Nell'attuazione degli atti del secondo pilastro, gli Stati godono di ampia libertà d'azione, col solo vincolo di conseguire l'obiettivo voluto dall'Unione. Si tratta, in ogni caso, di atti non suscettibili di produrre effetti diretti e, mancando meccanismi istituzionali di accertamento dell'illecito a carico dello Stato inadempiente, la soluzione dell'eventuale controversia sarà affidata a meccanismi diplomatico-conciliativi del tutto estranei all'impianto strettamente comunitario del primo pilastro.

8.3. *Gli atti della Cooperazione di polizia e giudiziaria in materia penale.*

Nell'ambito del terzo pilastro, gli strumenti normativi cui il Consiglio ricorre per promuovere la cooperazione di polizia e giudiziaria in materia penale sono elencati dall'art. 34, par. 2 del Trattato UE. La norma, innovata dal Trattato di Amsterdam, ridisciplina le fonti del terzo pilastro chiaramente differenziandole da quelle della Politica estera e di sicurezza comune ed anzi, per molti profili, evocando tipologie normative e soluzioni procedimentali proprie della Comunità europea, sì che, nel testo vigente, si pone il problema della delimitazione tra questi due sistemi e della misura in cui soluzioni proprie del diritto comunitario possano eventualmente essere trasposte agli atti del titolo VI del Trattato UE, pur nel rispetto del carattere marcatamente intergovernativo che l'art. 34 conferisce alle fonti che disciplina. Tale "trasponibilità" pare confermata dalla recente pronuncia in cui la Corte di giustizia ha sancito l'operatività del principio dell'interpretazione conforme (su cui v. *supra*, par. 5.4) in relazione alle decisioni-quadro, atti tipici, come subito si vedrà, del terzo pilastro, dichiarando che

> «il giudice nazionale è tenuto a prendere in considerazione le norme dell'ordinamento nazionale nel loro complesso e ad interpretarle, in quanto possibile, alla luce della lettera e dello scopo della detta decisione quadro» (CG, 16 giugno 2005, causa C-105/03, *Pupino*, in *Raccolta*, I-5285).

L'art. 34 Trattato UE menziona, oltre (appunto) alle *decisioni-quadro*, altre tre tipologie di atti suscettibili di essere adottati dal Consiglio per il conseguimento degli obiettivi del Titolo VI: *posizioni comuni, decisioni* e *convenzioni*.

Per quanto attiene alla posizione comune (art. 34, par. 2, lett. *a*), si deve ritenere che vincoli gli Stati, che non potranno adottare comportamenti contrastanti con l'orientamento in essa esplicitato. Il carattere vincolante della posizione comune sembra giustificabile richiamando l'art. 37 del Trattato UE, che impone agli Stati membri, nell'ambito delle conferenze internazionali o di organizzazioni internazionali, l'obbligo di esprimere le posizioni comuni adottate ai sensi del titolo VI.

La decisione-quadro (art. 34, par. 2, lett. *b*) può essere adottata solo per il «ravvicinamento delle disposizioni legislative e regolamentari degli Stati membri». Attraverso la decisione-quadro, il Consiglio provvederà quindi all'armonizzazione degli ordinamenti nazionali in vista del conseguimento di finalità rientranti negli obiettivi di cui agli artt. 30 e 31 del Trattato UE. La decisione-quadro è dichiarata vincolante per gli Stati «quanto al risultato da ottenere, salva restando la competenza delle autorità nazionali in merito alla forma e ai mezzi». L'analogia con la direttiva è evidente, anche se la fonte prevista dall'art. 249, terzo comma, CE non individua in modo altrettanto preciso gli obiettivi da conseguire mediante la sua adozione. La decisione-quadro sembra dunque assimilabile alla direttiva-quadro, piuttosto che alla direttiva dettagliata: nelle decisioni-quadro sinora adottate, pur non mancando anche norme sufficientemente specifiche, il Consiglio ha infatti garantito l'autonomia del momento normativo statuale. Come la direttiva, anche la struttura formale della decisione-quadro prevede, oltre che un termine di entrata in vigore, un termine finale entro il quale gli Stati devono "far entrare" o "mettere" in vigore o comunque "adottare" le misure statuali necessarie per conformarsi all'atto dell'Unione. Pur mancando, come accennato, nel sistema dell'Unione, l'enunciazione espressa del principio di leale cooperazione tipico del sistema comunitario (art. 10 CE), è da ritenere che gli Stati non possano, nel tempo intercorrente tra l'entrata in vigore della decisione-quadro e il termine per la sua trasposizione, adottare misure che possano compromettere il risultato prescritto (con riferimento alle direttive v. *supra*, par. 5.5), finendo per integrare un simile comportamento una violazione dell'art. 18 della Convenzione di Vienna sul diritto dei trattati del 1969, il cui richiamo appare giustificato, qui ancor più che nel primo pilastro, proprio dal carattere spiccatamente intergovernativo degli impegni che discendono dalla decisione-quadro. In ogni caso, oggi, a favore dell'operatività del principio di cui all'art. 10 CE anche nel terzo pilastro, pur in assenza di una esplicita previsione in tal senso nel Trattato UE, si è espressa la Corte di giustizia nel giugno 2005 (cfr. causa C-105/03, cit.). Il Trattato esclude invece espressamente che la decisione-quadro possa avere efficacia diretta. Tuttavia, anche alla luce della recente giurisprudenza della Corte di giustizia nel caso *Pupino* (sent. ult. cit.) che, come detto, ha garantito alla decisione-quadro soluzioni ermeneutiche proprie delle direttive comunitarie (l'obbligo di interpretazione conforme), appare sostenibile la tesi per cui la preclusione in parola, ovvero il divieto per la decisione-quadro di produrre effetti diretti, vale certamente ad escludere l'attribuzione ad essa dell'effetto c.d. sostitutivo (che si risolve nella attribuzione ai singoli di una posizione soggettiva descritta nel contenuto precettivo della norma e tutelabile da parte del giudice nazionale solo nei confronti dello Stato – c.d. efficacia diretta verticale), ma non sembra invece impedirne l'effetto c.d. di esclusione, potendo dunque essere invocata davanti ad un giudice nazionale per negare rilevanza ad una disposizione nazionale, con essa incompatibile, ai fini della soluzione del caso concreto.

Le decisioni (art. 34, par. 2, lett. *c*), anch'esse prive di efficacia diretta per esplicita dichiarazione del Trattato, possono essere adottate dal Consiglio per conseguire «qualsiasi altro scopo coerente con gli obiettivi del presente Titolo», purché si tratti di scopi diversi da quelli perseguibili mediante gli altri atti normativi menzionati dall'art. 34 e da quello del «ravvicinamento delle disposizioni legislative e regolamentari degli Stati membri». Tale caratteristica, insieme con l'assenza di effetti diretti, induce a ritenere che attraverso le decisioni il Consiglio realizzerà finalità concrete e specifiche, anche di carattere istituzionale, quali, ad esempio, la creazione di organi per meglio conseguire gli obiettivi del terzo pilastro. Anche le decisioni, come le decisioni-quadro, sono vincolanti per gli Stati membri. Soprattutto laddove la decisione rivesta carattere istituzionale, non trattandosi di misure di ravvicinamento, la sua esecuzione avverrà attraverso atti dell'Unione: non si può però escludere la necessità di una sua attuazione all'interno degli ordinamenti nazionali attraverso misure statali.

Il sistema delle fonti del terzo pilastro comprende, infine, anche convenzioni internazionali, il cui testo viene "stabilito" dal Consiglio e di cui questi raccomanda l'adozione agli Stati, entro un preciso termine, secondo le rispettive procedure costituzionali. Si tratta di strumenti di diritto pattizio disciplinati innanzitutto dal diritto internazionale, salvo le peculiarità previste dallo stesso art. 34 del Trattato UE.

L'attuazione delle misure adottate in seno al terzo e al secondo pilastro non rientrava formalmente tra gli obiettivi del procedimento di adeguamento sistematico previsto dalla legge n. 86/1989 e successive modifiche (v. *supra*, par. 7.1). Peraltro, nella vigenza di tale testo, le difficoltà non si riscontravano tanto con riferimento alle misure attuative della politica estera e di sicurezza comune poiché, dato il loro carattere eminentemente operativo, sembravano (e sembrano tutt'oggi, anche a seguito della riforma operata dalla legge n. 11/2005) necessari atti di recepimento *ad hoc*, per lo più di natura amministrativa, così da garantire la concreta realizzazione dell'obbligo perseguito.

Per quanto attiene, invece, alle misure adottate a norma del titolo VI del Trattato UE, se oggi regole specifiche (che di fatto ricalcano quelle disciplinanti il recepimento delle norme comunitarie in senso stretto, ovvero elaborate in seno al primo pilastro) sono dettate dalla legge n. 11/2005, sostitutiva della legge La Pergola, nella vigenza di quest'ultima il sistema sembrava comunque integrabile in via interpretativa, consentendo il ricorso al procedimento ivi previsto per gli atti comunitari anche con riferimento alle decisioni-quadro e alle decisioni di cui all'art. 34 Trattato UE. Tale conclusione sembrava confermata dalla circostanza che, nella fase "ascendente" di partecipazione degli organi nazionali all'elaborazione delle norme comunitarie, l'art. 1-*bis* della legge n. 86/1989 (introdotto dalla legge 24 aprile 1998, n. 128) prevedeva la trasmissione alle Camere, per la formulazione di osservazioni e di ogni atto di indirizzo al Governo, dei progetti di atti normativi e di indirizzo «degli organi delle Comunità europee e dell'Unione europea» (art. 1-*bis*, n. 1), tra questi ultimi comprendendo specificamente gli atti «relativi alle misure previste dal Titolo VI del Trattato sull'Unione europea» (art. 1-*bis*, n. 2). Così, una disposizione analoga, per quanto non identica, era contenuta nell'art. 3 della legge 16 giugno 1998, n. 209, di autorizzazione alla ratifica ed esecuzione del Trattato di Amsterdam, dove si prevedeva che il Governo dovesse tempestivamente mettere a disposizione delle Camere, delle Regioni e delle Province autonome, oltre ai documenti di consultazione e alle proposte legislative redatti dalla Commissione, anche «le proposte relative alle misure da adottare a norma del titolo VI del Trattato sull'Unione europea».

Con riguardo, infine, alle convenzioni, si è visto che la loro entrata in vigore è subordinata all'"adozione" da parte degli Stati, entro un termine fissato dal Consiglio entro il quale questi ultimi devono aver "avviato" le procedure necessarie secondo i rispettivi ordinamenti costituzionali. L'art. 34, par. 2, lett. *d* del Trattato UE, conformemente alla regola generale dell'art. 24 della Convenzione di Vienna sul diritto dei trattati, prevede quindi che la convenzione, salvo disposizioni contrarie da essa previste, entri in vigore una volta che almeno la metà degli Stati membri abbia provveduto alla sua adozione nei rapporti fra i predetti Stati. Questa sorta di applicazione provvisoria della convenzione facilita l'entrata in vigore dell'accordo, favorendo, però, contestualmente l'instaurarsi di discipline caratterizzate da una certa frammentarietà sul piano territoriale, rispondenti alla logica di "geometria variabile", oramai non estranea neppure al diritto comunitario in senso proprio (cfr. il meccanismo della cooperazione rafforzata di cui all'art. 11 CE).

9.1. *Il rapporto tra diritto comunitario e diritto interno (norme costituzionali e leggi ordinarie).*

La specificità del diritto comunitario, identificata in relazione alla sua ultima finalità, che è quella di conseguire un elevato livello di integrazione tra gli ordinamenti degli Stati membri garantito dall'uniformità di interpretazione e di applicazione delle norme comunitarie, ha quale corollario, come si è visto, la regola del primato del diritto comunitario sul diritto interno. Nella giurisprudenza della Corte di giustizia, il primato discende "naturalmente" dall'impostazione monista e gerarchica dei rapporti tra diritto comunitario e diritto interno. Allo stesso risultato si giunge, con qualche difficoltà, nel contesto di una costruzione teorica ispirata ad una concezione dualista in cui si è collocata la giurisprudenza della nostra Corte costituzionale.

9.2. *Il rapporto con le norme della Costituzione.*

Secondo la Corte di giustizia, del primato beneficiano tutte le norme di diritto comunitario, primario e derivato, siano o meno direttamente applicabili. Il primato è garantito in relazione a tutte le norme nazionali, quale sia il rango della fonte interna che viene in rilievo e anche relativamente a quelle di livello costituzionale. L'irrilevanza di un contrasto con norme costituzionali al fine di "mettere in discussione" l'uniforme applicazione del diritto comunitario appare già nell'ordinanza del 22 giugno 1965 (cause riunite 9/65 e 58/65, *San Michele*, in *Raccolta*, 31). Successivamente, la Corte di giustizia afferma, in termini più espliciti, che «il fatto che siano menomati vuoi i diritti fondamentali sanciti dalla Costituzione di uno Stato membro, vuoi i principi di una Costituzione nazionale, non può sminuire la validità di un atto della Comunità né la sua efficacia nel territorio dello stesso Stato» (CG, 17 dicembre 1970, causa 11/70, *Internationale Handelsgesellschft*, in *Raccolta*, 1125). Neppure il diritto costituzionale di uno Stato membro, quindi, può costituire ostacolo al primato del diritto comunitario, dal momento che

> «il conseguimento degli scopi della Comunità esige che le norme del diritto comunitario, ... si applichino incondizionatamente, nello stesso momento e con identica efficacia nell'intero territorio della Comunità, senza che gli Stati membri possano opporvisi in qualsivoglia modo. L'attribuzione alla Comunità, effettuata dagli Stati membri, dei diritti e poteri contemplati dalle disposizioni del trattato, implica infatti una limitazione definitiva dei loro poteri sovrani, sulla quale non può prevalere il richiamo a disposizioni di diritto interno di qualsivoglia natura» (CG, 13 luglio 1972, causa 48/71, *Commissione/Italia*, in *Raccolta*, 529).

La nostra Corte costituzionale, pur garantendo, dopo un percorso non facile, la prevalenza del diritto comunitario, salvaguarderà comunque i principi fondamentali e i diritti inalienabili garantiti dalla Costituzione, ammettendo, come si vedrà (v. *infra*, par. 9.6), che laddove la norma comunitaria leda tali principi e diritti essa possa essere, per il tramite della legge di esecuzione ai trattati, sottoposta al vaglio di legittimità costituzionale.

9.3. Il rapporto con la legge ordinaria.

Come si è ricordato, l'adattamento ai Trattati istitutivi è avvenuto con legge ordinaria, così ponendosi il problema di come assicurare il primato delle norme comunitarie anteriori a quelle contenute in leggi statali eventualmente incompatibili. Nel caso opposto, il consueto criterio di organizzazione delle fonti su base cronologica, *lex posterior derogat priori*, ha fin da subito garantito la prevalenza della norma comunitaria successiva, con disapplicazione di quella nazionale antecedente.

Nella prima sentenza pronunciata in tema di rapporti tra norma comunitaria e legge ordinaria contrastante e successiva, la Corte costituzionale, forse non ancora pienamente consapevole dell'originalità dell'ordinamento comunitario, e collocandosi in una prospettiva chiaramente dualista, afferma che il Trattato CEE spiega l'efficacia ad esso conferita dalla legge di esecuzione, per cui «deve rimanere saldo l'impero delle leggi posteriori a quest'ultima secondo i principi della successione delle leggi nel tempo», non risultando sufficiente il richiamo all'art. 11 Cost. per fondare l'illegittimità della legge interna successiva in contrasto con il diritto comunitario, in quanto la disposizione costituzionale è considerata norma "permissiva" che consente sì di assumere limitazioni di sovranità anche con la semplice legge ordinaria, ma non è in grado di conferire alla legge ordinaria di esecuzione del trattato un'efficacia superiore a quella propria di tale fonte del diritto, per cui «una violazione del Trattato, se importa la responsabilità dello Stato sul piano internazionale, non toglie alla legge con esso in contrasto la sua piena efficacia» (Corte cost., sentenza n. 14/1964, in *Giur. cost.*, 1964, 131).

Di pochi mesi successiva, la "reazione" della Corte di giustizia è fondata sulla concezione monista ed unitaria dei rapporti tra diritto comunitario e nazionale, secondo cui il primo si integra negli ordinamenti giuridici nazionali in virtù di forza propria e non in conseguenza di meccanismi di adattamento propri di ciascun ordinamento statale

> «scaturito da fonte autonoma, in virtù della sua specificità, il diritto nato dal trattato non può trovare limite in un provvedimento unilaterale ulteriore che, risultando incompatibile col sistema della Comunità, deve considerarsi del tutto privo di efficacia» (CG, 15 luglio 1964, causa 6/64, cit.).

L'inversione di tendenza nell'orientamento della Corte costituzionale è segnato dalla sentenza n. 183/1973, cit., dove la Corte, chiamata a pronunciarsi sulla presunta illegittimità costituzionale della legge di ratifica ed esecuzione del Trattato CEE nella parte in cui dà ingresso a fonti non riconducibili al potere del Parlamento, cui è riservata la funzione legislativa, riconosce che con l'adesione alla Comunità l'Italia ha accettato un

> «parziale trasferimento agli organi comunitari dell'esercizio della funzione legislativa, in base ad un preciso criterio di ripartizione di competenze per le materie analiticamente indicate nelle parti seconda e terza del Trattato, in correlazione con le finalità di interesse generale stabilite dal Trattato stesso per la politica economica e sociale della Comunità».

Tale «trasferimento», come si è ricordato, trova giustificazione nell'art. 11 Cost., con il quale il costituente ha inteso «definire l'apertura dell'Italia alle più impegnative forme di collaborazione e organizzazione internazionale». L'art. 11 Cost. viene dunque richiamato per legittimare le limitazioni di sovranità, non solo sostanziali, ma anche procedimentali, consentendo, senza una revisione costituzionale, un trasferimento di competenze legislative dal Parlamento agli organi comunitari. La separazione degli ordinamenti, comunitario e nazionale, coordinata attraverso una distribuzione di competenze che nell'art. 11 trova il suo "ancoraggio" costituzionale, impedisce comunque di sottoporre le norme comunitarie, estranee al nostro sistema delle fonti, al sindacato di legittimità costituzionale (eccettuati i casi, come accennato e si vedrà, in cui norme comunitarie violino «i principi fondamentali del nostro ordinamento costituzionale o i diritti inalienabili della persona»).

Su tale premessa, il rapporto tra norma comunitaria e legge interna successiva viene affrontato dalla Corte costituzionale in relazione a un caso di illegittima riproduzione di regolamenti in norme interne, osservando che tale prassi, violando l'art. 249 CE, era da considerarsi anche quale violazione dell'art. 11 Cost., con cui l'Italia ha acconsentito a limitazioni di sovranità necessarie per l'istituzione e il funzionamento della Comunità. Da ciò non discende, peraltro, il potere del giudice nazionale di disapplicare la norma interna sul presupposto della prevalenza del diritto comunitario, affermandosi piuttosto che

> «di fronte alla situazione determinata dalla emanazione di norme legislative italiane, le quali abbiano recepito e trasformato in legge interna regolamenti comunitari direttamente applicabili, il giudice è tenuto a sollevare la questione della loro legittimità costituzionale» (Corte cost., sentenza n. 232/1975, cit.).

Dal momento che la legge interna successiva contrastante con una norma comunitaria viola l'art. 11 Cost., essa può essere rimossa solo con dichiarazione di illegittimità costituzionale: laddove, infatti, si riconoscesse al giudice ordinario la possibilità di disapplicare la normativa interna successiva contrastante si garantirebbe l'applicazione della norma comunitaria solo *inter partes*, rimanendo la norma nazionale in vigore. La soluzione così offerta dalla Corte costituzionale per assicurare il primato del diritto comunitario anteriore, pur non priva di coerenza in un sistema che conosce il sindacato di costituzionalità accentrato, non consente al giudice nazionale di garantire l'immediata rilevanza del primato del diritto comunitario per la tutela delle posizioni giuridiche soggettive, vincolandolo anzi ad attivare un procedimento nelle cui more il diritto conferito dalla norma comunitaria resta sacrificato.

L'orientamento della Corte costituzionale che, in ultima analisi, riservava a se stessa il potere di stabilire la prevalenza del diritto comunitario su quello nazionale successivo contrastante, viene ritenuto – dalla Corte di giustizia – incompatibile con il principio del primato del diritto comunitario, il quale esige in capo al giudice nazionale di diritto comune, il potere e

> «l'obbligo di applicare integralmente il diritto comunitario e di tutelare i diritti che questo attribuisce ai singoli, disapplicando le disposizioni eventualmente contrastanti della legge interna, sia anteriore sia successiva alla norma comunitaria. È quindi incompatibile con le esigenze inerenti alla natura stessa del diritto comunitario qualsiasi disposizione ... la quale porti ad una riduzione della concreta efficacia del diritto comunitario per il fatto che sia negato al giudice, competente ad applicare questo diritto, il potere di fare, all'atto stesso di tale applicazione, tutto quanto è necessario per disapplicare le disposizioni legislative nazionali che eventualmente ostino alla piena efficacia delle norme comunitarie; ciò si verificherebbe qualora ... la soluzione fosse riservata ad un organo diverso dal giudice cui è affidato il compito di garantire l'applicazione del diritto comunitario, e dotato di un autonomo potere di valutazione ... il giudice nazionale, incaricato di applicare, nell'ambito della propria competenza, le disposizioni di diritto comunitario, ha l'obbligo di garantire la piena efficacia di tali norme, disapplicando all'occorrenza, di propria iniziativa, qualsiasi disposizione contrastante della legislazione nazionale, anche posteriore, senza doverne chiedere o attendere la previa rimozione in via legislativa o mediante qualsiasi altro procedimento costituzionale ...». Ne risulta, perciò, che «il giudice nazionale ha l'obbligo di garantire la tutela delle situazioni giuridiche soggettive sorte per effetto delle norme dell'ordinamento giuridico comunitario, senza dover chiedere o attendere l'effettiva rimozione, ad opera degli organi nazionali all'uopo competenti, delle eventuali misure nazionali che ostino alla diretta e immediata applicazione delle norme comunitarie» (CG, 9 marzo 1978, causa 106/77, cit.).

La Corte di giustizia afferma, inoltre che, in virtù dell'integrazione tra gli ordinamenti e

> «in forza del principio della preminenza del diritto comunitario, le disposizioni del trattato e gli atti delle istituzioni, qualora siano direttamente applicabili, hanno l'effetto, nei loro rapporti col diritto interno degli stati membri, non solo di rendere ipso jure inapplicabile qualsiasi disposizione contrastante della legislazione nazionale preesistente, ma anche ... di impedire la valida formazione di nuovi atti legislativi nazionali, nella misura in cui questi fossero incompatibili con norme comunitarie» (sent. ult. cit.).

9.4. La "non applicazione" della norma interna contrastante.

La Corte costituzionale, senza negare l'impianto fondamentalmente dualista della propria costruzione, accoglie nella sostanza le conseguenze della giurisprudenza della Corte comunitaria nella sentenza *Granital* (n. 170/1984, cit.). Il primato della fonte comunitaria, principio ordinatore dei rapporti tra diritto comunitario e diritto interno, trova una prima realizzazione sul piano ermeneutico, garantita dalla presunzione di conformità della legge interna al regolamento comunitario. Laddove vi sia «irriducibile incompatibilità» tra le due fonti, il contrasto viene risolto a vantaggio della seconda sul presupposto, ormai consolidato, della separazione tra i due ordinamenti, distinti ma coordinati secondo un riparto di competenze stabilito dal trattato. Infatti,

> «la disciplina emanata mediante il regolamento ... è destinata ad operare con caratteristica di immediatezza, così nella nostra sfera territoriale, come in quella di ogni altro Stato membro; il sistema statuale, dal canto suo, si apre a questa normazione, lasciando che le regole in cui essa si concreta vigano nel territorio italiano quali sono scaturite dagli organi competenti a produrle».

Dal principio della separazione degli ordinamenti, la Corte fa discendere un nuovo ruolo per il giudice italiano, il quale

> «accerta che la normativa scaturente da tale fonte [*il regolamento n.d.a.*] regola il caso sottoposto al suo esame, e ne applica di conseguenza il disposto, con esclusivo riferimento al sistema dell'ente sopranazionale: cioè al solo sistema che governa l'atto da applicare e di esso determina la capacità produttiva. Le confliggenti statuizioni della legge interna non possono costituire ostacolo al riconoscimento della "forza e valore", che il Trattato conferisce al regolamento comunitario, nel configurarlo come atto produttivo di regole immediatamente applicabili. Rispetto alla sfera di questo atto ... la legge statale rimane infatti, a ben guardare, pur sempre collocata in un ordinamento che non vuole interferire nella produzione normativa del distinto ed autonomo ordinamento della Comunità».

In una costruzione siffatta, basata sulla diversa sfera di competenza dei due ordinamenti, resta irrilevante che la legge interna sia anteriore o successiva al regolamento comunitario, poiché è il regolamento che

> «fissa, comunque, la disciplina della specie».

D'altro canto, la norma interna contrastante, appartenendo ad un diverso ordinamento giuridico rispetto a quello cui appartiene il regolamento, non viene meno per il solo fatto di essere incompatibile con la norma comunitaria:

> «l'effetto ... è perciò quello non già di caducare, nell'accezione propria del termine, la norma interna incompatibile, bensì di impedire che tale norma venga in rilievo per la definizione della controversia dinanzi al giudice nazionale. In ogni caso, il fenomeno va distinto dall'abrogazione, o da alcun altro effetto estintivo o derogatorio, che investe le norme all'interno dello stesso ordinamento statuale, e ad opera delle sue fonti» (sent. ult. cit.).

La regola nazionale conserva intatta la propria efficacia e il proprio valore al di fuori dei limiti materiali e temporali di applicazione della normativa comunitaria. L'antinomia risulta, perciò, sanata solo in concreto, continuando ad esistere (e ad essere applicata) la norma disapplicata *inter partes* sinché non intervenga la sua abrogazione, peraltro ritenuta oggetto di un obbligo da parte dello Stato (Corte cost., sentenza n. 389/1989, in *Giur. cost.*, 1989, I, 1757). In questa costruzione, è parso alla Corte costituzionale corretto, dal punto di vista della rappresentazione terminologica, abbandonare l'espressione "disapplicazione" del diritto interno contrastante, che «evoca vizi della norma in realtà non sussistenti in ragione proprio della autonomia dei due ordinamenti», descrivendo il fenomeno in termini di "non applicazione" della norma nazionale, che resta, appunto, irrilevante nel caso di specie, ma non per questo invalidata con effetto *erga omnes* (Corte cost., sentenza n. 168/1991, in *Giur. cost.*, 1991, I, 1409).

In altre parole, il giudice nazionale che accerti che il rapporto dedotto in giudizio è disciplinato dal regolamento comunitario dovrà assicurarne l'immediata applicazione, senza attribuire rilievo, ai fini della decisione, alla confliggente legge interna antecedente o successiva e senza attenderne la rimozione mediante il giudizio di legittimità costituzionale del quale, del resto, difetterebbe il presupposto della rilevanza, stante la possibilità per il giudice di risolvere il caso di specie applicando la normativa (comunitaria) pertinente (Corte cost., sentenza n. 115/1993, in *Giur. cost.*, 1993, I, 983).

La tesi della non applicazione, perché irrilevante, della norma nazionale contrastante è stata formulata dalla Corte costituzionale con riguardo alla fonte che è tipicamente suscettibile di immediata applicazione: il regolamento comunitario. Peraltro, in pronunce successive, la stessa soluzione è stata estesa a tutti gli atti comunitari produttivi di effetti diretti. Dapprima, l'estensione è avvenuta per le pronunce della Corte di giustizia che precisano o integrano il significato di una norma comunitaria, affermandone la stessa efficacia immediata di quest'ultima e, dunque, l'immediata applicabilità, in luogo delle norme nazionali confliggenti con le norme comunitarie così come interpretate dalla Corte a seguito di rinvio pregiudiziale (Corte cost., sentenza n. 113/1985, in *Giur. cost.*, 1985, I, 694), ma anche in esito ad una procedura di infrazione (Corte cost., sentenza n. 389/1989, cit.). Non diversamente deve dirsi con riguardo alle disposizioni di direttive che corrispondano ai requisiti individuati dalla Corte di giustizia ai fini dell'attribuzione dell'effetto diretto alle norme comunitarie (Corte cost., sentenza n. 168/1991, cit.).

9.5. *Il controllo costituzionale dell'adattamento al diritto comunitario e dell'Unione.*

La tesi secondo cui la norma interna contrastante con quella comunitaria è costituzionalmente illegittima, pur non essendo richiesto (ed anzi non essendo consentito) il giudizio di legittimità costituzionale per assicurare il primato alla norma comunitaria immediatamente applicabile, trova un ulteriore argomento di conferma nella riforma realizzata nel nostro ordinamento costituzionale con la legge cost. 18 ottobre 2001, n. 3 (v. *supra*, par. 7.1). Il nuovo testo dell'art. 117 Cost., primo comma, dispone che «la potestà legislativa è esercitata dallo Stato e dalle Regioni nel rispetto della Costituzione, nonché dei vincoli derivanti dall'ordinamento comunitario e dagli obblighi internazionali». La norma, pur non innovando il procedimento di adattamento al diritto comunitario, circonda l'attuazione degli obblighi comunitari di una nuova garanzia costituzionale, sì che la norma interna offensiva del precetto comunitario è costituzionalmente viziata per l'indiretta lesione non più del solo art. 11 Cost., ma anche dell'art. 117 Cost. (per l'esplicita affermazione secondo cui l'art 117, 1° comma Cost. «si ricollega al principio fondamentale contenuto nell'art. 11 Cost.» cfr. Corte cost., sentenza n. 29/2006, non ancora pubblicata).

Identiche considerazioni valgono con riferimento al diritto dell'Unione. Innanzitutto, gli atti dell'Unione europea sono fonti di "obblighi internazionali" per gli Stati e come tali considerati dall'art. 117, primo comma, Cost., quali parametro di legittimità costituzionale della norma interna. In secondo luogo, va osservato che la norma costituzionale non ricorre ad un linguaggio particolarmente rigoroso nel riferirsi all'uno o all'altro fenomeno di integrazione, sì che gli atti dell'Unione possono essere considerati ricompresi nell'espressione diritto comunitario di cui al primo comma, così come, in senso inverso, il secondo e il terzo comma della disposizione in esame, nell'elencare tra le materie di legislazione esclusiva e concorrente i rapporti dello Stato e delle Regioni con l'Unione europea, in essi considerano anche i rapporti con le organizzazioni comunitarie in senso proprio.

Altrettanto imprecisa è la terminologia cui ricorre la legge 5 giugno 2003, n. 131, cit., recante disposizioni di attuazione della legge cost. n. 3/2001. L'art. 1 della legge n. 131/2003, nel ribadire il principio di cui all'art. 117, primo comma, Cost., dispone che «costituiscono vincoli alla potestà legislativa dello Stato e delle Regioni ... quelli derivanti dalle norme di diritto internazionale generalmente riconosciute, di cui all'art. 10 della Costituzione, da accordi di reciproca limitazione della sovranità, di cui all'art. 11 della Costituzione, dall'ordinamento comunitario e dai trattati internazionali». Per quanto gli atti dell'Unione europea non vengano espressamente menzionati, essi devono ritenersi facenti parte dei vincoli alla potestà legislativa statale e regionale, sia che li si voglia considerare compresi nell'improprio riferimento all'ordinamento comunitario, sia che si preferisca ricondurli, più in generale, agli obblighi discendenti da trattati internazionali.

Dal punto di vista processuale, per quanto il giudizio di costituzionalità non debba rappresentare lo strumento principale per la rimozione delle antinomie, esso non è del tutto espunto dal sistema dei rimedi destinati ad assicurare la convivenza dell'ordinamento comunitario e di quello nazionale.

Innanzitutto, l'incostituzionalità della norma interna dovrà essere dichiarata allorché il contrasto con l'art. 11 Cost. o con l'art. 117 Cost. (per violazione del diritto comunitario) venga denunciato attraverso il giudizio di legittimità in via principale, essendo in tale contesto la Corte chiamata a giudicare proprio sulla violazione da parte di una legge interna del precetto costituzionale, senza che la sua applicabilità in concreto possa assumere rilevanza (Corte cost., sentenza n. 384/1994, in *Giur. cost.*, 1994, III, 3449; Corte cost., sentenza n. 94/1995, in *Giur. cost.*, 1995, 788; nonché da ultimo, proprio con riferimento alla violazione dell'art. 117, primo comma, Cost., cfr. Corte cost., sentenza n. 406/2005, in *Giur. cost.*, 2005).

In secondo luogo, il controllo di legittimità costituzionale è configurabile relativamente a norme interne che si assumono

> «costituzionalmente illegittime, in quanto dirette ad impedire o pregiudicare la perdurante osservanza del Trattato, in relazione al sistema o al nucleo essenziale dei suoi principi»,

poiché in tal caso la Corte non sarebbe chiamata a valutare singoli episodi di contrasto tra norma interna e norma comunitaria, ma piuttosto «ad accertare se il legislatore ordinario abbia ingiustificatamente rimosso alcuno dei limiti alla sovranità statuale, da esso medesimo posti mediante la legge di esecuzione del Trattato, in diretto e puntuale adempimento dell'art. 11 Cost.» (Corte cost., sentenza 170/1984, cit.; ord. 141/1987, in *Giur. cost.*, 1987, I, 964).

Infine, la teoria della Corte costituzionale sui rapporti tra ordinamento interno e ordinamento comunitario come esposta nella decisione *Granital*, fondata sulla possibilità per il giudice nazionale di individuare nella norma comunitaria la "regola della specie", è chiaramente inidonea a risolvere il contrasto tra la norma interna e la norma comunitaria non suscettibile di immediata applicazione (Corte cost., sentenza n. 170/1984, cit.). Pertanto, dove la norma comunitaria non sia direttamente applicabile e comunque non sia idonea a produrre effetti diretti (si pensi alla direttiva che non contiene che obbligazioni di risultato), la norma interna, non caducata né invalidata da quella comunitaria, serba intatto il proprio valore e spiega la sua efficacia, ma, nel contempo, «soggiace al regime previsto per l'atto del legislatore ordinario, ivi incluso il controllo di costituzionalità» (sent. ult. cit.) per violazione dell'art. 11 Cost. (e oggi anche dell'art. 117 Cost.). È in quest'ultima "ricaduta" della giurisprudenza *Granital* che può trovare (parziale e ancora insoddisfacente) soluzione il limite della carenza di effetti diretti della direttiva anche nell'ambito di una controversia "orizzontale". In tal caso, la norma comunitaria non può produrre effetti diretti nel rapporto in cui è invocata, ma la contrastante norma interna dovrà comunque essere dichiarata costituzionalmente illegittima, con la conseguenza che il giudice nazionale, nel decidere il caso sottoposto al suo esame, non potrà applicare il diritto interno lesivo del precetto comunitario, ma sarà comunque chiamato a trovare la soluzione nell'ordinamento interno (depurato della legge contrastante con il diritto comunitario), dandone un'interpretazione conforme ai valori che l'ordinamento comunitario vuole esprimere.

9.6. I *"controlimiti" alla prevalenza del diritto comunitario.*

Il giudizio di legittimità costituzionale, che abbiamo visto essere percorribile laddove il nucleo essenziale o i principi del trattato siano pregiudicati dal legislatore ordinario, è strumento destinato a tutelare anche i valori fondamentali del nostro sistema costituzionale nel caso, «improbabile, ma non impossibile» (Corte cost., sentenza n. 232/1989, in *Giur. cost.*, 1989, I, 1001), in cui una norma comunitaria risulti contrastante con i principi fondamentali dell'ordinamento costituzionale e con diritti inalienabili della persona umana (c.d. *controlimiti* alla prevalenza del diritto comunitario).

Il limite dei valori costituzionali fondamentali all'integrazione comunitaria è già enunciato nella sentenza n. 98/1965, cit., secondo la quale le limitazioni alla sovranità sono possibili purché avvengano «senza pregiudizio del diritto del singolo alla tutela giurisdizionale» perché «questo diritto è tra quelli inviolabili dell'uomo, che la Costituzione garantisce all'art. 2».

Più esplicitamente, nella sentenza n. 183/1973, cit., la Corte costituzionale afferma che

> «in base all'art. 11 Cost. sono state consentite limitazioni di sovranità unicamente per il conseguimento delle finalità ivi indicate; deve quindi escludersi che siffatte limitazioni ... possano comunque comportare per gli organi della CEE un inammissibile potere di violare i principi fondamentali del nostro ordinamento costituzionale, o i diritti inalienabili della persona umana. Ed è ovvio che qualora dovesse mai darsi all'art. 189 [*ora art. 249, n.d.a.*] una sì aberrante interpretazione, sarebbe assicurata la garanzia del sindacato giurisdizionale di questa Corte sulla perdurante compatibilità del trattato con detti principi fondamentali»,

così configurando il controllo di compatibilità ancora relativamente all'intero trattato e non alle singole norme comunitarie, per cui eventuali contrasti avrebbero potuto comportare l'uscita dell'Italia dalla Comunità, fermo restando infatti che «deve invece escludersi che questa Corte possa sindacare i singoli regolamenti».

Lo stesso orientamento è stato ribadito nella sentenza n. 170/1984, cit. e ancora nella sentenza n. 232/1989, cit., dove la Corte fu chiamata a verificare direttamente un'ipotesi di pretesa violazione di un principio supremo del nostro ordinamento costituzionale, ovvero il diritto alla tutela giurisdizionale di cui all'art. 24 Cost., ritenuto violato dalla prassi dei giudici comunitari consistente nel limitare nel tempo gli effetti retroattivi delle proprie sentenze di invalidità degli atti comunitari. Tale pronuncia si distingue, però, dalle precedenti perché la Corte sancisce il proprio (indiretto) controllo permanente sulla costituzionalità di ogni atto comunitario, e non più del solo trattato nel suo complesso. Ne discende che, per il tramite della legge di esecuzione, si potrebbe accertare l'incompatibilità costituzionale di un singolo atto comunitario, senza pregiudicare l'appartenenza dell'Italia al processo di integrazione europea.

Il controlimite del rispetto dei diritti inalienabili della persona umana e dei principi fondamentali della Costituzione è ormai consolidato nella giurisprudenza costituzionale sui rapporti tra ordinamento comunitario e ordinamento interno, ribadito nella sentenza n. 168/1991, cit. e nella successiva pronuncia n. 115/1993, cit., dove la Corte ricorda che nell'ipotesi di violazione di quei diritti e valori

> «sarebbe sempre assicurata la garanzia del sindacato giurisdizionale di questa Corte sulla perdurante compatibilità del Trattato con i predetti principi fondamentali».

Ovviamente, non ogni difformità dalle regole costituzionali giustifica il controllo di costituzionalità, ma la lesione dei principi fondamentali. Tra gli stessi non rientra il quadro della distribuzione costituzionale delle competenze interne fra Stato e Regione, potendo la norma comunitaria prevedere «forme attuative di sé medesime e quindi norme statali derogatrici di tale quadro della normale distribuzione costituzionale delle competenze interne» (Corte cost., sentenza n. 126/1996, cit.).

La dottrina dei "controlimiti" non ha mai avuto una rilevante applicazione pratica e, nella misura in cui è chiamata a tutelare i diritti inalienabili della persona umana garantiti dalla nostra carta costituzionale, è destinata ad esserne ridimensionata anche la portata teorica per effetto dell'incremento di tutela dei diritti fondamentali nell'ordinamento comunitario e dell' Unione già in qualità di principi generali di tali ordinamenti (cfr. art. 6, par. 2, Trattato UE) e, in misura ancora maggiore, a seguito della loro identificazione in un "catalogo" che consente di individuarne con maggiore certezza la corrispondenza a quelli protetti dal nostro ordinamento costituzionale. Sotto questo profilo, l'incorporazione della Carta dei diritti fondamentali dell'Unione (in *GUCE*, C 364 del 18 dicembre 2000) nella parte II del Trattato che adotta una Costituzione per l'Europa dovrebbe contribuire a determinare, laddove tale trattato entrasse in vigore, una riduzione dei casi di possibile rilevanza del "controlimite", trovando l'atto dell'Unione lesivo del diritto fondamentale un parametro di legittimità già all'interno del sistema delle fonti a cui appartiene. Ed, anzi, se si considera che le norme della Carta non possono essere interpretate come lesive o limitative di diritti dell'uomo riconosciuti dalle costituzioni degli Stati membri (art. II-113 del Trattato-Costituzione), la teoria dei controlimiti dovrebbe finire per rappresentare l'estrema garanzia "esterna" destinata a contenere e a neutralizzare gli effetti aberranti di eventuali deviazioni del sistema dell'Unione dai limiti che esso stesso si è dato.

In tale contesto e in una simile prospettiva non può non sorprendere la recente "reviviscenza" di tale teoria in alcune pronunce di giudici italiani di ultima istanza, che si sono mostrati attenti, forse oltre misura, alla tutela dei diritti fondamentali della persona al punto da negare rilevanza a norme comunitarie pur contenute nel Trattato CE. Così, il Consiglio di Stato, chiamato a verificare se la normativa nazionale sul riordino del settore farmaceutico (legge n. 362/1991 come "riscritta" dalla Corte costituzionale nella sentenza additiva n. 275/2003, così da eliminarne l'illegittimità rispetto agli artt. 3 e 32 Cost.) fosse contraria ad alcuni principi generali sanciti dal Trattato CE (in particolare, agli artt. 12, 43 e 56), ha affermato che, con la citata sentenza *Granital*,

> «si è ... pervenuti ad una sorta di "armonia tra diversi" ... che ha avuto il pregio di garantire la conservazione del nostro ordinamento e con esso della sovranità statale, che, lungi dall'essere assorbita all'interno di una sovranità superiore, risulta essere soltanto limitata, ai sensi dell'art. 11 Cost. In tal modo è stato, ed è, concepibile conservare uno spazio giuridico statale del tutto sottratto all'influenza del diritto comunitario, uno spazio nel quale lo Stato continua ad essere interamente sovrano, vale a dire indipendente, e perciò libero di disporre della proprie fonti normative. È appunto l'area dei diritti fondamentali, la cui tutela funge da insopprimibile "controlimite" alle limitazioni spontaneamente accettate con il Trattato. Ad avviso del Collegio, in questo contesto si deve collocare la sentenza costituzionale n. 257 del 2003, secondo cui è indispensabile alla tutela di un diritto fondamentale dell'ordinamento, il diritto alla salute, la indicata ...della legge n. 362 del 1991. La Corte infatti è intervenuta in un'area riservata alla sua giurisdizione che non è stata intaccata dal trasferimento a favore della Corte di Giustizia delle compe-

tenze interpretative sul Trattato CEE, e pertanto rimane insensibile al paventato contrasto della modifica introdotta con principi comunitari. ...Il Collegio non ignora la tendenza invalsa nel diritto comunitario, e nella giurisprudenza della Corte del Lussemburgo, specie dopo la firma del Trattato di Nizza, ad assicurare la salvaguardia dei diritti soggettivi in ambiti sempre più ampi, anche estranei alla vocazione prettamente economica che ha caratterizzato le origini e una larga parte della storia della Comunità e ora dell'Unione. Non è controverso, tuttavia, che si tratti ancora di manifestazioni di valenza quasi sperimentale della aspirazione ad una unione più stretta tra i Paesi membri, che però allo stato non hanno assunto un significato giuridico vincolante, tale da determinare il superamento delle sovranità nazionali e delle loro prerogative costituzionali» (Consiglio Stato, sez. V, n. 4207/2005, in *Riv. dir. int.*, 2006, 255).

Tale orientamento, frutto di una lettura affrettata dell'evoluzione dell'ordinamento comunitario in materia di protezione dei diritti fondamentali e, forse, anche di una certa sovra-esposizione e cattiva interpretazione di cui ha sofferto la problematica del "come" proteggere i diritti inalienabili della persona nell'ordinamento che avrebbe dovuto trovare nuovo fondamento nel trattato-Costituzione, sembra però trovare qualche – più misurata – eco in una recente sentenza della Corte di Cassazione, che ha annullato una sentenza della Corte d'Appello di Venezia di accoglimento di una richiesta belga di esecuzione di un mandato di arresto europeo. La Cassazione ha ritenuto che i giudici di merito non avessero dato corretta applicazione all'art. 18, lett. e), della legge n. 69/2005 (attuativa della decisione-quadro sul mandato d'arresto), secondo cui la consegna dell'imputato deve essere rifiutata se «la legislazione dello Stato membro di emissione non prevede i limiti massimi della carcerazione preventiva», dichiarando che, benché la previsione da ultimo richiamata non sia contenuta nella decisione-quadro, essa è comunque

«diretta trasposizione dell'art. 13, ult. comma della Costituzione italiana, che realizza la presunzione di innocenza dell'imputato, principio fondamentale comune ai paesi dell'Unione europea e a quelli che hanno sottoscritto la C.e.d.u. In ordine a tale espressa previsione ostativa non appare legittima un'interpretazione sistematica e razionalizzatrice ...Il vincolante principio di interpretazione conforme al diritto comunitario ...trova un limite invalicabile, più volte affermato proprio dalla Corte europea di giustizia del Lussemburgo ..: "*l'obbligo per il giudice nazionale di fare riferimento al contenuto di una decisione-quadro nell'interpretazione delle norme pertinenti del suo diritto nazionale cessa quando quest'ultimo non può ricevere un' applicazione tale da sfociare in un risultato compatibile con quello perseguito da tale decisione quadro. In altri termini, il principio di interpretazione conforme non può servire da fondamento ad un'interpretazione contra legem del diritto nazionale*" [CG, causa C-105/03, cit.]. ...Anche la Corte di giustizia, infatti, alla pari del giudice nazionale, trova l'indicato limite di compatibilità nell'adozione di un'interpretazione conforme del diritto nazionale al diritto comunitario. Né strada percorribile appare l'avvio della verifica di costituzionalità della norma da parte della Corte costituzionale, in primo luogo perché essa riproduce una norma costituzionale (art. 13, ult. comma, Cost.) e, inoltre, perché il non breve tempo necessario alla verifica costituzionale sarebbe paradossalmente pagato con ulteriore compressione della libertà della ricorrente» (Corte Cass., 8 maggio 2006, n. 16542, non ancora pubblicata).

Nella citata pronuncia della Suprema Corte ritorna il tema, già presente in quella del Consiglio di Stato prima ricordata, della ritenuta inconciliabilità tra la tutela dei diritti umani garantita dalla nostra Costituzione e quella assicurata dall'ordinamento comunitario o dell'Unione europea, con la conseguente, discutibile, inapplicabilità della norma "europea". Solo la prassi consentirà di verificare se le due menzionate pronunce resteranno episodiche o se, invece, altri giudici ricorreranno alla teoria in questione per assicurare ad alcuni diritti fondamentali dell'individuo una protezione maggiore di quella che si presume ad essi fornita in ambito comunitario. Laddove le ricordate decisioni non fossero soltanto casi isolati, eventualmente censurabili (*ex* art. 228, par. 1, CE) dalla Corte di giustizia alla luce della sua più recente giurisprudenza sulla responsabilità dello Stato per violazione del diritto comunitario (cfr. CG, 30 settembre 2003, causa C-224/01, cit.; CG, 13 giugno 2006, causa C-173/03, *Traghetti del Mediterraneo SpA c. Italia*, non ancora pubblicata in *Raccolta*), non potrebbe sfuggirne il significato sintomatico di un "malessere" rispetto ad un problema, quello della tutela dei diritti fondamentali della persona in ambito comunitario, che ancora non trova risposte soddisfacenti in termini di certezza del diritto e di livello della protezione assicurata, malessere destinato, paradossalmente, ad acuirsi con l'intensificarsi dell'integrazione tra gli Stati membri.

Bibliografia essenziale

a) *Per i profili istituzionali dell'integrazione comunitaria oltre che per considerazioni generali sull'adattamento al diritto comunitario e dell'Unione, si vedano tra le trattazioni manualistiche*: M. CARTABIA, J.H.H. WEILER, *L'Italia in Europa. Profili istituzionali e costituzionali*, Bologna, 2000, p. 73 ss.; T. BALLARINO, *Manuale di diritto dell'Unione europea*, 6ª ed., Padova, 2001, p. 83 ss.; M. DONY, *Droit de la Communauté et de l'Union européenne*, Bruxelles, 2001, p. 117 ss.; K.P.E. LASOK, *Law & Institutions of the European Union*, 7ª ed., London, 2001, p. 331 ss.; J. VERHOEVEN, *Droit de la Communauté européenne*, 2ª ed., Bruxelles, 2001, p. 255 ss.; L. FERRARI BRAVO, E. MOAVERO MILANESI, *Lezioni di diritto comunitario*, 4ª ed., Napoli, 2002, p. 197 ss.; J. RIDEAU, *Droit institutionnel de l'Union et des Communautés européennes*, 4ª ed., Paris, 2002, p. 911 ss.; P. MENGOZZI, *Istituzioni di diritto comunitario e dell'Unione europea*, Padova, 2003, p. 112 ss.; L. DANIELE, *Diritto dell'Unione europea. Dal Piano Schuman al Progetto di Costituzione per l'Europa*, Milano, 2004, p. 150 ss.; J.P. JACQUÉ, *Droit institutionnel de l'Union européenne*, 3ª ed., Paris, 2004, p. 415 ss.; F. POCAR, *Diritto dell'Unione e delle Comunità europee*, 9ª ed., Milano, 2004, p. 321 ss.; C. BLUMANN, L. DUBOUIS, *Droit institutionnel de l'Union européenne*, 2ª ed., Paris, 2005, p. 391 ss. G. GAJA, *Introduzione al diritto comunitario*, Bari, 2005, p. 121 ss.; K. LENAERTS, P. VAN NUFFEL, *Constitutional Law of the European Union*, 2ª ed., London, 2005, p. 505 ss.; G. STROZZI, *Diritto dell'Unione europea. Parte istituzionale. Dal Trattato di Roma al Trattato di Nizza*, 3ª ed., Torino, 2005, p. 371 ss.; G. TESAURO, *Diritto comunitario*, 4ª ed., Padova, 2005, p. 160 ss.; C. ZANGHÌ, *Istituzioni di diritto dell'Unione europea*, 4ª ed., Torino, 2005, p. 397 ss.; G. ISAAC, M. BLANQUET, *Droit général de l'Union européenne*, 9ª ed., Paris, 2006, p. 185 ss.

b) *Con riferimento all'adattamento al diritto primario, agli accordi conclusi dalle Comunità europee e al diritto comunitario derivato*: R. MONACO, *Natura ed efficacia dei re-*

golamenti delle Comunità europee, in *Riv. dir. int.*, 1961, p. 393 ss.; G.L. TOSATO, *I regolamenti delle Comunità europee*, Milano, 1965; L.J. COSTANTINESCO, *L'applicabilité directe dans le droit de la CEE*, Paris, 1970; P. ZICCARDI, *La libertà di concorrenza nel diritto delle Comunità europee*, in *La libertà di concorrenza*, Milano, 1970, p. 28 ss.; S.M. CARBONE, *Il ruolo delle regioni nell'elaborazione ed attuazione degli atti comunitari*, in *Foro it.*, 1973, V, c. 41 ss.; L. SBOLCI, *L'applicabilità immediata delle direttive comunitarie e l'ordinamento italiano*, in *Riv. dir. int.*, 1977, p. 17 ss.; A. BARAV, *Les effets du droit communautaire directement applicable*, in *Cah. dr. eur.*, 1978, p. 265 ss.; P. CARETTI, *Ordinamento comunitario e autonomie regionali*, Milano, 1979; R. LUZZATTO, *La diretta applicabilità nel diritto comunitario*, Milano, 1980; AA.VV., *Comunità europee e ruolo delle Regioni (atti del convegno tenutosi a Milano il 26 e 27 ottobre 1979)*, Milano, 1981; A. D'ATENA, *Le regioni italiane e la Comunità europea*, Milano, 1981; F. CAPELLI, *Le direttive comunitarie*, Milano, 1983; P. PESCATORE, *The Doctrine of Direct Effect: an Infant Disease of Community Law*, in *Eur. Law Rev.*, 1983, p. 155 ss.; A. LA PERGOLA, *Autonomia regionale, "potere estero" dello Stato ed esecuzione degli obblighi comunitari (note sulla giurisprudenza della corte costituzionale)*, in *Diritto e società*, 1985, p. 571 ss.; A. MIGLIAZZA, *L'efficacia diretta delle norme comunitarie*, in *Riv. dir. proc.*, 1985, p. 14 ss.; G.F. MANCINI, *L'incorporazione del diritto comunitario nel diritto interno degli Stati membri delle Comunità europee*, in *Riv. dir. eur.*, 1988, p. 87 ss.; R. BARATTA, *Norme contenute in direttive comunitarie inattuate e loro opponibilità ai singoli*, in *Riv. dir. int.*, 1989, p. 253 ss.; V. GUIZZI, *La legge La Pergola n. 86/89. Una impostazione nuova del circuito decisionale e operativo Italia-Comunità*, in *Riv. dir. eur.*, 1990, p. 3 ss.; PH. MANIN, *L'invocabilité des directives: quelques interrogations*, in *Rev. trim. dr. eur.*, 1990, p. 669 ss.; N. RONZITTI, *L'attuazione del diritto comunitario da parte delle regioni e delle province autonome*, in *Riv. dir. int. priv. e proc.*, 1990, p. 587 ss.; A. BARONE, *L'efficacia diretta delle direttive CEE nella giurisprudenza della Corte di Giustizia e della Corte costituzionale*, in *Foro it.*, 1991, IV, c. 130 ss.; F. SORRENTINO, *Profili costituzionali dell'integrazione comunitaria*, Torino, 1994; A. TIZZANO, *La gerarchia delle norme comunitarie*, in *Dir. Un. eur.*, 1996, p. 57 ss.; ID., *L'integrazione europea dalla Costituente alla Commissione bicamerale*, in *Dir. Un. eur.*, 1997, p. 795 ss.; G. AMENTA (a cura di), *L'attuazione in Italia delle direttive comunitarie: la legge 9 marzo 1989 n. 86 con le modifiche apportate dalla legge 24 aprile 1998 n. 128*, Torino, 1998; R. MASTROIANNI, *Direttive non attuate, rimedi alternativi e principio di uguaglianza*, in *Dir. Un. eur.*, 1998, p. 81 ss.; A. PIZZORUSSO, *L'attuazione degli obblighi comunitari: percorsi, contenuti e aspetti problematici di una riforma del quadro normativo*, in *Foro it.*, 1999, V, c. 225 ss.; A. TIZZANO, *I meccanismi della Legge La Pergola: una radiografia dei problemi di funzionamento*, in *Foro it.*, 1999, V, c. 303 ss.; B. NASCIMBENE, *Lobbyng, processo decisionale comunitario e diritto nazionale*, in *Contratto Impresa/Europa*, 2000, p. 537 ss.; S. AMADEO, *L'efficacia "obiettiva" delle direttive comunitarie ed i suoi riflessi nei confronti dei privati. Riflessioni a margine delle sentenze* Linster *e* Unilever, in *Dir. Un. eur.*, 2001, p. 95 ss. P. BILANCIA, *Regioni ed attuazione del diritto comunitario*, in *Le istituzioni del federalismo*, 2002, p. 49 ss.; B. CARAVITA, *La Costituzione dopo la riforma del Titolo V. Stato regioni e autonomie fra Repubblica e Unione europea*, Torino, 2002; A. ADINOLFI, *Nuove procedure per l'attuazione delle direttive comunitarie nelle materie di competenza regionale: verso le «leggi comunitarie regionali»?*, in *Riv. dir. int.*, 2004, p. 759 ss.; U. VILLANI, *I rapporti delle Regioni con l'Unione europea*, in *Studi sui rapporti internazionali e comunitari delle Regioni*, Bari, 2004, p. 39 ss.; E. CANNIZZARO, *La riforma della «legge La Pergola» e le competenze di Stato e Regioni nei processi di formazione ed attuazione di norme dell'Unione europea*, in *Riv. dir. int.*, 2005, p. 153 ss.; G. CONTALDI, *La disciplina della partecipazione italiana ai processi normativi comunitari alla luce della riforma della legge "la Pergola"*, in Dir. Un. eur., 2005, p. 517 ss.; R. ADAM, *Le fonti comunitarie*, in A. TIZZANO (a cura di), *Il diritto privato dell'Unione europea*, 2ª ed., Torino, 2006, p. 42 ss.; ID., *Il diritto comunitario nell'ordinamento giuridico italiano, ibidem*, p. 76 ss.; L. DANIELE (a cura di), *Regioni e autonomie territoriali nel diritto internazionale ed europeo*, X Convegno S.I.D.I., Trieste-Gorizia, 23-24 giugno 2005, Napoli, 2006.

c) *Con riferimento all'adattamento agli accordi conclusi dall'Unione europea e agli atti del secondo e terzo pilastro*: H. LABAYLE, *Un espace de liberté, de securité et de justice*, in Rev. trim. dr. eur., 1997, p. 813 ss.; R. ADAM, *La cooperazione in materia di giustizia e affari interni tra comunitarizzazione e metodo intergovernativo*, in Dir. Un. eur., 1998, p. 481 ss.; S. PEERS, *Who's Judging the Watchmen? The Judicial System of the "Area of Freedom Security and Justice"*, in YEL, 1998, p. 337 ss.; J. MONAR, *The "Area of Freedom, Security and Justice": A New "Area" of European citizenship?*, in AA.VV., *Sovranità Rappresentanza Democrazia. Rapporti fra ordinamento comunitario e ordinamenti nazionali*, Napoli, 2000, p. 69 ss.; L.S. ROSSI, *Le Convenzioni fra gli Stati membri dell'Unione europea*, Milano, 2000, p. 111 ss.; A. LANG, *Commento artt. 12, 13, 14, 15, 24 TUE*, in F. POCAR (a cura di), *Commentario breve ai Trattati della Comunità e dell'Unione europea*, Padova, 2001, p. 33 ss.; D. RINOLDI, *Commento art. 34 TUE, ibidem*, p. 59 ss.; M.E. BARTOLONI, *Commento artt. 12, 13, 14, 15 TUE*, in A. TIZZANO (a cura di), *Trattati dell'Unione europea e della Comunità europea*, Milano, 2004, p. 69 ss.; B.I. BONAFÉ, *Commento art. 24 TUE, ibidem*, p. 94 ss.; M. CONDINANZI, *Commento art. 34 TUE, ibidem*, p. 130 ss.; C. NOVI, *La politica di sicurezza esterna dell'Unione europea*, Padova, 2005.

d) *Con riferimento ai rapporti tra diritto comunitario e diritto interno*: R. MONACO, *Norme comunitarie e diritto statuale interno*, in Riv. dir. eur., 1962, p. 3 ss.; P. BARILE, *Rapporti tra norme primarie comunitarie e norme costituzionali e primarie italiane*, in Com. int., 1966, p. 14 ss.; R. MONACO, *Diritto delle Comunità europee e diritto interno*, Milano, 1967; F. SORRENTINO, *Corte costituzionale e Corte di giustizia delle comunità europee nell'ordinamento giuridico italiano*, I, Milano, 1970; R. MONACO, *Norma comunitaria e norma di legge interna successiva*, in Foro it., 1975, I, c. 2662 ss.; B. CONFORTI, *Regolamenti comunitari, leggi nazionali e Corte costituzionale*, in Foro it., 1976, I, c. 542 ss.; L. CONDORELLI, *Il caso Simmenthal e il primato del diritto comunitario: due corti a confronto*, in Giur. cost., 1978, p. 669 ss.; R. MONACO, *Sulla recente giurisprudenza costituzionale e comunitaria in tema di rapporti tra diritto comunitario e diritto interno*, in Riv. dir. eur., 1978, p. 287 ss.; F. MOSCONI, *Contrasto tra norma comunitaria e norma interna posteriore: possibili sviluppi dopo la sentenza 106/77 della corte di giustizia*, in Riv. dir. int. priv. e proc., 1978, p. 514 ss.; G. SPERDUTI, *In tema di disapplicazione di leggi in conflitto con la normativa comunitaria*, in Riv. dir. int., 1978, p. 776 ss.; A. TIZZANO, *La Corte costituzionale e il diritto comunitario: vent'anni dopo ...*, in Foro it., 1984, IV, c. 69 ss.; A. BARAV, *Cour constitutionnelle italienne et droit communautaire: le fanthôme de Simmenthal*, in Rev. trim. dr. eur., 1985, p. 313 ss.; L. DANIELE, *Ancora sui rapporti tra diritto comunitario e diritto interno incompatibile secondo l'ordinamento costituzionale italiano*, in Dir. com. e scambi int., 1985, p. 463 ss.; L. SICO, *Ancora sul rapporto tra diritto comunitario e ordinamento italiano*, in Foro it., 1989, I, c. 1018 ss.; E. CANNIZZARO, *Tutela dei diritti fondamentali nell'ambito comunitario e garanzie costituzionali secondo le Corti costituzionali italiana e tedesca*, in Riv. dir. int., 1990, p. 372; A. RUGGERI, *Continuo e discontinuo nella giurisprudenza costituzionale a partire dalla sentenza n. 170 del 1984, in tema di rapporti tra ordinamento comunitario e ordinamento interno: dalla "teoria" della separazione alla "prassi" dell'integrazione intersistemica?*, in *Giur. cost.*, 1991, p. 1583 ss.; A. SAGGIO, *Rapports entre droit communautaire et droit constitutionnel italien*, in *Riv. dir. eur.*, 1991, p. 327 ss.; P. PERLINGIERI, *Diritto comunitario e legalità costituzionale*, Napoli, 1992; M. CARTABIA, *Principi inviolabili e integrazione europea*, Milano, 1995; F. DONATI, *Diritto comunitario e sindacato di costituzionalità*, Milano, 1995; L.S. ROSSI, *Rapporti fra norme comunitarie e norme interne*, in *Digesto, Disc. pubbl.*, Torino, XII, 1997, p. 367 ss.; G. GAJA, *L'esigenza di interpretare le norme nazionali in conformità con il diritto comunitario*, in S.P. PANUNZIO, E. SCISO (a cura di), *Le riforme istituzionali e la partecipazione dell'Italia all'Unione europea*, Milano, 2002, p. 133 ss.; E. SCISO, *L'attuazione del diritto comunitario nella prospettiva del primato della norma comunitaria, ibidem*, p. 159 ss.; M. CARTABIA, *"Unita nella diversità": il rapporto tra Costituzione europea e Costituzioni nazionali*, in *Dir. Un. eur.*, 2005, p. 583 ss.; A. CELOTTO, T. GROPPI, *Diritto UE e diritto nazionale: primauté vs. controlimiti*, in *Riv. it. dir. pubbl. com.*, 2004, p. 1309 ss.; A. ADINOLFI, *Rapporti tra norme comunitarie e norme interne integrate da sentenze additive della Corte costituzionale: un orientamento (... «sperimentale») del Consiglio di Stato*, in *Riv. dir. int.*, 2006, p. 139 ss.

CAPITOLO VI

SOVRANITÀ TERRITORIALE, "JURISDICTION" E REGOLE DI IMMUNITÀ

di RICCARDO LUZZATTO e ILARIA QUEIROLO

SOMMARIO: 1.1. La garanzia dell'esclusività del potere di governo dello Stato ad opera del diritto internazionale generale. – 1.2. La portata specifica della protezione internazionale del potere di governo dello Stato e dei correlativi obblighi. – 2.1. L'immunità dalla giurisdizione degli Stati e dei loro organi: classificazione. – 2.2. Immunità statale in senso stretto: immunità dalla giurisdizione di cognizione. – 2.3. Dall'immunità assoluta all'immunità ristretta: la distinzione tra atti *jure imperii* e atti *jure privatorum*. – 2.4. Il metodo della lista. – 2.5. Immunità statale e rapporti di lavoro subordinato. – 2.6. L'immunità dalla giurisdizione esecutiva. – 3.1. L'immunità funzionale. – 3.2. I limiti (oggettivi) alla regola dell'immunità funzionale. – 3.3. La dottrina dell'*Act of State*. – 4.1. L'immunità personale. – 4.2. L'inviolabilità personale. – 5.1. L'immunità dei soggetti diversi dagli Stati: Ordine di Malta e Santa Sede. – 5.2. (segue): le organizzazioni internazionali. – 5.3. L'immunità dei funzionari delle organizzazioni. – 6.1. Immunità giurisdizionale e diritto d'azione: la teoria della soddisfazione per equivalenti.

1.1. *La garanzia dell'esclusività del potere di governo dello Stato ad opera del diritto internazionale generale.*

Si è visto in precedenza (v. *supra*, Cap. I, parr. 1.1, 2.1 e 3.1) che l'indipendenza (o sovranità esterna) e la sovranità interna rappresentano condizioni, o presupposti, necessari perché ad uno Stato possa venir attribuita piena soggettività internazionale. Si è anche visto che è generalmente ammessa la presenza, nell'attuale diritto internazionale generale, di alcuni principi fondamentali che affermano valori quali l'eguaglianza sovrana degli Stati e il non intervento negli affari interni o esterni di un altro Stato (v. *supra*, Cap. II, par. 8.2). Si deve ora sottolineare che il diritto internazionale generale tutela con apposite norme le funzioni di governo degli Stati, attribuendo a ciascuno di essi il potere esclusivo di svolgere le proprie funzioni sovrane nell'ambito del proprio territorio e nei confronti della propria comunità. In questo modo, sul presupposto che un ente statale abbia affermato in modo stabile ed effettivo la propria autorità entro una determinata cerchia spaziale e personale ed attraverso un proprio sistema giuridico originario (così acquistando la propria soggettività internazionale), esso viene garantito dall'ordinamento internazionale nello svolgimento indisturbato delle proprie funzioni nei confronti di tutti gli altri soggetti. Allo Stato viene infatti conferito dal diritto internazionale generale il potere di esercitare le proprie funzioni di governo e la propria attività di gestione di interessi collettivi in modo esclusivo, ossia ad esclusione di qualsiasi altro soggetto dell'ordinamento. E tale carattere di esclusività investe tutte le attività sovrane attinenti all'esercizio delle funzioni di governo di una data comunità.

La situazione giuridica soggettiva così attribuita agli Stati ha carattere di fondamentale importanza, in quanto rappresenta il principio ordinatore di fondo della Comunità internazionale degli Stati nell'assetto che ancora oggi le è proprio. Nonostante la sempre crescente interdipendenza degli Stati e la progressiva erosione, sotto molteplici aspetti, della loro sovranità, non si può negare che l'assetto giuridico della coesistenza degli Stati nell'ambito della Comunità internazionale universale sia a tutt'oggi basato sulla pretesa di esclusività, riconosciuta dal diritto, nell'esercizio delle prerogative sovrane da parte di ciascuno Stato.

L'esclusività garantita dall'ordinamento riguarda, si è detto, l'esercizio di tutte le funzioni sovrane svolte dallo Stato nel proprio territorio attraverso la propria organizzazione pubblica: sia che esse attengano allo svolgimento delle specifiche direzioni in cui le funzioni stesse si possono esplicare (legislazione, amministrazione, giurisdizione), sia che esse si estrinsechino in attività materiali nell'ambito del territorio dello Stato. Per designare nel suo insieme il contenuto della situazione giuridica soggettiva così attribuita agli Stati, la dottrina italiana, ed in genere quella europea continentale, utilizza l'espressione "sovranità territoriale": che comprende pertanto il diritto, garantito dal diritto internazionale generale, che ciascuno Stato ha di svolgere le proprie funzioni e di esercitare i propri poteri nell'ambito del proprio territorio, escludendone qualsiasi altro soggetto internazionale.

Nel senso ora indicato, la sovranità territoriale esprime in modo unitario tutto l'insieme delle prerogative garantite agli Stati dal diritto internazionale, senza alcuna distinzione nell'ambito di queste ultime. In particolare, senza distinguere fra un diritto internazionalmente riconosciuto dello Stato sul proprio territorio (che prassi e dottrina meno recenti ricostruivano, secondo schemi patrimonialistici, come diritto di natura reale), e diritto a svolgere le proprie funzioni statali. Diversa, invece, la terminologia più frequentemente usata nei Paesi anglosassoni. Qui, infatti, si tende a distinguere tra una "territorial sovereignty" riferita al solo diritto sul territorio, ed una situazione giuridica, che si denomina "jurisdiction", riguardante il diritto internazionalmente riconosciuto a ciascuno Stato allo svolgimento in via esclusiva delle proprie funzioni sovrane nei confronti dei soggetti presenti nel territorio, o dei propri cittadini (distinguendosi poi ulteriormente fra "territorial" e "personal jurisdiction"). Nel senso indicato, la nozione di "jurisdiction" non può quindi essere fatta coincidere con quello che si esprime con il termine italiano "giurisdizione": il primo comprende infatti, oltre la funzione giurisdizionale in senso proprio, anche tutto quanto la tradizione europeo-continentale esprime con la nozione di amministrazione, ricollegandosi con ciò, verosimilmente, alla nozione medioevale di "jurisdictio" intesa come comprensiva di ogni forma di potere pubblico. Con lo stesso termine di "jurisdiction" la tradizione anglosassone indica spesso anche il potere legislativo dello Stato, designato allora come "legislative jurisdiction" o "jurisdiction to prescribe", contrapposta a ciò che si indica come "jurisdiction to adjudicate" e "jurisdiction to enforce".

Al di là delle differenze terminologiche e delle differenti tradizioni giuridiche nazionali, non vi è dubbio che i lineamenti fondamentali della norma internazionale generale sulla sovranità territoriale, o *jurisdiction*, emergono con nettezza da tutta la prassi internazionale rilevante. Vale la pena di ricordare, al riguardo, la sentenza pronunciata il 4 aprile 1928 dall'arbitro Huber nell'ambito della Corte permanente di arbitrato, nel caso dell'*Isola di Palmas*:

> «Sovranità nei rapporti tra Stati significa indipendenza. Indipendenza rispetto ad una porzione del globo è il diritto di esercitarvi, ad esclusione di qualsiasi altro Stato, le funzioni statali. Lo sviluppo dell'organizzazione nazionale dello Stato nel corso degli ultimi secoli, e, quale corollario, lo sviluppo del diritto internazionale, hanno stabilito il principio della competenza esclusiva dello Stato riguardo al proprio territorio in modo da farne il punto di partenza per la soluzione della maggior parte delle questioni che riguardano le relazioni internazionali» (Paesi Bassi c. Stati Uniti d'America, in *UNRIAA*, II, 829).

Analogamente, il giudice della Corte permanente di giustizia internazionale, Moore, nella sua opinione dissidente nel caso *Lotus* affermava che:

> «È un principio accettato dall'ordinamento giuridico internazionale che uno Stato possiede ed esercita nell'ambito del suo territorio una giurisdizione (*jurisdiction*) assoluta e esclusiva e che qualsiasi eccezione a questo diritto soggettivo deve essere riportata al consenso, espresso o implicito, dello Stato» (CPGI, 7 settembre 1927, Francia c. Turchia, in *C.P.J.I, Recueil*, Série A, n. 10, 18).

Altre volte viene particolarmente sottolineato l'aspetto negativo, consistente nel dovere di astensione facente capo a tutti gli altri soggetti. Così, secondo la Corte permanente di giustizia internazionale,

> «La limitazione primordiale imposta dal diritto internazionale allo Stato è quella di escludere – a meno che non ci sia una norma permissiva in contrario – ogni esercizio della sua autorità nel territorio di un altro Stato. In questo senso la giurisdizione è senza dubbio territoriale; essa non può essere esercitata da uno Stato al di fuori del suo territorio se non in forza di una norma permissiva derivante dalla consuetudine internazionale o da una convenzione» (CPGI, 7 settembre 1927, *Lotus*, cit., 18).

Per parte sua, la Corte internazionale di giustizia ha riaffermato che

> «tra Stati indipendenti, il rispetto della sovranità territoriale costituisce una delle basi essenziali dei rapporti internazionali» (CIG, 9 aprile 1949, caso dello *Stretto di Corfù* (merito), Regno Unito c. Albania, in *C.I.J., Recueil*, 1949, 35).

Nella prassi convenzionale, si può ricordare quale espressione particolarmente netta e significativa dei due profili evidenziati il trattato fra Italia e Santa Sede dell'11 febbraio 1929 (c.d. Trattato del Laterano), in virtù del quale

> «l'Italia riconosce alla Santa Sede la piena proprietà e la esclusiva ed assoluta potestà e giurisdizione sovrana sul Vaticano ... creandosi per tal modo la Città del Vaticano per gli speciali fini e con le modalità di cui al presente trattato» (art. 3, primo comma), e d'altra parte «la sovranità e la giurisdizione esclusiva, che l'Italia riconosce alla Santa Sede sulla Città del Vaticano, importa che nella medesima non possa esplicarsi alcuna ingerenza da parte del Governo italiano e che non vi sia altra autorità che quella della Santa Sede» (art. 4) (in *Riv. dir. int.*, 1929, 284).

1.2. *La portata specifica della protezione internazionale del potere di governo dello Stato e dei correlativi obblighi.*

I contorni della norma internazionale descritta nel precedente paragrafo sono chiari per quanto riguarda l'obbligo imposto agli Stati di astenersi dal compimento di qualsiasi attività comportante svolgimento di pubbliche funzioni in territorio altrui, senza il consenso dello Stato territoriale. La prassi internazionale non mostra alcuna incertezza al riguardo: il compimento di attività di questo tipo nel territorio è riservato allo Stato territoriale, e il suo svolgimento che abbia materialmente luogo da parte di un altro Stato in quel territorio viola il diritto di sovranità riservato allo Stato territoriale. Non rileva il tipo di attività pubblica o l'organo che la pone in essere: si può trattare ad esempio di attività di carattere amministrativo o giurisdizionale (svolgimento di attività istruttoria od altro) in materia civile o penale, di operazioni di polizia (indagini od arresti di persone), per non dire dell'installazione di basi o di vere e proprie operazioni militari. Il consenso dello Stato territoriale, d'altra parte, rappresenta una causa di esclusione dell'illiceità (v. *supra*, Cap. VIII, par. 6.2); e, più in generale, non appartenendo la norma allo *jus cogens*, vi si può derogare attraverso specifiche regolamentazioni pattizie, delle quali la prassi mostra frequenti esempi.

Del tutto diversa è la situazione, quando uno Stato svolga le proprie funzioni pubbliche nel proprio territorio, ma queste comportino il riferimento a fatti e situazioni che si siano verificati, o si verifichino, nel territorio di un altro Stato. Ipotesi tipiche sono l'applicazione, in via amministrativa o giurisdizionale, di norme interne a soggetti o situazioni localizzati al di fuori del territorio. Con riferimento a situazioni di questo genere, si parla spesso nella prassi – ancorché impropriamente – di applicazione extraterritoriale di leggi, o di esercizio extraterritoriale di giurisdizione.

La norma internazionale generale descritta in precedenza non riserva affatto in via esclusiva allo Stato territoriale l'applicazione della legge o l'esercizio della giurisdizione rispetto a fatti avvenuti nel territorio. Pertanto, l'applicazione di norme e l'esercizio di giurisdizione "extraterritoriale" nel senso indicato non comportano, di per sé, alcuna violazione della norma internazionale. Ritenere il contrario significherebbe affermare il carattere assolutamente e rigidamente territoriale dell'applicazione delle leggi e dell'esercizio della giurisdizione, in contrasto con tutti i dati desumibili dalla pratica internazionale.

In una celebre sentenza, già ricordata al precedente paragrafo, la Corte permanente di giustizia internazionale, dopo aver enunciato il principio della territorialità della giurisdizione dello Stato, proseguiva:

> «Non ne consegue però che il diritto internazionale vieti a uno Stato di esercitare, nel proprio territorio, la propria giurisdizione in ogni questione in cui si tratta di fatti avvenuti all'estero ed in cui essa non possa fondarsi su di una regola permissiva di diritto internazionale. Una simile tesi potrebbe essere sostenuta soltanto se il diritto internazionale vietasse, in via generale, agli Stati di raggiungere con le proprie leggi e di sottoporre alla giurisdizione dei propri Tribunali persone, beni ed atti al di fuori del territorio, e se, in deroga ad una tale norma proibitiva, permettesse agli Stati di farlo in casi specialmente determinati. Ora, non è certo questo lo stato attuale del diritto internazionale. Lungi dal proibire in modo generale agli Stati di estendere le proprie leggi e la loro giurisdizione a persone, beni ed atti al di fuori del territorio, esso lascia loro, a tale riguardo, un'ampia libertà, che non è limitata che in qualche caso da regole proibitive: per gli altri casi, ciascuno Stato rimane libero di adottare i principi che giudica i migliori ed i più convenienti» (CPGI, 7 settembre 1927, *Lotus*, cit., 18).

Nei termini enunciati, il principio appare fondamentalmente valido ancor oggi: né si può dire che, nel lungo tempo trascorso dall'emanazione di questa sentenza, sia venuto a svilupparsi nell'ambito del diritto internazionale generale un insieme completo e coerente di regole – le "regole permissive" menzionate dalle Corte – tali da permettere di fondare l'esercizio della giurisdizione, civile o penale, degli Stati rispetto a fatti localizzati all'estero soltanto sull'esistenza di una serie di criteri, specificamente determinati. Infatti, è soltanto sul piano del diritto internazionale convenzionale che può riscontrarsi, negli ultimi decenni, un movimento coerente verso l'elaborazione di una disciplina internazionalmente uniforme della giurisdizione, peraltro essenzialmente nell'ambito di cerchie integrate di Stati. E solo in questo specifico ambito è possibile valutare i criteri di giurisdizione utilizzati dai vari Stati come coerenti rispetto a parametri generali di adeguatezza e di giustizia, o invece come "esorbitanti", secondo il termine frequentemente usato al riguardo nella prassi internazionale.

Sotto un profilo più generale, è opportuno sottolineare che il mancato sviluppo di un insieme coerente di principi in materia di coordinamento delle giurisdizioni sul piano consuetudinario è collegato alla diffusa ostilità, che gli Stati dimostrano nei confronti dell'idea che il loro potere giurisdizionale trovi il proprio fondamento, non nell'ordinamento degli stessi Stati, ma in quello internazionale, venendo così a dipendere da criteri enunciati da quest'ultimo.

Dalle considerazioni ora svolte circa l'inesistenza di una rigida delimitazione territoriale dell'esercizio di giurisdizione e dell'applicazione di leggi con riferimento a fatti localizzati all'estero non devono però essere tratte conseguenze troppo generali e assolute. In particolare, non se ne può desumere la conclusione che tali attività, pure libere in via di principio, non possano in certi casi venire a confliggere con i poteri esclusivi riconosciuti agli Stati dalla norma internazionale generale che si è considerata.

Pur di fronte a indirizzi della prassi non del tutto univoci, e a ricostruzioni dottrinali largamente divergenti, si può ritenere che esista perlomeno una netta tendenza a considerare come oggetto di tutela ad opera della norma internazionale generale sulla sovranità territoriale (o *jurisdiction*) tutta quell'attività statale che si manifesta nell'attuazione dell'ordinamento giuridico del quale lo Stato è gestore, nella multiforme attività di regolazione della vita sociale della comunità nel territorio e di gestione degli interessi collettivi che vi fanno capo. Ne consegue che, in ipotesi di interferenza particolarmente qualificata, anche attività normative, amministrative e giurisdizionali compiute da un altro Stato nel suo territorio possono concretare violazione del diritto sovrano dello Stato, se poste in essere con modalità e risultati capaci di portare un concreto pregiudizio alla possibilità di quest'ultimo di attuare il proprio ordinamento in una specifica situazione garantendone i valori essenziali.

Conseguenze del genere possono prodursi in due distinte situazioni. In primo luogo, attraverso l'estensione e l'applicazione da parte di uno Stato di proprie normative interne – si pensi, ad esempio, alla normativa *antitrust* – a comportamenti avvenuti nel territorio di altri Stati, quando il criterio su cui esse si fondano è la nazionalità del soggetto e l'esercizio del potere da parte del primo Stato porta ad imporre comportamenti in violazione degli ordinamenti degli altri Stati e degli interessi essenziali da essi rappresentati e tutelati. In questo senso, ad esempio, si esprimeva il Governo britannico in una Dichiarazione sottoposta nell'ottobre 1967 alla Commissione delle Comunità europee in relazione al problema della giurisdizione in materia *antitrust* nei confronti di società straniere:

> «il principio di nazionalità giustifica procedimenti nei confronti di nazionali dello Stato che afferma la propria giurisdizione rispetto ad attività svolte da questi all'estero solo a condizione che ciò non comporti interferenze con gli affari legittimi di altri Stati o costringa tali nazionali ad agire in modo contrario alle leggi dello Stato in cui le attività in questione vengono condotte» (in *British Practice Int. Law*, 1967, 58).

In secondo luogo, quando l'attività di regolamentazione della vita sociale della comunità statale abbia già avuto attuazione e concreta traduzione nell'emanazione di appositi atti pubblici, lo Stato che li ha emanati ha diritto a che tali atti siano opposti a tutti gli altri Stati, venendo in questo senso riconosciuti in quanto emanati nell'esercizio delle prerogative garantite dal diritto internazionale generale. È quindi illecito il comportamento degli Stati che pretendano di sottoporre a sindacato il contenuto degli atti stessi, in particolare sottoponendo a giudizio lo Stato che ne è autore davanti alle proprie autorità. Operano in questo senso particolarmente le regole internazionali che garantiscono agli Stati l'immunità giurisdizionale in relazione ai loro atti *jure imperii*, che verranno esposte qui di seguito (par. 2), così come altri meccanismi tecnici utilizzati dagli ordinamenti interni di vari Stati al fine di garantire lo stesso risultato (v. ad esempio *infra*, par. 3.3).

Più in generale, la tutela del potere statale nelle sue varie dimensioni viene garantita, oltre che dai principi sinora esaminati, dalle varie regole che impongono agli Stati di non esercitare i propri poteri, in particolare quello giurisdizionale, nei confronti degli altri Stati e dei loro organi: si tratta delle norme internazionali sulle immunità, alle quali è dedicata la successiva parte di questo Capitolo.

2.1. *L'immunità dalla giurisdizione degli Stati e dei loro organi: classificazione.*

Possono identificarsi tre differenti tipologie di immunità statale, ossia:

i) l'immunità statale in senso stretto, che spetta a tutti gli Stati ed ai loro enti pubblici, i quali non possono essere sottoposti a giudizio davanti ai tribunali di un paese straniero in relazione agli atti compiuti nell'esercizio della potestà d'imperio (immunità dalla giurisdizione di cognizione) e ai beni destinati all'assolvimento di detta funzione (immunità dalla giurisdizione esecutiva);

ii) l'immunità funzionale (o *ratione materiae*) che spetta a tutti gli individui-organi dello Stato, i quali non possono esser sottoposti alla giurisdizione dei tribunali stranieri in relazione all'attività svolta in esecuzione delle funzioni loro affidate;

iii) l'immunità personale (o *ratione personae*) che spetta a determinati individui-organi dello Stato, i quali non possono esser sottoposti alla giurisdizione dei tribunali stranieri neppure in relazione all'attività svolta al di fuori di ogni incarico ufficiale.

2.2. *Immunità statale in senso stretto: immunità dalla giurisdizione di cognizione.*

L'immunità degli Stati dalla giurisdizione di cognizione rappresenta una regola consuetudinaria unanimemente riconosciuta, che si sostanzia nel tradizionale principio «*par in parem non habet iudicium*»: gli enti sovrani non possono essere convenuti in giudizio davanti ai tribunali di un paese straniero. Il principio si giustifica avendo riguardo alla struttura stessa della Comunità internazionale, che non conosce costruzioni gerarchiche, essendo composta da soggetti indipendenti e sovrani che si confrontano con soggetti di pari grado.

Considerando i confini che incontra la regola dell'immunità degli Stati dalla giurisdizione, può affermarsi che essa si presenta come illimitata dal punto di vista soggettivo e, invece, limitata dal punto di vista oggettivo.

Partendo dal primo profilo, può rilevarsi che l'immunità giurisdizionale spetta a tutti gli Stati dotati dei caratteri di soggettività indicati nel Cap. I, ossia muniti di *sovranità esterna* da qualsiasi altro ente o sistema normativo e *sovranità interna* su territorio e popolazione (come confermato anche dalla sentenza richiamata al par. 4.1).

Laddove i requisiti in oggetto siano rispettati, ossia ci si trovi di fronte ad un vero e proprio Stato come definito dal diritto internazionale, l'immunità spetta non solo all'apparato centrale, identificato nelle istituzioni esercitanti il potere legislativo, giudiziario ed esecutivo, ma anche a tutte le strutture e gli enti cui è attribuito l'espletamento di funzioni sovrane. Da questo punto di vista, perfettamente corrispondente al diritto consuetudinario deve considerarsi la Convenzione sull'immunità giurisdizionale degli Stati e dei loro beni, adottata dall'Assemblea generale delle Nazioni Unite il 2 dicembre 2004 e aperta alla firma il 17 gennaio 2005 (in *Riv. dir. int.*, 2005, 225), il cui art. 2 identifica la nozione di Stato in senso estremamente ampio, tale da comprendere

> «(i) lo Stato ed i suoi diversi organi di governo; (ii) le unità costituenti lo Stato federale e le suddivisioni politiche dello Stato che sono legittimate ad agire nell'esercizio dell'autorità sovrana dello Stato laddove agiscano in tale veste; (iii) le agenzie o enti dello Stato e le altre entità, nei limiti in cui sono legittimate ad agire nell'esercizio dell'autorità sovrana dello Stato, laddove agiscano in tale veste; (iv) i rappresentanti dello Stato che agiscono in tale veste».

Testimonianza della possibilità di invocare l'immunità statale non solo a favore degli apparati centrali ma anche con riferimento alle diverse articolazioni ed enti attraverso i quali lo Stato esercita le proprie funzioni sovrane si trova anche nella giurisprudenza italiana. In particolare la Corte di Cassazione ha ritenuto immune dalla giurisdizione italiana il *British Institute of Florence*, ente di diritto pubblico attraverso il quale la Gran Bretagna persegue lo scopo dello sviluppo in Italia della conoscenza della lingua e della cultura inglese, dal momento che

> «il principio della esenzione dalla giurisdizione italiana opera non solo quando parte in causa sia uno Stato estero, ma anche un ente pubblico attraverso il quale lo stesso Stato opera per perseguire in maniera indiretta i propri fini collettivi» (Cass., S.U., 18 dicembre 1998, n. 12704, in *Mass. Giur. it.*, 1998).

2.3. *Dall'immunità assoluta all'immunità ristretta: la distinzione tra atti* jure imperii *e atti* jure privatorum.

Per quanto concerne i limiti che la regola dell'immunità statale incontra dal punto di vista oggettivo, occorre precisare che essi si sono venuti delineando nei primi decenni del secolo passato. Originariamente, il principio che vede gli Stati immuni dalla giurisdizione non conosce, infatti, alcuna deroga o eccezione, concretandosi in una sorta di "intoccabilità" che i sovrani si riconoscevano reciprocamente. Da allora l'immunità è stata affermata e riconosciuta come vincolante in via assoluta, ossia senza prevedere eccezioni derivanti dal contenuto della controversia.

Dopo l'inizio di un indirizzo più restrittivo che trova precedenti nella giurisprudenza italiana e belga di fine '800, la situazione si modifica dopo la fine della prima guerra mondiale, quando lo Stato intensifica la propria presenza nell'economia ed agisce nei mercati nazionali ed internazionali servendosi dei comuni strumenti a disposizione degli operatori privati: proprio allora comincia ad imporsi una differente prospettiva nell'applicazione e nella definizione della regola sull'immunità. Ed è soprattutto grazie alla giurisprudenza italiana e belga che viene minato il principio dell'immunità assoluta, allorché gli Stati operano alla stregua di un qualunque soggetto privato. L'immunità viene così "ristretta" ai casi in cui lo Stato agisca nell'ambito dei propri poteri di imperio.

Dopo anni di contrasti dottrinali e giurisprudenziali, il principio si è ormai affermato in maniera incontestata anche nell'ambito di quegli Stati, per lungo tempo favorevoli ad un'ampia estensione dell'immunità, quali i paesi di *common law*: la regola dell'immunità ristretta è espressamente accolta nell'ambito dello State Immunity Act britannico del 1978, nonché nel Foreign Sovereign Immunity Act statunitense del 1976.

Dunque, l'evoluzione in oggetto ha ormai condotto all'affermazione della regola dell'immunità relativa, secondo la quale lo Stato gode dell'immunità dalla giurisdizione solamente per gli atti *jure imperii*, attraverso i quali si esplica la sovranità, mentre non ne usufruisce in relazione agli atti *jure privatorum*, posti in essere con finalità e strumenti privatistici.

Il principio è chiaramente espresso e costantemente ribadito nella giurisprudenza italiana, la quale ha in diverse occasioni affermato che

«la norma di diritto internazionale generalmente riconosciuta, sulla immunità giurisdizionale degli Stati esteri e degli enti pubblici operanti nell'ordinamento internazionale ..., riguarda solo i rapporti che rimangono del tutto estranei all'ordinamento interno, o perché quegli Stati o enti agiscono in altri Paesi come soggetti di diritto internazionale, o perché agiscono quali titolari di una potestà d'imperio nell'ordinamento di cui sono portatori. Se, invece, lo Stato o l'ente pubblico straniero agisca indipendentemente dal suo potere sovrano, ponendosi alla stregua di un privato cittadino, nei suoi confronti la giurisdizione dello Stato ospitante non può essere esclusa, giacché esso svolge la sua attività come soggetto dell'ordinamento dello Stato del foro ("iure privatorum")» (Cass., S.U., 3 febbraio 1996, n. 919, in *Riv. dir. int. priv. e proc.*, 1997, 137).

La regola in esame non ha, tradizionalmente, conosciuto eccezioni: in altri termini lo Stato straniero ha goduto dell'immunità per gli atti compiuti nell'esercizio di una funzione sovrana anche in casi del tutto peculiari, in cui siano violati diritti fondamentali dei singoli o, addirittura, l'attività si sia sostanziata in atti idonei a minacciare l'incolumità e la salute dei cittadini dello Stato del foro.

In merito, la Corte di Cassazione italiana non ha avuto esitazione ad affermare che

«l'attività di addestramento di velivoli alla guerra in funzione difensiva, che, secondo le previsioni del trattato del Nord Atlantico stipulato a Washington il 4 aprile 1949, gli Stati Uniti d'America effettuano nel territorio italiano, nell'interesse comune dei due Stati oltre che degli altri aderenti alla Nato e a tutela della loro sovranità, è attività "jure imperii", in quanto tale sottratta alla giurisdizione italiana, in base al criterio della cosiddetta immunità ristretta, che non trova deroga neppure in presenza di attività idonee a ledere o porre in pericolo la vita, l'incolumità personale e la salute dei cittadini dello Stato ospitante» (Cass., S.U., 3 agosto 2000, n. 530, in *Riv. dir. int. priv. e proc.*, 2001, 1019).

L'orientamento è stato, fino ad oggi, comunemente condiviso non solo a livello di Supreme Corti appartenenti a Paesi stranieri ma anche a livello di tribunali internazionali, come testimonia la decisione della Corte europea dei diritti dell'uomo (v. *infra*, Cap. X, par. 4.3), in cui si afferma che il principio dell'immunità statale per attività *jure imperii* non è derogabile neppure in caso di violazione di norme primarie del diritto internazionale, quale la norma che impone il divieto della tortura. Nell'occasione, la Corte di Strasburgo ha precisato che, salvo contrarie previsioni pattizie,

«non si può ritenere che nel diritto internazionale si sia affermata la regola che esclude l'immunità degli Stati dalla giurisdizione civile rispetto alle azioni di risarcimento dei danni per atti di tortura commessi al di fuori dello Stato del foro» (CEDU, 21 novembre 2001, Al-Adsani c. Regno Unito, in *Riv. dir. int.,* 2002, 403, par. 66).

Tale impostazione è stata, recentemente, disattesa dalla Suprema Corte italiana che, contraddicendo la precedente giurisprudenza, ha ritenuto non invocabile l'immunità statale per attività *jure imperii* in relazione al compimento di crimini internazionali. Si fa riferimento alla decisione resa nel caso «Ferrini», in cui era stata convenuta in giudizio, innanzi al Tribunale di Arezzo, la Repubblica Federale di Germania al fine di ottenere il risarcimento dei danni, patrimoniali e non patrimoniali, subiti dall'attore per essere stato catturato, nel 1944, da forze militari tedesche e, quindi, deportato in Germania per essere utilizzato quale lavoratore forzato: il comportamento integra gli estremi di un crimine internazionale. Nello scontro tra regola sull'immunità statale e regola sulla perseguibilità (universale) dei crimini internazionali, la Cassazione ha attribuito la prevalenza alla seconda, precisando che

«il rispetto dei diritti inviolabili della persona umana ha invero assunto, ormai, il valore di principio fondamentale dell'ordinamento internazionale. E l'emersione di tale principio non può non riflettersi sulla portata degli altri principi ai quali tale ordinamento è tradizionalmente ispirato e, in particolare, di quello sulla "sovrana uguaglianza" degli Stati, cui si ricollega il riconoscimento della immunità statale dalla giurisdizione civile straniera» (Cass., S.U., 11 marzo 2004, n. 5044, in *Riv. dir. int.*, 2004, 539).

Non sembra, peraltro, che la decisione appena ricordata induca a ritenere superato il contrasto dottrinale e giurisprudenziale attualmente esistente in ordine alla supremazia della regola sulla perseguibilità dei crimini internazionali rispetto alla norma consuetudinaria sull'immunità statale. Tanto è vero che la stessa Cassazione italiana si dichiara consapevole della circostanza per cui «anche di recente, si è affermato che gli Stati hanno il diritto di avvalersi dell'immunità dalla giurisdizione pur in presenza di domande dirette ad ottenere il risarcimento dei danni derivati dalla commissione di *crimini internazionali*», sia a livello di Supreme Corti nazionali sia a livello di tribunali internazionali. Non a caso, in sede di predisposizione della Convenzione ONU sull'immunità statale, si è evitato di disciplinare il rapporto tra immunità e violazione di norme di *jus cogens*, ritenendo che detta questione si vada ad inserire in un'area del diritto internazionale in fase di cambiamento e trasformazione sulla quale non sembrava possibile ricavare precise norme di diritto consuetudinario.

Quel che è certamente desumibile dalla decisione in esame è la tendenza a valorizzare il rispetto dei diritti fondamentali della persona, non limitato all'affermazione dell'esistenza di una norma di *jus cogens* che astrattamente ne riconosca l'esistenza ma esteso alla predisposizione di strumenti e meccanismi procedurali in grado di garantirne una tutela effettiva.

A prescindere dalla eccezione individuata, non possono essere avanzati dubbi sull'esistenza, nel diritto internazionale, della regola sull'immunità statale, ormai accolta nella versione ristretta; anche se bisogna riconoscere che la sua applicazione crea non pochi problemi alla giurisprudenza interna dei paesi di *civil law*, chiamata a delineare la distinzione, non sempre facile, tra attività *jure privatorum* e attività *jure imperii*. Basti pensare alle difficoltà di distinguere, più in generale, tra rapporti di diritto pubblico e rapporti di diritto privato.

La Cassazione si è recentemente pronunciata su di una questione particolarmente complessa, ossia la possibilità di sottoporre a giudizio, in Italia, lo Stato argentino per il mancato adempimento di titoli obbligazionari, denominati *global bonds*. Al fine di accertare la sussistenza dell'immunità, la Suprema Corte parte dall'assunto per cui la collocazione sul mercato borsistico internazionale di titoli del debito pubblico costituisce attività economica di diritto privato, equiparabile a quella svolta da un qualunque altro soggetto debitore che emetta obbligazioni a fronte di prestiti e finanziamenti ricevuti dagli investitori; di conseguenza, in relazione a detta attività, non è consentito allo Stato straniero di sottrarsi alla potestà dello Stato ospitante.

Peraltro, la Cassazione non perviene alla conclusione che sarebbe sembrata inevitabile in base a tali premesse, ma prosegue nel suo ragionamento precisando che

> «mentre natura innegabilmente privatistica hanno gli atti di emissione e di collocazione sul mercato internazionale delle obbligazioni di che trattasi, non analoga natura paritetica hanno i successivi provvedimenti di moratoria, adottati dal Governo argentino. (...) Tali provvedimenti – incidenti sul momento funzionale, del rapporto obbligatorio tra le parti, con un effetto che sarebbe assurdo ritenere limitato ai soli interessi e che invece, in relazione alla finalità perseguita, deve considerarsi esteso anche alla sorte capitale – manifestano, evidentemente, la potestà sovrana dello Stato. E ciò sia per la loro natura di leggi di bilancio[quali la nostra Costituzione sottrae anche a referendum abrogativo], sia, soprattutto, per le già sottolineate finalità, eminentemente pubbliche, perseguite, di governo della finanza in funzione della tutela di bisogni primari di sopravvivenza economica della popolazione in un contesto storico di grave emergenza nazionale» (Cass., S.U., 27 maggio 2005, n. 11225, in *Riv. dir. int. priv. proc.*, 2005, 1091).

Da tale argomento non poteva che discendere il riconoscimento dell' immunità statale alla Repubblica argentina.

Non sembra, peraltro, corretto ritenere che i provvedimenti di moratoria possano far venir meno la qualificazione dell'operazione economica originariamente effettuata dal Governo argentino, essendo casomai vero l'esatto contrario: ossia la moratoria, andando ad incidere su di una attività di stampo privatistico, non potrebbe che essere qualificata alla luce di quest'ultima.

Quanto affermato non vuole, peraltro, contestare il riconoscimento dell'immunità effettuato dalla Cassazione italiana a favore della Repubblica argentina, ma semplicemente suggerire che tale risultato avrebbe potuto essere ottenuto sulla base di motivazioni differenti e maggiormente convincenti.

2.4. *Il metodo della lista.*

Per evitare il sorgere delle accennate problematiche, nell'ambito di taluni paesi di *common law* si è sottratto alla magistratura il compito di individuare le categorie di atti in relazione alle quali lo Stato straniero gode di immunità, provvedendo alla loro individuazione in via legislativa. A fronte della tecnica interpretativa fondata sulla distinzione tra attività *jure privatorum* e attività *jure imperii*, si è adottato il c.d. metodo della lista, ossia si è preferito addivenire ad un'elencazione specifica delle controversie concernenti le "attività privatistiche", in relazione alle quali uno Stato straniero non gode dell'immunità. In particolare, l'art. 1 dello State Immunity Act britannico del 1978 stabilisce che

> «uno Stato è immune dalla giurisdizione dei tribunali del Regno Unito salvo quanto stabilito nelle seguenti disposizioni di questa parte della legge» (in *Int. Legal Mat.*, 1978, 1123).

E, nelle disposizioni successive, si rinviene una lista dei casi in cui lo Stato non gode dell'immunità e che possono identificarsi nelle controversie inerenti a rapporti commerciali, a contratti da eseguirsi nel Regno Unito, a danni a cose o persone localizzati nel foro, a proprietà, possesso o utilizzo di immobili ivi presenti, a partecipazione in società commerciali e così via. Alle previsioni specifiche si aggiunge l'impossibilità di invocare l'immunità in tutti i casi in cui lo Stato abbia rinunciato ad essa implicitamente, attraverso la sua partecipazione incontestata al giudizio, ovvero espressamente, attraverso una dichiarazione inequivoca.

Analogamente dispone il Foreign Sovereign Immunity Act statunitense del 1976, incorporato nell'ambito del capitolo 28 del US Code, all'art. 1604, il quale precisa che

> «fatti salvi gli accordi internazionali esistenti di cui gli Stati Uniti sono parte al momento della promulgazione di questa legge, uno Stato straniero sarà immune dalla giurisdizione dei tribunali degli Stati Uniti e degli Stati membri salvo quanto previsto negli articoli da 1605 a 1607 di questo capitolo» (in *Int. Legal Mat.*, 1976, 1388).

E negli artt. 1605, 1606 e 1607 si ripropongono praticamente le stesse eccezioni contenute nell'ambito della legge inglese.

La tecnica della lista, utilizzata nell'ambito delle citate normative di *common law*, è stata adottata anche a livello internazionale, e si trova accolta sia nella Convenzione sull'immunità degli Stati e dei loro beni (v. *supra*, par. 2.2), sia nella Convenzione europea sull'immunità degli Stati, elaborata in seno al Consiglio d'Europa ed approvata a Basilea il 16 maggio 1972.

In particolare, la Convenzione ONU si apre con una norma che dispone:

> «uno Stato gode dell'immunità, per quanto riguarda la sua persona ed i suoi beni, dalla giurisdizione dei tribunali di un altro Stato contraente ferme restando le disposizioni dei presenti articoli» (art. 5).

A tale articolo segue una lista di casi in cui si identificano le controversie in relazione alle quali lo Stato non può invocare l'immunità: queste ripropongono, quasi pedissequamente, le norme contenute nelle legislazioni interne appena esaminate.

Anche la Convenzione europea sull'immunità degli Stati, in vigore tra diversi Stati (Austria, Belgio, Cipro, Germania, Lussemburgo, Olanda, Svizzera, Regno Unito) tra i quali non figura l'Italia, accoglie il criterio della lista. Diversamente da quanto disposto nei testi in precedenza analizzati, però, la convenzione si apre con un elenco di articoli in cui si esplicitano le situazioni in cui uno Stato non può invocare l'immunità: questo ad indicare che l'esistenza della giurisdizione nei confronti degli Stati stranieri rappresenta il principio generale, mentre la possibilità di invocare l'immunità opera quale eccezione. Solo a conclusione dell'elencazione in oggetto, infatti, si trova l'art. 15, in cui si precisa che

> «uno Stato contraente beneficia dell'immunità dalla giurisdizione nei confronti dei tribunali di un altro Stato contraente qualora il procedimento non rientri nelle ipotesi di cui agli articoli da 1 a 14; il tribunale non può conoscere in ordine a tale procedimento neppure qualora lo Stato non compaia in giudizio».

La previsione è particolarmente significativa, se la si considera espressione della tendenza sempre più accentuata a restringere l'ambito dell'immunità degli Stati; pur rimanendo ferma l'elencazione dei casi esclusi, appare determinante rintracciare se l'immunità rappresenti la regola ovvero debba ormai essere qualificata come eccezione, quantomeno per le significative ricadute in tema di interpretazione delle ipotesi dubbie.

Da questo punto di vista, le disposizioni della Convenzione di Basilea potrebbero rappresentare un momento importante nell'evoluzione del diritto internazionale, particolarmente significativo anche per quanto riguarda l'ordinamento italiano. Difatti, se è vero che l'Italia non ha ratificato detto trattato e, dunque, non è vincolata al rispetto delle sue norme, è altrettanto vero che la giurisprudenza italiana ne ha riconosciuto l'importanza, laddove ha precisato che la Convenzione europea «assume il carattere di documento quantomeno ricognitivo del diritto consuetudinario internazionale in ordine al progressivo restringimento dell'area di immunità degli Stati» (Cass., S.U., 20 ottobre 1995, n. 10932, in *Riv. dir. int. priv. e proc.*, 1996, 807).

2.5. *Immunità statale e rapporti di lavoro subordinato.*

L'applicazione del criterio che fa leva sulla distinzione tra attività *jure imperii* e attività *jure privatorum* si rivela particolarmente complessa in materia di rapporti di lavoro subordinato: non solo per la difficoltà di distinguere tra rapporti pubblicistici e privatistici, ma per l'insoddisfazione cui porta comunque l'applicazione di tale criterio. Affermare la sussistenza dell'immunità tutte le volte in cui il lavoratore, dipendente di uno Stato straniero, sia impiegato nell'ambito di un'attività pubblicistica senza ulteriori specificazioni significa, di fatto, riconoscere sempre l'immunità: questo perché, sulla base di una interpretazione estensiva, è inevitabile individuare una partecipazione diretta o indiretta di qualunque lavoratore alla corretta esplicazione di una funzione pubblicistica. Di conseguenza, il lavoratore subordinato alle dipendenze di uno Stato estero o di un ente pubblico straniero non potrebbe mai instaurare una controversia nello Stato in cui presta la propria attività lavorativa, nemmeno nel caso in cui egli abbia la cittadinanza di detto Stato e/o sia ivi residente.

In epoca non lontana, nella giurisprudenza italiana si è riconosciuta l'immunità agli Stati stranieri, chiamati in causa da dipendenti italiani, per inadempimenti relativi ad attività meramente ausiliarie, eseguite nell'ambito di contratti di lavoro localizzati in Italia: in particolare, si è riscontrato lo svolgimento di attività direttamente o indirettamente inerenti alle funzioni sovrane in relazione a bibliotecari, contabili, centralinisti, segretari e così via (cfr., per tutte, Cass., S.U., 23 novembre 1974, n. 3803, in *Riv. dir. int.*, 1975, 597).

Come reazione alla situazione descritta, si è proposto di abbandonare del tutto il criterio che fa leva sulla partecipazione alle funzioni pubbliche, facendo riferimento esclusivamente al luogo di svolgimento del rapporto e alla cittadinanza del lavoratore.

In effetti, secondo quanto espressamente stabilito all'art. 5 della Convenzione europea del 1972

«1. Uno Stato contraente non può invocare l'immunità dalla giurisdizione davanti a un tribunale di un altro Stato contraente se il procedimento riguarda un contratto di lavoro concluso tra lo Stato e una persona fisica, nel caso in cui il lavoro deve essere eseguito sul territorio dello Stato del foro.
2. Il paragrafo 1 non si applica qualora: a) la persona fisica sia cittadina dello Stato datore di lavoro al momento della presentazione della domanda; b) la persona fisica, al momento della conclusione del contratto, non possedeva la cittadinanza dello Stato del foro, né risiedeva abitualmente sul territorio di tale Stato, oppure c) le parti che hanno concluso il contratto abbiano diversamente convenuto per iscritto, salvo che, secondo la legge dello Stato del foro, i tribunali di tale Stato abbiano competenza esclusiva in ragione della materia».

Nell'ambito della Convenzione non vi è alcun riferimento alla tipologia del lavoro svolto, non rilevando il diretto o indiretto inserimento del lavoratore nell'ambito dell'organizzazione dello Stato straniero con incarichi di rango elevato ed effettivo potere decisionale.

Sulla scorta delle disposizioni contenute nella Convenzione di Basilea, si è mossa la legislazione interna di una serie di Stati: basti fare riferimento allo State Immunity Act del Regno Unito, il cui art. 4 riprende proprio l'art. 5 della Convenzione. Nella stessa direzione è orientata anche la giurisprudenza di diversi paesi europei (come Spagna e Belgio), che non attribuisce rilievo alcuno al tipo di mansioni svolte, ma fa riferimento al criterio del luogo di svolgimento del lavoro combinato con quello della nazionalità e della residenza del prestatore.

Occorre riconoscere che l'ordinamento italiano non è rimasto indifferente al nuovo orientamento, pur rivelandosi ancora condizionato da un'impostazione tradizionale. Nell'ambito della giurisprudenza italiana, infatti, si impiega il criterio della nazionalità e della residenza del lavoratore allorché coincide con il luogo di svolgimento del lavoro, ma, al tempo stesso non si vuole del tutto abbandonare il criterio della partecipazione alle funzioni sovrane dello Stato straniero. Così, la Suprema Corte precisa che lo Stato straniero può essere citato in giudizio, davanti ai tribunali nazionali, dal cittadino italiano che svolge il lavoro in Italia solamente allorché la relativa attività risulti meramente ausiliaria rispetto allo svolgimento delle funzioni sovrane. Più precisamente

> «i rapporti di lavoro di cittadini italiani con gli Stati esteri non si sottraggono alla giurisdizione del giudice italiano quando abbiano a oggetto prestazioni manuali e meramente accessorie delle attività di tipo pubblicistico dell'ente sovrano estero» (Cass., S.U., 16 gennaio 1990, n. 145, in *Riv. dir. int.*, 1990, 402).

Da questo punto di vista la giurisprudenza italiana si attesta su di una posizione tradizionale, che appare modellata più che sulla Convenzione europea del 1972, sulla Convenzione elaborata in seno alle Nazioni Unite, il cui art. 11 precisa:

> «1. Salvo che sia diversamente convenuto tra gli Stati interessati, uno Stato non può invocare l'immunità dalla giurisdizione davanti al tribunale di un altro Stato che sia altrimenti competente in un procedimento relativo ad un contratto di lavoro tra lo Stato e un individuo ove il lavoro sia stato svolto o debba essere svolto, in tutto o in parte, nel territorio di tale altro Stato.
> 2. Il paragrafo 1 non si applica se: a) il dipendente è stato assunto per svolgere funzioni strettamente connesse all'esercizio dell'attività di governo; ... c) oggetto del procedimento è l'assunzione, il rinnovo del rapporto o la reintegrazione del lavoratore; ... e) il lavoratore ha la cittadinanza dello Stato che lo assume al momento dell'instaurazione del procedimento, a meno che il lavoratore abbia la residenza abituale nello Stato del foro; f) lo Stato che lo assume e il dipendente hanno diversamente stabilito per iscritto, fermo restando eventuali considerazioni di ordine pubblico idonee a conferire ai tribunali dello Stato del foro la giurisdizione esclusiva in ragione della materia del procedimento».

Occorre, infine, sottolineare che anche laddove si riconosca che l'immunità dalla giurisdizione non sussiste, vertendosi in materia di rapporti di lavoro subordinato che non implicano diretta o stretta partecipazione alle funzioni pubblicistiche dello Stato straniero, ricorre un limite al potere del giudice interno di conoscere delle relative controversie, ossia il limite delle prestazioni patrimoniali. I tribunali aditi in relazione ad una causa di lavoro che vede opposto un cittadino del foro ad un Stato straniero, potranno infatti condannare quest'ultimo al pagamento delle mensilità e delle indennità non corrisposte, ma non sono legittimati ad andare oltre, ingerendosi nella definizione dell'organizzazione di uno Stato, ad esempio ordinando la riassunzione in servizio del dipendente licenziato (anche illegittimamente).

Per comprendere la distinzione in oggetto basti fare riferimento ad una recente decisione della Corte di Cassazione, in una controversia che vedeva opposti una cittadina italiana all'Ambasciata di Norvegia, presso la quale la prima lavorava in veste di segretaria. A seguito del suo licenziamento, la stessa chiese al Pretore di Milano, in funzione di giudice del lavoro, di (i) dichiarare la nullità del licenziamento, ordinando la reintegrazione nel posto di lavoro e (ii) condannare l'Ambasciata al pagamento delle indennità relative alla cessazione del rapporto. La Corte di Cassazione, in ordine alle richieste dell'attrice, ha precisato che esiste un difetto di giurisdizione in ordine alla domanda *sub* (i)

> «perché l'indagine sulla legittimità del licenziamento investe in modo diretto i poteri pubblicistici dello Stato estero relativi alla organizzazione degli uffici e dei servizi d'ambasciata, non sindacabili dal giudice italiano. Il difetto di giurisdizione in ordine alla premessa (nullità, o meno, del licenziamento) si estende conseguentemente alle domande il cui accoglimento postula una declaratoria di nullità, ossia alle domande di reintegrazione nel posto di lavoro e di risarcimento dei danni dipendenti dalla inefficacia del licenziamento, di condanna al pagamento delle retribuzioni dalla data del licenziamento a quella della riassunzione» (Cass., S.U., 28 novembre 1991, n. 12771, cit.).

Per quanto riguarda, invece, le richieste *sub* (ii), esse sono conoscibili dal giudice italiano, non implicando un'invasione della sfera di sovranità spettante agli Stati stranieri. La Cassazione prosegue, infatti, osservando che

> «per contro, non implica violazione della immunità l'esame da parte del giudice italiano, di cui deve perciò dichiararsi la giurisdizione, delle ulteriori pretese patrimoniali, e cioè di quelle relative al pagamento dell'indennità di cassa, all'indennità sostitutiva del mancato preavviso, all'indennità di fine rapporto ed alle quote della tredicesima e della quattordicesima mensilità e delle ferie, relative al 1989, trattandosi di esame suscettibile di arrestarsi alla soglia della sfera degl'insindacabili poteri pubblicistici dello Stato estero» (Cass., S.U., 28 novembre 1991, n. 12771, cit.).

2.6. *L'immunità dalla giurisdizione esecutiva.*

Oltre a non poter essere citati in giudizio di fronte ai tribunali di un paese straniero nella fase di cognizione, gli Stati non possono essere sottoposti a procedimenti esecutivi e cautelari all'estero. E come la regola inerente all'immunità dalla giurisdizione di cognizione deve ormai ritenersi esistente in una versione limitata, allo stesso modo l'immunità dall'esecuzione forzata è accolta in una versione ristretta, dal momento che essa riguarda esclusivamente i beni destinati all'espletamento di una funzione pubblica, mentre non interessa i beni detenuti da uno Stato a titolo privato.

Occorre subito chiarire che la predetta analogia non significa coincidenza tra le relative norme. L'immunità degli Stati dalla giurisdizione cautelare ed esecutiva dello Stato del foro non rappresenta, infatti, una semplice appendice dell'immunità dalla giurisdizione di cognizione. Per comprendere quanto affermato, basti prendere in considerazione due elementi. Il primo riguarda la necessità di operare un'apposita rinuncia, da parte dello Stato che intenda sottoporsi a giudizio esecutivo. Questo significa che quand'anche uno Stato abbia rinunciato all'immunità dalla giurisdizione di cognizione e si sia volontariamente sottoposto al giudizio di tribunali stranieri, in relazione ad attività *jure imperii*, non per questo potrà essere sottoposto ad un procedimento di esecuzione che abbia ad oggetto beni destinati all'espletamento di una funzione pubblica. A tal fine occorre, infatti, un'ulteriore rinuncia, distinta ed autonoma rispetto alla precedente.

Da questo punto di vista appare pienamente corrispondente al diritto consuetudinario l'art. 19 della Convenzione ONU sull'immunità dalla giurisdizione degli Stati e dei loro beni (v. *supra*, par. 2.2), il quale precisa che

> «nessuna misura coercitiva, quale pignoramento, sequestro e misure esecutive, contro i beni di uno Stato può essere adottata in un procedimento davanti ad un tribunale di un altro Stato se non nei casi e fino al limite in cui: (a) lo Stato abbia espressamente acconsentito all'adozione di tali misure: (i) tramite un accordo internazionale; (ii) tramite un accordo di arbitrato o in un contratto scritto; o (iii) tramite una dichiarazione davanti al tribunale o una dichiarazione scritta successiva al sorgere della controversia fra le parti; come affermato anche nelle convenzioni internazionali».

Il secondo elemento che testimonia l'autonomia della regola sull'immunità dalla giurisdizione di cognizione rispetto a quella sull'immunità dalla giurisdizione esecutiva è rappresentato dall'evoluzione differenziata che le due norme hanno avuto nel corso del tempo. All'imporsi del carattere relativo dell'immunità dalla giurisdizione di cognizione non ha corrisposto una contemporanea evoluzione del diritto internazionale consuetudinario, che ha continuato ad affermare il carattere assoluto dell'immunità dall'esecuzione. Solo nella seconda metà del ventesimo secolo la regola dell'immunità ristretta dalla giurisdizione esecutiva è venuta ad imporsi in via definitiva:

> «In anni non lontani, al carattere relativo dell'immunità dalla cognizione si opponeva, nella più diffusa convinzione giuridica degli Stati, il carattere (almeno tendenzialmente) assoluto dell'immunità dall'esecuzione. Nell'ultimo trentennio si è determinata progressivamente un'inversione di tendenza, soprattutto nei paesi di cultura europea, per cui non è più oggi riconoscibile una norma internazionale non scritta di divieto assoluto

di misure coercitive su beni appartenenti a Stati stranieri» (Corte cost., sentenza n. 329/1992, in *Giur. cost.*, 1992, 2683).

Non stupisce che l'affermarsi della regola nella versione ristretta, abbia travolto la disciplina italiana allora in vigore; si fa riferimento alla legge n. 1263/1926, la quale stabiliva che

> «non può procedersi a sequestro nonché a pignoramento, vendita ed in genere ad atti esecutivi su beni mobili e immobili, navi, crediti, titoli, valori e ogni altra cosa spettante ad uno Stato estero, senza l'autorizzazione del Ministro per la giustizia. La presente disposizione si applica solo a quegli Stati che ammettono la reciprocità».

Detta previsione non si rivela, infatti, compatibile con le regole consuetudinarie in relazione ai beni destinati all'esercizio di funzioni pubbliche, dal momento che questi

> «sono immuni ex se da misure coercitive», indipendentemente dal requisito dell'autorizzazione ministeriale e della reciprocità, «la quale non è prevista né dall'art. 10 Cost. (a differenza dell'art. 11), né dalla consuetudine internazionale che per suo tramite viene trasformata in norma di diritto interno» (Corte cost., sentenza n. 329/1992, cit.).

Per quanto riguarda, invece, i beni non destinati all'esercizio di funzioni pubbliche, il requisito dell'autorizzazione ministeriale e della reciprocità impedisce il normale esplicarsi della giurisdizione italiana, limitando il diritto fondamentale garantito dall'art. 24 Cost., ossia il diritto di azione. Accertato che il diritto internazionale consuetudinario di per sé non impone di estendere la garanzia dell'immunità ai beni impiegati a titolo privato, la Corte costituzionale riconosce, peraltro, che interessi di politica estera possono giustificare detta estensione in un contesto in cui anche gli altri paesi accordano comunque l'esenzione dai procedimenti conservativi e di esecuzione ai beni degli Stati esteri non destinati a funzioni attinenti all'esercizio della sovranità. Ma la stessa Corte riconosce anche che

> «nel contesto attuale, in cui si è largamente affermato il principio dell'immunità ristretta, è scemata la probabilità di una reazione diffusa da parte degli Stati i cui beni in Italia fossero fatti oggetto di misure coercitive» (Corte cost., sentenza n. 329/1992, cit.).

Seguendo tale ragionamento è impossibile sacrificare il diritto fondamentale garantito nell'art. 24 Cost. e diviene, così, inevitabile affermare il carattere relativo dell'immunità dall'esecuzione, destinata ad interessare esclusivamente i beni asserviti all'espletamento di una funzione sovrana.

3.1. *L'immunità funzionale.*

Maggiormente complesso risulta individuare i contorni del diritto consuetudinario relativo all'immunità funzionale, ossia individuare le norme che garantiscono l'esenzione dalla giurisdizione del foro a favore degli individui-organi che operano nell'esercizio delle mansioni loro affidate da uno Stato estero.

Una prima questione sorge già a livello definitorio: si tratta di verificare quali atti possano dirsi compiuti nell'esercizio di un incarico ufficiale e quali, invece, appartengano alla sfera privata dell'agente, giacché di immunità funzionale si parla esclusivamente in relazione alla prima categoria di comportamenti.

Al riguardo, appaiono utilizzabili due criteri: l'uno tendente ad avvalorare un'interpretazione restrittiva della nozione "atto compiuto nell'esercizio delle funzioni"; l'altro, invece, favorevole a riconoscere la qualifica di "atto ufficiale" in un maggior numero di ipotesi, estendendo, così, i confini dell'immunità funzionale.

Utilizzando il primo criterio si ritiene compiuto nell'esercizio delle mansioni ufficiali solamente il comportamento realizzato per finalità pubblicistiche, senza giudicare determinanti gli strumenti di cui l'agente si è servito. In tale prospettiva, non potrà godere dell'immunità funzionale l'organo che abbia agito per realizzare un interesse privato, del tutto estraneo al proprio ufficio, anche laddove impieghi strumenti a sua disposizione in ragione della qualifica ricoperta.

Un esempio: la House of Lords nella decisione c.d. Pinochet I, doveva stabilire se potesse essere concessa l'estradizione dell'*ex* Capo di Stato per i reati di tortura e presa di ostaggi, contestati dalla magistratura spagnola e relativi al periodo in cui Pinochet rivestiva la carica di Presidente del Cile. Al riguardo, era determinante verificare se detti reati dovessero considerarsi compiuti nell'esercizio di un mandato ufficiale o, invece, attinenti alla sfera privata. Solo in quest'ultimo caso, infatti, era possibile negare l'immunità funzionale e, così, ritenere Pinochet perseguibile ad opera dei tribunali spagnoli.

Nel caso di specie, la House of Lords ha negato che la tortura e la presa di ostaggi potessero essere qualificate come "atti compiuti nell'esercizio delle funzioni", anche se realizzate attraverso strumenti pubblicistici per definizione, ossia avvalendosi di corpi speciali di polizia e di personale militare. Questo perché la Suprema Corte inglese ha giudicato determinanti non gli strumenti ma le finalità per le quali i reati erano stati realizzati, considerandole del tutto estranee alla qualifica di Capo di Stato; in particolare la Corte ha affermato che

> «qualitativamente, i fatti che è accusato di aver commesso non possono essere classificati come atti compiuti nell'esercizio delle funzioni di un Capo di Stato più di quanto non lo possono essere gli esempi già fatti di un Capo di Stato che assassina il suo giardiniere o che organizza la tortura dei suoi avversari per puro spettacolo» (Lord Steyn, House of Lords, 25 novembre 1998, Regina c. Bartle and the Commissioner of Police for the Metropolis and others *ex* Parte Pinochet, in *Int. Legal Mat.*, 1998, 1302).

La posizione in oggetto, pur sorretta da motivazioni comprensibili e coerente con esigenze punitive avvertite a livello interno e internazionale, cela un grave rischio: la sua applicazione consentirebbe a qualunque tribunale nazionale di perseguire e condannare un agente straniero, persino un capo di Stato o di governo, semplicemente imputandogli di aver commesso un fatto che, seppure posto in essere attraverso tecniche e strumenti pubblicistici, risulti finalizzato al perseguimento di un interesse privato.

Non a caso, nell'ambito della decisione definitiva sul caso Pinochet (c.d. Pinochet II, resa dalla House of Lords il 24 marzo 1999, Regina c. Bartle and the Commissioner of Police for the Metropolis and others *ex* Parte Pinochet, in *Int. Legal Mat.*, 1999, 581) si è evitato di ricorrere ad un'indagine sulle finalità dei reati contestati all'*ex* Capo di Stato, dando per presupposto che, comunque, detti reati erano stati compiuti nell'esercizio delle funzioni ufficiali. Nella decisione si è, dunque, seguito un criterio più estensivo nella valutazione della nozione "atto compiuto nell'esercizio delle funzioni". E proprio detta interpretazione pare meglio corrispondere alla *ratio* che sorregge il riconoscimento dell'immunità funzionale, oltre a rivelarsi maggiormente aderente alla prassi e alla casistica giurisprudenziale in materia.

Difatti, allo stato attuale di sviluppo del diritto internazionale, sembra potersi affermare che, ai fini del riconoscimento dell'immunità funzionale, deve ritenersi compiuto nell'esercizio delle mansioni ufficiali l'atto il quale presenti un qualunque collegamento, diretto od indiretto, con la funzione cui l'organo è preposto. In tale prospettiva, si considera "ufficiale" l'atto posto in essere attraverso l'impiego di strumenti pubblicistici, a disposizione dell'individuo-organo in ragione della qualifica ricoperta; questo anche laddove il comportamento tenuto dall'agente si concretizzi in un reato o persegua finalità che esulano dai compiti ufficiali, attenendo esclusivamente alla sfera privata del soggetto. Ancora, si ritiene garantito dall'immunità funzionale il comportamento dell'individuo-organo che non si sia strettamente attenuto agli ordini superiori ovvero abbia agito in eccesso di potere, purché la sua azione sia riportabile, anche solo formalmente, all'ambito delle mansioni assegnate.

Una volta individuate le categorie di atti coperte dall'immunità funzionale, si tratta di verificare l'esistenza ed i limiti di operatività della regola.

Al riguardo occorre, in primo luogo, chiarire che l'impossibilità, per i tribunali interni, di giudicare i soggetti che abbiano agito dietro incarico ufficiale di uno Stato straniero viene generalmente affermata in dottrina e in giurisprudenza, ma sulla base di prospettazioni differenti. La regola viene fatta discendere:

i) dall'applicazione di un principio generale dell'ordinamento internazionale, ossia il rispetto dell'organizzazione interna degli Stati stranieri. Detto principio impedirebbe di far valere la responsabilità di un agente straniero di fronte ai tribunali dello Stato territoriale, dal momento che l'attività da questi compiuta nell'esplicazione di un mandato ufficiale sarebbe direttamente addebitabile al paese di appartenenza. Per il rapporto di immedesimazione organica tra agente e Stato, neppure si potrebbe parlare, a stretto rigore, di immunità dalla giurisdizione dal momento che non si potrebbe parlare, più in generale, di una responsabilità addebitabile all'individuo-organo: laddove questi agisca su incarico ufficiale le sue azioni sono, infatti, direttamente riconducibili allo Stato di appartenenza, al quale dovrà essere imputata la commissione di eventuali illeciti. Pertanto, non spetta allo Stato territoriale, ma solo allo Stato di appartenenza far valere eventuali profili di responsabilità nei confronti dei soggetti che abbiano agito su incarico ufficiale; oppure

ii) dal divieto di intromissione nella vita costituzionale di ordinamenti stranieri. Secondo la dottrina in esame, è lo Stato l'unico soggetto cui spetta la sovranità sulla propria organizzazione interna, compresa la potestà di giudicare e condannare i propri agenti che abbiano impegnato la responsabilità statale attraverso la commissione di atti illeciti; oppure

iii) dalla regola dell'immunità degli Stati dalla giurisdizione. Nel momento in cui si afferma l'esistenza di una regola consuetudinaria che impedisce di giudicare le attività *jure imperii* poste in essere dagli Stati stranieri, non si può negare che detta regola sia in grado di impedire l'esercizio della giurisdizione anche nei confronti del soggetto che materialmente ha posto in essere dette attività. A sostegno di tale posizione si cita la Convenzione sull'immunità giurisdizionale degli Stati e dei loro beni (v. *supra*, par. 2.2), il cui art. 2 identifica la nozione di Stato in senso estremamente ampio, tale da comprendere, tra l'altro, anche «i rappresentanti dello Stato che agiscono in tale veste»; oppure, ancora

iv) da una regola consuetudinaria autonoma, venuta a formarsi nell'ordinamento internazionale, che espressamente sancisce l'impossibilità, per i tribunali interni, di giudicare gli individui-organi statali laddove questi abbiano agito nel compimento di un mandato ufficiale.

È ben vero che secondo parte della dottrina, le distinzioni nell'identificare il fondamento della regola sull'immunità funzionale altro non sarebbero se non la spia dell'impossibilità di ricostruire, in merito, una disciplina uniforme. Ed, in effetti, si danno casi cui i giudici interni (e internazionali) si sono rifiutati di garantire alcuna immunità ai soggetti che hanno agito nell'esplicazione di un mandato attribuito da uno Stato straniero, procedendo a valutarne i comportamenti illeciti e ad emettere, se del caso, le conseguenti decisioni di condanna. Ma è altrettanto vero che a fronte di dette decisioni se ne riscontrano numerose altre, pronte a riconoscere l'immunità ai funzionari che hanno agito nell'esercizio delle mansioni pubbliche (sia pure facendo riferimento ora all'una ora all'altra delle dottrine in precedenza menzionate).

Se si tenta di razionalizzare le decisioni giurisprudenziali, a prima vista contrastanti, nonché ricercare i principi comuni nelle posizioni della dottrina, pure estremamente differenziate, emerge che le distinzioni vertono essenzialmente sull'ambito di operatività dell'immunità funzionale dal punto di vista oggettivo, ossia dal punto di vista della tipologia e delle caratteristiche degli atti contestati agli agenti stranieri.

Consensi si riscontrano, invece, sulla circostanza per cui la regola, dal punto di vista soggettivo, non conosce eccezioni, dal momento che qualunque individuo-organo che agisca nell'esercizio di funzioni ufficiali gode dell'immunità: sia laddove esso appartenga al potere esecutivo, legislativo o giudiziario, sia laddove esso appartenga all'apparato centrale o alle strutture decentrate dello Stato.

Analoga constatazione emerge se si analizzano i limiti alla regola dal punto di vista temporale: nessun dubbio sul fatto che l'immunità funzionale, laddove riconosciuta, sia illimitata nel tempo. L'agente che abbia compiuto un determinato atto illecito nell'esercizio di un incarico ufficiale non potrà essere chiamato a risponderne né durante il periodo della carica, né successivamente allo scadere del mandato.

3.2. *I limiti (oggettivi) alla regola dell'immunità funzionale.*

L'immunità funzionale, garantita agli agenti di Stati stranieri, incontra alcuni limiti in relazione: (i) al compimento di determinati illeciti, la cui punibilità ad opera dei tribunali interni è espressamente sancita in apposite convenzioni internazionali, nonché (ii) alle attività poste in essere dagli individui-organi nell'ambito di missioni non autorizzate, ossia non previamente concordate tra lo Stato di appartenenza e lo Stato territoriale. Maggiormente discussa è la possibilità di ritenere superata l'immunità funzionale in un'ultima categoria di ipotesi, ossia (iii) con riferimento alla commissione di crimini internazionali (su cui v. *infra*, Cap. X, par. 6.1).

In relazione alla prima eccezione, preme rilevare che nessun dubbio può essere avanzato sulla circostanza per cui la regola consuetudinaria sull'immunità funzionale cede il passo di fronte a norme pattizie le quali, espressamente, sanciscano la giurisdizione dei tribunali interni su determinati crimini, anche laddove gli autori rivestano la qualifica di pubblici ufficiali ed abbiano agito nell'ambito delle mansioni loro affidate da uno Stato estero.

Le regole sull'immunità non rappresentano, infatti, disposizioni di *jus cogens*; esse hanno carattere flessibile e possono essere derogate da una regolamentazione pattizia divergente (v. *supra*, Cap. II, par. 10.1). Un esempio: la Convenzione per la prevenzione e la repressione del delitto di genocidio, firmata a New York il 9 dicembre 1948, stabilisce che gli autori di genocidio vengono sottoposti alla giurisdizione dei tribunali interni dei paesi contraenti

> «sia che rivestano la qualità di governanti costituzionalmente responsabili o che siano funzionari pubblici o individui privati» (art. 4).

Occorre ricordare che la derogabilità della regola dell'immunità funzionale è espressamente prevista non solo con riferimento alla giurisdizione delle corti statali, ma anche con riferimento ai tribunali penali internazionali, i cui Statuti consentono di perseguire gli autori di determinati crimini, nonostante la loro qualifica di pubblici ufficiali (v. *infra*, Cap. X, par. 6.1). In merito, basti fare riferimento all'art. 27 dello Statuto della Corte penale internazionale, il quale recita:

> «il presente Statuto si applica a tutte le persone, senza alcuna distinzione basata sulla loro qualifica ufficiale ... Immunità o norme procedurali speciali inerenti alla posizione ufficiale di una persona, sia secondo il diritto nazionale che internazionale, non impediscono alla Corte di esercitare la sua giurisdizione su tale persona».

Oltre all'ipotesi di norme internazionali espressamente derogatorie della consuetudine sull'immunità funzionale, esistono altri casi in cui agenti statali che abbiano agito su mandato dello Stato di appartenenza possono essere sottoposti a giudizio da parte di tribunali stranieri: si fa riferimento allo svolgimento di missioni non autorizzate.

In particolare, non sembra possa essere disconosciuta l'immunità agli agenti che commettano un illecito (civile o penale) nell'esercizio di un mandato ufficiale se l'attività contestata sia stata compiuta nello Stato di appartenenza ovvero, all'estero durante lo svolgimento di una missione autorizzata: l'assunto è largamente condiviso in dottrina e confermato dalla prassi e dalla giurisprudenza. In tali casi viene, comunemente, garantita quell'immunità dalla giurisdizione che discende dal giudicare responsabile degli atti compiuti non l'individuo-organo, ma lo Stato per il quale svolge il mandato.

In detta prospettiva, rappresenterebbe una conferma della regola generale anche la consuetudine, espressamente codificata nell'ambito della Convenzione di Vienna del 1961, che garantisce l'immunità funzionale agli agenti diplomatici (art. 31). L'attività dei diplomatici è, infatti, per definizione, espressamente autorizzata: questi sono deputati a rappresentare lo Stato di appartenenza nell'ambito dello Stato ospitante, che consente lo stabilimento della missione ed esprime il "gradimento" sulla persona del suo responsabile (art. 4 della Convenzione di Vienna).

Per contro, in relazione alle attività compiute all'estero, senza previa autorizzazione dello Stato territoriale, si rinviene una prassi non uniforme: a fronte di tribunali che riconoscono l'immunità funzionale, si pongono decisioni che detta immunità negano, arrivando a pronunciare la condanna degli agenti stranieri, giudicati personalmente responsabili degli illeciti compiuti su incarico dello Stato di appartenenza. Basti pensare ai numerosi casi di raid aerei, intrusioni terrestri e violazioni degli spazi marini ad opera di militari stranieri. Le decisioni dei tribunali appartenenti ai paesi la cui sovranità è stata violata si presentano estremamente variegate e assumono posizioni discordi in ordine al riconoscimento dell'immunità funzionale nei confronti degli autori dello sconfinamento.

Occorre riconoscere che, in linea di massima, i militari sono sottoposti esclusivamente a misure provvisorie, restrittive della libertà personale, e vengono liberati laddove la lite sia stata definita a livello internazionale, tra Stato del foro e Stato di loro appartenenza. In altri termini, i giudici interni, di regola, si attengono al principio dell'"assorbimento" della responsabilità individuale nell'ambito della responsabilità statale, evitando di punire l'agente tutte le volte in cui lo Stato di invio si sia espressamente assunto la responsabilità della missione. Ma il dato, per un verso, non è sorretto da una giurisprudenza uniforme, dal momento che si danno casi in cui l'agente straniero è stato condannato dai tribunali dello Stato territoriale, per altro verso, si riferisce ai soli casi in cui l'illecito interno contestato all'agente straniero (nel caso di specie lo sconfinamento) corrisponda all'illecito internazionale addebitabile allo Stato di appartenenza (ossia, la violazione della sovranità statale). Difatti, nel caso in cui l'individuo-organo si renda responsabile di un illecito distinto e ulteriore rispetto a quello addebitabile allo Stato di appartenenza, i giudici non sembrano seguire alcun principio di "assorbimento", sanzionando direttamente l'agente che ha compiuto l'illecito.

Caso emblematico, al riguardo, è quello della nave Rainbow Warrior, appartenente all'organizzazione ecologista Green Peace, affondata nel porto di Auckland, in Nuova Zelanda da due agenti dei servizi segreti francesi tramite il posizionamento di un ordigno che ha causato, tra l'altro, la morte di un fotografo olandese. Nel caso di specie, la corte di Auckland ha provveduto a giudicare e condannare, per danneggiamento e per omicidio colposo, gli agenti stranieri, senza riconoscere loro alcuna immunità funzionale; questo nonostante il governo francese si fosse espressamente addossato la responsabilità dell'azione, dichiarandosi pronto a risarcire i danni conseguenti alla violazione della sovranità neozelandese.

Le decisioni dei tribunali interni, e la prassi degli Stati, sembrano testimoniare l'assenza di una consuetudine tesa a garantire l'immunità funzionale agli individui-organi che abbiano compiuto missioni non autorizzate in territorio straniero, confermando la mancanza, al riguardo, tanto della *diuturnitas* quanto dell'*opinio juris*.

Maggiormente discussa è la possibilità di ritenere superata la regola dell'immunità nel caso in cui l'agente statale si renda autore di una particolare categoria di illeciti, ossia i c.d. *crimina juris gentium*. Si è già verificato che la commissione di un crimine internazionale comporta l'assoggettamento del suo autore alla giurisdizione delle corti interne (o internazionali) laddove l'impossibilità di invocare l'immunità funzionale sia, al riguardo, espressamente sancita nell'ambito di una norma internazionale, a carattere pattizio o meno. Si tratta, ora, di accertare se, anche laddove manchi una deroga espressa, sia comunque possibile disconoscere l'operatività della consuetudine relativa all'immunità funzionale nei confronti degli autori di crimini internazionali.

Al riguardo, è stato sostenuto che la norma sull'immunità dovrebbe, in tali casi, cedere il passo rispetto alla norma di *jus cogens* che tutela i diritti umani fondamentali; di modo tale che il pubblico ufficiale, compiendo un crimine internazionale, diverrebbe perseguibile da qualunque tribunale nazionale, senza poter invocare l'immunità funzionale (né la sua, eventuale, illegittima cattura in territorio straniero). Larga parte della dottrina concorda nel ritenere che, a fronte del compimento di un *crimen juris gentium* si è ormai affermata una norma consuetudinaria tesa ad attribuire "giurisdizione universale" a favore dei tribunali interni di tutti gli Stati appartenenti alla Comunità internazionale; e tale norma sarebbe destinata a prevalere sulle regole d'immunità. Tale orientamento è stato recentemente accolto dalla Corte di Cassazione italiana nella citata sentenza "Ferrini", laddove si è precisato in termini di assoluta certezza che «è ormai pacifico che, in presenza di crimini internazionali, l'immunità funzionale degli organi dello Stato estero non può essere invocata» (Cass., S.U., 11 marzo 2004, n. 5044, in *Riv. dir. int.*, 2004, 539).

Tale conclusione non appare così pacifica e coerente rispetto all'attuale stadio di evoluzione del diritto consuetudinario. Anche dando per scontato che la commissione di un crimine internazionale integri la violazione di una norma di *jus cogens* e realizzi un illecito nei confronti della generalità degli Stati (c.d. *erga omnes*), non sembra che questa sola circostanza determini la sua perseguibilità da parte di qualunque giurisdizione nazionale in deroga alle regole sull'immunità.

Per comprendere le ragioni della posizione sostenuta, basti pensare che, in caso contrario, qualunque tribunale statale che contesti ad un Capo di Stato straniero la commissione di un crimine contro l'umanità, sarebbe autorizzato a sottoporlo a giudizio, condannarlo e assoggettarlo a misure limitative della libertà personale; questo nonostante il Capo di Stato sia in carica e abbia commesso il reato nello svolgimento delle mansioni ufficiali.

Non stupisce, dunque, che la House of Lords, nella decisione c.d. Pinochet II, abbia negato la perseguibilità dell'*ex* dittatore cileno, sulla base del diritto consuetudinario, nonostante i reati contestati integrassero gli estremi dei c.d. crimini internazionali (House of Lords, 24 marzo 1999, cit.). La circostanza non ha determinato il pieno rigetto della richiesta d'estradizione avanzata dalla Spagna solo perché alcuni dei reati imputati a Pinochet consistevano in episodi di tortura nei confronti di cittadini spagnoli; e proprio in relazione a detto reato esiste un'espressa eccezione alla regola dell'immunità funzionale, contenuta nella Convenzione contro la tortura e altri trattamenti o punizioni crudeli inumani o degradanti, firmata a New York il 18 dicembre 1984, in vigore tra tutti i paesi interessati alla vicenda (ossia Spagna, quale paese che chiedeva l'estradizione del generale Pinochet, Gran Bretagna, quale paese in cui il generale si trovava e Cile, Stato di cui il generale era stato Presidente al tempo della commissione degli illeciti contestati dalla magistratura spagnola). Nell'ambito della Convenzione si stabilisce la perseguibilità del crimine di tortura anche «quando tali dolori o sofferenze sono inflitti da un pubblico ufficiale o qualsiasi altra persona che eserciti funzioni ufficiali, o su sua istigazione o con il suo consenso o la sua acquiescenza espressa o tacita».

Sul punto, estremamente chiara è la posizione della Corte inglese, secondo quanto risulta dalla *major opinion* di Lord Browne-Wilkinson; in questa si precisa che, prima dell'entrata in vigore della Convenzione di New York nel 1984, non era possibile perseguire un individuo-organo straniero che avesse commesso atti di tortura nell'esercizio delle funzioni; in particolare, nella decisione si nega che

«prima dell'entrata in vigore della Convenzione sulla tortura, l'esistenza del crimine internazionale di tortura come norma di *jus cogens* fosse sufficiente per giustificare la conclusione secondo la quale l'organizzazione di una tortura di Stato impedisce di qualificare l'atto, ai fini dell'immunità, come compimento di una funzione ufficiale. In quella fase non c'erano tribunali internazionali per punire la tortura e non c'era neppure una giurisdizione universale che consentisse o imponesse la sua punizione di fronte alle corti nazionali. ... Ma, a mio giudizio, la convenzione sulla tortura ha fornito ciò che mancava: una giurisdizione universale» (House of Lords, 24 marzo 1999, cit.).

La medesima posizione sembra, di recente, ribadita dalla Corte internazionale di giustizia che ha negato l'esistenza di una consuetudine capace di derogare le regole sull'immunità nel caso in cui un soggetto sia indagato per la commissione di un crimine internazionale. Nel caso di specie, si è verificata la possibilità, per i tribunali del Belgio, di esercitare la propria giurisdizione nei confronti del Ministro degli esteri congolese, sospettato di aver commesso *crimina juris gentium*. Al riguardo, la Corte, dopo aver

«esaminato con attenzione la prassi degli Stati, comprese le legislazioni nazionali e quelle poche decisioni delle più alte corti nazionali, quali la Camera dei Lord o la Corte di cassazione francese, ... non ha potuto dedurre che esiste, nel diritto internazionale consuetudinario, una qualche eccezione alla regola che accorda l'immunità dalla giurisdizione penale e l'inviolabilità ai Ministri per gli affari esteri in carica, laddove siano sospettati di aver commesso crimini di guerra o crimini contro l'umanità» (CIG, 14 febbraio 2002, *Mandato d'arresto dell'11 aprile 2000*, Repubblica democratica del Congo c. Belgio, in *C.I.J., Recueil*, 2002, 3, par. 58).

La Corte prosegue osservando che non è possibile arrivare ad una conclusione differente prendendo in considerazione la giurisdizione spettante ai tribunali penali internazionali, che possono perseguire anche i pubblici ufficiali in carica laddove commettano crimini internazionali (su cui v. *infra*, Cap. X, par. 6.1). I tribunali possono, infatti, vantare una giurisdizione che non si arresta di fronte alle immunità normalmente garantite agli individui-organi, dal momento che, nell'ambito dei relativi statuti, sono contenute apposite norme che attribuiscono loro *espressamente* una competenza che supera e deroga le norme sull'immunità.

Cosa del tutto differente è affermare che la commissione di un crimine internazionale attribuisce una giurisdizione universale alle corti interne di un qualunque Stato, impedendo di invocare le regole sull'immunità. Al riguardo, la Corte internazionale di giustizia

«ha esaminato le regole relative all'immunità o alla responsabilità penale delle persone che hanno un incarico ufficiale, contenute negli strumenti giuridici che hanno creato i tribunali penali internazionali ... Essa ritiene che queste regole non le permettono di concludere che nel diritto internazionale consuetudinario esiste una qualunque eccezione (*all'operatività delle regole sull'immunità*) in relazione alle corti nazionali» (CIG, 14 febbraio 2002, *Mandato d'arresto dell'11 aprile 2000*, cit., par. 58, corsivo aggiunto).

3.3. La dottrina dell'Act of State.

Al risultato di escludere l'esercizio della giurisdizione nei confronti degli Stati e degli organi esteri, nei paesi di *common law* si giunge anche attraverso l'impiego della dottrina dell'atto di Stato secondo la quale il potere giudiziario non è competente a valutare la legittimità degli atti stranieri in cui si sostanzia l'esercizio di funzioni sovrane.

Quando il giudice di un paese anglosassone si trova a dover decidere una controversia per la cui soluzione abbia rilievo la valutazione della legittimità (interna o internazionale) di un atto pubblico straniero, esso applica la teoria dell'*Act of State*. L'istituto ha sostanzialmente carattere procedurale, configurando un'eccezione ai principi sull'esercizio della giurisdizione interna; in questo senso, la teoria dell'*Act of State* non sarebbe altro che una specificazione della dottrina della *political question* che sottrae alla competenza delle corti statali le valutazioni sugli atti squisitamente politici, di pertinenza dell'esecutivo.

Alla sua origine, la dottrina dell'*Act of State* si fa risalire ai principi della *comitas* e alle regole internazionali relative al divieto di ingerenza negli affari interni, che impediscono ai tribunali interni di valutare la legittimità di atti posti in essere dallo Stato straniero (o da un suo agente) nell'ambito delle prerogative sovrane. In particolare, la giurisprudenza più risalente riporta espressamente la dottrina all'obbligo di rispettare l'indipendenza degli Stati stranieri, comprendendo in esso il dovere delle corti nazionali di astenersi dal valutare la legittimità degli atti di uno Stato straniero, compiuti all'estero.

Successivamente, però, la dottrina dell'*Act of State* perde le connotazioni originarie per venire inquadrata non più nell'ambito del diritto internazionale, ma del diritto costituzionale. In essa si vede una sorta di limitazione del potere giudiziario derivante dal principio della separazione tra i poteri interni allo Stato: l'apparato giudiziario non è competente a giudicare la legittimità di un atto di Stato straniero perché non è competente ad agire nella sfera delle relazioni internazionali, di pertinenza dell'esecutivo.

La tendenza attuale è, comunque, nel senso di un'applicazione sempre più restrittiva della regola, al fine di consentire ai giudici interni di valutare l'eventuale illegittimità degli atti pubblici stranieri. Ed è proprio l'analisi delle limitazioni che la dottrina incontra a suggerirne un riavvicinamento alle regole dell'immunità statale.

In primo luogo, la dottrina dell'atto di Stato, per sua stessa definizione, impedisce alle corti interne di giudicare la legittimità di atti sovrani, attraverso i quali si manifesta la potestà di imperio degli Stati stranieri. Analogamente a quanto stabilito dalle norme sull'immunità statale, nessun limite è posto ai tribunali nazionali quando si tratta di giudicare liti in cui siano coinvolte attività privatistiche attribuibili a Stati o ad agenti stranieri, senza coinvolgere l'esercizio di una funzione pubblicistica.

Inoltre, la dottrina dell'*Act of State* non viene applicata quando il giudizio sia instaurato su domanda (oltre che degli organi del potere esecutivo, cui spetta la gestione della politica internazionale) dello Stato straniero di appartenenza dell'agente cui si contesta la commissione dell'illecito. Anche in tale prospettiva si riscontra una corrispondenza con la regola dell'immunità, sempre rinunciabile da parte dello Stato che ne gode, sia quando venga chiamato in giudizio personalmente, sia quando il convenuto venga identificato con un proprio agente.

In terzo luogo, le corti anglo-americane non si dichiarano incompetenti laddove si dia una legge interna o una convenzione internazionale che espressamente stabilisca la possibilità di perseguire determinati atti, quand'anche compiuti da organi statali nell'esercizio delle loro funzioni. Inoltre, si discute se l'applicazione della dottrina sia destinata a cedere davanti ad una violazione grave di una norma internazionale, certa nella sua definizione e di importanza fondamentale (in particolare, nel caso in cui l'atto di Stato sia compiuto in grave violazione dei diritti umani).

Dall'analisi delle limitazioni poste alla dottrina dell'atto di Stato emerge che le eccezioni alla sua applicazione oltre ad essere sempre più numerose, vanno, almeno in parte, a coincidere con le eccezioni relative all'immunità dalla giurisdizione, in particolare con le regole che pongono i limiti oggettivi all'applicazione dell'immunità statale e funzionale.

A fronte della presente analisi, non stupisce che la Suprema Corte inglese abbia sottolineato come l'immunità statale

> «data la portata e la *ratio*, è molto simile a, e può essere non distinguibile da, alcuni aspetti della dottrina anglo-americana dell'atto di Stato. Secondo quanto si può capire in ordine alla loro differenza, l'immunità dello Stato è una creazione del diritto internazionale e funziona come una eccezione di difetto di giurisdizione della corte nazionale, mentre la dottrina dell'atto di Stato è una regola di diritto interno che ritiene la corte nazionale incompetente a giudicare sulla legittimità degli atti sovrani di uno Stato straniero» (Lord Millet, House of Lords, 24 marzo 1999, cit.).

4.1. *L'immunità personale.*

La terza tipologia di immunità statale è rappresentata dall'immunità *ratione personae*, che spetta a taluni individui-organi dello Stato in relazione agli atti compiuti al di fuori dei propri incarichi ufficiali. I soggetti che ne godono possono fruire di un'esenzione pressoché totale dalla giurisdizione degli Stati stranieri, dal momento che quando agiscono nell'ambito del proprio mandato sono garantiti dall'immunità funzionale, mentre quando operano come privati godono, appunto, dell'immunità personale. Questo purché appartengano ad uno Stato, così come definito dal diritto internazionale, ossia agiscano per conto di esso (nel caso dell'immunità funzionale) o ne rappresentino le più alte autorità in materia di politica estera (nel caso dell'immunità personale). Proprio a causa della carenza – o meglio dell'incertezza sull'esistenza – del requisito della personalità giuridica internazionale in capo allo Stato di appartenenza, la Cassazione ha negato l'immunità dalla giurisdizione italiana al capo del Governo – già Presidente della Repubblica – del Montenegro con riguardo alle accuse di associazione per delinquere finalizzata al contrabbando di tabacchi lavorati esteri, sulla base del ragionamento per cui

> «in tema di immunità previste dal diritto internazionale, poiché alla Repubblica del Montenegro non spetta, nell'ambito della comunità internazionale, la qualifica di Stato sovrano e di soggetto autonomo e indipendente (che fa capo solo allo Stato Unione di Serbia e Montenegro), il Presidente della Repubblica e il Capo del Governo del Montenegro non godono delle immunità dalla giurisdizione penale italiana riconosciute ai capi di Stato e di governo e ai Ministri degli esteri degli Stati sovrani e soggetti di diritto internazionale» (Cass. pen., sez. III, 17 settembre 2004, n. 49666, in *Riv. dir. int. priv. proc.*, 2005, 783).

L'immunità personale non è, infatti, una prerogativa attribuita ad un determinato soggetto al fine di garantirlo nelle proprie posizioni soggettive, ma rappresenta uno strumento necessario al fine di consentire la piena esplicazione delle funzioni assegnategli dallo Stato di appartenenza. Tanto è vero che spetterà esclusivamente a detto Stato decidere in ordine all'eventuale rinuncia all'immunità personale, senza che nessun rilievo assuma al riguardo la volontà positiva o negativa del funzionario interessato.

In relazione alle caratteristiche dell'immunità in esame, essa si presenta come una prerogativa soggettivamente, oggettivamente e temporalmente limitata.

Per quanto riguarda il primo aspetto, l'immunità personale spetta solo a determinati soggetti, ossia i diplomatici, i Capi di Stato e di Governo, nonché i Ministri degli esteri.

Con riferimento ai diplomatici, la regola è espressamente codificata nell'ambito della Convenzione di Vienna del 1961, ritenuta, sul punto, perfettamente corrispondente al diritto internazionale consuetudinario.

Riguardo l'estensione dell'immunità personale anche agli altri soggetti indicati, in alcuni paesi questo è espressamente previsto attraverso disposizioni interne. Ad esempio, l'art. 20 dello State Immunity Act britannico del 1978, stabilisce che le immunità garantite ai diplomatici si applicano anche al Sovrano o ad altro Capo di Stato estero. Ma, a prescindere dalla previsione di una specifica estensione delle regole codificate nella Convenzione di Vienna del 1961, il godimento delle immunità personali anche da parte di Capi di Stato e di Governo, nonché dei Ministri degli esteri è affermato dal diritto internazionale consuetudinario:

> «nel diritto internazionale è stabilito saldamente che, come gli agenti diplomatici e consolari, anche determinati soggetti che detengono incarichi di alto rilievo in uno Stato, quali Capo di Stato, Capo di governo e Ministro per gli affari esteri, godono dell'immunità dalla giurisdizione negli altri Stati, sia civile che penale» (CIG, 14 febbraio 2002, *Mandato d'arresto dell'11 aprile 2000*, cit., par. 51).

Per quanto riguarda l'identificazione dei limiti di carattere oggettivo, occorre ricordare che l'immunità personale si distingue da quella funzionale perché copre l'agente che operi al di fuori delle proprie funzioni ufficiali. Detta immunità è assoluta per quanto riguarda la giurisdizione penale: il soggetto che ne gode, a fronte del compimento di qualunque reato, non può essere chiamato in giudizio. L'unica reazione legittima che può porre in essere lo Stato del foro è intimare al soggetto immune l'allontanamento dal paese.

Con riferimento alla giurisdizione civile, invece, esistono delle eccezioni, ossia il diplomatico, così come il Capo di Stato e di Governo e il Ministro degli esteri, può essere citato in giudizio davanti a tribunali stranieri in relazione a: (i) azioni reali riguardanti immobili situati nello Stato del foro; (ii) controversie relative ad una successione nella quale il diplomatico risulti essere erede, legatario, amministratore o esecutore testamentario; (iii) cause inerenti ad attività professionali o commerciali esercitate dal diplomatico al di fuori delle funzioni ufficiali; (iv) domande riconvenzionali presentate nell'ambito di azioni promosse dall'agente diplomatico (art. 31 della Convenzione di Vienna).

Al di fuori dei casi elencati è destinata a valere l'immunità personale, che rappresenta un vero e proprio impedimento all'esercizio della potestà giurisdizionale nei confronti degli agenti stranieri, responsabili di illeciti civili e penali. Questo non vuole significare che l'agente è immune o esente dal rispetto delle norme materiali vigenti nel foro: semplicemente è impossibile perseguirlo, giudicarlo e condannarlo per gli atti commessi.

In tal senso si parla di un'immunità giurisdizionale o procedurale. Come recentemente chiarito dalla Corte internazionale di giustizia, infatti, l'immunità dalla giurisdizione degli agenti statali

> «non significa impunità rispetto a tutti i reati che potrebbero commettere, indipendentemente dalla loro gravità. Immunità dalla giurisdizione penale e responsabilità penale personale sono concetti distinti. Mentre l'immunità dalla giurisdizione ha natura processuale, la responsabilità penale è una questione relativa alla legge sostanziale. L'immunità giurisdizionale può impedire lo svolgimento del processo per un determinato periodo o per determinati reati; non può esonerare la persona al quale si applica dalla responsabilità penale» (CIG, 14 febbraio 2002, *Mandato d'arresto dell'11 aprile 2000*, cit., par. 60).

Testimonianza di quanto affermato è fornita dalla possibilità di perseguire l'agente straniero una volta che sia cessato il suo mandato. L'immunità personale è, infatti, temporalmente limitata nel senso che spetta a diplomatici, Capi di Stato e di Governo e Ministri degli esteri, esclusivamente durante il loro permanere nella carica. Al riguardo, l'art. 39 della Convenzione di Vienna precisa che

> «quando le funzioni di una persona beneficiaria dei privilegi e delle immunità vengono a cessare, tali privilegi e immunità cessano, normalmente nel momento in cui questa persona lascia il paese, o allo scadere di un termine ragionevole che le sarà stato fissato a tal fine, ma sussistono fino a quel momento, anche in caso di conflitto armato».

4.2. L'inviolabilità personale.

Occorre ricordare che i diplomatici, così come i Capi di Stato e di Governo e i Ministri degli esteri, godono oltre che dell'immunità dalla giurisdizione anche della c.d. inviolabilità personale, per garantire la quale gli Stati ospitanti sono gravati da precisi obblighi di fare e di non fare. Per quanto riguarda quest'ultimo aspetto, l'inviolabilità impedisce agli Stati stranieri di assoggettare i diplomatici a misure repressive e coercitive che, in qualunque modo, limitino la loro libertà personale. Sul fronte degli obblighi di fare, invece, gli Stati ospitanti hanno un obbligo speciale di protezione delle persone che godono dell'inviolabilità.

Detti obblighi, codificati nell'ambito della Convenzione di Vienna del 1961, rappresentano principi fondamentali del diritto internazionale, come espressamente affermato dalla Corte internazionale di giustizia:

> «il carattere fondamentale del principio dell'inviolabilità è fortemente sottolineato dalle disposizioni degli artt. 44 e 45 della Convenzione del 1961 ... Anche in caso di conflitto armato o in caso di rottura delle relazioni diplomatiche queste disposizioni richiedono che nel diritto internazionale consuetudinario debba essere rispettata dallo Stato ricevente l'inviolabilità sia dei membri della missione diplomatica sia dei locali, dei beni e degli archivi della missione» (CIG, 24 maggio 1980, *Personale diplomatico e consolare degli Stati Uniti a Teheran*, Stati Uniti c. Iran, in *C.I.J., Recueil*, 1980, 3, par. 86).

Il fatto che l'inviolabilità, così come l'immunità personale, spetti a soggetti ulteriori rispetto ai diplomatici, è testimoniato dalla recente decisione della Corte internazionale di giustizia nella quale si è affermata l'inviolabilità del Ministro degli affari esteri, con un ragionamento che, a maggior ragione vale per il Capo di Stato e di Governo:

> «le funzioni di un Ministro per gli affari esteri sono tali che, per tutta la durata del suo ufficio, esso quando si trova all'estero gode dell'immunità assoluta dalla giurisdizione penale e dell'inviolabilità. Quell'immunità e quell'inviolabilità proteggono detta persona contro ogni atto di autorità di un altro Stato che lo ostacolerebbe nell'esercizio del proprio incarico. A tale riguardo, nessuna distinzione può essere effettuata fra gli atti posti in essere da un Ministro per gli affari esteri in veste "ufficiale" e quelli che si assume siano posti in essere in veste "privata", o, per quest'ultima categoria, fra gli atti posti in essere prima che la persona assumesse l'incarico di Ministro per gli affari esteri e gli atti posti in essere durante il tempo della carica» (CIG, 14 febbraio 2002, *Mandato d'arresto dell'11 aprile 2000*, cit., parr. 54 e 55).

Occorre ricordare che l'inviolabilità personale spetta anche ai consoli, secondo quanto espressamente disposto nella Convenzione di Vienna del 24 aprile 1963, anche se non viene loro garantita in forma assoluta. L'art. 41 della Convenzione, infatti, precisa che

> «i funzionari consolari non possono essere posti in stato di arresto o di detenzione preventiva, se non in caso di reato grave e a seguito di una decisione dell'autorità giudiziaria competente.
> 2. Ad eccezione del caso previsto nel paragrafo 1 del presente articolo, i funzionari

consolari non possono essere incarcerati né sottoposti ad alcun'altra forma di limitazione della loro liberà personale, se non in esecuzione di una decisione giudiziaria definitiva».

Se l'inviolabilità spetta non solo all'agente diplomatico e al console, ma anche al Capo di Stato e di Governo, nonché ai Ministri degli esteri, alcune prerogative riguardano esclusivamente le prime due categorie di agenti statali, ossia l'inviolabilità domiciliare e l'immunità fiscale.

L'inviolabilità domiciliare protegge da qualunque intrusione da parte dello Stato ospitante, sia i locali dell'ambasciata (e del consolato), sia quelli impiegati dal diplomatico per la sua abitazione privata. Così come l'inviolabilità personale, anche l'inviolabilità domiciliare si sostanzia in precisi obblighi positivi e negativi per lo Stato ospitante. Per quanto concerne gli obblighi di astensione, occorre ricordare che i locali della missione (e del consolato), nonché quelli in cui il diplomatico fissa la propria dimora privata sono "inviolabili" da parte dello Stato accreditatario e dei suoi agenti, che non sono legittimati ad entrarvi se non previo consenso dell'agente diplomatico. Ancora, i locali indicati, con tutti i beni mobili che si trovano al loro interno, non possono formare oggetto di perquisizione, sequestro o altra misura esecutiva.

Sul fronte degli obblighi di fare, invece, allo Stato accreditatario spetta uno speciale obbligo di protezione dei locali, al fine di impedire che essi siano invasi o danneggiati ovvero, in qualunque modo, sia turbata la pace della missione diplomatica (e consolare), in maniera da impedirne la corretta esplicazione.

Relativamente all'immunità fiscale, invece, essa copre essenzialmente le imposte personali dirette.

5.1. *L'immunità dei soggetti diversi dagli Stati: Ordine di Malta e Santa Sede.*

L'identificazione delle regole sull'immunità dalla giurisdizione è divenuta, oggigiorno, ancor più complessa a fronte della comparsa sulla scena internazionale di nuovi soggetti, diversi dagli Stati ma pur sempre dotati di personalità giuridica. Al riguardo occorre chiedersi se la soggettività di cui tali soggetti godono comporti necessariamente il riconoscimento, a loro favore, di immunità e privilegi analoghi a quelle esistenti in relazione agli Stati.

Il riconoscimento di immunità, anche se non del tutto assimilabili a quelle statali, sembra consolidato in relazione a quei soggetti che, pur differenti dagli Stati, nell'ordinamento italiano godono di una speciale rilevanza, in ragione "delle funzioni esercitate e del ruolo loro riconosciuto nella storia delle relazioni internazionali": si pensi al Sovrano Ordine Militare di Malta e alla Santa Sede (v. *supra*, Cap. I, parr. 6.1 e 6.2).

Per quanto riguarda la posizione dell'Ordine di Malta, basti fare riferimento a quanto recentemente affermato dalla Cassazione:

«la giurisprudenza di questa Corte è costante nel riconoscere la posizione di soggetto di diritto internazionale mantenuta nell'ordinamento giuridico italiano dal Sovrano Militare Ordine di Malta, con la conseguente immunità dalla giurisdizione del giudice italiano; immunità che si estende anche a quegli enti di diritto pubblico, parimenti dotati di soggettività internazionale (come l'ACISMOM), attraverso i quali l'Ordine melitense persegue le sue finalità istituzionali e pubblicistiche. Ove tale esenzione dalla giurisdizione nazionale non venisse riconosciuta, al giudice italiano sarebbero indebitamente consentiti un'indagine ed un sindacato sull'assetto organizzativo dell'ente e sulle modalità con le quali esercita le sue funzioni istituzionali, a nulla rilevando che la correlata attività si svolga con strumenti privatistici, dal momento che di questa natura sono normalmente gli atti che vengono posti in essere» (Cass., S.U., 18 marzo 1999, n. 150, in *Riv. dir. int. priv. e proc.*, 2000, 789).

Anche la Santa Sede ha tradizionalmente gode di immunità analoghe a quelle degli Stati, sia come soggetto considerato nella sua interezza, sia in relazione agli enti centrali attraverso i quali esplica il suo mandato. A quest'ultimo riguardo, viene in considerazione l'art. 11 del Trattato del Laterano, secondo il quale «gli enti centrali della chiesa cattolica sono esenti da ogni ingerenza da parte dello Stato Italiano (salvo le disposizioni delle leggi italiane concernenti gli acquisti dei corpi morali), nonché dalla conversione nei riguardi di beni immobili».

L'articolo è stato a lungo giudicato, dalla giurisprudenza italiana, null'altro che una specificazione del principio di non ingerenza dello Stato italiano negli affari interni di un altro soggetto di diritto internazionale, dal momento che

«per obbligo di non "ingerenza" dello Stato italiano deve intendersi il dovere, internazionalmente assunto, di non esercitare le funzioni pubbliche della sovranità, comunque implicanti un intervento nell'organizzazione e nell'azione degli enti centrali della Chiesa cattolica, e fra queste la giurisdizione»; e detto obbligo di non ingerenza e di rispetto degli organi centrali di un altro soggetto di diritto internazionale è «insito *ex se* nei principi internazionali consuetudinariamente riconosciuti» (Cass. pen., Sez. V, 17 luglio 1987, n. 3932, in *Riv. dir. int.*, 1988, 216).

Detta impostazione è stata recentemente contraddetta dalla stessa Cassazione nel caso riguardante la richiesta di rinvio a giudizio dei responsabili della gestione e del funzionamento di Radio vaticana, accusati di diffondere radiazioni elettromagnetiche pericolose per la salute. Nella decisione, si è stabilito, in primo luogo, di individuare autonomi criteri per identificare gli "enti centrali" della Chiesa Cattolica, affermando che

«gli enti centrali sono organismi che costituiscono la Curia romana e provvedono al governo supremo, universale della Chiesa cattolica nello svolgimento della sua missione spirituale nel mondo. Un ente, sia pur dotato di personalità giuridica e di autonomia patrimoniale qual è la Radio Vaticana, creato nell'anno 1932 con funzione meramente strumentale di comunicazione al servizio del ministero della Chiesa, il cui messaggio evangelico soprattutto attraverso la parola del Sommo Pontefice diffonde nel mondo, non pare possa essere qualificato "Ente centrale" nel senso accennato» (Cass. pen., Sez. I, 21 maggio 2003, n. 22516, in *Riv. dir. int.*, 2003, 821).

Nella medesima decisione, poi, si è fornita una nuova lettura dell'art. 11 del Trattato del Laterano che nega validità dell'equazione «non ingerenza = immunità». In particolare, secondo le affermazioni della Cassazione, lo Stato italiano, pur assumendosi pattiziamente l'obbligo di non ingerenza,

> «ha conservato la propria sovranità nell'ordine temporale, in particolare non subendo limiti all'esercizio della giurisdizione penale per fatti illeciti i cui eventi si verifichino in territorio italiano e siano legati da rapporto di causalità con condotte poste in essere in territorio appartenente alla Santa Sede. Con la conseguente possibilità di tutela giurisdizionale (civile e penale) di diritti e interessi dei cittadini giuridicamente garantiti da norme ordinarie o costituzionali, lesi da soggetti il cui operato sia funzionalmente riferibile agli enti indicati dall'articolo 11 del Trattato lateranense (Cass. pen., Sez. I, 21 maggio 2003, n. 22516, in *Riv. dir. int.*, 2003, 821).

5.2. *(segue): le organizzazioni internazionali.*

Rilevanti questioni suscita l'accertamento delle immunità spettanti alle organizzazioni internazionali, le quali, come sottolineato (v. *supra*, Cap. I, parr. 7.1 e 7.2), godono della personalità giuridica internazionale purché risultino dotate, da un lato, di una struttura organizzativa adeguata a realizzare la missione definita nel trattato istitutivo e, dall'altro, di autonomia decisionale rispetto alle determinazioni degli Stati membri.

Il problema è particolarmente complesso e si rivela strettamente connesso proprio alla configurazione della soggettività internazionale di cui godono le organizzazioni. Quest'ultima non ricopre, infatti, un'ampiezza identica rispetto a quella attribuita agli Stati, essendo riconosciuta "entro limiti strettamente funzionali allo svolgimento della loro missione"; ed esclusivamente entro detti limiti sembra debbano riconoscersi anche i privilegi e le immunità spettanti alle organizzazioni.

In realtà la questione è, di regola, espressamente risolta tramite specifiche disposizioni incluse nell'ambito del trattato istitutivo, ovvero nell'ambito di accordi successivi che l'organizzazione concluda con gli Stati membri o con Stati terzi. Ma laddove dette previsioni manchino, occorre fare riferimento al diritto internazionale generale.

Nell'identificare lo stato del diritto consuetudinario, nel passato si è assistito al tentativo di estendere le regole sull'immunità degli Stati anche agli altri soggetti della Comunità internazionale, in particolare alle organizzazioni.

Oggi si propende, invece, per l'elaborazione di una regola autonoma, la quale non ricalca perfettamente quella relativa all'immunità statale, in nessuna delle tre sottocategorie in precedenza analizzate. In particolare, si effettua un parallelismo tra personalità giuridica e immunità: così come la personalità delle organizzazioni internazionali è riconosciuta entro limiti adeguati allo svolgimento della loro missione, allo stesso modo l'immunità dalla giurisdizione di cui esse godono è circoscritta a quanto necessario all'espletamento delle funzioni loro assegnate.

Tanto che si rintracciano decisioni in cui si nega ogni immunità alle organizzazioni internazionali, sulla base del ragionamento per cui

> «l'attribuzione ad una organizzazione internazionale non statale, nella convenzione ratificata, della capacità di concludere accordi con governi statali comporta il riconoscimento di una soggettività giuridica internazionale, ma non è sufficiente ad equipararla ad uno Stato estero, tanto da assicurarle l'immunità giurisdizionale alla stregua del principio "par in parem non habet jurisdictionem" recepito dall'art. 10 Cost., essendo invece necessario che tale immunità risulti, esplicitamente o implicitamente, dalle norme pattizie internazionali relative all'organizzazione medesima, ovvero da norme della legislazione nazionale» (Cass., S.U., 28 ottobre 2005, n. 20995, in *Riv. dir. int.*, 2006, 247, in relazione all'Istituto Universitario Europeo).

A ben vedere, peraltro, le decisioni in esame non negano l'esistenza di una norma consuetudinaria che riconosca l'immunità alle organizzazioni, quanto la sua riconducibilità e la sua sovrapponibilità alla regola che garantisce l'immunità agli Stati. Il principio è chiaramente espresso dalla Corte di Cassazione che, occupandosi di una controversia tra un cittadino italiano e il Quartier generale forze alleate del sud Europa, riconosce la sussistenza dell'immunità dell'organismo internazionale in quanto espressamente stabilito nell'ambito dell'art. 8 dell'Accordo bilaterale stipulato a Parigi il 26 luglio 1961 tra il Comando supremo alleato in Europa ed il Governo italiano. Nella medesima decisione la Corte precisa che, in ordine ricorrenza dell'immunità a favore del suddetto Comando, oltre al riferimento alle norme pattizie

> «ulteriore conferma è inoltre offerta dalla conformità della soluzione ai principi generali di diritto internazionale, che stabiliscono l'immunità dalla giurisdizione dello Stato ospitante per gli atti dell'ente internazionale ospitato, posto in essere nell'esercizio dei suoi istituzionali poteri, comprendenti anche l'organizzazione degli uffici e l'assunzione del relativo personale ... Se è infatti vero che, nella specie, la sussistenza di specifiche norme convenzionali rende inoperanti quei principi generali all'infuori dei presupposti e dei limiti segnati da tali norme ..., è tuttavia certo che queste ultime hanno in effetti recepito gli stessi principi, indubbiamente utili, dunque, ai fini dell'interpretazione di esse» (Cass., S.U., 13 luglio 1987, n. 6100, in *Foro it.*, 1988, I, 1135).

Dunque, la conclusione cui giunge la Corte di Cassazione sembra portare a ritenere che lo Stato ospitante un'organizzazione internazionale, a prescindere dalla conclusione di un accordo di sede che riconosca precise e specifiche immunità all'organizzazione stessa, deve garantire le immunità indispensabili al corretto esercizio dei relativi poteri istituzionali.

5.3. *L'immunità dei funzionari delle organizzazioni.*

Come sottolineato, allo stato attuale del diritto internazionale, non può affermarsi l'esistenza di una norma consuetudinaria che garantisca, alle organizzazioni internazionali, le medesime immunità di cui godono gli Stati. E, se l'organizzazione di appartenenza non può avvalersi di dette regole, a maggior ragione non possono invocare l'immunità i funzionari che la rappresentano.

Tanto è vero che si rintracciano prescrizioni convenzionali, in ordine alle immunità spettanti ai funzionari, nell'ambito dei trattati istitutivi delle organizzazioni internazionali, ovvero nell'ambito di trattati *ad hoc* che l'organizzazione conclude con gli Stati membri o con Stati terzi (in particolare, negli accordi di sede).

Un esempio per tutti: nell'ambito della Carta delle Nazioni Unite l'art. 105, secondo comma, si limita a stabilire che i funzionari ONU godono «dei privilegi e delle immunità necessari per l'esercizio indipendente delle loro funzioni inerenti all'Organizzazione». La disposizione è integrata da accordi specifici tra cui la Convenzione generale sui privilegi e le immunità delle Nazioni Unite del 1946, che garantisce, tra l'altro, la posizione dei rappresentanti degli Stati membri presso l'ONU nonché dei funzionari delle Nazioni Unite: essi godono dell'immunità dalla giurisdizione per gli atti compiuti nell'esercizio delle funzioni.

E detti privilegi ed immunità spettano non solo ai funzionari in senso stretto ma, secondo quanto espressamente previsto nell'ambito dell'art. 22 della Convenzione generale, anche agli «esperti che effettuano missioni per le Nazioni Unite».

A tale riguardo, la Corte internazionale di giustizia, ha fornito un'interpretazione estensiva della norma, affermando che

> «lo scopo dell'articolo 22 è evidente, vale a dire, permettere alle Nazioni Unite di affidare missioni alle persone che non hanno lo status di funzionario dell'Organizzazione e garantire loro "tali privilegi ed immunità come necessarie per l'esercizio indipendente delle loro funzioni". La Corte nota che in pratica, secondo le informazioni fornite dal Segretario generale, le Nazioni Unite hanno avuto occasione di affidare missioni – di natura sempre più diversa – a persone che non rivestono la qualifica di funzionario delle Nazioni Unite. A tali persone sono stati affidati compiti di mediazione, predisposizione di rapporti, preparazione di studi, compimento di indagini o individuazione e accertamento di fatti. Inoltre, all'interno dell'Organizzazione, sono stati istituiti molti comitati, commissioni o corpi simili cui i membri partecipano, non quali rappresentanti degli Stati, ma a titolo personale. In tutti questi casi, la prassi delle Nazioni Unite indica che le persone così designate ed in particolare i membri di questi comitati e commissioni, sono da considerare come esperti di missioni ai sensi dell'articolo 22» (CIG, 15 dicembre 1989, *Applicabilità dell'art. 22 della Convenzione sui privilegi e sulle immunità delle Nazioni Unite*, in *C.I.J., Recueil*, 1989, 177, parr. 47 e 48).

6.1. *Immunità giurisdizionale e diritto d'azione: la teoria della soddisfazione per equivalenti.*

I principi consuetudinari sull'immunità degli Stati, così come le norme pattizie contenute negli accordi istitutivi delle organizzazioni internazionali, assumono un rilievo determinante dal momento che garantiscono i diversi soggetti della scena internazionale dall'interferenza reciproca nella gestione dei propri affari interni.

Per questo motivo le immunità sono riconosciute e garantite anche a scapito dell'esercizio di prerogative sovrane dello Stato del foro. La stessa Corte costituzionale ha precisato che le deroghe alla giurisdizione italiana derivanti dall'esistenza di norme consuetudinarie in tema di immunità devono considerarsi come legittime in quanto necessarie a garantire istituti imprescindibili del diritto internazionale.

Dunque, le regole relative all'immunità dalla giurisdizione rappresentano norme fondamentali nel contesto delle relazioni internazionali, tali da giustificare anche il sacrificio di una prerogativa tipica della sovranità statale, quale l'esercizio della funzione giurisdizionale. Ma occorre considerare che detto sacrificio comporta la contestuale limitazione di un diritto fondamentale, garantito dalla Costituzione a tutti i soggetti privati: si fa riferimento al diritto di agire in giudizio per la difesa dei propri diritti e dei propri interessi, tutelato dall'art. 24 Cost. e il cui esercizio è, di fatto, impedito dall'esistenza delle regole sull'immunità.

Se la giurisprudenza più risalente sembra affermare la supremazia dei principi relativi all'immunità rispetto ai diritti dei singoli, destinati a soccombere di fronte alle particolari esigenze derivanti dalla struttura della Comunità internazionale, occorre dare atto di una posizione più evoluta che asserisce l'impossibilità di sacrificare i diritti dei singoli; questo vale anche qualora si intendano far valere regole primarie del diritto internazionale. Laddove si assista ad un contrasto tra regole sull'immunità e diritto individuale di azione, deve procedersi ad un loro contemperamento nel senso che la deroga alla giurisdizione nazionale è legittima esclusivamente nell'ipotesi in cui tale diritto possa essere soddisfatto "per equivalenti" all'esterno del foro. In altri termini, al singolo, impedito nell'esercizio del proprio diritto all'interno del foro, deve essere garantito l'accesso ad un organo giurisdizionale straniero, dotato di adeguate garanzie di imparzialità ed indipendenza, nonché capace di giudicare la lite osservando appropriate regole di procedura.

Dunque, l'immunità giurisdizionale non può derogare ma semplicemente determinare una sorta di affievolimento nella tutela del diritto di azione, il cui esercizio viene reso più difficoltoso in concreto. Un esempio significativo in tal senso è rappresentato dalla decisione della Corte di Cassazione, in cui si afferma espressamente che l'art. 24 Cost., pur non comportando un'inderogabilità assoluta della giurisdizione, stabilisce principi che

> «vanno contemperati con gli obblighi (reciproci) nascenti dai trattati e dalle consuetudini internazionali a difesa della sovranità» degli Stati stranieri. I problemi possono sorgere «nel momento in cui si valuta l'esistenza in concreto di un giudice chiamato a tutelare il diritto vantato dal soggetto interessato. La questione si pone con riferimento agli Stati esteri, in relazione ai quali, se non è possibile invocare la tutela giurisdizionale del giudice italiano, è sempre aperta la possibilità di far ricorso agli organi della giurisdizione interna dei predetti Stati. Si porrebbe nei confronti degli enti internazionali, che non hanno un proprio ordinamento giurisdizionale, se la tutela dei diritti dei loro dipendenti fosse rimessa ... alle decisioni assolutamente discrezionali del datore di lavoro» (Cass., S.U., 8 giugno 1994, n. 5565, in *Riv. dir. int. priv. e proc.*, 1995, 402).

Dunque, dalle affermazioni della Suprema Corte italiana discende che, in linea di principio, la tutela del diritto di azione spettante ai singoli è garantita nel caso in cui l'immunità spetti ad uno Stato (o ad un suo organo), dotato di tribunali capaci di accogliere i ricorsi individuali. Il problema si pone, invece, laddove si verta in tema di immunità spettanti alle organizzazioni internazionali, non necessariamente munite di un apparato giurisdizionale.

Nel caso di specie, peraltro, all'interno dell'organizzazione esisteva un'apposita commissione, competente a decidere i ricorsi proposti dai dipendenti contro le decisioni del Segretario Generale e del Consiglio di amministrazione, che si rivelassero contrarie alle condizioni di assunzione dell'interessato, alle disposizioni dello statuto dell'ente ovvero ai regolamenti applicabili. La Corte di Cassazione afferma che detta commissione, per la sua composizione e per le regole che ne sovrintendono il funzionamento, rappresenta un organo dotato di «indipendenza e di obiettività», e tanto

> «è sufficiente per garantire il principio supremo della tutela giurisdizionale, tutelato dall'art. 24 Cost., ... a nulla rilevando il fatto che tale commissione non sia composta di magistrati coperti da una guarentigia formale di indipendenza (requisiti questi che non sempre sussistono nemmeno negli ordinamenti giudiziari degli Stati esteri) né il fatto che si tratti di una sorta di "giudice privato", sprovvisto di poteri di imperio in ordine alla raccolta delle prove e all'esecuzione delle proprie decisioni» (Cass., S.U., 8 giugno 1994, n. 5565, cit.).

L'orientamento in esame sembra raggiungere un adeguato equilibrio tra norme internazionali e diritti individuali fondamentali; e la sua bontà, sul piano internazionale, è stata confermata dalla Corte di Strasburgo (su cui v. *infra*, Cap. X, par. 4.3) con riferimento all'art. 6 della Convenzione europea sui diritti dell'uomo, il quale garantisce ad ogni persona il «diritto ad un equo processo» e, in particolare, il diritto di azione. In relazione a tale articolo, la Corte europea ha precisato che

> «il diritto di accesso ai tribunali, riconosciuto dall'art. 6.1, non è assoluto: esso può essere sottoposto a limitazioni stabilite dagli Stati, che in materia godono di un margine di apprezzamento. Spetta alla Corte verificare il rispetto delle esigenze della Convenzione; essa deve accertare che tali limitazioni non pregiudichino la sostanza del diritto e che esse tendano ad uno scopo legittimo e siano proporzionate allo scopo perseguito ... La concessione dell'immunità dalla giurisdizione alle organizzazioni internazionali mediante gli accordi istitutivi o accordi addizionali costituisce da tempo una prassi destinata ad assicurare il buon funzionamento di tali organizzazioni ... Per determinare se l'immunità giurisdizionale sia ammissibile ai sensi della Convenzione occorre esaminare se sussistano per gli individui altre vie ragionevoli per proteggere efficacemente i propri diritti garantiti dalla Convenzione» (CEDU, 18 febbraio 1999, Waite e Kennedy c. Germania, in *Riv. dir. int.*, 2000, 168, parr. 59, 63 e 68).

Bibliografia essenziale

a) *Sulla sovranità territoriale e la "jurisdiction"*: G. BARILE, *I diritti assoluti nell'ordinamento internazionale*, Milano, 1951; M. GIULIANO, *I diritti e gli obblighi degli Stati*, I, *L'ambiente dell'attività degli Stati*, Padova, 1956, p. 43 ss.; F.A. MANN, *The Doctrine of*

Jurisdiction in International Law, in *Recueil des Cours*, t. 111, 1964, p. 1 ss.; ID., *The Doctrine of International Jurisdiction Revisited After Twenty Years*, in *Recueil des Cours*, t. 186, 1984, p. 9 ss.; R. LUZZATTO, *Stati stranieri e giurisdizione nazionale*, Milano, 1972, p. 21 ss.; P. PICONE, *L'applicazione extraterritoriale delle regole sulla concorrenza e il diritto internazionale*, in AA.VV., *Il fenomeno delle concentrazioni di imprese nel diritto interno e internazionale*, Padova, 1989, p. 81 ss.; A. BIANCHI, *L'applicazione extraterritoriale dei controlli all'esportazione*, Padova, 1995, p. 37 ss. Si veda anche il *Restatement (Third) of the Foreign Relations Law of the United States*, St. Paul Minn., 1987.

b) *Sull'immunità degli Stati:* L. VAN PRAAG, *Juridiction et droit international public. La juridiction nationale d'après le droit international public coutumier en temps de paix*, La Haye, 1915; R. QUADRI, *La giurisdizione sugli Stati stranieri*, Milano, 1941; M. PANEBIANCO, *Giurisdizione interna e immunità degli Stati stranieri*, Napoli, 1967; R. LUZZATTO, *Stati stranieri e giurisdizione nazionale*, cit.; L. SBOLCI, *Controversie di lavoro con Stati stranieri e diritto internazionale*, Milano, 1987; L.G. RADICATI DI BROZOLO, *La giurisdizione esecutiva e cautelare nei confronti degli Stati stranieri*, Milano, 1992; M. COSNARD, *La soumission des Etats aux tribunaux internes: face à la théorie des immunités des Etats*, Paris, 1996; I. PINGUEL-LENUZZA, *Les immunités des Etats en droit international*, Bruxelles, 1997; H. FOX, *The Law of State Immunity*, Oxford, 2004; E. BANKAS, *The State Immunity Controversy in International Law Private Suits Against Sovereign States in Domestic Courts*, New York, 2005; G. DELLA TORRE, C. MIRABELLI (a cura di), *Radio Vaticana e ordinamento italiano*, Torino, 2005; A. DICKINSON, R. LINDSAY, J. P. LOONAM, *State immunity, selected materials and commentary*, Oxford, 2004; E. SCISO, *La giurisdizione penale rispetto a fatti della Radio vaticana: non-ingerenza o immunità?*, in *Riv. Dir. Int.*, 2003, p. 774 ss.

c) *Sulla dottrina dell'Act of State:* W.H. MOORE, *Act of State in English Law*, London, 1906; M. ZANDER, *The act of State doctrine*, Washington, 1959; G. STROZZI, «*Atti di Stato» esteri e giurisdizioni di «common law»*, in *Comunicazioni e studi*, XII, 1966, p. 571 ss.; M. SINGER, *The Act of State Doctrine of the United Kingdom: an Analysis, with Comparisons to United States Practice*, in *Am. Journ. Int. Law*, 1981, p. 283 ss.; F.A. MANN, *Foreign Affairs in English Courts*, Oxford, 1986; T.M. FRANCK, *Political Questions/Judicial Answers – Does the Rules of Law Apply to Foreign Affairs?*, Princeton, 1992; STERN, *Immunités et doctrine de l'Act of State, Clunet*, 2006, p. 63.

d) *Sull'immunità degli agenti diplomatici e degli altri organi statali:* M. GIULIANO, *Le relazioni e immunità diplomatiche*, Milano, 1968; A. MIELE, *L'immunità giurisdizionale degli organi stranieri*, 2ª ed., Milano, 1961; A. TANZI, *L'immunità dalla giurisdizione degli agenti diplomatici*, Padova, 1991; F.J. QUEL LÒPEZ, *Los privilegios e inmunidades de los agentes diplomáticos en el Derecho Internacyonal y en la práctica española*, Madrid, 1993; J. SALMON, *Manuel de Droit Diplomatique*, Bruxelles, 1994; P. DE SENA, *Diritto internazionale e immunità funzionale degli organi statali*, Milano, 1996; E. DENZA, *Diplomatic Law: Commentary on the Vienna Convention on Diplomatic Relations*, 2ª ed., Oxford, 1998; D. WOODHOUSE (ed.), *The Pinochet Case. A Legal and Constitutional Analysis*, Oxford, 2001; P. GAETA, *Extraordinary reditions e immunità dalla giurisdizione penale degli agenti di Stati esteri: il caso Abu Omar*, in *Riv. dir. int.*, 2006, I, p. 176 ss.

e) *Sull'immunità delle organizzazioni internazionali:* J. DUFFAR, *Contribution à l'étude des privilèges et immunités des organisations internationales*, Paris, 1982; C. DOMINICÉ, *L'immunité de juridiction et d'exécution des organisations internationales*, in *Recueil des Cours*, t. 187, 1984, IV, p. 145 ss.; S. DE BELLIS, *Le immunità delle organizzazioni internazionali dalla giurisdizione*, Bari, 1992; P. BEKKER, *The Legal Position of Intergovernmental*

Organizations: A Functional Necessity Analysis of Their Legal Status and Immunities, Dordrecht, 1994; A.S. MULLER, *International Organizations and Their Host State. Aspects of Their Legal Relationship*, Dordrecht, 1995; A. REINISCH, *International Organizations before National Courts*, Cambridge-New York, 2000.

f) *Sui rapporti tra la regola dell'immunità e la commissione di crimini internazionali*: N. RONZITTI, *Crimini internazionali*, in *Enc. giur.*, IV *Agg.*, Roma, 1995; L.S. SUNGA, *The Emerging System of International Criminal Law. Developments*, in *Codification and Implementation*, The Hague-London-Boston, 1997; AA.VV., *Cooperazione tra Stati e giustizia penale internazionale*, Napoli, 1998; C. BASSIOUNI, *Crimes against Humanity*, in *International Criminal Law*, 2ª ed., The Hague-London-Boston, 1999; ID., *Le fonti e il contenuto del diritto penale internazionale. Un quadro teorico*, Milano, 1999; I. CARACCIOLO, *Dal diritto penale internazionale al diritto internazionale penale. Il rafforzamento delle garanzie giurisdizionali*, Napoli, 2000; E. GREPPI, *I crimini di guerra e contro l'umanità nel diritto internazionale*, Torino, 2001; U. LEANZA, M.C. CICIRIELLO, *Crimes internationaux et responsabilité individuelle*, Tessaloniki, 2001; M. HENZELIN, R. ROTH (par), *Le droit pénal à l'épreuve de l'internationalisation*, Paris-Genève-Bruxelles, 2002; G. GAJA, *Immunità squilibrate dalla giurisdizione penale in relazione all'intervento armato in Liberia*, in *Riv. dir. int.*, 2003, p. 762 ss.; A. GIANNELLI, *Crimini internazionali ed immunità degli Stati dalla giurisdizione nella sentenza Ferrini*, in *Riv. dir. int.*, 2004, p. 643 ss.

CAPITOLO VII

RISOLUZIONE PACIFICA E PREVENZIONE DELLE CONTROVERSIE INTERNAZIONALI

di Francesco Munari

Sommario: 1.1. Definizione delle controversie internazionali, loro natura e obbligo degli Stati di risolverle pacificamente. – 1.2. Sviluppi nel sistema di risoluzione delle controversie: erosione del volontarismo e nascita di fori specializzati. – 1.3. Globalizzazione, applicazione extraterritoriale del diritto interno e conseguenti tensioni nei rapporti internazionali. – 1.4. L'uso della forza per risolvere controversie inerenti a profili di sicurezza nazionale. – 2.1. I c.d. mezzi diplomatici di risoluzione delle controversie: il negoziato. – 2.2. Il rapporto tra il negoziato e gli altri mezzi di risoluzione pacifica delle controversie. – 2.3. L'obbligo di negoziare prima di agire in autotutela e l'obbligo di negoziare in buona fede. – 2.4. Negoziato e prevenzione delle controversie internazionali: i c.d. vertici. – 2.5. Prevenzione e risoluzione delle controversie all'interno delle organizzazioni internazionali regionali. – 3.1. Gli altri mezzi diplomatici: buoni uffici, mediazione, conciliazione e commissioni di inchiesta. – 3.2. I mezzi diplomatici per la risoluzione delle controversie previsti nel sistema delle Nazioni Unite. – 4.1. L'arbitrato: natura e caratteristiche. – 4.2. La Corte permanente di arbitrato. – 4.3. "Fortuna" dell'arbitrato e suoi vantaggi. – 4.4. (segue): la possibilità di impiegare l'arbitrato in controversie coinvolgenti anche "attori" diversi dagli Stati. Le principali esperienze invalse nella prassi. – 5.1. La Corte internazionale di giustizia: struttura e funzionamento. – 5.2. Funzioni della Corte internazionale di giustizia: la competenza consultiva. – 5.3. (segue): la funzione giurisdizionale. Le parti in giudizio e la loro legittimazione. – 5.4. Accettazione della giurisdizione della Corte internazionale di giustizia ad opera degli Stati: trattati, clausola compromissoria, clausole opzionali e altre fattispecie. Momento determinante l'insorgere della competenza della Corte. – 5.5. Assenza di un obbligo degli Stati di sottoporsi al giudizio della Corte internazionale di giustizia. Irrilevanza della competenza della Corte ai fini della responsabilità degli Stati. – 5.6. L'intervento di Stati terzi. – 5.7. Il giudizio dinanzi alla Corte. – 5.8. La competenza cautelare della Corte. – 5.9. Efficacia e ruolo prospettico della Corte internazionale di giustizia nel sistema di risoluzione delle controversie tra Stati. – 6.1. I Tribunali internazionali specializzati. – 6.2. La risoluzione delle controversie all'interno dell'OMC. – 6.3. Controversie OMC e interessi "sostanziali" in gioco: la partecipazione al giudizio di soggetti non statali.

1.1. *Definizione delle controversie internazionali, loro natura e obbligo degli Stati di risolverle pacificamente.*

Analogamente a qualsiasi altro ordinamento giuridico, anche nel diritto internazionale si è, nel tempo, sviluppato un sistema di risoluzione delle controversie: come efficacemente sintetizzato nel lontano precedente *Mavrommatis* della Corte permanente di giustizia internazionale, la controversia è un «*disaccordo su questioni di fatto o di diritto, o un conflitto di interessi o di punti di vista giuridici esistente tra due soggetti*» (CPGI, 30 agosto 1924, in *P.C.I.J., Collections*, Série A, n. 2, 1924, 11). La soluzione delle controversie internazionali, inizialmente fondata sull'uso della forza, ha subito profonde trasformazioni con l'affermarsi dell'obbligo degli Stati di

> «risolvere le loro controversie internazionali con mezzi pacifici, in maniera che la pace e la sicurezza internazionali, e la giustizia, non siano messe in pericolo» (art. 2.3 Carta N.U.).

Inoltre, secondo l'art. 33.1 della Carta N.U.,

> «le parti di una controversia, la cui continuazione sia suscettibile di mettere in pericolo il mantenimento della pace e della sicurezza internazionali, devono, anzitutto, perseguirne una soluzione mediante negoziati, inchiesta, mediazione, conciliazione, arbitrato, regolamento giudiziale, ricorso ad organizzazioni od accordi regionali, o altri mezzi pacifici di loro scelta».

Tale obbligo è stato rafforzato successivamente, ad esempio dalla nota *Dichiarazione relativa ai principi di diritto internazionale sulle relazioni amichevoli e la cooperazione tra Stati*, approvata dall'Assemblea Generale ONU con Risoluzione n. 2625 del 24 ottobre 1970 (in *Riv. dir. int.*, 1977, 282). Essa, tra l'altro, prevede che

> «gli Stati dovranno cercare una tempestiva e giusta risoluzione alle controversie tra loro insorte mediante [mezzi pacifici] ... Gli Stati parti di una controversia hanno l'obbligo, nel caso di fallimento di uno dei predetti mezzi, di continuare a cercare una composizione mediante altri mezzi da essi concordemente individuati. Gli Stati interessati da una lite, e anche altri Stati, si asterranno da atti che possano aggravare la situazione e mettere in pericolo il mantenimento della pace e della sicurezza internazionale».

Quest'obbligo tutto sommato recente (e in realtà non privo di eccezioni) di evitare l'uso della forza – e cioè della guerra – per risolvere controversie tra Stati, si inscrive tuttavia all'interno di un sistema dei rapporti internazionali che, come si è osservato (v. *supra*, Cap. I), tradizionalmente individua lo Stato come ente sovrano *superiorem non recognoscens*. Così, e a differenza degli ordinamenti interni, non esiste un potere "superiore" in grado di imporre a Stati tra i quali penda una controversia né il meccanismo per risolverla, né, tanto meno, i contenuti della sua eventuale risoluzione. Tanto che, come affermato nel caso dello *Status della Carelia Orientale*,

> «costituisce un principio acquisito nel diritto internazionale quello secondo cui nessuno Stato, senza il suo consenso, può essere obbligato a sottoporre le proprie controversie con altri Stati a mediazione, arbitrato, o qualsiasi altro meccanismo di risoluzione pacifica» (CPGI, 23 luglio 1923, in *P.C.I.J., Collections*, Série B, n. 5, 1923, 27).

D'altro canto, anche la citata *Dichiarazione* sulle relazioni amichevoli conferma che

> «le controversie internazionali saranno risolte sulla base dell'uguaglianza sovrana degli Stati e in conformità col principio della libera scelta dei mezzi di risoluzione. Il ricorso a,

o l'accettazione di, una determinata procedura liberamente concordata dagli Stati rispetto a controversie attuali o future non deve essere considerata come incompatibile con l'uguaglianza sovrana».

Si comprende, dunque, perché si è soliti definire il sistema di risoluzione delle controversie nel diritto internazionale come «totalmente rudimentale». In questa prospettiva, si è soliti altresì descrivere questo sistema come sostanzialmente volontaristico, e basato sulla tradizionale bipartizione tra mezzi diplomatici e mezzi arbitrali o giurisdizionali.

1.2. *Sviluppi nel sistema di risoluzione delle controversie: erosione del volontarismo e nascita di fori specializzati.*

L'impostazione poc'anzi ricordata appare tuttora in grado di rappresentare fedelmente il contesto di riferimento relativamente ai profili di cui trattasi. Essa, del resto, è anche coerente con una visione del diritto internazionale come diritto volto a individuare regole di coesistenza tra Stati. Nondimeno, l'evoluzione del diritto internazionale moderno ha investito anche – e pesantemente – il sistema di risoluzione delle controversie. Ciò, in particolare, conto tenuto sia dell'aumento dei soggetti e degli attori operanti nella sfera internazionale, sia dell'espandersi dell'ambito di operatività della nostra materia.

Sotto il primo profilo, va ricordato che la progressiva "privatizzazione" anche dei rapporti internazionali determina l'affacciarsi di importanti attori individuali (v. *supra*, Cap. I, par. 9.1), portatori di interessi rilevanti, spesso suscettibili di determinare controversie anche con Stati, e quindi implicanti la necessità di una loro composizione pacifica.

Sotto il secondo profilo, il volontarismo tipico del sistema di risoluzione delle controversie risulta in parte ridimensionato, da un lato, dal crescente condizionamento posto agli Stati dalla loro appartenenza ad una comunità "globale", e dalla necessità di accettarne un sistema di valori che comprende anche l'adesione a mezzi di risoluzione delle controversie basati su determinati principi; dall'altro lato, dalla diffusione di significativi mezzi di pressione che la Comunità internazionale – o i singoli Stati che la compongono – sono in grado di sviluppare al fine di indurre altri Stati a conformarsi al citato sistema di valori.

Tanto che, a ben vedere, la nozione di controversia internazionale, più che caratterizzarsi sotto il profilo soggettivo come un conflitto tra Stati, tende a identificarsi in misura crescente col disaccordo tra due o più soggetti o attori internazionali, la cui definizione presuppone l'interpretazione o l'applicazione di norme di diritto internazionale.

Questa evoluzione presenta, peraltro, conseguenze di rilievo: in primo luogo, a fronte di un tecnicismo e di un ambito di applicazione delle norme internazionali notevolmente cresciuto negli anni, si è rafforzata l'opportunità di devolvere a soggetti specificamente competenti l'eventuale risoluzione delle controversie internazionali. Numerosi tribunali internazionali sono stati quindi creati, con conseguente perdita di centralità degli organi giurisdizionali/arbitrali tradizionalmente riconosciuti come i "fori" competenti alla risoluzione pacifica delle controversie tra Stati. Ciò vale sia per la Corte permanente di arbitrato, istituita nel 1900, ma di fatto quasi inattiva dalla fine della seconda guerra mondiale, sia per la Corte internazionale di giustizia, delle quali comunque tratteremo anche in prosieguo (v. *infra*, parr. 4.1-4.4 e 5.1-5.9).

D'altronde, proprio l'aumento delle giurisdizioni internazionali – e quindi l'affievolimento dell'idea di un unico "Tribunale degli Stati", che necessariamente tende a farlo apparire come un soggetto posto ... al di sopra di essi – pare costituire un ulteriore incentivo nel senso dell'individuazione di meccanismi di risoluzione più strutturati e tecnici, quindi idonei a svolgere la propria attività senza il rischio che il ricorso ai medesimi possa determinare effetti di natura politica.

1.3. *Globalizzazione, applicazione extraterritoriale del diritto interno e conseguenti tensioni nei rapporti internazionali.*

Vi sono poi altri elementi operanti a favore dello sviluppo di "fori" internazionali. In particolare, la globalizzazione stimola necessariamente una domanda di risoluzione delle controversie implicanti profili di diritto internazionale o comunque inerenti a rapporti internazionali. Sotto questo profilo, o gli Stati sono in grado di costituire, a livello internazionale, "fori" competenti alla risoluzione di tali controversie, oppure è giocoforza che esse vengano gestite e risolte all'interno degli Stati, mediante il ricorso alle giurisdizioni nazionali. Le quali, peraltro, nella misura in cui comunque costituiscono l'espressione della sovranità, o del *potere*, di uno Stato nei confronti di altri Stati interessati dalla fattispecie di cui trattasi, comportano l'esercizio di misure unilaterali con portata extraterritoriale, non sempre gradite, ovvero non sempre adeguate per i limiti di efficacia spesso insiti in tali misure.

Emblematica, al riguardo, è la recente esperienza riguardante l'esercizio della giurisdizione penale nei confronti di (*ex*) capi di Stato sospettati di aver commesso crimini contro l'umanità, o comunque di aver violato diritti umani: l'inizio di azioni penali da parte di giudici nazionali nei confronti di (*ex*) capi di Stato o di governo stranieri (come è accaduto contro il generale Pinochet, e contro altri (*ex*) rappresentanti di Stati stranieri nei cui confronti sono state iniziate clamorose indagini in vari Stati), da un lato mette in crisi l'istituto delle immunità (v. *supra*, Cap. VI, par. 3.2), e può peraltro comportare conflitti di diritto internazionale tra lo Stato dinanzi ai cui tribunali l'azione penale è promossa, e quello di cittadinanza degli imputati; dall'altro lato, si rivela talora inutile, essendo tutt'altro che automatica l'attuazione concreta di provvedimenti giurisdizionali di uno Stato in altri Stati, specie ove tali provvedimenti vertano su profili ... politicamente sensibili.

1.4. *L'uso della forza per risolvere controversie inerenti a profili di sicurezza nazionale.*

L'evoluzione e l'aumento – in termini di numero e di complessità – dei sistemi pacifici di risoluzione delle controversie internazionali non sembra tuttavia valere per quelle che investono profili di sicurezza nazionale o minacciano la pace.

Con riguardo ad esse, non sfugge che, soprattutto di recente, il sistema stia evolvendo nel senso di comportare un più frequente ricorso all'uso della forza, e comunque un declino delle soluzioni implicanti attività giurisdizionali o arbitrali. Ciò è in parte dovuto all'emersione di obblighi *erga omnes* la cui violazione da parte di uno Stato fa sorgere la pretesa (o il diritto) di tutti gli altri di porvi fine; in parte, e anche in conseguenza di quanto sopra, all'espansione dell'attività del Consiglio di Sicurezza registratasi negli ultimi anni per quanto concerne le norme in tema di sicurezza collettiva, convincentemente qualificata come allargamento delle stesse competenze materiali dell'ONU. Tuttavia, il maggiore dinamismo che ha caratterizzato l'applicazione del Capitolo VII della Carta N.U. e il conseguente aumento di operazioni di *peace-keeping* o *peace-enforcing*, (v. *infra*, Cap. IX) in cui comunque protagonisti sono gli Stati, ha comportato anche una minore riluttanza degli Stati stessi ad impiegare la forza pure al di fuori del sistema ONU, al fine di risolvere controversie investenti questioni di sicurezza nazionale, minaccia alla pace o rivendicazioni territoriali. Al riguardo, gli esempi non mancano: basti pensare, in ordine di tempo, all'intervento armato per motivi umanitari degli Stati aderenti alla NATO contro la Serbia avvenuto nel 1999 per impedire *gross violations* dei diritti umani in Kosovo, all'attacco degli Stati Uniti e altri contro l'Afghanistan del 2001, o all'attacco anglo-americano in Iraq del 2003.

Si tratta, evidentemente, di un'involuzione molto grave nel sistema dei rapporti internazionali, tanto più perché spesso accompagnata non solo dalla violazione di diritti umani, ma anche dalla totale mancanza di rispetto delle regole di diritto internazionale bellico, ciò che determina ulteriori sofferenze alle popolazioni coinvolte, oltre a provocare derive non controllate a loro volta idonee a innescare ulteriori conflitti, nei quali comunque prosegue e spesso si incrementa l'uso della forza.

È vero che questi conflitti coesistono con lo svolgimento di attività diplomatiche, e cioè con un mezzo pacifico di risoluzione delle controversie. Nondimeno, e al di là degli esiti spesso poco concludenti dei negoziati diplomatici, questa tendenza appare gravemente criticabile, tanto più se si ha riguardo alla circostanza che, assai più che in passato, nell'attuale sistema globale sono molto forti i condizionamenti "pacifici" che la Comunità internazionale è in grado di esercitare nei confronti di singoli Stati per indurli a conformarsi al rispetto delle regole in coerenza col precetto contenuto nell'art. 2.3 della Carta N.U.

2.1. *I c.d. mezzi diplomatici di risoluzione delle controversie: il negoziato.*

Tra i metodi tradizionalmente impiegati per la risoluzione pacifica delle controversie, quelli di carattere diplomatico sono non solo i più antichi, ma anche quelli tuttora largamente utilizzati, spesso anche in parallelo ad altri.

Nella sostanza, coi mezzi diplomatici gli Stati (ovvero gli altri soggetti di diritto internazionale) cercano di risolvere la controversia tra loro insorta sforzandosi di trovare un accordo. In tale tentativo, come vedremo, sono spesso aiutati dall'intervento di terzi, ai quali, tuttavia, e a differenza dei metodi arbitrali/giurisdizionali di risoluzione delle controversie, non è delegato né conferito alcun potere di comporre la lite.

Diversi, come detto, sono i mezzi diplomatici. Il primo, e più semplice, è costituito dal *negoziato*, cui partecipano esclusivamente i soggetti parti della controversia, senza quindi alcun intervento né la mera presenza di terzi. Ciò rende questo strumento particolarmente invalso nella prassi, da un lato, perché, grazie alla rete estesa delle relazioni diplomatiche e all'intensificazione comunque delle relazioni internazionali, con l'insorgere di una controversia l'instaurazione di un negoziato è molto agevole e di fatto si realizza senza soluzione di continuità rispetto agli usuali rapporti tra Stati; dall'altro, perché il negoziato non è idoneo a individuare una parte "vincitrice" ed una "sconfitta", e quindi preserva l'integrità e l'equilibrio delle posizioni degli Stati, notoriamente essenziale nei rapporti internazionali.

Il negoziato, peraltro, è strumento apprezzabile soprattutto in caso di un elevato numero delle parti in causa ovvero, nei rapporti bilaterali, quando vi è sostanziale equilibrio tra le parti. Esso rischia invece di diventare un mezzo di indebita pressione allorché una parte sia più potente dell'altra. In questo, la situazione è esattamente speculare a quanto si verifica in materia di trattati, in cui, cioè, la politica di accordi bilaterali è spesso privilegiata dalle grandi potenze per sfruttare al meglio la propria superiorità, laddove, e per esigenze contrapposte, gli Stati più deboli, e soprattutto quelli ad economia arretrata, spesso si presentano insieme e assumono una posizione comune.

2.2. *Il rapporto tra il negoziato e gli altri mezzi di risoluzione pacifica delle controversie.*

Si discute se, con l'insorgere di una controversia, esista un obbligo degli Stati a ricorrere al negoziato prima di tentare altre vie di soluzione. La questione si è posta soprattutto a seguito della sentenza relativa alla *Piattaforma continentale del Mare del Nord*, in cui la Corte internazionale di giustizia ha precisato che

> «le parti sono obbligate a intraprendere negoziati al fine di arrivare ad un accordo ...; esse sono obbligate altresì a comportarsi in modo che i negoziati abbiano un senso, ciò che va escluso quando una qualsiasi di loro insiste sulla propria posizione senza prendere in considerazione alcuna modifica della medesima» (CIG, 20 febbraio 1969, in *C.I.J., Recueil*, 1969, 3).

In effetti, talora il negoziato è imposto agli Stati come mezzo *preliminare e necessario* per la risoluzione di una controversia: ad esempio, l'art. 283 della *Convenzione sul Diritto del Mare* (CNUDM) prevede che:

> «Quando tra gli Stati contraenti sorge una controversia relativa all'interpretazione o all'applicazione della presente Convenzione, le parti della controversia procedono senza indugio ad una consultazione reciproca sulla soluzione della controversia attraverso negoziati o altri mezzi pacifici. Parimenti, le parti procedono senza indugio ad una consultazione reciproca ogni volta che si ponga fine ad una procedura di soluzione della controversia senza una definizione della controversia medesima o quando una soluzione sia stata raggiunta e le circostanze esigano delle consultazioni sul modo di darvi esecuzione».

Analogamente, anche il sistema GATT-OMC prevede l'obbligo di consultazioni e negoziati prima di poter adire l'apposito meccanismo di natura giurisdizionale previsto per la soluzione delle controversie (v. *infra*, par. 6.2).

In altri casi, quando è in gioco la disciplina di questioni particolarmente complesse, come avviene ad esempio in materia ambientale, si è soliti spesso creare commissioni o altri organismi negoziali permanenti, proprio nell'ottica di prevenire le controversie (v. *infra*, Cap. XII, par. 4.4).

Peraltro, salvo il caso in cui l'obbligo di negoziare sia espressamente previsto come fase preliminare rispetto all'inizio di un contenzioso arbitrale o giudiziale, sembra difficile assumere l'esistenza di un generale obbligo giuridico di attivare un negoziato prima di altri mezzi pacifici. Intanto, perché è quanto mai dubbio che, in assenza di un precedente negoziato, il ricorso ad altri mezzi sia precluso, o peggio determini ipotesi di illecito internazionale. Inoltre, la citata natura "rudimentale" del sistema di soluzione delle controversie internazionali rende simili prospettazioni poco realistiche.

2.3. *L'obbligo di negoziare prima di agire in autotutela e l'obbligo di negoziare in buona fede.*

Altra questione è invece se il negoziato sia necessario prima di agire in autotutela, o se comunque, in sede di svolgimento del medesimo, gli Stati siano tenuti al rispetto di comportamenti ispirati al principio di buona fede. Relativamente ad ambedue i quesiti, la risposta sembra essere senz'altro positiva. Ciò è dimostrato, per il primo aspetto, dalla sentenza della Corte internazionale di giustizia nel caso *Gabčíkovo-Nagymaros*, o da alcuni casi decisi in ambito OMC (v. *infra*, Cap. XII, par. 6.2). Per il secondo aspetto, da numerosi precedenti: oltre al citato caso della *Piattaforma continentale del Mare del Nord*, si può ricordare quello deciso dal *Tribunale Arbitrale per l'Accordo sul Debito Estero della Germania* (lodo arbitrale 26 gennaio 1972, in 47 *Int. Legal Rep.*, 418, 454), in cui il Tribunale, pur confermando il principio secondo cui l'obbligo di negoziare non implica quello di trovare un accordo, affermò senza esitazioni che esso comunque «*implica un serio sforzo affinché tale obiettivo sia raggiunto*».

In modo ancor più convinto, sia pur in sede di interpretazione di una clausola del *Trattato di Non Proliferazione Nucleare* piuttosto incisiva al riguardo, nel parere sulla *Legalità della Minaccia o dell'Uso di Armi Nucleari* del 1996 la Corte internazionale di giustizia ha precisato che

> «l'implicazione giuridica di tale obbligo [di negoziare] va oltre quella di un mero obbligo di condotta: l'obbligo qui imposto è di raggiungere un preciso risultato – il disarmo nucleare in tutti i suoi aspetti – adottando una particolare linea di comportamento, e cioè l'effettuazione di negoziati sulla materia in buona fede» (CIG, 8 luglio 1996, in *C.I.J., Recueil*, 1996, 241).

E nel citato caso *Gabčíkovo-Nagymaros*, la Corte internazionale di giustizia, dopo aver accertato che sono stati compiuti illeciti da ambedue le Parti, osserva che la questione relativa alle pretese risarcitorie potrebbe essere risolta in modo soddisfacente nel quadro di una transazione globale, ove ciascuna parte rinunciasse a o cancellasse ogni richiesta di risarcimento.

> «Per quanto riguarda la diversa questione del pagamento dei lavori di costruzione [di infrastrutture idrico-energetiche realizzate dalla Slovacchia], tale questione deve essere risolta in coerenza col trattato del 1977 [che aveva stabilito termini e condizioni di tali lavori] e le successive pattuizioni ad esso relative. Se l'Ungheria vuole condividere l'operatività e i benefici del complesso di Čunovo, deve pagare una quota proporzionata dei suoi costi di costruzione e di gestione» (CIG, 25 settembre 1997, in *C.I.J., Recueil*, 1997, 7).

2.4. *Negoziato e prevenzione delle controversie internazionali: i c.d. vertici.*

L'utilità del negoziato – anche plurilaterale – è tuttavia innegabile pure in chiave di prevenzione dell'insorgere di controversie. Ciò spiega il motivo per cui, con l'intensificarsi dei rapporti internazionali e l'accrescersi della complessità delle norme internazionali, si sia sviluppata la prassi di incontri frequenti tra i rappresentanti degli Stati, sia nell'ambito delle organizzazioni internazionali e in occasione delle periodiche sessioni di riunione dei membri delle stesse, ma anche al di fuori di tali appuntamenti.

La prassi relativa ai c.d. *vertici* consente, così, non solo una più agevole produzione di regole a livello internazionale, ma limita anche il verificarsi di controversie. Ciò perché le riunioni periodiche tendono a garantire stabilità alle relazioni internazionali, ed una conseguente "concertazione" delle politiche degli Stati partecipi ai vertici, con funzione evidentemente preventiva dell'insorgere di una lite.

In questo contesto, pure l'informalità degli incontri al vertice aiuta l'attività diplomatica e il coordinamento delle varie posizioni che gli Stati fanno poi valere in modo più ufficiale, anche all'interno degli organismi internazionali cui sono parti. Questa peculiare forma di negoziato (che talora, come nel caso dei c.d. G8, assume anche una parvenza istituzionale) costituisce quindi un altro strumento di lavoro nell'attuale sistema dei rapporti internazionali.

2.5. Prevenzione e risoluzione delle controversie all'interno delle organizzazioni internazionali regionali.

Il rapporto strettissimo tra prevenzione e risoluzione delle controversie si conferma alla luce di un fenomeno sostanzialmente costante a tutte le organizzazioni internazionali regionali, nell'ambito delle quali accanto alla cooperazione tra i membri è sistematica la previsione di meccanismi diplomatici, arbitrali ovvero giurisdizionali di risoluzione delle controversie. Oltre all'esempio più evoluto costituito al riguardo dalla Comunità europea (v. anche *infra*, par. 6.1), si possono ricordare i casi dell'Organizzazione degli Stati Americani, dell'Organizzazione per l'Unità Africana, della Lega Araba, della NATO e dell'Organizzazione per la Sicurezza e Cooperazione Europea (OSCE).

La loro esistenza e le loro funzioni risultano peraltro coerenti anche con l'art. 52 della Carta N.U., a norma del quale, tra l'altro

> «1. Nessuna disposizione della presente Carta preclude l'esistenza di accordi od organizzazioni regionali per la trattazione di quelle questioni concernenti il mantenimento della pace e della sicurezza internazionali che si prestino ad un'azione regionale, purché tali accordi od organizzazioni e le loro attività siano conformi ai fini ed ai principi delle Nazioni Unite.
> 2. I Membri delle Nazioni Unite che partecipano a tali accordi od organizzazioni devono fare ogni sforzo per giungere ad una soluzione pacifica delle controversie di carattere locale mediante tali accordi od organizzazioni regionali prima di deferirle al Consiglio di Sicurezza. (...)»

Queste organizzazioni hanno sviluppato, sia pur con differenti livelli di efficacia e frequenza di utilizzo, veri e propri meccanismi di prevenzione delle controversie tra i membri, ovvero anche di "gestione" negoziale della controversia una volta insorta, nell'ottica di circoscriverne gli effetti nella massima misura possibile. All'uopo vengono costituite commissioni, oppure adottati documenti dal contenuto soprattutto procedurale che i membri si impegnano a rispettare nell'ottica di prevenire l'insorgenza di una controversia ovvero definirla nel più breve tempo possibile. L'efficacia di questi meccanismi è tuttavia variabile, e in ogni caso, per espressa previsione della Carta N.U. (art. 52.4), non comporta limitazioni delle prerogative del Consiglio di Sicurezza, nelle materie ad esso riservate.

Peraltro, questa prassi conferma l'inesistenza, nell'ordinamento internazionale, di un "giudice naturale" al quale gli Stati debbono rivolgersi. È invece normalmente riconosciuta l'opportunità di garantire efficacia ai meccanismi di risoluzione delle controversie mediante la creazione delle soluzioni – e dei "fori" – considerati volta a volta più adeguati in funzione dei rapporti internazionali concretamente rilevanti.

Il che, del resto, in piena coerenza con la Carta N.U., il cui Capitolo XIV, nel dare corpo alla Corte internazionale di giustizia, e cioè al tribunale internazionale *par excellence*, contiene peraltro un'esplicita previsione a norma della quale «nessuna disposizione della presente Carta impedisce ai Membri delle Nazioni Unite di deferire la soluzione delle loro controversie ad altri tribunali in virtù di accordi già esistenti o che possano essere conclusi in avvenire» (art. 95 Carta N.U.).

3.1. *Gli altri mezzi diplomatici: buoni uffici, mediazione, conciliazione e commissioni di inchiesta.*

Si osservava che i mezzi diplomatici contemplano anche il coinvolgimento di soggetti terzi, ai quali non è delegato alcun potere di decidere, e talvolta neppure di impostare le modalità o la procedura con cui cercare di risolvere la controversia. Tali terzi possono anche svolgere il ruolo di ospite delle parti contrapposte, creando così le condizioni anche ambientali per un possibile accordo. A seconda dei casi, essi sono normalmente Stati od altri soggetti internazionali, ma anche loro rappresentanti, ovvero personalità riconosciute a livello internazionale, quali *ex* capi di Stato.

Il primo di questi mezzi diplomatici a venire in rilievo è costituito dai *buoni uffici*, nell'ambito dei quali un terzo cerca di influenzare le parti in lite tentando di metterle in contatto e portarle quindi al tavolo negoziale, ed eventualmente suggerendo anche un percorso di tipo procedurale per giungere ad un accordo, ovvero ospitando le delegazioni delle parti.

Nel caso della *mediazione* al terzo è richiesto lo svolgimento di un compito ulteriore e più attivo, che prevede in particolare la sua partecipazione al negoziato e, talora, la proposizione informale ai contendenti di una possibile soluzione della controversia. Pur non comportando la mediazione alcun vincolo per le parti, che possono in ogni tempo rifiutarla o chiederne l'interruzione, non si hanno generalmente esitazioni nel ritenere che l'efficacia di questo strumento sia direttamente proporzionata all'influenza e all'autorevolezza del mediatore, ad esempio quando si tratti del capo di Stato di una grande potenza, o del Segretario delle N.U.

Il ruolo del terzo è ancor più enfatizzato nell'ipotesi della *conciliazione*, tra l'altro prevista in molti trattati come passaggio facoltativo od obbligatorio per la risoluzione di una controversia, in cui l'attività del conciliatore si qualifica proprio per la predisposizione di una formale proposta per la risoluzione della lite. Al termine della procedura di conciliazione, infatti, esaminate e valutate le rispettive posizioni delle parti, il conciliatore adotta un verbale di conciliazione, nel quale sono contenute osservazioni e raccomandazioni alle parti stesse per risolvere la controversia.

Non sfugge, in questo strumento, la presenza di una procedura, sia pur senz'altro embrionale, e quindi una certa analogia con altri meccanismi di risoluzione delle controversie, in particolare l'arbitrato. Peraltro, nella conciliazione resta decisiva la non obbligatorietà per le parti di accettare la proposta del conciliatore.

Allorché la controversia implichi un diverso apprezzamento dei fatti ad opera delle parti in lite, non è infrequente la nomina di una *commissione di inchie-*

sta formata da persone fisiche indipendenti e imparziali designate dalle parti (ovvero in parte dalle une e in parte dalle altre), alle quali è affidato il preciso compito di accertare esattamente le circostanze di fatto rilevanti. Questo strumento di risoluzione delle controversie è piuttosto risalente nel tempo, ed era stato addirittura compiutamente disciplinato nelle due *Convenzioni dell'Aja del 1899 e del 1907 per la Risoluzione Pacifica delle Controversie*. Esso implica che le parti in lite siano d'accordo sull'interpretazione e l'applicazione delle norme regolatrici la fattispecie, la loro disputa inerendo esclusivamente ad aspetti di fatto. Il che, tuttavia, costituisce anche un limite alla diffusione di questo meccanismo, essendo improbabile il suo impiego allorché la controversia verta su questioni di importanza vitale o strategica: ciò perché, una volta che la commissione abbia svolto il proprio compito accertando i fatti, e pur essendo l'accertamento non vincolante, non residua più alcuno spazio di trattativa in capo alle parti. Per contro, non è raro il caso in cui la non compiuta conoscenza dei fatti aiuti, anziché complicare, l'individuazione di una composizione amichevole ad una controversia, tale circostanza ostando quindi per altri motivi allo sviluppo di questo strumento.

Così, gli esempi di inchiesta finiscono per riguardare spesso casi di incidenti, e in particolare affondamenti o catture accidentali di navi di uno Stato neutrale in occasione di conflitti tra altri Stati. Va tuttavia ricordata anche la commissione di inchiesta italo-vaticana che negli anni ottanta del secolo scorso si occupò delle vicende inerenti al *crack* del *Banco Ambrosiano*, e dei rapporti tra quest'ultimo e le istituzioni bancarie e finanziarie del Vaticano. Un'ipotesi atipica di commissione di inchiesta è stata la partecipazione di «osservatori» italiani alla commissione nominata dal Governo statunitense per l'accertamento degli eventi che portarono all'uccisione nel 2005 dell'agente italiano *Nicola Calipari* in Iraq: negli auspici dei due Stati, la commissione avrebbe dovuto produrre una relazione conclusiva comune, che avrebbe dovuto fornire una ricostruzione condivisa dei fatti. Ciò tuttavia non è avvenuto, a motivo del disaccordo tra gli osservatori italiani e i membri statunitensi della commissione.

3.2. *I mezzi diplomatici per la risoluzione delle controversie previsti nel sistema delle Nazioni Unite*

Procedure diplomatiche per la risoluzione delle controversie esistono anche all'interno del sistema ONU. Oltre ad un generale potere dell'Assemblea di

> «raccomandare misure per il regolamento pacifico di qualsiasi situazione che, indipendentemente dalla sua origine, essa ritenga suscettibile di pregiudicare il benessere generale o le relazioni amichevoli tra le nazioni» (art. 14),

la Carta N.U. dedica l'intero suo Capitolo VI a questo argomento. Così, l'art. 34 attribuisce al Consiglio di Sicurezza un generale potere di inchiesta «*su qual-*

siasi situazione che possa portare ad un attrito internazionale o dar luogo ad una controversia», e l'art. 36.1 stabilisce che

> «il Consiglio di Sicurezza può, in qualsiasi fase di una controversia della natura indicata all'art. 33, o di una situazione analoga, raccomandare procedimenti o metodi di sistemazione adeguati»;

ciò implica, quindi, anche il potere di suggerire specifici mezzi di risoluzione.
L'art. 37 prevede poi che

> «se le parti di una controversia della natura indicata nell'art. 33 non riescono a regolarla coi mezzi indicati in tale articolo, essi devono deferirla al Consiglio di Sicurezza. Se il Consiglio di Sicurezza ritiene che la continuazione della controversia sia in fatto suscettibile di mettere in pericolo il mantenimento della pace e della sicurezza internazionali, esso decide se agire a norma dell'art. 36 o raccomandare quella soluzione che ritenga adeguata».

Al proposito, è stato rilevato che, pur prevedendo questa norma un intervento del Consiglio di Sicurezza subordinatamente al verificarsi di alcuni presupposti, nella prassi il Consiglio si è subito orientato nel fare un ampio uso del proprio potere di suggerire una soluzione, entrando quindi anche nel merito specifico della stessa.

4.1. *L'arbitrato: natura e caratteristiche.*

L'arbitrato è il primo dei mezzi non diplomatici conosciuti dal diritto internazionale per la risoluzione delle controversie.

Secondo quanto ricordato già dalla Corte permanente di giustizia internazionale nel *Parere sull'interpretazione dell'art. 3.2 del trattato di Losanna,*

> «se il termine "arbitrato" è considerato in senso ampio, caratterizzato esclusivamente dalla forza vincolante della pronuncia resa da una parte terza alla quale le parti interessate si sono rivolte, si può ben dire che la decisione in questione sia un "lodo arbitrale". Tale termine, d'altronde, sarebbe difficilmente corretto, se l'intenzione fosse invece quella di attribuirgli una più limitata e comune accezione, e cioè quella secondo cui esso ha ad oggetto la risoluzione di controversie internazionali tra Stati da parte di giudici scelti dai primi, che applicano regole di diritto» (CPGI, 21 novembre 1925, in *C.P.J.I., Recueil,* Série B, n. 12, 1926, 26).

Caratteristiche quindi dell'arbitrato sono (a) la volontà degli Stati in lite di rimettere al giudizio di arbitri la soluzione della loro controversia, (b) la scelta degli arbitri – i quali quindi non debbono preesistere rispetto all'insorgenza della lite – e (c) la risoluzione della controversia mediante norme giuridiche. Il secondo elemento, tra l'altro, è quello che differenzia maggiormente l'arbitrato dai tribunali internazionali (su cui v. *infra*), l'altro essendo costituito dalla maggiore libertà di procedura normalmente consentita agli arbitri.

Tale maggiore libertà di forme è, a sua volta, originata proprio dalla tradizionale insorgenza della controversia prima della costituzione dell'arbitro, o degli arbitri se riuniti in collegio arbitrale. Così, di norma, e salvo quanto in appresso precisato, allorché si conviene di sottoporre al giudizio di arbitri una determinata questione, gli Stati sono soliti stipulare un *compromesso*, nel quale vengono identificati gli arbitri, vengono fissate le questioni sulle quali essi saranno tenuti a pronunciarsi, viene stabilito il diritto applicabile (di norma, quello internazionale) ed il termine entro il quale gli arbitri dovranno pronunciare il lodo. Inoltre, il compromesso sovente prevede anche norme procedurali cui gli arbitri dovranno attenersi, di qui pertanto originandosi quella flessibilità cui si accennava poc'anzi.

4.2. La Corte permanente di arbitrato.

L'arbitrato, soprattutto come arbitrato *ad hoc*, è un istituto piuttosto risalente nel tempo. Tanto che già le citate *Convenzioni dell'Aja del 1899 e del 1907 per la Risoluzione Pacifica delle Controversie* contenevano norme modello per procedure arbitrali, cui in sede di compromesso gli Stati (o gli stessi arbitri) avrebbero potuto rinviare.

Altra importante caratteristica delle *Convenzioni dell'Aja* (e in particolare di quella del 1899) è costituita proprio dalla creazione della Corte Permanente di Arbitrato, che tuttavia non rappresenta una vera e propria corte, consistendo di una lista di persone, designate dagli Stati contraenti (quattro per ciascuno), «*di notoria competenza in questioni di diritto internazionale, della più alta reputazione morale e disponibili ad accettare i doveri di un arbitro*» (art. XLIV della *Convenzione dell'Aja*, come modificata nel 1907). La *Convenzione* ha costituito anche un ufficio, con compiti amministrativi e di cancelleria, oltreché di conservazione e registrazione dei lodi pronunciati dalla Corte. Allorché due Stati parti della *Convenzione* intendono iniziare una procedura arbitrale riguardante una controversia insorta tra loro, essi scelgono gli arbitri all'interno della lista. Si tratta, in altri termini, di un meccanismo che rende semplicemente più agevole, per gli Stati contraenti, il ricorso all'arbitrato.

4.3. "Fortuna" dell'arbitrato e suoi vantaggi.

L'arbitrato, il cui utilizzo era stato in qualche modo ridimensionato nel secondo dopoguerra anche per la concomitante nascita della Corte internazionale di giustizia, ha ritrovato popolarità negli ultimi decenni, sia pur al di fuori dei meccanismi della *Convenzione dell'Aja* (v. *supra*, par. 1.2). Si è così intensificata la prassi degli arbitrati *ad hoc*, quindi originati da compromessi, ma anche quella dell'inserimento, all'interno di molti trattati, della procedura arbitrale quale strumento già direttamente previsto per la risoluzione delle controversie tra Stati parti.

Tale sviluppo si deve a svariate circostanze: innanzitutto, la flessibilità garantita dal compromesso e la possibilità di esperire un arbitrato nel quale siano delineate... su misura le caratteristiche della procedura e degli arbitri, in funzione della controversia insorta tra le parti. Inoltre, la maggiore celerità degli arbitri – almeno di norma – rispetto ai tribunali internazionali (ed in particolare alla Corte internazionale di giustizia), e la loro maggiore propensione a ricercare anche una composizione amichevole della lite in corso di arbitrato, in quell'ottica cioè non "giudiziale" delle soluzioni alle controversie normalmente prediletta dagli Stati. Infine, altro motivo di preferenza per lo strumento arbitrale, collegato al precedente, è la sua natura eminentemente *tecnica*, più che *politica*. Così, l'eventuale soccombenza in un arbitrato da parte di uno Stato comporta conseguenze politiche certamente minori rispetto a quanto si verifica per i giudizi dinanzi alla Corte internazionale di giustizia. Il che, tra l'altro, costituisce anche una delle ragioni per le quali è molto elevato il tasso di conformità alle decisioni degli arbitri.

4.4. *(segue): la possibilità di impiegare l'arbitrato in controversie coinvolgenti anche "attori" diversi dagli Stati. Le principali esperienze invalse nella prassi.*

Un altro fondamentale motivo di successo dell'arbitrato consiste nel fatto che esso può riguardare controversie tra Stati e soggetti diversi dagli Stati, compresi gli individui. Questa caratteristica è particolarmente importante per quanto concerne controversie tipiche del diritto internazionale, quelle cioè inerenti al trattamento degli stranieri. È infatti senz'altro possibile la gestione di simili rapporti esclusivamente a livello interstatuale; anzi, in passato questa era la norma, codificata nell'istituto della c.d. protezione diplomatica, oggi assai meno usato. Tuttavia, soprattutto nell'attuale sistema dei rapporti internazionali, spesso "privatizzato" e cui partecipano sempre più efficacemente attori non statali, risulta assolutamente preferibile che, poste le dovute garanzie di equilibrio tra le parti, un'eventuale controversia coinvolgente Stati ed individui possa risolversi direttamente tra i soggetti in lite.

Così, ad esempio, l'*Accordo di Algeri* tra Iran e Stati Uniti istituì tribunali arbitrali *ad hoc* per risolvere (anche) le controversie insorte tra cittadini statunitensi e Iran e tra cittadini iraniani e Stati Uniti scaturenti dalla rivoluzione khomeinista e dalla successiva crisi dei rapporti bilaterali tra i due Stati. I tribunali arbitrali, che avevano giurisdizione relativamente ad asserite violazioni dei diritti di proprietà privata, a pretese scaturenti da contratti di compravendita di beni o servizi in corso di esecuzione al momento del deterioramento dei rapporti bilaterali, oltreché all'interpretazione dello stesso Accordo di Algeri, svolsero efficacemente il proprio lavoro, contribuendo in modo significativo alla risoluzione di numerosi contenziosi senza il "filtro" dei delicati – e spesso critici – rapporti esistenti a livello politico tra i due Stati.

Sempre in tema di controversie tra Stati e individui (e segnatamente imprese), di notevole importanza è l'*International Centre for Settlement of Investment Disputes* (ICSID), promosso dalla Banca Mondiale e costituito con la *Convenzione di Washington del 1965 sulla Risoluzione delle Controversie tra Stati e Individui di Altri Stati* col compito di amministrare arbitrati *ad hoc*. L'ICSID offre quindi un sistema di risoluzione di «qualsiasi controversia giuridica tra uno Stato contraente ... e un individuo avente la nazionalità di un altro Stato contraente, originata direttamente da un investimento, che le parti della controversia stessa abbiano accettato per iscritto di devolvere al Centro» (art. 25.1 della Convenzione di Washington).

La giurisdizione in favore del sistema ICSID viene spesso pattuita in sede di stipulazione di accordi bilaterali sugli investimenti, nei quali lo Stato cui appartengono le imprese che intendono investire nell'altro Stato conviene col secondo su questa forma di protezione per queste ultime.

Le decisioni rese all'interno del sistema ICSID sono tuttavia obbligatorie per gli Stati aderenti alla Convenzione, e possono quindi trovare esecuzione come se fossero pronunciate da tribunali nazionali.

Gli arbitrati ICSID sono così svincolati dalla giurisdizione interna degli Stati: ciò rileva soprattutto per l'investitore straniero il quale, in caso di controversie con lo Stato ospitante l'investimento, non corre il rischio di doversi assoggettare all'eventuale decisione di tribunali di questo stesso Stato. D'altro canto, si è correttamente posto in luce che questa evoluzione, spostando sul piano tecnico-giuridico controversie tra Stati e imprese straniere, rende più efficace l'intero sistema e riduce la possibilità di inserire all'interno di questioni economiche conflitti interstatuali di natura politica, nei quali il peso delle grandi potenze (cui normalmente appartengono le imprese che investono all'estero) può risolversi in un fattore di disequilibrio.

Ed in realtà, uno degli effetti più interessanti di questo meccanismo è la creazione di un "foro" nel quale, in deroga alla tradizionale posizione di supremazia degli Stati rispetto agli individui stranieri, i primi accettano di risolvere controversie insorte con i secondi ponendoli su un piano di parità, e talora anche alla stregua di norme di diritto internazionale, che vengono rese applicabili anche nei confronti di soggetti che non sono *iure proprio* destinatari di tale tipo di norme. Quanto sopra, in particolare, grazie al rinvio al riguardo operato o nei compromessi stipulati in seguito all'insorgenza della controversia, oppure, e più spesso, all'interno degli stessi contratti disciplinanti l'investimento, nei quali è uso prevedere anche la clausola arbitrale e la legge che gli arbitri applicheranno per risolvere eventuali controversie scaturenti dal contratto.

Sotto questo profilo, va enfatizzata anche la progressiva "ibridazione" dei meccanismi arbitrali di risoluzione delle controversie: infatti, specie nel settore degli investimenti esteri, e comunque negli accordi internazionali – anche regionali – disciplinanti aspetti commerciali, gli Stati mutuano dai privati i meccanismi utilizzati da questi ultimi per la risoluzione delle controversie. Così, anche nelle controversie tra Stati e privati è invalso lo strumento dell'arbitrato commerciale internazionale, ad esempio quello amministrato dalla Camera di Commercio Internazionale di Parigi. E nell'ambito dell'accordo di libero scambio nordamericano, il c.d. NAFTA, si prevede che le controversie tra Stati membri (*i.e.* Stati Uniti, Canada e Messico) ed imprese possano essere risolte mediante arbitrato in conformità con le norme dell'UNCITRAL (*United Nations Com-*

mission for International Trade Law), tipiche invece dei rapporti interprivatistici del commercio internazionale.

5.1. *La Corte internazionale di giustizia: struttura e funzionamento.*

La Corte internazionale di giustizia rappresenta il tentativo più ambizioso e strutturato di creare una giurisdizione competente a risolvere le controversie tra Stati. Succeduta nel 1946 alla Corte permanente di giustizia internazionale, creata nel 1920 sotto gli auspici della Società delle Nazioni, la Corte internazionale di giustizia «*costituisce il principale organo giurisdizionale delle Nazioni Unite. Essa funziona in conformità allo Statuto annesso che ... forma parte integrante della presente Carta*» (art. 92 Carta N.U.). Quindi, essa è organo dell'ONU.

La Corte internazionale di giustizia, che ha sede all'Aja, è composta da quindici giudici, aventi ciascuno una nazionalità diversa, eletti dal Consiglio di Sicurezza e dall'Assemblea Generale secondo una complicata procedura prevista nello Statuto Corte internazionale di giustizia, non scevra da considerazioni e condizionamenti di carattere politico, ciò che ha attratto frequenti critiche, le quali hanno anche influito sulla percezione della Corte internazionale di giustizia come organo davvero "tecnico". La provenienza dei giudici è peraltro distribuita in modo da consentire un'adeguata rappresentatività di tutte le aree geopolitiche.

La Corte internazionale di giustizia giudica a maggioranza in sessione plenaria, ovvero in camere di consiglio composte da almeno tre giudici, in conformità alle norme organizzative previste nello Statuto. Secondo la prassi anglosassone, è prevista la possibilità per i singoli giudici di rendere nota la loro eventuale opinione concorrente (se coerente con la soluzione data al caso specifico dalla maggioranza dei giudici, pur basandosi su motivazioni diverse), ovvero dissenziente (nel caso di disaccordo del giudice con le conclusioni raggiunte dalla maggioranza).

5.2. *Funzioni della Corte internazionale di giustizia: la competenza consultiva.*

La Corte esercita una competenza giurisdizionale in senso stretto, ed una consultiva. Quest'ultima è ricavata da un'analoga competenza già prevista in capo alla Corte permanente di giustizia internazionale. Conformemente all'art. 65 dello Statuto della Corte,

> «La Corte può fornire un parere consultivo su qualsiasi questione di diritto su richiesta di qualsiasi organo autorizzato dalla Carta o conformemente ad essa a formulare tale richiesta»,

dovendosi peraltro chiarire che, ai sensi dell'art. 96 della Carta N.U., gli organi delle N.U. diversi dall'Assemblea Generale o dal Consiglio di Sicurezza, nonché le agenzie specializzate, se autorizzate dall'Assemblea Generale, possono chiedere un parere alla Corte soltanto su questioni riguardanti l'ambito di attività di tali enti (cfr. già il parere 20 luglio 1982 sulla *Richiesta per la revisione della sentenza n. 273 del Tribunale Amministrativo delle N.U.*, in *C.I.J. Recueil* 1982, 333-334). Per quanto riguarda invece l'Assemblea Generale o il Consiglio di Sicurezza, benché le norme della Carta e dello Statuto sopra accennate paiano attribuire a questi organi il potere di richiedere alla Corte di formulare pareri su *qualsiasi questione di diritto internazionale*, la Corte ha precisato che deve esistere un collegamento tra l'attività di tali organi e la questione sulla quale il parere è richiesto, pur rimanendo essa stessa titolare in via esclusiva del potere discrezionale quanto alla decisione se formulare il parere richiesto ed essendo quindi del tutto irrilevante l'eventuale opposizione degli Stati interessati rispetto a tale decisione (cfr. il parere 9 luglio 2004 sulle *Conseguenze giuridiche dell'edificazione di un muro nei territori palestinesi occupati*, in *www.icj-cij.org*). Alla procedura consultiva possono partecipare gli Stati e le organizzazioni internazionali ai sensi dell'art. 66 dello Statuto, ma anche altri soggetti: nel caso appena ricordato del *Muro nei territori occupati*, alla Palestina venne infatti riconosciuto il diritto di partecipare alla stregua degli Stati, atteso il suo speciale *status* di osservatore presso l'ONU e il suo diretto coinvolgimento affinché l'Assemblea Generale formulasse la richiesta di parere alla Corte.

I pareri della Corte non sono vincolanti per la parte richiedente; tuttavia, da un lato, essi possono esprimere principi utili all'interpretazione e applicazione delle norme internazionali applicabili a una fattispecie; dall'altro lato, i pareri comunque contribuiscono significativamente all'evoluzione del diritto internazionale e all'affermazione di regole vincolanti sul piano internazionale; al riguardo, valga per tutti il caso delle *Riparazioni dei danni subiti al servizio delle Nazioni Unite* (CIG, 11 aprile 1949, in *C.I.J., Recueil*, 1949, 174), da cui hanno tratto origine, tra l'altro, sia la soggettività internazionale dell'ONU (e delle altre organizzazioni internazionali), sia, quale corollario, l'esistenza di diritti e prerogative di natura internazionale spettanti a tali soggetti.

Soprattutto, la funzione consultiva può consentire alla Corte di esprimere il proprio pensiero rispetto a questioni delicate nel contesto internazionale, delle quali la Corte potrebbe non potersi mai occupare in sede di giurisdizione contenziosa, stante il presupposto dell'accettazione della stessa da parte degli Stati interessati alla questione (v. *infra*, i parr. 5.4 e 5.5.). Emblematico, al riguardo, è il caso delle *Conseguenze giuridiche dell'edificazione di un muro nei territori palestinesi occupati*, nel quale la Corte ha potuto trattare dell'occupazione da parte israeliana della Cisgiordania, e l'avvenuta violazione da parte di Israele di numerose norme di diritto internazionale, inclusi alcuni obblighi *erga omnes* (su cui v. Cap. II, par. 11.1).

5.3. *(segue): la funzione giurisdizionale. Le parti in giudizio e la loro legittimazione.*

Più articolata è invece l'analisi della funzione giurisdizionale in senso stretto esercitata dalla Corte. In proposito, va innanzitutto osservato che «*solo gli Stati possono essere parti dinanzi alla Corte*» (art. 34.1 dello Statuto), e che, a norma dell'art. 93.1 della Carta, «*tutti i Membri delle Nazioni Unite sono ipso facto aderenti allo Statuto della Corte Internazionale di Giustizia*», e che anche Stati non membri delle Nazioni Unite possono comunque chiedere di aderire allo Statuto (art. 93.2 della Carta ONU). Ciò, peraltro, come vedremo, non implica un automatico assoggettamento dei membri alla giurisdizione della Corte internazionale di giustizia. Non hanno invece *locus standi* gli Stati i quali, al momento dell'introduzione della domanda introduttiva del giudizio, non erano parti dell'ONU, e non avevano quindi neppure la qualità di parti dello Statuto (CIG 15 dicembre 2004, *Liceità dell'uso della forza, eccezioni preliminari, Serbia e Montenegro c. Italia*, in *www.icj-cij.org*).

Per contro, possono stare in giudizio Stati la cui effettività è in discussione, quando comunque sono parti di trattati nei quali la Corte internazionale di giustizia è prevista quale organo per la risoluzione delle controversie scaturenti da tali trattati (CIG, 16 aprile 1993, *Caso Riguardante l'Applicazione della Convenzione sulla Prevenzione e Repressione del Genocidio (Misure Provvisorie)*, in *C.I.J., Recueil*, 1993, 3; nella specie, le parti erano la Bosnia Erzegovina e la Repubblica di Serbia e Montenegro, ambedue aderenti alla Convenzione per la prevenzione e repressione del crimine di genocidio del 9 dicembre 1948).

L'esclusione di soggetti diversi dagli Stati dalla giurisdizione contenziosa della Corte internazionale di giustizia desta alcune perplessità. Ciò vale soprattutto per le organizzazioni internazionali, conto tenuto anche delle risultanze del citato caso delle *Riparazioni dei danni subiti al servizio delle Nazioni Unite*, ove la stessa Corte ha affermato che né la personalità internazionale, né la capacità di agire in sede internazionale sono esclusive degli Stati. Ciò posto, *de jure condito*, si tratta di prendere atto della chiara lettera delle norme della Carta N.U. e dello Statuto: quindi, al di là dei mezzi diplomatici l'arbitrato resta l'unico strumento a disposizione delle organizzazioni internazionali per risolvere eventuali controversie con gli Stati o con altre organizzazioni internazionali.

L'incapacità di essere parte sostanziale di un giudizio contenzioso dinanzi alla Corte non preclude alle organizzazioni internazionali, se così richieste dalla Corte stessa, di presentare osservazioni relativamente all'interpretazione di trattati cui esse sono parti. Questa facoltà, introdotta solo di recente nelle norme di procedura della Corte, sembra costituire un primo passo verso un coinvolgimento delle organizzazioni internazionali nei procedimenti dinanzi ad essa, soprattutto in chiave di consentire loro una tutela delle proprie prerogative, e può *grosso modo* considerarsi una sorta di intervento degli Stati in giudizio, di cui diremo in appresso (*infra*, par. 5.6).

5.4. Accettazione della giurisdizione della Corte internazionale di giustizia ad opera degli Stati: trattati, clausola compromissoria, clausole opzionali e altre fattispecie. Momento determinante l'insorgere della competenza della Corte.

Benché solo gli Stati abbiano diritto di stare in giudizio dinanzi alla Corte internazionale di giustizia, ciò non implica un loro obbligo ad assoggettarsi alla giurisdizione di quest'ultima, per il quale è invece richiesto il consenso degli Stati stessi, esprimibile in vari modi. La disciplina è al riguardo prevista dall'art. 36 dello Statuto della Corte, a norma del quale, tra l'altro,

> «1. La competenza della Corte si estende a tutte le controversie che le parti sottopongano ad essa e a tutti i casi specialmente previsti dalla Carta delle Nazioni Unite o dai trattati e dalle convenzioni in vigore.
> 2. Gli Stati aderenti al presente Statuto possono in ogni momento dichiarare di riconoscere come obbligatoria ipso facto e senza speciale convenzione, nei rapporti con qualsiasi altro Stato che accetti la medesima obbligazione, la giurisdizione della Corte su tutte le controversie giuridiche concernenti:
> a) l'interpretazione di un trattato;
> b) qualsiasi questione di diritto internazionale;
> c) l'esistenza di qualsiasi fatto che, se accertato, costituirebbe la violazione di un obbligo internazionale;
> d) la natura o la misura della riparazione dovuta per la violazione di un obbligo internazionale.
> 3. Le dichiarazioni di cui sopra possono essere fatte incondizionatamente o sotto condizione di reciprocità da parte di più Stati o di determinati Stati per un periodo determinato.
> 4. Tali dichiarazioni sono depositate presso il Segretario Generale delle Nazioni Unite, che ne trasmette copia agli Stati aderenti al presente Statuto e al Cancelliere della Corte».

Spesso, quindi, la giurisdizione a favore della Corte è attribuita da trattati nei quali esiste un rinvio a quest'ultima per la risoluzione di controversie riguardanti l'interpretazione o l'applicazione del trattato stesso. Si ha, in questo caso, una c.d. *clausola compromissoria completa*, in forza della quale, grazie alla previsione dell'obbligo di assoggettarsi alla giurisdizione della Corte, e alla conseguente accettazione preventiva della sua competenza, con l'insorgere della lite uno Stato può depositare una domanda introduttiva del giudizio dinanzi ad essa contro un altro Stato. L'attributo "completa" a questa tipologia di clausole (che può valere anche per altri tribunali internazionali) è fatto in opposizione alla più risalente prassi delle clausole "incomplete", nelle quali gli Stati si limitavano ad obbligarsi a risolvere tutte o parte delle controversie future tra essi eventualmente insorte mediante arbitrato, e cioè a stipulare un compromesso ove una determinata lite fosse effettivamente insorta. Con l'emergere dell'obbligo generalizzato di risoluzione pacifica delle controversie (v. *supra*, par. 1.1), questa prassi ha perso rilevanza.

Altre volte, l'accettazione della giurisdizione della Corte è fatta dagli Stati mediante apposite dichiarazioni unilaterali, ai sensi del citato art. 36.2 dello Statuto (c.d. *clausola opzionale*), nelle quali non è infrequente l'apposizione di condizioni o termini, secondo quanto disposto dall'art. 36.3.

A fronte di questa disciplina, sin dagli esordi la Corte ha dimostrato di interpretare in modo estensivo l'accettazione della giurisdizione da parte degli Stati. Nel caso dello *Stretto di Corfù* l'Albania non aveva formulato alcuna preventiva dichiarazione di accettazione della giurisdizione della Corte internazionale di giustizia, era stata informata dalla Cancelleria della Corte internazionale di giustizia della pendenza contro di lei di un contenzioso instaurato dal Regno Unito, e aveva risposto alla Cancelleria con una lettera. A giudizio iniziato, l'Albania aveva quindi sollevato una questione pregiudiziale sulla giurisdizione della Corte, che risolse così la questione:

> «la lettera del 2 luglio 1947 [con la quale l'Albania aveva risposto alla comunicazione di cancelleria della CIG, n.d.r.] ... rimuove ogni difficoltà riguardante l'ammissibilità della domanda e la giurisdizione della Corte. In relazione al primo punto, il Governo albanese, da un lato, ha dichiarato che "sarebbe legittimo da parte sua opinare che il Governo del Regno Unito non aveva diritto di portare unilateralmente la questione dinanzi alla Corte, senza prima aver concluso uno specifico accordo col Governo albanese"; dall'altro lato, ha dichiarato che "nonostante tale irregolarità nell'azione intrapresa dal Regno Unito, esso è pronto a comparire dinanzi alla Corte". Tale linguaggio non può aver altro significato se non quello di una rinuncia da parte del Governo albanese di far valere successivamente il diritto di contestare l'ammissibilità della domanda facendo valere la pretesa irregolarità dello strumento col quale il giudizio è stato introdotto. La lettera del 2 luglio 1947 è tuttavia altrettanto decisiva in punto giurisdizione della Corte. Non solo il Governo albanese ... dichiara in tale lettera che esso "accetta pienamente la raccomandazione del Consiglio di Sicurezza" nel senso di assoggettare questa controversia alla Corte in conformità al suo Statuto, ma, dopo aver precisato che esso è "profondamente convinto della giustizia del caso", accetta in termini precisi "la giurisdizione della Corte in questo caso". La lettera del 2 luglio, quindi, costituisce a giudizio della Corte una volontaria e incontestabile accettazione della sua giurisdizione. Benché sia il consenso delle parti ad attribuire la giurisdizione alla Corte, né lo Statuto né le Regole della Corte richiedono che esso sia espresso in alcuna forma particolare» (CIG, 9 aprile 1949, in *C.I.J., Recueil*, 1949, 4).

D'altro canto, il rifiuto della giurisdizione della Corte non viene meno quando lo Stato convenuto in lite decide di difendersi anche nel merito delle questioni controversie. Ciò, tuttavia, a condizione che questi abbia continuato, nelle proprie difese, ad opporsi all'accettazione della giurisdizione, svolgendo quindi le difese nel merito soltanto in chiave subordinata (CIG 3 febbraio 2006, nel *Caso concernente attività armate nel territorio del Congo (nuovo ricorso 2002), Repubblica democratica del Congo c. Ruanda (Competenza della Corte e ammissibilità della domanda)*, in *www.icj-cij.org*).

È frequente che, nel formulare la propria dichiarazione unilaterale di accettazione della giurisdizione della Corte ai sensi dell'art. 36.2 dello Statuto, gli Stati subordinino la stessa alla condizione di reciprocità. Ove insorga una controversia tra Stati ambedue accettanti la giurisdizione in forza di clausola opzionale contenente la condizione di reciprocità, si pone allora la questione dell'ambito di applicazione delle rispettive dichiarazioni.

Nel caso *Interhandel*, che opponeva la Svizzera agli Stati Uniti, questi ultimi avevano strutturato la propria clausola opzionale nel senso di accettare la giurisdizione della Corte a condizione di reciprocità e per le controversie insorte *successivamente* alla dichiarazione. La Svizzera aveva previsto la reciprocità, ma non la limitazione *ratione temporis*. La controversia tra i due Stati era in effetti insorta *prima* che la Svizzera avesse depositato la propria clausola opzionale, benché, ovviamente, fosse stata portata dinanzi alla Corte internazionale di giustizia in un momento successivo, in particolare dopo il fallimento dei tentativi della Svizzera di ottenere soddisfazione dinanzi ai tribunali degli Stati Uniti.

Dinanzi all'eccezione degli Stati Uniti volta a far ritenere che, in base alla condizione di reciprocità, la Svizzera potesse adire la Corte contro gli Stati Uniti solo per controversie insorte *dopo* il deposito della clausola opzionale da parte della Svizzera, la Corte internazionale di giustizia ebbe a precisare che

> «nel caso di Dichiarazioni di accettazione della giurisdizione obbligatoria della Corte, la reciprocità attribuisce ad una Parte il diritto di invocare una riserva a tale accettazione che detta Parte non ha formulato nella propria Dichiarazione, ma che è stata formulata dall'altra Parte. Per esempio, la Svizzera, che non ha espresso nella propria Dichiarazione alcuna riserva *ratione temporis*, mentre gli Stati Uniti hanno accettato la giurisdizione obbligatoria della Corte solo rispetto a controversie insorte dopo il 26 agosto 1946, potrebbe invocare la riserva apposta dagli Stati Uniti in virtù del criterio di reciprocità qualora gli Stati Uniti cercassero di adire la Corte per la risoluzione di controversie insorte prima del 26 agosto 1946. Questo è l'effetto della reciprocità. La reciprocità, quindi, permette allo Stato che ha formulato una più ampia accettazione della giurisdizione della Corte di far valere le riserve all'accettazione poste dall'altra Parte. Qui finisce l'effetto della reciprocità. Essa non può pertanto consentire ad uno Stato ... di far valere restrizioni alla giurisdizione della Corte che l'altra Parte non ha incluso nella propria Dichiarazione» (CIG, 21 marzo 1959, in *C.I.J., Recueil*, 1959, 6).

Identica soluzione è stata data anche nel coevo *Caso dei Finanziamenti Norvegesi* (CIG, 6 luglio 1957, in *C.I.J., Recueil*, 1957, 9) e nel caso delle *Attività Militari e Paramilitari in e contro il Nicaragua* (CIG, 26 novembre 1984, in *C.I.J., Recueil*, 1984, 392).

Per accertare l'esistenza della competenza della Corte internazionale di giustizia, il momento determinante è quello in cui la controversia ha inizio. In particolare, anche nel caso della *Repubblica democratica del Congo c. Belgio*, si è precisato che

> «La Corte ricorda che, conformemente alla propria consolidata giurisprudenza, la sua giurisdizione va determinata al momento in cui è stato depositato l'atto introduttivo del giudizio. Se la Corte era competente alla data del deposito, essa rimane competente a prescindere da circostanze sopravvenute. Esse, al limite, potrebbero anche condurre ad accertare che una domanda è diventata dubbia e ad una decisione di non procedere nel merito, ma non possono portare ad escludere la giurisdizione della Corte» (CIG, 14 febbraio 2002, in *C.I.J., Recueil*, 2002, 2, par. 26).

Tale conclusione è stata recentemente confermata nel caso citato della *Liceità dell'uso della forza, eccezioni preliminari, Serbia e Montenegro c. Italia*.

Peraltro, va precisato che, quando la competenza della Corte discende da un trattato cui sono parti gli Stati in lite, la Corte può conoscere della controversia solo se essa riguarda fatti accaduti *successivamente* all'entrata in vigore del trattato, essendo al riguardo irrilevante che, su fatti precedenti, la controversia fosse insorta *dopo* l'entrata in vigore del trattato attributivo della competenza stessa (CIG 10 febbraio 2005, *Lichtenstein c. Germania*, in *www.icj-cij.org*).

5.5. Assenza di un obbligo degli Stati di sottoporsi al giudizio della Corte internazionale di giustizia. Irrilevanza della competenza della Corte ai fini della responsabilità degli Stati.

La necessaria accettazione della giurisdizione della Corte internazionale di giustizia da parte degli Stati, sia pur nei limiti poc'anzi individuati, implica l'assenza di un obbligo degli Stati a comparire dinanzi alla Corte contro la loro volontà. Tale principio vale anche per il caso in cui la Corte, per rendere il proprio giudizio, debba pronunciarsi in via pregiudiziale nei confronti di uno Stato che non è parte nel giudizio. Al riguardo, nel caso di *Timor Est* la Corte internazionale di giustizia si espresse come segue:

> «La Corte ricorda che uno dei principi fondamentali del proprio Statuto è quello secondo cui essa non può decidere controversie tra Stati senza il consenso dei medesimi. ... La Corte ha attentamente valutato l'argomento del Portogallo volto a sceverare il comportamento dell'Australia da quello dell'Indonesia. Tuttavia, a giudizio della Corte, la condotta dell'Australia non può essere valutata senza prima affrontare la questione del motivo per cui l'Indonesia non avrebbe potuto legittimamente stipulare il trattato del 1989, mentre il Portogallo avrebbe potuto asseritamente farlo; talché, la vera questione da decidersi da parte della Corte sarebbe necessariamente l'accertamento inerente alla legittima acquisizione del potere di delimitare la piattaforma continentale di Timor orientale da parte dell'Indonesia, tenuto conto delle circostanze nelle quali essa è penetrata ed è rimasta sul territorio di Timor orientale. Un tale accertamento non può essere compiuto dalla Corte in assenza di un consenso espresso al riguardo dall'Indonesia» (CIG, 30 giugno 1995, *Portogallo c. Australia (Timor Est)*, in *C.I.J., Recueil*, 1995, 90).

Per contro, la Corte può esercitare la propria competenza anche rispetto a controversie che toccano gli interessi di Stati non parti del procedimento, qualora tali interessi non costituiscano l'oggetto della decisione su cui la Corte è chiamata a pronunciarsi e a condizione che la determinazione della responsabilità dello Stato non parte non costituisca una condizione preliminare perché la Corte possa rendere la propria decisione (CIG 26 giugno 1992, nel caso riguardante *Terre contenenti fosfato, Nauru c. Australia (Misure preliminari)*, in *C.I.J., Recueil* 1992, 240; 19 dicembre 2005, nel caso delle *Attività armate sul territorio del Congo, Repubblica democratica del Congo c. Uganda*, in *www.icj-cij.org*.)

Nessuna limitazione alla competenza della Corte si determina per effetto della decisione di uno Stato che abbia accettato tale competenza, ma che decida, nel caso specifico, di non comparire in giudizio, restando contumace. A ben vedere, tale circostanza non è infrequente, ed è normalmente sintomatica di una volontà dello Stato di ... boicottare i lavori della Corte. È un dato di fatto tuttavia che questa mancata cooperazione rende di regola più difficile l'acquisizione di prove e di altri elementi del giudizio. Essa inoltre è suscettibile di pregiudicare gli effetti della sentenza, la cui accettazione da parte degli Stati, come vedremo (*infra*, par. 5.9), non sempre avviene.

L'accettazione da parte di uno Stato della competenza della Corte è richiesta anche qualora si tratti di accertare nei suoi confronti la violazione di obblighi *erga omnes*: così, nel caso delle *Attività armate sul territorio del Congo (nuovo ricorso 2002), Repubblica democratica del Congo c. Ruanda (Misure cautelari)*, si è precisato che

> «la mera circostanza secondo cui siano invocati diritti e obblighi *erga omnes* in una lite dinanzi alla Corte non determina di per sé la sussistenza della giurisdizione della Corte, [la quale si ha] nei confronti degli Stati soltanto nella misura in cui essi vi abbiano consentito; nel caso di una clausola compromissoria a favore della Corte prevista in un trattato, la giurisdizione sussiste soltanto tra le parti del trattato che siano vincolati da tale clausola e nei limiti posti dalla stessa» (CIG, 10 luglio 2002, in *www.icj-cij.org*).

Tale principio è stato quindi confermato nel giudizio di merito (*Repubblica democratica del Congo c. Ruanda (Competenza della Corte e ammissibilità della domanda)*, cit.).

Giova tuttavia sottolineare che, secondo un consolidato orientamento della stessa Corte Internazionale di Giustizia, la sussistenza o meno della competenza a decidere in capo alla Corte non ha alcun riflesso sulla responsabilità di uno Stato derivante dal compimento di atti a lui imputabili, che siano lesivi di diritti di altri Stati. L'incompetenza della Corte comporta infatti (soltanto) che essa non possa pronunciarsi né fare alcun commento sull'esistenza di lesioni di diritti e sulle conseguenti responsabilità (v. da ultimo i casi citati della *Liceità dell'uso della forza, eccezioni preliminari, Serbia e Montenegro c. Italia*, nonché *Repubblica democratica del Congo c. Ruanda (Competenza della Corte e ammissibilità della domanda)*).

5.6. *L'intervento di Stati terzi.*

Nel giudizio dinanzi alla Corte è prevista la possibilità di intervento da parte di Stati terzi, che «*abbiano un interesse di natura giuridica suscettibile di essere toccato dalla decisione del caso*» (art. 62.1 dello Statuto della Corte). Spetta alla Corte decidere sull'istanza di intervento, sulla base di vari elementi. Al riguardo, l'ammissibilità di un intervento viene rigorosamente collegata all'effettiva rilevanza della questione per lo Stato terzo. Nella *Controversia sui Confini Terrestri, Insulari e Marittimi tra El Salvador e Honduras*, la Corte così si espresse in relazione alla domanda di intervento del Nicaragua:

> «Se uno Stato riesce a convincere la Corte del fatto che egli ha un interesse giuridico potenzialmente toccato dalla decisione, egli può intervenire in relazione a tale interesse.

Ciò non significa tuttavia che allo Stato interveniente sia consentito di discutere altri aspetti del caso. ... è tuttavia chiaro che, innanzitutto, spetta allo Stato che intenda intervenire dimostrare in modo convincente la propria prospettazione, gravando quindi sul medesimo l'onere della prova; in secondo luogo, egli deve dimostrare soltanto che il suo interesse "può" essere toccato, non già che sarà o dovrà essere toccato. ... Nondimeno, deve esistere in definitiva una chiara identificazione dell'interesse giuridico suscettibile di essere toccato dalla decisione di merito, e non sono quindi sufficienti semplici considerazioni di carattere generale ... Per contro, la procedura di intervento deve assicurare che uno Stato potenzialmente interessato possa intervenire, anche in assenza di un legame giurisdizionale idoneo a farlo diventare parte» (CIG, 13 settembre 1990, in *C.I.J., Recueil*, 1990, 92).

Nel più recente caso riguardante la *Domanda di intervento della Repubblica Federale delle Filippine nell'affare relativo alla sovranità sulle isole Pulau Ligitan e Pulau Sipadan – Indonesia/Malesia*, la Corte ha chiarito che

«l'interesse giuridico [suscettibile di essere pregiudicato dalla sentenza della Corte] che uno Stato deve dimostrare ai fini dell'ammissibilità del suo intervento ai sensi dell'art. 62 dello Statuto non è limitato soltanto ai contenuti del dispositivo della sentenza. Esso può infatti vertere anche sui contenuti della motivazione costitutivi il necessario supporto del dispositivo medesimo» (CIG, 23 ottobre 2001, in <http://www.ICJ-CIJ.org>, par. 47).

Il rigore con cui è valutata un'istanza di intervento va tuttavia esaminato alla luce dell'art. 59 dello Statuto, a norma del quale «*la decisione della Corte non ha efficacia vincolante se non tra le parti e relativamente al particolare caso deciso*». Tale disposizione, pertanto, determina un equilibrio del sistema, consentendo al terzo di intervenire, senza tuttavia diventare parte in senso stretto.

D'altronde, non è esclusa l'ipotesi di estendere anche a terzi intervenienti l'efficacia del giudizio, sussistendo i presupposti in capo all'interveniente di assumere la qualità di parte in causa. Così, nella medesima *Controversia sui Confini Terrestri, Insulari e Marittimi*, la Corte ha chiarito che

«uno Stato cui è consentito intervenire in giudizio non diventa per ciò solo anche parte del giudizio. È tuttavia vero che, col necessario consenso delle parti in causa, anche all'interveniente non è precluso, a motivo di tale status, di divenire parte» (CIG, 13 settembre 1990, cit.).

Va d'altronde ricordato che, a volte, è la stessa Corte ad invitare Stati terzi ad intervenire, «*quando sia in discussione l'interpretazione di una convenzione di cui siano parti altri Stati oltre a quelli in causa*» (art. 63 dello Statuto). In tal caso, peraltro, a seguito dell'eventuale intervento – che ovviamente non è obbligatorio – lo Stato viene considerato parte a tutti gli effetti, ad esso estendendosi quindi anche l'efficacia della sentenza.

5.7. *Il giudizio dinanzi alla Corte.*

Il giudizio dinanzi alla Corte internazionale di giustizia comprende due fasi, scritta e orale, quest'ultima comprensiva anche dell'audizione di testimoni ed esperti (art. 43 dello Statuto). L'accertamento dei fatti di causa si svolge secondo usuali standard processuali. La Corte, tuttavia, ha precisato che va utilizzata cautela nella valutazione di dichiarazioni giurate di membri del governo di uno Stato parte della controversia, poiché questi tenderà probabilmente a identificarsi con gli interessi del suo Paese, nonché di materiali probatori preparati specificamente per la causa e provenienti da un'unica fonte, essendo preferibili prove raccolte all'epoca dei fatti e provenienti da persone aventi conoscenza diretta di questi. Inoltre, particolare attenzione è data a prove affidabili che sono fornite da un rappresentante dello Stato, qualora queste riconoscano fatti o condotte sfavorevoli allo Stato stesso, ovvero a prove la cui correttezza, anche prima dell'inizio della causa, non è stata contestata da persone imparziali, ovvero a prove ottenute mediante l'interrogatorio di persone direttamente interessate, poi controinterrogate da parte di giudici preparati a condurre interrogatori ed esperti nel valutare larghe quantità di informazioni, anche aventi contenuto tecnico (CIG 19 dicembre 2005, *Attività armate sul territorio del Congo, Repubblica democratica del Congo c. Uganda*, cit.).

L'oggetto del giudizio si determina in relazione al contenuto della domanda instaurata, benché sia consentito alle parti, nei limiti del rispetto del contraddittorio, precisare le proprie domande e svolgere le relative argomentazioni (CIG, 14 febbraio 2002, *Repubblica democratica del Congo c. Belgio*, cit.).

5.8. *La competenza cautelare della Corte.*

A norma dell'art. 41.1 del suo Statuto,

> «la Corte ha il potere di indicare, ove ritenga che le circostanze lo richiedano, le misure cautelari che debbano essere prese a salvaguardia dei diritti rispettivi di ciascuna parte».

Secondo un pacifico orientamento, le misure cautelari adottate dalla Corte hanno natura vincolante (v., da ultimo, CIG 19 dicembre 2005, *Attività armate sul territorio del Congo, Repubblica democratica del Congo c. Uganda*, cit.).

Questo strumento è stato usato dalla Corte con una certa frequenza, anche in assenza di istanza di parte, fermi alcuni presupposti, tra cui, innanzitutto, l'urgenza di provvedere. Inoltre, come precisato nel caso della *Giurisdizione sulle Peschiere*, deve essere accertata la necessità «*che un pregiudizio irreparabile non sia causato ai diritti controversi nell'ambito della causa*» (CIG, 17 agosto 1972, in *C.I.J., Recueil*, 1972, 12). Per altro verso, la misura cautelare non può essere tale da pregiudicare il merito della causa. Così, ad esempio, nel caso dell'incidente di *Lockerbie*, la corte negò alla Libia le misure cautelari richieste poiché

> «avrebbero probabilmente pregiudicato i diritti *prima facie* spettanti al Regno Unito in forza della Risoluzione 748 (1992) del Consiglio di Sicurezza» (CIG, 14 aprile 1992, in *C.I.J., Recueil*, 1992, 3).

Di rilievo appare tuttavia un aspetto riguardante le misure cautelari, e cioè che la loro adozione può prescindere dalla preventiva definizione di questioni pregiudiziali, quali la stessa accettazione della giurisdizione della Corte da parte degli Stati. Emblematico è in quest'ottica il caso delle *Attività militari e paramilitari in e contro il Nicaragua (Misure cautelari)*, in cui la Corte internazionale di giustizia, di fronte alla richiesta del Nicaragua di ordinare agli Stati Uniti la cessazione del blocco dei porti nicaraguesi e la posa di mine, e al fine di fondare la propria decisione di accogliere tale richiesta, precisò che

> «dinanzi a una richiesta di misure cautelari, e in funzione della decisione se accoglierla o meno, la Corte non deve essere definitivamente convinta di avere giurisdizione nel merito, ovvero, rispettivamente, che un'eccezione sul difetto di giurisdizione sia fondata; nondimeno, essa non dovrebbe accogliere alcuna domanda di misure cautelari a meno che le disposizioni invocate dal ricorrente appaiano *prima facie* idonee a fornire una base per affermare l'esistenza della giurisdizione. ... la decisione assunta nel presente procedimento [cautelare] non pregiudica in alcun modo il profilo dell'esistenza della giurisdizione della Corte a decidere nel merito, né alcun profilo di merito, e lascia anche impregiudicati i diritti dei governi degli Stati Uniti d'America e del Nicaragua di dedurre argomenti relativi alla giurisdizione o al merito della causa» (CIG, 10 maggio 1984, in *C.I.J,. Recueil*, 1984, 169).

Queste conclusioni furono poi confermate in successivi casi, tra cui il citato *Caso Riguardante l'Applicazione della Convenzione sulla Prevenzione e Repressione del Genocidio (Misure Provvisorie)* (CIG, 8 aprile 1993, in *C.I.J., Recueil*, 1993, 3), a conferma di una progressiva apertura della Corte sull'accertamento delle circostanze giustificanti l'adozione di misure cautelari. Al riguardo, si è osservato che questo orientamento giurisprudenziale rischia di porsi in contrasto col principio del necessario consenso degli Stati ad assoggettarsi al giudizio della Corte (v. *supra*, par. 5.4). Peraltro, non è dubbia l'opportunità di tale orientamento allo stato attuale del diritto internazionale, specie in presenza di sempre più frequenti casi nei quali l'esito del giudizio di merito potrebbe rivelarsi in definitiva inefficace, come può avvenire allorché si tratti di tutelare l'ambiente o i diritti umani. Altro discorso, peraltro, deve farsi con riguardo all'efficacia delle misure cautelari, di cui tratteremo in appresso.

5.9. *Efficacia e ruolo prospettico della Corte internazionale di giustizia nel sistema di risoluzione delle controversie tra Stati.*

Benché il numero di cause pendenti dinanzi alla Corte negli ultimi anni sia aumentato, sarebbe affrettato assumere che a ciò corrisponda una crescente autorevolezza dell'istituzione. A seguito del (lontano) caso relativo alle *Attività militari e paramilitari in e contro il Nicaragua*, reso nel 1984, è in atto una tendenza a ritirare la dichiarazione di accettazione della giurisdizione della Corte, sottraendosi quindi al suo giudizio. In questo modo, peraltro, si mette in crisi un meccanismo fondamentale, previsto nella Carta N.U. per risolvere pacificamente – e automaticamente – le controversie tra Stati, ciò integrando un'ulteriore criticità del sistema ONU a sessant'anni dalla sua fondazione. Grave è poi che questa tendenza sia stata promossa soprattutto dalle maggiori potenze, su cui dovrebbe pesare una speciale responsabilità nel disegnare un sistema dei rapporti internazionali che pone al suo centro il ruolo dei tribunali internazionali nella risoluzione delle controversie.

Anche i lunghissimi tempi medi impiegati dalla Corte per rendere decisioni nel merito (non di rado superiori a cinque-sei anni, e talora fino a dieci anni), certamente non giovano all'efficacia dell'istituzione.

Ma soprattutto, preoccupa la frequenza con la quale le pronunce della Corte non vengono rispettate; quanto sopra vale specialmente per le misure provvisorie, e ciò appare senz'altro negativo.

È vero che l'art. 94.2 della Carta N.U. prevede che

> «se una delle parti di una controversia non adempie agli obblighi che le incombono per effetto di una sentenza della Corte, l'altra parte può ricorrere al Consiglio di Sicurezza, il quale ha facoltà ... di fare raccomandazioni o di decidere circa le misure da prendere perché la sentenza abbia esecuzione».

Tuttavia, tale norma non risulta attuata, l'unica eccezione (peraltro tentata) essendo costituita dal seguito del citato caso delle *Attività militari e paramilitari in e contro il Nicaragua*; tuttavia, la risoluzione del Consiglio di Sicurezza richiedente una «piena e immediata attuazione» del giudicato non fu approvata per il veto opposto, guarda caso, dagli Stati Uniti.

6.1. *I Tribunali internazionali specializzati*.

Come detto, la Corte internazionale di giustizia non esaurisce il novero dei tribunali internazionali, che anzi, si è già ricordato, in forma permanente o semi-permanente si sono notevolmente sviluppati negli ultimi anni.

Tale fenomeno riguarda innanzitutto i numerosi tribunali sorti nel settore della tutela dei diritti umani, come la Corte europea dei diritti dell'uomo, e le altre corti costituite a livello regionale sulla base dell'esperienza europea, quali la Commissione e la Corte interamericana dei diritti dell'uomo, e la Commissione e la Corte africana dei diritti dell'uomo. Riguarda anche le Corti penali internazionali, come i Tribunali per i crimini commessi rispettivamente nella ex Jugoslavia e in Ruanda, e soprattutto la Corte penale internazionale. Su questi tribunali si rinvia quindi a quanto riferito al Cap. IX, par. 10.2, e al Cap. X, par. 6.1.

Importante è anche il Tribunale internazionale del diritto del mare, con sede ad Amburgo, istituito in attuazione alla CNUDM, al quale può essere devoluta la risoluzione di controversie insorte relativamente alla predetta Convenzione. La competenza del Tribunale è peraltro alternativa a quella di altri tribunali, tra cui la stessa Corte internazionale di giustizia o eventuali tribunali arbitrali costituiti *ad hoc*, ed è esercitata secondo un complicato sistema previsto appunto dalla CNUDM. Il Tribunale, composto da giuristi esperti della materia, ha già pronunciato un certo numero di sentenze, esercitando talora anche una funzione cautelare.

A livello regionale esistono altri tribunali internazionali, tra i quali va ricordata la Corte di giustizia delle Comunità europee: essa svolge, da un lato, una funzione (in parte condivisa col Tribunale di primo grado delle Comunità europee) più facilmente riconducibile a quella di un giudice interno, sia pur di ultima istanza. Dall'altro lato, è titolare, tra le altre, di specifiche competenze a) volte a far constare l'eventuale violazione, da parte di uno Stato membro, del Trattato CE (art. 226 ss.) o degli altri obblighi scaturenti in capo a ciascun Stato membro dall'adesione all'Unione Monetaria (art. 237); b) tese a sindacare la legittimità degli atti, di natura vincolante, adottati dalle altre istituzioni comunitarie alla luce del Trattato (artt. 230-231), ovvero la mancata adozione, da parte di alcune di tali istituzioni (Parlamento europeo, Consiglio e Commissione), di atti che invece esse avevano l'obbligo di adottare (art. 232). In aggiunta, e sempre nell'alveo di competenze "tipiche" di un giudice internazionale, la Corte può anche svolgere funzioni c) di natura sostanzialmente arbitrale, allorché, in forza di un compromesso, ad essa sia stato richiesto di risolvere una controversia insorta tra Stati membri in connessione con l'oggetto del Trattato CE (art. 239). Tra l'altro, la completezza dell'ordinamento comunitario, e la pienezza delle funzioni attribuite alla Corte di Giustizia dal Trattato CE, ha portato quest'ultima a proclamarsi quale giudice sostanzialmente esclusivo di qualsiasi controversia insorta tra Stati membri della Comunità, anche riguardante l'interpretazione o l'applicazione di norme di un trattato internazionale che prevede clausole di proroga della giurisdizione a favore di altri tribunali internazionali, quando le materie oggetto del trattato siano state attratte nella sfera del diritto comunitario, ad esempio per l'esistenza di norme comunitarie che abbiano dato uniforme attuazione, a livello di Stati membri, alle disposizioni provenienti dalla sfera internazionale (cfr. la sentenza 30 maggio 2006, n. C-459/03, *Commissione c. Irlanda (stabilimento MOX)*, in *www.curia.eu.int*).

6.2. *La risoluzione delle controversie all'interno dell'OMC.*

Un autonomo e complesso sistema di risoluzione delle controversie esiste anche all'interno dell'OMC, ed è previsto dal *Dispute Settlement Understanding* (DSU), e cioè il trattato multilaterale, cui aderiscono tutti i membri dell'OMC, che disciplina appunto tali problematiche. Pur con notevoli peculiarità, col DSU può affermarsi l'avvenuta costituzione di un "tribunale" competente a decidere controversie commerciali insorte tra Stati parti dell'OMC, in particolare relativamente all'applicazione delle norme del *General Agreement on Tariffs and Trade* (GATT), e degli altri accordi multilaterali vigenti all'interno dell'OMC.

Si osservava che a livello OMC è centrale il ruolo del negoziato e della consultazione tra le parti quale strumento pregiudiziale per la risoluzione delle controversie, cui può seguire l'intervento dell'OMC stessa che può offrire i propri buoni uffici o la conciliazione quando il negoziato tra le parti sia risultato inutile.

Allorché peraltro questi strumenti non abbiano avuto esito positivo, ciascuna delle parti in lite (nozione che può comprendere anche più Stati per ciascuna parte) può chiedere la costituzione di un *panel* di esperti cui devolvere la risoluzione della controversia. I *panel* sono stabiliti dal *Dispute Settlement Body* (DSB), cui partecipano tutti i membri dell'OMC, anche se è il Segretariato OMC a provvedere, di regola, alla nomina dei tre membri dello specifico *panel* competenti a risolvere una data controversia.

La nomina del *panel* comporta quindi l'inizio di una procedura assimilabile ad un arbitrato; al termine, il *panel* formula un *Report*, che viene adottato dal DSB salvo che questi, mediante *consensus*, decida di non farlo; tale evenienza appare peraltro del tutto improbabile, implicando una manifestazione di volontà collettiva di tutti i membri OMC, tra cui gli Stati parti della controversia che sono risultati vincitori nel contenzioso deciso dal *panel*. Il *Report* è impugnabile dinanzi ad un *Appellate Body*. Quest'ultimo è un tribunale, costituito ancora una volta dal DSB, composto da sette membri che siedono permanentemente, ed esercita una giurisdizione di mera legittimità sui *Report* adottati dai *panel*. L'*Appellate Body* applica le norme degli Accordi OMC, ed è vincolato alle "dichiarazioni interpretative" date a tali Accordi dalla Conferenza Ministeriale dell'OMC e dal Consiglio Generale, organi nei quali tutti gli Stati parti dell'OMC sono rappresentati.

Come per i *Report*, le pronunce dell'*Appellate Body* sono automaticamente adottate dal DSB salva decisione contraria di quest'ultimo, da assumersi per *consensus*.

Trascorsi alcuni anni dalla sua nascita, va rilevato che il meccanismo appena descritto ha dato una più che buona prova di sé, soprattutto per la sua capacità di sottrarre le controversie commerciali dalla sfera politica a quella giuridica, e per la "normalità" con cui le controversie tra i membri OMC vengono decise mediante decisioni aventi natura arbitrale/giurisdizionale. Ciò, tra l'altro, rafforza l'idea che la comunità di Stati parte dell'OMC sia, in misura maggiore rispetto ad altre organizzazioni internazionali globali, una comunità di diritto.

6.3. *Controversie OMC e interessi "sostanziali" in gioco: la partecipazione al giudizio di soggetti non statali.*

Le controversie in seno all'OMC, pur sorte tra Stati, per loro natura e oggetto hanno evidenti implicazioni sulle imprese e sugli individui. Basti pensare alle conseguenze del libero scambio sulla salute, o sull'ambiente, e quindi ai contrapposti interessi *sostanziali* sottostanti ad esempio alla valutazione di compatibilità con le norme internazionali in tema di libero commercio di determinate restrizioni alle importazioni decise da uno Stato nei confronti di prodotti provenienti da altri Stati.

In questa prospettiva, benché il tecnicismo giuridico con cui si risolvono le controversie in seno all'OMC tenda ad accrescere una sorta di *accountability* del sistema, in chiave sostanzialmente indipendente da valutazioni "politiche" o "statali", non è sempre detto che tali interessi sostanziali risultino adeguatamente rappresentati. Al riguardo, mentre l'intervento di Stati terzi è consentito nelle forme previste dalle norme procedurali stabilite a livello di DSU, con sempre maggiore frequenza si è posto il problema dell'intervento di altri terzi, in particolare organizzazioni non governative (ONG).

Così, nel caso *Amianto* (sentenza dell'11 marzo 2001, in *Int. Legal Mat.*, 2001, 497), in cui veniva in rilievo la compatibilità col GATT delle misure adottate dalla Comunità europea per impedire le importazioni di amianto o prodotti contenenti amianto, e nel quale numerose ONG avevano presentato memorie a sostegno delle posizioni delle parti statali in lite, l'*Appellate Body* adottò un provvedimento nel quale, tra l'altro, si prevedeva che

> «ogni persona, fisica o giuridica, diversa da una parte o da una parte interveniente [*i.e.* uno Stato terzo] in questo procedimento, interessata a depositare una memoria scritta di fronte all'Appellate Body, deve formulare un'istanza ... (b) non più lunga di tre pagine; (c) contenente una descrizione dell'istante ... degli obiettivi che questo intende perseguire, della natura dell'attività dell'istante e delle fonti di finanziamento del medesimo; (d) specificante la natura dell'interesse fatto proprio dall'istante in questa procedura; (e) identificante le specifiche questioni di diritto che l'istante intende trattare rispetto a quelle oggetto del Report del panel ...; (f) evidenziante il motivo per cui sarebbe desiderabile, nell'interesse di una composizione soddisfacente delle questioni litigiose in conformità ai diritti e agli obblighi dei membri dell'OMC come previsti dal DSU e dagli altri Accordi OMC, che l'Appellate Body conceda all'istante il diritto di depositare una memoria, specificando in particolare in quale modo il contributo che l'istante intenderebbe porre all'interno del procedimento possa non essere ripetitivo degli argomenti già sviluppati dalle parti o dalle parti intervenienti, e (g) contenente una dichiarazione relativa ad eventuali legami dell'istante ... con alcuna delle parti o delle parti intervenienti, nonché all'eventuale assistenza, finanziaria o di altro tipo, che l'istante potrebbe ricevere da queste nella predisposizione dell'istanza o della memoria la cui ammissibilità nella procedura è richiesta» (cfr. WT/DS135/9 dell'8 novembre 2000, in <http://www.wto.org>).

Nello stesso provvedimento, si indicavano altresì i requisiti delle memorie eventualmente dichiarate ammissibili, e il diritto

> «delle parti e delle parti intervenienti di avere una piena e adeguata opportunità di commentare o replicare alle memorie depositate dinanzi all'Appellate Body».

Il problema dell'intervento di ONG si è riproposto dinanzi al *panel* istituito in occasione del caso *Gamberetti II*, relativo a misure statunitensi che restringevano le importazioni di gamberi provenienti da Stati che consentivano tecniche di pesca non selettive e quindi idonee ad uccidere le tartarughe.

> «Nel corso della procedura, il Panel ha ricevuto due memorie non richieste da parte di ONG. ... Le memorie sono state comunicate alle parti ... con lettera nella quale si informavano le parti a prendere posizione sull'ammissibilità e rilevanza delle memorie ... Le parti lo hanno fatto nelle repliche, all'udienza e nelle risposte alle domande poste dal Panel. Il Panel nota che la Malesia ritiene in sostanza che il Panel non abbia alcun diritto, a norma del DSU, di accettare o tener conto di memorie non richieste, mentre gli Stati Uniti fanno presente che la memoria depositata da Earthjustice, che si occupa di que-

stioni ipotetiche non oggetto della controversia, non appare rilevante, a differenza della memoria della National Wildlife Federation. In relazione alla memoria depositata dalla National Wildlife Federation, gli Stati Uniti fanno presente che essa sollevi questioni direttamente rilevanti ai fini della decisione da rendersi da parte del Panel e hanno quindi deciso di allegarla alle proprie memorie "onde assicurare che un documento rilevante di natura informativa [sia acquisito] dal Panel, a prescindere cioè dalla decisione di quest'ultimo di esercitare il potere discrezionale di ritenere ammissibile la memoria in quanto direttamente prodotta dai propri autori". Notiamo peraltro che gli Stati Uniti non recepiscono alcuni degli argomenti contenuti nella memoria depositata come 'amicus curiae' dalla National Wildlife Federation. Per quanto riguarda la memoria di Earthjustice, il Panel prende atto degli argomenti delle parti e decide di non includerla nel fascicolo. Osserva quindi che la memoria della National Wildlife Federation è parte delle memorie depositate dagli Stati Uniti, ed è per questo motivo già inserita nel fascicolo» (WT/DS58/RW del 22 ottobre 2001, in *http://www.wto.org*).

I precedenti poc'anzi ricordati consentono in qualche modo di desumere una cauta apertura nel senso di una più larga partecipazione ai processi decisionali di questioni non solo di grande portata e importanza, quali quelle inerenti al rapporto tra commercio e altri aspetti rilevanti per il diritto internazionale (ambiente, salute, diritti umani, ecc.), ma nelle quali non è sicura la rappresentatività, in capo agli Stati parti o intervenienti, di tutti i punti di vista rilevanti. Ciò conferma, anche da questo angolo visuale, come la "privatizzazione" dei rapporti internazionali comporti rilevanti evoluzioni anche nel sistema della risoluzione delle controversie internazionali.

Bibliografia essenziale

a) In generale, G. ARANGIO - RUIZ, *Controversie internazionali*, in *Enc. dir.*, X, 1962, p. 381 ss.; V. STARACE, *Controversie internazionali*, in *Enc. giur.*, IX, 1988, p. 859 ss.; G. MORELLI, *Soluzione pacifica delle controversie internazionali: ciclo di lezioni*, Napoli, 1991; J.P. COT, A. PELLET (a cura di), *La Charte des Nations Unies, Commentaire article par article*, 2ª ed., Paris, 1991, ed ivi J. CHARPENTIER, *Art. 2, par. 3*, p. 101 ss. e J.P. QUÉNEUDEC, *Art. 95*, p. 1287 ss.; E. MAC WHINNEY, *Judicial Settlement of International Dispute. Jurisdiction, Justiciability and Judicial Law-Making on the Contemporary International Court*, Dordrecht-Boston-London, 1991; B. SIMMA (ed.), *The Charter of the United Nations, A Commentary*, Oxford, 1994, ed ivi C. TOMUSCHAT, *Art. 2, par. 3*, p. 97 ss. e H. MOSLER, *Art. 95*, p. 1007 ss.; M. EVANS (ed.), *Remedies in International Law, The Institutional Dilemma*, Oxford, 1998; J. COLLIER, V. LOWE, *The Settlement of Disputes in International Law*, Oxford, 1999; J.G. MERRILLS, *International Dispute Settlement*, 3ª ed., Cambridge, 1998; T. TREVES, *Le controversie internazionali: nuove tendenze, nuovi tribunali*, Milano, 1999; A. DEL VECCHIO, *Giurisdizioni internazionali e globalizzazione*, Milano, 2003.

b) *Sui c.d. mezzi diplomatici di risoluzione delle controversie*: L.B. SOHN, *The Function of International Arbitration Today*, in *Recueil des Cours*, t. 108, 1963, p. 9 ss.; J.P. COT, A. PELLET, *op. cit.*, ed ivi P. MANIN, *Art. 14*, p. 331 ss.; J.P. QUÉNEUDEC, *Art. 33*, p. 566 ss.; T. BEN SALAH, *Art. 34*, p. 575 ss.; R. DAOUDI, *Art. 35*, p. 587 ss.; B. STERN, *Art. 36*, p. 604 ss.; M.F. LABOUZ, *Artt. 37-38*, p. 629 ss.; B. SIMMA, *op. cit.*, ed ivi O. KIMMINICH,

Art. 14, p. 279 ss.; C. TOMUSCHAT, *Art. 33*, p. 505 ss.; T. SCHWERSFURTH, *Artt. 34-35*, p. 514 ss.; S. RICHTER, T. STEIN, *Artt. 36, 37, 38*, p. 534 ss.

c) *In merito all'arbitrato*: H. JONKMAN, *The Role of the Permanent Court of Arbitration in International Dispute Resolution*, in *Recueil des Cours*, t. 279, 1999, p. 9 ss.; G. ARANGIO - RUIZ, *Arbitrato (Diritto internazionale pubblico)*, in *Enc. dir.*, II, 1957, p. 975 ss.; U. VILLANI, *Arbitrato tra Stati*, in *Digesto, Disc. pubbl.*, I, 1987, p. 338 ss.

d) *Per quanto concerne la Corte internazionale di giustizia*: G. GUYOMAR, *Commentaire du Règlement de la Cour Internationale de Justice*, Paris, 1973; A. DAVÌ, *L'intervento davanti alla Corte Internazionale di Giustizia*, Napoli, 1984; V. STARACE, *La competenza della Corte Internazionale di Giustizia in materia contenziosa*, Napoli, 1987; L. DANIELE, *Le misure cautelari nel processo dinanzi alla Corte Internazionale di Giustizia*, Milano, 1993; K. MBAYE, *L'intérêt pour agir devant la Cour Internationale de Justice*, in *Recueil des Cours*, t. 209, 1988, p. 223 ss.; P. BENVENUTI, *Corte Internazionale di Giustizia*, in *Digesto, Disc. pubbl.*, IV, 1989, p. 241 ss.; R. AGO, *Pareri consultivi "vincolanti" della Corte Internazionale di Giustizia. Problemi di ieri e di oggi*, in *Riv. dir. int.*, 1990, p. 5 ss.; A. ZANOBETTI PAGNETTI, *La non comparizione davanti alla Corte Internazionale di Giustizia*, Milano, 1996; K.H. KAIKOBAD, *The International Court of Justice and Judicial Review. A study of the Court's Powers with Respect to Judgements of the ILO and UN Administrative Tribunals*, The Hague-London-Boston, 2000; E. SPATAFORA, *La reciprocità nella giurisdizione obbligatoria della Corte Internazionale di Giustizia*, Milano, 2001; S. ROSENNE, *The law and practice of the international Court: 1920-1996*, The Hague, 1997.

e) *Sulla risoluzione delle controversie nel sistema dell'OMC*: E. CANAL-FORGUES, *Le règlement des différends à l'OMC*, Bruxelles, 2003; Y. IWASAWA, *The Dispute Settlement of the World Trade Organisations*, Tokyo, 1995; A. LIGUSTRO, *Le controversie tra Stati nel diritto del commercio internazionale: dal GATT all'OMC*, Padova, 1996; E.-U. PETERSMANN, *The WTO Dispute Settlement System*, The Hague, 2004; E. BARONCINI, *The WTO Dispute Settlement Understanding as a promoter of transparent, rule-oriented, mutually agreed solutions – A study on the value of DSU consultations and their positive conclusion*, in P. MENGOZZI (a cura di), *International Trade Law on the 50th Anniversary of the Multilateral Trade System*, Milano, 1999, 153 ss.; G. ADINOLFI, *La soluzione delle controversie nell'OMC ed il contenzioso euro-statunitense*, in G. VENTURINI (a cura di), *L'organizzazione mondiale del Commercio*, Milano, 2000, 155 ss.; M. DI STEFANO, *Soluzione delle controversie nell'OMC e diritto internazionale*, Padova, 2001; M. VELLANO, *L'organo di appello dell'OMC*, Napoli, 2001; P. PICONE, A. LIGUSTRO, *Diritto dell'Organizzazione Mondiale del Commercio*, Padova, 2002, pp. 575 ss. e 655 ss.; WTO, *A handbook on the WTO Dispute Settlement System*, Cambridge 2004.

CAPITOLO VIII

ILLECITO E RESPONSABILITÀ

di LUIGI FUMAGALLI

SOMMARIO: 1.1. L'illecito quale presupposto della responsabilità. – 1.2. Norme primarie e norme secondarie. – 1.3. Il contenuto della responsabilità. – 1.4. La fonte della disciplina della responsabilità. – 1.5. La responsabilità di soggetti diversi dagli Stati. – 2.1. Gli elementi costitutivi dell'atto internazionalmente illecito. – 2.2. Irrilevanza del diritto interno nella qualificazione dell'illecito. – 3.1. L'elemento "soggettivo" dell'illecito: il principio generale di attribuibilità di un atto allo Stato. – 3.2. Il comportamento dei privati. – 3.3. La complicità nell'illecito internazionale. – 4.1. L'elemento "oggettivo" dell'illecito: caratteri del comportamento dello Stato. – 4.2. Irrilevanza dell'origine dell'obbligo internazionale violato. – 4.3. Il carattere della norma violata. – 4.4. Il momento di commissione dell'illecito. – 5.1. La colpa nell'illecito internazionale. – 5.2. Il danno nell'illecito internazionale. – 6.1. Le circostanze di esclusione dell'illiceità. – 6.2. Il consenso dello Stato leso. – 6.3. La legittima difesa. – 6.4. Le contromisure. – 6.5. La forza maggiore. – 6.6. L'estremo pericolo. – 6.7. Lo stato di necessità. – 7.1. Le conseguenze dell'illecito. – 7.2. L'obbligo di cessare il comportamento illecito. – 7.3. L'obbligo di riparazione. – 7.4. Le conseguenze della violazione di una norma imperativa di diritto internazionale generale. – 8.1. La legittimazione ad invocare la responsabilità dello Stato. – 8.2. La responsabilità nei confronti del privato. – 9.1. La reazione all'illecito: le contromisure. – 10.1. I regimi speciali di responsabilità internazionale. – 10.2. Il sistema comunitario come esempio di regime speciale di responsabilità internazionale. – 11.1. Il problema della responsabilità senza illecito.

1.1. *L'illecito quale presupposto della responsabilità.*

Il diritto internazionale, così come il diritto interno, nel contemplare regole di condotta, positiva o negativa, assume che il soggetto destinatario degli obblighi da esse nascenti osservi il comportamento dovuto, compiendo l'azione richiesta ovvero astenendosi dall'azione vietata. Allo stesso tempo, e tuttavia, il diritto internazionale contempla regole volte a disciplinare le conseguenze della mancata osservanza dell'obbligo internazionale, previa definizione dei presupposti al cui ricorrere la produzione di tali conseguenze è condizionata. A tale parte del diritto internazionale vengono dunque ricondotte le questioni dell'illecito e della responsabilità internazionale, intesa quale conseguenza nascente nell'ordinamento internazionale dalla violazione di uno degli obblighi in esso vigenti, nonché «corollario necessario del diritto» (CIG, 5 febbraio 1970, *Barcelona Traction, Light and Power Company, Limited*, Belgio c. Spagna, in *C.I.J., Recueil*, 1970, 33, par. 36), di cui condiziona l'efficacia.

La commissione da parte di un soggetto internazionale, sia esso uno Stato o un altro ente titolare di posizioni giuridiche soggettive, di un atto internazionalmente illecito è infatti il presupposto necessario per l'insorgere di una responsabilità internazionale a carico di tale soggetto (v. anche *infra*, par. 11.1, per una discussione sulla possibilità che vi sia responsabilità senza illecito). L'illustrazione della sussistenza e del significato della responsabilità internazionale, dunque, comporta, in primo luogo, la necessaria definizione delle circostanze in cui un comportamento può definirsi illecito, e quindi anche dei casi in cui non può considerarsi illecita (ossia fonte di responsabilità) la violazione di norme giuridiche internazionali; e richiede, in secondo luogo, un approfondimento del contenuto delle conseguenze che derivano dall'atto illecito.

1.2. *Norme primarie e norme secondarie.*

In tal prospettiva, peraltro, alle regole di diritto internazionale sulla responsabilità per atti internazionalmente illeciti si contrappongono le regole, pure di diritto internazionale, che impongono e definiscono un obbligo (di comportamento o di astensione) la cui violazione fa sorgere la responsabilità. Le regole che definiscono le condizioni generali affinché un soggetto sia considerato, ai sensi del diritto internazionale, responsabile dell'azione o omissione illecita sono definite come "secondarie"; le norme che definiscono il contenuto dell'obbligazione violata sono qualificate come "primarie".

1.3. *Il contenuto della responsabilità.*

Sulla base di quanto esposto, dunque, l'espressione "responsabilità internazionale", intesa in senso stretto, copre la nuova relazione giuridica (di carattere "secondario") che insorge, in base al diritto internazionale, nei rapporti tra lo Stato responsabile e lo Stato leso (ma che può insorgere anche nei confronti dell'intera Comunità internazionale), in seguito all'atto internazionalmente illecito dello Stato.

Tale relazione ha, come si vedrà, sulla base del diritto internazionale vigente, un contenuto complesso: non è limitata soltanto all'obbligo incombente allo Stato responsabile di fornire, o al diritto dello Stato leso di pretendere, una riparazione, ma comporta anche (e non solo) la soggezione del primo al potere di coercizione, spettante ad altro soggetto, allo scopo di ottenere l'adempimento, sia dell'obbligo primario che del dovere di riparazione, e di sanzionare il comportamento illecito.

1.4. *La fonte della disciplina della responsabilità.*

Nel senso indicato, la disciplina generale della responsabilità internazionale è posta da regole di diritto internazionale consuetudinario: non sussistono infatti regole pattizie che abbiano inteso regolare la materia in via generale (e perciò al di fuori di ben definiti sistemi, quale quello comunitario, riconducibili al fenomeno dell'organizzazione internazionale: v. *infra*, parr. 10.1-10.2). Ma allo stesso tempo deve essere rilevato come la disciplina generale della responsabilità internazionale degli Stati per fatti internazionalmente illeciti sia stata oggetto di una complessiva opera di codificazione, curata dalla Commissione del diritto internazionale delle Nazioni Unite, sfociata nell'adozione, nell'agosto 2001, di un progetto di articoli.

La questione della responsabilità dello Stato venne indicata invero tra le materie suscettibili di codificazione già alla prima sessione della Commissione del diritto internazionale nel 1949. Gli studi iniziarono poi nel 1955, allorché la Commissione, nella settima sessione, nominò il Garcia Amador come relatore. Tali lavori, che inizialmente vennero limitati (nei sei rapporti presentati dal primo relatore speciale) alla questione della responsabilità per i danni agli stranieri o alla loro proprietà, si sono svolti attraverso l'accurata ed esaustiva opera dei vari relatori speciali di tempo in tempo incaricati dalla Commissione e dei rapporti da loro presentati (Ago: sei rapporti tra il 1969 e il 1979; Riphagen: sette rapporti tra il 1980 e il 1986; Arangio-Ruiz: otto rapporti tra il 1988 e il 1996; Crawford: quattro rapporti tra il 1988 e il 2001) e si sono estesi alla codificazione complessiva delle questioni relative alla responsabilità internazionale degli Stati: dalle sue origini (oggetto della Parte Prima approvata dalla Commissione, provvisoriamente e in prima lettura, nel 1980), alle forme, al contenuto e ai gradi di responsabilità internazionale, nonché alla soluzione delle controversie e all'attuazione della responsabilità internazionale (oggetto, rispettivamente, della Parte Seconda e della Parte Terza del progetto, adottate in prima lettura nel 1996). Tali lavori sono dunque sfociati nell'approvazione in seconda lettura, nel 2001, di un testo di Articoli, che, pur avendo accantonato le questioni relative alla soluzione delle controversie, è il frutto di un'ampia ricognizione della prassi e della giurisprudenza internazionale, nonché della dottrina internazionalistica, fatta dai vari relatori speciali, e si presenta quale codificazione complessiva di tutti gli aspetti della responsabilità internazionale.

Nella ricostruzione del regime giuridico della responsabilità internazionale non si potrà pertanto prescindere dalla considerazione dei risultati raggiunti dalla Commissione del diritto internazionale ed in particolare dal testo degli Articoli da essa approvati, destinati, secondo gli auspici della stessa Commissione, ad essere adottati, con risoluzione, dall'Assemblea generale ONU, come guida della pratica e della giurisprudenza internazionale.

Ed infatti l'Assemblea generale, recependo la raccomandazione della Commissione del diritto internazionale, con la risoluzione n. 56/83 adottata il 12 dicembre 2001, ha preso nota degli Articoli sulla responsabilità degli Stati per atti internazionalmente illeciti, sottoponendoli all'attenzione degli Stati e lasciando aperta qualsiasi opzione relativa ad una loro formale adozione. Più di recente la stessa Assemblea generale, con la risoluzione n. 59/35 del 2 dicembre 2004, ha invitato gli Stati a sottoporre osservazioni scritte circa le possibili azioni relative agli Articoli, in vista di una discussione sul punto in occasione di una futura sessione.

1.5. *La responsabilità di soggetti diversi dagli Stati.*

Sebbene gli Articoli considerino solo la responsabilità dello Stato, una responsabilità per atto illecito può insorgere, sulla base dei medesimi presupposti e con gli stessi effetti, in capo ad ogni soggetto di diritto internazionale che violi un obbligo internazionale. Possibili destinatari delle norme che definiscono se un'obbligazione è stata violata e quali sono le conseguenze della violazione sono infatti tutti i soggetti capaci di essere titolari di posizioni giuridiche soggettive in diritto internazionale: non solo gli Stati, dunque, ma anche, ad esempio, le organizzazioni internazionali. Ed infatti si è sottolineato, in riferimento alle Nazioni Unite, che

> «l'Organizzazione può certamente essere ritenuta responsabile per le conseguenze dannose derivanti da ... atti» dei propri agenti (principio riconosciuto dalla Corte internazionale di giustizia nel parere consultivo pronunciato il 29 aprile 1999, *Immunità dalla giurisdizione di un relatore speciale della Commissione dei diritti umani*, in *C.I.J., Recueil*, 1999, 89, par. 66).

La disciplina della responsabilità dello Stato, quale codificata dagli Articoli, appare peraltro essere espressione paradigmatica del diritto internazionale in materia: ad essa pertanto si farà riferimento nella descrizione di questo.

Deve segnalarsi comunque come la questione della responsabilità delle organizzazioni internazionali per atti internazionalmente illeciti sia attualmente oggetto di studio specifico da parte della Commissione del diritto internazionale, attraverso l'opera del relatore speciale Gaja, quale sinora raccolta in quattro rapporti, presentati tra il 2003 e il 2006, che offrono un'approfondita analisi della pratica e della dottrina in materia.

I rapporti sinora presentati sono dedicati ai principi generali sulla responsabilità delle organizzazioni internazionali, all'attribuibilità di una condotta ad un'organizzazione internazionale, all'esistenza di una violazione di un'obbligazione internazionale da parte di un'organizzazione internazionale, alla responsabilità internazionale di un'organizzazione internazionale per un atto di uno Stato o di un'altra organizzazione internazionale, alle circostanze che escludono l'illiceità, alla responsabilità di uno Stato in connessione con un atto di un'organizzazione internazionale, ed in particolare alla responsabilità dei membri di un'organizzazione internazionale nel caso di responsabilità internazionale della organizzazione internazionale di cui sono membri.

2.1. Gli elementi costitutivi dell'atto internazionalmente illecito.

La violazione del diritto internazionale da parte di uno Stato comporta la sua responsabilità internazionale. Infatti

> «ogni violazione da parte di uno Stato di un'obbligazione, di qualsiasi origine, fa sorgere la responsabilità dello Stato» (Tribunale arbitrale, 30 aprile 1990, *Rainbow Warrior*, Nuova Zelanda c. Francia, in *UNRIAA*, XX, 251, par. 75. La regola è codificata all'art. 1 degli Articoli).

Pertanto, allorché uno Stato commette un atto internazionalmente illecito nei confronti di un altro Stato,

> «... la sua responsabilità internazionale è immediatamente stabilita nei rapporti tra i due Stati» (CPGI, 14 giugno 1938, *Fosfati in Marocco (eccezioni preliminari)*, Italia c. Francia, in *C.P.J.I., Recueil*, 1938, Série A/B, n. 74, 28).

Per stabilire l'esistenza di una responsabilità internazionale occorre dunque, in primo luogo, verificare le condizioni subordinatamente alle quali un illecito internazionale può dirsi esistente. A tal fine si identificano (come fa l'art. 2 degli Articoli) due elementi, ritenuti costitutivi dell'illecito: il primo consiste nell'attribuibilità dell'atto allo Stato ai sensi del diritto internazionale; il secondo è dato dalla violazione di un obbligo internazionale vigente per lo Stato al momento della commissione dell'atto. Come affermato dalla Corte internazionale di giustizia nella sentenza resa il 24 maggio 1980, nel caso relativo al *Personale diplomatico e consolare degli Stati Uniti a Teheran*, Stati Uniti c. Iran (in *C.I.J., Recueil*, 1980, 29, par. 56), allo scopo di stabilire l'esistenza di una responsabilità dell'Iran

> «in primo luogo [si] deve determinare in quale misura, dal punto di vista giuridico, le azioni in questione possono essere considerate come imputabili allo Stato iraniano. In secondo luogo [si] deve considerare la loro compatibilità o incompatibilità con le obbligazioni dell'Iran ai sensi dei trattati in vigore o ai sensi di qualsiasi altra norma di diritto internazionale che possa essere applicabile».

I due elementi costitutivi della responsabilità internazionale sono usualmente designati, rispettivamente, come "soggettivo" e "oggettivo". Deve peraltro segnalarsi che tale aggettivazione deve essere utilizzata con cautela, in quanto essa appare essere possibile fonte di equivoci, sembrando (erroneamente) evocare un preteso carattere oggettivo o soggettivo (ossia fondata sulla colpa o meno) della responsabilità stessa (sul rilievo della colpa, oltre che del danno, quale ulteriore elemento costitutivo dell'illecito si tornerà al par. 5.1).

2.2. Irrilevanza del diritto interno nella qualificazione dell'illecito.

La qualificazione di un atto come internazionalmente illecito (e pertanto la verifica della sussistenza dei due elementi menzionati), nonché l'insorgere di una responsabilità quale sua conseguenza, dipende dal diritto internazionale e dunque prescinde dalla qualificazione dello stesso come lecito ai sensi del diritto interno.

Il principio enunciato (e codificato all'art. 3 degli Articoli) presenta invero un duplice aspetto. In primo luogo, da esso consegue che un atto non può essere considerato come internazionalmente illecito (e quindi una responsabilità non sorge) se esso non comporta la violazione di una norma di diritto internazionale, quand'anche esso sia in contrasto con regole di diritto interno. In secondo luogo, esso implica che lo Stato non può, invocando la conformità della propria condotta alle proprie disposizioni interne, sottrarsi alla responsabilità internazionale, se essa si pone in contrasto con un obbligo internazionale: l'atto che viola una norma di diritto internazionale costituisce un illecito anche se lo Stato era obbligato a compierlo in base al proprio diritto interno. In questo senso si è chiaramente espressa la Corte permanente di giustizia internazionale nel parere consultivo reso in data 4 febbraio 1932, relativo al *Trattamento dei cittadini polacchi e di altre persone di origine o lingua polacca nel territorio di Danzica*, allorché ha negato al Governo polacco il diritto di sottoporre agli organi della Società delle Nazioni questioni relative all'applicazione a cittadini polacchi di alcune disposizioni della Costituzione della Città Libera di Danzica, poiché

> «in base a principi generalmente accettati, uno Stato non può basarsi, nei confronti di un altro Stato, sulle disposizioni della Costituzione del secondo, ma solo sul diritto internazionale e su obbligazioni internazionali debitamente assunte ... Di converso, uno Stato non può invocare, nei confronti di un altro Stato, la propria Costituzione con il proposito di sottrarsi ad obblighi che lo vincolano in base al diritto internazionale e a trattati in vigore ... L'applicazione della Costituzione di Danzica può ... comportare la violazione di un obbligo internazionale che vincola Danzica nei confronti della Polonia, in base a stipulazioni pattizie o al diritto internazionale generale ... Tuttavia, in casi di siffatta natura, non è la Costituzione ... in quanto tale, ma l'obbligo internazionale che fa sorgere la responsabilità della Città Libera» (in *C.P.J.I., Recueil*, Série A/B, n. 44, 1932, 24 s.).

D'altra parte, la Corte internazionale di giustizia, nella sentenza del 20 luglio 1989, *Elettronica Sicula S.p.a. (ELSI)*, Stati Uniti c. Italia (in *C.I.J., Recueil*, 1989, 51, par. 73, e 74, par. 124), ha affermato che

> «l'osservanza del diritto interno e l'osservanza delle disposizioni di un trattato sono questioni differenti. Ciò che costituisce violazione di un trattato può essere legittimo in diritto interno e quello che è illegittimo in diritto interno può non costituire violazione di una disposizione pattizia. Anche se il Prefetto avesse ritenuto che la requisizione era del tutto giustificata secondo il diritto italiano, ciò non avrebbe escluso la possibilità che essa costituisse violazione del ... Trattato»,

e quindi spiegato che

> «il fatto che un atto di un'autorità pubblica possa essere stato illegittimo secondo il diritto interno non significa necessariamente che quell'atto era illegittimo in diritto internazionale, quale violazione di un trattato o altrimenti. La determinazione del giudice locale che l'atto era illegittimo può ben essere rilevante ai fini della tesi che esso era arbitrario; ma, di per sé, e senza altro, l'illegittimità non può essere ritenuta dar luogo ad arbitrarie-

tà ... Né dalla determinazione del giudice locale che un atto era ingiustificato, o irragionevole, o arbitrario consegue che quell'atto deve essere necessariamente qualificato come arbitrario in diritto internazionale, sebbene la qualificazione data all'atto impugnato dall'autorità italiana possa essere una valida indicazione».

3.1. *L'elemento "soggettivo" dell'illecito: il principio generale di attribuibilità di un atto allo Stato.*

Affinché una condotta possa essere caratterizzata come internazionalmente illecita e fonte di responsabilità internazionale è dunque in primo luogo necessario che essa sia attribuibile allo Stato (o al soggetto internazionale in questione): poiché le azioni dello Stato sono in definitiva azioni umane, la questione diventa quella di verificare quali persone devono essere considerate come agire per conto dello Stato ai fini della responsabilità internazionale.

Il principio generale di attribuibilità di una condotta allo Stato è espresso dalla regola secondo la quale può essere riferita allo Stato, dal punto di vista del diritto internazionale, solo la condotta dei suoi organi, ossia di quegli enti, individuali o collettivi, attraverso i quali lo Stato si organizza e agisce: in linea di principio, dunque, un'azione umana può essere considerata come azione dello Stato, quale soggetto di diritto internazionale, solo se posta in essere dai componenti di un organo dello Stato che abbiano agito in tale qualità.

L'attribuzione di una condotta allo Stato quale soggetto di diritto internazionale è basata su criteri determinati dal diritto internazionale. Tuttavia, il diritto interno e la prassi di ogni Stato sono di primaria importanza al fine di determinare cosa costituisce un organo di uno Stato, poiché la struttura dello Stato è determinata dal diritto interno (che è libero nella scelta delle modalità di organizzazione di esso) e non dal diritto internazionale. Tale rilievo, si badi, non smentisce il menzionato principio secondo il quale il diritto internazionale stabilisce i criteri di attribuzione della condotta allo Stato, poiché, sotto il profilo accennato, diritto interno e diritto internazionale svolgono una funzione differente: ad esempio, la condotta di alcuni apparati interni può essere attribuita allo Stato in diritto internazionale anche se dal punto di vista interno essi sono indipendenti rispetto al potere esecutivo; ed allo stesso modo può finire per essere attribuita allo Stato la condotta di organi che violano quelle regole che, nel sistema interno, ne definiscono la competenza.

Per quanto lo Stato si ripartisca al suo interno in una serie di organi aventi diverse funzioni e persino distinta personalità, ai fini del diritto internazionale lo Stato è trattato come una singola persona giuridica. Pertanto, la condotta di qualsiasi organo statale viene considerata come atto dello Stato ai sensi del diritto internazionale, sia che esso eserciti funzioni legislative, giudiziarie o esecutive, qualunque posizione esso abbia nell'organizzazione dello Stato, e a prescindere dal suo carattere di organo del governo centrale ovvero di una ripartizione territoriale dello Stato. Infatti,

> «in base ad una consolidata regola di diritto internazionale, che ha natura consuetudinaria, la condotta di ogni organo di uno Stato deve essere considerata come atto di quello Stato (CIG, sentenza 19 dicembre 2005, *Attività militari sul territorio del Congo*, Repubblica democratica del Congo c. Uganda, in *Riv. dir. int.*, 2006, p. 145 ss., par. 213);
> «il comportamento di un organo dello Stato – anche se indipendente dal potere esecutivo – deve essere considerato come un fatto di questo Stato» (CIG, parere consultivo 29 aprile 1999, *Immunità dalla giurisdizione di un relatore speciale della Commissione dei diritti umani*, cit., 88, par. 63);
> «la responsabilità internazionale di uno Stato è impegnata dall'azione degli organi e delle autorità competenti che agiscono in questo Stato, qualunque esse siano» (CIG, ordinanza 3 marzo 1999 sulla domanda di misure cautelari nel caso relativo alla *Convenzione di Vienna sulle relazioni consolari (LaGrand)*, Germania c. Stati Uniti, in *C.I.J., Recueil*, 1999, 16, par. 28);
> «uno Stato è responsabile per gli atti dei suoi governanti, sia che essi appartengano al potere legislativo, esecutivo o giudiziario, nella misura in cui gli atti sono posti in essere nella loro veste ufficiale» (Tribunale arbitrale internazionale, 8 maggio 1902, *Salvador Commercial Company*, Stati Uniti c. El Salvador, in *UNRIAA*, XV, 477);
> «dal punto di vista del diritto internazionale e della Corte che ne è suo organo le leggi interne ... esprimono la volontà e costituiscono attività dello Stato, nello stesso modo delle misure amministrative e delle decisioni giudiziarie» (CPGI, 25 maggio 1926, *Interessi tedeschi nell'Alta Slesia polacca (merito)*, Germania c. Polonia, in *C.P.J.I., Recueil*, Série A, n. 7, 1926, 19).

A tal riguardo non rileva se l'unità territoriale in questione è una componente di uno Stato unitario o gode di specifica autonomia; si prescinde inoltre dall'esistenza di un potere riconosciuto al governo centrale di costringere l'ente territoriale ad adempiere agli obblighi nascenti dal diritto internazionale. Come affermò la Commissione di conciliazione franco-italiana nel caso degli *Eredi di S.A.R. il Duca di Guisa*

> «al fine di raggiungere una decisione nel presente caso interessa poco che il decreto del 29 agosto 1947 non sia stato adottato dallo Stato italiano ma dalla Regione Sicilia. Infatti lo Stato italiano è responsabile dell'attuazione del Trattato di Pace anche per la Sicilia, nonostante l'autonomia accordata alla Sicilia nelle rapporti interni in base al diritto pubblico della Repubblica italiana» (decisione n. 107 del 15 settembre 1951, in *UNRIAA*, XIII, 161, par. 7).

La condotta è attribuibile allo Stato se nel caso concreto l'organo in questione agisce in veste ufficiale, anche se al di fuori della sfera di sua competenza, in cui secondo il diritto interno può esercitare i suoi poteri (art. 7 degli Articoli). Infatti, l'esistenza di una violazione attribuibile allo Stato

> «... prescinde dalla circostanza che l'organo o autorità abbia violato disposizioni di diritto interno o superato i limiti del suo potere: in base al diritto internazionale uno Stato è responsabile per gli atti dei suoi agenti compiuti nell'esercizio delle loro funzioni ufficiali e per le loro omissioni, anche se quegli agenti agiscono al di fuori della sfera del loro potere o violano il diritto interno» (Corte interamericana dei diritti dell'uomo, 29 luglio 1988, *Velásquez Rodriguez (merito)*, in *Int. Law Rep.*, 1994, vol. 95, 296, par. 17).

Allo stesso tempo può essere attribuita allo Stato la condotta dell'ente che non può essere ritenuto organo dello Stato, ma che tuttavia è autorizzato dal diritto interno a esercitare "elementi" di potere di governo (art. 5 degli Articoli). Il fenomeno riguarda gli enti c.d. "parastatali" o quegli enti privati (o privatizzati) che conservano poteri di regolamentazione (come, ad esempio, le compagnie aeree che abbiano poteri di disciplina e controllo del fenomeno dell'immigrazione o in materia doganale). La giustificazione di tale attribuzione nasce dalla partecipazione di tali enti alla funzione di governo; e come tale segna anche i limiti in cui l'azione dell'ente può essere considerata come condotta dello Stato.

Per quanto, in linea di principio, la condotta di un organo impegni (solo) la responsabilità internazionale dello Stato al quale esso appartiene, possono darsi casi (art. 6 degli Articoli) in cui la condotta illecita di un organo di uno Stato fa sorgere la responsabilità di uno Stato diverso. Ciò avviene allorché l'organo di uno Stato (ad es., un giudice, un reparto dell'esercito, un gruppo di agenti di polizia) venga posto a disposizione di un altro Stato, per la condotta posta in essere nell'espletamento di funzioni di governo dello Stato a disposizione del quale esso è messo: se un organo di uno Stato è posto a disposizione di un altro Stato e agisce solo a favore e per conto di quello Stato, la sua condotta viene attribuita solo allo Stato per il quale agisce. Ovviamente, da tale meccanismo di attribuzione sono escluse le situazioni in cui l'organo agisce senza il consenso dello Stato le cui funzioni sono esercitate (come in caso di occupazione militare), ovvero sulla base di istruzioni dello Stato al quale esso strutturalmente appartiene. Ed infatti, sotto il profilo da ultimo menzionato, la Corte europea dei diritti dell'uomo (nella decisione dell'11 gennaio 2001 sulla ricevibilità del ricorso nel caso *Xhavara e altri c. Italia e Albania*) ha ritenuto che la condotta delle autorità italiane (ed in particolare del comandante della nave da guerra *Sibilla*, che, a seguito di collisione, aveva provocato l'affondamento di un battello albanese) fosse attribuibile unicamente all'Italia, per quanto le attività di pattugliamento marittimo del vascello italiano si svolgessero nel quadro di un accordo internazionale tra Italia e Albania.

3.2. *Il comportamento dei privati.*

Il rilievo assegnato in diritto internazionale alla sussistenza di un legame organico tra soggetto che agisce e Stato cui l'azione è attribuita esclude che la condotta posta in essere da *privati* in quanto tali possa essere considerata come condotta dello Stato e che pertanto dal contrasto tra condotta del privato ed obbligo internazionale dello Stato possa sorgere a carico di questo una responsabilità internazionale.

Infatti, al ricorrere di tale circostanza lo Stato può essere ritenuto unicamente responsabile del comportamento dei suoi organi, che non abbiano preso le misure necessarie per prevenire o punire il fatto dei privati. In tal caso, dunque, lo Stato non è responsabile della violazione dell'obbligo internazionale con il quale il comportamento del privato è in contrasto, ma solo dell'obbligo di assicurare la prevenzione o la repressione del comportamento dei privati. Una responsabilità diretta (ossia relativa alla violazione dell'obbligo internazionale commessa dai privati) sorge solo allorché lo Stato, approvando o ratificando, *a posteriori*, il comportamento dei privati, lo faccia, in definitiva, proprio.

Paradigmatica di tale situazione (e del duplice profilo sotto il quale la responsabilità dello Stato può insorgere) è la vicenda della occupazione nel corso del 1979, da parte di "studenti islamici", dei locali dell'ambasciata statunitense in Iran, a Teheran, oltre che dei consolati di Tabriz e Chiraz, e della presa in ostaggio del personale diplomatico e consolare statunitense ivi in servizio. La Corte internazionale di giustizia, adita dagli Stati Uniti, ha potuto, sulla base degli avvenimenti e del comportamento delle autorità iraniane, distinguere due fasi nella vicenda, dando applicazione ai menzionati principi.

Nella prima fase, infatti, il comportamento degli "studenti islamici",

«... allorché essi hanno organizzato l'attacco, invaso l'ambasciata e preso in ostaggio i suoi occupanti, non potrebbe essere considerato come imputabile allo Stato iraniano su questa base. Esso avrebbe potuto essere considerato di per sé come direttamente imputabile a questo Stato solo se si fosse verificato che i militanti agivano effettivamente per suo conto, perché un organo competente di detto Stato li aveva incaricati di una operazione determinata. Gli elementi di informazione di cui la Corte dispone non permettono tuttavia di stabilire, con il grado di certezza necessario, l'esistenza a quel momento di un tale legame tra i militanti e un organo competente dello Stato» (CIG, 24 maggio 1980, *Personale diplomatico e consolare degli Stati Uniti a Teheran*, Stati Uniti c. Iran, cit., par. 57 ss.).

E tuttavia

«... il carattere inizialmente indipendente e non ufficiale dell'attacco all'ambasciata da parte dei militanti ... non significa che l'Iran sia, di conseguenza, esonerato da ogni responsabilità ... Il suo comportamento era in effetti incompatibile con i suoi obblighi internazionali, poiché, in virtù di svariate disposizioni delle Convenzioni di Vienna del 1961 e del 1963, l'Iran aveva, in quanto Stato accreditatario, l'obbligo ... di adottare misure appropriate per proteggere l'ambasciata e i consolati degli Stati Uniti, il loro personale, i loro archivi, i loro mezzi di comunicazione, e la libertà di movimento dei membri del loro personale».

Nella seconda fase degli avvenimenti, successiva alla occupazione dell'ambasciata ed alla presa degli ostaggi, invece,

«... numerose autorità iraniane, in particolare religiose, giudiziarie, governative, così come rappresentanti della polizia e della radio-diffusione, hanno immediatamente manifestato la loro approvazione della presa dell'ambasciata e dei consolati di Tabriz e Chiraz operata dai militanti e soprattutto l'ayatollah Khomeini ha proclamato che lo Stato avallava tanto la presa dell'ambasciata e dei consolati quanto la detenzione come ostaggi del personale dell'ambasciata».

Di conseguenza

«... questa politica ha avuto l'effetto di trasformare radicalmente la natura giuridica della situazione creata dall'occupazione dell'ambasciata e dalla detenzione quali ostaggi dei membri del suo personale diplomatico e consolare ... [L]'occupazione continua dell'ambasciata e la detenzione persistente degli ostaggi hanno assunto il carattere di atti dello stesso Stato. I militanti, autori dell'invasione e carcerieri degli ostaggi, sono allora diventati degli agenti dello Stato iraniano i cui atti comportano la sua responsabilità internazionale».

Il comportamento di enti (o soggetti privati) che non costituiscono un organo dello Stato può essere inoltre attribuito allo Stato allorché questo abbia controllato o diretto l'attività dei privati, che abbiano dunque agito in una condizione di totale dipendenza dallo, o sotto il controllo dello, Stato. In particolare, a tale fattispecie (descritta nell'art. 8 degli Articoli) può essere ricondotta la situazione dello Stato *sponsor* di atti di terrorismo internazionale. Ed in effetti nella risoluzione n. 1368 (2001) adottata il 12 settembre 2001 il Consiglio di Sicurezza ONU, nell'indirizzare a tutti gli Stati l'invito a cooperare al fine di sottoporre a processo i responsabili degli attacchi terroristici dell'11 settembre 2001, ha affermato

«con forza che coloro i quali portano la responsabilità di aiutare, sostenere o ricoverare gli esecutori, organizzatori e promotori di tali atti ne dovranno rendere conto».

Ragione di tale regola è impedire che lo Stato si sottragga alla responsabilità internazionale utilizzando privati per il compimento di atti che non potrebbero essere compiuti da suoi agenti. In tale circostanza

«il requisito di diritto internazionale per l'attribuzione a Stati di atti commessi da privati individui è che lo Stato eserciti un controllo sugli individui. Il *grado di controllo* può, tuttavia, variare a seconda delle circostanze di fatto di ogni caso» (Camera d'appello del Tribunale penale internazionale per la ex Jugoslavia, 15 luglio 1999, *Tadic*, in *Riv. dir. int.*, 1999, 1089; corsivo nell'originale).

Pertanto

«nonostante i consistenti sussidi e il sostegno di altro genere fornito loro [ossia: ai *contras* che svolgevano attività di guerriglia contro il governo del Nicaragua] dagli Stati Uniti, non vi è prova chiara che gli Stati Uniti abbiano effettivamente esercitato un tale grado di controllo da giustificare un trattamento dei *contras* come agenti per ... conto [degli Stati Uniti] ... Tutte le forme della partecipazione degli Stati Uniti sopra menzionate, e persino il controllo generale da parte dello Stato convenuto su di una forza con un alto grado di dipendenza da esso, non significherebbero di per sé, senza prove ulteriori, che gli Stati Uniti hanno diretto ... la commissione di atti contrari ai diritti umani e al diritto umanitario sostenuti dallo Stato ricorrente. Tali atti ben potevano venire commessi da membri dei *contras* al di fuori del controllo degli Stati Uniti. Affinché questa condotta faccia sorgere la responsabilità giuridica degli Stati Uniti, si dovrebbe in principio provare che quello Stato ha effettivamente avuto il controllo delle operazioni militari e paramilitari nel corso delle quali le pretese violazioni sono state commesse» (CIG, 27 giugno 1986, *Attività militari e paramilitari in Nicaragua e contro il Nicaragua (merito)*, Nicaragua c. Stati Uniti (in *C.I.J., Recueil*, 1986, 62, par. 109, e 64 s., par. 115).

Lo stesso fenomeno (ossia l'attribuzione allo Stato di comportamenti di enti diversi dai suoi organi) può verificarsi allorché il privato abbia agito in sostituzione dello Stato, come in caso di calamità naturali, quando le autorità sono venute meno o non sono in grado di operare (art. 9 degli Articoli). Allo stesso modo può essere attribuita allo Stato l'attività di un *movimento insurrezionale* (ossia di un ente che, per definizione, non è un organo dello Stato al momento in cui agisce), se e quando esso assume le funzioni di nuovo governo dello Stato (art. 10 degli Articoli).

3.3. La complicità nell'illecito internazionale.

Alla questione della *complicità* nell'illecito internazionale sono rivolte quelle regole di diritto internazionale (che negli Articoli sono comprese negli artt. 16-19) che definiscono in quale misura uno Stato può essere ritenuto responsabile per l'atto di un altro Stato. Invero, in base alle regole generali enunciate, uno Stato è responsabile solo per le azioni ad esso attribuibili (che siano in contrasto con obblighi vincolanti per quello Stato). Tuttavia possono darsi casi in cui insorge una responsabilità dello Stato in relazione ad azioni di un altro Stato, allorché vi sia una cooperazione o una coercizione nella commissione dell'illecito.

In una prima direzione, infatti, una responsabilità può insorgere per lo Stato che aiuta o assiste un altro Stato nella commissione da parte di questo di un atto internazionalmente illecito. In tal caso lo Stato che presta l'assistenza diventa internazionalmente responsabile per il proprio comportamento se agisce con la consapevolezza delle circostanze dell'atto illecito, quando quell'atto sarebbe illecito se da lui direttamente commesso. Alle stesse condizioni, diventa internazionalmente responsabile, per l'atto illecito commesso da altro Stato, lo Stato la cui "cooperazione" si svolge nella direzione e nel controllo della commissione di quell'atto internazionalmente illecito.

In una seconda direzione, invece, deve ritenersi internazionalmente responsabile dell'illecito lo Stato che costringe altro Stato alla sua commissione, nel caso in cui quell'atto, se non fosse frutto di coercizione, sarebbe un atto illecito dello Stato costretto a commetterlo, e se agisce con la consapevolezza delle circostanze dell'atto. In altre parole, all'esclusione della responsabilità in capo allo Stato che (sotto coazione) commette un illecito, si accompagna la responsabilità dello Stato che tale commissione ha cagionato.

4.1. L'elemento "oggettivo" dell'illecito: caratteri del comportamento dello Stato.

Il secondo elemento (definito "oggettivo") costitutivo dell'illecito è dato dal contrasto tra il comportamento in concreto tenuto dallo Stato e quello richiesto dalla rilevante norma internazionale, ossia dalla violazione di un obbligo internazionale. Come indica l'art. 12 degli Articoli,

> «si ha violazione di un obbligo internazionale da parte di uno Stato quando un atto di quello Stato non è conforme a quanto gli è richiesto da tale obbligo ...».

La definizione del comportamento illecito, invero, dipende dal particolare contenuto della norma (primaria) violata. Pertanto, a seconda delle prescrizioni di questa, la condotta dello Stato contrastante con l'obbligo internazionale può consistere in azioni od omissioni: ad esempio, nella sentenza del 9 aprile 1949, *Stretto di Corfù (merito)*, Regno Unito c. Albania (in *C.I.J., Recueil*, 1949, 22 s.) la Corte internazionale di giustizia ritenne di fondare la responsabilità dell'Albania sulla consapevolezza dell'esistenza di mine nel tratto di mare in questione e sul mancato avvertimento rivolto a Stati terzi.

Inoltre, il comportamento illecito può consistere nel non aver raggiunto un risultato richiesto, ovvero nel non aver apprestato i mezzi necessari (o usato la diligenza necessaria) per raggiungere tale risultato, adottando una particolare modalità di comportamento: a tal fine, comunque, per definire se un comportamento è illecito, è determinante il contenuto dell'obbligo che si assume violato.

4.2. *Irrilevanza dell'origine dell'obbligo internazionale violato.*

Al fine della qualificazione come illecito dell'atto contrario al diritto non rileva la fonte dell'obbligo internazionale violato da parte dello Stato: infatti

> «è [principio] ben stabilito che quando uno Stato ha commesso un atto internazionalmente illecito, la sua responsabilità internazionale è suscettibile di essere implicata qualunque sia la natura dell'obbligazione che non ha rispettato» (CIG, 25 settembre 1997, *Progetto Gabčíkovo-Nagymaros*, Ungheria c. Slovacchia, in *C.I.J., Recueil*, 1997, 38, par. 47).

La responsabilità internazionale sorge dunque per violazione di un obbligo pattizio, ovvero assunto con atto unilaterale, così come di un obbligo posto da una norma consuetudinaria, ovvero nascente da altra fonte. Infatti, secondo la nota affermazione dell'arbitro Max Huber nel caso dei *beni britannici nel Marocco spagnolo* (Gran Bretagna c. Spagna),

> «tutti i diritti dell'ordinamento internazionale hanno per conseguenza una responsabilità internazionale» (pronuncia del 1° maggio 1925, in *UNRIAA*, II, 641).

Dunque, se da un lato si sottolinea che

> «il rifiuto di adempiere ad un obbligo pattizio comporta la responsabilità internazionale» (CIG, parere consultivo del 18 luglio 1950, *Interpretazione del trattato di pace con Bulgaria, Ungheria e Romania*, in *C.I.J., Recueil*, 1950, 228),

dall'altro si rileva che

> «... in diritto internazionale non si distingue tra responsabilità contrattuale e responsabilità per atto illecito» (Tribunale arbitrale, 30 aprile 1990, *Rainbow Warrior*, Nuova Zelanda c. Francia, cit., 251, par. 75).

È tuttavia necessario che l'obbligo che si assume violato vincoli lo Stato al momento in cui viene posto in essere il comportamento rilevante (art. 13 degli Articoli). In base ad un generale principio di "legalità", dunque, allo Stato non può derivare una responsabilità internazionale "retroattiva", collegata ad un fatto che, al momento della commissione, non poteva ritenersi illecito, in quanto non contrastante con alcun obbligo. Di converso, si ritiene che dal principio derivi anche che l'estinzione della norma violata, successiva alla violazione, non faccia venire meno la responsabilità internazionale (CIG, 2 dicembre 1963, *Camerun settentrionale (eccezioni preliminari)*, Camerun c. Regno Unito, in *C.I.J., Recueil*, 1963, 35 s.).

4.3. *Il carattere della norma violata.*

Nella qualificazione della illiceità della condotta dello Stato non rileva la particolare natura della norma violata: sussiste dunque un illecito internazionale a prescindere dall'importanza, maggiore o minore, dal punto di vista della Comunità internazionale complessivamente considerata, dell'obbligo internazionale violato, ovvero a prescindere dalla circostanza che il comportamento prescritto (ma non osservato) fosse dovuto nei confronti della Comunità internazionale nel suo complesso, o che fosse stabilito da una norma di diritto cogente (sullo *jus cogens* internazionale, nonché sugli obblighi internazionali *erga omnes* v. Cap. II, rispettivamente parr. 10.1 e 11.1).

La parificazione, sotto il profilo accennato, degli atti illeciti (non graduabili, quanto alla loro qualificazione antigiuridica, secondo il rilievo della norma primaria in questione) non consente dunque di distinguere tra categorie diverse di illecito. Tanto che la Commissione del diritto internazionale, nel testo degli Articoli approvati nel 2001, ha evitato di riprendere la distinzione, contemplata nell'art. 19 del progetto approvato in prima lettura nel 1996, tra *crimini* e *delitti* internazionali, ossia tra i casi di grave violazione di obblighi essenziali per la salvaguardia di interessi fondamentali della Comunità internazionale ("crimini internazionali") e tutti gli altri casi di fatto illecito ("delitti internazionali"), che, ritenuta estranea al diritto internazionale vigente, aveva fatto suscitare ampio dibattito dottrinale: la "criminalizzazione" dell'illecito internazionale, infatti, da un lato avrebbe comportato la qualificazione come "criminale" dello Stato al quale fosse attribuibile l'illecito, mentre, dall'altro lato, avrebbe potuto essere invocata da altri Stati, auto-proclamantisi garanti della legalità internazionale, per adottare sanzioni nei confronti dei "criminali".

La menzionata parificazione tra illeciti (nel senso che tutte le violazioni di norme internazionali sono, in linea di principio, illecite, e non esistono violazioni ... più illecite di altre, poiché relative a norme di maggiore importanza) non significa, si badi, che le caratteristiche diverse della norma violata siano del tutto irrilevanti al fine della complessiva disciplina della responsabilità dello Stato. Al contrario, esse si ripercuotono sulle conseguenze derivanti dall'atto illecito, ed in particolare sul contenuto della responsabilità e sulla legittimazione a invocarla (sul punto, pertanto, v. *infra*, parr. 7.4 e 8.1).

4.4. Il momento di commissione dell'illecito.

Problema di un certo rilievo pratico, soprattutto in riferimento alle conseguenze che derivano dall'illecito, è quello della determinazione del momento in cui un illecito può dirsi compiuto. A tal proposito si afferma normalmente una distinzione tra illecito di carattere "istantaneo" ovvero "di durata", basata sia sulle caratteristiche della norma violata che sulle circostanze del caso specifico.

> «... [Q]uesta classificazione non è puramente teorica, ma, al contrario, ha conseguenze pratiche, poiché la serietà della violazione e la sua durata nel tempo non può non avere un peso considerevole sulla determinazione di una riparazione che sia adeguata per una violazione che presenta queste due caratteristiche» (Tribunale arbitrale, 30 aprile 1990, *Rainbow Warrior*, Nuova Zelanda c. Francia, cit., 264, par. 101).

Secondo le regole degli Articoli (artt. 14-15), la violazione di un'obbligazione internazionale per mezzo di un atto che non si estende nel tempo si verifica nel momento in cui ha luogo il comportamento dello Stato, anche se i suoi effetti persistono nel tempo; la violazione di carattere continuativo si estende invece per l'intero periodo in cui il comportamento si svolge e si pone in contrasto con l'obbligo internazionale. Nel caso in cui la norma che si assume violata richieda a uno Stato di impedire che un determinato evento si verifichi, la violazione ha luogo nel momento in cui tale evento si verifica e si estende per tutto il periodo in cui l'evento si produce e si pone in contrasto con quell'obbligo. La violazione da parte di uno Stato di un obbligo internazionale attraverso una serie di azioni o di omissioni illecite nel loro complesso ha luogo, invece, nel momento in cui si verifica quell'azione o omissione che è sufficiente a far qualificare come illecita la serie di azioni o omissioni. In tal caso la violazione è ritenuta estendersi per l'intero periodo che inizia dalla prima azione o omissione e perdura per tutto il periodo in cui le azioni o omissioni sono ripetute e rimangono in contrasto con l'obbligo internazionale.

Problema differente, ma parimenti rilevante, è quello della definizione del momento in cui l'illecito si perfeziona, per contrapporre lo stesso ai suoi atti preparatori. Infatti

> «un atto illecito o una violazione è frequentemente preceduto da azioni preparatorie che non devono essere confuse con l'atto o violazione stesso. Allo stesso modo si deve operare una distinzione tra l'effettiva commissione di un atto illecito (sia esso istantaneo o continuativo) e la condotta precedente all'atto che ha carattere preparatorio e che non si qualifica come atto illecito» (CIG, 25 settembre 1997, *Progetto Gabčíkovo-Nagymaros*, Ungheria c. Slovacchia, cit., 54, par. 79).

Tale distinzione appare invero condizionata dai fatti e dal contenuto della norma violata.

5.1. La colpa nell'illecito internazionale.

Si discute se, accanto ai due elementi (soggettivo e oggettivo) menzionati (dagli Articoli e *supra*), sia necessaria, al fine della qualificazione di una condotta come internazionalmente illecita e fonte di responsabilità, la presenza dell'elemento psicologico della *colpa*, ovvero se una responsabilità (che avrebbe pertanto carattere oggettivo) possa insorgere anche in sua assenza.

Il problema, invero, si pone al di là dei casi in cui la particolare norma primaria (che si assume violata) preveda l'adozione di un determinato *standard* di diligenza, ovvero disponga (a titolo di "garanzia") un regime "oggettivo" di responsabilità: in tali situazioni, infatti, l'atteggiamento psicologico dell'organo dello Stato attiene alla fattispecie della norma e concorre (in caso di comportamento non conforme) alla stessa definizione dell'antigiuridicità dell'atto; ovvero risulta per definizione escluso.

Per quanto gli Articoli, nella parte in cui non menzionano la colpa tra gli elementi costitutivi dell'illecito, sembrino propendere per un regime oggettivo di responsabilità, deve ritenersi che, in diritto internazionale generale, pur di fronte ad una prassi internazionale non univoca, l'elemento della colpa possegga un certo rilievo (quanto meno in negativo) a proposito dell'insorgere della responsabilità dello Stato (nonché al fine della determinazione del contenuto della responsabilità): in questo senso depone, tra l'altro, il riconoscimento (negli stessi Articoli: v. *infra*, par. 6.1 ss.) di una serie di circostanze di esclusione dell'illiceità, che "scusano" l'inadempimento nel caso in cui l'osservanza della norma sia stata impossibile. Ed in tal modo si riconosce come lo Stato che provi (nei casi e nei limiti indicati) l'assenza di colpa possa andare esente da responsabilità.

5.2. *Il danno nell'illecito internazionale.*

Allo stesso modo si discute se un fatto possa qualificarsi internazionalmente illecito solo se esso provoca un *danno*, ossia un qualche pregiudizio, morale o materiale che possa derivare ad altro soggetto.

Invero, qualsiasi violazione di un obbligo internazionale comporta necessariamente un danno (giuridico), consistente nella violazione dell'ordinamento giuridico, la quale si verifica anche se non vi è stato un pregiudizio del soggetto nei cui confronti la violazione è stata commessa. E tuttavia, al di fuori dei casi in cui il danno fa parte della fattispecie illecita (ossia allorché la produzione di un danno è condizione della antigiuridicità della condotta), sembra di doversi escludere che il danno, inteso quale pregiudizio morale o materiale, sia elemento costitutivo dell'illecito: possono darsi casi in cui un illecito sia commesso ed una responsabilità insorga anche in assenza di danno (ad esempio la violazione di un obbligo di adottare una norma uniforme dà luogo a responsabilità anche se non danneggia altri Stati).

Ciò detto, deve comunque sottolinearsi come la presenza o l'assenza di un danno, quale conseguenza dell'atto illecito, non sia del tutto irrilevante nella disciplina della responsabilità internazionale, in quanto essa appare idonea a condizionarne il contenuto, ed in particolare le modalità di riparazione (v. *infra*, par. 7.3).

6.1. *Le circostanze di esclusione dell'illiceità.*

Accanto alle regole che definiscono, in positivo, il carattere illecito di un atto, il diritto internazionale contempla norme che danno rilievo, in negativo, a una serie di fatti, il cui ricorrere, secondo una espressione dottrinale, ha l'effetto di interrompere la relazione normale tra il verificarsi di un fatto illecito e la responsabilità del soggetto che ne è l'autore.

Le circostanze, riconosciute negli Articoli, che escludono il carattere illecito di un atto sono il consenso, la legittima difesa (o autotutela), il carattere di legittima contromisura, la forza maggiore, l'estremo pericolo (*distress*), lo stato di necessità.

Devono comunque sottolinearsi i limiti in cui sono circoscritti gli effetti che discendono dal ricorrere di tali circostante, ovvero che ne fissano l'ambito di operatività.

In primo luogo, dalla sussistenza dell'esimente non deriva di per sé l'estinzione dell'obbligo internazionale violato (art. 27, lett. *a* degli Articoli): da essa consegue solo l'esclusione di una responsabilità. Come sottolineato dalla Corte internazionale di giustizia nel caso relativo al *Progetto Gabčíkovo-Nagymaros* (CIG, 25 settembre 1997, *Progetto Gabčíkovo-Nagymaros*, Ungheria c. Slovacchia, cit., 39, parr. 48, e 63, par. 101),

> «[l]o stato di necessità invocato dall'Ungheria – supponendo che sia riconosciuto – pertanto non comporterebbe la conclusione che ... ha agito in conformità con le obbligazioni che discendono dal Trattato del 1977 o che quelle obbligazioni hanno cessato di vincolarla. Comporterebbe solo l'affermazione che, nelle circostanze del caso, l'Ungheria non incorrerebbe nella responsabilità internazionale in conseguenza delle sue azioni» ... «Anche se uno stato di necessità viene ritenuto sussistente, esso non costituisce una causa di estinzione del trattato. Esso può essere invocato solo per esonerare dalla responsabilità lo Stato che non ha attuato un trattato. Anche se ritenuto giustificato, non estingue il trattato; il trattato può essere inefficace per il periodo in cui lo stato di necessità ha continuato ad esistere; può essere quiescente, ma – a meno che le parti lo risolvano consensualmente – continua ad esistere. Non appena lo stato di necessità viene meno, il dovere di adempiere alle obbligazioni pattizie rivive».

In secondo luogo, il ricorrere della causa di giustificazione non esclude la eventuale sussistenza di un obbligo di reintegrazione patrimoniale per il danno comunque causato (art. 27, lett. *b* degli Articoli): sebbene non sorga una responsabilità in senso tecnico (con il conseguente dovere di riparazione), lo Stato che ha commesso l'atto altrimenti illecito può essere chiamato a tenere lo Stato leso indenne dalle conseguenze pregiudizievoli del fatto subito.

Infine, essa può non essere sufficiente a scusare l'inadempimento di un obbligo discendente da una norma imperativa di diritto internazionale: art. 26 degli Articoli. Ad esempio, un genocidio non può essere commesso nemmeno a titolo di contromisura, quale risposta a un genocidio di cui altro Stato sia responsabile. Ed in effetti la Corte internazionale di giustizia nell'ordinanza del 17 dicembre 1997 sulle domande riconvenzionali resa nel caso relativo alla *Applicazione della Convenzione per la prevenzione e la repressione del crimine di genocidio*, Bosnia-Erzegovina c. Jugoslavia, ha sottolineato che

> «... in nessun caso una violazione della Convenzione può servire come scusa per un'altra violazione della stessa» (CIG, 17 dicembre 1997, *Applicazione della Convenzione per la prevenzione e la repressione del crimine di genocidio*, Bosnia-Erzegovina c. Jugoslavia, in *C.I.J., Recueil*, 1997, 258, par. 35).

Allo stesso tempo deve segnalarsi, sulla scorta di quanto affermato dalla Corte europea dei diritti dell'uomo nella sentenza del 30 giugno 2005, *Bosphorus* (in *Riv. dir. int.*, 2005, p. 778 ss., par. 152 ss.), che il trasferimento di competenze ad una organizzazione internazionale non fa venire meno la responsabilità internazionale di uno Stato per tutte le azioni o omissioni dello Stato in violazione di un trattato (nel caso la Convenzione europea sui diritti dell'uomo), anche se determinati dall'esigenza di adempiere un obbligo internazionale nascente dall'appartenenza all'organizzazione internazionale.

6.2. *Il consenso dello Stato leso.*

La circostanza che il comportamento che si pone in contrasto con un obbligo internazionale sia stato tenuto con il *consenso* del soggetto verso cui sussisteva l'obbligo (e pertanto era il titolare della corrispondente posizione giuridica soggettiva, ossia del diritto di pretendere quel comportamento) è causa di esclusione dell'illiceità (art. 20 degli Articoli): il consenso, allorché sia stato validamente dato, preclude l'insorgere della responsabilità del soggetto che ha tenuto il comportamento nei confronti del soggetto che ha dato il consenso.

> Ad esempio, il consenso dello Stato territoriale è valso a giustificare l'ingresso di forze armate straniere e l'uso della forza da parte di queste per liberare ostaggi detenuti da terroristi.

Perché sia valido, il consenso deve essere stato liberamente prestato, e non risultare essere viziato dalla coercizione o altro fattore. Ad esempio, nel processo di Norimberga a carico dei criminali di guerra nazisti, il Tribunale internazionale negò che l'annessione dell'Austria al *Reich* tedesco, avvenuta nel 1938, fosse giustificata da un valido consenso (sentenza del 1° ottobre 1946, in *Am. Journ. Int. Law*, 1947, 192 ss.). Inoltre, il consenso deve essere reale, e non meramente presunto, e deve provenire da un ente la cui espressione di volontà sia idonea a impegnare lo Stato. Quindi non possono trovare giustificazione nell'esimente del consenso gli interventi compiuti da alcuni Stati dietro l'invito, puramente formale, di autorità prive di reale potere di governo (come fu il caso dell'intervento degli Stati Uniti a Grenada nel 1983) ovvero di governi-fantoccio insediati con la forza dallo Stato interveniente (l'intervento sovietico in Afghanistan venne giustificato con la richiesta del Capo del governo insediatosi proprio con l'aiuto delle truppe di invasione). Dunque, in ogni situazione di guerra civile all'interno di uno Stato, l'accertamento del consenso all'uso della forza da parte di un terzo Stato dovrà essere effettuato con grande cautela, per verificare se esso proviene dal rappresentante della fazione che detiene l'effettivo potere di governo. In occasione dell'intervento a Panama del 20 dicembre 1989, gli Stati Uniti si richiamarono, tra l'altro, alla circostanza di aver consultato

> «il governo panamense legittimamente eletto (il governo del Presidente Endara) che Noriega aveva illegalmente deposto ed essi dichiararono di gradire la nostra assistenza» (Dichiarazione del Dipartimento di Stato del Governo USA, in *Am. Journ. Int. Law*, 1990, 547).

Tuttavia, l'Assemblea Generale ONU non individuò alcuna giustificazione che legittimasse l'intervento militare americano a Panama e constatò che attraverso di esso fu realizzata una

> «flagrante violazione del diritto internazionale e dell'indipendenza, sovranità e integrità territoriale degli Stati» (Risoluzione dell'Assemblea Generale delle Nazioni Unite n. 44/240 adottata il 29 dicembre 1989, con 75 voti favorevoli, 20 contrari – tra cui quello italiano – e 40 astensioni: in *Riv. dir. int.*, 1990, 231 s.).

L'effetto scriminante del consenso è invero subordinato ad un duplice limite. In primo luogo, il fatto altrimenti illecito deve rimanere nei limiti del consenso. In secondo luogo, il consenso, per poter essere considerato come causa di esclusione dell'illecito, deve essere precedente, o quantomeno contemporaneo, al fatto che sarebbe altrimenti illecito. Un consenso alla violazione di un obbligo internazionale, legittimamente dato in momento successivo al comportamento che la ha realizzata, costituisce invece una rinuncia al diritto dello Stato leso di ottenere una riparazione.

Si sottolinea, infine, che la revoca del consenso non è subordinata a particolari formalità (Corte internazionale di giustizia, 19 dicembre 2005, *Attività militari sul territorio del Congo*, Repubblica democratica del Congo c. Uganda, cit., par. 51).

6.3. *La legittima difesa.*

L'illiceità di un comportamento contrastante con un obbligo internazionale è in secondo luogo esclusa qualora attraverso di esso lo Stato abbia inteso evitare il compimento di un fatto illecito nei propri confronti da parte di un altro Stato o impedire che un illecito già in atto venga portato ad ulteriori conseguenze, ossia se esso costituisce una misura di *legittima difesa* (o *autotutela*).

Invero, l'effetto scriminante di tale comportamento, generalmente implicante l'uso della forza, posto in essere a titolo di legittima difesa, sussiste solo (secondo quanto prevede l'art. 21 degli Articoli) se questa viene adottata nei limiti (di tempo, proporzione, portata: così, ad es., Corte internazionale di giustizia, 6 novembre 2003, *Piattaforme petrolifere*, Repubblica islamica dell'Iran c. Stati

Uniti, in *Riv. dir. int.*, 2004, p. 181 ss., par. 74) stabiliti dal diritto internazionale e riconosciuti nella Carta N.U., in particolare nel suo art. 51 (sui quali v. più estesamente Cap. IX, par. 5.1). Pertanto, e ad esempio, deve ritenersi che la legittima difesa non giustifichi la violazione delle regole di diritto umanitario applicabili ai conflitti armati (e così anche alle operazioni militari avviate a titolo di autotutela) ovvero che tutelano i diritti dell'uomo o l'ambiente. Nel parere consultivo relativo alla *liceità della minaccia o dell'uso delle armi nucleari* reso dalla Corte internazionale di giustizia l'8 luglio 1996, a tale ultimo proposito, si è sottolineato che

> «... gli Stati devono tener conto di considerazioni ambientali al momento di determinare cosa è necessario e proporzionato nel perseguimento di legittimi obiettivi militari. Il rispetto per l'ambiente è uno degli elementi che concorrono nella valutazione se un'azione ha rispettato i principi di necessità e proporzionalità» (CIG, 8 luglio 1996, *Parere consultivo relativo alla liceità della minaccia o dell'uso delle armi nucleari*, in *C.I.J., Recueil*, 1996, 242, par. 30).

6.4. *Le contromisure.*

In terzo luogo, un comportamento in astratto illecito, in quanto violazione di un obbligo internazionale, non fa sorgere una responsabilità internazionale se esso costituisce l'esercizio legittimo di una *contromisura* (o *rappresaglia*) adottata contro il soggetto nei cui confronti l'osservanza dell'obbligo era dovuta, quale reazione, posta in essere a scopo coercitivo, ad un precedente illecito di questo Stato (art. 22 degli Articoli). Per definizione, infatti, il comportamento adottato quale contromisura si pone in contrasto con un diritto invocabile dal soggetto contro il quale è messa in opera e sarebbe (se non fosse per la sua particolare giustificazione) altrimenti illecito. E proprio per tale fatto le condizioni in base alle quali una contromisura può essere adottata sono definite in modo restrittivo (CIG, 27 giugno 1986, *Attività militari e paramilitari in Nicaragua e contro il Nicaragua*, Nicaragua c. Stati Uniti, cit., par. 193 ss.; e più estesamente par. 9.1).

6.5. *La forza maggiore.*

Ulteriore causa di esclusione dell'illiceità (prevista dall'art. 23 degli Articoli) di un atto contrastante con il diritto internazionale è la *forza maggiore*, ossia il verificarsi di una situazione in cui lo Stato in questione è costretto ad agire in un modo contrastante con quanto richiesto da un obbligo cui è soggetto: l'autore del fatto, pur rendendosi conto che il suo comportamento lede un diritto spettante a uno Stato, non è materialmente in grado di impedire l'evento. In tale misura, dunque, la forza maggiore, al cui ricorrere il comportamento dello Stato risulta privo di ogni elemento intenzionale, si distingue dai casi dell'estremo pericolo e dello stato di necessità (sui quali v. parr. 6.6 e 6.7).

Una situazione di forza maggiore rilevante quale causa di esclusione dell'illecito ricorre, secondo quanto previsto negli Articoli, solo se sono contemporaneamente soddisfatte tre condizioni: a) l'atto (altrimenti) illecito si produce quale conseguenza di una forza irresistibile o di un evento imprevedibile; b) tale forza o evento sono esterni alla sfera di controllo dello Stato; c) essi rendono materialmente impossibile, nelle particolari circostanze del caso, l'adempimento dell'obbligo internazionale. Quale esempio tradizionale di tale situazione è indicata la perdita di controllo dell'aeromobile militare da parte del suo equipaggio per effetto di predominanti forze atmosferiche (causa di forza maggiore), la quale esclude l'illiceità del conseguente ingresso non autorizzato nello spazio aereo di altro Stato.

Per effetto dei menzionati requisiti, dunque, alla nozione di forza maggiore non possono essere ricondotte situazioni in cui l'adempimento di un obbligo è diventato semplicemente più oneroso: la forza maggiore deve comportare l'assoluta impossibilità per lo Stato di adempiere l'obbligo internazionale.

Tale causa di esclusione non opera, inoltre, quando la situazione di forza maggiore è conseguenza della condotta dello Stato che la invoca. Pertanto, e ad esempio, il Tribunale arbitrale chiamato a decidere il caso *Libyan Arab Foreign Investment Company (LAFICO) c. Repubblica del Burundi* nella pronuncia del 4 marzo 1991 (in *Int. Law Rep.*, 1994, vol. 96, 318, par. 55) ha potuto rilevare, allo scopo di escludere il ricorrere della forza maggiore, che

> «... la pretesa impossibilità non è il risultato di una forza irresistibile o di un evento esterno imprevisto, sottratto al controllo del Burundi. Infatti, l'impossibilità è il risultato di una decisione unilaterale di quello Stato ...».

Allo stesso modo il ricorrere di una causa di forza maggiore non esclude l'illiceità di un atto in contrasto con il diritto internazionale se lo Stato in questione si è assunto l'obbligo di impedire il verificarsi di tale situazione o se ne è assunta il rischio.

6.6. *L'estremo pericolo.*

Come riconosciuto nella pronuncia del 30 aprile 1990 dal Tribunale internazionale nell'arbitrato tra Francia e Nuova Zelanda nel già citato *caso Rainbow Warrior*, l'illiceità di un comportamento non conforme a diritto è esclusa se il suo autore, in una situazione di *estremo pericolo* (*distress*), non aveva altro modo (diverso dal porre in essere un comportamento contrastante con un precetto internazionale) ragionevolmente praticabile di salvare la propria vita o le vite di altre persone affidate alla sua cura (art. 24 degli Articoli). A differenza del caso della forza maggiore, dunque, la persona che agisce in uno stato di pericolo compie volontariamente un atto in contrasto con il diritto internazionale, anche se la libertà di scelta (tra adempimento e violazione dell'obbligo) è annullata proprio dalla situazione di estremo pericolo: l'autore del fatto, che pure si rende conto che il suo comportamento non è conforme ad un obbligo che gli incombe e pur potendo evitare tale comportamento, decide di violare la norma, quale male minore rispetto alla perdita di vite umane.

La possibilità di invocare l'esistenza di un estremo pericolo è comunque esclusa nel caso in cui esso sia stato creato dallo Stato in questione o se il comportamento tenuto è probabile fonte di un pericolo comparabile o più grande.

6.7. Lo stato di necessità.

Lo *stato di necessità* rappresenta una esimente della responsabilità internazionale solo in casi strettamente definiti (art. 25 degli Articoli): ossia se l'adozione del comportamento in astratto illecito era l'unico modo per salvaguardare un interesse essenziale dello Stato nei confronti di un grave ed imminente pericolo e non pregiudica seriamente un interesse essenziale dello Stato nei cui confronti era dovuto l'obbligo violato o la Comunità internazionale nel suo complesso. Ed in effetti, come risulta dalla stessa formulazione dell'art. 25, la regola appare essere quella della non invocabilità, salvo che ricorrano specifiche circostanze che la giustificano.

Tale principio, e i suoi limiti, nonostante una lunga controversia dottrinale, sono stati riconosciuti dalla Corte internazionale di giustizia nella sentenza resa il 25 settembre 1997 nel caso relativo al *Progetto Gabčíkovo-Nagymaros*, nei seguenti termini:

> «la Corte considera ... che lo stato di necessità è un motivo riconosciuto dal diritto internazionale consuetudinario per la esclusione della illiceità di un atto non conforme ad un obbligo internazionale. Osserva inoltre che siffatto motivo di esclusione dell'illiceità può essere accettato solo su base eccezionale. La Commissione del diritto internazionale è stata dello stesso parere laddove ha spiegato che ha optato per una formulazione negativa del testo ... Pertanto, secondo la Commissione, lo stato di necessità può essere invocato solo subordinatamente a certe condizioni definite restrittivamente, che devono essere cumulativamente soddisfatte; e lo Stato interessato non è il solo giudice del se quelle condizioni sono state rispettate. Nel presente caso, le seguenti condizioni fondamentali ... sono rilevanti: deve essere stato occasionato da un "interesse essenziale" dello Stato che è l'autore dell'atto in contrasto con uno dei suoi obblighi internazionali; quell'interesse deve essere stato minacciato da un "pericolo grave e imminente"; l'atto contestato deve essere stato l'"unico mezzo" per salvaguardare quell'interesse; tale atto non deve aver "pregiudica[to] seriamente un interesse essenziale" dello Stato nei cui confronti l'obbligazione esisteva; e lo Stato che è l'autore dell'atto non deve aver "contribuito al verificarsi dello stato di necessità". Queste condizioni riflettono il diritto internazionale consuetudinario» (CIG, 25 settembre 1997, *Progetto Gabčíkovo-Nagymaros*, Ungheria c. Slovacchia, cit., 40 ss., par. 51 ss.).

Dunque, come sottolineato dalla stessa Corte internazionale di giustizia nella sentenza citata, lo stato di necessità può essere invocato solo se ricorre una serie di condizioni.

Prima condizione è che l'adozione del comportamento in astratto illecito sia l'unico modo per salvaguardare un interesse essenziale dello Stato nei confronti di un grave ed imminente pericolo. Lo stato di necessità, dunque, non può essere invocato se lo Stato in questione aveva a disposizione altri mezzi di salvaguardia, anche se più dispendiosi o meno convenienti. Il pericolo deve inoltre essere incombente ed oggettivamente stabilito (non ritenuto meramente possibile).

Seconda condizione è che l'atto (altrimenti) illecito non pregiudichi seriamente un interesse essenziale dello Stato nei cui confronti era dovuto l'obbligo violato o la Comunità internazionale nel suo complesso. In altre parole, l'interesse che lo Stato ha inteso salvaguardare deve avere un rilievo superiore rispetto agli interessi toccati dal comportamento dello Stato. E tale valutazione comparativa deve essere fatta in via oggettiva, e non semplicemente dal punto di vista dello Stato che invoca lo stato di necessità.

A prescindere dal ricorrere di tali condizioni, l'invocazione dello stato di necessità può essere escluso dall'obbligo internazionale in questione. Inoltre, tale invocazione è esclusa se lo Stato ha contribuito alla creazione della situazione di necessità.

7.1. *Le conseguenze dell'illecito.*

Come si è detto, il diritto internazionale contempla regole volte a disciplinare le conseguenze della mancata osservanza dell'obbligo internazionale, ossia intese a precisare il contenuto della responsabilità internazionale dello Stato.

La commissione di un atto internazionalmente illecito, infatti, se non fa di per sé venire meno il carattere vincolante dell'obbligazione violata (e pertanto il persistente dovere di adempierla: art. 29 degli Articoli), produce una serie di conseguenze giuridiche in capo al responsabile, soggetto ad obblighi nei confronti di un altro Stato, di un gruppo di Stati o della Comunità internazionale nel suo insieme, a seconda della natura e del contenuto della norma violata e delle circostanze del caso.

7.2. *L'obbligo di cessare il comportamento illecito.*

In primo luogo, tale Stato ha l'*obbligo di cessare* il comportamento che costituisce la violazione dell'obbligazione internazionale, ossia di porre termine alle violazioni che si estendono nel tempo (art. 30, lett. *a* degli Articoli). Ed in effetti, la Corte internazionale di giustizia, nel parere del 9 luglio 2004, *Conseguenze giuridiche della costruzione di un muro nei territori palestinesi occupati* (in *Riv. dir. int.*, 2004, p. 1069 ss., par. 150), dopo aver rilevato che le azioni di Israele erano contrarie al diritto internazionale, ha osservato che

«... Israele ha anche l'obbligazione di porre termine alla violazione delle obbligazioni internazionali che deriva dalla costruzione del muro nei territori palestinesi occupati. L'obbligazione dello Stato responsabile di un atto internazionalmente illecito di porre termine a tale atto è ben stabilita nel diritto internazionale generale».

Pertanto, la Corte internazionale di giustizia nella sentenza pronunciata il 24 maggio 1980 nel caso del *Personale diplomatico e consolare degli Stati Uniti a Teheran*, Stati Uniti c. Iran, dopo aver accertato l'esistenza di un illecito e di una responsabilità internazionale incombente all'Iran, dichiarò che questo Stato era tenuto, tra l'altro, a

> «cessare immediatamente la detenzione illecita dell'incaricato d'affari e degli altri membri del personale diplomatico e consolare degli Stati Uniti detenuti in ostaggio in Iran ...» (CIG, 24 maggio 1980, *Personale diplomatico e consolare degli Stati Uniti a Teheran*, Stati Uniti c. Iran, cit., 44).

La cessazione del fatto illecito, invero, rappresenta soltanto una maniera tardiva di rispettare l'obbligo violato, al cui adempimento lo Stato autore dell'illecito è comunque tenuto (Corte internazionale di giustizia, parere 9 luglio 2004, *Conseguenze giuridiche della costruzione di un muro nei territori palestinesi occupati*, cit., par. 149). Pertanto essa è condizionata alla circostanza

> «... che la regola violata sia ancora in vigore ...» (Tribunale arbitrale, 30 aprile 1990, *Rainbow Warrior*, Nuova Zelanda c. Francia, cit., par. 114)

ed è dovuta a prescindere da qualsiasi richiesta dello Stato leso.

Se le circostanze lo richiedono, lo Stato ha l'obbligo di offrire assicurazioni e garanzie di non ripetizione del comportamento illecito (art. 30, lett. *b* degli Articoli), quale rafforzamento della norma primaria e corollario della cessazione della sua violazione.

7.3. *L'obbligo di riparazione.*

In secondo luogo, lo Stato ha l'*obbligo di riparare* integralmente il pregiudizio, morale e materiale, causato con l'atto internazionalmente illecito (art. 31 degli Articoli). Secondo la notissima espressione della Corte permanente di giustizia internazionale, più volte ripresa nella giurisprudenza della Corte internazionale di giustizia,

> «è un principio di diritto internazionale che la violazione di un impegno comporta l'obbligo di riparare in una forma adeguata. La riparazione è dunque il complemento indispensabile di una violazione nell'applicazione di una convenzione, senza che sia necessario che ciò sia previsto nella convenzione stessa» (CPGI, 26 luglio 1927, *Officina di Chorzów (giurisdizione)*, Germania c. Polonia, in *C.P.J.I., Recueil*, Série A, n. 9, 1927, 21).

La riparazione può consistere nella restituzione, nel risarcimento e/o nella soddisfazione (art. 34 degli Articoli). In ogni caso,

> «il principio essenziale, che deriva dalla nozione stessa di illecito internazionale e che sembra emergere dalla pratica internazionale, in particolare dalla giurisprudenza dei tribunali internazionali, è che la riparazione deve, nella misura del possibile, cancellare tutte le conseguenze dell'atto illecito e ristabilire la situazione che sarebbe verosimilmente esistita se detto atto non fosse stato commesso» (CPGI, 13 settembre 1928, *Officina di Chorzów (merito)*, Germania c. Polonia, in *C.P.J.I., Recueil*, Série A, n. 17, 1928, 27).

Inoltre, l'obbligo di integrale riparazione non è soggetto a limitazioni derivanti dal diritto interno dello Stato che vi è tenuto (art. 32 degli Articoli).

In via di regola generale, dunque, secondo gli enunciati principi, lo Stato responsabile di un illecito internazionale è obbligato alla *restituzione in forma specifica* (o in natura), ossia al ristabilimento della situazione che esisteva prima dell'illecito (*status quo ante*) (art. 35 degli Articoli). Ne consegue, dunque, che modalità e forme della restituzione dipendono dal contenuto della norma violata e dalle caratteristiche dell'atto illecito. Pertanto, e ad esempio, la Corte internazionale di giustizia ha sottolineato che

> posto che «... gli atti internazionalmente illeciti commessi dagli Stati Uniti consistono nella omissione da parte delle sue autorità competenti di informare i cittadini messicani interessati, notificare i consolati messicani e consentire al Messico di fornire assistenza consolare ... consegue che la riparazione di tali violazioni dovrebbe consistere in un obbligo degli Stati Uniti di consentire la revisione e il riesame dei casi di quei cittadini da parte delle corti statunitensi, e ciò allo scopo di verificare se, in relazione a ciascun caso, la violazione ... ha causato un pregiudizio effettivo agli imputati nello svolgimento dei procedimenti penali a loro carico» (CIG, 31 marzo 2004, *Avena e altri cittadini messicani*, Messico c. Stati Uniti, in *Riv. dir. int.*, 2004, p. 768 ss., par. 121).

Sotto tale profilo si deve segnalare che talvolta non è agevole operare una distinzione tra cessazione dell'illecito e restituzione: ad esempio, l'abrogazione della legge emanata in violazione di un obbligo internazionale può essere vista sia come forma di adempimento tardivo sia come mezzo di riparazione in forma specifica.

Per quanto la restituzione costituisca la forma di riparazione dovuta in via prioritaria, l'obbligo di fornirla non è assoluto, poiché spesso si verificano situazioni in cui essa non è materialmente possibile ovvero in cui il beneficio che essa produce è così piccolo da risultare inferiore a quello derivante da altre forme di riparazione. Pertanto gli Articoli la escludono quando essa sia materialmente impossibile o comporti un onere sproporzionato in capo al soggetto responsabile rispetto al beneficio che da essa derivi per lo Stato leso piuttosto che dal risarcimento (art. 35 degli Articoli).

Qualora il danno non possa essere integralmente riparato con la restituzione (ossia con la riparazione "in forma specifica"), lo Stato è tenuto alla riparazione "per equivalente". Tale forma di riparazione si traduce nel pagamento allo Stato leso di un ammontare monetario, che corrisponde al valore stimato della restituzione in forma specifica. A tale somma si aggiunge (o comunque può essere ricondotto) il *risarcimento del danno* (art. 36 degli Articoli)

> «per le perdite subite nella misura in cui tali perdite non risultino già coperte dalla restituzione in natura o dal pagamento che ne prende il posto» (CPGI, 26 luglio 1927, *Officina di Chorzów (giurisdizione)*, Germania c. Polonia, cit., 47).

Infatti

> «è una regola ben stabilita di diritto internazionale che uno Stato leso ha diritto di ottenere dallo Stato che ha commesso l'atto illecito il risarcimento del danno da esso causato» (CIG, 25 settembre 1997, *Progetto Gabčíkovo-Nagymaros*, Ungheria c. Slovacchia, cit., par. 152).

Il risarcimento, in tale quadro, deve coprire ogni danno diretto ed immediato, collegato all'illecito da nesso causale ininterrotto, che sia determinabile dal punto di vista finanziario, includendo, dunque, oltre alla perdita patrimoniale che lo Stato leso ha subito (danno emergente) anche il profitto non conseguito a causa del fatto illecito (lucro cessante). Dal carattere di reintegrazione patrimoniale di tale forma di riparazione consegue che deve essere considerata estranea al diritto internazionale vigente ogni forma di risarcimento avente scopo, o misura, punitivo.

La *soddisfazione* (art. 37 degli Articoli) costituisce invece una forma di riparazione che appare dovuta laddove le altre modalità (in forma specifica o per equivalente) non siano state sufficienti a rimediare all'illecito commesso dallo Stato. Allo stesso modo, e pertanto, essa non è sufficiente se altre forme di riparazione sono disponibili. Come ha affermato la Corte internazionale di giustizia, nella sentenza del 14 febbraio 2002 nel caso relativo al *Mandato di arresto dell'11 aprile 2000*, Repubblica Democratica del Congo c. Belgio, in *Riv. dir. int.*, 2002, 376 ss., facendo applicazione dei (sopra menzionati) principi enunciati dalla Corte permanente di giustizia internazionale nel caso dell'*Officina di Chorzów (merito)*,

> «nel caso presente [in cui si era rilevato che le autorità del Belgio, con l'emissione di un mandato di cattura a carico del ministro degli esteri del Congo, avevano violato l'immunità dalla giurisdizione e l'inviolabilità di cui egli godeva], "la situazione che sarebbe verosimilmente esistita se [l'atto illecito] non fosse stato commesso" non può essere ristabilita unicamente dalla rilevazione da parte della Corte che il mandato d'arresto era illegittimo in base al diritto internazionale. Il mandato è ancora efficace, e rimane illegittimo, nonostante il fatto che Mr. Yerodia ha cessato di essere Ministro degli affari esteri. La Corte ritiene pertanto che il Belgio deve, con mezzi a propria scelta, annullare il mandato in questione ed informare di tale passo le autorità alle quali è stato trasmesso».

La soddisfazione si realizza, in particolare, come riparazione del danno morale subito dallo Stato che è vittima dell'illecito, ovvero del danno giuridico, consistente nella rottura della legalità internazionale implicata dalla violazione di un obbligo internazionale. In corrispondenza a tale duplice funzione, la soddisfazione può consistere sia nel riconoscimento della violazione e del carattere obbligatorio della norma violata, sia in espressioni di rincrescimento, in scuse formali o in qualche altra modalità appropriata (quale il pagamento di una somma simbolica di denaro, o la punizione degli individui responsabili materiali dell'azione illecita). Ad esempio, nel caso *Rainbow Warrior*, il Tribunale arbitrale ordinò che la Francia desse soddisfazione in due modalità: mediante la pubblicazione della dichiarazione solenne che la Francia aveva violato i suoi obblighi internazionali e mediante il pagamento di una somma (pari a 2 milioni di dollari statunitensi) in un fondo per la promozione di relazioni più strette tra cittadini francesi e neozelandesi, di cui raccomandava la istituzione. In ogni caso deve sussistere una proporzione tra offesa e soddisfazione, che non può assumere forme umilianti per lo

Stato tenuto a darla (Tribunale Arbitrale, 30 aprile 1990, *Rainbow Warrior*, Nuova Zelanda c. Francia, cit.).

7.4. *Le conseguenze della violazione di una norma imperativa di diritto internazionale generale.*

I caratteri della norma violata, per quanto non incidano sulla qualificazione di illiceità del comportamento contrario al diritto internazionale (v. *supra*, par. 4.3), appaiono invece idonei a condizionare il contenuto delle obbligazioni che derivano dall'illecito. In particolare, secondo gli Articoli (artt. 40-41), specifiche conseguenze (aggiuntive rispetto a quelle riferibili al sistema generale della responsabilità) derivano nel caso in cui lo Stato sia venuto meno al rispetto di un obbligo nascente da una norma imperativa di diritto internazionale generale (ad es., dalla norma che vieta la "aggressione") e la violazione sia seria (ossia, sistematica o di rilevante importanza). In tale situazione, sussiste un interesse per l'intera Comunità internazionale al rispetto della norma violata. Infatti,

> «una fondamentale distinzione deve essere fatta ... tra le obbligazioni di uno Stato nei confronti dell'intera Comunità internazionale e quelle che derivano nei confronti di altro Stato ... Per loro natura le prime toccano tutti gli Stati. In vista dell'importanza dei diritti coinvolti, tutti gli Stati possono essere ritenuti avere un interesse giuridico alla loro protezione; esse sono obbligazioni *erga omnes*» (CIG, 5 febbraio 1970, *Barcelona Traction, Light and Power Company, Limited*, Belgio c. Spagna, cit., 32, par. 33).

Ed in effetti la nostra Suprema Corte ha rilevato che

> «va ... consolidandosi il convincimento che violazioni così gravi debbano comportare, anche rispetto agli Stati, una reazione qualitativamente diversa (e più severa) di quella stabilita per gli altri illeciti» (Cass., s.u., 11 marzo 2004 n. 5044, *Ferrini*, in *Riv. dir. int.*, 2004, p. 539 ss.).

Oltre che a influire sul regime della legittimazione ad invocare la responsabilità dello Stato che le ha violate (v. *infra*, par. 8.1), le caratteristiche di tali norme incidono dunque sul contenuto della responsabilità di quello Stato, poiché ad essa (come affermato – e nei limiti indicati – dalla Corte internazionale di giustizia nel parere consultivo reso il 21 giugno 1971 nel caso relativo alle *Conseguenze giuridiche per gli Stati della persistente presenza del Sud-Africa in Namibia (Sud-Ovest africano) nonostante la risoluzione 276 (1970) del Consiglio di Sicurezza*, in *C.I.J., Recueil*, 1971, 54 ss., par. 117 ss.) è collegato l'obbligo per tutti gli Stati di cooperare allo scopo di mettere fine, usando mezzi legittimi, alla violazione, nonché il divieto di riconoscere come legittima la situazione creatasi per effetto della violazione e di rendere aiuto o assistenza per il suo mantenimento.

Pertanto, nel già richiamato parere del 9 luglio 2004, *Conseguenze giuridiche della costruzione di un muro nei territori palestinesi occupati* (par. 159), la Corte internazionale di giustizia, dopo aver sottolineato il carattere *erga omnes* degli obblighi violati da Israele, ha affermato che «dato il carattere e l'importanza dei diritti e degli obblighi coinvolti, ... tutti gli Stati hanno l'obbligo di non riconoscere la situazione illegale derivante dalla costruzione del muro nei territori palestinesi occupati ... . Essi hanno altresì l'obbligo di non prestare aiuto o assistenza al mantenimento della situazione creata da tale costruzione. Inoltre, spetta a tutti gli Stati, nel rispetto della Carta delle Nazioni Unite e del diritto internazionale, assicurare che sia posto fine ad ogni ostacolo, risultante dalla costruzione del muro, all'esercizio del diritto all'autodeterminazione da parte del popolo palestinese ...» (par. 159).

8.1. *La legittimazione ad invocare la responsabilità dello Stato.*

Definite le regole che fissano le condizioni in base alle quali sorge la responsabilità internazionale ed il contenuto degli obblighi (di riparazione) che incombono allo Stato responsabile, si tratta di individuare lo Stato nei cui confronti tali obblighi sono dovuti e che, quindi, è legittimato a invocarne il rispetto.

Principio generale (riconosciuto dall'art. 42, lett. *a* degli Articoli) è che tale legittimazione spetta allo Stato leso, ossia allo Stato nei confronti del quale era dovuto il comportamento prescritto dalla norma primaria violata e che, pertanto, ha visto pregiudicati i diritti da essa nascenti: ad esempio, nel caso di violazione di un trattato bilaterale, la possibilità di invocare la responsabilità spetta alla controparte dello Stato inadempiente; nel caso di violazione nei confronti di uno Stato specifico di una regola consuetudinaria (quale quella che prevede le immunità diplomatiche), la legittimazione a far valere l'illecito spetta allo Stato nei rapporti con il quale la norma è stata violata.

L'individuazione dello Stato leso è invece più complessa nel caso di violazione di una norma, consuetudinaria o stabilita in un trattato multilaterale, che obbliga ad un comportamento dovuto nei confronti di un gruppo di Stati o addirittura dell'intera Comunità internazionale (si pensi alla violazione delle norme sui diritti dell'uomo commesse dallo Stato in danno dei propri cittadini). In tal caso, secondo la Commissione del diritto internazionale (art. 42, lett. *b* degli Articoli), uno Stato potrà essere considerato "Stato leso", ancorché un comportamento non fosse specificamente dovuto nei suoi confronti, purché la violazione lo tocchi in modo particolare (come avviene, ad esempio, in un caso di inquinamento marino che danneggi in misura rilevante un determinato Stato) o abbia tale natura da modificare radicalmente la posizione di tutti gli altri Stati nei cui confronti sussisteva l'obbligo in relazione all'ulteriore suo adempimento (come avviene in relazione a quei trattati – ad es., in materia di disarmo – in cui l'adempimento di ogni contraente è condizionato all'adempimento di tutti gli altri).

Uno Stato diverso dallo Stato leso può invece invocare la responsabilità di un altro Stato solo se l'obbligo sussisteva nei confronti di un gruppo di Stati, incluso quello che invoca la responsabilità, ed era inteso a proteggere un interesse collettivo del gruppo, oppure era dovuto nei confronti dell'intera Comunità internazionale (obblighi *erga omnes*: v. *supra*, par. 7.4). In tal caso, peraltro, la legittimazione è limitata alla pretesa della cessazione del comportamento illecito, dell'ottenimento di garanzie di non ripetizione e dell'adempimento dell'obbligo violato nell'interesse dei suoi beneficiari.

Sebbene la responsabilità sorga quale automatico effetto giuridico dalla commissione dell'illecito, la sua messa in opera – ossia la concreta attuazione delle obbligazioni in essa contenute – è condizionata ad un'effettiva "reazione" dello Stato legittimato ad invocarla. Tale invocazione deve necessariamente consistere in passi, in qualche misura, formali: una semplice protesta non appare a tal fine sufficiente. A tal riguardo gli Articoli (art. 43) prevedono che lo Stato che intende invocare la responsabilità internazionale di un altro Stato debba darne comunicazione (non necessariamente per iscritto) allo Stato la cui responsabilità è messa in gioco e indicano che in tale comunicazione debba essere specificata la condotta che si ritiene lo Stato responsabile debba tenere per far cessare l'atto illecito e in quale forma la riparazione deve aver luogo.

La necessità di una "reazione" (nel senso indicato) all'illecito è resa evidente anche dalla possibilità che il diritto di invocare la responsabilità venga meno. Tale situazione si produce se lo Stato leso vi ha rinunciato o se si può ritenere, in ragione della sua condotta, che esso ha prestato acquiescenza al venire meno della pretesa. Tale ultima circostanza, in particolare, dovrà essere valutata con cautela e caso per caso, poiché, per quanto il ritardo da parte dello Stato leso nel contestare la violazione di un obbligo può avere come effetto di rendere irricevibile il ricorso con cui si faccia valere la responsabilità, qualora il ritardo possa causare un pregiudizio allo Stato che si assume responsabile in relazione all'accertamento dei fatti e alla determinazione delle norme applicabili,

> «... il diritto internazionale non impone ... un limite di tempo determinato» entro il quale una pretesa debba essere fatta valere (CIG, 26 giugno 1992, *Terre utilizzate per la produzione dei fosfati a Nauru (eccezioni preliminari)*, Nauru c. Australia, in *C.I.J., Recueil*, 1992, 253 s., par. 32; CIG, 31 marzo 2004, *Avena e altri cittadini messicani*, Messico c. Stati Uniti, cit., par. 44).

8.2. *La responsabilità nei confronti del privato.*

Deve viceversa rilevarsi, al di fuori di particolari sistemi normativi e giurisdizionali specificamente rivolti a garantire agli individui, beneficiari di obblighi internazionalmente assunti dagli Stati (ad esempio in materia di diritti umani), la disponibilità di strumenti processuali internazionali idonei a realizzarne, anche nei confronti degli Stati di appartenenza degli stessi individui, l'effettivo godimento, che, come si è sottolineato in dottrina, gli obblighi nascenti dall'illecito internazionale sono sempre e soltanto obblighi di soggetti dell'ordinamento giuridico internazionale verso altri soggetti dello stesso ordinamento. Non vi è responsabilità internazionale dello Stato verso individui.

In altre parole, a meno che siano esperibili da parte dei singoli quei particolari meccanismi (creati dagli Stati) volti a far valere in una adeguata sede processuale internazionale (quale la Corte europea dei diritti dell'uomo) gli inadempimenti relativi ad eventuali violazioni da parte degli Stati dei diritti umani riconosciuti a loro favore, deve ritenersi che non sussista una responsabilità nei confronti del privato e che quindi i singoli non abbiano il potere di invocare la responsabilità internazionale dello Stato, per trarne le conseguenze da essa classicamente derivabili.

9.1. *La reazione all'illecito: le contromisure.*

La commissione di un atto illecito dà inoltre diritto allo Stato danneggiato di adottare, allo scopo di ottenere la cessazione dell'illecito e la riparazione, contromisure nei confronti dello Stato responsabile. In altre parole, essa comporta la possibilità che lo Stato leso violi a sua volta (senza incorrere in responsabilità: v, *supra*, par. 6.4) un diritto soggettivo dello Stato autore dell'illecito. Infatti

> «ciascuno Stato ... in presenza di una situazione che comporta a suo avviso la violazione di un obbligo internazionale da parte di un altro Stato ... ha il diritto, nei limiti indicati dalle regole generali del diritto internazionale relative all'uso della forza armata, di far valere i suoi diritti per mezzo di "contromisure"» (Tribunale arbitrale, 9 dicembre 1978, *Accordo sui servizi aerei del 27 marzo 1946 tra gli Stati Uniti d'America e la Francia*, in *UNRIAA*, XVIII, 483, par. 81).

Tale possibilità costituisce invero, alla luce della natura coercitiva che contraddistingue la rappresaglia, un indice particolarmente significativo dei caratteri della società internazionale, nella quale difetta una struttura istituzionalizzata investita del compito di infliggere sanzioni ai soggetti che hanno violato le regole allo scopo di ripristinare la "legalità". E proprio tale caratteristica (ossia il dipendere dalla struttura della Comunità internazionale e dai principi che la caratterizzano) spiega sia la riduzione (fino all'esclusione) del potere di ricorrere a contromisure in quei quadri organizzativi in cui un grado, più o meno elevato, di istituzionalizzazione è raggiunto (v. *infra*, parr. 10.1 e 10.2), sia, in termini più generali, le strette limitazioni (indicate agli artt. 49-52 degli Articoli), che si pongono in svariate direzioni, cui l'adozione di sanzioni è comunque subordinata.

In primo luogo, le contromisure sono legittime solo se

> «... adottate in risposta ad un precedente atto illecito internazionale di un altro Stato e ... dirette nei confronti di quello Stato» (CIG, 25 settembre 1997, *Progetto Gabčíkovo-Nagymaros*, Ungheria c. Slovacchia, in *C.I.J., Recueil*, 1997, 55, par. 83),

e pertanto solo se consistenti nel non-adempimento di obbligazioni cui lo Stato danneggiato era tenuto nei confronti dello Stato responsabile (non necessariamente nella violazione della stessa regola non osservata dallo Stato responsabile) e solo se compatibili con la possibilità di adempiere in un secondo momento all'obbligazione in questione. Infatti, poiché la contromisura è intesa ad indurre lo Stato responsabile ad adempiere all'obbligo internazionale, essa

«... deve essere reversibile» (CIG, 25 settembre 1997, *Progetto Gabčíkovo-Nagymaros*, Ungheria c. Slovacchia, cit., 1997, 57, par. 87).

In secondo luogo, le contromisure non possono avere come oggetto l'obbligo di astenersi dalla minaccia o dall'uso della forza stabilito dalla Carta ONU (e pertanto non possono implicare l'uso della forza militare), gli obblighi di protezione dei diritti umani fondamentali, gli obblighi di carattere umanitario che vietano le rappresaglie, ogni obbligo nascente da norme imperative di diritto internazionale generale. Inoltre, secondo quanto previsto negli Articoli (art. 50), l'adozione di contromisure non fa venire meno gli obblighi nascenti da procedure di soluzione delle controversie applicabili nei rapporti tra lo Stato danneggiato e lo Stato responsabile, nonché quelli relativi al rispetto del personale, dei luoghi, degli archivi e dei documenti coperti da immunità diplomatica o consolare.

In terzo luogo, le contromisure sono legittime solo se proporzionate al pregiudizio sofferto dallo Stato leso, tenuto conto della gravità dell'atto illecito e dei diritti coinvolti. Infatti

> «è generalmente riconosciuto che ogni contromisura deve ... avere un certo grado di equivalenza con la pretesa violazione: questa è una regola ben conosciuta ... È stato osservato, generalmente, che giudicare sulla "proporzionalità" delle contromisure non è un compito facile e può al meglio essere compiuto in via di approssimazione. A parere del Tribunale, è essenziale, in una controversia tra Stati, prendere in considerazione non solo i danni subiti dalle società commerciali interessate, ma anche l'importanza delle questioni di principio poste dalla lamentata violazione» (Tribunale arbitrale, 9 dicembre 1978, *Accordo sui servizi aerei del 27 marzo 1946 tra gli Stati Uniti d'America e la Francia*, cit., 483, par. 83).

In quarto luogo, le contromisure hanno durata limitata nel tempo, poiché devono terminare non appena lo Stato responsabile ha adempiuto all'obbligo di riparazione. In ogni caso devono essere sospese senza ritardo se l'illecito è cessato e la controversia è stata sottoposta ad una corte o tribunale competente a risolverla in maniera vincolante.

Infine, al di fuori di un caso di urgenza in cui sia necessario salvaguardare i diritti dello Stato danneggiato, l'adozione di contromisure è subordinata alla messa in opera di alcuni adempimenti preventivi: lo Stato danneggiato deve aver richiesto allo Stato responsabile di fornire piena riparazione e resa nota la sua intenzione di adottare contromisure, offrendo la propria disponibilità a un negoziato.

10.1. *I regimi speciali di responsabilità internazionale.*

Accanto al sistema generale della responsabilità internazionale, deve essere rilevata l'esistenza di sistemi giuridici speciali di diritto internazionale (variamente denominati come sottosistemi, sistemi oggettivi, autonomi, o "*self-contained*" di diritto internazionale), nei quali le norme primarie sono collegate a speciali regole secondarie relative alla responsabilità che deriva dalla loro violazione, in modo tale che la violazione delle norme primarie appartenenti al sottosistema comporta le conseguenze da questo previste e non le conseguenze generali.

Di natura prevalentemente pattizia, la costruzione di tali sistemi appare ammissibile (ed infatti è ammessa all'art. 55 degli Articoli) considerando il carattere derogabile delle norme sulle conseguenze dell'illecito, nonché la possibilità che con un trattato le parti, così come possono stabilire obblighi "primari" della più diversa natura e portata, possono anche disciplinare le conseguenze della violazione degli obblighi da esse posti, distinte da quelle previste dal diritto internazionale generale.

Tale costruzione è stata affermata nella giurisprudenza internazionale. La più celebre espressione è quella contenuta nella sentenza resa il 24 maggio 1980 dalla Corte internazionale di giustizia nel caso del *Personale diplomatico e consolare degli Stati Uniti a Teheran*,

> «le regole del diritto diplomatico ... costituiscono un regime *self-contained* che, da un lato, stabilisce le obbligazioni dello Stato accreditatario in relazione ai privilegi e alle immunità che devono essere accordate alle missioni diplomatiche e, dall'altro lato, contempla il caso del loro abuso da parte dei membri della missione e indica i mezzi a disposizione dello Stato accreditatario per reagire a qualsiasi abuso di tal genere» ... «Tali mezzi sono, per loro natura, del tutto efficaci ...» (CIG, 24 maggio 1980, *Personale diplomatico e consolare degli Stati Uniti a Teheran*, Stati Uniti c. Iran, cit., 40, par. 86).

Significativo è, nella stessa direzione, il tenore della sentenza arbitrale resa il 9 dicembre 1978 nel caso concernente l'*Accordo sui servizi aerei del 27 marzo 1946 tra Francia e Stati Uniti*, in cui si discuteva dell'efficacia preclusiva del ricorso alle contromisure internazionali che potesse essere riconosciuto a mezzi di soluzione delle controversie concordati tra le parti. Il Collegio arbitrale ha a tal proposito riconosciuto che

> «se il procedimento costituisce parte di un quadro istituzionale che assicura un qualche grado di eseguibilità delle obbligazioni, la giustificazione delle contromisure viene certamente meno, più per l'esistenza di quel quadro che soltanto in considerazione dell'esistenza in quanto tale di procedimenti arbitrali o giudiziari»; e che «nella misura in cui il tribunale ha i poteri necessari per conseguire gli obiettivi che giustificano le contromisure, deve essere ammesso che i diritti delle parti di adottare tali misure viene meno» (Tribunale Arbitrale, 9 dicembre 1978, *Accordo sui servizi aerei del 27 marzo 1946 tra gli Stati Uniti d'America e la Francia*, cit., 485, parr. 94 e 96).

Indiretto riferimento alla nozione (e all'esistenza) di un regime autonomo, in materia di diritti dell'uomo, è poi stato fatto dalla stessa Corte internazionale di giustizia nella sentenza del 27 giugno 1986 resa nel caso concernente le *Attività militari e paramilitari in Nicaragua e contro il Nicaragua*, Nicaragua c. Stati Uniti, laddove la Corte ha affermato che

> «allorché i diritti umani sono protetti da convenzioni internazionali, tale protezione prende la forma di quei metodi concordati per il controllo e la garanzia del rispetto dei diritti dell'uomo quali stabiliti nelle convenzioni stesse» (CIG, 27 giugno 1986, *Attività*

militari e paramilitari in Nicaragua e contro il Nicaragua, Nicaragua c. Stati Uniti, cit., 134, par. 267).

10.2. *Il sistema comunitario come esempio di regime speciale di responsabilità internazionale.*

Quale esempio di tale regime si può indicare il sistema comunitario: per quanto esso sia ancora riferibile al diritto internazionale (almeno dal punto di vista "formale", essendo basato su trattati, ossia su fonti da questo contemplate), esso costituisce nel suo ambito un sistema autonomo e chiuso: dalle violazioni del diritto comunitario derivano le conseguenze da questo stabilite, e solo esse. Tale caratteristica consegue all'esclusione dell'ammissibilità nel sistema comunitario del ricorso, per quanto a titolo suppletivo e residuale, alla messa in opera delle conseguenze (ed in particolare delle misure di autotutela) dettate dal diritto internazionale e non previste direttamente dai trattati (CG, 5 settembre 1979, causa 232/78, *Commissione c. Francia*, in *Raccolta*, 2739). Allo stesso modo, la violazione di una norma comunitaria non è giustificata dalla circostanza che essa costituisce una reazione a un'infrazione commessa da un altro Stato (CG, 26 febbraio 1976, causa 52/75, in *Raccolta*, 284; 22 marzo 1977, causa 78/76, *Steinike c. Germania*, in *Raccolta*, 613; 11 gennaio 1990, causa C-38/89, *Ministère Public c. Blanguernon*, in *Raccolta*, I-92). D'altra parte, misure di autotutela, quali le contromisure o l'eccezione di inadempimento, oltre che a contrastare con le caratteristiche sostanziali del sistema comunitario (CG, 10 dicembre 1969, cause riunite 6, 11/69, *Commissione c. Francia*, in *Raccolta*, 540), finirebbero per essere incompatibili con l'accentramento, in esso previsto, dei mezzi di garanzia e coercizione dell'osservanza del diritto: trasferendo tali funzioni al sistema, gli Stati membri vi hanno rinunciato.

11.1. *Il problema della responsabilità senza illecito.*

Deve, infine, segnalarsi che si discute da tempo se un qualche regime di responsabilità sia ricollegabile allo svolgimento di attività che, per quanto non costituiscano violazione di norme internazionali (e pertanto non possono essere ritenute illecite), siano idonee a provocare un pregiudizio (di carattere eminentemente economico) ad altro soggetto; di talché, comunque, sorga a carico dello Stato danneggiante un dovere (non ricollegato ad un illecito e quindi non costituente una forma di attuazione di un obbligo di riparazione) di tenere indenne lo Stato leso da tali conseguenze pregiudizievoli. Quali esempi di tali attività (lecite ma dannose) sono normalmente indicate quelle altamente pericolose (come il lancio di oggetti spaziali) o inquinanti (come lo sfruttamento dell'energia atomica in centrali nucleari o l'esercizio dell'industria chimica). Ed in effetti l'argomento della responsabilità (in inglese "*liability*", quale termine distinto da "*responsibility*", ossia dall'espressione normalmente utilizzata per designare la responsabilità per atto illecito) per atto lecito è da tempo (dal 1978) all'attenzione della Commissione del diritto internazionale.

Sulla possibilità di configurare un siffatto regime in diritto internazionale generale (e perciò al di fuori degli speciali regimi definiti dalle convenzioni internazionali, come avviene per la responsabilità internazionale per i danni causati da oggetti spaziali sulla base della Convenzione di Londra-Mosca-Washington del 29 marzo 1972; ovvero in casi assai limitati, come avviene a proposito del risarcimento dovuto per il danno causato da un atto che sarebbe illecito, se non fosse per il ricorrere di una causa di giustificazione: v. *supra*, par. 6.1), peraltro, sono stati avanzati seri (e fondati) dubbi: e pertanto essa appare da escludere. Da un lato, infatti, risulta difficile distinguere la responsabilità senza illecito dalla responsabilità senza colpa (della quale si è parlato, v. *supra*, par. 5.1); dall'altro lato, poi, appare opportuno ripensare alla stessa liceità delle attività con effetti transnazionali dannosi e ai limiti in cui essa è ristretta (in relazione alle norme internazionali in materia di protezione dell'ambiente, v. Cap. XII, par. 2.6). In altre parole, la questione sembra più consistere nella analisi (e nella verifica del rispetto) delle norme primarie, che definiscono gli obblighi di comportamento degli Stati, che svolgersi in relazione ad un particolare regime di responsabilità risarcitoria. Ed in effetti in questa direzione sembra essersi mossa la stessa Commissione del diritto internazionale, che, accantonate le questioni della responsabilità, nella sessione del 2001 ha approvato un progetto di articoli sulla prevenzione di danni transfrontalieri derivanti da attività pericolose, e quindi, a partire dal 2003, ripreso l'esame delle questioni relative alla «Responsabilità internazionale in caso di danno derivante da attività pericolose».

Bibliografia essenziale

a) In generale, *sulla responsabilità internazionale degli Stati*: R. AGO, *Le délit international*, in *Recueil des Cours*, 1939, II, p. 415 ss.; R. AGO, *Scritti sulla responsabilità internazionale degli Stati*, 3 vol., Napoli, 1978-1986; D. ANZILOTTI, *Teoria generale della responsabilità dello Stato nel diritto internazionale*, Firenze, 1902 (rist. in *Opere di Dionisio Anzilotti*, II, 1, Padova, 1956, p. 1 ss.); I. BROWNLIE, *System of the Law of Nations*, I. *State Responsibility*, Oxford, 1983; J. CRAWFORD, *The International Law Commission's Articles on State Responsibility*, Cambridge, 2002; M. RAGAZZI (ed.), *International Responsibility Today. Essays in Memory of Oscar Schachter*, Leiden, Boston, 2005; M. SPINEDI, B. SIMMA (a cura di), *United Nations Codification of State Responsibility*, New York, 1987; K. ZAMANEK, J. SALMON, *Responsabilité internationale*, Paris, 1987.

b) *Sulla responsabilità internazionale delle organizzazioni internazionali*: P. KLEIN, *La responsabilité des organisations internationales dans les ordres juridiques internes et en droit des gens*, Bruxelles, 1998.

c) *Sugli elementi costitutivi dell'illecito internazionale*: (i) sull'elemento «soggettivo»: L. CONDORELLI, *L'imputation à l'Etat d'un fait internationalement illicite: solutions classiques et nouvelles tendances*, in *Recueil des Cours*, 1984, VI, p. 9 ss.; A. EPINEY, *Die völkerrechtliche Verantwortlichkeit von Staaten für rechtswidriges Verhalten im Zusam-*

menhang mit Aktionen Privater, Baden-Baden, 1992; C. FISCHER, *La responsabilité internationale de l'Etat pour les comportements ultra vires de ses organes*, Lausanne, 1993; E. VITTA, *La responsabilità internazionale dello Stato per atti legislativi*, Milano, 1953; (ii) sull'elemento «oggettivo»: P.-M. DUPUY, *Le fait générateur de la responsabilité internationale des Etats*, in Recueil des Cours, 1984, V, p. 9 ss.; G. GAJA, *L'esaurimento dei ricorsi interni nel diritto internazionale*, Milano, 1967; A. MARCHESI, *Obblighi di condotta e obblighi di risultato. Contributo allo studio degli obblighi internazionali*, Milano, 2003; S. FORLATI, *Diritto dei trattati e responsabilità internazionale*, Milano, 2005; (iii) sulla colpa: R. LUZZATTO, *Responsabilità e colpa in diritto internazionale*, in Riv. dir. int., 1968, p. 53 ss.; R. PISILLO MAZZESCHI, *«Due diligence» e responsabilità internazionale degli Stati*, Milano, 1989; (iv) sulla complicità nell'illecito internazionale: M.L. PADELLETTI, *Pluralità di Stati nel fatto illecito internazionale*, Milano, 1990.

d) *Sulle circostanze di esclusione dell'illiceità*: A. GATTINI, *Zufall und force majeure im System der Staatenverantwortlichkeit anhand der ILC-Kodifikationsarbeit*, Berlin, 1991; P. LAMBERTI ZANARDI, *La legittima difesa nel diritto internazionale*, Milano, 1972; P.A. PILLITU, *Lo stato di necessità nel diritto internazionale*, Rimini, 1981; L.A. SICILIANOS, *Les réactions décentralisées à l'illicite. Des contre-mesures à la légitime défense*, Paris, 1990

e) *Sulle conseguenze dell'illecito*: G. CARELLA, *La responsabilità dello Stato per crimini internazionali*, Napoli, 1985; A. DE GUTTRY, *Le rappresaglie non comportanti la coercizione militare nel diritto internazionale*, Milano, 1985; A. DE HOOGH, *Obligations erga omnes and international crimes: a theoretical inquiry into the implementation and enforcement of the international responsibility of States*, The Hague, 1996; P.-M. DUPUY (a cura di), *Obligations Multilaterales, Droit Impératif et Responsabilité des Etats*, Paris, 2003; C. FOCARELLI, *Le contromisure nel diritto internazionale*, Milano, 1994; P. FOIS, *Sul rapporto tra i crimini internazionali dello Stato e i crimini internazionali dell'individuo*, in Riv. dir. int., 2004, p. 929 ss.; A. GIANELLI, *Adempimenti preventivi all'adozione di contromisure internazionali*, Milano, 1997; M. IOVANE, *La riparazione nella teoria e nella prassi dell'illecito internazionale*, Milano, 1990; M.L. PICCHIO FORLATI, *La sanzione nel diritto internazionale*, Padova, 1974; P. PICONE, *Obblighi erga omnes e codificazione della responsabilità degli Stati*, in Riv. dir. int., 2005, p. 893 ss.; J.H.H. WEILER, A. CASSESE, M. SPINEDI (ed.), *International Crimes of State*, Berlin, 1989.

f) *Sui regimi speciali di responsabilità internazionale*: L. FUMAGALLI, *La responsabilità degli Stati membri per la violazione del diritto comunitario*, Milano, 2000; B. SIMMA, *Self-contained regimes*, in Netherlands Yearbook Int. L., 1985, p. 111 ss.

g) *Sulla responsabilità per atti non illeciti*: P. IVALDI, *Inquinamento marino e regole internazionali di responsabilità*, Padova, 1996; M. PEDRAZZI, *Danni causati da attività spaziali e responsabilità internazionale*, Milano, 1996.

CAPITOLO IX

L'USO DELLA FORZA E IL SISTEMA DI SICUREZZA COLLETTIVA DELLE NAZIONI UNITE

di Massimo Condinanzi

SOMMARIO: 1.1. L'uso della forza nelle relazioni internazionali. *Ius ad bellum* e *ius in bello*. – 2.1. L'affermazione del divieto di ricorrere alla forza nei rapporti tra gli Stati nel diritto pattizio e nel diritto consuetudinario. – 3.1. La nozione di forza vietata. – 3.2. La forza internazionale e la forza interna – 4.1. Il divieto di minaccia dell'uso della forza. – 5.1. Le eccezioni al divieto. La legittima difesa. – 5.2. La nozione di «attacco armato». – 5.3. I requisiti di necessità e proporzionalità. – 5.4. Il requisito temporale. -5.5. La legittima difesa preventiva. – 5.6. La legittima difesa collettiva. – 5.7. Lo stato di necessità. – 5.8. Caso fortuito, forza maggiore, estremo pericolo (*distress*). – 5.9. Consenso dell'avente diritto. – 5.10. Le misure contro "Stati nemici". – 5.11. L'intervento umanitario. – 5.12. L'intervento a protezione dei cittadini all'estero. – 6.1. Il sistema di sicurezza collettiva delle Nazioni Unite e il Consiglio di Sicurezza. – 6.2. Il ruolo dell'Assemblea Generale e degli altri organi delle Nazioni Unite. – 7.1. Gli atti del Consiglio di Sicurezza nell'ambito del Capitolo VII della Carta. – 8.1. L'accertamento della minaccia alla pace, della violazione della pace e dell'atto di aggressione. – 9.1. Le misure provvisorie. – 10.1. Le misure non implicanti l'uso della forza. – 10.2. I Tribunali penali internazionali. – 11.1. Le misure implicanti l'uso della forza. – 11.2. Il ricorso alla forza "autorizzata". – 11.3. L'inammissibilità di un'autorizzazione implicita. – 12.1. Le misure di *peace-keeping*.

1.1. *L'uso della forza nelle relazioni internazionali.* Ius ad bellum *e* ius in bello.

Nel diritto internazionale classico, l'uso della forza, e della forza armata in particolare, veniva considerato come appartenente alla struttura tipica della Comunità internazionale, mezzo "fisiologico" per la soluzione di controversie, giuridiche o politiche, inerente la natura di Stato sovrano, che coesiste a fianco di altri Stati, egualmente sovrani. La posizione di supremazia di cui gode lo Stato nei confronti dei soggetti dell'ordinamento interno giustifica qui il monopolio dell'uso della forza e, specularmente, la posizione giuridicamente egualitaria degli Stati nell'ordinamento internazionale (v. *supra*, Cap. I, par. 1.2) e l'assenza nel medesimo di un ente capace di imporsi quale creatore del diritto e regolatore dei conflitti spiegano il diritto degli Stati di ricorrere alla forza armata, anche nella forma più grave: la guerra, così determinando una serie di conseguenze giuridiche (e non solo fenomeniche) tipiche di un particolare stato dell'ordinamento internazionale, che prende il nome di *stato di guerra*.

Nel XIX secolo, e fino alla Prima Guerra Mondiale, la guerra è una procedura lecita in cui i belligeranti, per il diritto internazionale, si collocano su di un piano paritario. In un simile contesto giuridico, piuttosto che alla formazione di regole finalizzate alla proscrizione della guerra nei rapporti internazionali, si assiste alla creazione di un corpo di norme che hanno ad oggetto il *modo* di fare la guerra e il comportamento dei belligeranti (*ius in bello* – diritto bellico e diritto umanitario, v. Cap. X, par. 2.2). Diversamente, nell'attuale fase di evoluzione del diritto internazionale positivo, in cui (come vedremo) l'impiego della forza, e non solo le sue modalità, è sottoposto a rigide condizioni, la valutazione in termini di liceità o di illiceità del comportamento di uno Stato che ricorre alle armi dipenderà tanto dal

> «diritto relativo all'uso della forza, quale consacrato (*oggi, n.d.a.*) dalla Carta delle Nazioni Unite», quanto dal «diritto applicabile nei conflitti armati, che disciplina la condotta delle ostilità» (CIG, 8 luglio 1996, parere relativo alla *liceità della minaccia e dell'uso di armi nucleari*, in *C.I.J., Recueil*, 1996, 226, par. 34).

2.1. *L'affermazione del divieto di ricorrere alla forza nei rapporti tra gli Stati nel diritto pattizio e nel diritto consuetudinario.*

L'evoluzione tecnologica e la (correlata) progressione degli armamenti fecero della Prima Guerra Mondiale, anche per il numero degli Stati coinvolti, un'occasione di riflessione su come la guerra potesse mettere in pericolo la stessa sopravvivenza dell'umanità. In quel clima storico prese corpo il primo, importante, tentativo di abolire il ricorso alla forza armata (o quanto meno di consentirne un uso meno "unilaterale"): la stipulazione del Patto della Società delle Nazioni approvato il 28 aprile 1919 ed entrato in vigore il 10 gennaio 1920. Secondo l'art. 10 del Patto, i Membri della Società delle Nazioni «si impegnano a rispettare e proteggere contro ogni aggressione esterna l'integrità territoriale e l'attuale indipendenza politica di tutti i membri della Società».

Non si trattò, peraltro, di una rinunzia assoluta alla guerra, com'è reso evidente dallo stesso Preambolo del Patto, secondo cui la promozione della cooperazione internazionale e il conseguimento della pace e della sicurezza andavano perseguiti (anche) attraverso «l'impegno di non ricorrere in determinati casi alle armi».

Gli Stati membri del Patto assumevano infatti l'obbligo di sottoporre "ogni controversia tale da condurre ad una rottura" ad un regolamento arbitrale o giudiziale ovvero al Consiglio della Società. Avuta la decisione arbitrale o giudiziale ovvero la relazione del Consiglio, l'obbligo degli Stati si riduceva ad una moratoria, non potendo ricorrere alle armi prima che fossero trascorsi tre mesi. La guerra era in ogni caso vietata nei confronti dello Stato che si fosse conformato alla decisione ovvero alla relazione del Consiglio se approvata all'unanimità.

Le lacune del Patto vennero presto evidenziate dall'aggravarsi della tensione nelle relazioni internazionali, che sarebbe poi sfociata nella Seconda Guerra Mondiale, la quale segnò anche l'insuccesso della Società delle Nazioni, il cui scioglimento venne deliberato dall'organo assembleare il 18 aprile 1946.

In termini più espliciti, la rinuncia alla guerra per la soluzione delle controversie internazionali è contenuta nel Trattato di Parigi del 27 agosto 1928 (*Patto Briand-Kellogg*), ratificato anche da Stati non appartenenti alla Società delle Nazioni, attraverso il quale le parti contraenti rinunciavano alla guerra come strumento di politica internazionale, condannandone il ricorso come strumento per la soluzione delle controversie internazionali e come strumento di politica nazionale nei loro reciproci rapporti (art. 1). Le controversie internazionali dovevano trovare soluzione esclusivamente attraverso mezzi pacifici (art. 2). Se è vero che la considerazione della guerra come fatto illecito emerge palese dalle prescrizioni del Patto Briand-Kellogg, è altrettanto vero che in esso non si predispone alcun organo o procedimento capace di porsi come valida alternativa: proprio tale carenza riproporrà, nel breve volgere di pochi anni, il ritorno della guerra.

Il sistema concepito a Dumbarton Oaks dagli Stati poi vincitori della Seconda Guerra Mondiale, che si tradurrà nella Carta delle Nazioni Unite, firmata a San Francisco il 26 giugno 1945 ed entrata in vigore il 24 ottobre 1945, ha come primaria finalità

> «salvare le future generazioni dal flagello della guerra, che per due volte nel corso di questa generazione ha portato indicibili afflizioni all'umanità» (Preambolo della Carta).

Coerentemente, l'art. 1 della Carta, nell'elencare i fini delle Nazioni Unite, considera, innanzitutto, «mantenere la pace e la sicurezza internazionale».

L'obiettivo deve essere conseguito associando al divieto (quasi) assoluto di uso della forza da parte degli Stati previsto dall'art. 2.4 della Carta secondo cui

> «I Membri devono astenersi nelle loro relazioni internazionali dalla minaccia o dall'uso della forza, sia contro l'integrità territoriale o l'indipendenza politica di qualsiasi Stato, sia in qualunque altra maniera incompatibile con i fini delle Nazioni Unite»

da un lato, l'obbligo per i medesimi di

> «risolvere le loro controversie internazionali con mezzi pacifici, in maniera che la pace e la sicurezza internazionale, e la giustizia, non siano messe in pericolo» (art. 2.3 della Carta)

dall'altro, quale mezzo coercitivo di realizzazione del diritto, il monopolio (tranne poche eccezioni) dell'uso della forza in capo alle Nazioni Unite, secondo il modello prefigurato nel Capitolo VII della Carta.

Il divieto di uso della forza è espresso in alcune Dichiarazioni di principi dell'Assemblea Generale delle Nazioni Unite e, in particolare, nella *Dichiarazione relativa ai principi di diritto internazionale concernenti le relazioni amiche-*

voli e la cooperazione fra gli Stati, in conformità della Carta delle Nazioni Unite (24 ottobre 1970) secondo cui

> «Ogni Stato ha il dovere di astenersi, nelle proprie relazioni internazionali, dal ricorso alla minaccia o all'uso della forza sia contro l'integrità territoriale o l'indipendenza politica di uno Stato sia in qualunque altro modo incompatibile con i fini delle Nazioni Unite. Un simile ricorso alla minaccia o all'uso della forza costituisce una violazione del diritto internazionale e della Carta delle Nazioni Unite e non deve mai essere utilizzato come mezzo per la soluzione dei problemi internazionali» (risoluzione n. 2625 (XXV), in *Riv. dir. int.*, 1971, 746).

Il divieto di ricorrere alla forza è ribadito, sostanzialmente negli stessi termini, anche nella risoluzione sulla *Definizione dell'aggressione* adottata dall'Assemblea generale il 14 dicembre 1974 (risoluzione n. 3314 (XXIX), in *Riv. dir. int.*, 1975, 390). Nella *Dichiarazione relativa ai principi di diritto internazionale concernenti le relazioni amichevoli*, cit., il ricorso alla minaccia o all'uso della forza viene qualificato come violazione non della sola Carta, e quindi del diritto pattizio, obbligatorio per i soli Stati contraenti, ma del *diritto internazionale*, così configurando l'obbligo di astenersi dal comportamento vietato come prescritto da una norma consuetudinaria, vincolante l'intera Comunità internazionale. Nello stesso senso, deve essere ricordata la *Dichiarazione di Manila sul regolamento pacifico delle controversie internazionali*, approvata dall'Assemblea Generale il 15 novembre 1982, secondo la quale

> «Ogni Stato ha il dovere di astenersi, nelle sue relazioni internazionali, dal ricorso alla minaccia o all'uso della forza, sia contro l'integrità territoriale o l'indipendenza politica degli altri Stati, sia in ogni altro modo incompatibili con i fini delle Nazioni Unite. Un tale ricorso alla minaccia o all'uso della forza costituisce una violazione del diritto internazionale e della Carta delle Nazioni Unite ed è fonte di responsabilità internazionale» (risoluzione n. 37/10, in *Riv. dir. int.*, 1983, 505).

L'importanza delle Dichiarazioni di principi adottate dall'Assemblea Generale delle Nazioni Unite ai fini della rilevazione della norma consuetudinaria (sul tema v. *supra*, Cap. II, par. 5.1) ha trovato conferma, con specifico riferimento al divieto di minaccia e di uso della forza, nella sentenza della Corte internazionale di giustizia del 27 giugno 1986 nel caso delle *attività militari e paramilitari in Nicaragua e contro il Nicaragua* che, dopo aver constatato l'accordo delle parti (Nicaragua e Stati Uniti) nel considerare i principi sull'uso della forza che figurano nella Carta come principi di diritto internazionale consuetudinario, ha comunque dedotto l'esistenza dell'*opinio juris*

> «dall'atteggiamento degli Stati riguardo a certe risoluzioni dell'Assemblea Generale, in particolare la risoluzione 2625 (XXV) intitolata ... L'effetto di un siffatto consenso al testo di tali risoluzioni non può essere interpretato come quello di un semplice richiamo o di una semplice specificazione dell'impegno convenzionale assunto nella Carta. Esso, al contrario, può interpretarsi come un'adesione al valore della regola o della serie di regole dichiarate mediante la risoluzione e prese in se stesse» (CIG, 27 giugno 1986, *Attività militari e paramilitari in Nicaragua e contro il Nicaragua*, in *C.I.J., Recueil*, 1986, 14, par. 188).

Il divieto di ricorrere alla minaccia e all'uso della forza è, quindi, prescritto da una norma di diritto internazionale consuetudinario, il cui operare non è condizionato dai limiti di applicazione dei meccanismi istituzionali della Carta (in particolare, dal ruolo del Consiglio di Sicurezza sui cui v. *infra*, par. 6.1). La Corte, nella sentenza appena ricordata, nel dedurre

> «un'ulteriore conferma della validità del divieto dell'uso della forza sancito nell'art. 2.4 della Carta delle Nazioni Unite come diritto internazionale consuetudinario» dal «fatto che ad esso fanno frequentemente riferimento le dichiarazioni dei rappresentanti degli Stati non solo come principio di diritto internazionale consuetudinario, ma anche come un fondamentale o cardinale principio di tale diritto» (CIG, 27 giugno 1986, *Attività militari e paramilitari in Nicaragua e contro il Nicaragua*, cit., par. 190),

considera il divieto dell'uso della forza come prescritto da una norma di diritto cogente, perciò inderogabile se non attraverso disposizioni dotate dello stesso carattere (artt. 53 e 64 della Convenzione di Vienna sul diritto dei trattati, v. *supra*, Cap. II, par. 10.1 e Cap. III, par. 8.6).

Il principio è ribadito nella *Dichiarazione sul rafforzamento dell'efficacia del principio del non ricorso alla minaccia o all'uso della forza nelle relazioni internazionali*, adottata dall'Assemblea Generale il 18 novembre 1987, secondo cui tale principio

> «è universale e si impone a tutti gli Stati, quali che siano il loro sistema politico, economico, sociale o culturale o i rapporti di alleanza» (risoluzione n. 42/22, in *Riv. dir. int.*, 1988, 470).

3.1. *La nozione di forza vietata.*

Il divieto di ricorrere alla minaccia o all'uso della forza richiede un chiarimento circa la corretta identificazione e delimitazione del comportamento vietato. Innanzitutto, il divieto non è assoluto: altre norme consentono agli Stati, sia pure eccezionalmente, di ricorrere alla forza (così è per la legittima difesa, sulla quale v. *infra*, par. 5.1). Non sembra deducibile, invece, dalla limitazione finale di cui all'art. 2.4 della Carta («in qualunque altra maniera incompatibile con i fini delle Nazioni Unite») la possibilità di un uso legittimo della forza da parte degli Stati per il conseguimento di obiettivi genericamente compatibili con i fini della Carta, al di fuori di norme che lo consentano specificamente. Infatti, è difficile ipotizzare per quel caso un uso della forza contro uno Stato che non ne leda l'integrità territoriale o l'indipendenza politica, così da risultare comunque vietato dall'art. 2.4. Ciò è vero nel sistema della Carta, il quale, tuttavia, coesiste con il diritto internazionale generale, nel quale non è escluso possano ravvisarsi disposizioni, di recente formazione, che ammettono, al ricorrere di determinate condizioni, un uso della forza anche per obiettivi diversi e ulteriori rispetto al respingimento di un attacco armato.

In secondo luogo, occorre definire cosa si intenda per "forza", il cui impiego (anche sotto forma di minaccia) è vietato dalla norma, potendosi accogliere l'espressione in senso lato, comprensiva della forza economica, politica o psicologica, ovvero, in un senso più ristretto, limitata alla sola forza armata. Nonostante qualche imprecisione terminologica che la Carta presenta (essendo in altre disposizioni chiarito che il riferimento è alla sola forza *armata* – art. 41 –, così da giustificare un'interpretazione *a contrario* laddove la specificazione non compare), la tesi più diffusa è che la norma dell'art. 2.4 proibisca il solo ricorso alle armi, come del resto è confermato anche dal Preambolo, dove si chiarisce che gli Stati intendono

> «assicurare, mediante l'accettazione di principi e l'istituzione di sistemi, che la *forza delle armi* non sarà usata, salvo che nell'interesse comune».

È evidente il riferimento al *principio* di cui all'art. 2.4 e al *sistema* di sicurezza collettiva instaurato dal Capitolo VII della Carta (sul quale v. *infra*, par. 6.1). Ulteriore argomento viene abitualmente ricavato dai lavori preparatori della Conferenza di San Francisco, da cui risulta che un emendamento brasiliano teso a includere nell'art. 2.4 anche la coercizione economica venne respinto (*Documents of the United Nations Conference on International Organisation*, United Nations Informations Organisations, London, 1945, VI, 559). Il divieto, per gli Stati, di applicare

> «misure economiche, politiche o di qualunque altra natura, o incoraggiarne l'uso, al fine di costringere un altro Stato a subordinare l'esercizio dei suoi diritti sovrani e per ottenere da esso vantaggi di qualsiasi genere»

è, invero, previsto dalla *Dichiarazione relativa ai principi di diritto internazionale concernenti le relazioni amichevoli*, cit., ma non come obbligo che discende dal divieto dell'uso della forza, essendo piuttosto inquadrato nel principio di non intervento nelle questioni che appartengono alla competenza interna di uno Stato. La coercizione economica o politica potrà, dunque, costituire illecito internazionale sotto altri profili, fino ad integrare gli estremi della "minaccia alla pace" che giustifica il ricorso al sistema di sicurezza collettiva delle Nazioni Unite, ma non integra gli estremi di uso della forza vietato agli Stati. Troviamo qui, in altre parole, la stessa nozione di forza dal cui impiego (o minaccia) l'art. 52 della Convenzione di Vienna sul diritto dei trattati fa dipendere la nullità di un trattato (v. *supra*, Cap. III, par. 8.5).

3.2. *La forza internazionale e la forza interna.*

La forza armata il cui uso (e la cui minaccia) è oggetto del divieto consuetudinario è la forza internazionale, ovvero l'uso della forza "nelle relazioni internazionali" dello Stato agente, sì che rimane senza rilievo, in linea di principio, l'uso che lo Stato faccia della forza armata all'interno dei confini in cui esercita la sovranità territoriale. Ciò non significa che l'impiego della forza armata all'interno dei confini dello Stato sia del tutto indifferente per il diritto internazionale, potendo costituire illecito perché contrario ad altre norme internazionali (*i.e.* per le norme che tutelano l'inviolabilità delle sedi diplomatiche e consolari). Egualmente, l'uso della forza interna da parte dello Stato potrà determinare una situazione in cui si ravvisino gli estremi della minaccia alla pace ai sensi dell'art. 39 della Carta, con conseguente possibilità per il Consiglio di Sicurezza di adottare misure ai sensi del Capitolo VII della medesima (v. *infra*, par. 7.1), senza che il comportamento dello Stato sia qualificabile come uso della forza vietato dall'art. 2.4 della Carta o dalla corrispondente norma consuetudinaria.

Il divieto di ricorrere alla minaccia o all'uso della forza nelle relazioni internazionali ha come corollario l'obbligo per lo Stato di fare ricorso ai mezzi pacifici per la soluzione delle controversie con altri Stati (v. *supra*, Cap. VII). Nella sentenza relativa al caso delle *Attività militari e paramilitari in Nicaragua e contro il Nicaragua*, la Corte ha precisato il carattere imprescindibile del principio che

> «richiede che le parti di una controversia, e in particolare di una controversia la cui continuazione rischierebbe di mettere in pericolo il mantenimento della pace e della sicurezza internazionale, si sforzino di trovare una soluzione mediante mezzi pacifici. Consacrato dall'art. 33 della Carta delle Nazioni Unite ... detto principio ha parimenti il carattere di una regola di diritto internazionale consuetudinario» (CIG, 27 giugno 1986, *Attività militari e paramilitari in Nicaragua e contro il Nicaragua*, cit., par. 290).

La riconducibilità del principio al diritto internazionale generale è confermata anche da Dichiarazioni di principi dell'Assemblea generale e, in particolare, dalle ricordate *Dichiarazione di Manila sul regolamento pacifico delle controversie internazionali* (risoluzione n. 37/10, cit.) e *Dichiarazione sul rafforzamento dell'efficacia del principio del non ricorso alla minaccia o all'uso della forza nelle relazioni internazionali* dove si ribadisce il nesso tra i due valori cardine dell'ordinamento internazionale osservando che

> «Gli Stati devono restare fedeli al principio del regolamento pacifico delle controversie, che è indissociabile dal principio secondo il quale essi devono astenersi dal ricorso alla minaccia o all'uso della forza nelle loro relazioni internazionali» (risoluzione n. 42/22, cit.).

4.1. *Il divieto di minaccia dell'uso della forza.*

La norma non vieta il solo impiego della forza, proibendone anche la semplice "minaccia", consistente nell'esplicito annuncio dell'impiego della forza delle armi al verificarsi o al non verificarsi di un certo accadimento ovvero ad una certa data. Rientra in quest'ultima ipotesi la decisione del Consiglio dell'Atlantico del Nord (NATO)

> «di attivazione di una campagna di attacchi aerei in Yugoslavia, la cui esecuzione inizierà approssimativamente entro 96 ore» (Segretario Generale Nato, *Press Statement* del 13 ottobre 1998, in H. KRIEGER (ed.), *The Kosovo Conflict and International Law*, Cambridge, 2001, 289).

Non si esclude che la minaccia possa essere avanzata implicitamente e quindi formulata attraverso comportamenti concludenti, per mezzo dei quali uno Stato evidenzi la sua volontà di ricorrere in futuro alla forza armata nei confronti di un altro Stato. Tuttavia, il comportamento degli Stati che consiste nel rafforzare il proprio potenziale bellico è stato ritenuto dalla Corte internazionale di giustizia, nel caso delle *Attività militari e paramilitari in Nicaragua e contro il Nicaragua*, conforme al diritto internazionale generale, e quindi non integrante gli estremi della minaccia vietata, non esistendo nel diritto internazionale

> «regole, diverse da quelle che lo Stato interessato ha accettato, attraverso un trattato o in altri modi, che impongono limitazioni al livello di armamento di uno Stato sovrano» (CIG, 27 giugno 1986, *Attività militari e paramilitari in Nicaragua e contro il Nicaragua*, cit., par. 269).

Con riferimento all'armamento nucleare, la Corte ha precisato che la sussistenza di una "minaccia" vietata dall'art. 2.4 della Carta non dipende dal tipo di arma il cui impiego è minacciato, quanto piuttosto dalla liceità del ricorso alla forza che con la detenzione dell'arma si vuole prospettare:

> «Le nozioni di "minaccia" e di "uso" della forza ai sensi dell'art. 2, paragrafo 4 della Carta vanno di pari passo, nel senso che se, in un caso determinato, l'uso della forza è di per se stesso illecito – per qualsivoglia ragione – la minaccia di farvi ricorso sarà egualmente illecita» (CIG, 8 luglio 1996, parere relativo alla *liceità della minaccia o dell'uso di armi nucleari*, cit., par. 47).

Nonostante l'apparente inconciliabilità dell'impiego dell'arma nucleare con gli obiettivi prefissati dalle regole del diritto internazionale umanitario, la Corte non esclude il diritto degli Stati di ricorrervi

> «... in una circostanza estrema di legittima difesa in cui sia messa in discussione la sopravvivenza stessa dello Stato» (CIG, 8 luglio 1996, parere relativo alla *liceità della minaccia o dell'uso di armi nucleari*, cit., par. 97),

così, implicitamente, ammettendo la legittimità della minaccia dell'impiego di armi nucleari a fini dissuasivi, sia pur correlata ad un loro uso in situazioni "estreme" di legittima difesa, in cui sia in gioco la sopravvivenza dello Stato.

5.1. *Le eccezioni al divieto. La legittima difesa.*

Nonostante quanto appena rilevato, non risponde al vero che il diritto internazionale vieti agli Stati ogni forma di ricorso alla forza armata nelle reciproche relazioni. È pacificamente ammessa l'esistenza di una prima fondamentale eccezione che va sotto il nome di *legittima difesa* o *autotutela* e che è prevista anche nel sistema della Carta dall'art. 51, secondo cui

> «Nessuna disposizione della presente Carta pregiudica il diritto naturale di autotutela individuale o collettiva, nel caso che abbia luogo un attacco armato contro un Membro delle Nazioni Unite, fintantoché il Consiglio di Sicurezza non abbia preso le misure necessarie per mantenere la pace e la sicurezza internazionale ...».

Nell'ordinamento internazionale, che non conosce la realizzazione coattiva delle posizioni giuridiche da parte di un ente in posizione di supremazia rispetto ai consociati (come accade negli ordinamenti statali), l'autotutela risponde ad un'esigenza logica del sistema. Ed infatti, il diritto all'autotutela, individuale o collettiva, è oggetto di una previsione di diritto internazionale generale, come del resto riconosce anche l'art. 51 della Carta riferendosi al "diritto naturale" (*droit naturel, inherent right*) di autotutela, come ad un diritto degli Stati preesistente alla Carta medesima.

> «È difficile sostenere che tale diritto (*di autotutela, n.d.a.*) non sia di natura consuetudinaria, per quanto il suo attuale contenuto sia stato avvalorato ed influenzato dalla Carta ... il diritto internazionale consuetudinario continua ad esistere accanto al diritto pattizio» (CIG, 27 giugno 1986, *Attività militari e paramilitari in Nicaragua e contro il Nicaragua*, cit., par. 176).

Tanto il diritto consuetudinario, quanto l'art. 51 della Carta subordinano la qualificazione in termini di legittima difesa dell'uso della forza a condizioni la cui presenza dovrà essere verificata rigorosamente, trattandosi di una regola che si pone come eccezione al principio generale di cui all'art. 2.4. Tali condizioni, nel sistema pattizio e in quello generale, non sono peraltro del tutto disgiunte. Infatti, la circostanza che l'art. 51 qualifichi il diritto di autotutela come diritto "naturale" dello Stato, così confermandone la sussistenza anche nel diritto consuetudinario, crea una sorta di interdipendenza tra le condizioni cui è subordinata la legittima difesa nel sistema della Carta e quelle che presiedono al relativo esercizio secondo la norma consuetudinaria, così da non consentire di definire compiutamente la legittima difesa nell'uno dei due sistemi, senza tenere conto di come l'istituto si evolve nell'altro. Nel sistema della Carta poi, la legittima difesa è condizionata a taluni requisiti ulteriori, strettamente funzionali al ruolo che (come si vedrà, *infra*, par. 6.1) il Consiglio di Sicurezza è chiamato a svolgere per il mantenimento della pace. Ed infatti, in base all'art. 51

> «Le misure prese da Membri nell'esercizio di questo diritto di autotutela sono immediatamente portate a conoscenza del Consiglio di sicurezza e non pregiudicano in alcun modo il potere ed il compito spettanti, secondo la presente Carta, al Consiglio di sicurezza di intraprendere in qualsiasi momento quella azione che esso ritenga necessaria per mantenere o ristabilire la pace e la sicurezza internazionale».

5.2. La nozione di «attacco armato»

Venendo all'analisi delle condizioni cui è subordinato il ricorso alla legittima difesa, va sottolineato che non ogni ipotesi di "uso della forza" ne consente l'invocabilità, essendo questa limitata al caso di "attacco armato", peraltro non altrimenti qualificato neppure dalla Carta. L'art. 3 della *risoluzione dell'Assemblea generale sulla Definizione dell'aggressione*, enumera, senza pretesa di esaustività, una serie di ipotesi ritenute idonee ad integrare la fattispecie di "aggressione" indicando

> «a) l'invasione o l'attacco da parte di forze armate di uno Stato del territorio di un altro Stato ovvero ogni forma di occupazione militare, anche temporanea, derivante da un'invasione o un attacco; b) bombardamenti da parte delle forze armate di uno Stato contro il territorio di un altro Stato; c) il blocco dei porti o delle coste di uno Stato da parte delle forze armate di un altro Stato; d) ogni attacco da parte delle forze armate di uno Stato alle forze terrestri, marine o aeree di un altro Stato; e) l'impiego di forze armate di uno Stato, che si trovino nel territorio di un altro Stato con il consenso dello Stato di accoglienza, in contrasto con le condizioni definite nell'accordo fra i due Stati ovvero la loro permanenza oltre il termine finale di efficacia dell'accordo; f) la concessione del territorio di uno Stato a disposizione di un altro Stato affinché quest'ultimo lo utilizzi per commettere atti di aggressione contro un terzo Stato; g) l'invio da parte di uno Stato o per conto di tale Stato di bande armate, gruppi, forze irregolari o mercenarie, le quali compiono atti di uso della forza armata contro un altro Stato di gravità pari a quella degli atti menzionati nei punti precedenti, ovvero il sostanziale coinvolgimento dello Stato nel compimento di tali atti» (risoluzione n. 3314 (XXIX), cit.).

Le maggiori difficoltà definitorie riguardano l'ipotesi dell'*aggressione armata indiretta* cui fa riferimento l'art. 3, lett. *g*, della *Definizione*. Il problema consiste nell'identificazione, in tal caso, dell'elemento soggettivo dell'illecito e, quindi, dei casi di imputabilità allo Stato del comportamento di soggetti privati. Occorre distinguere l'ipotesi dell'*invio di gruppi di individui* armati non appartenenti alle forze regolari dello Stato agente, che è stata considerata oggetto del

> «divieto di attacco armato, a condizione che, in ragione della sua dimensione e dei suoi effetti, possa essere classificata come un attacco armato piuttosto che un semplice incidente di frontiera» (CIG, 27 giugno 1986, *Attività militari e paramilitari in Nicaragua e contro il Nicaragua*, cit., par. 195),

dal caso della semplice *assistenza a gruppi di ribelli* che agiscono con l'uso della forza armata contro lo Stato territoriale, rispetto alla quale la Corte

> «non ritiene che il concetto di "attacco armato" includa ... anche l'assistenza ai ribelli nelle forme della fornitura di armi, dell'assistenza logistica o di altri supporti» (CIG, 27 giugno 1986, cit., par. 195).

L'attività di mera assistenza a gruppi di privati individui che agiscono con la forza contro lo Stato

> «può essere considerata come una minaccia dell'uso della forza ovvero come impiego della forza, oppure come un intervento negli affari interni dello Stato» (CIG, 27 giugno 1986, *Attività militari e paramilitari in Nicaragua e contro il Nicaragua*, cit., par. 195),

senza però integrare gli estremi dell'"attacco armato" che, solo, giustifica la legittima difesa. Come è stato rilevato, l'elemento discretivo è quindi rappresentato, in ultima analisi, dal controllo che sul gruppo di individui esercita lo Stato agente. Laddove il controllo è talmente intenso che il privato, nel suo operare, dipende totalmente dal supporto dello Stato, allora il primo diviene di fatto un organo del secondo, al quale le azioni militari sono pertanto attribuibili.

In generale, gli Stati come le Nazioni Unite hanno mostrato di non condividere il ricorso alla legittima difesa per giustificare attacchi armati contro Stati vicini ritenuti responsabili di ospitare, proteggere o comunque cooperare con forze irregolari presenti sul territorio. Sud Africa e Israele, in più occasioni, hanno impegnato le loro forze contro Stati vicini e l'illegalità delle loro azioni è stata affermata sotto diversi profili: sia perché gli Stati vicini non sono stati ritenuti responsabili delle azioni delle forze armate irregolari pure alberganti sul loro territorio, sia perché la reazione è stata ritenuta sproporzionata. Più recentemente, il Consiglio di Sicurezza, nel predisporre un meccanismo di sicurezza collettiva teso a riportare la pace nelle relazioni tra Israele e Libano dopo la crisi del luglio 2006, si dichiara

> «*estremamente preoccupato* per la prosecuzione della crescita delle ostilità avviate in Libano e in Israele dopo l'attacco di Hezbollah in Israele del 12 luglio 2006, che hanno già provocato centinaia di morti e di feriti da entrambe le parti» (risoluzione n. 1701 (2006) dell'11 agosto 2006),

senza che l'attività offensiva di Hezbollah sia attribuita allo Stato libanese e, correlativamente, senza qualificare in termini di legittima difesa la reazione israeliana, la quale, comunque, sarebbe apparsa verosimilmente priva del requisito della proporzionalità (sui cui vedi *infra*). Coerentemente, la stessa risoluzione, al punto 1 della parte precettiva, impone la cessazione immediata tanto degli "attacchi di Hezbollah", quanto delle "offensive militari di Israele".

E' in base a queste regole, ad esempio, che l'attentato terroristico, laddove possieda le caratteristiche oggettive per essere considerato un caso di impiego della forza armata, può essere ricondotto allo Stato che ospita, protegge e genericamente assiste i gruppi terroristici. È significativo che il Consiglio di Sicurezza sia più volte intervenuto condannando la circostanza che terroristi continuino ad essere accolti, addestrati nel territorio afgano, senza peraltro imputare tali comportamenti di assistenza allo Stato afgano ed anzi sottolineando come ciò avvenga

> «nelle zone tenute dalla fazione afgana denominata Taliban, che si autodefinisce con il nome di Emirato Islamico d'Afghanistan» (risoluzione del Consiglio di Sicurezza n. 1333 (2000) adottata il 19 dicembre 2000, settimo considerando, in *Riv. dir. int.*, 2001, 247),

ed indirizzando quindi ai soli Talebani l'ordine di

> «cessare di offrire rifugio e addestramento ai terroristi internazionali e alle loro organizzazioni ... di consegnare senza ritardo Usama Bin Laden alle autorità competenti di uno Stato dove è stato incriminato ovvero di un Paese che lo consegnerà ad un Paese dove è stato incriminato» (risoluzione del Consiglio di Sicurezza n. 1267 (1999) del 15 ottobre 1999, in *Riv. dir. int.*, 1999, 1165).

Le modalità e la gravità dell'attacco terroristico dell'11 settembre 2001 non hanno indotto il Consiglio di Sicurezza a qualificare tale atto o l'assistenza di cui godono i terroristi che lo hanno compiuto come un "attacco armato" da parte dello Stato afgano. Tale valutazione non è infatti ricavabile dallo scarno riferimento contenuto nel Preambolo della risoluzione n. 1368 (2001) del 12 settembre 2001 (in *Riv. dir. int.*, 2001, 876), in cui il Consiglio si è limitato a "riconoscere" il diritto naturale di legittima difesa individuale o collettiva, conformemente alla Carta, a fronte di "attacchi terroristici", definiti come una minaccia alla pace e alla sicurezza internazionale. La risoluzione n. 1368 (2001), non diversamente dalla successiva risoluzione n. 1373 (2001) del 28 settembre 2001 nel cui Preambolo il Consiglio di Sicurezza riafferma

> «... che tali atti (*gli attacchi terroristici dell'11 settembre 2001, n.d.a.*), come ogni altro atto di terrorismo internazionale, costituiscono una minaccia alla pace e alla sicurezza internazionale» (risoluzione n. 1373 (2001), in *Riv. dir. int.*, 2001, 1173)

non è, peraltro, esente da una certa contraddittorietà laddove, evitando di qualificare gli attacchi terroristici come attacchi armati, ammette tuttavia una reazione agli stessi riconducibile al diritto naturale di legittima difesa, così facendo supporre che quest'ultima eccezione, nel sistema della Carta come nel diritto internazionale generale, sia invocabile anche di fronte a violazioni della pace e della sicurezza internazionale non qualificabili come attacco armato vero e proprio. La sensazione di scarso rigore nell'argomentazione giuridica delle risoluzioni relative agli attacchi terroristici dell'11 settembre 2001 e alla conseguente operazione militare avviata il successivo 7 ottobre (*Enduring Freedom*) è rafforzata dalla risoluzione n. 1386 (2001) del 20 dicembre 2001, in cui il Consiglio di Sicurezza autorizza, secondo quanto previsto nell'Accordo di Bonn del 5 dicembre 2001, la costituzione di una forza internazionale di sicurezza per aiutare l'Autorità provvisoria afgana, così

> «Appoggiando l'azione internazionale intrapresa per estirpare il terrorismo, conformemente alla Carta delle Nazioni Unite, e riaffermando egualmente le sue risoluzioni 1368 (2001) del 12 settembre 2001 e 1373 (2001) del 28 settembre 2001» (risoluzione n. 1386 (2001), in *Riv. dir. int.*, 2002, 269).

Le operazioni militari in territorio afgano sembrano, perciò, trovare l'approvazione del Consiglio di Sicurezza e, alla luce delle precedenti risoluzioni che riaffermano il diritto naturale di legittima difesa, venire ricondotte all'art. 51 della Carta, pur facendo difetto l'indispensabile qualificazione dell'attacco terroristico come attacco armato. Come è stato osservato, tale inquadramento è però estraneo alle categorie della Carta, e dell'art. 51 in particolare, potendo forse trovare spiegazione in una forma di riconoscimento, invero non strettamente necessario, in capo agli Stati della possibilità, prevista dal solo diritto internazionale generale, di reagire unilateralmente a tutela del valore rappresentato dalla lotta al terrorismo internazionale, oggetto di un obbligo *erga omnes* in via di affermazione.

Merita di essere ricordato che, là dove uno Stato ha reagito militarmente aggredendone un altro al quale imputava la responsabilità di sostenere gruppi terroristici responsabili di attentati, in assenza della prova del diretto e sostanziale coinvolgimento dello Stato ospitante, l'aggressione è stata condannata dal Consiglio di Sicurezza ovvero, nei casi in cui il Consiglio non ha deliberato per esercizio del potere di veto, dall'Assemblea Generale. Quest'ultima, in particolare, ha richiamato «gli Stati Uniti ad astenersi dalla minaccia o dall'uso della forza per la soluzione delle controversie con la Libia» (risoluzione n. 41/38 del 20 novembre 1986, *Riv. dir. int.*, 1987, 472)

così disapprovando i bombardamenti americani su Tripoli e Bengasi che il Governo degli Stati Uniti aveva giustificato come legittima difesa contro gli attentati ad una discoteca di Berlino in cui avevano perso la vita militari americani.

Indubbiamente, le nuove modalità che rivestono, specialmente dopo l'11 settembre, gli attentati alla pace e alla sicurezza internazionale, realizzati sempre più frequentemente da movimenti non apertamente e direttamente riconducibili ad uno Stato, hanno contribuito ad incrinare la solidità delle categorie concettuali che stanno alla base del concetto di legittima difesa. La stessa Corte internazionale di giustizia, per un verso, ha respinto la tesi israeliana secondo la quale la costruzione del muro nel territorio palestinese occupato sarebbe riconducibile al diritto naturale di autotutela contro attacchi terroristici, affermando, tra l'altro, che

«L'articolo 51 della Carta così riconosce l'esistenza di un diritto naturale di autotutela in caso di attacco armato da uno Stato contro un altro Stato» osservando che «in ogni caso, Israele non ha mai affermato che gli attacchi contro di sé fossero imputabili a uno Stato straniero» (CIG, 9 luglio 2004, parere relativo alle *Conseguenze giuridiche della costruzione di un muro nei territori palestinesi occupati*, in *Riv. dir. int.*, 2004, 1069, par. 139);

per altro verso, in una pronuncia di poco successiva e relativa al conflitto congo-ugandese seguito ad attacchi condotti sul territorio dell'Uganda da parte dell'*Alliance of the Democratic Forces* (ADF), che trovava rifugio in territorio congolese senza peraltro che ne fosse stata provata la riconducibilità sostanziale al governo del Congo, sembra voler lasciare impregiudicata la questione circa

«se e secondo quali condizioni, il diritto internazionale contemporaneo preveda un diritto di autotutela contro attacchi su larga scala condotti da forze irregolari» (CIG, 19 dicembre 2005, nel caso delle *Attività militari sul territorio del Congo (Repubblica democratica del Congo c. Uganda)*, in *Riv. dir. int.*, 2006, 145, par. 147).

5.3. *I requisiti di necessità e proporzionalità.*

Nonostante il silenzio dell'art. 51 circa le modalità della reazione all'attacco armato, si ritiene che il diritto consuetudinario consideri legittima una risposta che abbia i requisiti della *necessità* e della *proporzionalità*

«La Carta, che riconosce il diritto di autotutela, non dispone ulteriormente per regolare il contenuto del diritto. Ad esempio, l'art. 51 non contiene alcuna specifica regola che consenta nell'esercizio della legittima difesa solo misure che siano proporzionali all'attacco armato e necessarie per rispondere ad esso, secondo una disciplina consolidata in diritto internazionale consuetudinario» (CIG, 27 giugno 1986, *Attività militari e paramilitari in Nicaragua e contro il Nicaragua*, cit., par. 176).

Il principio della proporzionalità è sotteso anche alle valutazioni della Corte internazionale di giustizia nel parere sul caso della *Liceità dell'uso delle armi nu-*

cleari, cit., dove sembra riconoscere la legittimità del ricorso all'arma nucleare in sede di autotutela, limitandolo, peraltro, in considerazione della gravità delle conseguenze legate al suo uso, al verificarsi di

> «una circostanza estrema di legittima difesa in cui la sua (*dello stato che reagisce, n.d.a.*) stessa sopravvivenza è in discussione» (CIG, 8 luglio 1996, parere relativo alla *liceità della minaccia o dell'uso di armi nucleari*, cit., par. 97).

I requisiti di necessità e proporzionalità non devono essere intesi in senso eccessivamente formalistico. Così, ritenendo ammissibile, alla stregua del diritto internazionale generale, la reazione difensiva contro l'attacco terroristico ormai compiuto, il requisito della necessità va correlato all'esigenza di prevenire probabili attacchi futuri, dovendo altrimenti concludersi che la reazione non è mai necessaria, per il semplice fatto che l'attacco è ormai esaurito. Allo stesso modo, la proporzionalità non può essere intesa in senso assolutamente oggettivo, al punto da pretendere che la reazione avvenga con le stesse armi o con l'impiego di uno stesso numero di combattenti. L'essenziale è che la reazione abbia la finalità di porre fine e respingere l'attacco nemico e non possieda, invece, finalità retributive, sempre avuto particolare riguardo alle circostanze di fatto del caso di specie.

Nel caso *Attività militari sul territorio del Congo*, la Corte internazionale di giustizia, con riferimento alla reazione ugandese e alla sua pretesa qualificazione in termini di legittima difesa, ha osservato che

> «l'occupazione di aeroporti e città a molte centinaia di chilometri dal confine con l'Uganda non appare proporzionata alla serie di attacchi transfrontalieri che si pretende abbiano giustificato il ricorso all'autotutela» (CIG, 19 dicembre 2005, *Attività militari sul territorio del Congo*, cit., par. 147).

Nel caso delle *piattaforme petrolifere*, la Corte, valutando se la distruzione da parte di forze armate statunitensi delle piattaforme petrolifere di Nasr e Salman avvenuta il 18 aprile 1988 fosse qualificabile come reazione proporzionata allo scoppio di una mina iraniana, che aveva seriamente danneggiato una nave da guerra americana in acque internazionali, ha osservato che

> «quale risposta all'aver minato una singola unità navale da guerra statunitense, che è stata seriamente danneggiata ma non affondata e senza perdite di vite umane, ... la distruzione delle piattaforme di Salman e Nasr non può essere considerata, nelle circostanze del caso di specie, come un uso proporzionato della forza nell'ambito del diritto di autotutela» (CIG, 6 novembre 2003, nell'affare delle *piattaforme petrolifere (Repubblica islamica d'Iran c. Stati Uniti d'America)*, in *Riv. dir. int.*, 2004, 181, par. 77)

e ciò anche a prescindere dalla valutazione di quell'episodio nel contesto di una più vasta operazione militare condotta dagli Stati Uniti (*Operation Praying Mantis*), i cui fatti non erano però portati all'attenzione della Corte nell'ambito della controversia.

5.4. Il requisito temporale.

Ulteriore requisito cui è subordinata la legittima difesa è quello temporale, con riguardo tanto al momento iniziale della reazione, quanto al suo momento finale. Sotto il primo profilo, si richiede che la reazione sia *immediata*, per quanto si tratti di una condizione che deve essere intesa in relazione al bene protetto (l'integrità territoriale e la sopravvivenza dello Stato sovrano come soggetto di diritto internazionale), sì che la reazione non perderà il suo carattere lecito, se anche intervenga dopo un tempo apprezzabile dall'inizio dell'attacco armato, perdurando lo stato di occupazione da parte delle forze del paese aggressore e, quindi, la negazione del diritto all'autodeterminazione. La reazione armata della coalizione di Stati nei confronti dell'Iraq, che, il 2 agosto 1990, aveva aggredito militarmente il Kuwait, è iniziata il 16 gennaio 1991, solo a seguito dell'adozione da parte del Consiglio di Sicurezza della risoluzione n. 678 (1990) del 29 novembre 1990 che autorizzava gli Stati membri

> «ad usare tutti i mezzi necessari per far rispettare ed applicare la risoluzione 660 (1990) e tutte le successive pertinenti risoluzioni ...» (*Riv. dir. int.*, 1990, 733)

ma, di fronte alla perdurante occupazione del territorio kuwaitiano, è comunque giustificabile anche come esercizio di autotutela (collettiva, v. *infra*, par. 5.3), ai sensi dell'art. 51 della Carta, a cui infatti la risoluzione n. 661 (1990) del 6 agosto 1990, richiamata dalla risoluzione n. 678 (1990), fa esplicito riferimento affermando

> «il diritto naturale di autotutela individuale o collettiva in risposta all'attacco armato dell'Iraq nei confronti del Kuwait, ai sensi dell'art. 51 della Carta».

Con riferimento al momento finale, va osservato che, nel sistema della Carta, il diritto di autotutela è concepito come una fase transitoria, suscettibile di proseguire soltanto

> «fintantoché il Consiglio di Sicurezza non abbia preso le misure necessarie per mantenere la pace e la sicurezza internazionale».

Secondo la prevalente interpretazione, la facoltà di agire in autotutela verrà meno solo allorché, in concreto, le misure adottate dal Consiglio di Sicurezza si siano rivelate idonee a porre fine all'aggressione, ripristinando la pace. Non è da escludere, infatti, che l'adozione di misure economiche (e quindi non implicanti l'uso della forza, ai sensi dell'art. 41 della Carta) si riveli insufficiente a garantire la pace violata dall'attacco armato. In tal caso, la misura di sicurezza collettiva coesisterà con l'esercizio della legittima difesa. Ne è prova la già menzionata risoluzione n. 661 (1990), che obbligava gli Stati a vietare tutta un'ampia serie di operazioni commerciali con l'Iraq, al fine di isolarlo economicamente, ma, contemporaneamente, affermava il diritto naturale di autotutela individuale e collettiva di fronte all'attacco armato iracheno. Il ricorso all'autotutela *ex* art.

51 è invece precluso una volta che il Consiglio abbia adottato misure implicanti l'uso della forza ai sensi dell'art. 42 della Carta. In tale ipotesi, le Nazioni Unite si riappropriano del diritto di ricorrere alla forza armata per il conseguimento delle finalità di pace e di sicurezza internazionale, anche con riguardo alla definizione dell'intensità e delle modalità dell'azione, che avrà come obiettivo minimo la cessazione dell'aggressione (coincidente con quello perseguito dallo Stato che agisce in autotutela), ma potrà estendersi anche al ristabilimento della pace nella zona interessata dal conflitto, finalità che invece è preclusa agli Stati agenti in autotutela.

5.5. *La legittima difesa preventiva.*

Non rientra nell'autotutela ammessa dal diritto internazionale generale e dall'art. 51 della Carta la pratica consistente nell'anticipare la soglia temporale della reazione armata, per impedire un attacco armato che si reputa probabile nell'immediato futuro (*legittima difesa preventiva*). La norma richiamata consente il ricorso alla legittima difesa «nel caso che abbia luogo un attacco armato», lasciando così supporre che l'attacco armato debba già essere stato sferrato. Nella prassi più recente, gli Stati raramente hanno invocato la legittima difesa preventiva, preferendo giustificare l'azione anticipata ampliando la nozione di "attacco armato". Tra i pochi casi, va ricordata la giustificazione, fornita dal rappresentante israeliano di fronte al Consiglio di Sicurezza, dell'attacco e della distruzione, avvenuti il 7 giugno 1981 da parte di aerei militari israeliani, di un reattore atomico ("Osiraq") quasi ultimato nei pressi di Bagdhad. A fronte della dichiarazione secondo la quale il Governo israeliano

> «era stato costretto a difendere sé stesso contro la costruzione di una bomba atomica in Iraq, che quest'ultimo non avrebbe esitato ad impiegare contro Israele e i suoi centri abitati» (dichiarazione del rappresentante di Israele, *The New York Times,* June 9, 1981)

il Consiglio di Sicurezza, investito della questione dal Governo iracheno, con deliberazione unanime,

> «riconoscendo pienamente il diritto sovrano e inalienabile dell'Iraq e di tutti gli altri Stati, in particolare dei paesi in via di sviluppo, ad attuare programmi nucleari per lo sviluppo delle loro economie e delle loro industrie a fini pacifici ... e tenuto conto degli obiettivi internazionalmente assunti in materia di prevenzione della proliferazione delle armi nucleari ... condanna energicamente l'attacco militare condotto da Israele in violazione flagrante della Carta delle Nazioni Unite e delle norme internazionali» (risoluzione n. 487 (1981) del 19 giugno 1981, in *Int. Legal Mat.,* 1981, 993).

Non è peraltro del tutto evidente se la valutazione negativa del Consiglio di Sicurezza sia dipesa da un (implicito) rigetto dell'ammissibilità di una legittima difesa preventiva o, piuttosto, dalla semplice circostanza dell'assenza di ogni prova circa l'effettiva destinazione militare dell'impianto.

A sostegno della legittima difesa preventiva non è invocabile neppure il documento predisposto dal Governo degli Stati Uniti nel settembre 2002, in cui sono illustrati i nuovi orientamenti politici e militari di tale Paese dopo il brusco innalzamento della minaccia terroristica evidenziato dall'attacco dell'11 settembre 2001 (*The Bush Doctrine*). Infatti, nonostante il documento ricordi che, a causa dell'atteggiamento dei c.d. Stati-canaglia (*rogue states*) e dei terroristi internazionali,

> «Gli Stati Uniti non possono più confidare su di un semplice atteggiamento reattivo come è avvenuto in passato. L'impossibilità di scoraggiare i potenziali aggressori, l'immediatezza delle minacce attuali, l'ampiezza dei potenziali danni che possono essere provocati dalle armi dei nostri avversari, non consentono più quella scelta. Non possiamo consentire ai nostri nemici di colpire per primi» (*The National Security Strategy of the United States of America,* September 2002, in *Int. Legal Mat.*, 2002, 1478),

la nuova dottrina strategica americana sembra prescindere totalmente da ogni valutazione di proporzionalità e funzionalità della reazione rispetto all'obiettivo di respingere il (prossimo) attacco, collocandosi piuttosto in un'ottica di eliminazione definitiva di quei regimi di Stati stranieri che costituiscono una minaccia per la sicurezza nazionale. Ne deriva che l'atteggiamento statunitense, più che riconducibile alla nozione di legittima difesa preventiva, sembra proclamare il diritto ad un'azione militare preventiva non condizionata dai limiti strutturali e ineludibili della legittima difesa, che, tuttavia, non trova il conforto di una norma consuetudinaria che lo contempli. In ogni caso, la c.d dottrina Bush ha incontrato molti dissensi anche in numerosi Stati occidentali. La stessa NATO non sembra condividere quell'impostazione teorica nel proprio documento approvato all'esito del Vertice di Praga del novembre 2002, in cui si limita ad annunciare la creazione di una forza di intervento rapida capace di lottare contro il terrorismo ovunque nel mondo. Giova, infine, rammentare che, nonostante l'approvazione del menzionato documento, gli Stati Uniti hanno cercato di giustificare la successiva guerra contro l'Iraq (anche) sostenendone la riconducibilità alle misure coercitive di cui all'art. 42 della Carta, implicitamente autorizzate dalle risoluzioni già adottate dal Consiglio di Sicurezza, o richiedendone l'adozione di nuove. Del resto, la risoluzione dell'ottobre 2002 con cui il Congresso degli Stati Uniti autorizza il Presidente all'uso della forza militare contro l'Iraq, si limita a ricordare, in una prospettiva più tradizionalmente difensiva seppur ampia, come l'impiego della forza sia ritenuto necessario

> «in relazione all'esigenza di *i)* difendere la sicurezza nazionale degli Stati Uniti contro le continue minacce provenienti dall'Iraq e *ii)* assicurare l'esecuzione di tutte le rilevanti risoluzioni del Consiglio di Sicurezza riguardanti l'Iraq» (in *Int. Legal Mat.*, 2002, 1440).

5.6. *La legittima difesa collettiva.*

L'art. 51 della Carta riconosce il diritto di autotutela non solo in capo allo Stato che direttamente subisce l'attacco armato, ma anche in capo agli altri Stati della Comunità internazionale, nei cui confronti l'attacco non è diretto, ma che, egualmente, sono legittimati a reagire, esercitando così il diritto di legittima difesa nella sua dimensione "collettiva". Anche in questo caso, la regola della Carta corrisponde al diritto internazionale consuetudinario, come la Corte internazionale di giustizia ha riconosciuto, peraltro condizionando la reazione degli Stati terzi ad una richiesta di intervento da parte dello Stato direttamente attaccato, al quale, in ultima analisi, è rimesso l'accertamento di essere vittima di un attacco armato.

> «In ogni caso, la Corte ritiene che nel diritto internazionale consuetudinario ... nessuna norma permette l'esercizio dell'autotutela collettiva in assenza di una richiesta da parte dello Stato che si considera vittima di un attacco armato. Il requisito della richiesta da parte dello Stato oggetto dell'attacco è ulteriore rispetto alla dichiarazione di quest'ultimo di essere stato attaccato» (CIG, 27 giugno 1986, *Attività militari e paramilitari in Nicaragua e contro il Nicaragua*, cit., par. 199).

L'esigenza di tale ulteriore requisito è finalizzata a scongiurare che Stati terzi pongano in essere attacchi armati offensivi camuffandoli con pretese difensive. In ogni caso, il requisito della richiesta di intervento deve essere inteso in modo non necessariamente formalistico purché spontanea e autenticamente proveniente dal governo del Paese vittima dell'attacco.

Il riconoscimento della dimensione collettiva della legittima difesa da parte dell'art. 51 implica l'attribuzione agli Stati del diritto di agire unilateralmente, e quindi al di fuori del sistema di sicurezza collettiva delle Nazioni Unite, per l'attuazione coercitiva del diritto riconosciuto da una norma imperativa del diritto internazionale, qual è quella che vieta l'aggressione armata nei confronti di un altro Stato, e dalla quale discendono obblighi verso l'intera Comunità internazionale (obblighi *erga omnes*, sui quali v. *supra*, Cap. II, par. 11.1).

È stato rilevato come l'art. 51 prefiguri così un modello paradigmatico per ipotesi di attuazione anche di altri obblighi *erga omnes* che la Carta non prenderebbe in considerazione, semplicemente perché affermatisi nel diritto consuetudinario successivamente alla sua adozione. Secondo questa ricostruzione, il ricorso unilaterale alla forza armata acquisterebbe pertanto un ambito di applicazione più ampio, comprensivo di tutte le ipotesi di violazione seria di un obbligo *erga omnes* (in particolare con riferimento agli obblighi di salvaguardia dei diritti umani, in relazione ai quali vedi *infra* par.), sia pur nei limiti (di necessità e proporzionalità) consentiti dal diritto internazionale generale e laddove il sistema di sicurezza collettiva non possa concretamente operare. In questi casi, gli Stati godrebbero di priorità rispetto al sistema della Carta nella gestione della reazione al crimine internazionale e la loro azione non dovrebbe trovare inquadramento nel divieto di cui all'art. 2.4 della Carta, ma, esclusivamente, nelle regole di diritto internazionale generale.

5.7. *Lo stato di necessità.*

Incerta è l'invocabilità, quale generale causa di esclusione dell'illecito, dello *stato di necessità*, ravvisabile nei casi in cui uno Stato compia l'illecito nei confronti di un altro per far fronte ad un pericolo grave ed imminente per un suo interesse essenziale. Il tratto distintivo rispetto alla legittima difesa risiede nel fatto che lo Stato che agisce in situazione di necessità realizza un comportamento illecito contro uno Stato che non è responsabile della lesione dell'interesse essenziale a salvaguardia del quale la forza viene impiegata. L'art. 25 del Progetto di articoli sulla responsabilità internazionale dello Stato (v. *supra*, Cap. VIII, par. 6.7.) riconosce questa causa di giustificazione dell'illecito, sia pure ricorrendo ad una formulazione negativa e circondandola di cautele, tra cui la condizione di non pregiudicare, con il comportamento illecito, un interesse essenziale dello Stato nei cui confronti era dovuto l'obbligo violato. A conclusioni analoghe è giunta, anche in considerazione di quanto previsto nella precedente versione del Progetto della CDI (art. 33), la Corte internazionale di giustizia nella sentenza del 25 settembre 1997 nel caso relativo al *Progetto Gabčíkovo-Nagymaros* ammettendo che

> «lo stato di necessità costituisce una causa, riconosciuta dal diritto internazionale consuetudinario, di esclusione dell'illiceità di un fatto non conforme a un obbligo internazionale. La Corte osserva tuttavia come tale causa di esclusione dell'illiceità non possa che essere ammessa in via eccezionale» (CIG, 25 settembre 1997, *Progetto Gabčíkovo-Nagymaros*, Ungheria c. Slovacchia, in *C.I.J., Recueil*, 1997, 40, par. 51).

La previsione del divieto di uso della forza nelle relazioni internazionali da parte di una norma imperativa di diritto internazionale (v. *supra*, par. 2), a salvaguardia di un obbligo da reputarsi essenziale per lo Stato nei cui confronti la forza viene usata e per la Comunità internazionale nel suo complesso, non consente l'invocazione dello stato di necessità in relazione all'impiego della forza armata nei confronti di un altro Stato. Eccezionalmente, la giustificazione in esame potrà escludere l'illiceità di comportamenti marginali (in dottrina è stata formulata l'ipotesi dell'intervento in territorio altrui per prevenire una catastrofe naturale che minaccia le popolazioni di frontiera, laddove l'urgenza non consenta di acquisire il consenso del sovrano territoriale), rispetto ai quali, comunque, il bilanciamento degli interessi contrapposti dovrà essere effettuato con estrema cautela, stante la natura assolutamente eccezionale dell'esimente considerata.

5.8. *Caso fortuito, forza maggiore, estremo pericolo* (distress).

Vi sono poi alcune cause di giustificazione, meglio riferibili alla situazione dell'individuo-organo dello Stato piuttosto che allo Stato in quanto tale, che, per caso fortuito, forza maggiore o per effetto di una situazione di estremo pericolo (*distress*), tiene, consapevolmente o inconsapevolmente, una condotta idonea ad integrare un illecito internazionale. Nel caso della forza maggiore e del caso fortuito, è un evento esterno che costringe l'individuo-organo a commettere il fatto illecito, caratterizzandosi la prima ipotesi perché in essa l'individuo-organo è consapevole della violazione commessa a causa del fattore esterno (la nave da guerra in avaria trascinata dalle correnti nelle acque territoriali di un altro Stato), mentre nella seconda l'individuo-organo è nell'impossibilità di rendersi conto che, a causa dell'evento esterno, sta violando un obbligo internazionale (v. *supra*, Cap. VIII). La situazione di estremo pericolo, prevista come causa di giustificazione dell'illecito dall'art. 24 del progetto sulla responsabilità internazionale degli Stati, ricorre laddove l'individuo-organo non ha altro modo (ragionevolmente praticabile) per salvare la propria vita o quella delle persone a lui affidate se non violare la norma internazionale (v. *supra*, Cap. VIII).

A ben guardare, nel caso del fortuito e della forza maggiore, si tratta di giustificazioni che, intervenendo sull'elemento soggettivo dell'illecito e, quindi, eliminando la presenza di una volontà colpevole in capo all'individuo-organo, sono difficilmente invocabili nel caso del ricorso alla forza armata, la quale, in generale, presuppone la volontà del suo impiego nelle relazioni internazionali. L'ipotesi dell'estremo pericolo è stata avanzata in dottrina come giustificazione per l'uso della forza a tutela dei diritti fondamentali della persona umana. In ogni caso, il suo ambito di applicazione è comunque limitato dalla necessità che l'impiego della forza avvenga per salvare la vita del soggetto che agisce ovvero di persone affidate alla cura del medesimo.

5.9. *Consenso dell'avente diritto.*

Lo Stato, titolare del diritto di sovranità territoriale, può acconsentirne la parziale o totale compressione realizzata attraverso l'ingresso nel suo territorio di forze militari straniere. In tal caso, l'intervento nel territorio altrui è giustificato dal *consenso dell'avente diritto* (v. *supra*, Cap. VIII). Il consenso vale a giustificare la violazione dell'obbligo di non intervento negli affari interni ed esterni di uno Stato sovrano, che, altrimenti, gli altri Stati sono tenuti a rispettare.

> «Il preteso diritto d'intervento non può che essere configurato dalla Corte che come manifestazione di una politica di forza, politica che, nel passato, ha dato luogo agli abusi più gravi [...] e che non può trovare posto nel diritto internazionale» (CIG, 9 aprile 1949, *stretto di Corfù*, in *C.I.J.*, *Recueil*, 1949, 35).

Il consenso dello Stato leso è valso a giustificare l'ingresso di forze armate straniere e l'uso della forza da queste spiegato per liberare ostaggi detenuti da terroristi.

In ogni caso, affinché il consenso possa giustificare la violazione dell'obbligo occorre che esso venga espresso dal governo realmente rappresentativo dello Stato nel cui territorio l'intervento avrà luogo, altrimenti, la manifestazione di volontà tesa ad acconsentire alla commissione del comportamento illecito, non essendo imputabile allo Stato, non avrà alcuna efficacia. Non possono quindi trovare giustificazione in tale esimente gli interventi compiuti da alcuni Stati dietro l'invito, puramente formale, di autorità senza reale potere di governo (come fu il caso dell'intervento degli Stati Uniti a Grenada nel 1983, giustificato con la richiesta del Governatore Generale, senza ogni effettivo potere) ovvero di governi-fantoccio insediati con la forza dallo Stato interveniente (l'intervento sovietico in Afghanistan venne giustificato con la richiesta del Capo del governo afgano insediatosi con l'appoggio delle truppe sovietiche). In ogni situazione di guerra civile all'interno di uno Stato, l'accertamento del consenso all'uso della forza da parte di un terzo Stato dovrà essere effettuato con grande cautela, per verificare se esso proviene dal rappresentante della fazione che detiene l'effettivo potere di governo. In occasione dell'intervento a Panama del 20 dicembre 1989, gli Stati Uniti si richiamarono, tra l'altro, alla circostanza di aver consultato

> «il governo panamense legittimamente eletto (il governo del Presidente Endara) che Noriega aveva illegalmente deposto ed esso dichiarò di gradire la nostra assistenza» (Dichiarazione del Dipartimento di Stato del Governo USA, in Am. Journ. Int. Law, 1990, 547).

Tuttavia, l'Assemblea Generale non individuò alcuna giustificazione che legittimasse l'intervento militare americano a Panama e constatò che attraverso di esso fu realizzata una

> «flagrante violazione del diritto internazionale e dell'indipendenza, sovranità e integrità territoriale degli Stati» (risoluzione n. 44/240 adottata il 28 dicembre 1989, in Riv. dir. int., 1990, 231).

In ogni caso, il consenso non varrà a giustificare un comportamento vietato da norme imperative, le quali, non suscettibili di deroga mediante il consenso che si esprime in un trattato internazionale (art. 53 Convenzione di Vienna sul diritto dei trattati), non possono essere violate invocando la scriminante della manifestazione di volontà dello Stato leso. Per questa ragione, il consenso dello Stato, anche validamente espresso, non potrà comunque giustificare un atto di aggressione, vietato da norma cogente di diritto internazionale.

5.10. *Le misure contro "Stati nemici".*

Le Parti originarie contraenti della Carta vollero assicurarsi la possibilità di agire, individualmente o attraverso organizzazioni difensive regionali, contro gli Stati che nella Seconda Guerra Mondiale furono nemici dei firmatari della Carta. Nei confronti di questi Stati (essenzialmente Germania, Italia e Giappone), definiti "nemici" dall'art. 53.2 della Carta, è prevista la possibilità di adottare misure, anche implicanti l'uso della forza, nel caso in cui tali Stati dovessero rinnovare la politica aggressiva di cui avevano dato prova durante l'ultimo conflitto mondiale. L'azione potrà essere condotta individualmente (art. 107) dallo Stato interessato ovvero da parte di organizzazioni regionali (art. 53), in tal caso anche senza l'autorizzazione del Consiglio di Sicurezza e, quindi, in deroga alla regola generale che subordina il ricorso alla forza da parte di un'organizzazione regionale all'autorizzazione del Consiglio.

La norma presupponeva la terzietà degli Stati nemici rispetto alla Carta, sì che, *rebus sic stantibus*, essa deve ritenersi estinta per effetto dell'adesione di tutti gli Stati "nemici" alle Nazioni Unite. In ogni caso, il particolare regime "cautelativo" in cui gli Stati nemici erano collocati apparirebbe in contrasto con la previsione dell'art. 2.1 della Carta, secondo cui «l'Organizzazione è fondata sul principio della sovrana eguaglianza di tutti i suoi Membri». Condivide tale impostazione l'Assemblea Generale delle Nazioni Unite che considera

> «le disposizioni di talune parti dell'articolo 53 e dell'art. 107 ... superate»

ed ha invitato il Comitato speciale per la Carta delle Nazioni Unite a

> «esaminare la questione della soppressione, ai paragrafi 1 e 2 dell'art. 53 e all'articolo 107 della Carta, delle clausole relative agli "Stati nemici" ...» (risoluzione n. 49/58 del 17 febbraio 1995, consultabile sul sito delle Nazioni Unite: <http://www.un.org>).

Il documento scaturito dal Vertice delle Nazioni Unite tenutosi a New York nei giorni 14 – 16 settembre 2005 ha dato seguito agli inviti di "aggiornamento" della Carta con riferimento agli Stati ex-nemici, prevedendo la modificazione con eliminazione di ogni riferimento agli "Stati nemici" dagli articoli 53, 77 e 107 della Carta (cfr. *UN doc A/Res/60 L 1*, par. 176 e 177, del 16 settembre 2005).

5.11. *L'intervento umanitario.*

Con la sola eccezione della legittima difesa, le ipotesi finora esaminate di cause di giustificazione dell'illecito non consentono allo Stato il ricorso all'uso della forza armata sul territorio di un altro Stato sovrano, senza il suo consenso. Nella misura in cui l'intervento (militare, ma anche economico o politico) diviene un'ingerenza nelle questioni che appartengono alla competenza interna di uno Stato è, come tale, vietato. Tale divieto vale anche per le Nazioni Unite, con la sola eccezione delle misure adottate ai sensi del Capitolo VII della Carta (art. 2.7 della Carta). Il principio è stato solennemente ribadito nella *Dichiarazione relativa ai principi di diritto internazionale concernenti le relazioni amichevoli*, cit., secondo cui

> «Nessuno Stato o gruppo di Stati ha il diritto d'intervenire, direttamente o indirettamente, per qualunque ragione, negli affari interni o esterni di un altro Stato. Di conseguenza, non solo l'intervento armato, ma anche qualsiasi altra forma d'ingerenza o qualsiasi minaccia, diretta contro la personalità di uno Stato o contro le sue componenti politiche, economiche e culturali, sono contrarie al diritto internazionale»,

e confermato nella risoluzione sulla *Definizione dell'aggressione* del 1974, cit., secondo cui l'aggressione non può trovare giustificazione in «considerazione di qualsivoglia natura, sia essa politica, economica, militare o di altro genere».

In tempi recenti è andato crescendo un dibattito circa l'ammissibilità, nel diritto internazionale generale, di un *diritto di intervento umanitario* in capo agli Stati singolarmente considerati (e quindi fuori dal sistema della Carta), per reagire alla massiccia violazione dei diritti umani fondamentali, spesso a danno di gruppi etnici o di minoranze, che si verifica nel territorio di uno Stato terzo, senza che il sovrano territoriale possa o voglia mettere fine a tali violazioni. Il problema non può essere apprezzato isolatamente, con riguardo esclusivo alle cause di giustificazione dell'illecito e, più specialmente, dell'uso della forza, essendo in evidente connessione con altre, e più generali, linee evolutive dell'ordinamento internazionale. È nota la progressiva contrazione dell'area consegnata al dominio riservato degli Stati, specie a fronte di violazioni dei diritti fondamentali dell'individuo, il quale (specularmente) ha assunto nell'ordinamento internazionale una rilevanza mai conosciuta, sia come destinatario di tutela da parte di norme internazionali che obbligano lo Stato, sia come titolare di posizioni giuridiche soggettive, suscettibili di protezione giurisdizionale, all'interno di ordinamenti particolari (il sistema della Convenzione europea per la salvaguardia dei diritti dell'uomo e delle libertà fondamentali, il sistema comunitario e dell'Unione europea: v. *infra*, Cap. X, parr. 4.3 e 5.1). Distinto, seppure correlato, è il fenomeno rappresentato dall'affermazione, negli ultimi decenni, dell'esistenza nell'ordinamento internazionale di obblighi *erga omnes* (sui quali vedi *supra*, cap. II, par. 11.1) suscettibili di operare non più su di un piano di tradizionale reciprocità nei rapporti tra gli Stati, ma vincolanti l'intera Comunità internazionale e, correlativamente, suscettibili di essere fatti valere da un qualsiasi Stato agente *uti universi*. Divenendo la tutela dei diritti fondamentali della persona oggetto di un obbligo *erga omnes*, la sua massiccia violazione consente la reazione da parte di qualsiasi Stato della Comunità internazionale agente nell'interesse della medesima, eventualmente anche attraverso l'uso della forza, laddove il meccanismo di sicurezza collettiva delle Nazioni Unite (sul quale cfr. *infra*, par. 6.1) non riesca a funzionare.

Di tale fenomeno si prospettano (o si auspicano), dunque, ricadute normative anche sul piano delle cause di giustificazione dell'illecito e di quel particolare tipo di illecito che è l'uso della forza, in modo da razionalizzare e, nel caso, giustificare l'atteggiamento di alcuni Stati che hanno mostrato una crescente tendenza all'impiego delle armi nel (dichiarato) intento di evitare catastrofi umanitarie.

L'esame della prassi non offre, tuttavia, elementi tali da indurre l'interprete a rilevare con certezza o a negare con altrettanta sicurezza l'esistenza di un diritto di intervento umanitario.

In molti casi in cui l'intervento armato contribuì a salvare vite umane e a porre fine ad una situazione di grave degrado per il rispetto dei diritti dell'uomo, gli Stati che lo effettuarono si astennero dall'invocare espressamente un diritto d'intervento umanitario, spesso preferendo ricorrere all'istituto della legittima difesa, specie allorché l'iniziativa si collocava in una situazione di conflitto tra lo Stato interveniente e quello territoriale. Così l'intervento indiano in Bangladesh nel 1971 e quello della Tanzania in Uganda del 1979. In questi due casi, il Consiglio di Sicurezza e l'Assemblea Generale non presero posizione. Al contrario, quest'ultima condannò decisamente l'intervento vietnamita in Cambogia nel 1978, pure motivato con finalità umanitarie indotte dal regime di Pol Pot, non solo ricordando agli Stati il divieto di uso della forza nelle loro relazioni internazionali, ma, espressamente, chiamando gli Stati

> «ad astenersi da ogni interferenza negli affari interni della Cambogia in modo da garantire al suo popolo di decidere il proprio futuro e il proprio destino libero da ogni interferenza esterna, sovversione o coercizione ...» (risoluzione n. 34/22 del 12 novembre 1979, in *Riv. dir. int.*, 1980, 640).

Nello stesso senso, merita di essere ricordata la dichiarazione di centotrentatre Ministri degli esteri nel quadro del *G-77* (il *Gruppo dei 77* riunisce attualmente centotrentadue Stati in via di sviluppo membri delle Nazioni Unite) con cui si disconosce

> «il cosiddetto diritto di intervento umanitario, che non ha basi legali nella Carta delle Nazioni Unite né nel diritto internazionale» (Dichiarazione del 24 settembre 1999, consultabile sul sito del *G-77*, <http://www.g77.org>).

La tesi degli Stati Uniti, secondo cui l'intervento a sostegno dei *contras* che agivano contro il governo del Nicaragua, era giustificato (anche) dalla massiccia violazione dei diritti dell'uomo di cui il Nicaragua era responsabile, non venne accolta nella sentenza *Attività militari e paramilitari*:

> «In ogni caso, mentre gli Stati Uniti possono valutare criticamente la situazione in Nicaragua con riguardo al rispetto dei diritti umani, l'uso della forza potrebbe non essere il metodo appropriato per verificare o assicurare tale rispetto. Con riguardo ai passi finora intrapresi, la protezione dei diritti umani, un obiettivo strettamente umanitario, non può essere compatibile con il minare i porti, la distruzione di installazioni petrolifere, anche l'addestramento e l'equipaggiamento dei contras. La Corte conclude che l'argomento basato sulla protezione dei diritti umani in Nicaragua non può fornire una giustificazione giuridica alla condotta degli Stati Uniti ...» (CIG, 27 giugno 1986, *Attività militari e paramilitari in Nicaragua e contro il Nicaragua*, cit., par. 269).

Invero, la sentenza, pur respingendo l'argomento basato sull'intervento umanitario, non consente di concludere con certezza nel senso di una preclusione anche teorica della sua ammissibilità, posto che, come è stato rilevato, la condanna sembra essere riferita più alle modalità concrete dell'intervento americano, non proporzionate rispetto all'obiettivo umanitario, che non a qualsivoglia ipotesi di impiego della forza per la salvaguardia di diritti umani.

La repressione irachena nei confronti della popolazione curda nel nord dell'Iraq provocò, nel 1991, l'intervento armato di Francia, Stati Uniti e Regno

Unito (*Provide Comfort*), che imposero all'Iraq anche il rispetto di divieti di sorvolo, a tutela delle popolazioni interessate. Per quanto la repressione della popolazione civile curda fosse stata condannata dal Consiglio di Sicurezza, il quale aveva richiesto all'Iraq

> «per contribuire ad eliminare la minaccia alla pace e alla sicurezza internazionali nella regione, di mettere fine immediatamente alla repressione»

esprimendo al contempo la speranza di veder instaurato

> «un largo dialogo al fine di assicurare il rispetto dei diritti umani e dei diritti politici di tutti i cittadini iracheni» (risoluzione n. 688 (1991) del 5 aprile 1991, in *Riv. dir. int.*, 1991, 167)

nessun elemento della citata risoluzione n. 688 (1991), peraltro neppure fondata sul Capitolo VII della Carta, autorizzava l'impiego della forza da parte degli Stati, limitandosi ad insistere affinché l'Iraq

> «permetta un accesso immediato delle organizzazioni umanitarie internazionali a tutti coloro che necessitano di assistenza in ogni parte dell'Iraq».

Il Regno Unito, conscio della difficoltà di giustificare l'operato sulla base di un'autorizzazione "implicita" all'uso della forza da parte del Consiglio (sulla quale v. *infra*, par. 11.3), ricordava che

> «l'intervento umanitario senza il consenso dello Stato interessato può essere giustificato in casi estremi di bisogno umanitario. Per questa ragione abbiamo comandato l'impiego di forze britanniche nell'operazione, organizzata dalla coalizione in risposta alla crisi dei rifugiati che coinvolge i curdi irakeni. L'impiego di queste forze è pienamente coerente con gli obiettivi della SCR 688» (Dichiarazione del Foreign and Commonwealth Office, in *British Year Book Int. Law*, 1992, 824).

Tale precedente è significativo, costituendo la prima esplicita ammissione di una dottrina dell'intervento umanitario, alla quale gli Stati occidentali faranno ampio ricorso nell'ambito della crisi del Kosovo.

L'impiego della forza nella Repubblica Federale di Jugoslavia da parte della NATO (24 marzo-10 giugno 1999), non fu autorizzato dal Consiglio di Sicurezza delle Nazioni Unite, per l'opposizione di Cina e Russia. Le motivazioni giuridiche addotte dalla NATO, e da alcuni Stati parti dell'Alleanza, per il massiccio ricorso a bombardamenti aerei contro la Jugoslavia, si fondano, innanzitutto, sulla constatazione di una grave emergenza umanitaria, il cui accertamento venne effettuato anche dal Consiglio di Sicurezza dichiaratosi

> «Profondamente preoccupato per il rapido deterioramento della situazione umanitaria nell'insieme del Kosovo, allarmato per l'imminenza di una catastrofe umanitaria quale quella descritta nel rapporto del Segretario Generale» (risoluzione n. 1199 (1998) del 23 settembre 1998, in *Riv. dir. int.*, 1999, 293)

e che qualificò tale deterioramento come una minaccia per la pace e la sicurezza nella regione.

Il Segretario Generale della NATO, in più occasioni, chiarì le finalità della strategia dell'Alleanza, sempre evidenziando l'obiettivo di prevenire una catastrofe umanitaria

> «Il nostro obiettivo è prevenire ulteriori sofferenze umane e ulteriori repressioni e violenze contro la popolazione civile del Kosovo» (*Press Release*, 1999 (140), in H. KRIEGER (ed.), *The Kosovo Conflict*, cit., 304),

così apertamente rifacendosi alla giustificazione umanitaria dell'uso della forza, ad essa sommando, peraltro, anche quella derivante dall'inattività del Consiglio di Sicurezza, paralizzato dall'opposizione di due membri permanenti ad ogni azione militare della NATO in Kosovo. Quest'ultimo punto è evidenziato nella lettera del Segretario Generale della Nato in cui, tra le varie ragioni dell'intervento, si menziona

> «Il fatto che non ci si può attendere un'altra risoluzione del Consiglio di Sicurezza contenente una chiara azione esecutiva con riguardo al Kosovo nel prossimo futuro» (lettera 9 ottobre 1998 riportata da B. SIMMA, *NATO, the UN and the Use of Force: Legal Aspects*, in *Eur. Journ. Int. Law*, 1999, 7).

Nelle discussioni in seno al Consiglio di Sicurezza in occasione dell'adozione della risoluzione n. 1244 (1999) del 10 giugno 1999 (in *Riv. dir. int.*, 1999, 863), che segna la fine del conflitto e definisce gli orientamenti per garantire la stabilità politica nella regione, senza con questo legittimare *a posteriori* l'impiego della forza da parte della NATO, la Russia si dichiarò lieta

> «che i membri della Nato abbiano finalmente riconosciuto la totale futilità della guerra [...] che essi hanno provocato e che comprendano che non vi sono alternative al rispetto delle prerogative del Consiglio di Sicurezza quale organo che detiene la responsabilità principale del mantenimento della pace e della sicurezza internazionale» (Dichiarazione del rappresentante russo, *UN doc S/PV 4011* del 10 giugno 1999).

La Cina confermò la propria opinione secondo cui

> «la NATO aveva seriamente violato la Carta delle Nazioni Unite e il diritto internazionale, ponendo in essere un precedente estremamente pericoloso nella storia delle relazioni internazionali» (Dichiarazione del rappresentante cinese, *UN doc S/PV 4011* del 10 giugno 1999).

La Corte internazionale di giustizia, nell'ordinanza del 2 giugno 1999, con cui, decidendo negativamente in ordine alla propria competenza, respinse la richiesta di indicazione di misure cautelari avanzata dalla Jugoslavia, osservò che

> «nelle attuali circostanze, tale uso (*uso della forza da parte della NATO, n.d.a.*) solleva problemi assai gravi di diritto internazionale» (2 giugno 1999, ordinanza relativa alla *liceità dell'uso della forza*, Jugoslavia c. Italia, in *Riv. dir. int.*, 1999, 809, par. 16).

Di fronte alla Corte, solo il Belgio – tra gli Stati parti della NATO convenuti dalla Jugoslavia – ha optato per una difesa «di merito», apertamente sostenendo la tesi della legittimità dell'intervento umanitario, che non sarebbe precluso dall'art. 2.4 della Carta, il quale proibisce unicamente gli interventi diretti contro (e quindi aventi la finalità di compromettere) «l'integrità territoriale o l'indipendenza politica di qualsiasi Stato» (cfr. C. GRAY, *International Law and the Use of Force*, 2ª ed., New York, 2004, 43).

Le ampie contestazioni che gli interventi umanitari hanno finora sollevato, il carattere ancora relativamente recente della prassi, che dopo la guerra del Kosovo non ha registrato sul punto altri precedenti significativi, rendono difficilmente ipotizzabile l'attuale configurazione di una norma consuetudinaria che legittimi l'uso della forza a scopi umanitari. L'impiego della forza a finalità umanitarie è ancora rimesso alla valutazione del Consiglio di Sicurezza che, peraltro, può non essere in grado di intervenire per la contraria volontà di un Membro permanente (v. *infra*, par. 6.1). Con riguardo alla circostanza appena ricordata, e che segna il limite del funzionamento efficiente del sistema, va però ricordato che le lacune e le inefficienze del sistema organizzato «quali esse siano» non giustificano in alcun caso, secondo la Corte internazionale di giustizia, il ricorso alla forza (sentenza nel caso dello *stretto di Corfù*, cit., 35).

Alla luce delle considerazioni più generali svolte all'inizio del paragrafo circa le linee evolutive dell'ordinamento internazionale, non è da escludere che il sistema stia evolvendo verso la creazione di una nuova causa di giustificazione dell'uso della forza, la cui attualità deve però essere, allo stato, negata. Deve poi essere sottolineato che, quand'anche la regola dell'intervento umanitario dovesse consolidarsi nella pratica e nell'*opinio juris* degli Stati, la liceità dell'impiego della forza dipenderà anche (e soprattutto) dalle modalità con cui, in concreto, gli Stati intervenuti se ne sono avvalsi. Obiettivo dell'intervento umanitario è quello di far cessare, o di evitare, la catastrofe umanitaria, non certo quello di assicurare la pace e la sicurezza internazionale nella regione, stabilizzando in qualche modo le relazioni internazionali nel Paese interessato o tra i Paesi interessati, che è, e resta, obiettivo primario del Consiglio di Sicurezza. In altre parole, la regola di diritto internazionale generale che dovesse ammettere l'intervento umanitario, incontrerà comunque i limiti della necessità e della proporzionalità rispetto all'obiettivo di salvaguardare i diritti fondamentali della persona e che, in concreto, daranno la misura dell'intervento legittimo. L'apprezzamento dei ricordati parametri sarà però rimesso alla valutazione unilaterale dello Stato interveniente, con i rischi di abusi che l'intervento del Consiglio di Sicurezza o, in sua assenza, la regola del divieto dell'uso della forza, vogliono evitare.

Più in generale, la discussa possibilità di configurare un diritto degli Stati di ricorrere unilateralmente alla forza armata di fronte a serie violazioni di obblighi *erga omnes* implica l'affidamento alla valutazione unilaterale degli stessi dell'esistenza della violazione avverso la quale si intende reagire con l'impiego della forza. Rappresentative della degenerazione di tale apprezzamento unilaterale dell'illecito sono le motivazioni anglo-americane che stanno alla base della guerra scatenata nei confronti dell'Iraq nel marzo del 2003. Infatti, né la violazione degli obblighi di disarmo, pure imposti da risoluzioni del Consiglio di Sicurezza, né il semplice sospetto di collusione con gruppi terroristici (avanzato ma mai concretamente avvalorato da esponenti dell'amministrazione statunitense), valgono a configurare in capo all'Iraq la seria violazione di un obbligo *erga omnes*. L'impossibilità di identificare nel caso di specie, la commissione di un crimine internazionale da parte dell'Iraq è, indirettamente, dimostrata dall'ampio dissenso che l'iniziativa bellica ha suscitato nella Comunità internazionale, non solo in Russia e in Cina, ovvero in Stati storicamente anti-occidentali, ma anche in Stati tradizionalmente appartenenti all'area geo-politica atlantica, come Francia e Germania.

5.12. *L'intervento a protezione dei cittadini all'estero.*

Talvolta confuso con l'intervento umanitario, l'intervento che lo Stato compie nel territorio di un altro Stato per salvare la vita, o comunque i diritti fondamentali, di propri cittadini senza il consenso dello Stato territoriale, dal primo si distingue dal punto di vista della norma primaria violata. Infatti, presupposto per l'intervento qui in esame è dato dal venir meno dello Stato territoriale agli obblighi di protezione che ha nei confronti dello straniero e, quindi, dalla violazione di un diritto che è esclusivo dello Stato che interviene. Nel caso dell'intervento umanitario, l'obbligo a cui lo Stato territoriale viene meno è un obbligo *erga omnes*, che allontana la relazione tra i due Stati dall'ottica, come è stata definita, di reciprocità in cui nel primo caso si colloca. Prima dell'entrata in vigore della Carta delle Nazioni Unite, si riconosceva l'esistenza di una norma di diritto internazionale generale a favore dell'intervento in parola. Anche successivamente, nonostante alcune rilievi contrari, la prassi sembra orientata nel senso di ammettere l'intervento a protezione di propri cittadini, per quanto, secondo altre teorie, esso non assurgerebbe ad autonoma causa di giustificazione dell'uso della forza, essendo piuttosto l'ipotesi coperta da una più ampia interpretazione della legittima difesa.

Nei casi in cui l'intervento è stato condannato dall'Assemblea Generale come una violazione dell'art. 2.4 della Carta, ciò è probabilmente dovuto alle dimensioni sproporzionate che esso ha assunto nel caso concreto, rispetto alla semplice protezione dei propri cittadini, finendo col provocare il rovesciamento del governo del Paese e l'insediamento di un regime democratico (intervento americano a Grenada nel 1983 condannato dall'Assemblea Generale con risoluzione n. 38/7 del 2 novembre 1983 (in *Riv. dir. int.*, 1984, 440) e quello a Panama nel 1990, condannato con la risoluzione n. 44/240 cit.). Sulla liceità dell'intervento americano in Iran nell'aprile del 1980 per la liberazione del personale diplomatico statunitense detenuto dagli "studenti islamici", la Corte internazionale di giustizia non ebbe modo di pronunciarsi direttamente, non essendo stata investita di una domanda sul punto. È però significativo che, dopo aver espresso "comprensione" per le motivazioni che hanno spinto gli Stati Uniti ad organizzare l'incursione, la Corte si limiti a valutarne il carattere lesivo rispetto al regolamento giudiziario delle controversie internazionali, senza aggiungere alcun rilievo in rapporto al divieto di uso della forza (CIG, 24 maggio 1980, *Personale diplomatico e consolare degli Stati Uniti a Teheran*, in *C.I.J., Recueil*, 1980, 3, parr. 93-94). In taluni casi, come il *raid* israeliano ad Entebbe in Uganda nel 1976, non si ebbero condanne da parte dell'Assemblea Generale. In altri ipotesi, anche più recenti (intervento americano in Liberia nel 1990, nella Repubblica Centroafricana nel 1996, in Sierra Leone nel 1997; intervento francese in Liberia nel 2003), le reazioni della Comunità internazionale sono state pressoché assenti, anche da parte degli Stati che hanno subito l'intervento, per quanto, spesso, tali interventi siano stati praticati sul territorio di Stati il cui potere di governo era praticamente assente o insufficiente.

Tale prassi consente di confermare l'esistenza di una causa di giustificazione autonoma, la cui operatività resta subordinata ad alcune condizioni: a) attuale pericolo di gravi violazioni a danno di propri cittadini; b) assenza di protezione adeguata da parte del sovrano territoriale; c) proporzionalità dell'intervento all'obiettivo di protezione del cittadino. La mancanza delle prime due condizioni non consente allo Stato di intervenire, rimanendo il dovere di protezione (dello straniero) esclusivamente affidato allo Stato territoriale. Il mancato rispetto del principio di proporzionalità, spesso dovuto a finalità ulteriori perseguite dallo Stato interveniente, implica la violazione del divieto di cui all'art. 2.4 della Carta.

6.1. *Il sistema di sicurezza collettiva delle Nazioni Unite e il Consiglio di Sicurezza.*

Le Nazioni Unite sono un'organizzazione internazionale di cui sono attualmente membri centonovantadue Stati (cfr. *Press Release ORG/1469* del 3 luglio 2006, reperibile sul sito <http://www.un.org>). I tre principali obiettivi dell'Organizzazione sono il mantenimento della pace e della sicurezza internazionale (art. 1, n. 1 della Carta), la promozione del principio di autodeterminazione dei popoli (art. 1, n. 2 della Carta) e la protezione dei diritti dell'uomo (art. 1, n. 3 della Carta). Per quanto il mantenimento della pace non esaurisca i fini delle Nazioni Unite, ne rappresenta la finalità principale, a cui la Carta subordina, in caso di contrasto, gli altri obiettivi. La ricordata impostazione del sistema di valori sotteso all'Organizzazione delle Nazioni Unite trova spiegazione nel contesto storico in cui la Carta è stata preparata e stipulata: la fine della Seconda Guerra Mondiale e l'aspirazione a porre in essere un assetto di poteri universali in grado di preservare il futuro dell'umanità dalle atrocità della guerra.

Nel sistema della Carta, il divieto di uso della forza espresso dall'art. 2.4, lungi dall'esaurirsi nella mera enunciazione del principio, si articola in un complesso di disposizioni, precettive ed organizzative, che dovrebbero assicurarne concreta efficacia. Naturale corollario del divieto risiede così, nell'attribuzione alla stessa Organizzazione sia di funzioni conciliative (Capitolo VI), attraverso mezzi di soluzione pacifica delle controversie, sia del potere di adottare misure coercitive nei confronti degli Stati, implicanti o non implicanti l'uso della forza (Capitolo VII).

Tanto nell'ambito del Capitolo VI, quanto nell'ambito del Capitolo VII della Carta, l'organo a cui è affidata la "responsabilità principale" del mantenimento della pace e della sicurezza è il Consiglio di Sicurezza (art. 24 della Carta), che, nel secondo caso, opera però in via esclusiva, ad esso solo essendo conferito il potere di adottare misure, anche implicanti l'uso della forza, «per mantenere o ristabilire la pace e la sicurezza internazionale» (art. 39 della Carta).

Il Consiglio di Sicurezza è organo che, nella sua composizione istituzionale, riflette l'equilibrio planetario scaturito dalla fine della Seconda Guerra Mondiale. Esso è oggi composto da quindici Membri delle Nazioni Unite, dieci dei quali eletti ogni due anni dall'Assemblea Generale quali

> «*Membri non permanenti* del Consiglio di Sicurezza, avendo speciale riguardo, in primo luogo, al contributo dei Membri delle Nazioni Unite al mantenimento della pace e della sicurezza internazionale ed agli altri fini dell'Organizzazione ed inoltre ad un'equa distribuzione geografica» (art. 23, primo comma, 2ª frase, della Carta).

La composizione risulta ulteriormente specificata dalle previsioni della Risoluzione 1991-XVIII del 17 dicembre 1963, secondo la quale, dei membri non permanenti, cinque sono eletti tra gli Stati dell'Africa e dell'Asia, uno tra gli Stati dell'Europa orientale, due tra gli Stati dell'America latina e due tra quelli dell'Europa Occidentale e altri Stati.

I restanti cinque Membri sono nominativamente indicati dall'art. 23 della Carta e qualificati come Membri *permanenti* del Consiglio di Sicurezza: la Repubblica di Cina, la Francia, la Russia (considerata a questi fini continuatrice dell'Unione sovietica), il Regno Unito e gli Stati Uniti. Dal punto di vista dello *status* giuridico, la più rilevante differenziazione tra le due categorie di componenti del Consiglio di Sicurezza risiede nel diritto di voto in seno allo stesso, disciplinato dall'art. 27 della Carta. Nella materia, è regola generale il principio maggioritario, in forza del quale le decisioni sono approvate con il voto favorevole di nove Membri, disponendo ogni Membro di un voto. Tuttavia, l'art. 27, ai parr. 2 e 3, introduce una distinzione tra *questioni di procedura* e *ogni altra questione*, disponendo che

> «2. Le decisioni del Consiglio di Sicurezza su questioni di procedura sono prese con un voto favorevole di nove membri. 3. Le decisioni del Consiglio di Sicurezza su ogni altra questione sono prese con un voto favorevole di nove Membri, *nel quale siano compresi i voti dei Membri permanenti*» (corsivo nostro, n.d.a.).

Si tratta della c.d. formula di Yalta (concordata da Roosvelt, Churchill e Stalin nella conferenza di Yalta del febbraio 1945), per effetto della quale l'adozione di una delibera non meramente procedurale del Consiglio di Sicurezza è subordinata al *voto favorevole* dei cinque Membri permanenti (a ciascuno dei quali è dunque riconosciuto un *potere di veto*). La prassi dell'Organizzazione ha mitigato la portata della regola, finendo con ammettere la validità di deliberazioni adottate con l'*astensione* di uno o più Membri permanenti, così consentendo il perfezionamento del consenso a livello giuridico, pur in presenza di un sostanziale dissenso politico. La pratica, che in dottrina è stata qualificata come vera e propria consuetudine modificativa della Carta, ha trovato anche il conforto della Corte internazionale di giustizia, secondo la quale

> «L'astensione di un membro non significa che esso si oppone all'approvazione della proposta; per impedire l'adozione di una risoluzione che richiede l'unanimità dei membri permanenti, un membro permanente deve esprimere un voto negativo. La procedura seguita dal Consiglio di Sicurezza ... è stata generalmente accettata dai Membri delle Nazioni Unite e costituisce prova di una pratica generale dell'Organizzazione» (CIG, 21 giugno 1971, parere relativo al caso delle *conseguenze giuridiche per gli Stati della continuata presenza del Sud Africa in Namibia (Sud-Ovest africano) nonostante la risoluzione 276 (1970) del Consiglio di Sicurezza*, in C.I.J., Recueil, 1971, 4, par. 22).

La regola, così modificata, ha certo favorito l'attività del Consiglio, anche se la pratica delle astensioni non contribuisce a rafforzare l'autorevolezza delle sue deliberazioni e, quindi, l'ottemperanza degli Stati. Più in generale, la struttura e le regole di funzionamento del Consiglio di Sicurezza proiettano l'immagine di una Comunità internazionale non più corrispondente alla realtà, per essere quest'ultima ampiamente modificata dall'accresciuto numero dei membri delle Nazioni Unite e dall'emersione di nuove contrapposizioni (paesi sviluppati e paesi in via di sviluppo, paesi occidentali e mondo islamico) che nello schema delle tradizionali relazioni Est-Ovest (paesi comunisti e paesi occidentali), superato dagli eventi di fine anni Ottanta e inizio anni Novanta, faticano a trovare adeguata ed efficiente composizione. Ciò spiega le iniziative, a partire sin dalla fine della guerra fredda ma, soprattutto, a seguito dell'adozione da parte dell'Assemblea Generale della Risoluzione n. 47/62 dell'11 dicembre 1992 (*Questions of Equitable Representation on and Increase in the Membership of the Security Council*), con cui si è richiesto al Segretario Generale di invitare gli Stati a presentare osservazioni scritte per una riforma del Consiglio di Sicurezza. Tra queste, la proposta italiana, nella sua versione finale del 2 luglio 1997 (*U.N. Doc. A/51/47*), è finalizzata a rendere maggiormente democratica e rappresentativa l'attività del Consiglio di Sicurezza, attraverso la previsione, in aggiunta agli attuali cinque membri permanenti e dieci membri non permanenti, di dieci ulteriori seggi elettivi non permanenti (o semi-permanenti), ciascuno occupato a rotazione da tre Stati, ognuno dei quali si avvicenderebbe nel Consiglio un biennio su tre. Ogni Stato siederebbe in Consiglio per due anni nel corso di un periodo di sei anni. La proposta restringe significativamente il potere di veto, limitandone l'ambito di applicazione ovvero esigendo la posizione contraria di due membri permanenti. I contrasti tra i membri permanenti del Consiglio, il cui consenso unanime è necessario per ogni modifica della Carta (cfr. artt. 108

e 109 della Carta) non ha consentito al Vertice ONU del 14-16 settembre 2005 di conseguire in proposito alcun risultato utile. Il già menzionato documento finale si limita a registrare il consenso per una riforma del Consiglio di Sicurezza

> «che lo renda più estesamente rappresentativo, efficiente e trasparente, così da rafforzare l'effettività, la legittimazione e l'esecuzione delle sue decisioni» (*UN doc A/Res/60 L 1*, cit., par. 153).

In ogni caso, va ricordato che dal 1990 in poi, il Consiglio di Sicurezza ha fortemente accresciuto la propria attività, assumendo un ruolo, almeno sul piano formale, decisamente più "interventista" nella gestione delle crisi internazionali che la pratica del potere di veto (in cui si traduceva la contrapposizione Est-Ovest ed essenzialmente URSS-USA) aveva fino ad allora fortemente limitato.

6.2. *Il ruolo dell'Assemblea Generale e degli altri organi delle Nazioni Unite.*

La rinnovata capacità del Consiglio di adottare misure ai sensi del Capitolo VII ha definitivamente superato il dibattito circa il ruolo che, nella materia del mantenimento della pace e della sicurezza internazionale, può eventualmente essere assunto da altro organo delle Nazioni Unite, ovvero dall'Assemblea Generale, di cui fanno parte tutti i membri dell'Organizzazione con un massimo di cinque rappresentanti per Stato (art. 9 della Carta), che hanno comunque diritto ad un solo voto (art. 18, n. 1 della Carta). La competenza dell'Assemblea Generale si estende «a qualsiasi questione od argomento che rientri nei fini della ... Carta, o che abbia riferimento ai poteri ed alle funzioni degli organi previsti dalla ... Carta» (art. 10 della Carta). All'ampiezza della competenza *ratione materiae* non si accompagna il potere di adottare atti giuridici obbligatori (fatte salve le competenze in materia di bilancio), essendo i poteri dell'Assemblea limitati alla formulazione di raccomandazioni (quindi atti tipicamente non obbligatori) dirette tanto ai Membri quanto al Consiglio di Sicurezza. Nella materia della pace e della sicurezza internazionale, l'Assemblea può «discutere ogni questione ... che le sia sottoposta da qualsiasi membro delle Nazioni Unite» e può formulare raccomandazioni agli Stati interessati (art. 11 della Carta), a meno che in relazione ad una specifica situazione o controversia il Consiglio di Sicurezza stia esercitando le sue funzioni (art. 12, par. 1, della Carta). Così, ad esempio, nel 1950, di fronte all'incapacità del Consiglio di intervenire nella crisi coreana, l'Assemblea adottava la risoluzione n. 377 (V) (*Uniting for Peace* o *risoluzione Acheson*), secondo cui

> «In ogni caso di minaccia alla pace, di violazione della pace o di atto di aggressione e in cui, a causa del mancato raggiungimento dell'unanimità tra i suoi membri permanenti, il Consiglio di sicurezza viene meno alla sua responsabilità principale per il man-

tenimento della pace e della sicurezza internazionali, l'Assemblea generale esaminerà immediatamente la questione al fine di far votare ai membri le raccomandazioni appropriate in ordine alle misure collettive da intraprendere, comprese, in caso di violazione della pace o di aggressione, l'impiego della forza armata ...» (risoluzione n. 377 (V) del 3 novembre 1950).

Nel 1956, l'Assemblea Generale adottava le risoluzioni nn. 1000 e 1001, rispettivamente del 6 e 7 novembre, istitutive di una Forza di emergenza delle Nazioni Unite (UNEF) con funzione di controllare la cessazione delle ostilità conseguenti alla crisi di Suez.

La competenza dell'Assemblea Generale ad adottare o raccomandare misure coercitive finalizzate al mantenimento della pace e della sicurezza è stata ritenuta legittima dalla Corte internazionale di giustizia, riportandola alle funzioni conciliative dell'Assemblea e rilevando che in materia di azioni coercitive nei confronti di uno Stato che abbia minacciato o violato la pace

> «la responsabilità conferita al Consiglio è "principale" ma non esclusiva ... La Carta indica chiaramente che anche l'Assemblea generale deve occuparsi della pace e della sicurezza internazionali» (CIG, 20 luglio 1962, parere relativo a *Certe spese delle Nazioni Unite*, in *C.I.J, Recueil*, 1962, 151, par. 163 e, nello stesso senso, ma con riferimento ad una diversa iniziativa dell'Assemblea, CIG, 9 luglio 2004, parere relativo alle *Conseguenze giuridiche della costruzione di un muro* cit., par. 26).

Si tratta, in ogni caso, di un potere difficilmente conciliabile con la previsione dell'art. 11.2 della Carta, per il quale la già ricordata competenza assembleare a «discutere ogni questione relativa al mantenimento della pace e della sicurezza internazionale» trova un limite laddove «si renda necessaria un'azione», dovendo in tal caso la questione

> «essere deferita al Consiglio di Sicurezza da parte dell'Assemblea generale, prima o dopo la discussione».

Si aggiunga che il ruolo assunto dall'Assemblea attraverso la risoluzione *Uniting for Peace* fu ampiamente contestato da alcuni Stati e, in seguito, anche in periodi di inattività del Consiglio conseguente all'esercizio del potere di veto (si pensi alla crisi kosovara), mancarono altre manifestazioni della competenza assembleare, da ritenersi perciò non compatibile con il sistema della Carta. Va però chiarito come tale inconciliabilità sussista con riferimento all'adozione di vere e proprie «azioni» da parte delle Nazioni Unite, mentre, al di fuori tale ipotesi, sembra ormai acquisita la conformità all'art. 12, par. 1 della Carta di una sorta di parallelismo di competenza tra Consiglio di Sicurezza e Assemblea Generale con riferimento ad una stessa questione concernente il mantenimento della pace e della sicurezza internazionali. Nel parere relativo alle *Conseguenze giuridiche della costruzione di un muro* cit., la Corte ha rilevato che

> «sempre più frequentemente Assemblea generale e Consiglio di Sicurezza si sono occupati in parallelo della stessa questione concernente il mantenimento della pace e della sicurezza. Accade spesso che, mentre il Consiglio di Sicurezza si è concentrato su aspetti

della materia relativi alla pace e alla sicurezza internazionali, l'Assemblea generale ha adottato una visione più ampia del problema, considerandone anche gli aspetti umanitari, sociali ed economici. La Corte considera tale prassi dell'Assemblea, per come essa è andata evolvendo, compatibile con l'art. 12, par. 1 della Carta» (CIG, 9 luglio 2004, cit., parr. 27 e 28).

A conferma di tale impostazione, si rileva che il limite che l'Assemblea incontra (*ex* art. 12, par. 1, della Carta) nell'esercizio delle funzioni da parte del Consiglio di Sicurezza è, dalla stessa Carta e anche a prescindere da quanto sopra rilevato, dettato solo con riferimento all'adozione di raccomandazioni e non anche con riguardo ad iniziative dell'Assemblea non dotate di rilevanza esterna, quali, ad esempio, la richiesta di un parere consultivo alla Corte internazionale di giustizia, ai sensi dell'art. 96, par. 1, della Carta. La stessa Corte ha, infatti, avuto modo di rilevare che

«una richiesta di parere consultivo non è in sé una "raccomandazione" adottata dall'Assembela generale con "riguardo a una controversia o situazione"» (CIG, 9 luglio 2004, parere relativo alle *Conseguenze giuridiche della costruzione di un muro* cit., par. 25).

Al vertice dell'apparato amministrativo delle Nazioni Unite, la Carta colloca, poi, la figura del Segretario Generale, nominato dall'Assemblea Generale su proposta del Consiglio di Sicurezza (art. 97 della Carta). Oltre alle funzioni amministrative, al Segretario Generale competono anche funzioni politiche che altri organi eventualmente gli affidino (art. 98 della Carta). Nella materia del mantenimento della pace e della sicurezza internazionale, è invece la stessa Carta (art. 99) che gli attribuisce il potere di

«attirare l'attenzione del Consiglio di Sicurezza su qualunque questione che, a suo avviso possa minacciare il mantenimento della pace e della sicurezza internazionale».

Principale organo giudiziario delle Nazioni Unite è la Corte internazionale di giustizia, regolata da uno Statuto che è parte integrante della Carta. Composta da quindici giudici che siedono a titolo personale per un mandato di nove anni rinnovabile, essa è chiamata ad esercitare una competenza *contenziosa* per la soluzione di controversie tra Stati, i quali soli possono rivestire la qualità di parti nel processo e una competenza *consultiva*, attraverso la formulazione di pareri su qualunque questione giuridica a richiesta dell'Assemblea Generale o del Consiglio di Sicurezza. Gli altri organi delle Nazioni Unite e gli Istituti specializzati possono egualmente richiedere pareri alla Corte, ma solo se autorizzati dall'Assemblea Generale e limitatamente a questioni giuridiche che sorgano nell'ambito della loro attività (v. anche *supra*, Cap. VII). Con riferimento al mantenimento della pace e della sicurezza internazionale e, quindi, all'uso della forza, la competenza della Corte non subisce limitazioni per il carattere spiccatamente «politico» delle relative controversie. Nella sentenza preliminare nel caso *Attività militari e paramilitari in Nicaragua e contro il Nicaragua*, la Corte ha respinto le eccezioni di inammissibilità della domanda sollevate dagli Stati

Uniti e basate tanto sul fatto che non si tratterebbe di questione giuridica, quanto sul rilievo che in caso di conflitto armato vi sarebbe la competenza esclusiva del Consiglio di Sicurezza nell'ambito del capitolo VII della Carta. Sotto quest'ultimo profilo, la Corte ha osservato che

> «La Carta conformemente (*alla previsione dell'art. 24 della medesima, n.d.a.*) non conferisce l'*esclusiva* responsabilità al Consiglio di Sicurezza per questo obiettivo (*il mantenimento della pace e della sicurezza internazionale, n.d.a.*). Mentre nell'art. 12 contiene una previsione esplicita per la chiara demarcazione delle funzioni tra Consiglio e Assemblea Generale ...non esiste nella Carta una previsione simile con riferimento ai rapporti tra Consiglio di Sicurezza e Corte. Il Consiglio ha le funzioni di natura politica che gli sono assegnate, mentre la Corte esercita funzioni esclusivamente giudiziarie. Entrambi gli organi, tuttavia, possono esercitare le loro funzioni, distinte ma complementari, con riguardo agli stessi eventi» (CIG, 26 novembre 1984, *Attività militari e paramilitari in e contro il Nicaragua*, in *C.I.J., Recueil*, 1984, 392, par. 95).

Sotto il primo profilo, invece, nella sentenza si legge che

> «Con riferimento al diritto naturale di autotutela, il fatto che la Carta vi faccia riferimento come a un "diritto" è indicativo della sua dimensione giuridica» (CIG, 26 novembre 1984, cit., par. 97).

Merita di essere segnalata, infine, la proposta formulata da Arangio-Ruiz in sede di commissione del diritto internazionale (*Seventh Report on State Responsability* del maggio 1995) che, nel tentativo di "organizzare" il processo di accertamento degli obblighi *erga omnes* suggeriva di affidare l'accertamento della commissione di un crimine internazionale, in seconda istanza, alla Corte internazionale di giustizia, eventualmente anche a richiesta dello Stato considerato responsabile. Come è stato rilevato, soluzioni di questo tipo consentirebbero di evitare che illeciti quali l'uso (vittorioso) della forza da parte di uno o più Stati al di fuori del sistema delle Nazioni Unite e in violazione del diritto internazionale generale finiscano per restare senza conseguenze sul piano giuridico, in ragione del ruolo egemonico degli Stati agenti.

7.1. *Gli atti del Consiglio di Sicurezza nell'ambito del Capitolo VII della Carta.*

I poteri del Consiglio di Sicurezza nel quadro del Capitolo VII della Carta consistono, innanzitutto, nell'accertamento dell'esistenza di una «minaccia alla pace, di una violazione della pace o di un atto di aggressione» (art. 39). La constatazione di una delle tre situazioni appena menzionate è prodromica ad un intervento attivo nella crisi, che può manifestarsi, in primo luogo, con l'adozione di *misure provvisorie* finalizzate ad evitare ulteriori aggravamenti della situazione (art. 40 della Carta). Successivamente, il Consiglio può raccomandare o decidere l'adozione di misure sanzionatorie nei confronti di uno Stato, ma *non implicanti l'uso della forza* armata (art. 41 della Carta) e, se tali misure sono valutate o si sono rivelate inidonee al mantenimento o al ristabilimento della pace, può intraprendere azioni *implicanti l'uso della forza* armata (art. 42 della Carta). Nell'esercizio delle competenze di cui agli artt. 41 e 42, il Consiglio può sia formulare raccomandazioni, sia ricorrere a decisioni vincolanti gli Stati membri, secondo la generale previsione dell'art. 39:

> «il Consiglio fa raccomandazioni o decide quali misure debbano essere prese in conformità agli articoli 41 e 42 per mantenere o ristabilire la pace e la sicurezza internazionali».

8.1. *L'accertamento della minaccia alla pace, della violazione della pace e dell'atto di aggressione.*

L'accertamento di una situazione di fatto in cui si concreta «l'esistenza di una minaccia alla pace, di una violazione della pace o di un atto di aggressione» (art. 39 della Carta) è effettuato dal Consiglio sulla base di valutazioni ampiamente discrezionali, specie con riferimento alla situazione normativamente descritta come "minaccia", che, presupponendo chiaramente solo la possibilità o la probabilità di violazione della pace, evoca circostanze in cui il ricorso alla violenza bellica non si è ancora verificato. Assumono così rilievo tanto situazioni, per così dire, internazionali, quali un crescente stato di tensione tra due Paesi, quanto situazioni meramente interne ad uno Stato, comunque anch'esse idonee a condurre ad un turbamento della pace e della sicurezza internazionali nella regione. La rilevanza di situazioni (ancora) meramente interne (e quindi nazionali) trova conferma, con riferimento alle misure coercitive (artt. 41 e 42 della Carta), nel fatto che ad esse non può essere opposto il limite del rispetto della "competenza interna" dello Stato (art. 2.7 della Carta).

La politica di segregazione razziale praticata dal Governo della Rhodesia del Sud a seguito della presa del potere da parte di una minoranza razzista venne considerata una minaccia alla pace e alla sicurezza internazionali (risoluzione n. 217 (1965) del 20 novembre 1965 e n. 221 (1966) del 9 aprile 1966) e a tale constatazione fece poi seguito l'adozione di misure sanzionatorie (risoluzione n. 253 (1968) del 29 maggio 1968). Analogamente, la politica razzista del Governo sudafricano diede luogo ad una situazione che il Consiglio di Sicurezza considerò una "minaccia per la pace" nella risoluzione n. 418 (1977) adottata il 4 novembre 1977.

Anche il rovesciamento di un governo, legittimamente in carica, è stato considerato dal Consiglio di Sicurezza una situazione che può comportare una minaccia alla pace, specie in considerazione dell'esodo di popolazioni che si allontanano da un clima di conflitto interno e dei rischi per il regime democratico del paese. Si tratta, ad esempio, di quanto constatato con riferimento al caso di Haiti, successivamente alla destituzione del presidente Jean-Bertrand Aristide, rispetto al quale il Consiglio deplora «che, malgrado gli sforzi della Comunità internazionale, il governo legittimo del Presidente Jean-Bertrand Aristide non sia stato ristabilito» e mostra preoccupazione «per il fatto che la persistenza di tale situazione contribuisca a mantenere un clima di paure di persecuzioni e di disorganizzazione economica, che potrebbe accrescere il numero degli Haitiani che cercano rifugio negli Stati membri vicini» (risoluzione n. 841 (1993) del 16 giugno 1993, in *Riv. dir. int.*, 1993, 535).

Costituiscono una minaccia alla pace le situazioni di massiccia violazione dei diritti umani all'interno di uno Stato, con conseguenti rischi di "catastrofe umanitaria", individuati dal Consiglio, come già ricordato, nel deterioramento della crisi kosovara in merito alla quale si è dichiarato

«Profondamente preoccupato dal rapido deterioramento della situazione umanitaria nell'insieme del Kosovo, allarmato dall'imminenza di una catastrofe umanitaria quale descritta nel rapporto del Segretario generale (*sottolineando, n.d.a.*) la necessità di prevenire tale catastrofe» (risoluzione n. 1199 (1998) del 23 settembre 1998, cit.).

Anche il terrorismo internazionale viene considerato una minaccia alla pace e alla sicurezza internazionale e, coerentemente, il comportamento della fazione afgana denominata "Talebani" che continua ad

«offrire rifugio e addestramento ai terroristi internazionali e alle loro organizzazioni» (risoluzione n. 1214 (1998) dell'8 dicembre 1998, in *Riv. dir. int.*, 1999, 550)

giustifica la richiesta alle autorità della fazione di interrompere l'assistenza e il supporto ai terroristi (v. anche risoluzione n. 1267 (1999) del 15 ottobre 1999, cit.). Chiaramente, sono stati considerati costituire minaccia alla pace e alla sicurezza internazionale gli

«spaventosi attacchi terroristici che hanno avuto luogo l'11 settembre 2001 a New York, Washington (DC) e in Pennsylvania» (risoluzione n. 1368 (2001) del 12 settembre 2001, cit.).

La minaccia alla pace è, quindi, una nozione estesa e dai contorni indefiniti, ravvisabile senza dubbio nelle violazioni di obblighi internazionali *erga omnes*, quale la violazione massiccia dei diritti umani, senza che lo Stato territoriale possa o voglia metter fine a tali situazioni e restando irrilevante che essa si consumi esclusivamente all'interno di uno Stato. La dilatazione della nozione di minaccia alla pace è il risultato di un atteggiamento particolarmente attivo del Consiglio di Sicurezza a partire dai primi anni Novanta, consistente nell'ammettere che la minaccia possa discendere anche dalla violazione di un obbligo non relativo all'uso della forza. In altri casi, la minaccia è stata ravvisata anche laddove non era configurabile la violazione di un obbligo internazionale, egualmente sussistendo il pericolo di turbamenti dell'ordine pubblico tali da poter generare, anche in considerazione delle peculiarità dell'area geo-politica interessata, un problema di sicurezza internazionale. Nell'ampia nozione di "minaccia alla pace" trovano così ideale congiunzione gli obiettivi delle Nazioni

Unite come definiti all'art. 1 della Carta: il mantenimento della pace e della sicurezza internazionale, la promozione dei diritti dell'uomo e del principio di auto-determinazione dei popoli.

Meno late sono le nozioni di "violazione della pace" e di "atto di aggressione", per essere entrambe caratterizzate dall'impiego della violenza bellica nelle relazioni internazionali. Va però sottolineato che il Consiglio di Sicurezza ha fatto raramente ricorso a tali definizioni, limitandole a situazioni di invasioni di un territorio da parte delle forze armate di un altro paese. Così, nel caso del conflitto anglo-argentino delle Falkland/Malvinas, il Consiglio

> «Profondamente turbato dalle notizie di un'invasione, il 2 aprile 1982, da parte di forze armate dell'Argentina» constatava l'esistenza di «una rottura della pace nella regione delle isole Falkland (Malvinas)» (risoluzione n. 502 (1982) del 3 aprile 1982, in *Int. Legal Mat.*, 1982, 679).

Egualmente, in occasione del conflitto scatenato dall'Iraq contro il Kuwait, il Consiglio di sicurezza rilevava

> «Allarmato per l'invasione del Kuwait del 2 agosto 1990 da parte delle forze armate irachene ... esiste una violazione della pace e della sicurezza internazionale nel caso dell'invasione irachena del Kuwait» (risoluzione n. 660 (1990) del 2 agosto 1990, in *Riv. dir. int.*, 1990, 473).

La nozione di "aggressione" è ricavabile anche dalla risoluzione 3314 (XXIX) del 14 dicembre 1974 sulla *Definizione dell'aggressione*, cit. (v. *supra*, par. 5.1), ricordando però, come prevede la stessa risoluzione, che la valutazione del Consiglio non è vincolata dalle ipotesi definitorie che compaiono nella risoluzione, ben potendo ritenere, in negativo, che uno degli atti espressamente indicati non costituisca nel caso di specie "atto di aggressione" ai sensi dell'art. 39 e, quindi, non giustifichi un suo intervento e, in positivo, che un atto non considerato dalla Definizione integri invece gli estremi dell'aggressione.

9.1. *Le misure provvisorie.*

Accertata la sussistenza di una situazione contemplata dall'art. 39 della Carta, il Consiglio può «invitare le parti interessate ad ottemperare a quelle misure provvisorie che esso consideri necessarie o desiderabili» (art. 40 della Carta).

Le misure provvisorie hanno una tipica finalità cautelare, nel senso che la loro adozione non mira a pregiudicare la soluzione definitiva della controversia, che richiede l'accertamento del responsabile della violazione o della minaccia alla pace, volendo il Consiglio, attraverso di esse, semplicemente scongiurare "l'aggravarsi della situazione". Dal punto di vista logico, ed anche secondo la lettera della previsione normativa, le misure cautelari dovrebbero essere adottate

> «prima di fare raccomandazioni o di decidere sulle misure previste all'art. 39» (art. 40)

e, quindi, dovrebbero essere cronologicamente antecedenti all'adozione di misure sanzionatorie in base agli artt. 41 o 42 della Carta. Si tratta, peraltro, di una cronologia meramente indicativa, che, nei fatti, può essere superata dalla valutazione del Consiglio, il quale ritenga più utile adottare, con un unico atto, misure provvisorie e sanzioni economiche.

Dal punto di vista sostanziale, le misure provvisorie hanno un contenuto atipico, non definito dalla norma, che pone il solo limite di «non pregiudicare i diritti, le pretese o la posizione delle parti interessate». Ne è esempio la richiesta di immediata cessazione delle ostilità (c.d. cessate-il-fuoco), che si ritrova nella risoluzione n. 502 (1982), cit., dove il Consiglio

> «Constatando che esiste una rottura della pace nella regione delle isole Falkland (Malvinas), 1. *Esige la cessazione immediata delle ostilità*»

e, sia pur accompagnato dalla contestuale adozione di misure coercitive, in una risoluzione relativa al situazione in Kosovo dove il Consiglio, condannati

> «tutti gli atti di violenza commessi da qualsiasi parte, e tutti gli atti di terrorismo perpetrati a fini politici da qualsiasi gruppo o da qualsiasi individuo, così come ogni sostegno apportato dall'esterno a tali attività in Kosovo, compresi la fornitura di armi e l'addestramento per attività terroristiche in Kosovo ... 1. Esige che tutte le parti e tutti i gruppi e gli individui mettano fine immediatamente alle ostilità e *mantengano un cessate il fuoco in Kosovo*, che rinforzerà le prospettive di dialogo costruttivo tra le autorità della Repubblica federale di Yugoslavia e i dirigenti albanesi del Kosovo e ridurrà i rischi di catastrofe umanitaria» (risoluzione n. 1199 (1998) del 23 settembre 1998, cit.).

In altri casi, con la misura cautelare è stato chiesto il ritiro delle forze armate dal territorio occupato, dopo la constatazione che l'invasione militare ha integrato gli estremi della violazione della pace. Dopo l'invasione irachena, il Consiglio, dichiarando espressamente di agire ai sensi degli artt. 39 e 40 della Carta

> «1. Condanna l'invasione irachena del Kuwait; 2. Esige che l'Iraq ritiri immediatamente e senza condizioni tutte le sue forze militari nelle posizioni in cui si trovavano il 1° agosto 1990» (risoluzione n. 660 (1990) del 2 agosto 1990, cit.).

Nei casi di flagrante violazione della pace, come nel caso di un attacco armato o di un'invasione con occupazione militare del territorio altrui, la misura cautelare è talvolta preceduta dalla constatazione della responsabilità internazionale di uno dei due contendenti, ciò che peraltro non ne contraddice la natura cautelare, non comportando in ogni caso una soluzione definitiva della controversia, anzi spesso richiedendo alle parti di iniziare

> «immediatamente intensi negoziati per regolare le loro divergenze (*sostenendo, n.d.a.*) tutti gli sforzi a tal fine, in particolare quelli della Lega degli Stati Arabi» (risoluzione n. 660 (1990) del 2 agosto 1990, cit.).

Dal punto di vista formale, le misure provvisorie non hanno efficacia vincolante e, come tali, devono essere qualificate come "raccomandazioni" ai sensi dell'art. 39, con gli effetti che sono loro propri. L'assenza di carattere vincolante discende dalla stessa previsione dell'art. 40, secondo cui il Consiglio «può invitare le parti interessate ad ottemperare» alle misure provvisorie. Ovviamente, e come dispone la stesso art. 40 *in fine*, il mancato accoglimento della misura raccomandata verrà tenuto «in debito conto» dal Consiglio, ai fini delle successive valutazioni in ordine all'eventuale adozione di misure coercitive. Come si rileva in dottrina, da tale ultima previsione, non è comunque consentito inferire il carattere vincolante della misura *ex* art. 40: il Consiglio, infatti, ai fini delle misure da adottare per il mantenimento della pace, prende in considerazione qualsivoglia comportamento degli Stati.

10.1. *Le misure non implicanti l'uso della forza.*

L'accertamento delle situazioni di minaccia alla pace, di violazione della pace o di aggressione abilita il Consiglio ad adottare misure a carattere sanzionatorio nei confronti del soggetto responsabile della minaccia o della violazione alla pace. L'art. 41 della Carta prende in considerazione le misure «non implicanti l'impiego della forza armata» (*short of war*). L'assenza di ricorso alla forza armata è la sola caratteristica che la norma impone alle misure *ex* art. 41, le quali possono in effetti presentare contenuto assai vario, purché diretto, nella sostanza, a costringere, senza l'impiego delle armi, lo Stato responsabile ad ottemperare alla decisione del Consiglio ponendo fine alla minaccia o alla violazione della pace. L'elencazione dei possibili contenuti che compare nello stesso art. 41, seconda frase, è da ritenersi meramente esemplificativa:

> «Queste possono comprendere un'interruzione totale o parziale delle relazioni economiche e delle comunicazioni ferroviarie, marittime, aeree, postali, telegrafiche, radio ed altre e la rottura delle relazioni diplomatiche».

La prassi evidenzia un frequente ricorso al blocco, totale o parziale, delle relazioni economiche del Paese interessato, attraverso forme di *embargo* più o meno esteso. In alcuni casi, l'interruzione delle relazioni commerciali è avvenuta in modo estremamente ampio, come nel caso della Rodhesia del Sud, nei confronti della quale il Consiglio, valutata come minaccia alla pace la politica di segregazione razziale praticata dal nuovo governo, decise che tutti gli Stati membri avrebbero impedito

> «a) l'importazione sui loro territori di amianto, di minerali di ferro, di cromo, di zucchero, di tabacco, di cuoio, di carne e altri prodotti animali, di cuoio e di pelli provenienti dalla Rodhesia del Sud ...; b) tutte le attività dei loro cittadini o sui loro territori che favoriscono o hanno lo scopo di favorire l'esportazione di questi prodotti dalla Rodhesia del Sud, nonché tutte le transazioni dei loro cittadini o sui loro territori riguardanti uno di questi prodotti provenienti dalla Rodhesia del Sud ...; c) la spedizione per navi o aeromobili immatricolati presso di essi di qualsiasi di questi prodotti in provenienza dalla Rodhesia del Sud; d) ogni attività dei loro cittadini o sui loro territori che favoriscono o hanno per scopo di favorire la vendita o la spedizione verso la Rodhesia del Sud di armi,

munizioni, aerei e veicoli militari ed equipaggiamento e materiali per la fabbricazione e la manutenzione di armi in Rhodesia del Sud; e) ogni attività dei loro cittadini o sui loro territori che favorisca o abbia per scopo di favorire la consegna alla Rodhesia del Sud di ogni altro aeromobile e veicolo a motore e di equipaggiamento e di materiali per la fabbricazione, il montaggio o la manutenzione di aeromobili e veicoli a motore in Rodhesia del Sud ... nonostante i contratti conclusi o le licenze accordate prima della data della presente risoluzione» (risoluzione n. 232 (1966) del 16 dicembre 1966, in *Int. Legal Mat.*, 1967, 141).

Altro esempio di blocco economico di notevole ampiezza è dato dalla decisione adottata nei confronti dell'Iraq a seguito dell'invasione del Kuwait, per effetto della quale gli Stati membri delle Nazioni Unite sono tenuti a vietare

«a) l'importazione nel loro territorio di tutte le materie prime e dei prodotti provenienti dall'Iraq o dal Kuwait ...; b) ogni attività svolta dai loro cittadini o nel loro territorio che promuova ovvero sia volta a promuovere l'esportazione o il trasporto via mare di qualsiasi materia prima o prodotto proveniente dall'Iraq o dal Kuwait ...; c) la vendita o la fornitura da parte dei loro cittadini o dal loro territorio ... di qualsiasi materia prima o prodotto, comprese armi o qualsiasi altra attrezzatura militare dal loro territorio ...;» (risoluzione n. 661 (1990) del 6 agosto 1990, cit.).

In altri casi, quali la crisi del Kosovo, l'*embargo* ha avuto ad oggetto il solo divieto in capo agli Stati membri di vendere o comunque fornire direttamente o da parte di loro cittadini o comunque dal loro territorio

«armi e materiale connesso di tutti i tipi, comprese le armi, le munizioni, i veicoli e gli equipaggiamenti militari o componenti separate di tali prodotti ...» (risoluzione n. 1160 (1998) del 31 marzo 1998, in *Riv. dir. int.*, 1998, 574)

per quanto il carattere limitato della misura sia da attribuirsi più all'effetto del potere di veto in seno al Consiglio, che ad un sua effettiva maggiore adeguatezza rispetto all'obiettivo da conseguire.

Ai sensi dell'art. 41 vengono stabilite talvolta misure con cui il Consiglio chiede agli Stati membri di non riconoscere alcun effetto giuridico alle situazioni create dalla violazione della pace ed agli atti compiuti nei territori conquistati a seguito di tale violazione. Ne è un esempio la risoluzione adottata nei confronti di Israele nel 1968 a seguito dell'occupazione di Gerusalemme Est avvenuta l'anno precedente da parte di forze armate di quel paese. In essa si dispone che

«tutte le misure e le disposizioni legislative e amministrative adottate da Israele, comprese l'espropriazione di terre e di beni immobili, che tendono a modificare lo statuto giuridico di Gerusalemme non sono valide e sono insuscettibili di modificare tale statuto» (risoluzione n. 252 (1968) del 21 maggio 1968).

Le minacce alle pace rappresentate dal terrorismo internazionale hanno richiesto da parte del Consiglio di Sicurezza l'adozione di misure non implicanti l'uso della forza finalizzate ad annientare, nei diversi Stati membri, le risorse finanziarie che alimentano l'attività delle organizzazioni terroristiche. Nei confronti dell'organizzazione terrorisitica Al-Quaida e dei Talebani, oltre che di individui, gruppi, imprese associate ai medesimi, il Consiglio di Sicurezza ha reiteratamente imposto agli Stati membri di

> «a) congelare immediatamente i fondi e le altre attività finanziarie o risorse economiche di questi individui, gruppi, imprese ed enti, inclusi i fondi derivanti da proprietà possedute o controllate, direttamente o indirettamente, da essi o da altri soggetti che agiscono su loro incarico o sotto la loro direzione ...; b) impedire l'ingresso e il transito attraverso i loro territori di questi individui ...; c) impedire la fornitura diretta o indiretta, la vendita e il trasferimento a questi individui, gruppi, imprese ed enti dai loro territori o da altrove da parte dei loro cittadini ... di armi e relativo equipaggiamento, incluso il munizionamento, veicoli ed equipaggiamento militari, equipaggiamento paramilitare, componenti separati dei beni sopra menzionati, assistenza tecnica e formazione relativamente ad attività militari» (risoluzione n. 1390 (2002), del 16 gennaio 2002, in *Riv. dir. int.*, 2002, 274).

Le misure non implicanti l'uso della forza possono essere oggetto tanto di una raccomandazione, quanto di una decisione vincolante gli Stati membri. La possibilità di adottare una decisione risulta chiaramente dal tenore dell'art. 41 della Carta, secondo cui

> «il Consiglio di Sicurezza può decidere quali misure ... debbano essere adottate».

Le decisioni sono vincolanti per gli Stati in base all'art. 25 della Carta che contiene l'accordo dei Membri delle Nazioni Unite ad accettarle e ad eseguirle in conformità alle disposizioni della Carta. Per quanto l'adozione di misure *ex* art. 41 attraverso decisioni corrisponda alla prassi, non può ritenersi precluso il ricorso anche a mere raccomandazioni, sulle quali può essere più semplice ottenere il consenso dei Membri permanenti del Consiglio di Sicurezza. In effetti, l'art. 39 prevede, in via generale, che le misure *ex* artt. 41 e 42 possano essere decise oppure costituire oggetto di raccomandazioni e lo stesso art. 41 dispone che il Consiglio possa «invitare i Membri delle Nazioni Unite ad applicare tali misure». Al di là degli argomenti strettamente testuali, non si vede la ragione di negare al Consiglio il potere di adottare un atto meno lesivo della sovranità degli Stati, quando, per la stessa situazione, gli è conferito il potere di obbligare gli Stati al risultato prescritto.

10.2. *I Tribunali penali internazionali.*

Misura fortemente atipica rispetto alla prassi applicativa dell'art. 41 è rappresentata dall'istituzione di due Tribunali penali internazionali per giudicare i responsabili di gravi violazioni del diritto umanitario internazionale commesse nel territorio della *ex* Jugoslavia a partire dal 1991 e in Ruanda nel 1994. Tanto la risoluzione n. 827 (1993) del 25 maggio 1993 relativa al Tribunale internazionale per i crimini commessi nella *ex* Jugoslavia (in *Riv. dir. int.*, 1993, 516) quanto la risoluzione n. 955 (1994) dell'8 novembre 1994 relativa al Tribunale internazionale per il Ruanda (in *Riv. dir. int.*, 1995, 271), recano in annesso lo Statuto dell'organo giudiziario così istituito, decidendo l'obbligo per gli Stati membri di cooperare pienamente

> «con il Tribunale internazionale e i suoi organi, conformemente alla presente risoluzione e allo statuto del Tribunale» e di «adottare tutte le misure necessarie in virtù del loro diritto interno per dare attuazione alle disposizioni della presente risoluzione e dello Statuto, compreso l'obbligo degli Stati di ottemperare alle richieste di assistenza o alle ordinanze adottate da una sezione di prima istanza ...» (art. 4 della risoluzione n. 827 (1993), cit., sostanzialmente corrispondente all'art. 2 della risoluzione n. 955 (1994), cit.).

L'atipicità della misura ha suscitato un vasto dibattito in dottrina circa il suo fondamento giuridico, da taluni individuato nell'art. 42, da altri dubitando della riconducibilità del Tribunale al Capitolo VII della Carta, pur espressamente menzionato nel Preambolo delle due risoluzioni. Nella decisione sul caso *Tadic*, il Tribunale per la *ex* Jugoslavia ha ricondotto la risoluzione istitutiva al Capitolo VII della Carta e, in particolare, all'art. 41, negando che attraverso la creazione del Tribunale il Consiglio di Sicurezza si sia

> «appropriato di funzioni giurisdizionali che, in conformità con la Carta, non appartengono ad esso, ma ad altri organi delle Nazioni Unite. Il Consiglio di Sicurezza ha deciso per l'istituzione di un organo giudiziario nella forma di un Tribunale internazionale quale strumento per l'esercizio delle proprie funzioni principali di mantenimento della pace e della sicurezza e come misura che contribuisce alla restaurazione e al mantenimento della pace nell'ex Jugoslavia ...» (Tribunale per la ex Jugoslavia, 2 ottobre 1995, *Decisione sulla mozione della difesa per un appello interlocutorio sulla giurisdizione nel caso Tadic*, in *Riv. dir. int.*, 1995, 1019, par. 38).

11.1. *Le misure implicanti l'uso della forza.*

Secondo la prospettiva di gradualità cui sembra ispirarsi l'articolazione dei rimedi previsti nel Capitolo VII della Carta, nel caso in cui le misure non implicanti l'uso della forza si rivelino inidonee a conseguire l'obiettivo di mantenere o restaurare la pace, il Consiglio, in base all'art. 42,

> «può intraprendere, con forze aree, navali o terrestri, ogni azione che sia necessaria per mantenere o ristabilire la pace e la sicurezza internazionale. Tale azione può comprendere dimostrazioni, blocchi ed altre operazioni mediante forze aeree, navali o terrestri di Membri delle Nazioni Unite».

Va subito osservato, peraltro, che, a conferma della valutazione ampiamente discrezionale che il Consiglio è chiamato ad effettuare nell'ambito dell'intero Capitolo VII, la gradualità tra misure *ex* art. 41 e misure *ex* art. 42 non richiede per la legittima adozione delle misure belliche il previo (vano) esperimento delle misure non implicanti l'uso della forza. La norma, infatti, si limita a richiedere un giudizio del Consiglio circa l'inadeguatezza, in astratto («le misure previste dall'art. 41 siano inadeguate») o in concreto («le misure ... si siano dimostrate inadeguate») delle misure pacifiche. È così perfettamente legittimo che, di fronte a situazioni già compromesse, il Consiglio adotti fin da subito misure ai sensi dell'art. 42, ritenendo immediatamente insufficienti le misure *ex* art. 41. La ricordata prospettiva di gradualità costituisce un limite al potere del Consiglio solo nel senso di porre l'uso della forza come *extrema ratio* per la soluzione di una situazione di minaccia o violazione della pace, così indirettamente confermando il valore di principio del divieto dell'uso della forza di cui all'art. 2.4.

Al di fuori della legittima difesa di cui all'art. 51 della Carta, che peraltro prevede a carico degli Stati obblighi procedurali di comunicazione al fine di consentire un pronto intervento nella gestione della crisi da parte del Consiglio, nel sistema delle Nazioni Unite il solo caso di legittimo impiego della forza armata è quello previsto dalle azioni *ex* art. 42, la cui decisione è di competenza esclusiva del Consiglio di Sicurezza.

Il monopolio del Consiglio nella gestione della forza avrebbe dovuto estendersi non solo alla fase volitiva ovvero alla decisione dell'azione, ma anche alla sua attuazione concreta, sul piano strettamente operativo. Infatti, gli artt. 43-47 della Carta prevedono un sistema organizzativo basato sull'impiego di contingenti di forze armate nazionali, ma sotto un comando internazionale facente capo al Consiglio di Sicurezza, coadiuvato da un Comitato di Stato Maggiore, composto dai Capi di Stato Maggiore dei Membri permanenti del Consiglio di Sicurezza (art. 47). Gli accordi fra Stati membri e Consiglio di Sicurezza finalizzati a rendere operativo tale sistema, attraverso l'individuazione «del numero e dei tipi di forze armate, il loro grado di preparazione e la loro dislocazione generale e la natura delle facilitazioni e dell'assistenza da fornirsi» (art. 43.2) non sono mai stati conclusi, nonostante fossero oggetto, come è stato rilevato, di un vero e proprio obbligo *de contrahendo*. L'inadempimento degli Stati ha reso, di fatto, superate le disposizioni della Carta rendendo impossibile l'impiego della forza da parte del Consiglio di Sicurezza secondo il modello astrattamente prefigurato.

Come è stato riconosciuto dalla Corte internazionale di giustizia nel citato parere relativo a *certe spese delle Nazioni Unite* (20 luglio 1962), l'inadempimento degli Stati non fa comunque venir meno il potere del Consiglio di decidere misure implicanti l'uso della forza, che, peraltro, dovranno trovare esecuzione secondo un diverso modello operativo.

11.2. *Il ricorso alla forza "autorizzata"*.

La fine della contrapposizione Est-Ovest tipica della Guerra Fredda, che aveva pressoché bloccato l'attività del Consiglio soprattutto con riferimento alle misure *ex* art. 42 della Carta, senza condurre alla stipulazione degli accordi *ex* art. 43, ha dato vita ad una prassi apparentemente incompatibile con il sistema degli art. 43 ss., consistente in un'*autorizzazione* del Consiglio di Sicurezza agli

Stati Membri ad usare la forza per conseguire l'obiettivo indicato dal Consiglio medesimo.

Lo schema è, evidentemente, profondamente diverso da quello previsto dalla Carta, che pure conosce lo strumento dell'autorizzazione all'uso della forza, ma solo a vantaggio di organizzazioni internazionali a carattere regionale (es. la NATO), le cui attività siano conformi ai fini e ai principi delle Nazioni Unite (Capitolo VIII della Carta, artt. 52 e 53). Il carattere eccezionale del ricorso alla forza autorizzata è, peraltro, reso evidente dalla formulazione negativa della norma che, in linea di principio e salvi gli effetti dell'autorizzazione, vieta ogni "azione coercitiva" da parte di organizzazioni regionali (art. 53, n. 1).

Diversamente, nella prassi cui si fa riferimento, l'autorizzazione è diretta agli Stati, i quali, di conseguenza, impiegano la forza militare non sotto il diretto controllo del Consiglio, ma stabilendo autonomamente le concrete modalità operative, gli obiettivi, i tempi e tutti gli altri aspetti tecnici di un'operazione militare. Il solo vincolo sarà rappresentato dalla finalità che il Consiglio indica: la cessazione del conflitto, la restituzione dei territori occupati o, in caso di minaccia alla pace, il venir meno delle condizioni di fatto che quella minaccia creavano. In altre parole, il Consiglio si limita a rimuovere un ostacolo all'impiego della forza armata da parte degli Stati, che, in deroga al divieto altrimenti operante dell'art. 2.4, tornano liberi nell'esercizio dello *ius ad bellum* con il solo limite del rispetto dell'obiettivo stabilito dalla decisione del Consiglio.

La prassi, dal 1990, è divenuta assai consistente. A seguito dell'invasione irachena, il Consiglio di Sicurezza, con la risoluzione n. 660 (1990), cit., richiedeva all'Iraq di ritirare immediatamente e senza condizioni tutte le sue forze nelle posizioni del 1° agosto 1990 (il giorno antecedente l'invasione del Kuwait). La mancata ottemperanza alla risoluzione da parte dell'Iraq, nonostante il massiccio ricorso alle misure *ex* art. 41, induceva il Consiglio ad

> «Autorizza(re, n.d.a.) gli Stati membri che cooperano con il governo del Kuwait, se entro il 15 gennaio 1991 l'Iraq non abbia pienamente applicato le risoluzioni ... ad usare tutti i mezzi necessari (*all necessary means*) per fare rispettare ed applicare la risoluzione 660 (1990) e tutte le successive pertinenti risoluzioni e ristabilire la pace e la sicurezza internazionale nella regione» (risoluzione n. 678 (1990) del 29 novembre 1990, cit.).

Dietro la formula neutra dell'autorizzazione all'"uso di tutti i mezzi necessari" risiede l'autorizzazione all'impiego della forza armata con l'obiettivo di far rientrare le forze armate irachene entro le posizioni detenute il 1° agosto 1990 e, comunque, di ristabilire la pace e la sicurezza internazionale nella regione. La finalità dell'abilitazione ad impiegare le armi è definita in modo assai vago, tanto che, in concreto, l'operazione *Desert Storm* conseguì (o tentò di conseguire) obiettivi ben più ampi del semplice arretramento alla frontiera delle truppe irachene e non giustificabili neppure ricorrendo alla più lata finalità rappresentata dall'obiettivo di "ristabilire la pace e la sicurezza internazionale nella regione". Le modalità dell'operazione non vengono per nulla definite, come neppure è precisato quali siano gli "Stati membri che cooperano con il Governo del Kuwait", presumibilmente da identificare, *per relationem*, con gli Stati che fin da subito avevano dichiarato la loro disponibilità ad intervenire, ma che successivamente aumenteranno fino ad oltre trenta.

Le stesse modalità "autorizzative" e la stessa formula del ricorso a "tutti i mezzi necessari" compaiono nelle altre decisioni con cui il Consiglio di Sicurezza ha consentito l'impiego della forza da parte degli Stati, sia che si trattasse di conseguire finalità umanitarie in situazioni in cui la massiccia violazione dei diritti fondamentali dell'uomo rappresentava una "minaccia alla pace", come nella vicenda somala, dove il Consiglio dichiarando di agire

> «in virtù del Capitolo VII della Carta delle Nazioni Unite, autorizza il Segretario generale e gli Stati membri che cooperano ... ad usare tutti i mezzi necessari per instaurare al più presto condizioni di sicurezza per le operazioni di soccorso umanitario in Somalia» (risoluzione n. 794 (1992) del 3 dicembre 1992, in *Riv. dir. int.*, 1992, 1171),

sia che, attraverso l'impiego della forza armata, si mirasse a ristabilire al potere il governo destituito da una rivolta interna, come nel caso di Haiti, in cui il Consiglio

> «Agendo in virtù del Capitolo VII della Carta delle Nazioni Unite autorizza gli Stati membri a costituire una forza multinazionale collocata sotto comando e controllo unificati e a utilizzare, in tale contesto, tutti i mezzi necessari per facilitare l'allontanamento da Haiti dei dirigenti militari ... e l'immediato ritorno del Presidente legittimamente eletto, nonché per instaurare e mantenere un ambiente stabile e sicuro ...» (risoluzione n. 940 (1994) del 31 luglio 1994, in *Riv. dir. int.*, 1994, 884).

Alla forza armata "autorizzata" si è fatto ricorso anche per garantire la corretta applicazione di misure non implicanti l'uso della forza adottate ai sensi dell'art. 41. La soluzione, per quanto anomala rispetto all'impianto della Carta (in dottrina, si è parlato di risoluzioni "41 e mezzo"), non è illegittima, almeno laddove la violazione della sanzione economica fornisce la prova della sua inadeguatezza ad assicurare l'obiettivo di ristabilimento o mantenimento della pace. Al precedente rappresentato dalla risoluzione n. 221 (1966) del 9 aprile 1966 cit. relativo alla Rodhesia del Sud, si è aggiunto in tempi più recenti quello nella vicenda irachena, in cui il Consiglio, constatando che nonostante l'adozione della risoluzione n. 661 (1990), cit., relativa all'imposizione di misure di *embargo*, navi irachene continuavano ad esportare petrolio, chiede agli Stati Membri

> «che cooperano con il governo kuwaitiano e dispiegano forze navali nella regione di adottare provvedimenti commisurati alle circostanze contingenti, secondo quanto sarà necessario, sotto l'autorità del Consiglio di Sicurezza, volti a fermare tutte le navi mercantili in arrivo o in partenza al fine di ispezionare il loro carico e di accertare la loro destinazione e di fare rigorosamente applicare le disposizioni della risoluzione 661 (1990) relative ai trasporti marittimi» (risoluzione n. 665 (1990) del 25 agosto 1990, in *Riv. dir. int.*, 1990, 477).

Il modello dell'autorizzazione fa sorgere qualche perplessità sotto l'aspetto del controllo delle operazioni militari, che, di fatto, è consegnato interamente agli Stati, i quali si limitano a tenere informato il Consiglio di Sicurezza delle loro scelte, spesso non totalmente compatibili con la sola restaurazione della pace. Ciò accade, in modo evidente, quando la delega del Consiglio di Sicurezza è, in sostanza, una «delega in bianco», che si risolve in una rinuncia dell'Organizzazione al controllo dell'operazione militare che, invece, la Carta le imporrebbe di mantenere.

Le autorizzazioni agli Stati all'impiego della forza sono state variamente valutate in dottrina, con tesi che vanno dall' insanabile illegittimità della tecnica autorizzativa per contrasto con la Carta, ad un'intervenuta modificazione consuetudinaria delle regole della Carta con conseguente legittimità dell'autorizzazione, fino a considerare tale modalità una sorta di approvazione di azioni degli Stati in realtà non riconducibili al sistema della Carta, ma piuttosto da questi realizzate unilateralmente a tutela di interessi fondamentali della Comunità internazionale, connessi alla violazione di obblighi *erga omnes* diversi dal divieto di aggressione (*i.e.* per la massiccia violazione dei diritti umani), obblighi per la cui attuazione le Nazioni Unite sono state quindi qualificate "organo materiale" della Comunità internazionale.

La prassi ha comunque evidenziato come gli Stati considerino tale modello implicitamente riconducibile al sistema della Carta, ricorrendo ad esso non solo a fronte di violazioni di obblighi *erga omnes* non considerati dalla Carta (come nel caso della violazione massiccia dei diritti umani), ma anche nelle ipotesi di violazioni al divieto di uso della forza, espressamente considerate dalla Carta e in vista delle quali il meccanismo degli artt. 43 ss. era stato approntato.

11.3. *L'inammissibilità di un'autorizzazione implicita.*

Indispensabile è, in ogni caso, che l'autorizzazione vi sia, e sia formulata esplicitamente dal Consiglio, non potendo trovare alcun fondamento giuridico le tesi che vorrebbero ricavare la legittimità dell'uso della forza da un'autorizzazione implicita del Consiglio di Sicurezza, che, recentemente, si è preteso ravvisare in situazioni differenti.

La prima ipotesi è quella di una risoluzione del Consiglio che si limiti a constatare una minaccia della pace, magari a seguito della violazione di diritti umani, senza nulla disporre in ordine all'uso della forza armata. È quanto accaduto con riferimento alla citata risoluzione n. 688 (1991) che, pur limitandosi a insistere affinché l'Iraq permettesse

> «un accesso immediato delle organizzazioni umanitarie internazionali a tutti coloro che hanno bisogno di assistenza in ogni parte dell'Iraq»

è stata indicata come contenente un'autorizzazione implicita all'uso della forza da parte di alcuni Stati che diedero vita all'operazione militare nel Nord dell'Iraq (*Provide Comfort*). Tale interpretazione è stata però smentita dal Regno Unito, parte dell'operazione, il quale ha dichiarato

> «l'intervento nel Nord dell'Iraq *Provide Comfort* è stato in realtà non specificamente autorizzato dalle Nazioni Unite, ma gli Stati che hanno preso parte all'azione lo fecero nell'esercizio del principio di diritto internazionale consuetudinario dell'intervento umanitario ...» (Ministro degli affari esteri del Regno Unito, in *British Year Book Int. Law*, 1992, 827).

In un contesto diverso, la tesi dell'autorizzazione implicita è stata sostenuta da Gran Bretagna e Stati Uniti per ricavarne la legittimità, alla luce della Carta, della successiva azione militare nei confronti dello stato iracheno. Con la risoluzione n. 1441 dell'8 novembre 2002, il Consiglio di Sicurezza, a fronte dei numerosi inadempimenti iracheni agli obblighi di disarmo e di cooperazione con gli ispettori delle Nazioni Unite e dell'IAEA previsti dalla precedente risoluzione n. 687 del 3 aprile 1991,

> «1. Decide che l'Iraq è stato e rimane in violazione materiale dei propri obblighi ..; 2. Decide ... di offrire all'Iraq, tramite questa risoluzione, l'ultima opportunità per tenere fede ai propri obblighi di disarmo ... e, di conseguenza, decide di predisporre un regime migliorato di ispezione con lo scopo di portare a un completamento totale e controllato del processo di disarmo ...; 4. Decide che affermazioni false od omissioni nelle dichiarazioni presentate dall'Iraq ... e la mancata osservanza da parte di questo Stato, in qualsiasi momento, della totale cooperazione nell'attuazione di questa risoluzione costituirà un'ulteriore violazione materiale dei propri obblighi e sarà riferita al Consiglio di Sicurezza per una deliberazione ...; 12. Decide di riunirsi immediatamente al ricevimento di un rapporto, in conformità con i summenzionati paragrafi 4 o 11, al fine di prendere in considerazione la situazione ...» (risoluzione n. 1441, cit., in *Riv. dir. int.*, 2002, 1117).

I riferimenti che compaiono nel testo della risoluzione alla violazione degli obblighi da parte dell'Iraq e, soprattutto, all'offerta di un'"ultima opportunità" al governo iracheno avrebbero implicitamente autorizzato l'iniziativa militare in caso di violazione degli obblighi in essa previsti. In realtà, la risoluzione n. 1441 prospetta due momenti distinti e cronologicamente successivi alla violazione irachena degli obblighi da essa imposti: dapprima, la segnalazione dell'inadempimento al Consiglio; successivamente, la valutazione da parte del Consiglio della situazione verificatasi, al fine dell'adozione di eventuali misure allo scopo di garantire la pace e la sicurezza internazionale. La centralità del ruolo del Consiglio è evidente: la risoluzione non lascia spazio a valutazioni unilaterali da parte degli Stati degli effetti dell'ennesima violazione irachena.

L'interpretazione della risoluzione n. 1441 nel senso di consentire esclusivamente una gestione multilaterale della crisi nel quadro delle Nazioni Unite è stata fatta propria da Francia, Germania e Russia, che, il 24 febbraio 2003, presentavano al Consiglio di Sicurezza un *Memorandum* secondo il quale

> «1. Il disarmo effettivo e completo dell'Iraq resta l'obiettivo imperativo della Comunità internazionale ... Il nostro scopo prioritario deve essere il raggiungimento di questo obiettivo in maniera pacifica, attraverso la politica delle ispezioni. L'opzione militare dovrebbe rappresentare unicamente l'ultima soluzione ... La risoluzione 1441 ha stabilito un raffor-

zamento del sistema delle ispezioni di tipo intrusivo. In questo ambito, non è ancora stata vagliata l'intera gamma di opzioni disponibili» (in *Affari esteri*, 2003, 235).

Anche il Parlamento europeo, con la risoluzione sulla situazione in Iraq, adottata il 30 gennaio 2003, pur ribadendo l'importanza del disarmo iracheno, con particolare riferimento alle armi di distruzione di massa, ritiene

«che le violazioni della risoluzione 1441 individuate dagli ispettori in relazione alle armi di distruzione di massa non giustifichino l'azione militare e reputa che qualsiasi passo ulteriore spetti al Consiglio di Sicurezza, dopo una piena valutazione della situazione» (Doc. A50394/2002, in *Boll. UE*, 1/2, 2003, punto 1.6.114).

Gli stessi Stati Uniti e Gran Bretagna, dopo aver sostenuto la tesi dell'autorizzazione implicita contenuta nella risoluzione n. 1441, sono passati ad invocare una nuova risoluzione di cui, in data 24 febbraio 2003 presentavano il progetto al Consiglio di Sicurezza. Secondo il testo del progetto, il Consiglio, dopo aver rammentato la mancata ottemperanza irachena agli obblighi posti dalla Risoluzione n. 1441,

«Stabilisce che l'Iraq non ha colto l'ultima possibilità che gli era concessa nella Risoluzione 1441 (2002) e decide di continuare ad occuparsi della questione» (in *Affari esteri*, 2003, 231).

Il comportamento, ampiamente contraddittorio, degli Stati che hanno sostenuto la tesi dell'autorizzazione implicita non consente di ammettere tale forma di manifestazione della volontà del Consiglio di ricorrere all'estrema soluzione dell'uso della forza contro l'integrità territoriale di uno Stato.

Altra ipotesi di autorizzazione implicita all'uso della forza si pretende di ravvisare nella mancata approvazione da parte del Consiglio di Sicurezza di una proposta di risoluzione avanzata dalla Russia (appoggiata dall'India) il 26 marzo 1999 in cui, oltre a qualificare l'uso della forza da parte della NATO contro la Repubblica iugoslava come una minaccia alla pace e alla sicurezza internazionale, si richiedeva

«un'immediata cessazione dell'uso della forza contro la Repubblica Federale di Jugoslava e l'urgente ripresa dei negoziati» (proposta di risoluzione n. S/1999/328, S/PV 3989, 26 marzo 1999).

In questo caso, la tesi dell'autorizzazione implicita è contraddetta, a tacer d'altro, dalla funzione del veto all'interno del meccanismo procedurale del Consiglio, che impedisce sul nascere la formazione della volontà dell'organo collegiale e che, al più vale come indice rivelatore dell'atteggiamento di singoli Stati, ma non certo dell'Organizzazione in quanto tale. Per effetto del veto, viene meno ogni volontà deliberativa del Consiglio di Sicurezza, sia essa esplicita od implicita.

Più in generale, le constatazioni del Consiglio di Sicurezza circa l'esistenza di una minaccia alla pace o di una violazione della pace non possono essere interpretate come contenenti un'autorizzazione implicita agli Stati ad usare la forza. Infatti, nel sistema della Carta, ad un siffatto accertamento può seguire anche l'adozione di misure non implicanti l'uso della forza, secondo una valutazione di idoneità che è propria del solo Consiglio. Non diversamente vale per le risoluzioni che recano, genericamente, la menzione del diritto di legittima difesa, individuale o collettiva. Le due risoluzioni adottate successivamente agli attentati al *World Trade Center* (11 settembre 2001), n. 1368 e n. 1373 (2001), cit., menzionano, come si è ricordato, l'art. 51 della Carta, ma non qualificano i fatti come attacchi armati, né contengono riferimenti allo Stato che dovrebbe subire la reazione armata. Ben difficilmente, pertanto, possono essere invocate quali autorizzazioni implicite all'uso della forza militare per ricondurre al sistema della Carta l'operazione bellica effettuata in Afganistan dagli Stati Uniti e dai loro alleati. Come si è già avuto modo di ricordare, l'operazione *Enduring Freedom* è stata condotta da alcuni Stati agenti al di fuori della Carta ed il cui comportamento si può valutare, semplicemente, in termini di violazione della legalità del sistema delle Nazioni Unite (e quindi senza che alcuna autorizzazione "implicita" possa essere invocata a sanare l'illecito) ovvero, più verosimilmente, collocando l'offensiva in Afghanistan nel quadro del diritto internazionale generale, dove l'emersione di un obbligo *erga omnes* di lotta al terrorismo, giustifica, in caso di sua violazione, la reazione degli Stati anche mediante l'uso della forza.

Le manifestazioni di forza militare, al di fuori dell'autorizzazione del Consiglio di cui la prassi ha fornito recenti esempi (Kosovo nel 1999, *Enduring Freedom* in Afghanistan nel 2001, *Iraqi Freedom* in Iraq nel 2003), possono trovare giustificazione non nel sistema della Carta, forzandone artificiosamente le disposizioni sino al punto di ravvisare inammissibili autorizzazioni implicite in formale omaggio alla legalità "onusiana", ma, caso mai, nel diritto internazionale generale – rispettandone i condizionamenti – laddove siano rilevabili norme consuetudinarie che ammettano eccezioni all'uso della forza, ulteriori rispetto a quella della legittima difesa, in nome di principi non (sufficientemente) considerati dalla Carta, ma che non ne contraddicono i fini, come nel caso della tutela dei diritti umani, la cui (massiccia) violazione sembra giustificare (non diversamente dall'obbligo di lotta al terrorismo internazionale), secondo alcuni, compressioni alla sovranità degli Stati da parte della Comunità internazionale in misura prima sconosciuta (v. *supra*, par. 5.11).

12.1. *Le misure di* peace-keeping.

Di fronte all'impossibilità di funzionamento del meccanismo prefigurato dalla Carta negli artt. 43-47 (cfr. *supra*, par. 11.1), generata soprattutto dalle difficoltà registrate dalla politica internazionale negli anni della guerra fredda, le Nazioni Unite hanno elaborato modelli alternativi di intervento per fronteggiare le crisi internazionali nel cui ambito venivano pregiudicate, o comunque messe in pericolo, la pace e la sicurezza internazionale. Tra questi modelli spiccano le c.d. operazioni di *peace-keeping*, che presero avvio su iniziativa, rimasta unica, dell'Assemblea Generale, con l'operazione UNEF I, in cui la forza creata dalle Nazioni Unite (i c.d. caschi blu) si inserì tra gli schieramenti armati di Egitto, da un lato, Gran Bretagna, Francia e Israele dall'altro, per garantire la fine del conflitto del Sinai nel 1956.

Le operazioni di *peace-keeping* si caratterizzano, almeno nel modello paradigmatico degli anni della guerra fredda e proseguito – con solo sporadiche deviazioni – sino all'inizio degli anni Novanta, per essere forze armate la cui funzione è limitata alla garanzia dell'attuazione del cessate il fuoco, così scongiurando la ripresa delle ostilità. L'uso delle armi è normalmente vietato alla forza di *peace-keeping*, salvo il ricorrere di situazioni di legittima difesa, a tutela delle persone o dei beni facenti parte della forza ovvero posti sotto la protezione della medesima. L'intervento della forza delle Nazioni Unite è subordinato al consenso dello Stato territoriale e il suo contegno è caratterizzato da rigorosa neutralità rispetto alle parti in conflitto. Da un punto di vista della composizione, la forza di *peace-keeping* è formata da contingenti messi a disposizione degli Stati, su richiesta del Segretario Generale e dietro la conclusioni di accordi *ad hoc* tra tali Stati e le Nazioni Unite. Dal punto di vista della catena di comando, l'operazione è deliberata dal Consiglio di Sicurezza che ne mantiene la responsabilità politica e incarica il Segretario Generale di darvi attuazione. Il Segretario Generale nomina un Comandante in capo della forza, che assume la direzione militare dell'operazione in vista del conseguimento degli obiettivi identificati dal Consiglio di Sicurezza e dal Segretario Generale. Ciascun contingente nazionale è guidato da un comandante nazionale che segue le direttive del Comandante in capo. È stato osservato come, nella catena di comando, si verifica una sorta di sdoppiamento, per cui le forze rispondono, da un punto di vista funzionale ed operativo-militare ai vertici ONU secondo la filiera appena menzionata, mentre, da un punto di vista organizzativo e disciplinare, restano assoggettate ai rispettivi organi amministrativi nazionali.

A partire dall'inizio degli anni Novanta, in connessione con la già ricordata maggior vitalità del Consiglio di Sicurezza nel campo del mantenimento della pace e della sicurezza internazionale derivante dalla sostanziale frantumazione della tradizionale contrapposizione Est-Ovest e dalla più facile formazione del consenso tra i membri permanenti del Consiglio, il ricorso al modello del *peace-keeping* è andato crescendo d'intensità e assumendo modalità prima inedite.

In dottrina, ma anche da parte delle Nazioni Unite (cfr. il documento del Segretariato Generale noto sotto il nome *Agenda for Peace*, UN doc S/24111 del 17 giugno 1992, in *Int. Legal Mat.*, 1992, 953, successivamente integrato dal documento *Supplement to an Agenda for Peace*, UN doc S/1995/1, del 3 gennaio 1995), si sono proposte classificazioni del nuovo e diversificato panorama di *peace-keeping operations*. Sono state così individuate operazioni di prima, seconda e terza generazione ovvero, secondo altro criterio classificatorio, operazioni di *Post-conflict peace-building* e di *peace enforcement* che si affiancano alle tradizionali operazioni di *peace-keeping*. La distinzione è data, nelle c.d. operazioni di seconda generazione, da un mandato che investe, oltre a obiettivi di tipo militare, anche finalità di ordine sociale e umanitario e, financo, *lato-sensu* politico, nella misura in cui le forze ONU sono chiamate a vigilare o addirittura a concorrere all'organizzazione di libere elezioni. Nel *peace-keeping* di terza generazione o *peace-enforcement,* il mandato non è più quello di meramente garantire, attraverso la presenza militarmente inattiva, il cessate il fuoco, ma di conseguire la pacificazione di un'area ovvero un obiettivo di soccorso umanitario anche attraverso l'impiego della forza armata (UNOSOM II in Somalia e UNPROFOR nei territori dell'ex Jugoslavia). Con riferimento all'operazione UNOSOM II, il Consiglio di Sicurezza incaricava, in termini significativamente ampi, il Segretario Generale di

> «dare istruzioni al comandante della Forza ONUSOM II d'incaricarsi di consolidare, estendere e mantenere la sicurezza nell'insieme della Somalia, tenuto delle circostanze specifiche di ciascuna località » (cfr. *UN doc S/RES/814* del 26 marzo 1993, parte B, par. 14, in *Riv.dir. int.,* 1993, 814).

Anche la recente risoluzione del Consiglio di Sicurezza n. 1701/2006 relativa alla crisi nel Libano meridionale, conferisce alla forza delle Nazioni Unite già presente sul territorio e destinata ad essere significativamente rinforzata (UNIFIL), un mandato assai ampio, autorizzandola a

> «prendere tutte le azioni necessarie ... ad assicurare che il teatro delle operazioni non sia utilizzato per attività ostili di nessun tipo, a resistere ai tentativi di impedire con l'uso della forza lo svolgimento dei compiti che le sono stati conferiti dal Consiglio di Sicurezza, a proteggere il personale delle Nazioni Unite ... e i civili da minacce contingenti di violenza fisica» (*UN doc S/Res/1701* cit., par. 12) ed è in conformità a tale mandato che il Segretario generale, nel suo rapporto del 18 agosto 2006, riferisce di aver proposto la modifica delle precedenti regole d'ingaggio di FINUL, predisponendo un «progetto di regole d'ingaggio più vigorose ... concernenti l'uso della forza in conformità con il par. 12 della risoluzione 1701» (cfr. *UN doc S/2006/670* del 18 agosto 2006).

La multiforme evoluzione della prassi ha aggravato i problemi di identificazione della base giuridica delle operazioni di *peace-keeping* all'interno della Carta. A voler privilegiare una collocazione unitaria di tutte le operazioni descritte, la base giuridica più corretta sembra essere l'art. 42, che consente al Consiglio di intraprendere con la forza «ogni azione necessaria a ristabilire o a mantenere la pace», sia pur secondo uno schema che è poi difforme da quello degli artt. 43 e seguenti. È peraltro vero, come è stato osservato, che il modello originario di *peace-keeping* (di prima generazione), che non consente l'impiego della forza armata se non per legittima difesa, può essere forse più appropriatamente ricondotto ad una consuetudine modificativa – in senso estensivo – del Capitolo VI della Carta (soluzione pacifica delle controversie), secondo una teoria felicemente riassumibile nell'espressine *Six and Half*, cui fece ricorso il Segretario Generale delle Nazioni Unite Hammarskjöld nel 1960. Ovviamente, tale base giuridica non consentirebbe di giustificare il ricorso alle misure di *peace-enforcement*, per le quali non resta che l'inquadramento nell'ambito dell'art. 42

e, dunque, nel Capitolo VII della Carta. Va peraltro sottolineato, come in dottrina non si è mancato di fare, che l'evoluzione del *peace-keeping* attraverso la frantumazione del modello originario è coerente con un certo modo di leggere l'evoluzione dell'ordinamento internazionale anche dal punto di vista normativo. L'emersione degli obblighi *erga omnes* e la correlata, discussa, legittimità di azioni degli Stati nell'interesse collettivo dell'intera Comunità internazionale dà luogo all'affermarsi di un certo unilateralismo nella gestione delle crisi, il quale ha inciso sui rapporti degli Stati con le Nazioni Unite sotto più punti di vista. Da un lato, ha introdotto la prassi delle autorizzazioni all'uso della forza da parte degli Stati e fuori dal comando ONU, sino ad ammettere deleghe in bianco, dall'altro va creando nuovi modelli di *peace-keeping*, sempre più incisivi, che spesso si affiancano all'azione unilaterale, per la realizzazione di valori che vanno al di là della mera affermazione della pace.

Bibliografia essenziale

a) Sul *divieto di uso della forza e le sue eccezioni*: v. G. ARANGIO-RUIZ, *Difesa legittima (diritto internazionale)*, in *Nov.mo Digesto it.*, Torino, VI, 1960, p. 631 ss.; I. BROWNLIE, *International Law and the Use of Force by States*, Oxford, 1963; P. LAMBERTI ZANARDI, *La legittima difesa nel diritto internazionale*, Milano, 1972; P. PAONE, *Intervento (Diritto internazionale)*, in *Enc. dir.*, XXII, Milano, 1972, 536; L. PICCHIO-FORLATI, *La sanzione nel diritto internazionale*, Padova, 1974; S. ZOUREK, *La notion de légitime défense en droit international*, in *Ann. Institut dr. int.*, 1975, p. 1 ss.; B. BROWN, *The definition of Aggression*, in *Recueil des Cours*, t. 154, 1977, p. 299 ss.; A.F. PANZERA, *"Raids" e protezione dei cittadini all'estero*, in *Riv. dir. int.*, 1978, p. 759 ss.; A.F. PANZERA, *A proposito del "raid" statunitense in Iran*, in *Riv. dir. int.*, 1981, p. 67 ss.; E. SCISO, *L'aggressione indiretta nella definizione dell'Assemblea Generale delle Nazioni Unite*, in *Riv. dir. int.*, 1983, p. 253 ss.; P. BARILE, *Obligationes erga omnes e individui nel diritto internazionale umanitario*, in *Riv. dir. int.*, 1985, p. 5 ss.; N. RONZITTI, *Rescuing Nationals Abroad Through Military coercition and Intervention on Grounds of Humanity*, Dordrecht, 1985; A. CASSESE (ed.), *The Current Legal Regulation of the Use of Force*, Dordrecht, 1986; J.L. HARGROVE, *The Nicaragua Judgment and the Future of the Law of Force and Self-Defence*, in *Am. Journ. Int. Law*, 1987, p. 135 ss.; P. LAMBERTI ZANARDI, *Aggressione armata indiretta e elemento soggettivo dell'illecito internazionale*, in *Il diritto internazionale al tempo della sua codificazione. Studi in onore di Roberto Ago*, Milano, 1987, p. 153 ss.; T. TREVES, *La Déclaration des Nation Unies sur le renforcement de l'efficacité du principe du non recours à la force*, in *Ann. franç. dr. int.*, 1987, p. 379 ss.; G. VENTURINI, *Necessità e proporzionalità nell'uso della forza militare in diritto internazionale*, Milano, 1988; W.E. BUTLER (ed.), *The Non-Use of Force in International Law*, Dordrecht, 1989; O. SCHACHTER, *Self-Defense and the Rule of Law*, in *Am. Journ. Int. Law*, 1989, p. 259 ss.; N. RONZITTI, *Forza (uso della)*, in *Digesto, Disc. pubbl.*, Torino, VII, 1991, p. 1 ss.; C. FOCARELLI, *Le contromisure pacifiche collettive e la nozione di obblighi* erga omnes, in *Riv. dir. int.*, 1993, p. 52 ss.; J.G. GARDAM, *Proportionality and Force in International Law*, in *Am. Journ. Int. Law*, 1993, p. 391 ss.; V. STARACE, *Uso della forza nell'ordinamento internazionale*, in *Enc. giur.*, Roma, XXXII, 1994; P. PICONE, *Interventi delle Nazioni Unite e obblighi* erga omnes, in P. PICONE (a cura di), *Interventi delle Nazioni Unite e diritto internazionale*, Padova, 1995, p. 517 ss.; S.A. ALEXANDROV,

Self-Defense Against the Use of Force in International Law, The Hague-London-Boston, 1996; M. FALK, *The Legality of Humanitarian Intervention. A Review in Light of Recent Un Practice*, Stockholm, 1996; E. GREPPI, *Diritto internazionale umanitario dei conflitti armati e diritti umani: profili di una convergenza*, in *Com. int.*, 1996, p. 473 ss.; T. MCCORMACK, *Self-Defense in International Law: The Israeli Raid on the Iraqi Nuclear Reactor*, New York-Jerusalem, 1996; N. RONZITTI, *La Corte internazionale di giustizia e la questione della liceità della minaccia o dell'uso delle armi nucleari*, in *Riv. dir. int.*, 1996, p. 861 ss.; C. ANTONOPOULOS, *The Unilateral Use of Force by States in International Law*, Atene, 1997; U. LEANZA, L. SICO, *Uso e minaccia di uso di armi nucleari in due recenti pareri della Corte Internazionale di Giustizia*, in *Com. int.*, 1997, p. 653 ss.; A. BIANCHI, *Le recenti sanzioni unilaterali adottate dagli Stati Uniti nei confronti di Cuba e la loro liceità internazionale*, in *Riv. dir. int.*, 1998, p. 313 ss.; G.K. WALKER, *Anticipatory Collective Self-Defense in the Charter Era: What Treaties Have Said*, in *Cornell Int. Law Journal*, 1998, p. 321 ss.; A. CASSESE, *Ex iniuria jus oritur: Are We Moving towards International Legitimation of Forcible Humanitarian Countermeasures and Opinio Necessitatis*, in *Eur. Journ. Int. Law*, 1999, p. 23 ss.; A. CASSESE, *A Follow-up: Forcible Humanitarian Countermeasures and Opinio Necessitatis*, in *Eur. Journ. Int. Law*, 1999, p. 791 ss.; A. CASSESE, *Legal Response to Terrorism*, in *Int. Comp. Law Quar.*, 1999, p. 558 ss.; C. PINELLI, *Sul fondamento degli interventi armati a fini umanitari*, in *Dir. pubbl.*, 1999, p. 61 ss.; N. RONZITTI, *Raids aerei contro la Repubblica federale di Iugoslavia e Carta delle Nazioni Unite*, in *Riv. dir. int.*, 1999, p. 476 ss.; U. VILLANI, *La nuova crisi del Golfo e l'uso della forza contro l'Iraq*, in *Riv. dir. int.*, 1999, p. 451 ss.; U. LEANZA, *Diritto internazionale ed interventi umanitari*, in *Riv. cooperaz. giur. int.*, 2000, p. 9 ss.; P. PICONE, *La "guerra" del Kosovo e il diritto internazionale generale*, in *Riv. dir. int.*, 2000, p. 309 ss.; A. CASSESE, *Terrorism is Also Disrupting Some Crucial Legal Categories of International Law*, in *Eur. Journ. Int. Law*, 2001, p. 993 ss.; L. CONDORELLI, *Les attentats du 11 Septembre et leurs suites: où va le droit international?*, in *Rev. gén. dr. int. publ.*, 2001, p. 829 ss.; T.M. FRANCK, *The Use of Force Against Terrorism and International Law*, in *Am. Journ. Int. Law*, 2001, p. 835 ss.; E. SCISO (a cura di), *L'intervento in Kosovo. Aspetti internazionalistici e interni*, Milano, 2001; D. WIPPMAN, *Kosovo and the Limits of International Law*, in *Fordham Int. Law Journ.*, 2001, p. 129 ss.; O. CORTEN, F. DUBUISSON, *Opération "Liberté immuable": une extension abusive du concept de légitime défense*, in *Rev. gén. dr. int. publ.*, 2002, p. 51 ss.; R.J. ERICKSON, *Legitimate Use of Military Force against State-Sponsored International Terrorism*, University Press of the Pacific, 2002; S.R. RATNER, *Jus ad Bellum and Jus in Bello after September 11*, in *Am. Journ. Int. Law*, 2002, p. 905 ss.; F. KIRGIS, *Pre-emptive Action to Forestall Terrorism*, in *ASIL Insights (June 2002)*, consultabile sul sito <http://www.asil.org/insights/insigh88.htm>; E. CANNIZZARO, *La dottrina della guerra preventiva e la disciplina internazionale sull'uso della forza*, in *Riv. dir. int.*, 2003, p. 171 ss.; P. PICONE, *La guerra contro l'Iraq e le degenerazioni dell'unilateralismo*, in *Riv. dir. int.*, 2003, p. 329 ss.; A. DI BLASE, *La "dottrina Bush" e il diritto internazionale*, in AA.VV., *Studi di diritto internazionale in onore di Gaetano Arangio-Ruiz*, Napoli, 2004, III, p. 1587 ss.; A. GATTINI, *La legittima difesa nel nuovo secolo: la sentenza della Corte internazionale di giustizia nell'affare delle piattaforme petrolifere*, in *Riv. dir. int.*, 2004, p. 147 ss.; C. GRAY, *International Law and the Use of Force*, 2° ed., New York, 2004; U. VILLANI, *Legittima difesa e lotta al terrorismo nell'operazione* Enduring Freedom, in *Studi Arangio-Ruiz*, cit., p. 1771 ss.; P. PICONE, *Obblighi erga omnes e codificazione della responsabilità degli Stati*, in *Riv. dir. int.*, 2005, p. 893 ss.; R. GOODMAN, *Humaniatarian Intervention and Pretext for War*, in *Am. Journ. Int. Law*, 2006, p. 107 ss.

b) Sul *sistema di sicurezza collettiva delle Nazioni Unite* e il *ruolo del Consiglio di Sicurezza*: v. H. KELSEN, *Collective Security and Collective Self-Defence under the Charter of the United Nations*, in Am. Journ. Int. Law, 1948, p. 783 ss.; L. CAVARÉ, *Les sanctions dans le cadre de l'ONU*, in Recueil des Cours, t. 80, 1952, pp. 191 ss. e 255 ss.; P. ZICCARDI, *L'intervento collettivo delle Nazioni Unite e nuovi poteri dell'Assemblea Generale*, in Com. int., 1957, p. 221 ss.; PH. MANIN, *L'organisation des Nations Unies et le maintien de la paix. Le respect du consentement de l'Etat*, Paris, 1962; M. SPATAFORA, *Gli interventi collettivi delle Nazioni Unite e il parere della Corte Internazionale di Giustizia del 20 luglio 1962*, in Riv. dir. int., 1964, p. 23 ss.; G. GAJA, *Il Consiglio di sicurezza di fronte all'occupazione del Kuwait: il significato di un'autorizzazione*, in Riv. dir. int., 1990, p. 696 ss.; J.P. COT, A. PELLET (sous la direction de), *La Charte des Nations Unies, Commentaire article par article*, 2ª ed., Paris, 1991: M. VIRALLY, *art. 2, par. 4*, p. 115 ss.; G. COHEN JONATHAN, *art. 39*, p. 645 ss.; D. SIMON, *art. 40*, p. 667 ss.; P.M. EISEMANN, *art. 41*, p. 691 ss.; G. FISCHER, *art. 42*, p. 705 ss.; A. CASSESE, *art. 51*, p. 771 ss.; B. CONFORTI, *Non-Coercitive Sanctions in the UN Charter: Some Lessons from the Gulf War*, in Eur. Journ. Int. Law, 1991, p. 110 ss.; G.L. BURCI, *L'azione del Consiglio di Sicurezza delle Nazioni Unite nella crisi del Golfo*, in Com. int., 1991, p. 278 ss.; U. VILLANI, *L'ONU e la crisi del Golfo* (Lezioni), Bari, 1991; P. PICONE, *Le Nazioni Unite nel nuovo scenario internazionale. Nazioni Unite ed obblighi "erga omnes"*, in Com. int., 1993, p. 709 ss.; S. EL SAYEGH, *La crise du Golfe. De l'interdiction à l'autorisation du recours à la force*, Paris, 1993; H. FREUDENSCHUSS, *Between Unilateralism and Collective Security: Authorization of the Use of Force by the Security Council*, in Eur. Journ. Int. Law, 1994, p. 492 ss.; B. SIMMA (ed.), *The Charter of the United Nations, A Commentary*, Oxford, 1994: A. RANDELZHOFER, *art. 2, par. 4*, p. 106 ss.; J.A. FROWEIN, *artt. 39, 40, 41, 42*, rispettivamente pp. 605 ss., 617 ss., 621 ss., 628 ss.; A. RANDELZHOFER, *art. 51*, p. 661 ss.; B. CONFORTI, *L'azione del Consiglio di Sicurezza per il mantenimento della pace*, in P. PICONE, *Interventi delle Nazioni Unite e diritto internazionale*, Padova, 1995, p. 1 ss.; G. GAJA, *Use of Force Made or Authorized by United Nations*, in C. TOMUSCHAT (ed.), *The United Nations at Age Fifty. A Legal Perspective*, The Hague-Boston, 1995, p. 39 ss.; P. PICONE (a cura di), *Interventi delle Nazioni Unite e diritto internazionale*, Padova, 1995; U. VILLANI, *Lezioni su l'ONU e la crisi del Golfo*, Bari, 1995; P. PALCHETTI, *Il potere del Consiglio di Sicurezza di istituire Tribunali Penali Internazionali*, in Riv. dir. int., 1996, p. 412 ss.; P. PICONE, *Sul fondamento giuridico del Tribunale penale per la ex Jugoslavia*, in Com. int., 1996, p. 3 ss.; P. PICONE, *Il peacekeeping nel mondo attuale: tra militarizzazione e amministrazione fiduciaria*, in Riv. dir. int., 1996, p. 5 ss.; L. PICCHIO FORLATI, *Le Nazioni Unite*, Torino, 1998, p. 7 ss.; M. IOVANE, *La NATO, le Organizzazioni regionali e le competenze del Consiglio di Sicurezza delle Nazioni Unite in tema di mantenimento della pace*, in Com. int., 1998, p. 43 ss.; I. OSTERDAHL, *Threat to the Peace: The Interpretation by the security Council of Article 39 of the UN Charter*, Uppsala, 1998; P. PALCHETTI, *L'uso della forza contro l'Iraq: la ris. 678 (1990) legittima ancora l'azione militare degli Stati?*, in Riv. dir. int., 1998, p. 471 ss.; L. PINESCHI, *Le operazioni delle Nazioni Unite per il mantenimento della pace*, Padova, 1998; U. VILLANI, *Il ruolo delle organizzazioni regionali per il mantenimento della pace nel sistema dell'ONU*, in Com. int., 1998, p. 428 ss.; L. HENKIN, *Kosovo and the law of "Humanitarian Intervention"*, in Am. Journ. Int. Law, 1999, p. 824 ss.; E. LAGRANGE, *Les opérations de maintien de la paix et le chapitre VII de la Charte des Nations Unies*, Paris, 1999; D. SAROOSHI, *The UN and the Development of Collective Security: The delegation by the the UN Security Council of its Chapter VII Powers*, Oxford, 1999; B. SIMMA, *NATO, the UN and the Use of Force: Legal Aspects*, in Eur. Journ. Int. Law, 1999, p. 1 ss.; C. ZANGHÌ, *Il Kosovo fra Nazioni Unite e diritto internazionale*, in Quad.

cost., 1999, p. 378 ss.; S. ZAPPALÀ, *Nuovi sviluppi in tema di uso della forza armata in relazione alle vicende del Kosovo*, in *Riv. dir. int.*, 1999, p. 975 ss.; B. CONFORTI, *Le Nazioni Unite*, 6ª ed., Padova, 2000, pp. 63 ss. e 155 ss.; L. CONDORELLI, *La risoluzione 1244 del Consiglio di Sicurezza e l'intervento NATO contro la Repubblica federale di Jugoslavia*, in N. RONZITTI (a cura di), *NATO, Conflitto in Kosovo e Costituzione italiana*, Milano, 2000, p. 31 ss.; S. MARCHISIO, *L'ONU. Il diritto delle Nazioni Unite*, 2000, Bologna, pp. 177 ss. e 219 ss.; P. PICONE, *La "guerra" del Kosovo e il diritto internazionale generale*, in *Riv. dir. int.*, 2000, p. 309 ss.; R. CADIN, *Consiglio di Sicurezza e attacchi terroristici contro gli Stati Uniti: dopo i mandati "in bianco" le autorizzazioni "fantasma"?*, in *Riv. cooperaz. giur. int.*, 2001, p. 163 ss.; M. FRULLI, *Le operazioni di* peacekeeping *delle Nazioni Unite e l'uso della forza*, in *Riv. dir. int.*, 2001, p. 347 ss.; P. BERNARDINI, *ONU non deviata o Nato (e oltre): Diritto o forza*, Teramo, 2002; L.A. SICILIANOS, *L'autorisation par le Conseil de Securité de recourir à la force: une tentative d'évaluation*, in *Rev. gén. dr. int. publ.*, 2002, p. 5 ss.; P. PICONE, *La guerra contro l'Iraq e le degenerazioni dell'unilateralismo*, in *Riv. dir. int.*, 2003, p. 329 ss.; M. STARITA, *L'occupation de l'Iraq. Le Conseil de Securité, le droit de la guerre et le droit des peuples à disposer d'eux-mêmes*, in *Rev. gén. dr. int. publ.*, 2004, p. 883 ss.; U. LEANZA, *Il Vertice ONU del 14-16 settembre 2005: un'occasione mancata per una riforma globale delle Nazioni Unite*, in *Com. int.*, 2005, p. 607 ss.

PARTE II

CAPITOLO X

L'INDIVIDUO E LA TUTELA INTERNAZIONALE DEI DIRITTI UMANI

di Bruno Nascimbene

Sommario: Sezione prima. *La condizione giuridica dell'individuo e la tutela dei suoi diritti.* – 1.1. La personalità internazionale dell'individuo: tradizione ed evoluzione. – 1.2. Metodo d'indagine. – 2.1. La protezione dell'individuo: "diritto umanitario" e "diritti dell'uomo". – 2.2. La nozione di diritto internazionale umanitario. – 2.3. La nozione di diritti dell'uomo. – 3.1. L'ambito di applicazione delle norme in materia. – 3.2. Ambito temporale e soggettivo. – 3.3. Il riconoscimento di diritti allo straniero. – 3.4. La protezione diplomatica. – 3.5. Il riconoscimento di diritti civili, politici, economici e sociali. – 3.6. I diritti *erga omnes*. – 4.1. Le strutture e i meccanismi di controllo per garantire l'effettività dei diritti umani. – 4.2. L'attività delle Nazioni Unite: a) la Dichiarazione universale dei diritti dell'uomo; b) i Patti internazionali; c) altri atti. – 4.3. Le convenzioni di carattere regionale: in particolare la Convenzione europea per la salvaguardia dei diritti dell'uomo. – 4.4. Altre convenzioni ed atti: a) la Convenzione americana; b) la Carta africana; c) la Carta araba. – 5.1. La tutela dei diritti dell'uomo nell'Unione e nella Comunità europea.
Sezione seconda. *I tribunali penali internazionali e il controllo giurisdizionale.* – 6.1. Il ricorso ad organi giurisdizionali internazionali. Le ragioni della loro istituzione. – 6.2. I tribunali penali internazionali. – 6.3. In particolare, la Corte penale internazionale. – 6.4. Il ricorso ad organi giurisdizionali nazionali. – 7.1. Diritti dell'uomo, giustiziabilità e sovranità dello Stato. Considerazioni finali.

Sezione prima

La condizione giuridica dell'individuo e la tutela dei suoi diritti

1.1. *La personalità internazionale dell'individuo: tradizione ed evoluzione.*

Il tema della personalità e condizione giuridica dell'individuo nel diritto internazionale è tradizionalmente esaminato come uno dei profili problematici, postisi in epoca più recente, della teoria dei soggetti ovvero come il tema principale o "perno" attorno a cui ruota la tutela dei diritti dell'uomo nel diritto internazionale.

L'esame dei due profili è difficilmente distinguibile, se si ritiene (almeno ad avviso di chi scrive) che il primo è ampiamente influenzato dal secondo e che le conclusioni cui da ultimo perviene autorevole dottrina, a favore della personalità internazionale dell'individuo, sono ampiamente influenzate dall'incidenza, nella Comunità internazionale odierna, della tutela di diritti della persona.

Le ricostruzioni e considerazioni più recenti sul tema (in questo stesso volume, Cap. I, cui si rinvia) sottolineano l'insoddisfazione e inadeguatezza della teoria tradizionale che qualifica come soggetti del diritto internazionale gli enti ed organizzazioni collettive dotate di sovranità, autonomia, indipendenza, quali principalmente gli Stati e, nei limiti funzionali allo svolgimento dei compiti attribuiti dai predetti, le organizzazioni internazionali di Stati. La distinzione fra diritto interno, che ha come "naturali" destinatari gli individui (le norme dell'ordinamento nazionale ne disciplinano i diritti, doveri, esigenze, rapporti reciproci) e diritto od ordinamento internazionale, ove gli Stati sono i destinatari e gli attori (regolando i reciproci rapporti e situazioni, tutelando le rispettive esigenze), è ancor oggi prevalente nella disamina del tema. Si confrontano ancora le teorie dualiste e moniste che, nella ritenuta separatezza, o non, del diritto internazionale rispetto al diritto interno, negano o affermano la soggettività internazionale dell'individuo. Nel primo caso è ritenuto soggetto soltanto nell'ordinamento interno; nel secondo caso, non distinguendosi l'interno dall'internazionale, è ritenuto invece soggetto *tout court* dell'ordinamento.

L'insoddisfazione per la soluzione offerta dal diritto internazionale classico si fonda su vari elementi, che si riassumono nei mutamenti avvenuti nella composizione e struttura della Comunità internazionale, non più (o non più soltanto) Stato-centrica o interstatale, ma individuo-centrica o interindividuale. È, soprattutto, per effetto di determinate convenzioni internazionali che vengono introdotte valutazioni nuove rispetto alla "tradizione": tali convenzioni si pongono l'obiettivo di tutelare gli individui, singolarmente ovvero in formazione collettiva o raggruppamenti o aggregazioni (minoranze etniche, religiose, culturali), e che riconoscono loro diritti sostanziali e garanzie, specie di carattere giurisdizionale rendendoli così effettivi. Si tratta, invero, del medesimo effetto del prevedere, oggi, una responsabilità penale personale dell'individuo che commette crimini di particolare gravità (*crimina juris gentium*) un tempo limitati a quelli di guerra, poi estesi a crimini contro la pace e la sicurezza dell'umanità, che trovano la codificazione più recente nello statuto della Corte penale internazionale (artt. 5-8, come si dirà nella sezione seconda). Tali comportamenti, anche se di individui che agiscono quali organi dello Stato, sono punibili e giustiziabili secondo norme e procedure del diritto internazionale, da parte di giudici che questo diritto crea ovvero definisce come competenti a giudicare, con effetti obbligatori e vincolanti per gli Stati e gli individui.

La rilevanza assunta dalla tutela dei diritti dell'uomo, strettamente connessa al mantenimento della pace e della sicurezza internazionale, al punto da poter giustificare l'intervento di uno Stato, o di una collettività di Stati in altro, o altri Stati ove essi siano violati o siano minacciati di violazione (si veda in proposito il Cap. IX, e per alcuni rilievi in proposito, oltre), ha come conseguenza l'affermazione della personalità internazionale dell'individuo o di una personalità limitata, circoscritta alla soddisfazione di esigenze peculiari, manifestatesi nella più recente evoluzione del diritto internazionale che protegge e sanziona direttamente, senza la necessaria intermediazione dello Stato, i diritti dell'individuo. Si tratta (si veda il Cap. I) di una titolarità di diritti o personalità funzionale, che ritiene soddisfatta la protezione non solo sul piano sostanziale, ma anche su quello giurisdizionale, diversamente dall'orientamento che, pur condividendo una simile impostazione, nega la personalità, anche quella limitata (circoscritta o peculiare), mancando un efficace sistema di controllo giurisdizionale, almeno a livello internazionale generale (a livello regionale, soprattutto a quello europeo, tale requisito sarebbe invece soddisfatto).

1.2. *Metodo d'indagine.*

L'indagine che segue (nella sezione prima, in particolare) assume come punto di riferimento la tutela dei diritti della persona e la distinzione, in tale contesto, del diritto internazionale umanitario, da un lato, e di quello dei diritti dell'uomo, dall'altro lato.

La condizione dell'individuo è oggetto di un complesso di strumenti internazionali che tutelano i diritti della persona, a livello internazionale universale (o tendenzialmente universale) o regionale (europeo, per esempio), così definendo uno *status* o condizione dell'individuo sufficientemente precisa.

Alle considerazioni sui profili sostanziali si aggiungono quelle sui profili giurisdizionali, e pertanto relative alla tutela giudiziaria e processuale dei diritti in questione. Il vasto movimento internazionale a favore della perseguibilità e punibilità dei crimini internazionali (crimini di guerra, contro la pace e contro l'umanità), lesivi di beni particolarmente protetti quali i diritti fondamentali della persona, merita particolare considerazione: l'istituzione di tribunali penali internazionali rappresenta la risposta alla necessità di controllo giurisdizionale che (come si dirà oltre, nella sezione seconda) la natura di tali diritti richiede.

Allo *status* dell'individuo, ad una possibile soggettività internazionale, in una società internazionale profondamente mutata nello scorso secolo (nella seconda metà in specie, con la nascita delle Nazioni Unite), sono dedicate le considerazioni finali, alla luce di una prassi che suggerisce soluzioni o prospettive diverse o semplici ipotesi di lavoro (nella coerenza, peraltro, delle finalità di questo volume, esposte nella Premessa, cui si rinvia).

2.1. *La protezione dell'individuo: "diritto umanitario" e "diritti dell'uomo".*

Le norme internazionali di diritto umanitario e dei diritti dell'uomo, pur avendo identità di scopo e matrici filosofiche ed ideali comuni, si sono sviluppate in tempi e in modi diversi.

2.2. La nozione di diritto internazionale umanitario.

Il diritto internazionale umanitario (*International Humanitarian Law*) si può definire come l'insieme delle norme consuetudinarie e pattizie che hanno per oggetto la limitazione della violenza bellica (c.d. diritto dell'Aja) e la protezione delle vittime di guerra (c.d. diritto di Ginevra).

L'elaborazione di queste norme, che rappresentano una parte significativa del diritto internazionale, non è nata con lo scopo di tutelare l'individuo, proponendosi, piuttosto, di regolare la condotta dei belligeranti, proibendo loro di ricorrere a quei metodi e mezzi di guerra che causano danni superflui, senza giustificazioni di carattere militare. L'esigenza di porre al centro del diritto umanitario la protezione della persona è intervenuta essenzialmente dopo la prima e (soprattutto) la seconda guerra mondiale, quando la Comunità internazionale ha inteso approntare opportuni strumenti volti a prevenire il ripetersi di gravi violenze.

La codificazione che precede i conflitti mondiali, incentrata appunto sulla limitazione della violenza bellica, trova la sua massima espressione nelle Conferenze dell'Aja del 1899 e del 1907 (da cui appunto la dizione "diritto dell'Aja"), pur avendo precedenti storici assai datati (la *Ordinance for the Government of the Army*, del 1385, con cui Re Riccardo II d'Inghilterra proibiva gli atti di violenza contro le donne e i preti disarmati, l'incendio di case, la violazione di chiese e di altri luoghi sacri viene ricordata come il precedente più significativo).

Risalgono alla Conferenza del 1899 varie convenzioni (tre) e dichiarazioni (tre) fra le quali la Convenzione per il regolamento pacifico delle controversie internazionali; in occasione della Conferenza del 1907 fu adottato un secondo, consistente "pacchetto" di convenzioni (undici), di carattere generale e particolare (guerra marittima).

L'evoluzione normativa ha peraltro significativa espressione nella cosiddetta "clausola Martens" (dal nome del docente di "diritto delle genti" nell'Università di San Pietroburgo che ne propose la formulazione all'epoca della II Convenzione dell'Aja), inserita nel preambolo della IV Convenzione dell'Aja del 18 ottobre 1907 sulle leggi ed usi della guerra terrestre, secondo cui

> «le Alte Parti Contraenti ritengono opportuno sottolineare che, nei casi non previsti dalle norme regolamentari adottate dalle stesse, le popolazioni e i belligeranti sono tutelati e disciplinati dai principi di diritto internazionale così come risultano stabiliti dagli usi dei paesi civili, dalle norme di diritto umanitario e dalle esigenze del comune sentire».

La clausola, in sostanza, dà atto e intende supplire alla non completezza delle codificazioni, riconoscendo l'esistenza di norme umanitarie non scritte, comunque applicabili al fine di limitare l'inutile violenza bellica.

L'importanza e vigenza del diritto umanitario dell'Aja è sottolineata dalla Corte internazionale di giustizia, che nella sentenza del 27 giugno 1986 relativa alle *attività militari e paramilitari degli Stati Uniti in Nicaragua e contro il Nicaragua*, con riferimento alla posa di mine da parte statunitense ha affermato che tale Stato non solo commette un fatto illecito (non preavvertendo o notificando simile attività allo Stato straniero) ma

> «commette una violazione dei principi generali di diritto umanitario posti a base della VIII Convenzione dell'Aja» (sulla posa di mine): principi, sottolinea la Corte richiamando la sentenza nel caso dello *Stretto di Corfù* (CIG, 9 aprile 1949, *Stretto di Corfù*, in *C.I.J., Recueil*, 1949, 22) che sono «generali e ben riconosciuti» e che corrispondono a valutazioni di carattere umanitario «vincolanti ancor più in tempo di pace che di guerra» (CIG, 27 giugno 1986, in *C.I.J., Recueil*, 1986, 14, par. 215).

La stessa caratteristica hanno, precisa la Corte (par. 218), le disposizioni che prevedono obblighi minimi di trattamento contenute nell'art. 3 comune alle quattro Convezioni di Ginevra (di cui si dirà poco oltre), applicabile ai conflitti armati non aventi carattere internazionale. La natura di «principi fondamentali di carattere consuetudinario», applicabili in qualsiasi conflitto, è ribadita, quanto all'esistenza di tali regole minime, dal Tribunale penale per la *ex* Jugoslavia, Camera di appello, 2 ottobre 1995, *Tadic* (in *Riv. dir. int.*, 1995, 1016, parr. 103-104) e più recentemente dalla Corte suprema degli Stati Uniti, 29 giugno 2006, n. 05-184 *Hamdan v. Rusfeld* (Justice Stevens, spec. pp. 66-72, doc. riprodotto in <http://www.supremecourtus.gov/index.html>).

Il secondo gruppo di norme riconducibili alla nozione di diritto umanitario ha ad oggetto la protezione delle vittime di guerra, tradizionalmente indicata con l'espressione "diritto di Ginevra".

La Convenzione di Ginevra del 1864 sulla protezione di feriti e malati nella guerra terrestre è la prima, e ha dato origine al movimento internazionale della Croce Rossa, cui si deve la promozione ed elaborazione delle successive convenzioni e protocolli.

Si tratta, precisamente, della Convenzione del 1906 relativa all'assistenza dei feriti e malati in guerra; del Protocollo del 1925 sul divieto dell'impiego in guerra di gas asfissianti, tossici e di armi batteriologiche. Nel 1949 furono concluse quattro convenzioni, cui si aggiunsero nel 1977 due protocolli: la prima riguarda il miglioramento delle condizioni dei feriti e malati delle forze in campagna; la seconda il miglioramento delle condizioni dei feriti, malati e naufraghi delle forze armate sul mare; la terza il trattamento dei prigionieri di guerra; la quarta la protezione delle persone civili in tempo di guerra; i Protocolli aggiuntivi riguardano, rispettivamente, i conflitti armati internazionali e i conflitti armati non internazionali.

La distinzione fra diritto dell'Aja e diritto di Ginevra, per quanto corretta sotto il profilo sistematico, non sembra essere più attuale ed adeguata. Se nel passato si poteva affermare che la caratteristica della codificazione ginevrina consistesse nell'essere incentrata sulla protezione delle vittime di guerra, mentre quella dell'Aja riguardasse l'attività militare, la distinzione ha ormai perso significato e utilità. Come sottolinea la Corte internazionale di giustizia nel *parere sulla liceità della minaccia o dell'uso di armi nucleari* del 1996, «queste due branche del diritto applicabile nei conflitti armati hanno sviluppato dei rapporti internazionali così stretti che sono considerate come elementi che hanno progressivamente costituito un solo complesso sistema, definito, oggi, diritto internazionale umanitario. Le norme dei Protocolli di Ginevra» pur appartenendo al diritto sulla protezione delle vittime di guerra, contengono norme relative alla condotta delle ostilità e pertanto «esprimono e confermano l'unità e la complessità di tale diritto» (CIG, 8 luglio 1996, cit. par. 75).

La Corte suprema degli Stati Uniti (nella sentenza cit.) si pone sulla stessa linea ritenendo in contrasto con la Costituzione, e il diritto internazionale, le norme (*Military Order* n. 1 del 13 novembre 2001) aventi ad oggetto la "Detention, Treatment, and Trial of Certain Non-Citizens in the War Against Terrorism" così come applicate a presunti terroristi (nella specie, detenuti a Guantanamo Bay).

Tali detenuti (uno dei quali, presunto autista di Osama Bin Laden, era il ricorrente) non godono, sottolinea la Corte, dei diritti di difesa e, in genere del *full and fair trial* che è proprio anche delle regole del processo militare (*Uniform Code of Military Justice*): le commissioni militari chiamate a giudicare questi detenuti sono del tutto diverse dalle Corti marziali, competenti per i processi militari. La composizione e le procedure delle commissioni violano oltre che il Codice militare, le quattro Convenzioni di Ginevra sottoscritte dagli Stati Uniti (la Corte ricorda, in particolare, gli artt. 2 e 3 comuni alle quattro convenzioni). Esse si applicano ad ogni parte in conflitto: non solo agli Stati, ma anche ai terroristi, ai ribelli, a una fazione armata. Le regole sul trattamento dei prigionieri di guerra si impongono, invero, anche nell'ipotesi in cui una delle parti non abbia sottoscritto le Convenzioni di Ginevra, che rappresentano un minimo di diritti tutelati dal diritto internazionale consuetudinario, applicabile (la III sul trattamento dei prigionieri di guerra, in particolare) anche se una norma nazionale (*Military Order*) ha creato una categoria speciale di prigionieri, denominati *enemy combatant*. Il fatto che sia stata creata dal diritto nazionale tale categoria e che sia stato previsto il delitto di *conspiracy* (complotto) non contemplato dalle Convenzioni di Ginevra e neppure da quelle dell'Aja del 1907, che rappresentano le norme più importanti dei conflitti armati, non giustifica l'applicazione delle norme nazionali. Le norme che, insomma, consentono di processare per crimini di guerra una persona imputata o detenuta in virtù del *Military Order,* osserva la Corte, eccedono i limiti che leggi del Congresso hanno attribuito al Presidente (così Justice Stevens, pp. 64-72; Justice Stevens insieme a Justice Souter, Justice Giusburg, Justice Breyer, parti V e VI-D-IV, 40-43 del doc. cit.). Il richiamo ai principi di diritto internazionale, al rispetto delle norme internazionali e di quelle umanitarie, in particolare, è contenuto in un'ampia risoluzione dell'American Society of International Law del 30 marzo 2006 su "The Use of Armed Force and the Treatment of Detainees", menzionando le Convenzioni di Ginevra e altre norme sui conflitti armati riconducibili allo *jus in bello,* il *parere* della CIG e la sentenza *Tadic* citt., confermando quindi la rilevanza di norme e giurisprudenza in materia di tutela dei diritti fondamentali della persona nei conflitti armati.

2.3. *La nozione di diritti dell'uomo.*

I diritti umani o "diritti dell'uomo" (*Human Rights Law*) hanno trovato un iniziale riconoscimento negli ordinamenti nazionali che, a partire dalla fine del '700 (*Bill of rights* delle colonie americane del 1776, Costituzione americana del 1787, Dichiarazione dei diritti dell'uomo francese del 1789) hanno riconosciuto ai singoli dei diritti cui corrispondono obblighi dello Stato.

Le gravi violazioni dei diritti della persona, commesse all'epoca della seconda guerra mondiale, determinarono la Comunità internazionale, le Nazioni Unite in particolare, a farsi promotore, nel 1948, della Dichiarazione universale dei diritti dell'uomo, cui seguono la Convenzione europea per la salvaguardia dei diritti dell'uomo e delle libertà fondamentali; i Patti internazionali sui diritti civili e politici, economici, sociali e culturali; la Convenzione americana sui diritti dell'uomo; la Carta africana dei diritti dell'uomo e dei popoli (sui predetti strumenti internazionali si veda oltre). Grazie a queste codificazioni, i diritti dell'uomo hanno superato l'originaria collocazione negli ordinamenti interni, cessando così di appartenere alla sfera della giurisdizione esclusiva o *domestic jurisdiction* per porsi su un piano interstatale o internazionale, imponendo obblighi non sinallagmatici, non condizionati dunque, come è tipico degli obblighi di diritto convenzionale, alla reciprocità della concessione e godimento.

Di diverso contenuto sono le categorie di diritti che gli strumenti internazionali contemplano: diverse sono le distinzioni, pur essendovi un nucleo di diritti comune, quali il diritto alla vita e alla tutela della persona, nelle diverse manifestazioni e specificazioni.

Si distinguono diritti di prima, seconda e terza generazione, la prima comprendendo i diritti civili e politici, la seconda quelli economici e sociali, la terza i diritti dei popoli, quali il diritto alla pace e allo sviluppo. Si distinguono i diritti individuali da quelli collettivi, ovvero si prendono in considerazione i diritti in relazione ai doveri dello Stato. Così, a seconda dell'obbligo di *facere* o *non facere* dello Stato, affinché i diritti civili (come il diritto alla libertà) possano essere garantiti, occorre un comportamento di astensione dello Stato nei confronti dell'individuo. Parimenti, affinché i diritti politici (che consentono all'individuo di partecipare alla "gestione" dello Stato, all'amministrazione dello stesso, all'esercizio di funzioni pubbliche che gli sono proprie), possano essere garantiti, occorre una struttura istituzionale e, quindi, un intervento dello Stato, seppur diverso da quello richiesto per i diritti economici, sociali e culturali (come il diritto al lavoro, all'istruzione obbligatoria, all'ambiente) ove la struttura economico-sociale dello Stato deve essere particolarmente sviluppata.

Per quanto possano essere diversamente classificati, e se ne possa stabilire pure una gerarchia, a seconda del contenuto, dell'origine storica, del comportamento richiesto allo Stato, la Dichiarazione adottata a conclusione della Conferenza mondiale dei diritti dell'uomo (Vienna, 25 giugno 1993) esprime una valutazione complessiva che è indicativa degli orientamenti propri della Comunità internazionale:

> «Tutti i diritti dell'uomo sono universali, indissociabili, interdipendenti e intimamente connessi. La Comunità internazionale deve trattare i diritti dell'uomo in modo globale, corretto, equilibrato, riconoscendo la stessa importanza. Per quanto non si debbano perdere di vista l'importanza delle peculiarità nazionali e regionali e le diverse condizioni storiche, culturali e religiose, è dovere degli Stati, quale che sia il loro sistema politico, economico, culturale, promuovere e proteggere tutti i diritti dell'uomo e le libertà fondamentali» (in *Riv. dir. int.*, 1993, 1197, par. 5).

3.1. *L'ambito di applicazione delle norme in materia.*

L'ambito di applicazione delle norme umanitarie, sotto il profilo temporale e soggettivo, merita alcuni rilievi di carattere generale.

3.2. *Ambito temporale e soggettivo.*

Per quanto riguarda il profilo temporale, si è soliti affermare che il diritto umanitario si applica in tempo di guerra o di conflitto armato, mentre i diritti umani trovano applicazione in tempo di pace. Il criterio è semplicistico e non del tutto esatto, poiché questi ultimi hanno natura generale rispetto ai primi, riferiti ad una situazione di carattere speciale. In questi termini dispone, d'altra parte, l'art. 4 del Patto sui diritti civili e politici del 1966 (su cui oltre) che prevede, nel caso in cui sia ufficialmente proclamato un periodo d'emergenza nazionale, la possibilità per uno Stato di adottare misure che deroghino agli obblighi dallo stesso Patto contemplati, ad eccezione sia del diritto alla vita, sia dei divieti di tortura, riduzione in schiavitù, incarcerazione per debiti contrattuali, sia dei principi di irretroattività della legge penale, di rispetto della libertà individuale e della libertà di pensiero e di religione. In termini analoghi dispone la Convenzione europea dei diritti dell'uomo (su cui oltre) che ammette (art. 15) deroghe alla tutela dei diritti fondamentali in caso di guerra od altra calamità pubblica che minacci la vita della nazione, fatto salvo quel *noyau* di diritti assoluti della persona, mai derogabili né "sospendibili" in caso, appunto, di conflitto armato.

Quanto al profilo soggettivo, la disciplina dei diritti umani investe i rapporti che intercorrono tra lo Stato e le persone, tradizionalmente i suoi cittadini, ma anche gli stranieri, poiché essa si pone come scopo la tutela dell'individuo (cittadino o non) nei confronti del governo dello Stato stesso. Diversamente, le regole proprie del diritto internazionale umanitario s'impongono ai "belligeranti", siano essi governi o gruppi d'insorti.

L'individuo, beneficiario delle norme di entrambi i sistemi, viene comunque in rilievo sotto profili diversi. Nel caso dei diritti umani gli sono infatti attribuiti diritti "attivi" o soggettivi che, attraverso meccanismi predisposti dall'ordinamento nazionale, può vedere tutelati ovvero ottenerne garanzia e rispetto: gli stranieri (come si dirà poco oltre) possono ottenere la tutela dei propri diritti anche, o meglio, *in primis* attraverso l'istituto della protezione diplomatica. L'espressione "diritto umanitario" tende invece a considerare l'individuo "soggetto passivo", proteggendolo in quanto "vittima" (ferito, malato, prigioniero) nell'ambito dei conflitti armati, sia internazionali sia interni. In origine, si trattava di tutelare i cittadini degli Stati belligeranti contro la violenza recata all'apparato militare del Paese nemico; con il I Protocollo aggiuntivo di Ginevra, l'ambito di protezione si è esteso a tutti i "civili" coincidendo tale espressione con la nozione di "persona umana". Si tratta dunque di due profili diversi, ma complementari, di tutela dell'individuo: diritti soggettivi o attivi per i diritti umani, diritti oggettivi o passivi per il diritto umanitario (per alcuni rilievi sulla distinzione fra diritti dell'uomo e diritto umanitario, nel quadro della definizione del crimine della tortura, cfr. la sentenza del Tribunale penale per la *ex* Jugoslavia, Camera di prima istanza, 22 febbraio 2001, *Kunarac*, par. 470, in <http://www.un.org/icty/>).

3.3. *Il riconoscimento di diritti allo straniero.*

Il riconoscimento di diritti allo straniero è uno dei profili più significativi dell'evoluzione dei "diritti dell'uomo".

L'apertura e la maggior considerazione per tale materia ha, invero, profondamente inciso in un ambito soggettivo che, tradizionalmente, non prevedeva alcun obbligo dello Stato nei confronti dello straniero: l'obbligo di protezione diplomatica è sempre stato inteso soltanto nei confronti del proprio cittadino.

3.4. *La protezione diplomatica.*

L'impostazione tradizionale, che corrisponde al c.d. assetto stato-centrico della Comunità internazionale, è affermata dalla Corte permanente di giustizia internazionale:

> «Nell'assumere le parti di un proprio cittadino e riconoscendo all'azione diplomatica o ricorrendo a nome del predetto, a vie giudiziarie internazionali, lo Stato, invero, fa valere un diritto suo proprio, il diritto di far rispettare, nella persona dei suoi cittadini, le nome di diritto internazionale» (CPGI, 30 agosto 1924, *Mavrommatis,* in *P.C.I.J., Collections*, Série A, n. 2, 12; affermazioni dello stesso contenuto sono, fra le altre, nella sentenza del 28 febbraio 1939, *Ferrovie Panevezys-Saldutiskis*, in *P.C.I.J., Collections*, Série A/B, n. 76, 16),

e dalla Corte internazionale di giustizia, secondo cui

> «lo Stato deve essere considerato come giudice esclusivo nel decidere se concedere la propria protezione, in quale misura lo farà e quando cesserà. Esso possiede in proposito un potere discrezionale il cui esercizio può dipendere da considerazioni, in particolare di carattere politico, estranee al caso di specie. Poiché la sua domanda non è identica a quella del singolo o della società di cui assume le parti, lo Stato gode di una libertà d'azione totale» (CIG, 5 febbraio 1970, *Barcelona Traction, Light and Power Company Limited*, Belgio c. Spagna [seconda fase], in *C.I.J., Recueil*, 1970, 4, par. 79; in precedenza 6 aprile 1955, *Nottebohm*, Liechtenstein c. Guatemala [seconda fase], in *C.I.J., Recueil*, 1955, 24).

Una visione più moderna, che tiene conto dei diritti dell'individuo, pur dovendosi rivolgere, questo, al proprio Stato perché faccia valere i propri interessi e diritti nei confronti dell'altro Stato che li abbia violati, è affermata in epoca più recente, anche dalla Corte internazionale, che conferma l'evoluzione in corso dell'istituto.

Accogliendo la tesi della Germania che lamentava la violazione, da parte degli Stati Uniti, dell'art. 36 della Convenzione di Vienna del 24 aprile 1963 sulle relazioni consolari, a seguito di sentenza di condanna a morte (eseguita malgrado un'ordinanza sulle misure cautelari del 3 marzo 1999) di due cittadini tedeschi, processati senza che fossero stati informati del loro diritto all'assistenza consolare *ex* art. 36, la Corte afferma che:

> «L'articolo 36, paragrafo 1, crea diritti individuali, che in virtù dell'articolo I del Protocollo facoltativo [alla Convenzione, relativo alla composizione obbligatoria delle controversie] può essere invocato avanti a questa Corte da parte dello Stato di cui la persona detenuta è cittadino. Tali diritti sono stati violati in questo caso». La norma in questione tutela diritti degli individui oltre che dello Stato cui appartengono, che si tratti del diritto di assistenza di cui al par. 1 o di quelli procedurali di cui al par. 2: «la norma crea diritti per la persona detenuta che si aggiungono a quelli dello Stato» di appartenenza, essendo «diritti propri non solo di [tale] Stato, ma anche della persona» stessa (CIG, 27 giugno 2001, *LaGrand*, Germania c. Stati Uniti, in *C.I.J., Recueil*, 2001, specialmente parr. 77, 78, 89; l'ordinanza del 3 marzo 1999 è in *C.I.J., Recueil*, 1999, 9. Per un caso, analogo, in cui non vi è stata, invece, pronuncia nel merito, ordinanza del 9 aprile 1998, *Breard*, Paraguay c. Stati Uniti, in *C.I.J., Recueil*, 1998, 248; richiama questi precedenti, disponendo l'adozione di qualunque misura atta ad evitare l'esecuzione della sentenza di condanna a morte di cittadini messicani, l'ordinanza sulle misure cautelari del 5 febbraio 2003, *Avena ed altri cittadini messicani*, Messico c. Stati Uniti, e la successiva sentenza del 31 marzo 2004, in <http://www.icj-cij>, specialmente parr. 44, 49, 54 dell'ordinanza e par. 40 della sentenza. Per una diversa, restrittiva interpretazione nella giurisprudenza statunitense, più recentemente la sentenza della Corte suprema del 28 giugno 2006, *Sanchez-Llamas v. Oregon* e *Bustillo v. Johnson*, in http://www.supremecourtus.gov/index.html; gli Stati Uniti, peraltro, dopo la sentenza *Avena*, hanno ritirato la propria accettazione della giurisdizione obbligatoria della Corte internazionale di giustizia, prevista nel Protocollo facoltativo della Convenzione di Vienna sulle relazioni consolari relativo alla composizione obbligatoria delle controversie, del 24 aprile 1963).

Pur non avendo la Corte esaminato il profilo secondo cui tale diritto sarebbe stato non solo un diritto individuale ma un vero e proprio diritto dell'uomo (secondo la Germania, la natura del diritto tutelato dall'art. 36 come diritto dell'uomo renderebbe la norma in questione, a maggior ragione, cogente), il diritto sostanziale dell'individuo appare distinto e tutelabile in via autonoma, anche se il diritto o legittimazione processuale avanti alla Corte appartiene solo allo Stato. La violazione di un diritto fondamentale quale il diritto al rispetto di regole procedurali, ritenuto violato in tale caso, non assume quella valutazione autonoma, anche in termini di legittimazione processuale, che ha nel contesto della protezione dei diritti dell'uomo, nel diverso ambito, precisamente, degli strumenti ed organi a tal fine deputati: per esempio, come si dirà in prosieguo, nell'ambito della Convenzione europea e della giurisprudenza della Corte europea dei diritti dell'uomo. In tal senso si è pronunciata anche la Corte interamericana dei diritti dell'uomo, sottolineando la natura del diritto all'assistenza consolare come propria della protezione internazionale dei diritti dell'uomo.

> Nel parere reso su richiesta del Messico, del 1 ottobre 1999, OC-16/99, in <*http://www.corteidh.or.cr*>, spec. par. 82, la Corte interamericana afferma la natura innovativa ed evolutiva, rispetto al diritto internazionale classico, del diritto previsto dall'art. 36; ricorda inoltre, par. 115, la positiva evoluzione dinamica di tale diritto, grazie al *corpus juris*,

vario nel contenuto e negli effetti, rappresentato dagli strumenti internazionali umanitari. La risoluzione dell'American Society of International Law prima cit. ricorda, quali casi di violazione dei diritti di chi è posto in "incomunicado detention", la sentenza della Corte interamericana dei diritti dell'uomo del 30 maggio 1999, *Castillo Petruzzi e altri*, sito cit.

L'evoluzione, in corso, dell'istituto della protezione diplomatica è confermata anche dal "Progetto di articoli sulla protezione diplomatica", adottato in prima lettura nel 2004, nell'ambito del processo di codificazione delle norme di diritto internazionale promosso dalla Commissione di diritto internazionale delle N.U., ove si tiene conto, per alcuni profili (si vedano gli artt. 6 e 8 del Progetto) dei diritti della persona in quanto tale, piuttosto che di quelli del cittadino ovvero del Paese di appartenenza dello stesso (sullo stato dei lavori si veda il 7° rapporto del Relatore speciale Dugard, doc. A/CN.4/567 del 7 marzo 2006).

3.5. *Il riconoscimento di diritti civili, politici, economici e sociali.*

La "lettura" in chiave moderna, nonché attuale, dei diritti dello straniero, ovvero della definizione dello standard di trattamento dello straniero, è significativamente influenzata dal diritto internazionale dei diritti dell'uomo, che integra o si sostituisce, ove necessario, alle norme sul trattamento. L'orientamento della dottrina è del tutto prevalente in tal senso, sottolineando l'apporto degli strumenti internazionali sui diritti umani, a partire dallo Statuto delle Nazioni Unite e dalla Dichiarazione universale dei diritti dell'uomo. Una sorta di sintesi di tale orientamento è la risoluzione dell'Assemblea generale delle Nazioni Unite n. 40/144 (1985) con cui è stata adottata la "Dichiarazione sui diritti umani degli individui che non sono cittadini del paese in cui vivono". In epoca più recente questa Dichiarazione è stata richiamata nelle "conclusioni e raccomandazioni" della relazione finale su "Prevenzione delle discriminazioni. I diritti dei non cittadini" del Relatore speciale Weissbrodt, nominato dalla Commissione per i diritti umani delle N.U., sottocommissione per la promozione e la protezione dei diritti umani (doc. E/CN. 4/Sub. 2/2003/23 del 26 maggio 2003; sulla sottocommissione si veda il successivo par. 4.2, lett. *a*). L'attenzione per il tema, e per questo orientamento, è confermata dalla nomina, da parte della Commissione, di un Relatore speciale "per i diritti umani dei migranti", con il compito di verificare e controllare la condotta degli Stati in materia di tutela di tali diritti umani, inviare comunicazioni ai Governi, effettuare visite, condurre studi tematici (la prima nomina è del 1999; il mandato, nel 2005, è stato prorogato fino al 2008; l'ultimo rapporto, del Relatore speciale Bustamante, è riprodotto nel doc. E/CN. 4/2006/73) e dai lavori svolti, nonchè dalle decisioni prese in occasione del "Dialogo di alto livello sulla migrazione internazionale e lo sviluppo" promosso dall'Assemblea generale delle Nazioni Unite (14-15 settembre 2006, si veda *www.http://www.un.org/migration/*).

Non tutti i diritti, civili, politici, economici e sociali sono "diritti dell'uomo" riconosciuti allo straniero, distinguendosi i diritti (civili) essenziali, che corrispondono a valori universalmente riconosciuti, a fronte dei quali è irrilevante lo *status* o la qualifica dell'individuo, dagli altri diritti civili, in particolare da quelli di natura economica e sociale, restando comunque esclusi quelli politici, tipica espressione del rapporto fra lo Stato e il proprio cittadino (quali il diritto di elettorato attivo o passivo, di partecipazione alla vita e funzione pubblica).

Sono diritti essenziali il diritto alla vita, alla sicurezza, alla libertà della persona, ma anche, secondo più ampie formulazioni, il diritto a non essere ridotto in schiavitù, a non essere sottoposto a tortura, a trattamenti o punizioni crudeli, disumane e degradanti, all'inviolabilità della vita privata, alla libertà di pensiero, di comunicazione, di religione, al riconoscimento della personalità o capacità giuridica.

Quanto ai diritti economici e sociali, poiché è prerogativa di ogni Paese la facoltà di disciplinare sia il proprio sistema economico, sia l'accesso alle attività di lavoro, commerciali, industriali e d'investimento, sia la stipulazione di accordi economici e commerciali, il riconoscimento di tali diritti allo straniero resta subordinato alla presenza di disposizioni in tal senso negli ordinamenti nazionali o in norme pattizie.

> La tutela del diritto di proprietà, riferito a beni o interessi patrimoniali, e la necessità di salvaguardare, tuttavia, gli interessi generali dello Stato, dovendosi realizzare un giusto equilibrio, è stata affermata dalla Corte europea dei diritti dell'uomo con riferimento all'art. 1 del Protocollo n. 1 alla *CEDU*: l'"equilibrio" è, dunque, fra la causa di pubblica utilità che lo Stato può invocare e i diritti del singolo, la cittadinanza del quale (si precisa) è irrilevante (si tratta di tutelare un diritto della persona; Corte, 28 maggio 2002, [GC], *Beyeler*, n. 33202/96, C.E.D.H. *Recueil*, 2000-I, spec. punti 114, 121, 122).

Il diritto di proprietà del singolo, da un lato, e il diritto dello Stato di espropriare e nazionalizzare per determinate finalità, dall'altro lato, rappresentano un esempio di diversa valutazione di interessi individuali e collettivi, ove importanza rilevante assumono, a seconda delle circostanze storiche e temporali, le modalità con cui ogni singolo Stato interviene nell'economia del Paese, nonché la diversa impostazione ideologica e politica posta a base delle riforme. Peraltro, anche la matrice dei diritti dell'uomo, propria dei Paesi occidentali, di quelli socialisti e in via di sviluppo è diversa a seconda di tale impostazione ideologica e politica, il riconoscimento, o meglio la misura del riconoscimento del diritto, potendo variare.

Il riflesso di queste differenti concezioni è, in particolare, emerso nel momento in cui uno Stato, per motivi pubblici, dettati anche da necessari interventi di riforma della struttura economica e sociale, procede all'esproprio o alla nazionalizzazione di un bene dello straniero (beni mobili o immobili, interessi patrimoniali quali titoli di credito, quote di partecipazione societarie, diritti di godimento su beni).

Il problema ricordato si è manifestato, soprattutto, con le nazionalizzazioni operate dai Paesi dell'America latina e dai Paesi in via di sviluppo nel secolo scorso. Posta la liceità di uno Stato di espropriare e nazionalizzare i beni dello straniero, la questione controversa riguarda, invero, la sussistenza di un obbligo all'indennizzo e, in caso affermativo, del *quantum* e del *quomodo*. Mentre in caso di espropriazione il pagamento immediato di una somma adeguata e liquida è affermato con sufficiente consenso, il riconoscimento di un compenso a seguito di nazionalizzazione, consistente in un trasferimento imperativo della proprietà allo Stato per motivi di pubblica utilità dovuta alla riforma della struttura economico-sociale (generalmente d'intere categorie d'imprese), resta più problematico. Anche la definizione del *quantum* dovuto e delle modalità di pagamento è discutibile. La formula coniata dagli Stati Uniti nel periodo fra le due guerre mondiali, per cui l'indennizzo dovrebbe essere "pronto, adeguato, effettivo e ragionevole", non è riuscita ad affermarsi, il compenso essendo, così, corrisposto con modalità varie: in virtù di accordi di compensazione globale o *lump-sum agreements*, per esempio, mediante i quali lo Stato nazionalizzante corrisponde una somma forfettaria allo Stato di appartenenza degli stranieri espropriati, e quest'ultimo decide la distribuzione della somma tra i soggetti colpiti o tra lo Stato nazionalizzante e le compagnie espropriate. Quando le parti in causa sono Stati industrializzati e Stati in via di sviluppo, l'assenza di soluzioni univoche sulla questione è, essenzialmente, da imputare allo scontro tra la posizione ideologica e politica dei primi rispetto ai secondi, la diversa matrice, qui, venendo in particolare evidenza.

> Sul carattere controverso del tema, contraddistinto da uno scontro ideologico, si vedano, fra le altre, le affermazioni nel noto caso *Banco Nacional de Cuba v. Sabbatino*, della Corte suprema degli Stati Uniti, pronunciata il 23 marzo 1964 (in *Am. Journ. Int. Law*, 1964, spec. 792). Fra la giurisprudenza arbitrale si ricorda quella del Tribunale Iran-Stati Uniti, e in particolare, sulla legittimità dell'espropriazione e la quantificazione dell'indennizzo, la sentenza *American International Group Inc. v. Iran* del 19 dicembre 1983 (in *Iran-United States Claims Tribunal, Reports*, 1983, IV, 96 ss.; *ivi*, 1987, XV, 189 ss., su profili di carattere generale, la sentenza *Amoco International Finance Corporation v. Iran* del 14 luglio 1987).

I Paesi in via di sviluppo, invero, nel rivendicare l'esistenza di un nuovo ordine economico internazionale, affermano un diritto sovrano sulle proprie risorse naturali. Essi procedono, dunque, alla nazionalizzazione, al controllo e alla regolamentazione degli investimenti degli stranieri in vista di una più equa distribuzione delle ricchezze affermando l'irrilevanza sia della presenza di un pubblico interesse e di un obbligo di non discriminazione, sia di limiti e condizioni poste dal diritto internazionale, quantificando l'indennizzo soltanto in base alle proprie leggi e regolamenti e ad ogni circostanza che esso giudichi pertinente, quale il superprofitto o "utile eccessivo" conseguito dalle società straniere nello sfruttamento delle risorse locali (in questi termini è l'art. 2, par. 2, lett. *c* della Carta dei diritti e doveri economici degli Stati, adottata con risoluzione dell'Assemblea generale delle N.U. del 12 dicembre 1974, n. 3281-XXIX; in quanto "dichiarazione di principi", essa è tuttavia ritenuta, non diversamente da altre dichiarazioni, di cui si dirà oltre, priva di valore giuridico vincolante).

Dopo aver affermato, all'art. 1, il diritto di ogni Stato, «sovrano e inalienabile di scegliere il proprio sistema economico e il proprio assetto politico sociale e culturale, in armonia con la volontà del suo popolo, senza interferenze esterne, coercizioni o minacce di alcun genere», la Carta precisa, al predetto art. 2, par. 2, lett. *c*, che ogni Stato ha il diritto

> «di nazionalizzare, espropriare o trasferire la proprietà dei beni stranieri, nel qual caso dovrebbe versare una indennità adeguata, tenuto conto delle proprie leggi e regolamenti e di tutte le circostanze che esso consideri pertinenti. In tutti i casi in cui la questione dell'indennizzo dia luogo a una controversia, questa sarà regolata conformemente alla legislazione interna dello Stato che prende delle misure di nazionalizzazione e dai tribunali di questo Stato, a meno che tutti gli Stati interessati non decidano liberamente di cercare altri mezzi pacifici sulla base dell'eguaglianza sovrana degli Stati e conformemente al principio della libera scelta dei mezzi».

3.6. I *diritti* erga omnes.

La distinzione fra diritti di diversa natura e contenuto è ben delineata dalla giurisprudenza internazionale: si tratta, in particolare, della distinzione fra obblighi individuali dello Stato e obblighi generali o *erga omnes* nei confronti non del singolo Stato (e suoi cittadini), ma della Comunità internazionale nel suo insieme (sulle obbligazioni *erga omnes* e sulle conseguenze della loro violazione si veda, più ampiamente, rispettiv. Cap. II e Cap. VIII).

Quando gli interessi della persona sono di natura essenziale o di fondamentale importanza, quali sono, precisamente, il diritto alla vita e alla libertà, le norme che li proteggono

> «sono in qualche modo simili alle norme di diritto internazionale concernenti la protezione dei diritti dell'uomo», lo Stato essendo obbligato a riconoscere alla persona fisica (diversamente da quella giuridica) «la personalità, o in altre parole a riconoscere un complesso di diritti» (opinione individuale del giudice Morelli, unita alla decisione della Corte internazionale di giustizia nel caso *Barcelona Traction*, cit., 232, 235).

Sull'esistenza di obblighi *erga omnes* o di natura fondamentale, tutelati dagli strumenti internazionali umanitari, si è pronunciata la Corte internazionale di giustizia, definendo un nucleo essenziale di diritti universalmente riconosciuti:

> «Quando uno Stato ammette sul proprio territorio cittadini o investimenti stranieri, persone fisiche o giuridiche è obbligato a riconoscere loro la protezione di legge e ad assumere certi obblighi quanto al loro trattamento. Questi obblighi, tuttavia, non sono né assoluti né privi di riserve. Una distinzione fondamentale deve essere fatta in particolare tra gli obblighi degli Stati verso la Comunità internazionale nel suo insieme e quelli che nascono nei confronti di un altro Stato nell'ambito della protezione diplomatica. Per la loro stessa natura, i primi concernono tutti gli Stati. Vista l'importanza dei diritti in causa, tutti gli Stati possono essere ritenuti avere un interesse giuridico al rispetto di tali diritti; gli obblighi di cui si tratta sono obblighi *erga omnes* ... Tali obblighi derivano, nel diritto internazionale contemporaneo, ad esempio dalla messa al bando di atti di aggressione e del genocidio, ma anche dai principi e dalle norme concernenti i diritti fondamentali della persona, compresa la protezione contro la schiavitù e la discriminazione razziale. Taluni diritti di protezione corrispondenti sono entrati a far parte del diritto internazionale generale ... altri sono stati conferiti da strumenti internazionali di carattere universale o quasi universale» (sentenza nel caso *Barcelona Traction* cit., parr. 33-34).

Affrontando il caso di persone (cittadini statunitensi) prese in ostaggio in un Paese straniero (Iran) la Corte internazionale prende in considerazione non solo le norme convenzionali applicabili (convenzioni di Vienna del 1961 e del 1963 rispettivamente sulle relazioni diplomatiche e su quelle consolari; trattato bilaterale di amicizia, relazioni economiche e diritti consolari del 1955), ma le norme umanitarie:

> «È manifestamente incompatibile con i principi della Carta delle Nazioni Unite e con i principi fondamentali enunciati nella Dichiarazione universale dei diritti dell'uomo privare illegittimamente degli esseri umani della loro libertà e assoggettarli a costrizioni fisiche in condizioni miserevoli. Ma ciò che deve essere soprattutto sottolineato è l'ampiezza e gravità del contrasto fra la condotta dello Stato iraniano e i suoi obblighi nei confronti del complesso delle norme di diritto internazionale, in cui il diritto diplomatico e consolare è compreso: norme il cui carattere fondamentale la Corte qui fermamente ribadisce» (CIG, 24 maggio 1980, *caso del Personale diplomatico e consolare degli Stati Uniti in Iran*, in *C.I.J., Recueil*, 1980, 3, par. 91).

Nel richiamare la propria ordinanza del 15 dicembre 1979, nello stesso caso (in *C.I.J., Recueil*, 1979, 19), cui peraltro non fu dato seguito, la Corte sottolinea, ancora, che è suo dovere

> «richiamare l'attenzione dell'intera Comunità internazionale, alla quale lo stesso Iran appartiene da tempo immemorabile, circa il danno irreparabile che può venire provocato da eventi come quelli all'esame della Corte. Questi fatti non possono non pregiudicare il complesso di norme costruito, con cura, dal genere umano nel corso dei secoli, la cui difesa è vitale per la sicurezza ed il benessere della totalità della Comunità internazionale del giorno d'oggi, per la quale è più essenziale che mai che le norme stabilite per assicurare l'ordinato progresso delle relazioni tra i suoi membri siano costantemente e scrupolosamente rispettate» (CIG, 24 maggio 1980, cit., par. 92).

L'orientamento ricordato circa l'esistenza e natura degli obblighi *erga omnes* è stato confermato dalla Corte nel ritenere violati, da parte di Israele, il diritto di autodeterminazione del popolo palestinese e le norme di diritto umanitario contenute nella IV Convenzione di Ginevra sulla protezione delle persone civili in tempo di guerra, avendo Israele costruito, sul territorio palestinese occupato, un muro (ovvero una "barriera di sicurezza"; parere consultivo del 9 luglio 2004, *Conseguenze giuridiche della costruzione di un muro nei territori palestinesi occupati*, par. 155 ss. in *http://www.icj-cij.org/*).

> La Corte richiama, sugli obblighi *erga omnes*, la sentenza *Barcelona Traction* cit., il parere *Liceità della minaccia o dell'uso della forza*, cit., la sentenza della stessa Corte del 30 giugno 1995, *East Timor*, spec. par. 29. I principi generali in argomento sono peraltro riaffermati nella risoluzione dell'Institut de droit international del 27 agosto 2005, dedicata agli "obblighi *erga omnes* in diritto internazionale" (in <*http://www.idi-iil.org/*>).

4.1. *Le strutture e i meccanismi di controllo per garantire l'effettività dei diritti umani.*

Il tema dei meccanismi che garantiscono il rispetto dei diritti dell'uomo, delle garanzie e degli strumenti ovvero dell'effettiva azionabilità degli stessi, rappresenta, per così dire, l'aspetto dinamico o evolutivo del tema più generale qui in esame, consentendo la verifica della rilevanza e applicabilità effettiva di tali diritti. Esso rappresenta anche l'aspetto problematico per quell'orientamento, favorevole al riconoscimento della personalità internazionale dell'individuo che, dopo aver verificato l'attribuzione di diritti autonomi al predetto sul piano sostanziale, non va però oltre, quanto all'affermazione della personalità, mancando la stessa autonomia sul piano processuale e delle garanzie (v. *supra*, par. 1.1 nonché *infra*, nella sezione seconda).

4.2. *L'attività delle Nazioni Unite: a) la Dichiarazione universale dei diritti dell'uomo; b) i Patti internazionali; c) altri atti.*

L'atto che segna una svolta importante ("*the turning point*", come afferma autorevole dottrina) anche nella materia dei diritti dell'uomo è lo Statuto delle Nazioni Unite, con la solenne affermazione di quei diritti che il nazismo e la seconda guerra mondiale, in particolare, avevano tragicamente violato.

L'art. 1 della Carta indica quali fini delle Nazioni Unite il mantenimento della pace e della sicurezza internazionale, la decolonizzazione in campo economico e politico, la tutela dei diritti dell'uomo («promuovere ed incoraggiare il rispetto dei diritti dell'uomo e dei diritti delle libertà fondamentali per tutti senza distinzioni di razza, di sesso, di lingua o di religione»). La prassi dell'Organizzazione ha dimostrato come la materia non abbia una propria autonomia, ma sia strumentale agli altri scopi dell'Organizzazione stessa: il rispetto dei diritti dell'uomo è fattore che condiziona lo sviluppo economico e sociale degli Stati più poveri (si veda per esempio la Risoluzione dell'Assemblea generale n. 41/128 del 4 dicembre 1986 sul diritto allo sviluppo) o quale presupposto dell'autodeterminazione dei popoli (si veda per esempio la Risoluzione dell'Assemblea generale n. 53/164 del 25 febbraio 1999 sull'esigenza di auto-amministrazione del Kosovo all'interno della sovranità territoriale della Repubblica iugoslava). Proprio per questa "trasversalità", la materia non è più di competenza esclusiva dell'Assemblea generale o del Comitato economico e sociale (organo ausiliario dell'Assemblea con competenza specifica) assistito dalla Commissione per i diritti umani (organo sussidiario con funzioni tecniche) divenuto nel 2006 "Consiglio dei diritti dell'uomo". Qualora la violazione dei diritti dell'uomo sia motivo di minaccia alla pace, non può essere escluso, come si dirà in prosieguo, l'intervento del Consiglio di sicurezza in virtù del capitolo VII della Carta (quando, in specie, si tratti di violazioni gravi e generalizzate o *gross violations* dei diritti umani, come il genocidio, la tortura, l'*apartheid*).

> La Commissione è stata sostituita (risoluzione dell'Assemblea generale del 3 aprile 2006) con un organismo, denominato Consiglio dei diritti dell'uomo, che dovrebbe essere più snello (47 membri anziché 53) e incisivo, eletto direttamente dall'Assemblea generale a maggioranza dei membri della stessa, in modo da garantire maggiore democraticità nella loro selezione. Il meccanismo dell'assegnazione pro-quota dei seggi ai diversi continenti è

stato così sostituito evitando, almeno tendenzialmente, la presenza di governi non democratici e non rispettosi dei diritti dell'uomo, anche se dalle prime elezioni del giugno 2006 risultano eletti governi di Paesi che suscitano, sotto questo profilo, non poche perplessità (come, fra gli altri, Cina e Arabia Saudita).

a) La Dichiarazione universale dei diritti dell'uomo
Pietra miliare dell'attività promossa dalle Nazioni Unite è la Dichiarazione universale dei diritti dell'uomo (adottata con Risoluzione n. 217-III del 10 dicembre 1948).

La Dichiarazione poggia su quattro "pilastri" (secondo la definizione del suo maggior ispiratore, René Cassin): i diritti della persona (diritto all'uguaglianza, alla vita, alla libertà); i diritti che spettano all'individuo nei suoi rapporti con i gruppi sociali ai quali partecipa (diritto alla riservatezza della propria vita, diritto di sposarsi, diritto di proprietà); i diritti politici (compresa la libertà di pensiero e di riunione); i diritti che si esercitano nel campo economico e sociale (diritto al lavoro, ad un'equa retribuzione). La Dichiarazione, che rappresenta il primo catalogo significativo in epoca recente, cui si ispirano cataloghi ben più recenti quale la Carta dei diritti fondamentali dell'Unione europea (si veda oltre), sottolinea che le libertà e i diritti possono essere pienamente realizzati solo se verrà instaurata una struttura sociale che ne permetta lo sviluppo, l'"ordine sociale e internazionale" auspicato dovendo garantire tale realizzazione. Vengono inoltre posti limiti all'esercizio delle libertà, che sono attuate nel rispetto delle esigenze «della morale, dell'ordine pubblico e del benessere generale in una società democratica» (art. 29), senza confliggere con i fini e i principi delle Nazioni Unite e senza pregiudicare i diritti e le libertà enunciati nella Dichiarazione.

Per quanto di natura non vincolante (le "dichiarazioni di principi dell'Assemblea generale", adottate con risoluzione, sono prive di efficacia obbligatoria per gli Stati membri delle N.U.; si veda in proposito il Cap. II), la Dichiarazione rappresenta, tuttavia, la base giuridica e politica degli atti di diritto umanitario successivi, a livello universale quali i Patti internazionali del 1966 e a livello regionale quali la Convenzione europea, quella americana e quella africana (su cui oltre). Essa costituisce un punto di riferimento della prassi della Comunità internazionale, promuovendo e stimolando iniziative che, nel quadro di organizzazioni internazionali a carattere regionale, sono tradotte in norme obbligatorie.

A conferma di tale rilevanza si può ricordare anche la prassi della Commissione (ora Consiglio), cui si deve l'elaborazione della Dichiarazione: inizialmente dotata della sola facoltà di redigere rapporti e raccomandazioni al Consiglio economico e sociale, era stata poi autorizzata, attraverso un organo sussidiario (sottocommissione per la prevenzione delle discriminazioni e la tutela delle minoranze, rinominata, a seguito dell'ampliamento delle competenze, "sottocommissione per la promozione e la protezione dei diritti umani"), sia ad esaminare comunicazioni individuali relative alla violazione dei diritti dell'uomo (specie in termini di *gross violations*, come prevede la Risoluzione n. 1503-XLVIII del Consiglio economico e sociale del 27 maggio 1970); sia a proporre l'istituzione di comitati di inchiesta (inchiesta realizzabile, però, solo con il consenso dello Stato "accusato") e, quindi, a fare o proporre raccomandazioni al Consiglio perché le violazioni cessino.

L'Assemblea generale, con la Risoluzione n. 48/141 del 20 dicembre 1993, ha anche istituito un Alto Commissario per i diritti dell'uomo, attribuendogli il compito di promuovere e coordinare l'azione delle Nazioni Unite, delle istituzioni specializzate e degli organi che si occupano della materia. Un organismo omologo, denominato Commissario ai diritti dell'uomo, è stato in epoca successiva (1999) istituito nell'ambito del Consiglio d'Europa (su cui oltre, par. 4.3) con il compito, fra l'altro, di compiere inchieste, raccogliere informazioni, formulare pareri.

b) I Patti internazionali

I due Patti internazionali del 1966 (in vigore dal 1976) rispettivamente sui "diritti civili e politici" e sui "diritti sociali, economici e culturali" hanno lo scopo di individuare una soglia minima di tutela di questi diritti, ferma restando la prevalenza di norme interne o internazionali, più rigide e, dunque, più favorevoli alla tutela dei diritti della persona. Entrambi i Patti sanciscono all'art. 1 il diritto all'autodeterminazione per tutti i popoli, il divieto di non discriminazione (art. 2), dell'uguaglianza fra uomini e donne (art. 3). Segue quindi un catalogo, diverso per i due testi, ove sono esplicitati e sviluppati i diritti enunciati nella Dichiarazione universale.

La scelta di predisporre due testi è da ricercare essenzialmente in ragioni di carattere politico. In fase di elaborazione, invero, emerse la maggior difficoltà a porre agli Stati vincoli di immediata osservanza in materia economica, sociale e culturale rispetto ai diritti civili e politici. I primi, infatti, non possono essere immediatamente applicabili poiché richiedono un'attività *ad hoc* dello Stato, ovvero un comportamento attivo, peraltro generalmente oneroso; i secondi si esauriscono in un obbligo di non ingerenza da parte dello Stato, più facilmente definibile e suscettibile d'immediata applicazione. Conseguentemente, diverso è il sistema di controllo elaborato per garantire il rispetto degli obblighi convenzionali sanciti dai due testi: un controllo, comunque, indiretto sul rispetto degli obblighi generali previsti dalla Dichiarazione universale.

Il Patto sui diritti civili e politici istituisce (art. 28) il Comitato dei diritti dell'uomo, organo di controllo sull'esecuzione degli obblighi convenzionali. Il Comitato, in particolare (art. 40), esamina il rapporto che ciascuno Stato contraente deve presentare periodicamente, indicando i motivi di eventuali divergenze della legislazione interna rispetto alle disposizioni del Patto. Al termine dell'esame il Comitato può formulare "rapporti" e "osservazioni generali" (trasmesse, se opportuno, anche al Consiglio economico e sociale delle N.U.) e lo Stato può a sua volta replicare alle osservazioni. Qualora gli Stati abbiano accettato la competenza del Comitato a ricevere ed esaminare "comunicazioni" (una sorta di ricorso) di uno Stato contro un altro che abbia violato il Patto, il Comitato favorisce una soluzione amichevole e redige un rapporto; in caso contrario designa una Commissione di conciliazione *ad hoc* (artt. 41, 42).

Il profilo più interessante è rappresentato dal diritto del singolo di proporre ricorso contro uno Stato inadempiente. Il Protocollo facoltativo al Patto sui diritti civili e politici riconosce (art. 1) la competenza del Comitato a ricevere ed esaminare "comunicazioni" provenienti da individui, cittadini o non dello Stato parte contraente del Patto e del Protocollo, riguardanti la violazione di qualsiasi diritto enunciato nel Patto stesso. Il diritto della persona è sottoposto a varie condizioni (il previo esaurimento dei ricorsi interni, l'esame della questione nell'ambito di altra procedura internazionale, art. 5) e viene soddisfatto con l'esame e, quindi, la trasmissione delle "decisioni" prese (*views, constatations*), oltre che alla persona riconosciuta (o non) vittima della violazione denunciata, allo Stato contro cui è stata presentata la comunicazione (art. 5, par. 4).

La prassi o "giurisprudenza" del Comitato, pur non avendo carattere giuridicamente vincolante, e pur presentando i limiti intrinseci dell'accettazione della competenza del Comitato e della ratifica del Protocollo (per l'appunto, facoltativo), assume un indubbio valore e significato nel quadro degli obblighi internazionali assunti dagli Stati nel sistema delle N.U.: essa contribuisce a meglio definire il nucleo dei diritti fondamentali riconosciuti all'individuo, i rapporti con altri strumenti internazionali e con le garanzie previste negli ordinamenti nazionali.

Il Patto sui diritti economici, sociali e culturali conferma, anche sotto il profilo delle garanzie, la diversa natura, rispetto all'altro Patto: esso non è sottoposto ad uno speciale controllo, bensì a quello tradizionale, che obbliga gli Stati contraenti a presentare dei rapporti ad intervalli temporali, secondo il calendario stabilito dal Consiglio economico e sociale, al Consiglio stesso per il tramite del Segretario generale delle Nazioni Unite (art. 16 ss.). Il Consiglio può trasmetterli alla Commissione per i diritti umani (ora Consiglio) «a fini di studio e perché formuli raccomandazioni di ordine generale» (art. 19) oppure presentare all'Assemblea generale rapporti contenenti raccomandazioni di carattere generale, nonché riassunti delle informazioni ricevute dagli Stati contraenti (art. 23).

c) Altri atti

L'attività delle Nazioni Unite a favore dei diritti dell'uomo consiste anche nel promuovere l'elaborazione di convenzioni da sottoporre alla ratifica degli Stati. L'osservanza delle disposizioni contenute nei vari testi è generalmente affidata a comitati, incaricati di esaminare i rapporti periodicamente presentati dagli Stati o i ricorsi, comunicazioni, petizioni da parte degli individui.

Oggetto di disciplina convenzionale è la protezione contro le varie forme di discriminazione (come la razza, il sesso), contro la schiavitù, la tratta degli esseri umani, prevedendo forme di tutela e garanzia per le categorie più deboli o meno protette (per esempio i fanciulli, gli apolidi, i rifugiati, i lavoratori subordinati). Alle convenzioni si aggiungono le dichiarazioni di principi (atti, già si è ricordato, non vincolanti, emanati dall'Assemblea generale), il cui contenuto tendenzialmente rispecchia una convinzione condivisa da un significativo numero di Stati (sul valore di tali atti e delle iniziative convenzionali ricordate, nel quadro delle fonti del diritto internazionale, e sui problemi posti dall'adattamento, con particolare riguardo alla giurisprudenza italiana, v. *supra*, Cap. II, e Cap. IV, par. 9.1).

Fra le convenzioni più note si ricordano quelle per l'eliminazione di tutte le forme di discriminazione razziale e sull'eliminazione e repressione del crimine di *apartheid*; la convenzione sui diritti politici della donna e quella per l'eliminazione di tutte le forme di discriminazione nei confronti della stessa; la convenzione relativa alla schiavitù e il Protocollo di modifica; la convenzione per la repressione della tratta di esseri umani e dello sfruttamento della prostituzione; la convenzione sui diritti del fanciullo, quelle sullo *status* dei rifugiati e degli apolidi; le convenzioni promosse dall'Organizzazione internazionale del lavoro. Fra le molte dichiarazioni, adottate tutte con risoluzioni dell'Assemblea generale, si ricordano quella sul genocidio, sull'indipendenza dei popoli coloniali, sulla sovranità sulle risorse naturali, sulla eliminazione della discriminazione razziale, sui diritti delle persone appartenenti a minoranze nazionali o etniche, religiose o linguistiche.

4.3. *Le convenzioni di carattere regionale: in particolare la Convenzione europea per la salvaguardia dei diritti dell'uomo.*

La Convenzione europea per la salvaguardia dei diritti dell'uomo e delle libertà fondamentali (qui di seguito indicata anche con l'acronismo *CEDU*, firmata il 4 novembre 1950, in vigore fra tutti gli Stati membri del Consiglio d'Europa), è una delle forme più evolute, se non proprio la più evoluta, per la protezione dei diritti dell'uomo. La *CEDU* attribuisce competenze sia alla Corte europea, quale organo giudiziario cui si rivolgono gli Stati e gli individui che lamentino la violazione dei diritti e libertà in essa contenuti (artt. 2-18), nonché contenuti nei Protocolli nn. 1, 4, 6 e 7, che hanno ampliato l'ambito dei diritti protetti (il Protocollo n. 12, in vigore dal 1° aprile 2005, prevede un divieto generale di discriminazione, applicabile a tutti i diritti della persona, non solo a quelli tutelati *ex* art. 14 della *CEDU*); sia al Comitato dei ministri, quale organo esecutivo avente il compito di sorvegliare che le sentenze della Corte siano rispettate e, quindi, eseguite da parte dello Stato convenuto in giudizio.

Il ricorso individuale, con l'entrata in vigore, il 1° novembre 1998, del Protocollo n. 11, non è più soggetto all'accettazione da parte degli Stati, ai quali si impone senza possibilità di deroga alcuna: la giurisdizione della Corte è "piena", il Protocollo avendo soppresso la Commissione che esercitava una sorta di filtro dei ricorsi proposti, ed essendo altresì mutate le funzioni del Comitato dei ministri, non più munito di funzioni giurisdizionali sulle controversie.

Il Protocollo n. 14, che modifica il sistema di controllo della Convenzione (aperto alla firma il 13 maggio 2004 non è ancora in vigore), introduce vari "emendamenti" alla *CEDU*, creando sia un sistema di "filtro" per i ricorsi individuali relativi a questioni manifestamente irricevibili o ripetitive, e quindi prevedendo un nuovo criterio di ricevibilità rappresentato dal "grave pregiudizio" subito dal ricorrente; sia un sistema di controllo sull'esecuzione delle sentenze da parte degli Stati. Il Comitato dei ministri viene non solo legittimato a chiedere alla Corte un'interpretazione delle sentenze, ma ad avviare, avanti alla stessa, una procedura di infrazione contro lo Stato inadempiente.

La Corte assicura la garanzia collettiva dei diritti su iniziativa di uno Stato (art. 33) o di un individuo (art. 34): è, quest'ultimo, il profilo più rilevante della Convenzione, che garantisce alla persona, una volta esaurite le vie di ricorso interne (art. 35) la legittimazione processuale a far valere la violazione di un diritto. Al diritto sostanziale corrisponde dunque il diritto processuale o di azione, idoneo a farlo valere autonomamente, e direttamente, così assicurando una piena giustiziabilità del diritto stesso, carente o assente in altri strumenti internazionali.

La cooperazione istituzionalizzata fra Paesi europei che presentano sistemi giuridici comuni garantisce, pertanto, attraverso il ricorso individuale alla Corte, un controllo giurisdizionale sugli obblighi assunti dagli Stati a seguito della ratifica della Convenzione. Essa, per il rilievo assunto nel contesto internazionale, è qualificata come «uno strumento costituzionale dell'ordine pubblico europeo» (sentenza della Corte europea, 23 marzo 1995, *Loizidou c. Turchia*, Série A, n. 310, punto 75) e come un mezzo per «promuovere e conservare gli ideali e i valori di una società democratica», la democrazia politica che è posta a base della stessa rappresentando «un elemento fondamentale dell'ordine pubblico europeo» (sentenza della Corte europea, 17 febbraio 2004 [GC], *Gorzelik e altri c. Polonia*, ECHR 2004-I, punto 89). Nel sottolinearne le caratteristiche rispetto ai trattati internazionali, la Corte europea, precisamente, afferma:

> «A differenza dei trattati internazionali di tipo classico, la Convenzione travalica l'ambito della semplice reciprocità tra gli Stati contraenti. Oltre ad una rete di impegni sinallagmatici bilaterali, crea obblighi obiettivi che, a' sensi del suo Preambolo, beneficiano di una "garanzia collettiva" ... consente agli Stati contraenti di esigere il rispetto di tali obblighi senza doverlo giustificare con un interesse derivante, per esempio, dalla circostanza che una misura da loro denunciata ha leso uno dei loro cittadini. I redattori della Convenzione, utilizzando la parola "riconoscono" anziché "si impegnano a riconoscere" nella formulazione dell'art. 1, hanno voluto sottolineare inoltre che i diritti e le libertà del titolo I saranno direttamente riconosciuti ad ogni persona soggetta alla giurisdizione degli Stati contraenti ... Il loro intendimento si riflette con particolare fedeltà [rispetto a tale obbligo] laddove la Convenzione è stata incorporata nell'ordinamento giuridico interno» (Corte, sentenza 18 gennaio 1978, *Irlanda c. Regno Unito*, C.E.D.H., *Recueil*, Série A, n. 25, punto 239).

La Convenzione e i Protocolli proteggono non solo i diritti civili e politici tradizionali, ma quei profili o aspetti connessi, di carattere economico e sociale, di cui bisogna tener conto nell'interpretazione del contenuto di detti diritti (sui problemi posti dall'adattamento, con particolare riguardo alla giurisprudenza italiana, v. *supra*, Cap. IV). Uno strumento *ad hoc*, cioè la Carta sociale (1961), successivamente modificata dalla c.d. Carta sociale riveduta (1996), ha la specifica funzione di tutelare i diritti economico-sociali, consentendone il controllo attraverso un sistema di reclami collettivi.

Afferma la Corte, tuttavia, quanto all'estensione della propria competenza, di non ignorare che

> «lo sviluppo dei diritti economici e sociali dipende in modo rilevante dalla situazione degli Stati e, in particolare, dalle loro finanze. D'altro canto, la Convenzione deve leggersi alla luce delle condizioni di vita attuali ... e, nel suo ambito di operatività, tendendo ad una protezione reale e concreta dell'individuo ... Benché [essa] enunci essenzialmente dei diritti civili e politici, molti di questi presentano profili di natura economica o sociale. La Corte, come la Commissione, non ritiene di dover rifiutare l'una o l'altra interpretazione per il semplice motivo che, adottandola, si rischierebbe di invadere la sfera dei diritti economici e sociali; non vi è alcuna paratia stagna che separi questa dall'ambito della Convenzione» (Corte, sentenza 9 ottobre 1979, *Airey c. Irlanda*, C.E.D.H., *Recueil*, Série A, n. 32, punto 26).

Qualche rilievo merita infine il sistema di controllo sull'esecuzione delle sentenze da parte del Comitato dei ministri (art. 46, par. 2 *CEDU*), a garanzia dell'effettività del rimedio offerto dalla Convenzione, e dell'effettività del godimento dei diritti. Le sentenze non sono immediatamente esecutive negli ordinamenti giuridici nazionali, ma vincolano gli Stati contraenti che, ai sensi dell'art. 46, par. 1, devono conformarsi. Il Comitato controlla, in primo luogo, che lo Stato abbia versato alla parte lesa la somma corrispondente all'equa soddisfazione, conseguente alla sentenza che accerta la violazione (lo Stato deve adempiere entro il termine di tre mesi dalla pronuncia). Infatti, se la Corte dichiara che vi è stata violazione e constata che il diritto interno non permette «che in modo imperfetto di rimuovere le conseguenze di tale violazione, [la Corte], se necessario, accorda un'equa soddisfazione alla parte lesa» (art. 41). Si tratta, precisamente, di un eventuale risarcimento del danno morale e materiale (e del rimborso delle spese di procedura) qualora le circostanze non rendano possibile una *restitutio in integrum*.

Gli Stati, come emerge dalla prassi del Comitato dei ministri, hanno l'obbligo di adottare le misure necessarie a rimuovere gli effetti della specifica violazione, nonché di adottare misure di carattere generale al fine di impedire il verificarsi di violazioni analoghe (possono essere necessarie, per esempio, l'abrogazione o la modifica di una legge, la procedura di revisione di un processo, il riesame della decisione contestata). È lo stesso Comitato dei ministri, nell'ambito della sua opera di controllo, a valutare il carattere adeguato di tali misure. In caso d'inadempimento, il Comitato esercita nei confronti dello Stato dapprima una pressione politica; poi adotta una risoluzione interlocutoria con cui constata la mancata esecuzione degli obblighi convenzionali, aprendo quindi "un caso". Se la condanna comporta modifiche legislative complesse e lo Stato, in attesa dell'entrata in vigore di tali modifiche (o riforme), adotta i primi provvedimenti di adeguamento, il Comitato può emanare altra risoluzione interlocutoria: prende atto delle misure provvisorie (concludendo che lo Stato ha adempiuto, provvisoriamente, agli obblighi di esecuzione) e aggiorna l'esame della questione. Solo quando il Comitato si ritiene soddisfatto definisce il caso mediante una risoluzione finale, dando atto delle misure adottate e dell'avvenuta esecuzione della sentenza. Qualora lo Stato mantenga, a lungo, il proprio inadempimento, si espone alla possibile contestazione della violazione dei principi fondamentali propri dell'organizzazione proclamati nell'art. 3 dello Statuto del Consiglio d'Europa e può incorrere nelle sanzioni (art. 8) della sospensione dei diritti di rappresentanza e, come ipotesi estrema, dell'espulsione (ipotesi peraltro mai verificatasi nella prassi). Come afferma, invero, lo Statuto (art. 1),

> «[i]l Consiglio d'Europa ha lo scopo di ottenere un'unione più stretta fra i membri per tutelare e promuovere gli ideali e i principi che sono loro comune patrimonio e per favorire il loro progresso economico e sociale»; tale scopo è perseguito «mediante l'esame di questioni d'interesse comune, la conclusione di accordi e lo stabilimento di un'opera comune nel campo economico, sociale, culturale, scientifico, giuridico e amministrativo e mediante la tutela e lo sviluppo dei diritti dell'uomo e delle libertà fondamentali». Precisa quindi l'art. 3 che ogni Stato membro «riconosce il principio della preminenza del Diritto e il principio secondo il quale ogni persona soggetta alla giurisdizione deve godere dei diritti dell'uomo e delle libertà fondamentali. Esso si obbliga a collaborare sinceramente e operosamente al perseguimento dello scopo definito», fra l'altro, nell'art. 1.

L'art. 8 dispone, appunto, che lo Stato che contravviene all'art. 3

> «può essere sospeso dal diritto di rappresentanza e invitato dal Comitato dei ministri a recedere» dal Consiglio *ex* art. 7, e il Comitato può decidere che lo Stato «il quale non ottemperi a tale invito, cessi d'appartenere al Consiglio dal giorno stabilito dal Comitato stesso».

Il Protocollo n. 14, come si è ricordato (una volta che sarà in vigore), fornisce più incisivi poteri al Comitato, quanto all'esercizio dei suoi poteri di controllo ed esecuzione. Esso è infatti leggittimato non solo a chiedere alla Corte, a maggioranza dei due terzi, l'interpretazione di una sentenza, se questa pone difficoltà interpretative, ma a procedere contro lo Stato che rifiuta di dare esecuzione alla sentenza (la decisione è presa con la stessa maggioranza), dopo averlo diffidato ad adempiere. La sentenza che accerti la violazione non comporta sanzioni pecuniarie, ma assume una significativa rilevanza "politica", poiché l'inadempimento contrasta con gli obblighi stessi assunti dallo Stato in quanto membro del Consiglio d'Europa (per qualche analogia, si ricorda il procedimento di infrazione disciplinato dall'art. 228 del Trattato CE).

4.4. *Altre convenzioni ed atti: a) la Convenzione americana; b) la Carta africana; c) la Carta araba.*

a) La Convenzione americana

All'esperienza europea si è direttamente ispirata la Convenzione americana sui diritti dell'uomo, adottata, nel corso della Conferenza interamericana tenutasi a San José di Costa Rica, il 22 novembre 1969 (in vigore dal 18 luglio 1978), a sua volta ispirata alla Dichiarazione americana dei diritti e doveri dell'uomo (adottata nel 1948, non aveva avuto seguito per oltre trent'anni, a causa delle numerose e ricorrenti crisi politiche nei Paesi che l'avevano, appunto, adottata). La Convenzione prevede, come la Dichiarazione, dei "doveri" a carico dell'individuo, essenzialmente "verso la famiglia, la comunità e l'umanità", in ciò differenziandosi non solo dalla *CEDU*, ma anche dagli altri strumenti internazionali umanitari, che non contengono simili previsioni.

Un Protocollo (aperto alla firma nel 1988) estende i diritti protetti ai diritti economici, sociali e culturali, adempiendo alla stessa funzione della Carta sociale, prima ricordata, e riprendendo la tradizionale divisione che contraddistingue i Patti internazionali delle N.U.

Il sistema, che si fonda su una Commissione e una Corte (attiva solo dal 1981) è simile a quello della *CEDU* prima della riforma introdotta con il Protocollo n. 11 (la competenza ad esaminare i ricorsi è della Commissione, poi eventualmente della Corte; se non viene adita, è la Commissione che formula raccomandazioni e indica allo Stato le misure da adottare e il termine entro cui adempiere). L'accesso alla Corte, come in quel sistema, è riconosciuto alla Commissione e agli Stati; una modifica al regolamento interno della Corte (art. 23, in vigore dal 1 giugno 2001) consente, una volta accertata la ricevibilità del ricorso, la partecipazione diretta (*locus standi in judicio*) alle persone vittime della violazione, ai familiari delle stesse e loro rappresentanti, nelle varie fasi della procedura (un rafforzamento del sistema di protezione, a livello istituzionale e a favore dello *jus standi* dell'individuo, viene attualmente perseguito dagli Stati contraenti, il processo in corso essendo simile a quello che ha contraddistinto il sistema di protezione europeo).

b) La Carta africana

Altro sistema di tutela dei diritti fondamentali sviluppatosi a livello regionale è la Carta africana dei diritti dell'uomo e dei popoli, adottata il 27 giugno 1981 (in vigore dal 21 ottobre 1986) sotto l'impulso dell'Organizzazione per l'Unità africana.

La Carta si ispira ai testi convenzionali ricordati, occupandosi in particolare dei diritti dei popoli, e fra questi dell'autodeterminazione, della libera disponibilità delle risorse naturali, dello sviluppo economico, sociale e culturale nonché del diritto ad un ambiente soddisfacente. Il sistema è quello di una Commissione e di una Corte (quest'ultima creata nel 1997 mediante un Protocollo alla Carta, in vigore dal 25 gennaio 2004; il modello cui si ispira è quello interamericano). La competenza *ratione materiae* della Corte è assai vasta, perché può giudicare sulla violazione non solo dei diritti contenuti nella Carta, ma di quelli contenuti in qualunque altro strumento internazionale rilevante, ratificato dagli Stati interessati ovvero da quelli ritenuti responsabili (art. 3, par. 1 e art. 7 Protocollo). I ricorsi degli individui e degli Stati sono rivolti alla Commissione: questa e gli Stati possono adire la Corte, ma anche gli individui, i gruppi di individui, le organizzazioni non governative, aventi *status* consultivo presso la Commissione possono presentare un ricorso alla Corte ma a condizione che lo Stato convenuto ne abbia accettato, con apposita dichiarazione, la competenza (art. 5, par. 3 e art. 34, par. 6 Protocollo).

c) La Carta araba

Un sistema analogo non è invece presente nei Paesi arabi, che pur diedero vita attraverso il Patto della Lega Araba (sottoscritto da Iraq, Egitto, Giordania, Libano, Arabia Saudita, Siria e Yemen) ad un Comitato e, quindi (1968), ad una "Commissione regionale araba permanente dei diritti dell'uomo della Lega Araba", affidandole una funzione di promozione e protezione dei diritti dell'uomo e di coordinamento delle attività intraprese dai Paesi arabi. Nel 1990 venne adottata la "Dichiarazione dei diritti e doveri fondamentali dell'uomo nell'Islam" (che peraltro affermava in più parti la superiorità della religione islamica) e nel 1994 una "Carta araba dei diritti dell'uomo" adottata dalla Lega (mai entrata in vigore, in mancanza di un numero sufficiente di ratifiche da parte degli Stati).

La Carta venne quindi (nel 2004) sostituita da un nuovo testo, di più ampio contenuto e finalità, proponendo un più elevato standard di protezione e un sistema di controllo. Quanto al primo profilo, alcuni limiti e perplessità restano, con riferimento sia al divieto di discriminazioni (per le discriminazioni fra uomo e donna viene assunto come termine di riferimento, fra l'altro, la *charia* islamica, art. 3, lett. *c*; i diritti di riunione, al lavoro, alla sicurezza sociale, all'educazione sono riconosciuti soltanto ai cittadini, artt. 24, lett. *f*, 34, 36, 41); sia al sistema di controllo del rispetto dei diritti (art. 45 ss.). Viene previsto un obbligo degli Stati a presentare dei rapporti al Segretario generale della Lega sulle misure di esecuzione adottate (art. 48); viene istituito un "Comitato arabo dei diritti dell'uomo" che prende in esame tali rapporti e può formulare osservazioni e raccomandazioni: nessun mezzo di ricorso o comunicazione o reclamo è, tuttavia, previsto a favore del singolo, né un meccanismo sanzionatorio a carico degli Stati responsabili di una violazione.

5.1. *La tutela dei diritti dell'uomo nell'Unione e nella Comunità europea.*

Diversamente dagli strumenti convenzionali prima esaminati, l'Unione europea non si pone quale obiettivo la tutela dell'individuo, bensì essenzialmente l'integrazione economica e, progressivamente, politica dei Paesi membri. I trattati istitutivi delle Comunità europee non contenevano, invero, alcuna norma che imponesse alle istituzioni comunitarie e alle parti contraenti l'obbligo di rispettare i diritti fondamentali dell'uomo, ma solo dei principi quali la libera circolazione delle merci, delle persone, dei servizi e dei capitali, il divieto di discriminazione a motivo della nazionalità: principi e libertà strumentali, dunque, alla creazione di un mercato unico. In altre parole, l'individuo non rilevava in quanto persona, ma in quanto "entità economica", essenzialmente quale lavoratore subordinato o autonomo, esercente un'attività economica rilevante in tale mercato.

Il limite di questa impostazione fu ben presto evidente. Poiché, infatti, l'ordinamento comunitario riconosce oltre alla soggettività degli Stati anche quella degli individui, incidendo sullo *status* giuridico di questi, in mancanza di una norma precisa che imponesse il rispetto dei diritti fondamentali della persona umana, i cittadini degli Stati membri erano, in sostanza, privi di tutela nei confronti degli atti comunitari che violavano tali diritti. La Corte di giustizia in una delle sentenze, per così dire, storiche, afferma, quanto alla definizione del sistema e della posizione giuridica degli individui (CG, 5 febbraio 1963, causa 26/62, *Van Gend en Loos*, in *Raccolta*, 23):

> «La comunità costituisce un ordinamento giuridico di nuovo genere nel campo del diritto internazionale, a favore del quale gli Stati hanno rinunziato, anche se in settori limitati, ai loro poteri sovrani, ordinamento che riconosce come soggetti non soltanto gli Stati membri ma anche i loro cittadini».

In altra, non meno rilevante sentenza, di poco successiva, si afferma che gli Stati membri, con l'istituzione di una Comunità dotata di poteri effettivi provenienti da una limitazione di competenza o da un trasferimento di attribuzioni, hanno appunto limitato,

> «sia pure in campi circoscritti, i loro poteri sovrani e creato quindi un complesso di diritto vincolante per i loro cittadini e per loro stessi» (CG, 15 luglio 1964, causa 6/64, *Costa c. Enel*, in *Raccolta*, 1144; sull'orientamento della giurisprudenza comunitaria, nonché italiana in argomento, si veda il Cap. V).

Precisa la Corte, quanto alla tutela dei diritti fondamentali della persona, che essi

> «fanno parte integrante dei principi generali del diritto di cui essa garantisce l'osservanza. La Corte, garantendo la tutela di tali diritti, è tenuta ad ispirarsi alle tradizioni costituzionali comuni degli stati membri e non potrebbe quindi ammettere provvedimenti incompatibili con i diritti fondamentali riconosciuti e garantiti dalle costituzioni di detti stati. I trattati internazionali relativi alla tutela dei diritti dell'uomo, cui gli stati membri hanno cooperato o aderito possono del pari fornire elementi di cui occorre tener conto nell'ambito del diritto comunitario» (CG, 14 maggio 1974, causa 4/73, *Nold*, in *Raccolta*, 491, specialmente punto 13).

La Corte è dunque il garante dei diritti fondamentali, essendo competente a conoscere degli atti delle istituzioni comunitarie nell'esercizio delle loro funzioni (CG, 18 ottobre 1989, causa 374/87, *Orkem*, in *Raccolta*, 3283), degli atti adottati dagli Stati membri per dare attuazione ad un atto comunitario (CG, 13 luglio 1989, causa 5/88, *Wachauf*, in *Raccolta*, 2609) e delle giustificazioni, fondate sul rispetto dei diritti fondamentali, addotte da uno Stato membro per legittimare una misura nazionale altrimenti incompatibile con il diritto comunitario (CG, 18 giugno 1991, causa C-260/89, *ERT*, in *Raccolta*, I-2925). Le Corti costituzionali italiana e tedesca, che avevano ravvisato nel sistema comunitario una possibile lacuna nella tutela dei diritti fondamentali (rispettivamente sentenze n. 183/1973, *Frontini*, in *Giur. cost.*, 1984, I, 314, e 29 maggio 1974, *Solange I*, in *BverfGE*, 37, 271), prendevano atto di tale ruolo garante e della funzione della Corte di giustizia, e limitavano pertanto l'esercizio della rispettiva competenza a quei casi (teorici) in cui l'interpretazione ed applicazione del diritto comunitario sarebbe potuta venire in contrasto con i principi fondamentali dell'ordinamento nazionale o con i diritti inalienabili della persona (Corte cost., sentenza n. 232/1989, *Fragd*, in *Giur. cost.*, 1989, I, 1001; Corte costituzionale tedesca, 22 ottobre 1986, *Solange II*, in *BverfGE*, 73, 339).

Se si esclude un richiamo, nel preambolo dell'Atto unico europeo (adottato nel 1986) alla *CEDU*, alle costituzioni degli Stati membri e alla Carta sociale europea, è con il Trattato sull'Unione europea (Maastricht, 1992) che la tutela dei diritti fondamentali trova espressa enunciazione sul piano normativo, sancendo l'art. F, par. 2 (ora art. 6, par. 2) l'impegno dell'Unione

> «a rispettare i diritti fondamentali quali sono garantiti dalla Convenzione europea dei diritti dell'uomo ... quali risultano dalle tradizioni costituzionali comuni degli Stati membri, in quanto tali principi generali del diritto comunitario».

Il Trattato di Amsterdam (1997, in vigore dal 1° maggio 1999) tra i vari profili innovativi volti a rafforzare la tutela dei diritti fondamentali, modifica l'art. 6 del Trattato UE, introducendo il par. 1 che pone i principi della libertà, democrazia, rispetto dei diritti dell'uomo e delle libertà fondamentali nonché dello stato di diritto a fondamento dell'Unione. L'importanza di tale affermazione è tanto più evidente se correlata a quanto disposto dell'art. 49 del Trattato UE che impone agli Stati che intendono aderire alle Comunità il rispetto di detti principi e degli artt. 7 del Trattato UE e 309 del Trattato CE: essi introducono la possibilità per il Consiglio di constatare e sanzionare, con la sospensione di alcuni diritti, una violazione grave e persistente da parte di uno Stato membro degli stessi principi. Il sistema, così configurato, conferisce al requisito del rispetto della democrazia, della libertà e dei diritti fondamentali un ruolo costituzionale e fondante dell'integrazione comunitaria, sia per gli Stati membri e per quelli che lo diverranno, sia per le istituzioni comunitarie stesse, vincolate, non meno degli Stati, al rispetto dei diritti dell'individuo.

La codificazione di tali diritti si realizza con la "proclamazione" della Carta dei diritti fondamentali dell'Unione da parte del Parlamento europeo, del Consiglio e della Commissione (7 dicembre 2000, in occasione del Consiglio europeo di Nizza). La Carta rappresenta la parte seconda del "Trattato che adotta una

Costituzione per l'Europa" sottoscritto il 29 ottobre 2004 (non in vigore, mancando le ratifiche di tutti gli Stati membri; sull'inclusione della Carta nel Trattato denominato anche "Costituzione europea", dispone l'art. I-9, par. 1). Scopo della Carta, si afferma nel preambolo (pure riprodotto, con alcune modifiche, nella parte II della Costituzione europea), è di rendere «più visibili» e «rafforzare la tutela dei diritti fondamentali alla luce dell'evoluzione della società, del progresso sociale e degli sviluppi scientifici e tecnologici». La Carta infatti (preambolo, 5ª frase)

> «riafferma, nel rispetto delle competenze e dei compiti della Comunità e dell'Unione e del principio di sussidiarietà, i diritti derivanti in particolare dalle tradizioni costituzionali e dagli obblighi internazionali comuni agli Stati membri, dal trattato sull'Unione europea e dai trattati comunitari, dalla convenzione europea per la salvaguardia dei diritti dell'uomo e delle libertà fondamentali, dalle carte sociali adottate dalla Comunità e dal Consiglio d'Europa, nonché i diritti riconosciuti dalla giurisprudenza della Corte di giustizia delle Comunità europee e da quella della Corte europea dei diritti dell'uomo. Il godimento di questi diritti fa sorgere responsabilità e doveri nei confronti degli altri come pure della comunità umana e delle generazioni future».

Quanto ai rapporti con altre fonti, afferma l'art. 52 della Carta, preoccupandosi di coordinare diritto comunitario e *CEDU*, che mentre i diritti riconosciuti dalla Carta

> «che trovano fondamento nei trattati comunitari o nel trattato sull'Unione europea» si esercitano alle condizioni e nei limiti definiti dai trattati stessi» per i «diritti corrispondenti a quelli garantiti dalla convenzione europea per la salvaguardia dei diritti dell'uomo e delle libertà fondamentali, il significato e la portata degli stessi sono uguali a quelli conferiti dalla suddetta convenzione»: pur non essendo precluso, secondo il tradizionale principio di *favor*, «che il diritto dell'Unione conceda una protezione più estesa» (l'art. II-112 della Costituzione europea riproduce, con alcune modifiche, la norma ricordata).

La necessità di una definizione che conferisca certezze quanto al rispetto per tutti (Stati terzi compresi, come dimostra la prassi delle clausole contenute in accordi commerciali, di cooperazione e associazione, che subordinano vantaggi e concessioni al rispetto di detti diritti) appare evidente anche dagli ostacoli incontrati nella prospettata ipotesi di adesione della Comunità alla *CEDU*. Nel parere chiesto dalla Commissione alla Corte di giustizia circa la compatibilità dell'adesione, osserva la Corte che

> «se il rispetto dei diritti dell'uomo costituisce un requisito di legittimità degli atti comunitari si deve tuttavia rilevare che l'adesione alla Convenzione determinerebbe una modificazione sostanziale dell'attuale regime comunitario di tutela dei diritti dell'uomo, in quanto comporterebbe l'inserimento della Comunità in un sistema istituzionale internazionale distinto, nonché l'integrazione del complesso delle disposizioni della Convenzione nell'ordinamento giuridico comunitario» (CG, 28 marzo 1996, parere n. 2/94, in *Raccolta*, I-1759, punto 34).

La Costituzione europea prevede peraltro, come obiettivo, l'adesione alla Convenzione, affermando (art. I-7, par. 2) che l'Unione «persegue l'adesione alla Convenzione», senza comunque modificare «le competenze dell'Unione definite nella Costituzione». In termini analoghi, il Protocollo n. 14 prima ricordato (par. 4.3), prevede espressamente, modificando l'art. 59 della Convenzione, l'adesione dell'Unione europea alla *CEDU*.

Corte di giustizia e Corte europea dei diritti dell'uomo, d'altra parte, hanno competenze ed operano in ambiti diversi, la prima potendo privilegiare, nella valutazione di diritti che vengono in rilievo in una determinata fattispecie, quelli propri del diritto comunitario sostanziale rispetto ai diritti fondamentali: non già valutandoli nel quadro di una gerarchia di diritti (poiché prevarrebbero sicuramente i secondi), ma nell'ambito dell'applicabilità materiale delle norme, trovando applicazione *ratione materiae* quelle specifiche comunitarie, rispetto a quelle generali (ne possono essere un esempio l'applicabilità delle norme sulla libertà di prestazione dei servizi rispetto a quella sulla libertà d'espressione o sul diritto alla vita; le norme sulla libera circolazione dei lavoratori rispetto a quella sulla tutela delle minoranze linguistiche: CG, 29 novembre 1989, causa C-379/87, *Groener*, in *Raccolta*, 3993; 25 luglio 1991, causa C-353/89, *Commissione c. Paesi Bassi*, in *Raccolta*, 4097 e 4 ottobre 1991, causa C-159/90, *The Society for the Protection of Unborn Children c. Grogan*, in *Raccolta*, I-4685).

Anche la giurisprudenza della Corte europea, chiamata a giudicare su atti comunitari presuntivamente in contrasto con la *CEDU*, mette in evidenza la problematicità e delicatezza dei rapporti non solo fra le due Corti, ma fra i due diversi sistemi. Le Comunità, invero, non possono essere chiamate a rispondere avanti alla Corte europea, in mancanza di una loro adesione alla Convenzione, ed è parimenti escluso che a rispondere possa essere l'insieme o complesso di tutti gli Stati membri. La giurisdizione della Corte europea sugli atti della Comunità, e nei confronti della stessa è esclusa, ma i singoli Stati, che hanno adottato l'atto, possono essere chiamati a rispondere singolarmente della violazione delle norme umanitarie (sentenza della Corte europea, 18 febbraio 1999, *Matthews c. Regno Unito*, n. 24833/94, C.E.D.H., *Recueil*, 1999-I; 30 giugno 2005 [GC], *Bosphorus c. Irlanda*, n. 45036/98, C.E.D.H., *Recueil*, 2005-[non ancora pubbl.], richiamando la sentenza *Matthews* e la decisione 9 febbraio 1990, *M & C. c. Repubblica federale di Germania*, n. 13258/87, in *D.R.*, vol. 64, 152 s.). Afferma la Corte che la Convenzione

> «non vieta alle parti contraenti di trasferire dei poteri sovrani ad una organizzazione internazionale (compresa quella sovranazionale) per scopi di cooperazione in determinati ambiti di attività [..] l'organizzazione in questione non può, in quanto non è parte della Convenzione, venire considerata responsabile dei procedimenti instaurati avanti ai propri organi o per gli atti da questi compiuti [..] le parti contraenti sono responsabili ai sensi dell'art. 1 della Convenzione di tutti gli atti od omissioni dei propri organi, derivanti sia dal diritto interno sia dalla necessità di adempiere ad obblighi internazionali» e quindi anche degli obblighi di diritto comunitario, in particolare regolamenti, ai quali lo Stato (Irlanda) si è conformato. Il comportamento dello Stato è giustificato perché l'organizzazione internazionale (Comunità europea) riconosce garanzie sostanziali e processuali, in materia di diritti fondamentali equivalenti: «una protezione almeno equivalente a quella riconosciuta dalla Convenzione», per equivalente intendendosi "comparabile", coerentemente con gli obblighi di cooperazione internazionale propri di un'organizza-

zione sovranazionale quale è la Comunità europea, e degli interessi generali tutelati dall'art. 1 Protocollo n. 1 *CEDU*. La "protezione equivalente" è presunta, ma poiché "deve poter essere esaminata alla luce di qualunque cambiamento pertinente nella protezione dei diritti fondamentali", può essere provato il contrario se "in un caso determinato si ritiene che la protezione dei diritti garantiti dalla Convenzione sia inficiata in modo del tutto evidente". Il ruolo della Convenzione, intesa (sentenza *Loizidou c. Turchia* cit.) come strumento costituzionale dell'ordine pubblico europeo nell'ambito dei diritti dell'uomo, sarebbe tale da farla prevalere sull'interesse della cooperazione internazionale (in questi termini *Bosphorus c. Irlanda* cit., punti 150-156).

I problemi di coordinamento fra i due sistemi, le due Corti in particolare, dovranno essere affrontati una volta che l'Unione deciderà, anche nel più ampio contesto dei rapporti fra Unione e Consiglio d'Europa, di avviare i negoziati di adesione (né la Costituzione europea, né il Protocollo n. 14, tuttavia, sono in vigore; una disamina di tali problemi e prospettive è nel rapporto di J.-C. Juncker, 11 aprile 2006, *Conseil de l'Europe-Union européenne: Une même ambition pour le continent européen*, in <http://www.coe.int>).

Sezione seconda
I tribunali penali internazionali e il controllo giurisdizionale

6.1. *Il ricorso ad organi giurisdizionali internazionali. Le ragioni della loro istituzione.*

La necessità di creare un controllo giurisdizionale sempre più diffuso, quanto alla tutela dei diritti della persona, ha trovato espressione in quel vasto movimento internazionale che ha inteso e intende punire, oltre ai crimini di guerra, il genocidio, i crimini contro l'umanità e quelli contro la pace, ovvero i *crimina* o *delicta juris gentium*, già ricordati.

La creazione di organi giurisdizionali internazionali si è imposta sia per la gravità dei crimini commessi (in particolare durante la seconda guerra mondiale), sia per l'inadeguatezza degli organi nazionali di porre in essere un'efficace azione repressiva. I Tribunali di Norimberga e di Tokyo sono gli esempi più significativi di organi giurisdizionali internazionali, istituiti in un particolare momento storico, per volontà delle potenze vincitrici della seconda guerra mondiale, con lo scopo di giudicare i crimini perpetrati dai tedeschi (nei territori occupati) e dai giapponesi (in Estremo Oriente). Il carattere internazionale di detti organi deriva dall'essere stati istituiti con accordo internazionale da parte delle potenze vincitrici (Francia, Regno Unito, Stati Uniti, Unione sovietica), rappresentando organi comuni alle stesse, non già organismi autonomi quali i più recenti, promossi dalle Nazioni Unite (di cui si dirà poco oltre).

Il tribunale con sede a Norimberga fu istituito l'8 agosto 1945 con l'*Agreement for the Prosecution and Punishment of Major War Criminals of the European Axis*; l'accordo fu ratificato, in seguito, da altri diciannove Stati. Il tribunale di Tokio fu istituito il 19 gennaio 1946 con il trattato *International Military Tribunal for the Far East*: (a) *Establishment of an International Military Tribunal for the Far East*; (b) *the Charter of the International Military Tribunal of the Far East.* I processi si svolsero dopo un'attività istruttoria compiuta da commissioni d'inchiesta.

I tribunali internazionali di guerra giudicavano su reati non tradizionalmente compresi fra i crimini di guerra, gli atti istitutivi prevedendo la competenza anche per i crimini contro l'umanità e la pace, estendendosi, così, la competenza sia a fatti commessi prima dell'inizio delle ostilità belliche, sia a comportamenti criminali tenuti contro la popolazione, non già (soltanto) contro i nemici. Veniva insomma affermata la responsabilità penale dell'individuo nei confronti della Comunità internazionale, i comportamenti dell'individuo venendo repressi e puniti indipendentemente dalla qualità di organo di Stato rivestita dallo stesso. Come affermò il Tribunale di Norimberga

> «i crimini contro il diritto internazionale sono commessi da uomini, non da entità astratte, e solo punendo gli individui che commettono quei crimini, le prescrizioni di diritti internazionale possono essere fatte rispettare» (cfr. la sentenza, e gli atti del processo, in <http://www.yale.edu/lawweb/avalon/imt/proc/>).

Il principio fu ribadito dall'Assemblea generale delle N.U. con la risoluzione dell'11 dicembre 1946, nota, appunto, come "affermazione dei principi di Norimberga" e ricordata anche come logico e storico presupposto della risoluzione del 19 dicembre 1948 che dava mandato alla Commissione per la codificazione del diritto internazionale di individuare la possibilità di creare una Corte penale internazionale e di predisporre una codificazione di norme sui comportamenti ed atti pregiudizievoli per la pace e la sicurezza internazionale. Successivamente (1951 e 1954), vennero predisposti un progetto di statuto per un tribunale penale internazionale e un progetto di codice delle violazioni contro la pace e la sicurezza del genere umano (U.N. Doc. A/2136 [1952] e U.N. Doc. A/2693 [1954]); solo nel 1992 l'Assemblea generale, con ris. n. 47/33 del 25 novembre, riprese le iniziative in proposito, dando mandato alla stessa Commissione di redigere uno statuto per la istituzione di una Corte penale internazionale, fissando, con ris. n. 48/31 del 9 dicembre 1993 un termine (luglio 1994) per la conclusione dei lavori (era stato, intanto, costituito il tribunale *ad hoc* per giudicare dei crimini commessi nella ex Jugoslavia, come si dirà poco oltre).

6.2. *I tribunali penali internazionali.*

In epoca più recente, promossi dalle Nazioni Unite, sono stati creati organi giurisdizionali con competenze specifiche ovvero di carattere generale (v. anche *supra*, Cap. IX, par. 10.2).

Quanto ai primi, si ricordano il Tribunale penale internazionale per la ex Jugoslavia e quello per il Ruanda. In virtù delle risoluzioni del Consiglio di sicurezza n. 827 (1993) e n. 955 (1994), fondate sul capitolo VII dello Statuto delle N.U., al primo Tribunale, con sede all'Aja, veniva affidato il compito di giudicare le persone responsabili di gravi violazioni del diritto internazionale umanitario (infrazioni gravi alle Convenzioni di Ginevra, violazioni alle leggi e alle consuetudini di guerra, genocidio, crimini contro l'umanità) commesse nel territorio della ex Jugoslavia a partire dal gennaio 1991; al secondo, con sede ad Arusha, il compito di giudicare le persone responsabili dei crimini commessi durante la guerra civile nel territorio del Ruanda tra il 1° gennaio 1994 e il 31 dicembre 1994.

Ai due tribunali *ad hoc* se ne sono aggiunti altri, in epoca più recente, che si propongono di accertare la responsabilità penale individuale in determinate aree e con riferimento a specifiche situazioni: il loro carattere "internazionale" varia a seconda che siano istituiti in virtù di un trattato internazionale, abbiano componenti designati da organi internazionali (o anche da organi nazionali, dando origine a tribunali di composizione mista); siano istituiti da Amministrazioni internazionali.

Si ricordano in proposito la Corte speciale per la Sierra Leone, con sede a Freetown, istituita in virtù di un accordo fra le Nazioni Unite e il Governo di questo Paese nel 2002. La competenza è duplice, poiché si deve pronunciare sia sulle gravi violazioni del diritto internazionale umanitario, sia sulla violazione delle leggi di detto Paese, commesse durante la guerra civile (a partire dal 30 novembre 1996); la composizione è mista, i giudici essendo nominati in parte dal Segretario generale delle Nazioni Unite, in parte dal Governo della Sierra Leone (sulle caratteristiche di tale Corte, si veda la pronuncia della stessa, Camera d'appello, 31 maggio 2004, *Taylor*, par. 37 ss. nel procedimento instaurato contro un ex Capo di Stato della Liberia, imputato per crimini di guerra e contro l'umanità, in <*http://www.sc-sl.org/*>).

Un altro tribunale con elementi di internazionalità, perché istituito in virtù di un accordo, stipulato nel 1998 fra Libia, Regno Unito, Stati Uniti, e perché oggetto di una risoluzione del Consiglio di Sicurezza delle N.U. (n. 1992 [1998], che chiedeva a tutti gli Stati di cooperare per l'istituzione del tribunale e per la sua operatività) è quello creato, all'Aja, per il caso *Lockerbie*. Composto da giudici scozzesi, ha giudicato, in base alla legge scozzese, sull'attentato compiuto da agenti del Governo libico, che causò l'esplosione dell'aereo della Pan American in volo sopra la città di Lockerbie, in Scozia.

In altri casi, per prevenire crimini di guerra e contro l'umanità, sono stati creati degli organi da parte di Amministrazioni transitorie istituite dalle Nazioni Unite, come a Timor Est e in Kosovo. Ai giudici dei tribunali nazionali sono stati affiancati dei giudici stranieri, designati da tali Amministrazioni, con il compito di giudicare sui crimini applicando il diritto internazionale e quello interno dello Stato. A prescindere dalla forma (*panel* presso le corti nazionali per il Timor Est; organo giudiziario locale per il Kosovo) la caratteristica prevalente sembra nazionale, pur presentando, appunto, elementi di internazionalità.

L'istituzione dei tribunali penali internazionali rappresenta un importante sviluppo del diritto umanitario e del diritto penale internazionale.

Nell'ordinamento internazionale trova attuazione, per la prima volta, una concreta sottrazione di sovranità allo Stato, alla sua potestà punitiva sugli individui mediante l'esercizio della giurisdizione (fondata sulla territorialità dei crimini, sulla cittadinanza degli imputati e su quella delle vittime), estesa, solo in casi limitati, in senso universale nei confronti di autori di crimini ovunque commessi. Gli Stati hanno, insomma, riconosciuto la necessità di sottoporre a processo "internazionale" gli autori di gravi crimini creando organismi *ad hoc* cui trasferire la propria, originaria funzione giurisdizionale, impegnandosi a cooperare con detti organismi (garantendone l'insediamento, l'organizzazione, il funzionamento, nonché il riconoscimento ed esecuzione di provvedimenti e sentenze) affinché l'esercizio di tale funzione sia effettiva.

6.3. *In particolare, la Corte penale internazionale.*

L'istituzione della Corte penale internazionale si colloca in questo positivo processo di trasformazione della giurisdizione penale. La lunga gestazione di un progetto per istituire una corte penale internazionale (a partire dal 1946, come si è ricordato) è la prova delle difficoltà di trovare il consenso sulla creazione di un organo giurisdizionale con competenze generali o "universali". Lo Statuto della Corte (adottato il 17 luglio 1998, in vigore dal 1 luglio 2002) definisce la Corte come istituzione permanente, avente una giurisdizione di carattere generale; essa, precisamente, giudica sui «crimini più gravi nel contesto internazionale» (art. 1), riguardanti «la Comunità internazionale nel suo insieme» (art. 5). Si tratta dei crimini internazionali dell'individuo, quali il genocidio, i crimini contro l'umanità, i crimini di guerra, l'aggressione (artt. 5-8 dello Statuto, che rappresentano, invero, la codificazione della prassi formatasi a seguito dell'istituzione dei Tribunali militari di Norimberga e Tokyo).

Al crimine di genocidio è dedicata una norma *ad hoc*, l'art. 6, distinta dai crimini contro l'umanità definiti nell'art. 7 (si tratta di undici fattispecie, indicate al par. 1 come «uno qualsiasi dei seguenti atti commessi internazionalmente nell'ambito di un attacco a vasto raggio o sistematico diretto contro qualsiasi popolazione civile»). La definizione di genocidio è quella contemplata nella Convenzione di New York del 1948 per la prevenzione e la repressione del crimine di genocidio. L'art. 8 prevede i crimini di guerra (quattro categorie; precisa il par. 1 che la giurisdizione è esercitata «in particolare quando [i crimini] siano commessi come parte di un piano, di una politica o della commissione su vasta scala di tali crimini»). Quanto all'aggressione (art. 5) l'esercizio della giurisdizione è rinviato a quando la nozione di aggressione sarà definita mediante la procedura di emendamento (art. 121, che prevede la possibilità per uno Stato di presentare emendamenti dopo sette anni dalla data di entrata in vigore dello Statuto) o tramite una conferenza di revisione (art. 123; la conferenza è convocabile dal Segretario generale delle N.U. sette anni dopo l'entrata in vigore dello Statuto). Sono invece esclusi dalla giurisdizione alcuni crimini, definiti *treaty crimes*, quali i crimini consistenti in atti di terrorismo e di traffico illecito di stupefacenti, ritenendo che la cooperazione internazionale per la repressione di tali reati sia già efficacemente prevista in trattati internazionali (ma un diverso orientamento, specie alla luce degli episodi più recenti di terrorismo, intenderebbe qualificare gli atti terroristici come *crimina juris gentium*).

La Corte ha, come si è detto, una competenza generale, distinta da quella dei tribunali *ad hoc*, che mantengono comunque la loro competenza specifica. Essa esercita, diversamente da detti tribunali, una competenza «complementare» rispetto a quella di un tribunale nazionale (in questi termini l'art. 1 e il decimo considerando del preambolo), potendo cioè giudicare solo quando questo «non intenda o sia effettivamente incapace di svolgere correttamente l'indagine o di iniziare il processo» (art. 17, lett. *a*). Pur nella difficoltà di determinare quando i tribunali interni, alla luce dei «principi del giusto processo riconosciuti dal diritto internazionale» (art. 17, par. 2), si sottraggano all'obbligo di giudicare l'individuo (per esempio proteggendolo o ritardando lo svolgimento delle procedure) e non consentano, quindi, l'esercizio della giurisdizione da parte della Corte, non v'è dubbio che l'impunità è in qualunque modo esclusa (anche nell'ipotesi in cui uno Stato, avvalendosi della disposizione transitoria dell'art. 124, dichiarasse di non accettare la giurisdizione della Corte per un periodo di sette anni, è lo Stato stesso a dover esercitare la giurisdizione per quel periodo). I tribunali *ad hoc* hanno invece la «precedenza» sui tribunali nazionali, che debbono astenersi dal giudicare se viene richiesto loro il trasferimento del processo (artt. 9 e 8 dello Statuto del Tribunale per la *ex* Jugoslavia e di quello per il Ruanda).

Vari sono i limiti posti all'esercizio della giurisdizione: essi discendono dall'applicabilità dello Statuto ai crimini commessi dopo la sua entrata in vigore; dall'essere stati commessi dai cittadini di Stati che ne sono parte o nel territorio degli stessi; dall'essere avviato e promosso, il procedimento, su iniziativa di uno Stato parte ovvero del Consiglio di sicurezza (operante in base al capitolo VII dello Statuto delle N.U.) che "sottopongono una situazione" al Procuratore presso la Corte; dalla necessità che il Procuratore, il quale proceda, invece, d'ufficio avviando le indagini (art. 13), sia autorizzato a procedere da parte della Camera preliminare (art. 15, nonché artt. 34 e 39).

Limiti sono rappresentati, ancora, dal non potersi celebrare il processo in contumacia dell'imputato (art. 63; a questi, invero, è tuttavia riconosciuta una situazione di maggior garanzia rispetto a regole processuali di ordinamenti nazionali) e dal potere di "blocco" delle indagini e dell'azione penale da parte del Consiglio di Sicurezza che (con una risoluzione adottata ai sensi del capitolo VII dello Statuto delle N.U.) può chiedere alla Corte di non iniziare, o proseguire il procedimento per la durata di dodici mesi (art. 16; la richiesta è rinnovabile alla scadenza). Possono, così, determinarsi situazioni di conflitto fra Corte e Consiglio di sicurezza, anche su iniziativa di un membro permanente che non abbia ratificato lo Statuto, quale in particolare gli Stati Uniti, che non accettano la giurisdizione della Corte, al punto che, pur apposta la firma allo Statuto, ne hanno deciso il ritiro il 6 maggio 2002, e al fine di evitare che gli appartenenti alle proprie forze armate impegnate in operazione di *peacekeeping* potessero essere consegnati dagli Stati, parti dello Statuto, alla Corte per essere processati, si sono attivati nel concludere accordi bilaterali con vari Stati (in base all'art. 98 dello Statuto) per evitare tale conseguenza.

> Un atteggiamento critico nei confronti degli Stati Uniti è stato peraltro espresso sia dal Consiglio affari generali e relazioni esterne dell'Unione europea, conclusioni del 30 settembre 2002, con allegati i principi di orientamento per gli Stati membri su proposte di accordi o intese circa le condizioni di consegna di persone alla Corte, in <*http://ue.eu.int/pesc*> (si veda anche la posizione comune 2003/444/PESC del Consiglio del 16 giugno 2003 sulla Corte penale internazionale, in *GUUE* L 150 del 18 giugno 2003); sia dall'Assemblea parlamentare del Consiglio d'Europa, risoluzione 1336 (2003) del 25 giugno 2003 in <*http://assembly.coe.int*>. L'Unione europea, per consolidare la propria collaborazione, ha concluso un accordo di cooperazione e di assistenza con la Corte penale, approvato con decisione del Consiglio del 10 aprile 2006 (2006/313/PESC), in *GUUE* L 115 del 28 aprile 2006.

Malgrado i limiti, il risultato conseguito è di importante e significativo rilievo per l'affermazione di quei principi che "giurisdizionalizzano" il diritto penale internazionale e la tutela internazionale dei diritti dell'uomo, e che dovrebbero trovare riscontro nell'attività esercitata dalla Corte (sono state finora avviate dal Procuratore tre indagini su situazioni verificatisi nella Repubblica democratica del Congo, in Uganda e nel Sudan-Darfur; un arresto è stato eseguito per fatti commessi nel primo Paese; riferimenti e altri dati in proposito sono in <*http://www.icc-cpi.int/cases.html*>).

6.4. *Il ricorso ad organi giurisdizionali nazionali.*

Gli organi giurisdizionali internazionali si propongono di realizzare obiettivi non diversi da quelli nazionali che perseguono i crimini internazionali contro l'umanità in virtù del principio di universalità della giurisdizione penale. Proprio in considerazione della natura di tali crimini, della rilevanza, più volte sottolineata, della responsabilità dell'individuo, l'azione penale può essere esercitata anche in assenza dei criteri tradizionalmente previsti, *in primis* quello della commissione del reato nel territorio dello Stato del giudice procedente (per alcuni rilievi sulla applicazione ed effetti "extraterritoriali" delle norme internazionali sulla protezione dei diritti dell'uomo, si veda il parere della CIG *Conseguenze giuridiche*, cit., par. 111 ss.).

Quando i fatti penalmente rilevanti sono di carattere universale, trascendendo gli interessi del singolo Stato (si veda la sentenza *Tadic*, cit., par. 42) ovvero si tratta di crimini internazionali, il diritto consuetudinario attribuisce agli Stati la facoltà di agire, pur in assenza di qualsiasi altro collegamento. Alcuni Stati hanno fatto proprio tale principio, affermando con leggi interne l'universalità della giurisdizione penale per i *crimina juris gentium*: così, fra gli altri, il Belgio (legge 16 giugno 1993 che, novellata con legge 10 febbraio 1999, ha esteso la giurisdizione al genocidio e ai crimini contro l'umanità; successivamente, tuttavia, la c.d. competenza universale è stata ristretta, con legge 5 agosto 2003, subordinandola a vari criteri); la Francia (legge 92-682 del 22 luglio 1992, per i crimini contro l'umanità e il genocidio); il Regno Unito (*War Crimes Act* 1991 relativamente ai crimini di guerra, ma con limitazioni spaziali e temporali).

Il criterio dell'universalità della giurisdizione penale può tuttavia subire limiti, di carattere convenzionale, come quello della presenza sul territorio nazionale del presunto criminale: l'art. 5 della Convenzione di New York del 1984 contro la tortura prevede, quale condizione, la presenza nel territorio dello Stato e la mancata estradizione da parte di questo verso altro Stato (la presenza è richiesta anche dall'art. 64, par. 1 dello Statuto della Corte penale internazionale; per una definizione di tale crimine, quella contenuta nella Convenzione corrispondendo al diritto internazionale consuetudinario, cfr. la sentenza del Tribunale penale per la *ex* Jugoslavia, Camera d'appello, 12 giugno 2002, *Kunarac*, par. 146, sito cit.). Altro limite può essere la qualità della persona, protetta dall'immunità qualora sia un Capo di Stato o di Governo o un Ministro.

La più recente giurisprudenza interna e internazionale è tuttavia orientata ad escludere l'esenzione dalla giurisdizione penale a fronte di atti gravemente lesivi della dignità della persona: in questi termini la *House of Lords* che consentì l'estradizione di Pinochet, Capo di Stato cileno, accusato di aver organizzato e ordinato atti di tortura (sentenza 24 marzo 1999, in *Int. Legal Mat.*, 1999, 581). La sentenza è, invero, richiamata dalla Corte internazionale di giustizia (sentenza 14 febbraio 2002, *Congo c. Belgio*, in *C.I.J., Recueil*, 2002, par. 56) ove si distinguono i casi in cui è ammessa, o non, l'immunità dalla giurisdizione penale; la sentenza della Corte è, a sua volta, richiamata dal Tribunale costituzionale spagnolo (2ª sezione, sentenza del 26 settembre 2005, n. 237, in <*http://www.tribunalconstitucional.es/*>) che ha affermato la giurisdizione universale dei giudici spagnoli per crimini (genocidio, torture, terrorismo) commessi all'estero, in cui le vittime non erano cittadini spagnoli (nella specie i crimini erano stato commessi in Guatemala, contro gli "indios maya").

> La tesi del Belgio, le cui autorità avevano emesso un ordine di arresto nei confronti del Ministro degli esteri del Congo, secondo la quale sussisterebbe un'eccezione alla regola dell'immunità nei casi di crimini di guerra contro l'umanità, non viene accolta dalla Corte (par. 47 ss.; la legge belga del 5 agosto 2003 cit. tiene conto della sentenza, prevedendo espressamente l'immunità), non esistendo una norma di diritto consuetudinario in tal senso, prevista invece negli strumenti istitutivi di tribunali penali internazionali, quali i tribunali di Norimberga, di Tokio, per la ex Jugoslavia, per il Ruanda, nonché la Corte penale. Afferma, d'altra parte, l'Institut de droit international, risoluzione del 26

agosto 2001 sull'immunità dalla giurisdizione e dall'esecuzione dei capi di Stato e di Governo nel diritto internazionale, che «in materia penale, il Capo di Stato beneficia dell'immunità di giurisdizione avanti al Tribunale di uno Stato straniero per qualunque atto abbia commesso, quale che sia la gravità», ma la regola non vale quando trovano applicazione le specifiche disposizioni contenute negli statuti dei tribunali penali internazionali e della Corte penale internazionale (cfr. *Rev. gén. dr. int. publ.*, 2001, 1086).
In altra risoluzione, del 26 agosto 2005, l'Institut de droit international detta alcuni principi sulla competenza universale in materia penale per quanto riguarda il crimine di genocidio (la risoluzione in <*http://www.idi-iil.org/*> è espressamente ricordata dal Tribunale costituzionale spagnolo, sentenza cit.).

L'universalità della giurisdizione civile, sussistendo le medesime gravi violazioni, è stata affermata dalla giurisprudenza statunitense, estendendo, quindi, la valutazione già espressa quanto alle iniziative penali (sull'illecito e la responsabilità internazionale in generale, si rinvia al Cap. VIII). Nel caso *Filàrtiga v. Peña-Irala*, divenuto *leading-case*, una Corte federale degli Stati Uniti ha ritenuto la propria giurisdizione per un'azione di risarcimento danni intentata dai familiari di un giovane dissidente, torturato e ucciso in Paraguay da un agente dei servizi di sicurezza, riconosciuto mentre soggiornava negli Stati Uniti: la Corte, richiamando anche la Dichiarazione universale dei diritti dell'uomo, ha affermato di poter esercitare la propria giurisdizione in quanto la tortura doveva ormai ritenersi una violazione del diritto consuetudinario ed il torturatore assimilato a un *hostis humani generis* (U.S. Court of Appeals, Second Circuit, 30 ottobre 1980, in *Int. Legal Mat.*, 1980, 966; in questi termini, fra le altre, della stessa Corte, 13 giugno 1995, *Kadic v. Karadžić*, in *Int. Legal Mat.*, 1995, 1592; sulla definizione di tortura si veda la sentenza del Tribunale penale per la *ex* Jugoslavia, Camera d'appello, *Kunarac*, cit.).

> La giurisdizione statunitense veniva affermata in base all'*Alien Tort Statute*, e cioè una legge nazionale che consente un'azione civile di risarcimento: alcune cittadine musulmane della Bosnia-Erzegovina avevano intentato l'azione per gli stupri e le torture subite in occasione della "pulizia etnica" operata dalle forze paramilitari serbe, essendone responsabile l'allora presidente della Repubblica serbo-bosniaca Karadžić. Questi fu condannato (in contumacia), la tesi dell'immunità giurisdizionale venendo respinta.

La mancanza di titoli tradizionali di giurisdizione non è dunque d'ostacolo, per gli organi giurisdizionali nazionali, nel tutelare i diritti dell'individuo, in base a norme tanto internazionali quanto interne, in un contesto che vede affermati, invero, gli stessi valori fatti propri dai tribunali internazionali.

7.1. *Diritti dell'uomo, giustiziabilità e sovranità dello Stato: considerazioni finali.*

La necessità di perseguire le violazioni dei diritti dell'uomo trova espressione, come si è ricordato, sia negli strumenti più recenti che creano organi di giustizia penale internazionale con il compito di giudicare sulla responsabilità personale dell'individuo, sia nel riconoscere ai giudici nazionali la legittimità ad esercitare la giurisdizione nell'interesse della Comunità internazionale.

La finalità umanitaria è anche invocata per giustificare ingerenze o interventi (anche armati), per prevenire o reprimere le violazioni dei diritti umani. La legittimità del c.d. intervento umanitario, al fine di proteggere la vita delle persone e i loro diritti essenziali, o al fine di prevenire o far cessare le gravi violazioni commesse da uno Stato, è invero oggetto di discussione, con riferimento, in particolare, a quelle norme della Carta delle N.U. che vietano l'uso della forza, salvo eccezioni (art. 2, par. 4 e art. 51; sul carattere cogente di tali norme e la discussione sul tema in generale si rinvia al Cap. IX). Le azioni terroristiche compiute, in epoca più recente, da organizzazioni, sostenute o finanziate, pur indirettamente, da Stati, ripropone il problema non solo in termini teorici, ma pragmatici: la "globalizzazione" dell'attuale società internazionale ha profondamente mutato la Comunità internazionale stessa nella sua struttura, nelle relazioni fra Stati, individui, gruppi, enti, organizzazioni (su tale fenomeno, anche con riferimento al terrorismo e al diritto umanitario, si veda il Cap. I).

> Le misure adottate per combattere il terrorismo, come il congelamento dei beni dei "talibani" o da questi controllati, e la rilevanza, in proposito, delle norme di diritto internazionale di carattere imperativo nonché la prevalenza delle stesse sulle norme di diritto comunitario adottate per dare attuazione alle prime, sono state oggetto di esame da parte del Trib. primo grado delle Comunità europee, sentenza del 21 settembre 2005, causa T-306/01, *Yusuf* e causa T-351/01, *Kadi*, *Raccolta*, p. II-in corso di pub., spec. punti 231, 234, 279-282 (ricordando, sulle norme di *jus cogens*, il parere della CIG sulla *Liceità*, cit.), 296-298, più recentemente confermate da Trib., 12 luglio 2006, causa T-253/02, *Ayadi*, *Raccolta*, p. II-in corso di pub.

In tale contesto la tutela dei diritti dell'individuo è divenuta, sempre più, tema centrale del diritto internazionale, le forme e modi di pregiudizio o attacco essendosi evolute, insieme alla trasformazione della Comunità internazionale e del suo assetto giuridico e politico.

Malgrado la rilevanza assunta dagli strumenti internazionali per la garanzia dei diritti della persona, attraverso gli organi giurisdizionali che ne assicurano la giustiziabilità, e malgrado l'orientamento favorevole già ricordato (par. 1.1), la personalità internazionale dell'individuo è, ancor oggi, da escludere.

I dati della prassi possono suggerire soluzioni nuove e diverse, come quella di una personalità limitata (circoscritta o peculiare, si è ricordato al par. 1.1) o non ancora affermata ma in corso di formazione. Si tratta di orientamenti che tengono conto di una varietà di elementi: fra questi la sempre maggior incidenza dei diritti dell'uomo e la limitazione o "erosione" della sovranità dello Stato; il riconoscimento di garanzie giurisdizionali a favore dell'individuo; il regionalismo diffuso e incisivo soprattutto a livello europeo.

Il "nuovo" e il "diverso", non sufficienti ad affermare la soggettività internazionale dell'individuo, consentono tuttavia di affermare l'esistenza di linee evolutive, di cui gli orientamenti indicati sono espressione, fornendo prospettive differenti seppur compatibili in una Comunità internazionale ove tradizione ed evoluzione, continuamente, si confrontano.

Bibliografia essenziale (per i riferimenti ai principali manuali si veda la *"Bibliografia generale"*, p. 527 ss.)

a) Sulla *personalità e condizione giuridica dell'individuo*: G. SPERDUTI, *L'individuo nel diritto internazionale*, Milano, 1950; A. CASSESE, *Individuo (diritto internazionale)*, in *Enc. dir.*, XXI, Milano, 1971, p. 184 ss.; R. BARBOZA, *The International Personality of the Individual*, in *Studi in onore di Giuseppe Sperduti*, Milano, 1984, p. 375 ss. e *International Criminal Law*, in *Recueil des Cours*, 1999, t. 278, p. 9 ss.; G. ARANGIO-RUIZ, M. LUCILLA, E. TAU ARANGIO-RUIZ, *Soggettività nel diritto internazionale*, in *Digesto, Disc. pubbl.*, XIV, 1999, pp. 299, 342 ss. e precedentemente, fra le altre, del primo Autore, *Gli enti soggetti dell'ordinamento internazionale*, Milano, 1951, specialmente p. 250 ss. nonché *Stati e altri enti: soggettività internazionale*, in *Nov.mo Digesto it.*, XVIII, Torino, 1971, p. 132 ss.; A.F. SATCHIVI, *Les sujets de droit. Contribution à l'étude de la reconnaissance de l'individu comme sujet direct du droit international*, Paris, 1999; U. LEANZA, *Il diritto internazionale. Da diritto per gli Stati a diritto per gli individui*, Torino, 2002, p. 105 ss.

b) Sul *diritto umanitario* e il *diritto bellico* (convenzioni dell'Aja e di Ginevra): H. MC COUBREY, *International Humanitarian Law*, 2nd ed., Aldershot, 1998; E. DAVID, *Principes de droit des conflits armés*, 3e éd., Bruxelles, 1999; E. GREPPI, *I crimini di guerra e contro l'umanità nel diritto internazionale*, Torino, 2001; U. LEANZA, *Il diritto internazionale*, cit., p. 278 ss.; N. RONZITTI, *Diritto internazionale dei conflitti armati*, 3^a ed., Torino, 2006.

c) Sul *trattamento dello straniero, con particolare riferimento al diritto umanitario*: R.B. LILLICH, *Duties of States Regarding the Civil Rights of Aliens*, in *Recueil des Cours*, 1978, III, p. 339 ss. e *The Human Rights of Aliens in Contemporary International Law*, Manchester, 1984; F. CAPOTORTI, *Incidenza della condizione di straniero sui diritti dell'uomo internazionalmente protetti*, in *Studi in onore di Giuseppe Sperduti*, Milano, 1984, p. 460 ss.; B. NASCIMBENE, *Il trattamento dello straniero nel diritto internazionale ed europeo*, Milano, 1984 e *Straniero nel diritto internazionale*, in *Digesto, Disc. pubbl.*, 4^a ed., XV, Torino, 2000, p. 179 ss.; U. VILLANI, *I diritti degli stranieri negli atti internazionali sui diritti dell'uomo*, in *Studi sen.*, 1987, p. 126 ss.; più recentemente C. TIBURCIO, *The Human Rights of Aliens under International and Comparative Law*, The Hague-Boston, 2001 e sugli sviluppi in corso F. MORRONE, *Le attività del relatore speciale ONU per i diritti dei migranti*, in *Com. int.*, 2005, p. 755 ss; C. FAVILLI, B. NASCIMBENE, *Straniero (tutela internazionale)*, voce in *Dizionario di diritto pubblico*, VI, Milano, 2006, p. 5800 ss. Sui profili generali della *protezione diplomatica*: S. BARIATTI, *L'azione internazionale dello Stato a tutela dei non cittadini*, Milano, 1993 e della stessa *Protezione diplomatica*, in *Digesto, Disc. pubbl.*, 4^a ed., XII, Torino, 1997, p. 144 ss.; sugli sviluppi in epoca più recente L. CONDORELLI, *La protection diplomatique et l'évolution de son domaine d'application*, in *Riv. dir. int.*, 2003, p. 5 ss.; G. GAJA, *Droits des Etats et droits des individus dans le cadre de la protection diplomatique*, in F. FLAUSS (dir.), *La protection diplomatique. Mutations contemporaines et pratiques nationales*, Bruxelles, 2003, p. 63 ss. e *ivi*, p. 29 ss., dello stesso F. FLAUSS, *Vers un aggiornement des conditions d'exercice de la protection diplomatique*; P. PUSTORINO, *Recenti sviluppi in tema di protezione diplomatica*, in *Riv. dir. int.*, 2006, p. 68 ss.

d) Sulla *protezione internazionale dei diritti dell'uomo*, in generale, sul *sistema delle N.U.* e la *protezione disposta da strumenti internazionali, anche a livello regionale*: J. CRAWFORD, *The Rights of Peoples*, Oxford-New York, 1992; AA.VV., *Il sistema universale dei diritti umani all'alba del XXI secolo* (Convegno SIOI), Roma, 1999; P. ALSTON, J. CRAWFORD, *The Future of UN Human Rights Treaty Monitoring*, Cambridge, 2000; A. DI STASI, *Diritti umani e sicurezza regionale*, Napoli, 2000 e della stessa *Il sistema americano dei diritti umani*, Torino, 2004; F. SUDRE, *Droit international et européen des droits de l'homme*, Paris, 2001; R. PROVOST, *International Human Rights and Humanitarian Law*, Cambridge-New York, 2002; C. ZANGHÌ, *La protezione internazionale dei diritti dell'uomo*, Torino, 2002; A. CASSESE, *I diritti umani oggi*, 2ª ed., Bari, 2006; i vari contributi in L. PINESCHI (a cura di), *La tutela internazionale dei diritti umani*, Milano, 2006. Quanto alle *garanzie per la protezione dei diritti*, in particolare: F. LATTANZI, *Garanzie dei diritti dell'uomo nel diritto internazionale generale*, Milano, 1983. Sulla *protezione a livello regionale*: C. ZANGHÌ, *La protezione*, cit., pp. 295, 335 ss.; A. SACCUCCI, *Il Protocollo istitutivo della Corte africana dei diritti dell'uomo e dei popoli: un primo confronto con le altre Corti regionali*, in *Riv. dir. int.*, 2004, p. 1036 ss.; C. ZANGHÌ, R. BEN ACHOUR (a cura di), *La nouvelle Charte arabe des droits de l'homme*, Torino, 2004. Sulla *Convenzione europea dei diritti dell'uomo*: S. BARTOLE, B. CONFORTI, G. RAIMONDI (a cura di), *Commentario alla Convenzione europea dei diritti dell'uomo e delle libertà fondamentali*, Padova, 2001; M. DE SALVIA, *La Convenzione europea dei diritti dell'uomo*, 3ª ed., Napoli, 2001 e dello stesso *Compendium della CEDU*, Napoli, 2000; B. MENSAH, *European Human Rights Case Summaries 1960-2000*, London, 2002; V. BERGER, *Jurisprudence de la Cour Européenne des Droits de l'Homme*, 9ᵉ éd., Paris, 2004; G. RAIMONDI, *Il Consiglio d'Europa e la Convenzione europea dei diritti dell'uomo*, Napoli, 2005; B. NASCIMBENE, *Le Protocole n° 14 à la Convention européenne des droits de l'homme à la lumière de ses travaux préparatoires*, in *Rev. trim. droits homme*, 2006, p. 531 ss.

e) Sulla *tutela dei diritti fondamentali nell'Unione europea*, la *Carta* e *l'adesione alla Convenzione europea dei diritti dell'uomo*: P. ALSTON (sous la direction de, avec le concours de M. BUSTELO, J. HEENAN), *L'Union Européenne et les Droits de l'Homme*, Bruxelles, 2001; L.S. ROSSI (a cura di), *Carta dei diritti fondamentali e Costituzione europea*, Milano, 2002; P. CRAIG, G. DE BÚRCA, *EU Law*, 3ʳᵈ ed., Oxford, 2003, spec. pp. 317, 358 ss.; A. BULTRINI, *La pluralità dei meccanismi di tutela dei diritti dell'uomo*, Torino, 2004.

f) Sui *tribunali penali internazionali* e *l'esercizio della giurisdizione da parte degli organi nazionali*: F. LATTANZI, E. SCISO (a cura di), *Dai Tribunali penali ad hoc ad una Corte permanente*, Napoli, 1996; C. BASSIOUNI, *The International Statute of the International Criminal Court*, New York, 1998; P. LAMBERTI ZANARDI, G. VENTURINI, *Crimini di guerra e competenza delle giurisdizioni nazionali*, Milano, 1998; AA.VV., *Cooperazione fra Stati e giustizia penale internazionale*, Napoli, 1999; M. POLITI, G. NESI (eds.), *The Rome Statute of the International Criminal Court*, Aldershot, 2001; E. GREPPI, *I crimini*, cit., pp. 109, 143, 157 ss.; P. MORI, *L'istituzionalizzazione della giurisdizione penale internazionale*, Torino, 2001; I. CARACCIOLO, *Dal diritto penale internazionale al diritto internazionale penale*, Milano, 2002; M. CASTELLANETA, *La cooperazione tra Stati e Tribunali penali internazionali*, Bari, 2002; S. ZAPPALÀ, *Human Rights in International Criminal Proceedings*, Oxford, 2003 e dello stesso *La giustizia penale internazionale*, Bologna, 2005; E. LAMBERT-ABDELGAWAD, *Le desaississement des Tribunaux nationaux au profit des Tribunaux pénaux internationaux: un encadrement abusif par le droit international de l'exercice de la compétence judiciaire interne?*, in *Rev. gén. dr. int. publ.*, 2004, p. 407 ss.; M.L. PADELLETTI, *Tribunali penali internazionali*, voce in *Dizionario di diritto pubblico*, VI, Milano, 2006, p. 6006 ss.; N. RONZITTI, *Diritto internazionale*, cit., p. 210 ss.

CAPITOLO XI
IL DIRITTO DEL MARE
di GABRIELLA GASPARRO e PAOLA IVALDI

SOMMARIO: 1.1. L'evoluzione storica del diritto internazionale del mare: dal principio della libertà dei mari alle Convenzioni di Ginevra del 1958. – 1.2. La terza Conferenza delle Nazioni Unite sul diritto del mare e la Convenzione di Montego Bay del 1982. – 1.3. (segue): il valore delle norme codificate dalla Convenzione di Montego Bay e le successive evoluzioni del diritto internazionale del mare. – 2.1. La delimitazione delle zone marittime nella prassi e nella disciplina prevista dalla Convenzione di Montego Bay: il sistema delle linee di base. – 2.2. (segue): la (discussa) esperienza italiana in tema di delimitazione delle linee di base. – 3.1. Il regime del mare territoriale, tra regole consolidate dalla prassi e questioni ancora "aperte". – 3.2. Il diritto di passaggio «inoffensivo» delle navi straniere nelle acque territoriali. – 3.3. Fatti "interni" ed "esterni" ai fini dell'esercizio, da parte dello Stato costiero, della giurisdizione penale su fatti avvenuti a bordo di navi straniere. – 3.4. Il regime giuridico delle acque arcipelagiche previsto dalla Convenzione di Montego Bay. – 4.1. La disciplina della zona contigua tra prassi interna e regimi convenzionali. – 4.2. Natura e contenuto dei poteri riconosciuti allo Stato costiero nell'ambito della zona contigua. – 4.3 L'Italia e l'istituzione della zona contigua – 5.1. La zona archeologica nella disciplina prevista dalla Convenzione di Montego Bay e la sua correlazione con il regime delineato a proposito della zona contigua. – 5.2. Il ritrovamento di beni di interesse storico o archeologico oltre il limite del mare territoriale: la prassi italiana, l'art. 94 del d.lgs. 21 gennaio 2004, n. 42 istitutivo del Codice dei beni culturali e la legge 8 febbraio 2006, n. 61, che istituisce zone di protezione ecologica. – 6.1. I poteri esclusivi di sfruttamento delle risorse presenti nel fondo e nel sottosuolo delle acque marine: il regime della piattaforma continentale. – 6.2. La disciplina della piattaforma continentale alla luce dei principi più significativi elaborati al riguardo dalla Corte internazionale di giustizia. – 6.3. (segue): il contributo della giurisprudenza italiana alla precisazione del regime applicabile alla piattaforma continentale. – 7.1. I "diritti sovrani" riconosciuti allo Stato costiero nell'ambito della zona economica esclusiva. – 7.2. (segue): i poteri riconosciuti in favore degli Stati diversi da quello costiero nell'ambito della zona economica esclusiva. – 7.3. La prassi degli Stati costieri del mar Mediterraneo in materia di zona economica esclusiva e la legge 8 febbraio 2006, n. 61 istitutiva di zone di protezione ecologica oltre il mare territoriale. – 8.1. Il regime dell'alto mare tra libertà "tradizionali" ed esigenze vecchie e "nuove" di limitazione e controllo delle attività che si svolgono in tale ambito. – 8.2. I limiti ai poteri che gli Stati sono autorizzati ad esercitare sulle navi in alto mare. – 8.3. (segue): il diritto d'inseguimento continuo (c.d. *hot pursuit*). – 9.1. Inquinamento marino e regole internazionali di responsabilità: il regime delineato dalla Convenzione di Montego Bay. – 9.2. Le regole di condotta previste dal diritto internazionale in materia di protezione e preservazione dell'ambiente marino. – 9.3. (segue): gli obblighi degli Stati in materia di riparazione dei danni, ad essi imputabili, causati all'ambiente marino. – 10.1. Dalla elaborazione della nozione di "patrimonio comune dell'umanità" all'istituzione di un organo deputato alla tutela dei "beni" riconducibili a tale nozione. - 11.1. Le tecniche di soluzione pacifica delle controversie relative all'interpretazione ed applicazione della Convenzione di Montego Bay e di altri accordi internazionali in materia di diritto del mare. – 11.2. (segue): in particolare, il ruolo del Tribunale internazionale del diritto del mare.

1.1. *L'evoluzione storica del diritto internazionale del mare: dal principio della libertà dei mari alle Convenzioni di Ginevra del 1958.*

Le norme internazionali che disciplinano le attività che si svolgono negli spazi marini sono state oggetto di un'intensa attività di codificazione, nell'ambito della quale possono essere distinte tre fasi.

La prima di esse si colloca tra la prima metà del XVI secolo e la fine della seconda guerra mondiale. Durante questo lunghissimo periodo, nel corso del quale il mare viene utilizzato quasi esclusivamente a fini commerciali o militari, le grandi potenze marittime godono di una posizione di supremazia rispetto agli altri Stati: al principio della libertà del mare, affermatosi all'inizio del XVIII secolo come principio assoluto, si viene via via contrapponendo quello della sovranità dello Stato sulle zone marine adiacenti alle sue coste, la delimitazione delle quali costituisce peraltro oggetto di contestazioni, in presenza di una prassi internazionale frammentata e disomogenea.

È verso la fine di questo periodo (e, precisamente, nel 1930) che la Società delle Nazioni promuove una Conferenza all'Aja, allo scopo di codificare le norme consuetudinarie relative, in particolare, al regime giuridico del mare territoriale. La Conferenza non ottiene tuttavia il successo sperato e fallisce soprattutto a causa dell'impossibilità, emersa nel corso del negoziato, di raggiungere un accordo sull'ampiezza del mare territoriale. Tale situazione è efficacemente sintetizzata in una sentenza italiana, pronunciata nel 1950:

> «Le conferenze internazionali riunitesi ripetutamente all'Aja, pur riaffermando la sovranità degli Stati sulle loro acque territoriali e pur sostenendosi da vari Stati la convenienza di limitare a tre miglia marine dalla costa detta sovranità, non si sono mai concluse con l'accordo generale di tutti gli Stati partecipanti sull'estensione del mare territoriale, la cui determinazione quindi è rimasta all'arbitrio dei singoli Stati ciascuno dei quali, con atti unilaterali, l'hanno precisato in maggiore o minore ampiezza secondo quanto consigliavano gli interessi che di volta in volta s'intendevano tutelare» (App. Genova, 18 ottobre 1950, in *Dir. mar.*, 1951, 49).

La seconda fase di sviluppo del diritto internazionale del mare copre il periodo che intercorre tra la fine della seconda guerra mondiale e gli anni sessanta. In tale arco temporale gli spazi marini sono considerati non soltanto come fonte di comunicazione per i traffici commerciali, ma anche come fonte di ricchezza "diretta": il progresso delle conoscenze tecnologiche permette infatti lo sfruttamento delle risorse marine non solo ai fini della pesca, ma anche ai fini dell'estrazione delle risorse minerali, aprendo la via al riconoscimento degli interessi "speciali" degli Stati costieri alla pesca in alto mare e dei diritti sulla piattaforma continentale.

La fase in esame è caratterizzata, sul piano dello sviluppo normativo, dallo svolgimento dei lavori della prima Conferenza delle Nazioni Unite sul diritto del mare, che sfociano, nel 1958, nell'adozione di quattro Convenzioni, relative, rispettivamente, al mare territoriale ed alla zona contigua, alla piattaforma continentale, all'alto mare e, infine, alla pesca e conservazione delle risorse biologiche dell'alto mare. Una seconda Conferenza, convocata nel 1960 allo scopo di negoziare un accordo sulla questione, ancora irrisolta, dell'ampiezza del mare territoriale, fallisce invece il proprio obiettivo.

Le Convenzioni del 1958 vengono ratificate da un numero esiguo di Stati a causa dei profondi mutamenti di carattere politico, geografico, economico e tecnologico che si verificano nella Comunità internazionale all'inizio degli anni sessanta: il processo di decolonizzazione, infatti, contribuisce ad acuire i conflitti tra Stati di nuova formazione e Stati ad alto livello industriale e tecnologico, nonché quelli tra Stati con elevato sviluppo costiero e Stati privi di accesso al mare o geograficamente svantaggiati. Si acuiscono, inoltre, i conflitti tra le grandi potenze marittime, interessate a difendere il principio della libertà dei mari, e gli Stati costieri, che pretendono di estendere la propria giurisdizione su zone di mare sempre più ampie. Nel medesimo periodo si inizia anche ad affermare l'idea che il mare debba essere concepito non soltanto come bene dal quale trarre utilità, ma anche come risorsa il cui delicato ecosistema va protetto contro abusi e sfruttamenti indiscriminati.

1.2. *La terza Conferenza delle Nazioni Unite sul diritto del mare e la Convenzione di Montego Bay del 1982.*

I diversi fattori ora evidenziati determinano la "crisi" della normativa fino ad allora elaborata in ambito internazionale e segnano l'inizio, alla fine degli anni sessanta, di una nuova fase dell'evoluzione del diritto del mare, caratterizzata dallo svolgimento di un ulteriore processo di codificazione, rappresentato dalla terza Conferenza delle Nazioni Unite, la cui conclusione coincide con l'adozione, nel 1982, della Convenzione di Montego Bay.

L'attività di rilevazione e codificazione del diritto internazionale in materia, condotta anche nella prospettiva di favorirne lo "sviluppo progressivo", si è orientata in una triplice direzione. Innanzi tutto, essa ha perseguito l'obiettivo di "aggiornare" la disciplina prevista dalle precedenti convenzioni di codificazione, allo scopo di adeguarla alle nuove esigenze della Comunità internazionale (si è trattato, cioè, di ridefinire il regime del mare territoriale nonché quello dell'alto mare, della piattaforma continentale, della pesca e della conservazione delle risorse biologiche marine); quindi di integrare la regolamentazione di settori fino ad allora oggetto di regolamentazione soltanto parziale o disorganica (come, ad esempio, quella relativa alla preservazione e protezione dell'ambiente marino, alla ricerca scientifica ed al trasferimento delle tecnologie ai paesi in via di sviluppo); infine, di delineare soluzioni adeguate ad affrontare problematiche "nuove", collegate al progresso tecnologico, ovvero alla richiesta (via via divenuta più pressante nell'ambito della Comunità internazionale) di regole volte a garantire un riequilibrio quanto alla partecipazione degli Stati allo sfruttamento delle risorse.

La Convenzione viene aperta alla firma a Montego Bay il 10 dicembre 1982, avendo raccolto 130 voti favorevoli, 4 contrari (Stati Uniti, Venezuela, Turchia e Israele) e 17 astensioni (fra cui quella dell'Italia). Le contestazioni più significative al regime infine concordato riguardano la disciplina dell'Area internazionale dei fondi marini (contenuta nella parte XI della Convenzione), percepita come eccessivamente penalizzante nei riguardi degli interessi dei Paesi industrializzati. È pertanto soltanto dopo la revisione di tale disciplina (realizzata mediante apposito Accordo integrativo) che la Convenzione, conseguito il numero di ratifiche a tal fine necessario, entra in vigore sul piano internazionale il 16 novembre 1994. Per quanto riguarda l'Italia, la Convenzione (così come l'Accordo integrativo) ricevono esecuzione con legge 2 dicembre 1994, n. 689 (che ne autorizza altresì la ratifica: v. *supra*, Cap. IV, par. 7.1) ed ivi entrano in vigore il 1° gennaio 1995.

1.3. *(segue): il valore delle norme codificate dalla Convenzione di Montego Bay e le successive evoluzioni del diritto internazionale del mare.*

Alla Convenzione (così come all'Accordo integrativo) verrà operato costante riferimento nel prosieguo per illustrare il contenuto della disciplina internazionale relativa agli spazi marini. Come ribadito ancora di recente dall'Assemblea Generale delle Nazioni Unite, infatti, tale normativa riveste importanza fondamentale ai fini di uno studio condotto nella prospettiva ora indicata, in quanto costituisce

> «il quadro giuridico nel quale devono essere intraprese tutte le attività che interessano i mari e gli oceani», stante «l'universalità, il carattere unitario, la sua importanza capitale per il mantenimento della pace e della sicurezza internazionale, nonché per l'utilizzazione duratura dei mari e degli oceani» (Assemblea Generale delle Nazioni Unite, risoluzione 56/12, del 28 novembre 2001, su *Gli oceani e il diritto del mare*, reperibile sul sito <http://www.un.org/Depts/los/general_assembly/general_assembly_resolutions.htm>).

A parte le ipotesi nelle quali la Convenzione si è limitata a codificare regole di diritto internazionale generale già esistenti, in altri casi (ad esempio, con riguardo alla zona economica esclusiva) la disciplina prevista dalla Convenzione di Montego Bay, in origine vincolante solo per gli Stati contraenti, ha successivamente acquisito valenza generale, essendosi consolidate al riguardo norme consuetudinarie di contenuto corrispondente (v. *supra*, Cap. II, par. 4.3).

A più di venti anni dalla sua entrata in vigore sono attualmente parti contraenti della Convenzione più dei 3/4 degli Stati della Comunità internazionale, appartenenti a tutte le aree geografiche e di sviluppo.

Va ancora segnalato che l'effetto propulsivo per lo sviluppo del diritto internazionale del mare da essa svolto, ha operato in una duplice direzione: da un lato, ha funzionato, in alcuni casi, come limite alla *creeping jurisdiction* degli Stati costieri, portatori di forti pretese espansionistiche (ciò si è verificato, per esempio, a proposito della generale accettazione da parte di questi Stati delle 12 miglia come estensione massima delle acque territoriali), dall'altro, ha condotto all'adozione di nuovi strumenti *ad hoc* (ciò si è verificato, ad esempio, in tema di tutela delle risorse alieutiche, nel cui settore è stato adottato l'Accordo del 4 dicembre 1995 per l'attuazione delle disposizioni della Convenzione relative alla conservazione e gestione degli stock di pesci che si trovano sia in alto mare che in una zona economica esclusiva, in *Riv. dir. int.*, 1996, 823, di recente entrato in vigore anche per l'Italia il 19 dicembre 2003, e in tema di tutela del patrimonio storico e archeologico sommerso, nel cui settore è stata adottata la Convenzione dell'UNESCO del 2 novembre 2001 sulla protezione del patrimonio culturale subacqueo, in *Riv. dir. int.*, 2001, 234, non ancora in vigore).

2.1. *La delimitazione delle zone marittime nella prassi e nella disciplina prevista dalla Convenzione di Montego Bay: il sistema delle linee di base.*

La Convenzione di Montego Bay prevede che la delimitazione delle zone marittime avvenga mediante il sistema c.d. delle linee di base: queste vengono tracciate seguendo il criterio della bassa marea (così l'art. 5 della Convenzione), ovvero quello delle linee rette (di cui al successivo art. 7). Le linee di base, oltre a fissare l'ambito dei poteri riconosciuti agli Stati sulle attività destinate a svolgersi negli spazi marini, svolgono altresì la funzione di separare le acque interne (ove i poteri dello Stato costiero sono più incisivi) dal mare territoriale (ove la sovranità dello Stato costiero conosce, ad esempio, il limite costituito dal diritto al passaggio inoffensivo da parte di navi di nazionalità straniera, a proposito del quale v. *infra*, par. 3.2).

La linea della bassa marea segue tutte le sinuosità della costa ed è prevalentemente adottata quando non esistono particolari condizioni che consentono il ricorso al metodo delle linee rette, utilizzato nelle ipotesi di coste particolarmente incavate o frastagliate e ottenuto unendo i punti più sporgenti della costa.

Il metodo da ultimo indicato fu impiegato, già partire dal XIX secolo, dagli Stati scandinavi, le cui coste sono ricchissime d'insenature e fiordi; ad esso viene fatto esplicito riferimento nell'ambito della decisione della Corte internazionale di giustizia pronunciata il 18 dicembre 1951 (CIG, 18 dicembre 1951, *Pescherie*, Regno Unito c. Norvegia, in *C.I.J., Recueil*, 1951, 116), che ne ha definitivamente sancito la rilevanza dal punto di vista del diritto internazionale del mare. È interessante notare che, in tale decisione, il ricorso a questo metodo è stato giustificato sulla base di tre distinti fattori, tutti ricorrenti nel caso portato all'attenzione della Corte: innanzi tutto quello geografico (il carattere molto frastagliato della costa e la presenza di un arcipelago costiero), quindi quello economico (la pesca come risorsa occupazionale più significativa nella zona) ed infine quello storico (la prova del ricorso a tale tecnica da parte della Norvegia, già a far data dal 1869).

I tre fattori valorizzati dalla Corte nella sua decisione sono puntualmente ripresi dalla Convenzione di Montego Bay. Innanzi tutto viene fatto riferimento al criterio morfologico (così l'art. 7, ai parr. 1 e 3):

> «Laddove la costa è profondamente incavata e frastagliata o vi è una frangia di isole lungo la costa nelle sue immediate vicinanze, per tracciare la linea di base dalla quale si misura la larghezza del mare territoriale si può utilizzare il metodo delle linee di base diritte che collegano punti appropriati. ... Il tracciato delle linee di base diritte non deve discostarsi in misura sensibile dalla direzione generale della costa e gli spazi marittimi all'interno delle linee devono essere sufficientemente collegati alla zona terrestre per poter essere assoggettate al regime delle acque interne».

Viene quindi accordato rilievo, in modo congiunto, ai fattori economici e storici (in base a quanto previsto al par. 5 del medesimo art. 7):

> «Nei casi in cui il metodo delle linee di base diritte è applicabile ... si può tener conto, per la determinazione di particolari linee di base, degli interessi economici propri della regione considerata, la cui esistenza e importanza siano manifestamente dimostrate dal lungo uso».

Come sottolineato dalla Corte, peraltro, il criterio delle linee di base rette va applicato soltanto in via di "eccezione", in ipotesi "restrittivamente" circoscritte:

> «La Corte osserva che il metodo delle linee di base rette, che è un'eccezione alla regola normale per la determinazione della linea di base, può essere applicato solo se ricorrono alcune condizioni. Questo metodo deve essere applicato restrittivamente» (CIG, 16 marzo 2001, *caso della delimitazione marittima tra Qatar e Baharein*, in *C.I.J., Recueil*, 2001, par. 212).

Si può ancora ricordare che di recente la Corte internazionale di giustizia è stata investita di altre questioni relative alla delimitazione marittima e terrestre tra Stati confinanti (si possono ricordare la *richiesta per la revisione della sentenza dell'11 settembre 1992 nel caso relativo alla controversia terrestre, insulare e marittima tra El Salvador e Honduras*, con l'intervento del Nicaragua, istituito nel 2001 e il *caso relativo alla delimitazione marittima nel mar dei Caraibi tra Nicaragua e Honduras* istituito nel 1999). Tale recente tendenza è indicativa della fiducia accordata dagli Stati alla Corte per la soluzione delle controversie in tema di delimitazione marittima.

2.2. (segue): la (discussa) esperienza italiana in tema di delimitazione delle linee di base.

L'Italia, con d.p.r. 26 aprile 1977, n. 816, ha utilizzato tale criterio per delimitare l'arcipelago toscano, nonché un vasto tratto della costa della Campania e del Lazio e il golfo di Taranto, mentre in relazione alla costa adriatica (con l'eccezione del promontorio del Gargano, del golfo di Venezia e di quello di Trieste) è ricorsa invece al criterio della bassa marea.

In particolare, la chiusura del golfo di Taranto con una linea retta lunga circa sessanta miglia è stata giustificata dall'Italia sul presupposto che si trattasse di baia storica, in quanto tale soggetta al particolare regime previsto dall'art. 7 della Convenzione di Ginevra sul mare territoriale (disposizione in vigore nel momento in cui il provvedimento italiano fu emanato).

Il provvedimento italiano ha suscitato proteste da parte di alcuni Stati (in particolare Regno Unito e Stati Uniti), preoccupati che esso potesse costituire un precedente pericoloso, così come ha giustificato rilievi critici da parte della dottrina. La soluzione in esso accolta è parsa non condivisibile non solo da parte di chi, qualificando baia storica una zona sulla quale lo Stato costiero esercita i suoi poteri effettivamente (quindi, con caratteristiche di continuità nel tempo ed esplicito – o quanto meno implicito – riconoscimento da parte degli altri Stati), ha dubitato che tale situazione fosse riscontrabile nel caso del golfo di Taranto, ma anche da chi, considerando tale lo spazio sul quale lo Stato costiero pretende di esercitare poteri sovrani in funzione di proteggere propri interessi vitali, è tuttavia giunto alla medesima conclusione di escludere che i requisiti ritenuti necessari potessero nel caso di specie considerarsi soddisfatti.

3.1. *Il regime del mare territoriale, tra regole consolidate dalla prassi e questioni ancora "aperte".*

Il regime del mare territoriale (così come quello relativo all'alto mare) ha rappresentato il tema sul quale, per lungo tempo, si è concentrato l'interesse degli studiosi del diritto del mare: le questioni della sua ampiezza e della natura dei poteri dello Stato costiero in tale ambito, nonché quelle collegate al diritto di passaggio inoffensivo ed all'esercizio della giurisdizione penale a bordo della nave che si trova nelle acque territoriali, sono infatti state a lungo dibattute nelle conferenze convocate dagli Stati.

Su alcuni dei temi evocati le divergenze possono ormai considerarsi superate: vi è generale consenso, ad esempio, in ordine all'estensione massima del mare territoriale, ovvero alla natura dei poteri riconosciuti in tale ambito allo Stato costiero. Su altri aspetti (quali il diritto di passaggio inoffensivo e la riserva di giurisdizione a favore dello Stato della bandiera per i fatti "interni" alla nave) è invece tutt'ora in corso un'ampia riflessione a livello sia interno che internazionale, alla ricerca di un difficile punto di equilibrio tra i diversi interessi in gioco (non ultimi, quelli relativi alla tutela ambientale ed alla sicurezza della navigazione).

Si è già ricordato come l'ampiezza del mare territoriale sia stata in passato una delle questioni più controverse del diritto internazionale del mare: oggi tale questione è invece positivamente risolta dall'art. 3 della Convenzione di Montego Bay, che testualmente dispone:

«Ogni Stato ha il diritto di fissare la larghezza del proprio mare territoriale fino a un limite massimo di 12 miglia marine, misurate a partire dalle linee di base determinate conformemente alla presente Convenzione».

Tale disposizione, da una parte, sancisce il diritto dello Stato costiero a fissare *unilateralmente* l'estensione del proprio mare territoriale; dall'altra, essa tutela invece gli altri Stati nei confronti delle tendenze espansionistiche del primo, imponendogli di non superare il limite prescritto (mentre, naturalmente, resta salva la sua facoltà di prevederne uno inferiore). Fra gli Stati che, negli anni settanta del secolo scorso, hanno fissato a 12 miglia il limite del mare territoriale vi è l'Italia che, con legge 14 agosto 1974, n. 327, ha modificato l'art. 2 del codice della navigazione, il cui par. 2 risulta oggi così formulato:

«È soggetta altresì alla sovranità dello Stato la zona di mare dell'estensione di dodici miglia lungo le coste continentali ed insulari della Repubblica e lungo le linee rette congiungenti i punti estremi indicati nel comma precedente».

I poteri, di natura tendenzialmente "esclusiva", riconosciuti allo Stato costiero nelle proprie acque territoriali incontrano tuttavia alcuni limiti, previsti dalla Convenzione di Montego Bay mediante norme di contenuto corrispondente al diritto internazionale generale attualmente in vigore: come già ricordato, il primo attiene al diritto di passaggio inoffensivo da parte di navi straniere, mentre il secondo si riferisce alla carenza di giurisdizione penale, con riguardo ai fatti "interni" (a quegli eventi, cioè, i cui effetti *non* si traducono in turbative per la comunità costiera) avvenuti a bordo di tali navi.

3.2. *Il diritto di passaggio «inoffensivo» delle navi straniere nelle acque territoriali.*

Il diritto di passaggio inoffensivo risponde all'esigenza di contemperare gli opposti interessi dello Stato costiero, da una parte, allo svolgimento indisturbato delle attività che si svolgono nelle sue acque territoriali, e di quello della bandiera, dall'altro, all'esercizio della libertà di transito. Ai fini di tale bilanciamento, l'art. 18 della Convenzione di Montego Bay prescrive che il passaggio di navi straniere nelle acque territoriali debba essere *continuo* e *rapido*; fermate o ancoraggi sono pertanto permessi in quanto costituiscano "eventi ordinari di navigazione", ovvero siano dovuti a cause di forza maggiore o di difficoltà, ovvero giustificati dalla necessità di prestare soccorso a persone, navi o aeromobili in pericolo o in difficoltà.

Il passaggio, come sopra definito, è «inoffensivo» se non arreca pregiudizio alla pace, al buon ordine e alla sicurezza dello Stato costiero; segue quindi una elencazione (soltanto esemplificativa) di attività che si presumono "offensive", la quale si chiude qualificando come tale anche

«ogni altra attività che non sia in rapporto diretto con il passaggio» (art. 19, par. 2, lett. *l*, della Convenzione di Montego Bay).

In base a tale disposizione lo Stato costiero è dunque legittimato a ritenere "offensive" tutte le attività non strettamente funzionali al passaggio; l'ampia discrezionalità in tal modo riconosciutagli trova tuttavia un'importante limitazione da parte dell'art. 24 della Convenzione, a norma del quale tale Stato non può

> «imporre alle navi straniere obblighi che abbiano l'effetto pratico di impedire o limitare il diritto di passaggio inoffensivo», ovvero «esercitare discriminazioni di diritto o di fatto contro navi di qualunque Stato o contro navi adibite al trasporto di materiali provenienti da un qualunque Stato o per conto di esso».

La facoltà, riconosciuta agli Stati, di estendere il mare territoriale fino a 12 miglia dalla costa, ha di fatto ampliato le ipotesi nelle quali è destinata a trovare applicazione l'articolata disciplina degli «stretti» (intesi come «passaggi naturali tra due coste ... che mettono in comunicazione due parti di spazi marittimi») usati per la navigazione internazionale, prevista negli artt. da 34 a 45 della Convenzione. In riferimento al tema ora in esame va ricordato, almeno per inciso, che l'art. 45 riconosce il diritto di passaggio inoffensivo, non suscettibile di sospensione, negli stretti che mettono in comunicazione il mare territoriale di uno Stato e una zona di alto mare o la zona economica esclusiva di un altro Stato.

3.3. Fatti "interni" ed "esterni" ai fini dell'esercizio, da parte dello Stato costiero, della giurisdizione penale su fatti avvenuti a bordo di navi straniere.

Un ulteriore limite ai poteri dello Stato costiero attiene, come già ricordato, all'esercizio della giurisdizione penale su fatti verificatisi a bordo della nave straniera in passaggio nel mare territoriale. Il principio generale sancito dalla Convenzione di Montego Bay è espresso all'art. 27, che statuisce:

> «Lo Stato costiero *non dovrebbe* esercitare la propria giurisdizione a bordo di una nave straniera in transito nel mare territoriale, al fine di procedere ad arresti o condurre indagini connesse con reati commessi a bordo durante il passaggio» (corsivo aggiunto).

Tale norma, peraltro, prevede una serie di eccezioni al principio enunciato, giustificate in ragione delle eventuali ripercussioni "esterne" dei fatti avvenuti a bordo, che si registrano, in particolare, quando le conseguenze del fatto, penalmente rilevante, si estendono allo Stato costiero, ovvero quando esso è di natura tale da implicare, di per sé, turbative alla pace nel Paese interessato, ovvero al buon ordine nel mare territoriale.

La dottrina ha lungamente dibattuto sulla corrispondenza al diritto consuetudinario della disposizione convenzionale in esame, nonché sulla sua natura obbligatoria o, invece, meramente esortativa (stante l'impiego del condizionale nella formulazione della norma in commento).

Senza ripercorrere i termini di tale complesso dibattito, sembra opportuno ricordare le due soluzioni prevalentemente accolte dalla prassi allorché si è confrontata con il problema dei limiti all'esercizio della giurisdizione penale, da parte dello Stato costiero, a bordo di navi straniere che si trovino nelle sue acque territoriali.

La prima soluzione, il c.d. sistema francese, è tipicamente seguita nei Paesi di *civil law* (compresa l'Italia). Secondo tale sistema lo Stato costiero è legittimato ad esercitare la propria giurisdizione sui fatti, avvenuti a bordo, aventi rilievo "esterno", in quanto suscettibili di provocare, sul suo territorio o sulla comunità ivi stanziata, turbamenti alla pace, al buon ordine ed alla sicurezza; allo Stato di bandiera è invece riservata la giurisdizione sui fatti meramente "interni", che attengono cioè alla vita a bordo ed esauriscono le loro conseguenze in tale ambito.

In base alla seconda soluzione, cui prevalentemente si ricorre nei Paesi di *common law*, lo Stato costiero ha invece "piena giurisdizione" sulle navi straniere che si trovano nelle sue acque territoriali; l'eventuale astensione, dall'esercizio dei suoi poteri costituisce pertanto un atto discrezionale, che esso si risolverà ad adottare, ad esempio, per ragioni di "cortesia" o convenienza internazionale.

Nella giurisprudenza italiana, come già anticipato, viene per lo più impiegato il sistema "francese": in tale prospettiva, è stato ad esempio escluso, in numerose decisioni, che la presenza a bordo di una nave straniera di armi facenti parte della normale dotazione di bordo integrasse la fattispecie di illegale introduzione e illegale detenzione di armi nel territorio dello Stato.

In alcune decisioni, tuttavia, tale sistema è stato applicato con alcuni temperamenti rispetto alla sua formulazione "classica", quale sopra enunciata, come è avvenuto nei casi in cui si è fatto ricorso ad una interpretazione estensiva della nozione di fatti a rilevanza "esterna", qualificando come tali anche quelli soltanto *potenzialmente* idonei a recare turbamento alla comunità territoriale.

Emerge poi dall'esperienza statunitense più evoluta la tendenza ad accordare rilievo alle turbative non soltanto "materiali", ma – per così dire – anche "morali" dovute ad eventi occorsi a bordo: esempi di tale tendenza si riscontrano soprattutto nel settore del lavoro marittimo, con riferimento al quale sono stati riconosciuti poteri di *enforcement* allo Stato costiero per tutelare i marittimi imbarcati su navi straniere in passaggio nelle acque territoriali statunitensi, ovvero presenti nei porti di tale Paese. Tale tendenza, tuttavia, non è stata recepita dalla giurisprudenza italiana, che, ancora di recente, a proposito di una fattispecie relativa alla morte di un membro dell'equipaggio di una nave liberiana, dovuta al distacco della barra di supporto della gru da lui stesso manovrata durante le operazioni di imbarco nel porto di Brindisi, ha affermato come

> «nel caso di specie, la comunità navale, soggetta alla legge dello stato di bandiera, non sia rimasta estranea al fatto delittuoso avendo la morte del marittimo di nazionalità turca Yildiz Osman, intaccato, esclusivamente, i suoi interessi avendo inciso sulla vita di bordo ... *Pertanto* (corsivo aggiunto) deve riconoscersi ... il difetto di giurisdizione dell'Autorità Giudiziaria italiana in favore della giurisdizione dell'Autorità Giudiziaria straniera» (Trib. Brindisi, 10 giugno 2005, in *Dir. mar.*, 2005, 1446).

3.4. *Il regime giuridico delle acque arcipelagiche previsto dalla Convenzione di Montego Bay.*

Un'importante innovazione, che si colloca nell'ambito delle norme della Convenzione di Montego Bay dedicate allo sviluppo progressivo del diritto internazionale, è infine costituita dalla disciplina delle acque arcipelagiche. Secondo l'art. 46, per «Stato arcipelagico» si intende

«uno Stato interamente costituito da uno o più arcipelaghi ed eventualmente da altre isole»,

mentre si definisce «arcipelago»

«un gruppo di isole, ivi incluse parti di isole, le acque comprese tra di esse e altri elementi naturali che siano così strettamente collegati tra loro da formare intrinsecamente un unico insieme geografico, economico e politico, oppure siano storicamente considerati come tale».

Nelle sue acque arcipelagiche lo Stato esercita poteri sovrani, che si estendono allo spazio aereo sovrastante, al fondo marino, al sottosuolo e alle risorse che vi si trovano. Anche nelle acque arcipelagiche è previsto un diritto di passaggio per le navi straniere, ma – a differenza di quanto avviene nelle acque territoriali – tale passaggio non può essere del tutto sospeso e non si prevede l'obbligo per i sommergibili di navigare in superficie.

4.1. *La disciplina della zona contigua tra prassi interna e regimi convenzionali.*

La zona contigua è lo spazio marino nel quale lo Stato costiero può esercitare alcuni poteri coercitivi – in particolare, quelli relativi alla polizia doganale, fiscale, sanitaria e di immigrazione – al fine di proteggere suoi interessi essenziali. In Italia una zona che presenta alcune analogie con quella ora in esame, ad esempio, era stata istituita con legge 25 settembre 1940, n. 1424, che circoscriveva entro dodici miglia dalla costa l'ambito nel quale potevano essere esercitati poteri di sorveglianza doganale.

Sul piano convenzionale, l'istituto in esame ha trovato una prima regolamentazione nella Convenzione di Ginevra del 1958 (dedicata, per l'appunto, al mare territoriale ed alla zona contigua) ed è stata successivamente oggetto di modifiche e integrazioni ad opera della Convenzione di Montego Bay.

Le innovazioni più significative apportate da quest'ultima Convenzione attengono, come precisato dall'art. 33, all'estensione della zona contigua, che può raggiungere le ventiquattro miglia marine dalla linea di base, ed alla qualificazione delle acque ricomprese in tale zona (non più necessariamente soggette al regime dell'alto mare, tenuto conto della possibilità, riconosciuta agli Stati costieri, di istituire una zona economica esclusiva: v. *infra* in questo Cap., par. 7.1).

4.2. *Natura e contenuto dei poteri riconosciuti allo Stato costiero nell'ambito della zona contigua.*

I poteri dello Stato costiero sulla zona contigua sono funzionali – come già precisato – alla protezione dei suoi interessi di natura doganale, fiscale sanitaria e di immigrazione e sono privi di carattere esclusivo: essi, pertanto, possono spettare contestualmente a più Stati. Nel vigore della Convenzione di Ginevra la giurisprudenza italiana ha peraltro negato tale loro caratteristica, definendoli come

> «poteri che, sebbene non di agevole qualificazione dal punto di vista del diritto internazionale, sono assai simili a quelli propri di sovranità e che certamente comportano l'assunzione da parte dello Stato rivierasco di responsabilità d'ordine internazionale» (Consiglio di Stato, decisione 14 novembre 1969, n. 718, in *Riv. dir. int. priv. proc.*, 1970, 864).

In base a quanto previsto dalla Convenzione di Montego Bay, il contenuto e l'estensione dei poteri riconosciuti allo Stato costiero nella zona contigua, indicati dall'art. 33, sono oggetto di un'elencazione tassativa, come la dottrina ha avuto modo di sottolineare in più occasioni. La giurisprudenza italiana, tuttavia, non si è sempre allineata a tale interpretazione della disposizione in esame, come si evince, ad esempio, da un parere del Consiglio di Stato, pronunciato in relazione al caso dell'Isola delle Rose, nel quale si è precisato che in tale zona lo Stato costiero sarebbe titolare di

> «una serie di facoltà che comportano ... l'esercizio di *poteri che non vanno interpretati restrittivamente* con riferimento alla polizia doganale, fiscale, sanitaria, ecc., avendo tali indicazioni carattere esemplificativo; vi è quindi la possibilità di reprimere tutte le attività che non siano consentite o non siano state debitamente autorizzate dallo Stato italiano» (Consiglio di Stato, parere 28 gennaio 1969, n. 42, in *Riv. dir. int.*, 1972, 724, corsivo aggiunto).

4.3. *L'Italia e l'istituzione della zona contigua.*

A seguito del provvedimento con il quale l'Italia ha fissato l'estensione del mare territoriale a dodici miglia, è stata abrogata la disciplina, prevista dalla legge 25 settembre 1940, n. 1424 (di cui al precedente par. 4.1), relativa alla zona di vigilanza doganale. All'inizio della XV legislatura è stato presentato un progetto di legge già elaborato nel corso delle precedenti legislature volto all'istituzione di una zona contigua di ventiquattro miglia e all'istituzione di una zona archeologica della medesima ampiezza (v. *infra*, par. 5.2). Il progetto di legge riprende sostanzialmente i contenuti della disciplina prevista al riguardo dalla Convenzione di Montego Bay (a proposito della quale v. *supra*, parr. 4.1 e 4.2).

A differenza di quanto avviene nell'ambito della Convenzione di Montego

Bay (ove non è prevista una disciplina *ad hoc*) il disegno di legge adotta un criterio "provvisorio" per la delimitazione della zona contigua, individuato nella linea mediana o in quella della delimitazione della piattaforma continentale e precisa altresì che la fissazione definitiva della sua estensione debba essere concordata dagli Stati interessati.

In assenza, dunque, di una normativa nazionale attualmente vigente istitutiva della zona contigua, lascia perplessi, quanto alla sua operatività, l'art. 12 c. 9 *bis* del decreto di attuazione della legge 30 luglio 2002, n. 189 (la c.d. Bossi-Fini), che stabilisce:

> «La nave italiana in servizio di polizia, che incontri nel mare territoriale o nella zona contigua, una nave, di cui si abbia fondato motivo di ritenere che sia adibita o coinvolta nel trasporto illecito di migranti, può fermarla, sottoporla a ispezione e, se vengano rinvenuti elementi che confermino il coinvolgimento della nave in un traffico di migranti, sequestrarla»

Come si evince dal testo di questa norma, le navi di polizia italiane possono esercitare poteri coercitivi in tema di controllo dell'immigrazione, nell'ambito di una *ipotetica* zona contigua in assenza di un atto normativo che l'abbia istituita, ne abbia fissato l'estensione, ed abbia indicato i criteri per la sua delimitazione.

È pertanto particolarmente auspicabile che il disegno di legge sia approvato onde consentire il definitivo superamento delle incertezze interpretative qui sopra evidenziate.

5.1. *La zona archeologica nella disciplina prevista dalla Convenzione di Montego Bay e la sua correlazione con il regime delineato a proposito della zona contigua.*

L'art. 303 della Convenzione di Montego Bay prevede la possibilità per gli Stati di istituire una zona archeologica, anch'essa dell'ampiezza di ventiquattro miglia, nell'ambito della quale lo Stato costiero può esercitare poteri di controllo e repressione delle violazioni alle leggi, in vigore nel proprio ordinamento, sul ritrovamento e la commercializzazione di beni di natura storica e archeologica, che si ipotizzano essere avvenute sul suo territorio, ovvero nel suo mare territoriale. Si tratta, dunque, di una disposizione dalla quale emerge con chiarezza la tendenza dell'attuale diritto del mare a legittimare l'estensione dei poteri degli Stati costieri in spazi marini che si situano al di là delle loro acque territoriali, in vista del perseguimento di obiettivi eventualmente anche diversi da quelli di natura strettamente economica.

A norma dell'art. 303, lo Stato costiero è legittimato a *presumere* che la rimozione dal fondo del mare di oggetti archeologici e storici nei limiti di ventiquattro miglia dalla linea di base dalla quale si misura l'ampiezza del mare territoriale sia avvenuta in violazione delle proprie disposizioni interne di tutela dei beni forniti delle caratteristiche indicate. Il terzo ed il quarto paragrafo del medesimo articolo prevedono inoltre la salvaguardia dei diritti dei proprietari, sempre che essi siano identificabili, e fanno salvi i regimi, diversi da quello applicabile (in via pertanto residuale) sulla base della Convenzione di Montego Bay, previsti da regolamentazioni in tema di recupero di relitti, da disposizioni in materia di diritto commerciale marittimo o di scambi culturali, ovvero da altre normative di origine internazionale, tra le quali si segnala, in particolare, la recente approvazione della Convenzione UNESCO sulla protezione del patrimonio culturale subacqueo (a proposito della quale v. *supra*, par. 1.3), che prevede una normativa completa ed articolata di protezione degli oggetti di natura storica e archeologica in tutte le zone marine.

Sembra opportuno osservare che, mentre nell'ipotesi di Stati frontisti o limitrofi le cui coste presentino una distanza inferiore alle quarantotto miglia, non vi è obbligo di procedere alla delimitazione della zona contigua, perché – come già ricordato (v. *supra*, par. 4.2) – i relativi poteri di controllo possono essere esercitati in concomitanza dagli Stati in questione, lo stesso non vale per la zona archeologica. In quest'ultimo caso, infatti, è necessario circoscrivere l'ambito spaziale soggetto alla giurisdizione dei singoli Stati costieri perché il potere di autorizzare il prelevamento dei beni che giacciono sul fondo del mare compete a ciascuno di essi, in via individuale ed esclusiva.

Per quanto attiene, poi, alle ulteriori interconnessioni tra zona contigua e zona archeologica, va ricordato almeno per inciso che, in base al combinato disposto degli artt. 33 e 303 della Convenzione di Montego Bay sembra legittimo supporre che lo Stato che desideri istituire la seconda deve necessariamente dotarsi anche di una zona contigua; al contrario, istituendo quest'ultima, lo Stato costiero non si vincola in alcun modo ad assoggettarsi al regime convenzionale previsto per la zona archeologica.

5.2. *Il ritrovamento di beni di interesse storico o archeologico oltre il limite del mare territoriale: la prassi italiana, l'art. 94 del d.lgs. 21 gennaio 2004, n. 42 istitutivo del Codice dei beni culturali e la legge 8 febbraio 2006, n. 61, che istituisce zone di protezione ecologica.*

Il legislatore ha provveduto ad istituire la zona archeologica con l'art. 94 del d.lgs. 22 gennaio 2004, il c.d. Codice dei beni culturali, Tale disposizione, infatti, prevede:

> «Gli oggetti archeologici e storici rinvenuti nei fondali della zona di mare estesa dodici miglia marine a partire dal limite esterno del mare territoriale sono tutelati ai sensi delle "Regole relative agli interventi sul patrimonio culturale subacqueo" allegate alla Convenzione UNESCO sulla protezione del patrimonio culturale subacqueo adottata a Parigi il 2 novembre 2001».

Ancora una volta si pongono problemi interpretativi di non facile soluzione: la norma in commento, infatti, sembra attuare anticipatamente, con una sorta di rinvio materiale, l'allegato di una normativa convenzionale non ancora in vigore sul piano internazionale e, della quale, non è stata nemmeno adottata la legge di autorizzazione alla ratifica da parte dello Stato italiano.

Tale incertezza potrà essere superata quando saranno istituite le zone di protezione ecologica, secondo quanto disciplinato della legge 8 febbraio 2006, n. 61 (v. *infra*, par. 7.3): in queste zone, infatti, lo Stato italiano potrà esercitare non solo poteri in materia ambientale, ma anche poteri di tutela del patrimonio archeologico sommerso, questi ultimi (forse perché il legislatore si è accorto della svista contenuta nell'art. 94 del Codice sui beni culturali), soltanto dopo l'entrata in vigore sul piano internazionale e per l'Italia della Convenzione UNESCO del 2001:

> «Nell'ambito delle zone di protezione ecologica istituite ai sensi dell'art. 1 l'Italia esercita la propria giurisdizione in materia di protezione e di preservazione dell'ambiente marino, compreso il patrimonio archeologico e storico, conformemente a quanto previsto dalla citata Convenzione delle Nazioni Unite sul diritto del mare e della Convenzione UNESCO del 2001 sulla protezione del patrimonio culturale subacqueo, adottata a Parigi il 2 novembre 2001, dalla data della sua entrata in vigore per l'Italia».

L'unico caso relativo al ritrovamento di beni archeologici situati oltre il limite delle acque territoriali (nella fattispecie, si trattava di una statuetta di bronzo raffigurante Melqart, una divinità fenicia) che risulta essere stato affrontato dalla nostra giurisprudenza, è stato infatti risolto, peraltro in epoca risalente, sulla base di argomenti non privi di qualche forzatura. Va ricordato, innanzi tutto, che, in tale circostanza, i giudici ritennero applicabile la legge 1° giugno 1939, n. 1089, in materia di tutela di beni di interesse artistico e storico:

> «Tale statuetta ... appena ritrovata, certa essendo la sua rilevante importanza storica, in vista di superiori esigenze di carattere pubblicistico, è sottratta alla regolamentazione comune e diviene di proprietà esclusiva dello Stato, giusta quanto disposto dall'art. 49, 1° comma, l. 1° giugno 1939, n. 1089, il cui testo così dispone: "Le cose scoperte fortuitamente appartengono allo Stato"» (Trib. Sciacca, 9 gennaio 1963, in *Giur. it.*, 1963, I, 407).

Nel giustificare la loro decisione di applicare la legge del 1939, pur in presenza di un reperto archeologico rinvenuto oltre i limiti del mare territoriale, i giudici si sono richiamati al principio (sul quale hanno ritenuto convergesse un ampio consenso in ambito internazionale) secondo cui una nave, anche se si trova in alto mare, è soggetta al medesimo regime che si applica al territorio dello Stato di cui essa batte la bandiera. Nella sentenza si è altresì precisato (con un ragionamento sul quale da più parti sono state espresse riserve) che

> «per nave deve intendersi non soltanto uno scafo natante ma anche tutti i suoi accessori, dal pennone più alto alla rete più profonda che esso trascina, sicché appena una cosa mobile dal fondo marino s'impiglia in tale rete, ed ancora prima che possa dirsi avvenuto qualunque atto di occupazione o possa dirsi tale cosa "scoperta", essa deve conside-

rarsi entrata in territorio italiano, il che, già da tale momento, rende operante la norma di legge italiana e, quindi nella specie, acquisita la proprietà della statuetta contesa da parte dello Stato» (Trib. Sciacca, 9 gennaio 1963, cit.).

La pronuncia richiamata non è dunque priva di spunti interessanti dal punto di vista del diritto internazionale del mare, in quanto evidenzia tra l'altro come, negli anni sessanta, il principio che sanciva la libertà dell'alto mare fosse comprensivo anche del *diritto individuale* di tutti gli Stati al recupero degli oggetti sommersi. È non di meno evidente che oggi, non solo in considerazione delle norme che fissano il regime della zona archeologica, ma anche sulla base dell'obbligo, valevole *erga omnes* nelle relazioni tra Stati (v. *supra*, Cap. II, par. 11.1), di proteggere i beni di natura storica ed archeologica, il risultato conseguito dalla decisione richiamata sarebbe stato probabilmente raggiunto sulla base di argomentazioni più convincenti e rigorose.

6.1. *I poteri esclusivi di sfruttamento delle risorse presenti nel fondo e nel sottosuolo delle acque marine: il regime della piattaforma continentale.*

Le scoperte scientifiche che consentirono di sfruttare le nuove fonti di ricchezza provenienti dal fondo del mare condussero, dopo la seconda guerra mondiale, all'affermazione, da parte degli Stati costieri, di poteri esclusivi di sfruttamento delle risorse naturali presenti nella loro piattaforma litorale.

La prima manifestazione cui si fa tradizionalmente risalire l'origine dell'istituto della piattaforma continentale è il Trattato anglo-venezuelano del 1942 sulla delimitazione della piattaforma continentale nel Golfo di Paria, tra la costa venezuelana e le isole di Trinidad e Tobago, anche se il documento più famoso, in ragione della sua portata giuridica e politica, resta il Proclama del Presidente degli Stati Uniti Truman del 1945, come riconosciuto dalla stessa Corte internazionale di giustizia:

> «Il Proclama Truman doveva ... essere ben presto considerato come il punto di partenza dell'elaborazione dei diritto positivo in questo campo e la dottrina principale che esso enunciava, cioè che lo Stato costiero possiede un diritto originario, attuale e esaustivo, insomma un diritto acquisito sulla piattaforma continentale situata davanti alle sue coste, ha finalmente prevalso su tutte le altre» (CIG, 20 febbraio 1969, *caso della delimitazione della piattaforma continentale nel Mare del Nord*, Repubblica federale di Germania c. Danimarca, Repubblica federale di Germania c. Paesi Bassi, in *C.I.J., Recueil*, 1969, 32, par. 47).

Il proclama Truman ebbe un effetto trascinante: moltissimi Stati costieri, negli anni immediatamente successivi alla sua emanazione, pronunciarono infatti dichiarazioni unilaterali relative al regime giuridico delle zone sottomarine adiacenti alle proprie coste, contribuendo in tal modo all'affermazione sul piano consuetudinario dell'istituto della piattaforma continentale, disciplinato, successivamente, nell'ambito della Convenzione di Ginevra del 1958 sulla piattaforma continentale.

Contrariamente a quanto previsto da tale Convenzione, che ha adottato per la definizione di piattaforma continentale il *criterio geomorfologico* coniugato con quello della *sfruttabilità*, la Convenzione di Montego Bay ha privilegiato il *criterio della distanza*. Secondo l'art. 76 di tale Convenzione, infatti, allo Stato costiero spetta il diritto esclusivo all'esplorazione ed allo sfruttamento della piattaforma continentale, definita, quest'ultima, come il "naturale" prolungamento sommerso del territorio terrestre fino all'orlo esterno del margine continentale, o fino a una distanza di duecento miglia marine dalle linee di base dalle quali si misura il mare territoriale, nel caso in cui l'orlo esterno del margine continentale si trovi ad una distanza inferiore. Il fondamento giuridico dei diritti riconosciuti allo Stato costiero risiede dunque – come già avveniva in passato – nella contiguità esistente tra piattaforma e territorio statuale.

L'art. 76 contempla altresì i criteri in base ai quali deve essere fissato il limite "esterno" della piattaforma continentale: questa si estende fino a 200 miglia dalla linea di base del mare territoriale, o fino al limite del margine continentale, se quest'ultimo si trova ad una distanza maggiore.

L'art. 83 della Convenzione di Montego Bay, in linea con quanto già in precedenza previsto dalla Convenzione di Ginevra del 1958, stabilisce che la delimitazione della piattaforma continentale debba innanzi tutto essere concordata dalle parti interessate. In mancanza di accordo la Convenzione non individua soluzioni direttamente applicabili in via sussidiaria, ma si limita a prescrivere il raggiungimento di un "esito equo" nella soluzione della controversia che in tal modo si viene ad instaurare tra gli Stati coinvolti.

In tale specifico contesto:

> «[L]a nozione giuridica di equità è un principio generale direttamente applicabile come diritto. Per di più, applicando il diritto internazionale positivo, un tribunale può scegliere tra più interpretazioni possibili quella che gli sembra più conforme alle esigenze della giustizia nelle circostanze di specie. Bisogna distinguere tra l'applicazione di principi equi e il fatto di rendere una decisione *ex equo et bono,* cosa che la Corte può fare solo a condizione che le Parti siano d'accordo (art. 38 par. 2, dello Statuto). In un caso simile la Corte non è più tenuta ad una stretta applicazione di regole giuridiche, poiché il fine è quello di giungere ad una soluzione appropriata. Il compito della Corte è in questo caso del tutto differente: essa deve applicare i principi equi come parte integrante del diritto internazionale e bilanciare accuratamente le diverse considerazioni che giudica pertinenti, in modo da pervenire ad un risultato equo» (CIG, 24 febbraio 1982, *caso della piattaforma continentale*, Tunisia c. Libia, in *C.I.J., Recueil*, 1982, 60, par. 71).

6.2. *La disciplina della piattaforma continentale alla luce dei principi più significativi elaborati al riguardo dalla Corte internazionale di giustizia.*

L'evoluzione progressivamente raggiunta dalla normativa applicabile alla piattaforma continentale ha trovato conferma in alcune pronunce della Corte internazionale di giustizia, a partire da quella relativa alla delimitazione della piattaforma continentale nel Mare del Nord:

> «L'istituto della piattaforma continentale è nato dalla constatazione di un fatto naturale e il legame tra questo fatto e il diritto, senza il quale essa non sarebbe mai esistita, resta un elemento importante nell'applicazione del regime giuridico dell'istituto» (CIG, 20 febbraio 1969, *caso della delimitazione della piattaforma continentale nel Mare del Nord*, cit., 51, par. 95).

Nella pronuncia del 1982 relativa alla controversia tra Libia e Tunisia, la Corte, tenendo conto dell'evoluzione dell'istituto determinatasi nel corso della Terza conferenza delle Nazioni Unite sul diritto del mare, afferma il declino del principio geomorfologico, quanto meno come criterio di delimitazione della piattaforma:

> «Come è stato esposto, il principio secondo cui il prolungamento naturale dello Stato costiero è la base del suo titolo giuridico sulla piattaforma continentale non fornisce necessariamente nella fattispecie dei criteri applicabili alla delimitazione delle zone appartenenti a Stati limitrofi» (CIG, 24 febbraio 1982, *caso della piattaforma continentale*, Tunisia c. Libia, cit., 48, par. 48).

In una sentenza del 1985, relativa alla controversia tra la Libia e Malta, la Corte, pur affermandone l'indipendenza, riconosce lo stretto legame esistente tra piattaforma continentale e zona economica e sancisce l'applicazione anche alla prima del criterio della distanza:

> «Anche se gli istituti della piattaforma continentale e della zona economica esclusiva non si confondono, i diritti che una zona economica esclusiva comporta sui fondi marini di questa zona sono definiti per rinvio al regime della piattaforma continentale ... Di conseguenza, per ragioni sia giuridiche che pratiche, il criterio della distanza deve, d'ora in avanti, applicarsi sia alla piattaforma continentale che alla zona economica esclusiva» (CIG, 3 giugno 1985, *caso della piattaforma continentale*, Libia c. Malta, in *C.I.J., Recueil*, 1985, 33, par. 34).

La soluzione accolta dalla Convenzione di Ginevra e, successivamente, dalla Convenzione di Montego Bay (in particolare, all'art. 77), con riferimento alla natura e al contenuto dei diritti sulle risorse della piattaforma continentale, attribuisce allo Stato costiero un diritto esclusivo di natura patrimoniale sulle risorse naturali della piattaforma, indipendentemente da un effettivo esercizio o capacità di sfruttamento delle stesse. L'acquisizione di tali poteri sovrani, inoltre, prescinde da qualsiasi forma di occupazione, ovvero da atti formali di proclamazione.

Si tratta di criteri che la Corte internazionale di giustizia aveva già posto in evidenza nella sua sentenza del 1969 sulla delimitazione della piattaforma continentale nel mare del Nord:

> «I diritti dello Stato costiero concernenti la piattaforma continentale che costituisce un prolungamento naturale del suo territorio sotto il mare esistono *ipso facto* e *ab initio* in virtù della sovranità dello Stato su questo territorio e di un'estensione di questa sovranità sotto forma dell'esercizio di diritti sovrani ai fini dell'esplorazione del letto del mare

e dello sfruttamento delle sue risorse naturali. Vi è lì un diritto inerente. Non è necessario per esercitarlo seguire una procedura giuridica particolare né concludere atti giuridici speciali. La sua esistenza può essere riconosciuta, come è stato fatto da parte di numerosi Stati, ma essa non presuppone nessun atto costitutivo. E ciò che più importa, questo diritto è indipendente dal suo esercizio effettivo. Per riprendere il termine della Convenzione di Ginevra, esso è "esclusivo", nel senso che se uno Stato costiero sceglie di non esplorare o di non sfruttare le zone di piattaforma che gli competono, questo non riguarda che lui e nessuno può farlo senza il suo consenso espresso» (CIG, 20 febbraio 1969, *caso della delimitazione della piattaforma continentale nel Mare del Nord*, cit., par. 19).

I principi relativi al regime giuridico della piattaforma continentale sono stati applicati di recente dalla Corte di Giustizia delle Comunità europee, che, dovendosi pronunciare sull'applicabilità dell'art. 5, punto 1 della Convenzione di Bruxelles del 1968 sulla competenza giurisdizionale e l'esecuzione delle decisioni in materia civile e commerciale, ha affermato che

«L'attività svolta da un lavoratore su talune installazioni galleggianti situate sopra o al di sotto della piattaforma continentale adiacente ad uno Stato membro, nel contesto della prospezione e/o dello sfruttamento delle sue risorse naturali, deve essere considerata come un'attività svolta in tale Stato ai fini dell'applicazione dell'art. 5, punto 1 della Convenzione di Bruxelles» (CG, 27 febbraio 2002, causa C – 37/00, Weber, in Raccolta, 2002, p. 2013 ss.)

facendo esplicito riferimento alla pronuncia della Corte internazionale di giustizia nel caso qui sopra richiamato.

6.3. *(segue): il contributo della giurisprudenza italiana alla precisazione del regime applicabile alla piattaforma continentale.*

Il problema della definizione dei poteri dello Stato italiano sulla piattaforma continentale si è posto anche dinanzi alla Corte costituzionale, che si è pronunciata circa la legittimità costituzionale della legge 21 luglio 1967, n. 613, sulla ricerca e coltivazione degli idrocarburi liquidi e gassosi nel mare territoriale e nella piattaforma continentale, in relazione alle leggi costituzionali con le quali sono stati adottati gli statuti di Sicilia e Sardegna. In particolare, le due Regioni sostenevano che la legge in questione, attribuendo in via esclusiva allo Stato il diritto di esplorare il sottosuolo marino e di sfruttarne le risorse naturali, contrastava con quelle norme degli Statuti che conferivano loro potestà legislative in tema di giacimenti minerari. La Corte, asserendo la competenza esclusiva dello Stato a legiferare in queste materie, affermò che

«quello sulla piattaforma continentale è un diritto che è condizionato dall'utilizzabilità economica del suo oggetto, tanto vero che l'art. 1 comma 1 della legge impugnata, oltre i duecento metri di profondità, genericamente lo estende fino al limite della possibilità di sfruttamento; e lo Stato italiano fu in grado di esercitare quel diritto soltanto in tempo recente ... La ricerca sottomarina può organizzarsi e svolgersi unitariamente dalla zona che corrisponde al sovrastante mare territoriale fino a quella che sottostà all'alto mare; e per ciò solo non potrebbe essere oggetto di potestà regionali, sicuramente non estensibili al mare libero. Non si potrebbe dividere il fondo e il sottofondo marino fra zona territoriale, zona contigua e zona d'alto mare per riconoscere alle Regioni una competenza unicamente riguardo alle attività che si possono esercitare sulla porzione di fondo e di sottofondo sottostante al mare territoriale, perché la corrispondente differenziazione del mare si rifà ad una varia natura e ad una diversa intensità dei poteri dello Stato, che attengono alla difesa, alla polizia della navigazione, alla vigilanza doganale e via enumerando, mentre sul fondo e sul sottofondo marino si esplicano poteri di contenuto e di intensità uguali per tutta la fascia che va dalla linea della bassa marea fino al limite esterno della piattaforma. In altre parole, la condizione giuridica differenziata del mare trova fondamento in una diversità di funzione dei suoi vari tratti, là dove una sola è la funzione del fondo e del sottofondo marino; e la distinzione del mare territoriale dalla zona contigua e dall'alto mare è rilevante soltanto nella misura in cui lo è secondo il diritto internazionale, il quale non fa prevedere, per la piattaforma continentale, l'instaurazione di trattamenti diversi a seconda della sua posizione geografica» (Corte cost., sentenza n. 21 del 1968, in *Giur. cost.*, 1968, 410).

Il contenuto dei poteri dello Stato costiero sulla piattaforma continentale ha inoltre formato oggetto della decisione del Consiglio di Stato del 14 novembre 1969, n. 718, già presa in esame a proposito dei poteri dello Stato costiero nella zona contigua (v. *supra*, par. 4.3). Dopo aver affermato la natura consuetudinaria del regime relativo alla piattaforma continentale che attribuisce agli Stati rivieraschi poteri di sfruttamento esclusivo delle risorse naturali, il Consiglio di Stato specifica in che cosa consistono le «risorse naturali» di cui viene riservato lo sfruttamento allo Stato rivierasco:

«L'art. 2 della legge [l. 21 luglio 1967 in materia di sfruttamento delle risorse naturali esistenti sulla piattaforma continentale] riserva in modo esclusivo allo Stato il diritto di esplorare e sfruttare tutte le risorse naturali esistenti nella piattaforma continentale, e non soltanto contrariamente a quanto mostrano di ritenere i ricorrenti gli idrocarburi liquidi e gassosi» (Consiglio di Stato, decisione 14 novembre 1969, n. 718 cit., 865-866).

7.1. *I "diritti sovrani" riconosciuti allo Stato costiero nell'ambito della zona economica esclusiva.*

La zona economica esclusiva è stata per la prima volta disciplinata a livello pattizio nell'ambito della Convenzione di Montego Bay; essa rappresenta il riconoscimento delle pretese, avanzate dagli Stati costieri oceanici, di esercitare diritti sovrani di natura economica sulle acque adiacenti, fino a duecento miglia dalla costa.

Il dibattito svoltosi nel corso della terza Conferenza delle Nazioni Unite sul diritto del mare evidenzia la riluttanza delle grandi potenze marittime, nonché degli Stati che praticavano la pesca di altura e di quelli privi di accesso al mare o geograficamente svantaggiati, ad accettare i "nuovi poteri" che via via si andavano riconoscendo in capo agli Stati costieri. La soluzione accolta nell'art. 55 della Convenzione di Montego Bay riflette pertanto il difficile compromesso infine raggiunto dagli Stati a proposito del regime giuridico della zona economica. Essa viene definita come la zona «al di là del mare territoriale e ad esso adiacente, sottoposta allo specifico regime giuridico stabilito nella presente Parte, in virtù del quale i diritti e la giurisdizione dello Stato costiero, e i diritti e le libertà degli altri Stati, sono disciplinati dalle pertinenti disposizioni della presente Convenzione».

In base a quanto previsto dal successivo art. 56, nell'ambito delle duecento miglia lo Stato costiero esercita poteri sovrani di natura economica in ordine all'esplorazione e allo sfruttamento, la conservazione e la gestione delle risorse naturali (anche diverse da quelle biologiche) che si trovano nelle acque sovrastanti il fondo del mare, sul fondo del mare e nel relativo sottosuolo. Questi poteri riguardano anche altre attività collegate all'esplorazione e allo sfruttamento economico della zona, come la produzione di energia derivata dall'acqua, dalle correnti e dai venti. Lo Stato costiero, inoltre, ha giurisdizione in materia di installazione e utilizzazione di isole artificiali, ricerca scientifica marina e preservazione e protezione dell'ambiente marino.

Se per quanto riguarda le risorse del suolo e del sottosuolo vengono richiamate le norme previste in relazione alla piattaforma continentale (v. *supra*, par. 6.1), le risorse derivanti dalla pesca nella zona economica sono invece oggetto di un'autonoma disciplina negli articoli da 61 a 72 della Convenzione. Lo Stato costiero fissa il totale delle catture consentite (il c.d. *Total Allowable Catch*, frequentemente indicato con l'acronimo *TAC*) nella sua zona economica e indica il livello massimo della capacità di sfruttamento delle risorse ittiche attraverso forze imprenditoriali ad esso riconducibili. Nel caso in cui tale capacità risulti inferiore rispetto al totale delle catture consentite, esso può autorizzare altri Stati a sfruttare il quantitativo residuo, stipulando a tal fine accordi o intese, con l'intento di privilegiare gli interessi dei Paesi che tradizionalmente traggono risorse economiche dalla pesca nella zona considerata, nonché di quelli privi di litorale o geograficamente svantaggiati.

7.2. (segue): i poteri riconosciuti in favore degli Stati diversi da quello costiero nell'ambito della zona economica esclusiva.

Nella zona economica esclusiva gli Stati diversi da quello costiero godono della libertà di navigazione, di sorvolo e di posa di condotte e cavi sottomarini e sono abilitati altresì a tutte le utilizzazioni ulteriori del mare (a condizione, naturalmente, che esse siano internazionalmente lecite, connesse all'esercizio di tali libertà (così l'art. 58 della Convenzione di Montego Bay).

Il principio della libertà di navigazione nella zona economica e l'istituto delle 200 miglia hanno natura consuetudinaria, come ha ribadito anche il Tribunale arbitrale incaricato di delimitare le aree marittime tra il Canada e le isole francesi di St. Pierre e Miquelon:

«Entrambe le Parti hanno sottolineato l'importanza che esse attribuiscono al principio della libertà di navigazione nelle 200 miglia, garantito dall'art. 58 della Convenzione del

1982, come principio che senza dubbio appartiene al diritto internazionale consuetudinario come anche l'istituto della zona di 200 miglia» (Tribunale arbitrale, 10 luglio 1992, Canada c. Francia, in *Riv. dir. int.*, 1992, 772, par. 88).

Lo Stato costiero, conseguentemente, non può vietare alle navi di altri Stati il trasporto nella zona economica di risorse ittiche pescate al di fuori di tale zona: la Corte di giustizia delle Comunità europee, nel negare l'applicazione alle navi extracomunitarie di un regolamento comunitario che prevede alcune misure tecniche di conservazione di risorse alieutiche, ha affermato che

> «il regolamento comunitario non può essere applicato nei confronti di una nave registrata in uno Stato terzo ... che naviga nella zona economica esclusiva di uno Stato membro, poiché questa nave gode in questa zona della libertà di navigazione» (CG, 24 novembre 1992, causa C-286/90, *Anklagemyndgeden/Poulsen-Diva Navigation corp.*, in *Raccolta*, 1997, I-6056, punto 26 della motivazione).

Ancora, secondo l'interpretazione del Tribunale internazionale per il diritto del mare (a proposito del quale v. *infra*, par. 11.2), nella sentenza pronunciata il 1° luglio 1999 sul caso della motonave *Saiga (n. 2)*, i poteri coercitivi dello Stato costiero nella zona economica non possono estendersi a quelle attività per le quali la Convenzione non gli ha attribuito espressamente poteri o diritti sovrani

> «Nella zona economica esclusiva lo Stato costiero ha giurisdizione per applicare le sue leggi e regolamenti in materia doganale nei confronti delle isole artificiali, installazioni e strutture (art. 60, par. 2). Secondo l'opinione del Tribunale la Convenzione non consente allo Stato costiero di applicare le sue leggi in materia doganale nelle parti della zona economica non menzionate qui sopra» (Tribunale per il diritto del mare, 1° luglio 1999, *M/V Saiga (n. 2)*, Saint Vincent e Grenadine c. Guinea, in *Riv. dir. int.*, 2000, 530, par. 127).

La tendenza degli Stati costieri alla rivendicazione di poteri ulteriori rispetto a quelli previsti espressamente dalla Convenzione trova una conferma nel recente provvedimento australiano del 14 dicembre 2004, istitutivo di una Zona di identificazione marittima. Questa normativa autorizza le navi di polizia e quelle che svolgono controlli di carattere doganale, all'identificazione, in un raggio di 1000 miglia nautiche dalla costa, delle navi che transitano nella zona economica esclusiva australiana per scongiurare attacchi terroristici via mare. Pur potendo dirsi sussistente un interesse, non solo dello Stato costiero, ma anche dell'intera Comunità internazionale, alla prevenzione di attacchi terroristici, il tipo di informazioni che possono essere richieste (riguardanti l'equipaggio, il carico, la nave, la rotta seguita), e le misure coercitive adottabili quando la nave rifiuti di fornire tali informazioni, paiono ancora una volta violare il principio della libertà di navigazione nella zona economica esclusiva di cui all'art. 58 della Convenzione.

È opportuno ricordare che si è tentato di legittimare tale iniziativa facendo ricorso all'art. 59, che indica i criteri, peraltro alquanto vaghi, che devono essere utilizzati per dirimere i conflitti tra gli Stati, quando la Convenzione non prevede l'attribuzione di diritti.

«Nei casi in cui la presente Convenzione non attribuisca diritti o giurisdizione allo Stato costiero o ad altri Stati nell'ambito della zona economica esclusiva e sorga conflitto fra gli interessi dello Stato costiero e quelli di un qualsiasi altro Stato o Stati, tale conflitto dovrebbe essere risolto sulla base dell'equità e alla luce di tutte le circostanze pertinenti, tenendo conto dell'importanza che tali interessi rivestono sia per le parti in causa, sia per la Comunità internazionale nel suo complesso».

7.3. *La prassi degli Stati costieri del mar Mediterraneo in materia di zona economica esclusiva e la legge 8 febbraio 2006, n. 61 istitutiva di zone di protezione ecologica oltre il mare territoriale.*

A causa delle dimensioni e della particolare conformazione geografica del mar Mediterraneo, gli Stati costieri che vi si affacciano si sono dimostrati riluttanti ad istituire la zona economica esclusiva di duecento miglia e al contestuale esercizio di tutti i poteri ad essa collegati. Tali atteggiamenti potrebbero essere ricondotti alla volontà di non erodere ulteriormente le libertà dell'alto mare, (cfr. *infra*, par. 8.1), o anche ai difficili problemi relativi alla delimitazione delle aree marine di questi Stati.

Nonostante queste difficoltà alcuni Stati mediterranei hanno dato parziale attuazione all'istituto della zona economica, procedendo alla proclamazione di zone di giurisdizione esclusiva con poteri di natura ecologica e/o di pesca. Tra questi stati si segnalano Francia, Croazia, Algeria, Malta, Tunisia, Spagna e Slovenia.

In questa prassi si colloca la legge 8 febbraio 2006 (in *G.U.* 3 marzo 2006, n. 52) istitutiva di zone di protezione ecologica, di recente promulgata in Italia. La tutela riguarda non solo l'ambiente ma, come già ricordato, anche il patrimonio archeologico (v. *supra*, par. 5.2), mentre non si applica al settore della pesca (art. 2, terzo comma).

Nell'ambito delle zone, che saranno istituite con decreto del Presidente della Repubblica (art. 1, secondo comma), si applicheranno, anche nei confronti delle navi straniere, le norme del diritto italiano, quelle del diritto dell'Unione Europea e dei trattati internazionali in vigore per l'Italia, in materia di prevenzione e repressione di tutti i tipi di inquinamento marino, nonché in materia di protezione dei mammiferi, delle biodiversità e del patrimonio archeologico e storico (art. 2, secondo comma).

Alla determinazione dei limiti esterni delle zone si provvederà attraverso la stipula di accordi con gli Stati confinanti, e fino all'entrata in vigore di tali accordi, i limiti esterni seguiranno il tracciato della linea mediana, ciascun punto della quale è equidistante dai punti più vicini delle linee di base del mare territoriale italiano e di quello dello Stato interessato (art. 1, terzo comma).

8.1. *Il regime dell'alto mare tra libertà "tradizionali" ed esigenze vecchie e "nuove" di limitazione e controllo delle attività che si svolgono in tale ambito.*

Secondo un principio consuetudinario consolidato, nell'alto mare vige un regime di libertà, che comprende (in base a quanto tra l'altro previsto dall'art. 87 della Convenzione di Montego Bay) la libertà di navigazione, di sorvolo, di posa di cavi sottomarini e di costruzione d'isole artificiali, nonché la libertà di pesca e di ricerca scientifica, da esercitarsi, in ogni caso, «tenendo in debito conto gli interessi degli altri Stati».

Non è tuttavia casuale che l'art. 87 sia l'unica norma, fra quelle dedicate all'alto mare, nella quale viene espressamente menzionato il principio di "libertà" vigente in tale area; tale scelta normativa riflette infatti la progressiva erosione subita dal principio in esame, dovuta all'individuazione di zone marittime (via via più estese) entro le quali gli Stati, a diverso titolo, sono abilitati ad esercitare poteri di varia natura ed "intensità".

In alcuni settori, inoltre, il principio in esame, astrattamente proclamato dall'art. 87, subisce significative limitazioni ad opera di altre norme convenzionali, dirette a tutelare gli interessi della Comunità internazionale: così esigenze di razionale sfruttamento delle risorse naturali assoggettano la ricerca scientifica destinata a svolgersi nell'"Area" (cioè nei fondi marini e nel loro sottosuolo, al di là dei limiti della sovranità statale: v. *infra*, par. 10.1) alle disposizioni della Parte XI (art. 256), che prevedono particolari meccanismi di gestione della stessa; esigenze di conservazione, nonché di razionale sfruttamento delle risorse biologiche, comportano inoltre obblighi di conservazione, di collaborazione e di tutela di particolari specie (di cui agli artt. da 116 a 120), che incidono in maniera rilevante sulla libertà di pesca; ancora, esigenze di carattere ambientale e di sicurezza della navigazione comportano limitazioni dei poteri dello Stato della bandiera a favore di quelli dello Stato del porto o dello Stato costiero (a proposito delle quali v. *infra*, par. 8.2).

Presupposto per l'esercizio delle libertà tipiche dell'alto mare, ed in particolare della libertà di navigazione, è l'attribuzione della nazionalità alla nave da parte dello Stato attraverso l'autorizzazione a battere la sua bandiera, sulla base dell'immatricolazione nei registri nazionali e il rilascio dei relativi documenti; inoltre tra la nave e lo Stato deve sussistere un "legame effettivo" (*genuine link*), così come precisato dall'art. 91 della Convenzione di Montego Bay. Malgrado tale disposizione sia chiaramente orientata a richiedere – in linea con la prassi più evoluta maturata in ambito internazionale – che l'iscrizione di una nave nei registri di uno Stato contraente sia condizionata all'esistenza di un reale collegamento socio-economico tra la prima ed il secondo, l'applicazione della stessa in sede giurisprudenziale è sembrata talvolta mortificare la *ratio* ad essa sottesa, ponendo piuttosto l'accento sulla "esclusività" della competenza riservata agli Stati nell'individuazione dei fattori idonei ad attestare l'esistenza di un "legame effettivo". In tal senso sembra ancora orientarsi, ad esempio, la recente decisione pronunciata dal Tribunale internazionale del diritto del mare già richiamata (v. *supra*, par. 7.2), sul caso M/V *Saiga* (n. 2):

> «L'art. 91 lascia ad ogni Stato il potere esclusivo di concedere la sua nazionalità alle navi. A questo proposito l'art. 91 codifica una ben consolidata norma di diritto internazionale consuetudinario» (Tribunale internazionale per il diritto del mare, 1° luglio 1999, M/V *Saiga (n. 2)*, cit., 517, par. 63).

L'ampio potere discrezionale in tal modo riconosciuto agli Stati non giova certamente alla soluzione del problema, ancor oggi molto diffuso, delle bandiere di comodo (*flags of convenience*), concesse da Paesi che non fissano condizioni rigorose per l'immatricolazione delle navi, ovvero non esercitano su di esse un controllo effettivo.

In altro passo della decisione, si legge tuttavia che

> «lo scopo delle disposizioni della Convenzione [di Montego Bay] sulla necessità di un legame effettivo e di un controllo da parte dello Stato della bandiera, è quello di assicurare una più effettiva osservanza dei doveri dello Stato della bandiera e non quello di stabilire dei criteri sulla base dei quali la validità della registrazione della nave nello Stato della bandiera possa essere contestata dagli altri Stati». (Tribunale internazionale per il diritto del mare, 1° luglio 1999, M/V *Saiga (n. 2)*, cit., 521, par. 83).

e si esclude pertanto che l'esistenza di un legame socio-economico effettivo costituisca un vero e proprio requisito cui è subordinata, da parte degli Stati contraenti, l'iscrizione nei propri registri delle navi che ne facciano richiesta.

In senso contrario, alcuni anni dopo l'adozione della Convenzione di Montego Bay, la Convenzione di Ginevra del 7 febbraio 1986 sulle condizioni per le registrazioni delle navi, ha individuato – per l'appunto – una serie di requisiti sulla base dei quali verificare la sussistenza del *genuine link*. La Convenzione non ha sinora raggiunto il numero di ratifiche necessario per la sua entrata in vigore; si presume peraltro che proprio in ragione della previsione di un collegamento "sostanziale" tra nave e Stato della bandiera essa sia destinata a rimanere "lettera morta".

Lo stesso Tribunale internazionale per il diritto del mare, peraltro, in una decisione successiva a quella resa sul caso M/V *Saiga (n. 2)*, è parso (pur nell'estrema sinteticità delle affermazioni rilevanti al riguardo) accordare maggiore rilevanza – rispetto ai dati formali emersi in giudizio – alle prove documentali (nella fattispecie, ritenute insufficienti) prodotte allo scopo di dimostrare la nazionalità effettiva dell'imbarcazione. Nel definire la controversia tra Belize e Francia relativa al peschereccio *Grand Prince*, sottoposto a fermo e sequestro con l'accusa di praticare la pesca nella zona economica prospiciente le isole Kerguelen, territori francesi d'oltremare, il Tribunale ha infatti statuito che

> «sulla base di ogni complessiva valutazione del materiale ... la prova documentale sottoposta ... non ha consentito di stabilire se il Belize fosse lo Stato della bandiera» (Tribunale inter-

nazionale per il diritto del mare, 20 aprile 2001, (Belize c. Francia), reperibile sul sito <http://www.un.org/Depts/los/itlos_new/Case8_Grand_Prince/8GrandPrince>).

A norma dell'art. 92 della Convenzione di Montego Bay, la nave che si trovi in alto mare è sottoposta – salvi alcuni casi particolari, che verranno analizzati nel par. 8.2) – alla giurisdizione esclusiva dello Stato della bandiera, che la esercita attraverso il controllo sulle questioni di carattere amministrativo, tecnico e sociale che riguardano la nave. In tale prospettiva, il successivo art. 94 elenca una serie di misure che lo Stato deve adottare per assolvere compiutamente gli obblighi che gli fanno carico: tra le misure più importanti che deve predisporre a tal fine vi sono quelle riguardanti la sicurezza della navigazione.

8.2. *I limiti ai poteri che gli Stati sono autorizzati ad esercitare sulle navi in alto mare.*

L'esclusività dei poteri dello Stato della bandiera sulla nave in alto mare incontra dei limiti, alcuni dei quali rispondono ad esigenze di tutela di interessi individuali degli Stati costieri, come il diritto di inseguimento (art. 111 della Convenzione di Montego Bay), altri ad esigenze di carattere umanitario, come il caso della tratta degli schiavi (art. 99), o collettivo, come le ipotesi della pirateria (artt. da 100 a 107) e delle emissioni radio non autorizzate (art. 109).

I limiti ai quali si è fatto ora cenno consistono nella possibilità di sequestro (nella sola ipotesi di pirateria) e nel diritto di visita, che compete alle navi da guerra di un altro Stato, agli aeromobili militari o alle navi o aeromobili autorizzati, in servizio di Stato, in tutti i casi indicati, e in quello di nave priva di nazionalità o di nave che pur battendo bandiera straniera o rifiutando di esibire la sua bandiera abbia la stessa nazionalità della nave da guerra (art. 110).

In un recente caso di nave priva di nazionalità (si trattava di un peschereccio in stato di disarmo, fermato in alto mare mentre si allontanava dalle coste italiane dopo aver trasbordato immigrati clandestini su altro natante diretto verso le coste italiane), in cui si contestava la validità della visita in alto mare eseguita dalla Guardia di finanza, il Tribunale di Crotone ha ritenuto legittime questa operazione, osservando che

> «l'assenza di immatricolazione e di bandiera del motopeschereccio "visitato" dalla Guardia di finanza e gli univoci elementi già evidenziati che potevano indurre la polizia giudiziaria a sospettare il coinvolgimento dell'imbarcazione in una attività criminosa rendono certamente applicabile al caso di specie il già menzionato art. 110 della Convenzione di Montego Bay» (Trib. Crotone, 27 settembre 2001, in *Riv. dir. int.*, 2001, 1157).

Il diritto di visita nei confronti di una nave priva di nazionalità, o comunque assimilabile a nave priva di nazionalità, sospettata di traffico di migranti è stato confermato in un recente strumento internazionale, aperto alla firma degli Stati in occasione della Conferenza di Palermo del 2000 sul crimine transnazionale, precisamente, il Protocollo contro il traffico di migranti per via terrestre, marittima e aerea, addizionale alla Convenzione delle Nazioni Unite contro il crimine organizzato transnazionale, adottata, dall'Assemblea Generale con la risoluzione A/RES/55/25 del 15 novembre 2000. La Convenzione e il Protocollo, già in vigore sul piano internazionale hanno ricevuto esecuzione con la legge 16 marzo 2006, n. 146, che ne autorizza altresì la ratifica (in *G.U.* suppl. ord. n. 91 dell'11 aprile 2006), e, a norma, rispettivamente, dell'art. 38 e dell'art. 22, entreranno in vigore 30 giorni dopo il deposito dello strumento di ratifica da parte dello Stato italiano.

Al di fuori dei casi previsti dall'art. 110 della Convenzione di Montego Bay, o da altre previsioni espresse contenute in strumenti internazionali, come ad esempio il Protocollo sopra richiamato, non sono consentiti in alto mare il fermo e la visita di navi straniere sospettate di esercitare attività illecite senza l'espresso consenso dello Stato della bandiera.

Va segnalata, a questo proposito, una tendenza della prassi statunitense volta ad estendere il potere di visita spettante alle proprie navi da guerra nei confronti di navi sospettate di trasportare armi di distruzione di massa a fini terroristici, previsto nell'ambito della c.d. *Proliferation Security Initiative* (PSI) del 5 marzo 2004, anche nei confronti di navi di Stati diversi da quelli che, come l'Italia, tale documento hanno siglato, sulla base del principio della legittima difesa preventiva (v. *infra*, cap. IX, par. 5.5).

Da ultimo è opportuno segnalare che il già richiamato provvedimento australiano che istituisce la Zona di identificazione marittima prevede che l'Australia possa richiedere alle navi dirette nei suoi porti, nel raggio di 1000 miglia nautiche, le medesime informazioni previste per le navi che attraversano la sua zona economica esclusiva (v. *supra*, par. 7.2).

Si può in primo luogo rilevare un profilo di incompatibilità della normativa australiana in commento con l'art. 302 della Convenzione di Montego Bay, secondo il quale nessuno Stato è tenuto a fornire informazioni la cui divulgazione sia in contrasto con i suoi interessi fondamentali in materia di sicurezza: sembra infatti non esservi alcun dubbio che la tipologia delle informazioni richieste allo Stato della bandiera possa essere ricompresa nella fattispecie prevista all'art 302.

Ulteriori problemi di incompatibilità si potrebbero porre con riguardo al tipo di misure coercitive adottabili in caso di rifiuto del comandante della nave di fornire le informazioni richieste: a questo proposito, è opportuno ribadire che l'unica misura coercitiva consentita allo Stato del porto dal diritto internazionale del mare odierno, è il divieto di ingresso nei porti nazionali: sono pertanto esclusi sia il diritto di visita, sia il diritto di inseguimento (v. *infra*, par. 8.3) che la normativa australiana sembra prevedere.

8.3. *(segue): il diritto d'inseguimento continuo (c.d.* hot pursuit*).*

Il Tribunale internazionale del diritto del mare, nella sua decisione (più volte richiamata) relativa al caso della *M/V Saiga (n. 2)*, ha avuto modo di pronunciarsi anche sul diritto di inseguimento, quale disciplinato dall'art. 111 della Convenzione di Montego Bay. Tale disposizione prevede, con una norma di contenuto corrispondente al diritto consuetudinario in materia, che lo Stato costiero è abilitato a proseguire in alto mare un'attività repressiva, a condizione che quest'ultima abbia avuto inizio in spazi marini sottoposti alla sua sovranità territoriale.

In tale occasione il Tribunale ha dunque sottolineato che l'inseguimento sarà considerato legittimo, soltanto se risultano soddisfatte tutte le condizioni contemplate dal richiamato art. 111. In merito ad esse il Tribunale ha osservato che

> «le condizioni poste all'esercizio del diritto di inseguimento all'art. 111 della Convenzione [di Montego Bay] devono essere cumulativamente riunite; ciascuna di queste condizioni deve essere soddisfatta affinché l'inseguimento sia lecito secondo la Convenzione» (Tribunale internazionale per il diritto del mare, 1° luglio 1999, *M/V Saiga (n. 2)*, cit., 534, par. 146).

9.1. *Inquinamento marino e regole internazionali di responsabilità: il regime delineato dalla* Convenzione di Montego Bay.

La Convenzione di Montego Bay si occupa, all'art. 235, della responsabilità degli Stati per inquinamento del mare. Al suo primo paragrafo, tale articolo dispone testualmente:

> «Gli Stati sono responsabili dell'adempimento dei propri obblighi internazionali in materia di protezione e preservazione dell'ambiente marino e ne rispondono conformemente al diritto internazionale».

In questa materia, la Convenzione adotta dunque una norma flessibile, che garantisce un costante adeguamento del regime di responsabilità degli Stati in materia di protezione e preservazione dell'ambiente marino alle norme progressivamente consolidate al riguardo in ambito internazionale. Ai vantaggi indubbiamente connessi all'impiego di tale tecnica legislativa si contrappone la delicatezza del compito affidato all'interprete ed al giudice, sul piano della concreta applicazione della norma in esame: ad essi, infatti, si impone la difficile ricostruzione dei diversi "indizi", desumibili dalla prassi internazionale (v. *supra*, Cap. II, parr. 3.4-3.6), che – nel momento specifico in cui viene ipotizzata la responsabilità internazionale di uno Stato per danni all'ambiente marino – concorrono a formare il quadro normativo di riferimento entro il quale dovrà essere riportata e valutata la fattispecie volta a volta in considerazione.

Un principio generale sul quale vi è puntuale corrispondenza tra le disposizioni della Convenzione in esame ed il diritto consuetudinario da tempo consolidato in materia, riguarda il "diritto sovrano" degli Stati allo sfruttamento delle proprie risorse naturali. Si tratta di un principio già enunciato nella Dichiarazione di Stoccolma del 1972 (e ribadito, tra l'altro, dalla Dichiarazione di Rio del 1992, nell'ambito della quale esso viene "arricchito" mediante riferimento specifico alle politiche di sviluppo: v. *infra*, Cap. XII, par. 2.3), che la Convenzione in esame formula (all'art. 193) nei termini seguenti:

> «Gli Stati hanno il diritto sovrano di sfruttare le proprie risorse naturali secondo le proprie politiche ambientali e nel rispetto dell'obbligo di proteggere e preservare l'ambiente marino».

Se l'affermazione iniziale contenuta nella disposizione riportata si limita a confermare (in conformità, ad esempio, a quanto già previsto dalla Dichiarazione adottata il 14 dicembre 1962 dall'Assemblea generale delle Nazioni Unite in tema di sovranità permanente sulle risorse naturali con risoluzione 1803-XVII, in *Int. Legal Mat.*, 1963, 223) il principio della giurisdizione (in linea di principio) esclusiva riconosciuta agli Stati entro gli ambiti nei quali si estende (o si "irradia") la loro sovranità territoriale, quella prevista in chiusura appare invece più pregnante (e, al tempo stesso, più problematica) in quanto impegna gli Stati – nell'esercizio dei poteri di cui alla prima parte dell'art. 193 – a non recare danni all'ambiente marino, non solo mediante comportamenti diretti, ma anche mediante condotte omissive, riscontrabili ove manchi un adeguato "controllo", da parte loro, delle attività sulle quali essi hanno l'obbligo di vigilare, in virtù del diritto internazionale (v. *supra*, Cap. VIII, par. 4.1).

9.2. *Le regole di condotta previste dal diritto internazionale in materia di protezione e preservazione dell'ambiente marino.*

Per quanto concerne le disposizioni, desumibili dalla stessa Convenzione di Montego Bay, alle quali è utile riferirsi allo scopo di definire "compiti" e "responsabilità" degli Stati in tema di tutela dell'ambiente marino (cui allude il primo paragrafo dell'art. 235, nella sua prima parte), si segnala innanzi tutto l'art. 192, formulato nei termini seguenti:

> «Gli Stati hanno l'obbligo di proteggere e preservare l'ambiente marino».

Tale norma, che a prima vista sembrerebbe imporre agli Stati un obbligo incondizionato di protezione e preservazione dell'ambiente marino (e delineare, quindi, un regime di responsabilità oggettiva a loro carico), può essere correttamente intesa soltanto se letta alla luce di quanto previsto dal successivo art. 194, nel quale viene precisato che essi

> «adottano, singolarmente o congiuntamente secondo i casi, tutte le misure conformi alla presente Convenzione atte a prevenire, ridurre e controllare l'inquinamento dell'ambiente marino, quale che ne sia la fonte, usando a tal fine *gli strumenti più idonei in loro pos-*

sesso secondo le loro capacità, adoperandosi per armonizzare le rispettive politiche in tale ambito» (corsivo aggiunto).

Tale disposizione, nella parte in cui modula lo "sforzo" richiesto agli Stati con riferimento non già ad un parametro assoluto, bensì alle reali possibilità (innanzitutto tecniche ed economiche) di ciascuno, fonda dunque sulla colpa il regime di responsabilità internazionale (a proposito del quale v. *supra*, Cap. VIII, par. 5.1) destinato a trovare applicazione nel settore in esame.

Anche in tema di riparazione dei danni all'ambiente marino l'art. 235 dispone un rinvio al diritto internazionale, sia generale che particolare, quale si andrà via via affermando e consolidando nell'ambito della Comunità internazionale.

L'esame coordinato delle diverse disposizioni della Convenzione di Montego Bay richiamate consente di comprendere i termini del delicato compromesso raggiunto dagli Stati in materia di protezione e preservazione dell'ambiente marino. Da un lato, infatti, la Convenzione – come già ricordato – adotta una soluzione "classica" sotto il profilo dell'imputazione della responsabilità agli Stati, in base a quanto previsto, in particolare, dal primo paragrafo dell'art. 194. Dall'altro lato, non esclude che regimi più rigorosi rispetto a quello in essa delineato possano trovare applicazione sulla base di "altre" disposizioni di diritto internazionale, rese rilevanti in virtù del rinvio disposto, come si è visto, dall'art. 235, ed anche – più in generale, con riguardo alle ipotesi in cui gli Stati siano tenuti a rispondere dei danni a diverso titolo causati – dall'art. 304 della medesima Convenzione, che espressamente statuisce:

«Le disposizioni della presente Convenzione sulla responsabilità per danni non pregiudicano l'applicazione delle norme esistenti e la formazione di ulteriori norme sulla responsabilità internazionale».

Si è già anticipato che l'"apertura" nei confronti di fonti internazionali "esterne" rispetto alla Convenzione (chiaramente emergente dagli artt. 235 e 304) richiede una rilevazione attenta della prassi internazionale, allo scopo di ricavarne indicazioni utili allo scopo di integrare il disposto delle norme in esame.

Come verrà meglio precisato nel prosieguo, sono tuttavia assai esigue le manifestazioni della prassi suscettibili di fornire "indizi" certi sul contenuto delle regole internazionali in materia. Ciò si constata in modo evidente se si ha riguardo agli esiti giurisprudenziali maturati con riferimento ai casi di pregiudizi a dimensione "transfrontaliera" dipendenti dalla violazione del divieto di utilizzazione "non dannosa", da parte degli Stati, del loro territorio o, più in generale, degli ambiti soggetti alla loro giurisdizione (v. *infra*, Cap. XII, parr. 2.1-2.2).

9.3. (segue): gli obblighi degli Stati in materia di riparazione dei danni, ad essi imputabili, causati all'ambiente marino.

In tema di riparazione dei danni causati all'ambiente marino le incertezze evidenziate dalla prassi (ancora v. *infra*, Cap. XII, parr. 2.4-2.5) non trovano risposte adeguate nell'ambito della disciplina trasfusa nella Convenzione di Montego Bay. A tale proposito essa si limita infatti a ribadire (in puntuale aderenza a quanto già previsto dal Principio n. 22 della Dichiarazione di Stoccolma del 1972) l'obbligo, per gli Stati, di attivarsi allo scopo di istituire idonei strumenti legislativi e giurisdizionali. L'art. 235, nel suo secondo paragrafo, prescrive infatti ad essi di garantire, nei rispettivi ambiti interni, i *mezzi di ricorso* idonei a garantire la rapida ed adeguata riparazione dei danni all'ambiente marino causati da persone fisiche o giuridiche soggette alla loro autorità. Nel successivo par. 3, inoltre, il medesimo articolo pone a carico degli Stati un *obbligo di cooperazione,* in vista di assicurare l'attuazione e, al contempo, lo sviluppo del diritto internazionale in materia. In base a quest'ultima previsione, viene loro richiesto di adottare *soluzioni e comportamenti uniformi* con riguardo all'accertamento ed alla riparazione dei danni all'ambiente marino, nonché alla definizione delle relative controversie, individuando a tale scopo *criteri e strumenti comuni* (quali l'assicurazione obbligatoria e i fondi di indennizzo) mirati a garantire un adeguato ristoro a favore dei danneggiati.

Dal terzo paragrafo dell'art. 235 emerge dunque, per un verso, il comune intento degli Stati di impegnarsi in vista di uno sviluppo progressivo del diritto internazionale, allo scopo di garantire un'effettiva affermazione, in quanto regola giuridicamente vincolante, del c.d. *polluter pays principle* (v. *infra*, Cap. XII, par. 1.5) nello specifico settore in considerazione; per altro verso, tuttavia, tale disposizione evidenzia la difficoltà ancora attuale di consolidare in ambito internazionale regole vincolanti in materia di riparazione, da parte degli Stati, dei danni all'ambiente marino causati da comportamenti (a diverso titolo) loro imputabili (ancora *supra*, Cap. VIII, par. 7.3).

10.1. *Dalla elaborazione della nozione di "patrimonio comune dell'umanità" all'istituzione di un organo deputato alla tutela dei "beni" riconducibili a tale nozione.*

Il progresso delle conoscenze scientifiche e tecniche ha fatto emergere, a partire dagli anni sessanta, il problema di prevenire squilibri troppo accentuati tra gli Stati con riguardo allo sfruttamento (all'epoca, per lo più soltanto potenziale) delle risorse minerali situate a grandi profondità, al di là delle piattaforme continentali degli Stati costieri.

Nella sua risoluzione del 17 dicembre 1970, l'Assemblea delle Nazioni Unite ha adottato una Dichiarazione relativa ai principi che regolano il fondo del mare e degli oceani, nella quale si legge che

> «il fondo del mare e degli oceani, così come il loro sotto-suolo al di là dei limiti della giurisdizione nazionale (qui di seguito denominata l'Area) e le risorse dell'Area sono patrimonio comune dell'umanità e nessuno Stato, nessuna persona fisica o morale può rivendicare, esercitare o acquistare sull'Area o sulle sue risorse diritti incompatibili con il

regime internazionale da stabilire e i principi della presente dichiarazione; inoltre l'Area dovrà essere utilizzata a fini esclusivamente pacifici e sulla base dei principi della presente dichiarazione un regime internazionale ... accompagnato da un meccanismo internazionale appropriato sarà stabilito da un trattato internazionale a carattere universale, generalmente convenuto» (Assemblea delle Nazioni Unite, *Dichiarazione relativa ai principi che regolano il fondo del mare e degli oceani*, in *Riv. dir. int.*, 1971, 303).

Nella Parte XI della Convenzione di Montego Bay, dedicata al regime giuridico dell'Area internazionale dei fondi marini (a proposito di tale nozione, v. *supra*, par. 8.1, nonché art. 1 della Convenzione), si afferma (all'art. 136) il principio, dichiarato "intangibile", secondo cui determinate risorse costituiscono «patrimonio comune dell'umanità». L'art. 311 precisa infatti che gli Stati contraenti

«convengono che nessuna modifica deve essere apportata al principio fondamentale relativo al patrimonio comune dell'umanità enunciato dall'art. 136 e che essi non diverranno contraenti di alcun accordo che deroghi a detto principio».

Dall'impossibilità di rivendicare, sul piano individuale, diritti sovrani sull'Area, discende l'inappropriabilità e l'inalienabilità, da parte di singoli Stati, delle risorse, considerate per l'appunto «patrimonio comune dell'umanità», a tutela delle quali viene istituito un "meccanismo internazionale appropriato", costituito dall'Autorità internazionale dei fondi marini.

Questa ha dunque il compito di organizzare, condurre e controllare le attività di sfruttamento delle risorse minerali che vengono condotte nell'Area. Lo sfruttamento avviene secondo un sistema *parallelo:* lo Stato o le imprese private che intendono impegnarsi nell'attività di sfruttamento delle risorse che si trovano nei fondi marini e nel loro sottosuolo, in aree esorbitanti le sfere nelle quali si estendono o si irradiano i poteri sovrani degli Stati, singolarmente considerati, sottopongono all'Autorità un piano di lavoro, nel quale devono essere individuati due siti minerari di valore comparabile. In caso di approvazione del progetto, lo sfruttamento di uno dei siti sarà affidato all'operatore economico, pubblico o privato, che ha presentato il piano di lavoro, mentre spetterà all'Impresa, organo operativo dell'Autorità internazionale dei fondi marini (che trova la propria disciplina nell'art. 170 della Convenzione) trarre le utilità economiche presenti nell'altro sito.

11.1. *Le tecniche di soluzione pacifica delle controversie relative all'interpretazione ed applicazione della Convenzione di Montego Bay e di altri accordi internazionali in materia di diritto del mare.*

La Convenzione di Montego Bay prevede, nella sua Parte XV, un sistema molto complesso e articolato di soluzione delle controversie (sul tema, v. *supra*, Cap. VII), che si basa sul principio di soluzione pacifica delle stesse e, salvo alcune – peraltro rilevanti – eccezioni, su procedure obbligatorie, destinate a concludersi con decisioni vincolanti per le parti coinvolte.

Le controversie relative all'interpretazione ed applicazione della Convenzione possono essere sottoposte, in alternativa, a organi giurisdizionali (il Tribunale internazionale per il diritto del mare e la Corte internazionale di giustizia) o ad organi arbitrali (il Tribunale arbitrale *tout court*, ovvero quello "speciale", competente per alcune particolari categorie di controversie); in mancanza di individuazione espressa dell'organo deputato a decidere, opera una generale presunzione a favore dell'arbitrato.

11.2. (segue): in particolare, il ruolo del Tribunale internazionale del diritto del mare.

Il tempo trascorso dall'entrata in vigore della Convenzione di Montego Bay è ancora troppo breve per permettere un serio bilancio sull'efficacia del sistema di soluzione delle controversie da essa delineato: fin da ora si può tuttavia osservare che il Tribunale internazionale per il diritto del mare sta svolgendo un'attività particolarmente apprezzata ed incisiva, come ha avuto modo di sottolineare la stessa Assemblea Generale delle Nazioni Unite. In una sua recente risoluzione, tale organo

> «nota con soddisfazione che il Tribunale internazionale del diritto del mare ... continua a contribuire alla soluzione pacifica delle controversie conformemente alla Parte XV della Convenzione [di Montego Bay], sottolinea che esso gioca un ruolo importante e fa testo nell'interpretazione ed applicazione della Convenzione e dell'Accordo» (Assemblea Generale delle Nazioni Unite, Risoluzione 56/12 del 28 novembre 2001 su *Gli oceani e il diritto del mare*, cit. *supra*, par. 1.3).

Ad oggi sono stati sottoposti all'esame del Tribunale tredici casi, di cui otto sono stati già decisi, adottando provvedimenti che affrontano problemi di rilevanza centrale nell'ambito del diritto internazionale del mare: dalla questione ambientale a quella dei requisiti ai quali è subordinata la concessione della nazionalità alle navi, fino al tema, a lungo dibattuto, della libertà di navigazione nella zona economica.

Il Tribunale, che ha sede ad Amburgo, è composto da 21 membri indipendenti, nel senso che gli stessi ricoprono tale carica a titolo personale, senza vincoli di mandato da parte degli Stati contraenti di cui sono cittadini.

La competenza del Tribunale si estende a tutte le controversie che gli vengono sottoposte conformemente alla Parte XV della Convenzione. Esse concernono pertanto l'interpretazione ed applicazione della stessa Convenzione, nonché le controversie relative all'interpretazione o all'applicazione di altri accordi internazionali, rilevanti in materia di diritto del mare, nei quali sia prevista la competenza di tale organo. A tutt'oggi il Tribunale è stato indicato quale organo competente dal Protocollo del 1996 alla Convenzione del 1972 sulla prevenzione dall'inquinamento marino derivante dall'immersione dei rifiuti, non ancora in vigore (art. 16), nonché dall'Accordo del 1995 relativo alla conservazione e gestione e degli stock di pesci che si trovano sia in alto mare sia in una zona economica esclusiva, nonché degli stock di pesci grandi migratori (artt. 30 e 31) e, infine, dall'Accordo del 1993 (anch'esso, non ancora in vigore) volto a favorire il rispetto, da parte delle navi da pesca in alto mare, delle misure internazionali di conservazione e gestione delle risorse marine.

Il Tribunale gode inoltre di giurisdizione esclusiva, che esercita attraverso la Camera, con riguardo alle controversie relative ai fondi marini ed alle attività condotte nell'Area, nonché in tutte le materie relative all'interpretazione e all'applicazione della Parte XI (art. 288, par. 3); ad esso è altresì attribuita una speciale competenza in materia di richiesta di misure cautelari e di immediato rilascio della nave e dell'equipaggio, quando lo Stato della bandiera contesta l'osservanza, da parte dello Stato che ha fermato la nave, delle disposizioni della Convenzione che prevedono l'immediato rilascio della nave a seguito del deposito di una adeguata cauzione o di un'altra garanzia finanziaria.

Bibliografia essenziale

a) *Per le opere a carattere generale sul diritto del mare*: D. BARDONNET, M. VIRALLY (a cura di), *Le nouveau droit de la mer*, Paris, 1983; G. CATALDI (a cura di), *La mediterranée et le droit de la mer*, Bruxelles, 2002; R. CHURCHIL, V. LOWE, *The Law of the sea*, Manchester, 1999; B. CONFORTI, *Il regime giuridico dei mari*, Napoli, 1957; R. DUPUY, D. VIGNES (a cura di), *Traité du nouveau droit de la mer*, Paris-Bruxelles, 1985; ID., *A Handbook on the New Law of the Sea*, Dordrecht, 1991; U. LEANZA, *Il regime giuridico internazionale del mar Mediterraneo*, Milano, 1987; ID., *Il nuovo diritto del mare e la sua applicazione nel Mediterraneo*, Torino, 1993; ID., *Il diritto degli spazi internazionali*, Torino, 1999; L. LUCCHINI, M.VOELKEL, *Le droit de la mer*, Paris, 1990; M. NORDQUIST, *United Nations Convention on the Law of the Sea 1982, A Commentary*, Dordrecht, [1985-1993]; T. SCOVAZZI, *The Evolution of International Law of The Sea: New Issues, New Challenges*, in Recueil des Cours, t. 286, 2000, p. 43 ss.; T. TREVES, *La convenzione delle Nazioni Unite sul diritto del mare del 10 dicembre 1982*, Milano, 1983; ID., *Codification du droit international et pratique des États dans le droit de la mer*, in Recueil des Cours, t. 223, 1990, p. 25 ss.

b) In particolare: (i) *sulla delimitazione delle zone marittime e le linee di base*: R. ADAM, *Un nuovo provvedimento in tema di linee di base del mare territoriale*, in Riv. dir. int., 1978, p. 469 ss.; G. CATALDI, *L'Italia e la delimitazione degli spazi marini. Osservazioni sulla prassi recente di estensione della giurisdizione costiera del Mediterraneo*, in Riv. dir. int., 2004, p. 621 ss.; A. GIOIA, *Titoli storici e linee di base del mare territoriale*, Padova, 1990; I. PAPANICOLOPULU, *Confine marino: unità o pluralità*, Milano, 2005; T. SCOVAZZI (a cura di), *Le linee di base del mare territoriale*, Milano, 1986; (ii) *sul regime del mare territoriale*: G. CATALDI, *Il passaggio delle navi straniere nel mare territoriale*, Milano, 1990; ID., *Il caso dell'«Achille Lauro» e la giurisdizione dello Stato costiero nel mare territoriale*, in Riv. dir. int., 1987, p. 548 ss.; N. RONZITTI, *Il passaggio inoffensivo nel mare territoriale e la convenzione delle Nazioni Unite sul diritto del mare*, in Riv. dir. int., 1985, p. 32 ss.; (iii) *sul regime della zona contigua e della zona archeologica*: L. MIGLIORINO, *Il recupero degli oggetti storici e archeologici sommersi nel diritto internazionale*, Milano, 1984; A. STRATI, *The Protection of Underwater Cultural Heritage: an Emerging Objective of the Contemporary Law of the Sea*, The Hague, 1995; R. GARA-

BELLO, *La Convenzione UNESCO sulla protezione del patrimonio culturale subacqueo*, Milano, 2004; (iv) *sul regime della piattaforma continentale e della zona economica esclusiva*: D. ATTARD, *The Exclusive Economic Zone in International Law*, Oxford, 1987; M.C. CICIRIELLO, *Le formazioni insulari e la delimitazione degli spazi marini*, Napoli, 1990; B. CONFORTI (a cura di), *La zona economica esclusiva*, Milano, 1983; A. DEL VECCHIO, Zone economiche e Stati costieri, Firenze, 1984; U. LEANZA, L. SICO (a cura di), *Zona economica esclusiva e Mare mediterraneo*, Napoli, 1989; V. MAROTTA RANGEL, *Le plateau continental dans la Convention de 1982 sur le droit de la mer*, in *Recueil des Cours*, t. 194, 1985, p. 269 ss.; R. PISILLO MAZZESCHI, *La ricerca scientifica nella zona economica e sulla piattaforma continentale*, in *Riv. dir. int.*, 1982, p. 819 ss.; T. TREVES (a cura di), *La ricerca scientifica nell'evoluzione del diritto del mare*, Milano, 1978; (v) *sulla protezione dell'ambiente marino*: M.C. CICIRIELLO, *Le convenzioni internazionali sulla protezione del Mediterraneo contro l'inquinamento marino*, Napoli, 1992; P. IVALDI, *Inquinamento marino e regole internazionali di responsabilità*, Padova, 1996; V. STARACE (a cura di), *Diritto internazionale e protezione dell'ambiente marino*, Milano, 1983; (vi) *sul regime dell'alto mare e dell'area internazionale dei fondi marini*: M.C. CICIRIELLO (a cura di), *L'impatto ambientale delle attività di esplorazione e sfruttamento dei fondali marini internazionali*, Napoli, 1995; A. KIRCHNER (a cura di), *International Maritime Environmental Law*, The Hague, 2003; U. LEANZA, *Le attività degli Stati negli spazi liberi*, Napoli, 2000; T. TREVES (a cura di), *Lo sfruttamento dei fondi marini internazionali*, Milano, 1982; (vii) *sul regime della soluzione delle controversie nel diritto del mare*: A. CANNONE, *Il tribunale internazionale del diritto del mare*, Bari, 1991 e T. TREVES, *Le controversie internazionali. Nuove tendenze, nuovi tribunali*, Milano, 1999.

CAPITOLO XII

TUTELA INTERNAZIONALE DELL'AMBIENTE

di Francesco Munari

Sommario: 1.1. La dimensione internazionale della tutela ambientale. – 1.2. Evoluzione della materia: la protezione ambientale solo quale effetto mediato dell'applicazione dei principi sulla responsabilità degli Stati. – 1.3. Le tappe fondamentali dello sviluppo del diritto internazionale dell'ambiente: dalla Conferenza di Stoccolma del 1972 a quella di Rio de Janeiro del 1992. – 1.4. (segue): attuali criticità presenti nella materia; la mancanza di un "forum" globale per l'ambiente e l'emersione di altre priorità nell'Agenda internazionale. – 1.5. L'influenza delle discipline metagiuridiche nel diritto internazionale dell'ambiente. – 1.6. Tutela dell'ambiente, salvaguardia dei diritti umani e diritto allo sviluppo. – 2.1. Genesi delle norme e dei principi generali in materia di protezione ambientale: dalle origini ai casi della *Fonderia di Trail* e dello *Stretto di Corfù*. – 2.2. La norma consuetudinaria contenuta nel *Principio n. 21* della Dichiarazione di Stoccolma. – 2.3. Problemi applicativi del *Principio n. 21*: sua operatività nei confronti di attività "non transfrontaliere". – 2.4. (segue): le conseguenze della violazione del *Principio n. 21* e il regime di responsabilità ad esso relativo. – 2.5. L'assenza di regole generali di responsabilità e l'affermarsi invece di standard comportamentali positivi in capo agli Stati. – 3.1. L'obbligo di cooperazione tra gli Stati per la tutela dell'ambiente transnazionale. – 3.2. L'obbligo di consultazione e informazione e la rilevanza della c.d. valutazione di impatto ambientale nella sfera internazionale. – 3.3. L'obbligo di negoziare l'esecuzione di attività lesive dell'ambiente e il principio di buona fede. – 3.4. Il c.d. approccio precauzionale. – 3.5. Il principio della responsabilità comune ma differenziata. – 3.6. Il c.d. sviluppo sostenibile. – 4.1. L'attuazione delle consuetudini in materia ambientale nel diritto internazionale pattizio. – 4.2. Trattati in materia ambientale e Stati terzi.– 4.3. Specificità dei contenuti delle norme dei trattati sull'ambiente. Il rapporto tra accordi quadro e norme o protocolli di attuazione. – 4.4. Gli obblighi di cooperazione internazionale nei trattati in materia ambientale. – 5.1. Tutela dell'ambiente, inquinamento derivante da attività non statali individuali e regime della responsabilità civile. – 5.2. Incidenti ambientali transnazionali e norme internazionali ad essi applicabili. – 5.3. Il ruolo degli "attori non statali" nel diritto internazionale dell'ambiente. – 6.1. Le misure con efficacia extraterritoriale adottate dagli Stati per proteggere l'ambiente transnazionale e il regime di diritto internazionale ad esse relativo. – 6.2. (segue): le c.d. TREMs e la loro legittimità alla luce delle norme GATT-OMC.

1.1. *La dimensione internazionale della tutela ambientale.*

Nel contesto internazionale, si riconosce generalmente che

"environment" is broadly referred to as including air, water, land, flora and fauna, natural ecosystems and sites, human health and safety, and climate. The emerging principles, whatever their current status, make reference to conservation, management, notions of prevention and of sustainable development, and protection for future generations (Trib. Arbitrale 24 maggio 2005, caso *Iron-Rhine*, par. 58, in *www.pca-cpa.org*).

La protezione dell'ambiente non è soltanto materia di interesse domestico degli Stati, esistendo fondamentali ragioni per riconoscere alla salvaguardia ambientale anche una dimensione internazionale.

Infatti, e in primo luogo, le attività inquinanti o comunque lesive dell'ambiente poste in essere in uno Stato tendono a ripercuotersi sia in altri Stati, sia in aree non soggette alla sovranità di alcuno Stato: si pensi ad esempio al fenomeno delle c.d. piogge acide, determinato da emissioni industriali inquinanti nell'atmosfera, le quali, a contatto con la luce del sole e l'acqua, vengono trasformate in acidi, che poi ricadono sulla terra insieme con le precipitazioni pluviali anche ad enorme distanza dal luogo in cui gli inquinanti sono stati prodotti; ma si pensi pure allo sfruttamento non sostenibile di risorse ittiche, anche attuato all'interno di zone di pesca esclusive di uno Stato, che determina sia un impoverimento globale degli stock (a danno degli Stati interessati al loro sfruttamento), sia effetti nel complesso negativi per l'ecosistema marino.

In secondo luogo, i problemi ambientali più importanti non sono risolvibili né gestibili dai singoli Stati sulla base di iniziative unilaterali, ma esigono cooperazione internazionale e spesso un'azione comune degli Stati. Ciò vale, senza eccezioni, per il riscaldamento del pianeta, la perdita di biodiversità, la salvaguardia della qualità dell'aria, dell'acqua, del suolo e degli oceani, la deforestazione e desertificazione, la gestione dei rifiuti e di altre scorie nocive, l'assottigliamento dello strato di ozono. Inoltre, tali problematiche appaiono tra loro fortemente saldate: come è stato esattamente rilevato,

> «la Terra è un organismo la cui salute dipende da quella di tutte le sue componenti» (WORLD COMMISSION ON ENVIRONMENT AND DEVELOPMENT, *Our Common Future*, c.d. Rapporto Brundtland, 1987, 1).

Ciò determina una forte interdipendenza tra gli Stati che, nell'ambito delle rispettive sfere di giurisdizione, hanno la potestà di sfruttamento, regolazione e preservazione dell'ambiente e degli ecosistemi. Non di rado, tuttavia, e come vedremo, gli Stati assumono iniziative unilaterali per la protezione dell'ambiente, le quali (volutamente) hanno effetti non limitati alla sfera domestica, bensì portata extraterritoriale. Queste misure tendono anzi ad intensificarsi quanto più difficile diviene l'azione congiunta degli Stati a livello internazionale; e se talora esse anticipano standard poi codificati sul piano interstatale, talaltra rischiano invece di porsi in contrasto con altre norme vigenti nell'ordinamento internazionale.

1.2. Evoluzione della materia: la protezione ambientale solo quale effetto mediato dell'applicazione dei principi sulla responsabilità degli Stati.

In passato, la protezione dell'ambiente nel diritto internazionale non era un valore da tutelarsi *per se*, essendo oggetto di attenzione degli Stati soltanto in funzione della protezione di interessi diversi ed ulteriori: ad esempio, la tutela della proprietà o l'esercizio di attività economiche da parte o nell'ambito di altri Stati. Inoltre, le non numerose norme internazionali aventi ad oggetto questioni ambientali avevano portata ed efficacia prevalentemente bilaterale o, al più, regionale; gli unici "principi generali" nella materia si ravvisavano, non senza difficoltà, solo in ipotesi di inquinamento transfrontaliero, è in realtà come fattispecie di illecito internazionale.

Tanto che la stessa protezione internazionale dell'ambiente, e le regole ad essa relative, furono inizialmente inquadrate nel contesto della disciplina della responsabilità degli Stati, distinguendosi tra responsabilità derivanti dal compimento di atti illeciti e (assai più problematiche) forme di responsabilità da atti leciti (v. *supra*, Cap. VIII, par. 11.1).

L'emersione di una coscienza ambientale all'interno della Comunità internazionale rese tale impostazione inadeguata: alle ipotesi di responsabilità internazionale derivante da casi di inquinamento transfrontaliero determinati da "incidenti", si è presto affiancata – e ha acquisito un'assoluta preminenza – una normativa basata sull'applicazione di due principi guida: cooperazione internazionale e c.d. sviluppo sostenibile, definito come un modello di svolgimento e sviluppo delle attività umane

> «idoneo a soddisfare le attuali esigenze dell'umanità senza pregiudicare la possibilità delle future generazioni di soddisfare le proprie» (Rapporto Brundtland, cit., v. *infra*, par. 3.6).

Come vedremo in appresso, ambedue questi principi assumono quindi il rango di norme di diritto consuetudinario, e diventano a loro volta la base per la formazione di altre regole adottate a livello internazionale.

1.3. Le tappe fondamentali dello sviluppo del diritto internazionale dell'ambiente: dalla Conferenza di Stoccolma del 1972 a quella di Rio de Janeiro del 1992.

Le tappe fondamentali nell'evoluzione del diritto internazionale dell'ambiente sono essenzialmente due, la Conferenza delle Nazioni Unite di Stoccolma del 1972 sull'Ambiente Umano e la Conferenza di Rio de Janeiro del 1992 su Ambiente e Sviluppo. La prima si concluse con l'adozione di tre documenti: una *Risoluzione relativa ad accordi istituzionali e finanziari*, un *Piano d'Azione*, e soprattutto una *Dichiarazione di Principi*, rappresentanti non solo il risultato più significativo della conferenza, ma probabilmente la stessa origine del diritto internazionale dell'ambiente, giacché costituiscono il primo tentativo di stabilire a livello internazionale una serie di principi nel campo della protezione ambientale. Quantunque inizialmente pensati come non vincolanti, alcuni di essi si sono poi sviluppati in norme di diritto consuetudinario. Tale circostanza, peraltro, non è infrequente nella nostra materia, nella quale il c.d. *soft law* assume significativa importanza, anche a motivo della riluttanza degli Stati nella creazione di regole vincolanti o precettive in campo ambientale.

Dopo Stoccolma, il diritto internazionale dell'ambiente conobbe un'importante espansione: in un periodo di tempo relativamente limitato – poco più di trent'anni – la Comunità internazionale ha sperimentato la progressiva formazione ed entrata in vigore di un imponente *corpus* di norme in materia ambientale, spesso sotto forma di regimi estremamente articolati e complessi, riguardanti la protezione dell'ambiente *in sé considerata* e idonei a porsi come strumenti tendenzialmente universali per la gestione dei problemi ambientali globali.

La *Conferenza di Rio* del 1992 consolidò i principi già enunciati a Stoccolma, sia pur in un'ottica nella quale la tutela dell'ambiente fu posta accanto al tema dello sviluppo degli Stati (v. *infra*, par. 1.6). La *Conferenza* adottò tra l'altro tre documenti: una *Dichiarazione su Ambiente e Sviluppo*, sulla falsariga dei *Principi* di Stoccolma; una serie di regole non vincolanti sulla conservazione e sfruttamento delle foreste, e la più nota *Agenda 21*, documento programmatico non vincolante volto a fissare programmi, priorità e iniziative a tutela dell'ambiente per il XXI secolo. Altro risultato della *Conferenza di Rio* fu tuttavia l'apertura alla firma di fondamentali convenzioni "universali", la *Convenzione sulla Biodiversità* (CBD) e la *Convenzione Quadro sul Cambiamento Climatico* (CQCC).

La *Conferenza di Rio* mette definitivamente a fuoco molti importanti temi inerenti alla tutela ambientale, e fa evolvere regole fondamentali nella materia, come il principio precauzionale, o quello della responsabilità comune ma differenziata (v. *infra*, parr. 3.4 e 3.5).

1.4. (segue): attuali criticità presenti nella materia; la mancanza di un "forum" globale per l'ambiente e l'emersione di altre priorità nell'Agenda internazionale.

In occasione della Conferenza di Rio comincia ad emergere l'intrinseca debolezza del diritto internazionale dell'ambiente, e cioè la scarsa natura precettiva delle sue norme, non disgiunta da una eccessiva durata nella loro "gestazione". Tali fenomeni sono certamente connessi all'obiettiva complessità delle problematiche ambientali, e quindi all'estrema difficoltà anche di individuare soluzioni adeguate sul piano tecnico-giuridico, a loro volta foriere di riserve di carattere politico relativamente all'adozione di norme internazionali. Ciò vale specialmente per le questioni globali e interessanti un grande numero di Stati. Si pensi alle gravi incertezze che tuttora persistono sui rimedi per ridurre il riscaldamento atmosferico, e sulla stessa validità delle soluzioni che la comunità internazionale si è data al riguardo: così, il *Protocollo di Kyoto* del 1997, attuativo della CQCC, è entrato in vigore solo nel 2005, e senza la partecipazione di Stati importanti produttori di gas serra, quali gli Stati Uniti e l'Australia.

Il che, per altro verso, costituisce anche uno dei motivi per cui, accanto alle "grandi" convenzioni universali, prosegue la diffusione sia di accordi bilaterali o regionali, soprattutto per la gestione di una particolare risorsa ambientale "condivisa" (mare, fiume, catena montuosa o altro), sia di norme unilaterali a tutela dell'ambiente, anche aventi portata extraterritoriale.

A tale particolare frammentazione della materia contribuisce l'assenza di un'organizzazione internazionale nella quale discutere tutte le questioni ambientali: probabilmente a motivo della non rilevanza, per lungo tempo, dell'ambiente come interesse *in sé* per il diritto internazionale, gli Stati non hanno infatti proceduto alla costituzione di una «Organizzazione mondiale dell'ambiente», essendosi al contrario affidati «incarichi» in campo ambientale, secondo una rigida ripartizione settoriale per competenza, ad organizzazioni internazionali già esistenti o, comunque, istituite per il perseguimento di obiettivi in comparti diversi rispetto alla tutela dell'ambiente, ancorché occasionalmente intersecantisi con essa. Così, la funzione di forum permanente per il dibattito in materia di politica internazionale dell'ambiente risulta oggi distribuita tra diverse organizzazioni «di settore», quali la *World Trade Organization (WTO)*, l'*International Maritime Organization (IMO)*, la *International Civil Aviation Organization (ICAO)*, la *Food and Agriculture Organization (FAO)*, la *World Meteorological Organization* (WMO) e altre. A queste agenzie «universali» si aggiungono poi altre istituzioni di respiro regionale, che includono la Comunità e l'Unione europea, o il Consiglio d'Europa. L'unico soggetto avente competenze specifiche, ma ridotte, in materia ambientale è l'UNEP (*United Nations Environmental Programme*), sotto gli auspici del quale alcuni dei "grandi trattati" cui si accennerà in prosieguo sono stati adottati.

È indubbio che la mancanza di una «Organizzazione mondiale dell'ambiente» renda più difficile lo sviluppo della nostra materia, visto che è certa – anche come portato della prassi – la circostanza per cui nelle sfere politiche, tecniche o economiche in cui la cooperazione internazionale si rivela essere necessariamente permanente o comunque particolarmente intensa, la stessa può essere al meglio «istituzionalizzata» tramite la creazione di un'apposita organizzazione internazionale cui i suoi «fondatori» affidano uno specifico mandato, secondo il *format* tipico e costante delle agenzie specializzate delle Nazioni Unite.

Ma è altrettanto indubbio che, per come si è sviluppata la nostra materia, l'idea di creare un nuovo soggetto internazionale generalmente competente in materia ambientale potrebbe produrre alcuni problemi, ad esempio nel passaggio delle competenze dalle, e nel coordinamento tra le, organizzazioni settorialmente competenti per specifiche questioni ambientali o anche tra i segretariati delle convenzioni internazionali esistenti in materia ambientale.

Non solo: l'idea di una nuova Organizzazione mondiale dell'ambiente appare oggi irrealistica, sia perché l'attuale crisi del modello onusiano rende improbabile grandi cambiamenti istituzionali nel momento in cui le stesse Nazioni Unite sono oggetto di probabile riforma; sia per l'indisponibilità degli Stati a destinare risorse per la creazione di nuove organizzazioni internazionali, in un periodo in cui i costi delle stesse risultano sempre più criticati; sia soprattutto perché, ad onta dell'aggravamento delle condizioni ambientali globali, da qualche anno la tutela internazionale dell'ambiente sembra aver perso di importanza, a vantaggio di altre priorità: salve alcune eccezioni, negli ultimi anni si è infatti riscontrato un significativo rallentamento nell'adozione di nuove normative internazionali, e soprattutto dell'attuazione delle grandi convenzioni quadro che, per molti versi, paiono tuttora ferme alle mere dichiarazioni di principio o, al massimo, ad una fase di prima attuazione che lascia intravedere tempi molto lunghi per il raggiungimento degli obiettivi di tutela ambientale da esse voluti.

A questo proposito, è significativo che in occasione dell'ultimo importante «evento» diplomatico svoltosi sotto gli auspici delle Nazioni Unite, il Summit mondiale sullo sviluppo sostenibile tenutosi a Johannesburg nel 2002, non sia stata prefigurata l'adozione di nuovi strumenti giuridici di tipo vincolante, né si siano elaborati nuovi spazi di intervento per il diritto internazionale. Nei documenti conclusivi della Conferenza (*Dichiarazione di Johannesburg sullo sviluppo sostenibile*, *Piano di applicazione delle decisioni della Conferenza mondiale sullo sviluppo sostenibile*), i (pochi) riferimenti al ruolo del diritto internazionale quale strumento per il perseguimento di politiche ambientali si limitano a segnalare la necessità di incentivare il rispetto delle regole esistenti, e a fissare obiettivi temporali per la risoluzione di fondamentali questioni ambientali o strettamente connesse con l'ambiente, senza tuttavia riuscire a individuare soluzioni efficaci al riguardo. Tanto che in occasione della 60ª sessione dell'Assemblea generale delle Nazioni Unite del 2005, la questione ambientale non è neppure in agenda, non trovando spazio fra le attuali priorità della comunità internazionale.

1.5. *L'influenza delle discipline metagiuridiche nel diritto internazionale dell'ambiente*.

Il diritto internazionale dell'ambiente risulta largamente influenzato da discipline e scienze non giuridiche: in particolare, le scienze economiche, naturali, sociali, ma anche l'etica e la filosofia.

Esse talora rinforzano ed affinano gli strumenti giuridici: ad esempio, l'interazione con la scienza economica tende a modificare il contenuto delle norme internazionali, non più strutturate sulla base del meccanismo del c.d. *command and control* (e cioè predisposizione di divieti/obblighi e sanzioni in caso di mancato loro rispetto), bensì alla stregua di incentivi di tipo economico ad adottare comportamenti virtuosi sotto il profilo della salvaguardia dell'ambiente. Nello stesso senso, il principio «chi inquina paga» (c.d. *polluter pays principle*), ormai accettato come norma internazionale vincolante quanto meno all'interno dei Paesi Europei e di quelli membri dell'OCSE, e codificato anche nel *Principio n. 16* della *Dichiarazione di Rio*, risulta ancora una volta mutuato dalla teoria economica delle c.d. esternalità: in coerenza con tale teoria, esso da un lato richiede che l'autore di un danno ambientale sia considerato responsabile e risarcisca coloro che sono stati danneggiati; dall'altro lato, impone agli Stati di non adottare norme che consentano all'autore di un danno ambientale di evitarne il risarcimento, poiché ciò integrerebbe una "sovvenzione" a favore dell'inquinatore, idonea a incentivare il compimento di atti che non "internalizzano" i costi ambientali da essi causati.

Da un diverso angolo visuale, molte norme ambientali risultano strettamente connesse allo sviluppo della ricerca e delle conoscenze scientifiche: così, il fenomeno delle piogge acide, l'assottigliamento dello strato di ozono, il riscaldamento atmosferico, ma anche i problemi inerenti agli organismi geneticamente modificati, prima di costituire oggetto di specifiche e importanti normative di diritto internazionale dell'ambiente, hanno formato oggetto di studi e acquisizioni scientifiche, che si pongono come presupposto per la creazione di regole internazionali, oltreché per la definizione del loro contenuto. Nella medesima prospettiva, il contenuto di obblighi giuridici varia in funzione del progredire delle conoscenze scientifiche: ad esempio, all'interno del *Protocollo di Montreal* si è previsto un meccanismo di adeguamento convenzionale tale da permettere di modificare il ritmo di *phasing out* delle sostanze responsabili dell'assottigliamento dello strato di ozono di pari passo con l'acquisizione di conoscenze più precise sugli effetti nocivi di tali sostanze (v. anche *infra*, par. 4.5).

Altre volte, sono canoni etici o filosofici a dettare il contenuto di regole e principi internazionali: basti pensare ai valori del rispetto verso le generazioni future (che costituisce un aspetto centrale dello sviluppo sostenibile), del mantenimento della biodiversità, della preservazione delle specie animali in pericolo di estinzione, o di talune specie che tale pericolo (per ora) non corrono, come avviene con riguardo alla progressiva affermazione di un divieto generalizzato della caccia alla balena, che include anche le specie non a rischio. Per contro, l'impossibilità di stabilire regole idonee a gestire uno dei maggiori pericoli per l'ambiente, e cioè lo sviluppo demografico, dipende grandemente dalle difficoltà etico-religiose connaturate a questa problematica.

1.6. *Tutela dell'ambiente, salvaguardia dei diritti umani e diritto allo sviluppo.*

Il diritto internazionale dell'ambiente presenta significativi collegamenti – ma anche tensioni – con altri campi del diritto internazionale: ciò vale, innanzitutto, per i diritti umani. Così, solo per menzionare i principali documenti internazionali rilevanti nella materia, già il *Preambolo della Dichiarazione di Stoccolma* precisa che l'ambiente

> «è essenziale ... al godimento di diritti umani fondamentali – incluso lo stesso diritto alla vita».

E lo stesso *Principio n. 1* della *Dichiarazione di Stoccolma* stabilisce tra i diritti fondamentali della persona umana

> «la libertà, l'uguaglianza e l'adeguatezza delle condizioni di vita, in un ambiente di qualità tale da consentirle una vita dignitosa e nel benessere».

Lo stretto rapporto tra diritti umani e ambiente si rinviene, più recentemente, in altri documenti: il progetto di *Principi sui Diritti Umani e l'Ambiente*, preparato nel 1994 dalla Sottocommissione delle Nazioni Unite sulla Prevenzione delle Discriminazioni e la Protezione delle Minoranze, chiarisce infatti che

> «i diritti umani, un ambiente ecologicamente adeguato, lo sviluppo sostenibile e la pace sono nozioni interdipendenti e indivisibili».

Da un altro angolo visuale, tuttavia, la tutela dell'ambiente, e le norme anche internazionali ad essa relative, tendono a porsi in conflitto con altri diritti facenti parte della sfera dei diritti umani, in particolare il c.d. diritto allo sviluppo: soprattutto i Paesi in via di sviluppo, e quelli a recente industrializzazione, considerano prioritario il progresso economico e non dedicano adeguate risorse affinché esso abbia luogo in modo sostenibile. Così, la crescita economica in molti Stati si accompagna ad un degrado ambientale significativo, in una situazione in cui il principio della sovranità di ciascuno Stato sulle proprie risorse, e il diritto sovrano allo sfruttamento delle medesime, determinano innegabili tensioni con la protezione ambientale. Tanto più che in questo conflitto si contrappongono, da un lato, comprensibili esigenze degli Stati più poveri di risolvere questioni vitali prima di occuparsi di rispetto dell'ambiente, come la lotta alla povertà e alla fame della propria popolazione; dall'altro, preoccupazioni – non meno comprensibili – degli Stati sviluppati di vedere distrutte risorse spesso considerate "patrimonio comune", che tuttavia si trovano massimamente sul territorio dei primi. In questa prospettiva, il conflitto tra ambiente e sviluppo tende a inserirsi nella contrapposizione tra Sud e Nord del mondo, con ulteriori conseguenze e difficoltà di individuare soluzioni comunemente accettabili, tanto più nella misura in cui il tentativo degli Stati industrializzati di introdurre più severi standard ecologici a livello internazionale, o con efficacia extraterritoriale, viene vissuto dagli altri Stati come una forma di "imperialismo ambientale" che rende più difficile lo sviluppo economico di questi ultimi, e che soprattutto ha luogo a valle di uno sviluppo economico realizzato dai primi non osservando quelle cautele ambientali che oggi vengono richieste ai secondi.

Il rapporto tra sviluppo economico e protezione dell'ambiente è espressamente considerato nella *Dichiarazione di Rio de Janeiro del 1992*: il *Principio n. 2* riafferma infatti il diritto sovrano degli Stati

> «di sfruttare le proprie risorse in conformità con le proprie politiche ambientali e di sviluppo»,

mentre il *Principio n. 3* precisa che

> «il diritto allo sviluppo deve essere perseguito in modo da soddisfare equamente i bisogni di sviluppo e ambientali delle generazioni presenti e future».

Non è agevole, tuttavia, stabilire quali siano i termini della composizione tra tutela dell'ambiente e diritto allo sviluppo: secondo una recente decisione arbitrale, il criterio al riguardo da utilizzarsi è quello di un appropriato bilanciamento degli interessi (caso *Iron Rhine*, citato, par. 221).

Ciò posto, l'esame della prassi consente di ricavare alcune linee guida: in primo luogo, sembra affermarsi un principio secondo cui iniziative di sviluppo finanziate da organizzazioni internazionali (ad esempio, la Banca Mondiale) e altri "attori" operanti nel diritto internazionale (quali gli istituti bancari multinazionali) debbono superare un test di "sostenibilità ambientale".

In secondo luogo, è ormai chiara la tendenza secondo cui i Paesi del Nord debbono contribuire, anche finanziariamente, alla tutela delle risorse ambientali esistenti nel Sud del mondo: agli ormai risalenti *debt-for-nature swaps*, che realizzano uno "scambio" tra iniziative di protezione ambientale in determinate aree del territorio di Stati meno sviluppati e concessione di benefici economici a favore di tali Stati, tra cui anche la remissione di parte del debito estero di questi ultimi, si affiancano oggi iniziative ancor più chiare nella direzione ora indicata: in occasione della citata *Conferenza di Johannesburg del 2002*, il rapporto tra povertà e degrado ambientale è stato finalmente posto al centro dell'attenzione: molti degli "Impegni Chiave" assunti dai partecipanti in esito al summit confermano la connessione tra il miglioramento delle condizioni di vita delle popolazioni (largamente pagato dagli Stati più ricchi attraverso progetti di cooperazione) e la protezione dell'ambiente, e il conseguente impegno degli Stati a realizzare il primo obiettivo, secondo modelli sostenibili, come presupposto per la realizzazione del secondo.

2.1. Genesi delle norme e dei principi generali in materia di protezione ambientale: dalle origini ai casi della Fonderia di Trail e dello Stretto di Corfù.

Il diritto internazionale generale nella nostra materia si sviluppa sulla scorta di principi di ampio respiro, tratti soprattutto da fattispecie di inquinamento transfrontaliero. La norma fondamentale, da cui deriva un importante nucleo di regole consuetudinarie nel nostro settore, è costituita dall'obbligo in capo a ciascuno Stato di non agire in modo da arrecare un pregiudizio ad altri Stati (*sic utere tuo ut alienum non laedas*). Tale obbligo, a sua volta, è collegato alla progressiva scomparsa del dogma della sovranità illimitata degli Stati e all'accresciuta interdipendenza dei problemi a livello mondiale.

Significativamente, questo principio si è formato in tempi risalenti a proposito dell'uso dei corsi d'acqua internazionali, e cioè di controversie in senso lato connesse a questioni di carattere ambientale. Nel caso relativo alla *Commissione Internazionale del fiume Oder*, la Corte permanente di giustizia internazionale ebbe ad affermare che

> «questa comunità di interessi esistente in un fiume navigabile diviene la base per un diritto comune, i cui elementi essenziali sono costituiti dalla perfetta uguaglianza di tutti gli Stati rivieraschi nell'uso dell'intero corso del fiume, e dall'esclusione di alcun privilegio di tipo preferenziale di alcuni Stati rivieraschi rispetto ad altri» (CPGI, 10 settembre 1929, in *P.C.I.J., Collections*, Série A, n. 23, 1929, 27).

L'idea di un limite posto dal diritto internazionale nei confronti di atti compiuti all'interno di uno Stato idonei a danneggiare altri Stati trovò una significativa conferma nel noto caso tra Stati Uniti e Canada relativo alla *Fonderia di Trail*, deciso nel 1941 da un arbitrato *ad hoc*. Si tratta della prima sentenza internazionale nella quale la salvaguardia ambientale costituì oggetto di un precetto specifico a carico di uno Stato. Chiamato a risolvere la controversia sorta tra i due Stati confinanti a causa delle emissioni inquinanti della fonderia, localizzata in Canada, e degli effetti di queste emissioni sulle foreste e sulle colture in territorio statunitense, il tribunale arbitrale stabilì che

> «in conformità a principi di diritto internazionale ... nessuno Stato ha il diritto di usare o permettere l'uso del territorio in modo da causare danni derivanti dall'emissione di fumi sul territorio di un altro Stato o su beni o persone che ivi si trovano, quando ciò determina significative conseguenze e quando il danno è dimostrato da prove chiare e convincenti» (Lodo arbitrale, in *UNRIAA* III, 1965).

Analoghi principi vennero affermati poco tempo dopo dalla Corte internazionale di giustizia, nel caso dello *Stretto di Corfù* (v. anche *supra*, Cap. VIII, par. 4.1). La fattispecie non tratta direttamente aspetti ambientali, pur essendo generalmente considerata un altro *leading case* per la nostra materia: il caso riguardava la responsabilità dell'Albania per la presenza di un campo minato in acque territoriali albanesi, nel quale navi militari britanniche si erano imbattute, tra l'altro con grave danno alle stesse e perdita di numerose vite umane. In tale occasione, la Corte affermò l'esistenza di un

> «obbligo internazionale di ogni Stato di non permettere consapevolmente l'impiego del proprio territorio per il compimento di atti lesivi dei diritti di altri Stati» (CIG, 9 aprile 1949, in *C.I.J., Recueil*, 1949, 4).

2.2. *La norma consuetudinaria contenuta nel* Principio n. 21 *della Dichiarazione di Stoccolma.*

I principi poc'anzi ricordati vennero ripresi e precisati nella *Dichiarazione di Stoccolma*, in particolare dal *Principio n. 21*, ormai ritenuto parte integrante del diritto consuetudinario generale in materia di ambiente, a norma del quale

> «gli Stati hanno, in conformità con la Carta delle Nazioni Unite e coi principi di diritto internazionale, il diritto sovrano di sfruttare le proprie risorse conformemente alle proprie politiche ambientali, e la responsabilità di assicurare che le attività svolte all'interno della loro giurisdizione o sotto il loro controllo non causino danni all'ambiente di altri Stati o di spazi sottratti alla giurisdizione degli Stati».

Il *Principio n. 2* della *Dichiarazione di Rio de Janeiro* ne riprende integralmente i contenuti, aggiungendo tuttavia un riferimento alle politiche ambientali *"e di sviluppo"* di ogni Stato come parametro per lo sfruttamento delle proprie risorse. Tuttavia, è da escludersi che questa modifica comporti una subordinazione della tutela ambientale rispetto allo sviluppo, benché un tentativo di riconciliazione delle due opposte esigenze vada cercato (v. anche *supra*, par. 1.6): infatti, il principio nella versione di Stoccolma viene ripreso non soltanto in numerose importanti convenzioni internazionali, tra cui il preambolo della CQCC, l'art. 3 della CBD e gli artt. 192 e 194 della *Convenzione sul Diritto del Mare del 1982* (CNUDM), ma ha trovato ripetute conferme già nella giurisprudenza della Corte internazionale di giustizia.

Significativa, in proposito, è l'affermazione svolta nel parere relativo alla *Legalità della Minaccia o dell'Uso di Armi Nucleari* del 1996 (CIG, 8 luglio 1996, in *C.I.J, Recueil*, 1996, 226), richiamata nella successiva sentenza tra Ungheria e Slovacchia riguardante il *Progetto Gabčíkovo-Nagymaros* (su cui v. anche *supra*, Cap. VII, par. 2.3 e Cap. VIII), secondo cui

> «l'ambiente non è un'astrazione, ma rappresenta la spazio vitale, la qualità della vita e l'essenza della salute per gli esseri umani, incluse le future generazioni. L'esistenza di un obbligo generale degli Stati di assicurare che le attività all'interno della propria giurisdizione e sotto il loro controllo rispettino l'ambiente di altri Stati o di aree poste al di fuori del controllo sovrano dei singoli Stati costituisce oggi parte del corpus del diritto internazionale dell'ambiente» (CIG, 25 settembre 1997, in *C.I.J.*, *Recueil*, 1997, 7).

2.3. *Problemi applicativi del* Principio n. 21*: sua operatività nei confronti di attività "non transfrontaliere".*

Benché l'importanza del *Principio n. 21* e delle sue successive reiterazioni non sia in discussione, sono le sue implicazioni pratiche ed applicative a suscitare interrogativi. Così, sotto un primo profilo, mentre è chiara la portata della norma in relazione a forme di inquinamento transfrontaliero o di danno all'ambiente in spazi non soggetti alla sovranità di alcuno Stato (gli oceani o l'Antartide, per i quali esistono tuttavia convenzioni *ad hoc*), è incerto se la consuetudine espressa da questo *Principio* limiti in qualche misura il diritto degli Stati di nuocere al *proprio* ambiente. Al riguardo, si è correttamente opinato che una lettura della norma qui in esame come rivolta a limitare in chiave esclusivamente "transfrontaliera" il diritto sovrano degli Stati di sfruttamento delle proprie risorse non è compatibile né con la circostanza che l'ambiente, per sua natura, è interdipendente, cosicché la sua protezione – o il suo danneggiamento – risulta assai difficilmente confinabile all'interno di uno Stato, né con la preoccupazione di garantire l'operatività dei principi di protezione ambientale anche a favore delle future generazioni, nell'ottica di sviluppo sostenibile cui si è già accennato. Peraltro, è difficile ritenere che, quanto meno allo stato attuale del diritto internazionale, la consuetudine poc'anzi enunciata comprenda anche i profili di cui sopra. Ciò, a tacer d'altro, per le notevoli difficoltà di applicazione pratica che essa incontrerebbe, tra l'altro a motivo della necessità di renderla coerente col principio di non ingerenza negli affari interni di uno Stato, del quale dovrebbe costituire una (incerta) deroga. Peraltro, come vedremo (v. par. 2.5), le conseguenze negative della probabile assenza di una consuetudine nel senso appena ricordato risultano ampiamente ridotte dalla presenza di numerosi trattati che in realtà sanciscono l'obbligo degli Stati di preservare il *proprio* ambiente.

2.4. (segue): le conseguenze della violazione del Principio n. 21 e il regime di responsabilità ad esso relativo.

Un ulteriore aspetto problematico riguarda le conseguenze dell'eventuale violazione di questo *Principio*, e cioè il *regime della responsabilità internazionale* connesso ai fenomeni di inquinamento transfrontaliero. Al riguardo, in dottrina si confrontano la tesi volta a sostenere l'esistenza di un regime di responsabilità oggettiva in caso di danno ambientale, e quella, forse più accreditata, che richiede invece la prova della violazione di obblighi di diligenza (c.d. *due diligence*) per prevenire il danno ambientale transfrontaliero quale condizione per l'accertamento della responsabilità. In realtà, la prassi applicativa e le soluzioni offerte dal diritto pattizio codificano, a seconda dei casi, diversi regimi di responsabilità. Ciò, ovviamente, esclude l'individuazione di una regola uniforme a livello consuetudinario.

Altra difficoltà sorge poi con riferimento alla determinazione del *momento di insorgenza* della responsabilità: in proposito, la maggior parte dei trattati, e la stessa prassi applicativa a partire dal citato caso della *Fonderia di Trail*, richiedono che vi sia stato un danno, anzi un danno "significativo" all'ambiente. Non mancano casi, invece, nei quali è sufficiente l'emergenza di un mero rischio ambientale al fine di far scattare la responsabilità, come ad esempio è previsto dalla CNUDM. Quest'ultima soluzione, oltreché più coerente con l'effetto utile del principio qui in rilievo, parrebbe anche più consona col principio precauzionale, che vedremo tra breve.

Rilevante è poi un ulteriore aspetto, relativo in particolare alla *determinazione del danno risarcibile*: al riguardo, prevale ormai una nozione piuttosto ampia del danno, il quale, oltre alla perdita di beni materiali, comprende pure il danno subito da esseri viventi o ecosistemi, il danno alla salute, la perdita delle bellezze naturali e alla qualità dell'ambiente. Tali sono, ad esempio, gli standard invalsi in importanti convenzioni come la CNUDM.

Il profilo certamente più delicato concerne invece il tentativo di individuare un *regime di responsabilità differenziato* a seconda che il danno ambientale sia determinato da attività lecite o illecite, poiché non si riscontrano una prassi univoca e, conseguentemente, soluzioni convincenti a livello generale. Ciò non consente, quindi, di dedurre l'esistenza di un impegno degli Stati di legiferare in tema di responsabilità e risarcimento del danno ambientale, e di cooperare per lo sviluppo di queste norme (v. *infra*, par. 3.1). Anzi, quanto sopra dà il senso della "non adeguatezza" del principio in esame rispetto alla problematica delle conseguenze previste a livello internazionale per ipotesi di danni ambientali transnazionali.

2.5. *L'assenza di regole generali di responsabilità e l'affermarsi invece di standard comportamentali positivi in capo agli Stati.*

In realtà, le incertezze poc'anzi accennate rafforzano l'idea che non sia opportuno ragionare in termini di mera individuazione di regole generali applicabili ad ipotesi di danno ambientale transfrontaliero: le tipologie di danno sono molto diverse tra loro, e altrettanto diverse sono le attività che lo possono causare e le effettive possibilità di evitarlo. Basti pensare alla differenza intercorrente tra il c.d. *dumping* di rifiuti pericolosi e la produzione di gas serra: nel primo caso sono certi il danno ambientale determinato da tale azione e l'esistenza di misure idonee e ragionevolmente disponibili per evitarne il verificarsi, sì da consentirne la valutazione di una sua insorgenza alla stregua di un atto volontario, che rende responsabile lo Stato al quale sia imputabile il relativo comportamento, commissivo o omissivo (v. *supra*, Cap. VIII, par. 4.1). Nel secondo caso, la produzione di gas serra è associata allo svolgimento di attività spesso non solo lecite, ma addirittura necessarie o comunque inevitabili, il danno ambientale è difficilmente quantificabile in termini economici, ed è di estrema difficoltà individuare i possibili rimedi per evitarne il verificarsi.

Ma non soltanto. Considerato che gli autori materiali di questi danni sono normalmente individui, della loro condotta può essere ritenuto responsabile lo Stato solo qualora sussistano le condizioni per invocarne l'imputabilità (v. *supra*, Cap. VIII, parr. 3.1 e 3.2): quindi, sarà essenziale verificare se, quanto meno, gli Stati abbiano leggi adeguate a proteggere l'ambiente, al fine di prevenire, per quanto possibile, fenomeni di danno ambientale e controllare il rispetto e l'applicazione da parte degli individui soggetti alla loro potestà giurisdizionale.

In altri termini, l'analisi della prassi e delle norme rilevanti al riguardo tende ad escludere, in coerenza con quanto ricordato a proposito di illecito e responsabilità internazionale (v. *supra*, Cap. VIII, par. 11.1), la persuasività di impostazioni generalmente rivolte ad indagare se esista un regime di responsabilità da fatto lecito. Piuttosto, si è optato per la creazione di norme primarie contenenti obblighi in capo agli Stati (di diligenza, di adozione di norme applicabili al loro interno, di cooperazione con altri Stati), la cui violazione viene quindi sanzionata sulla base, volta a volta, di specifici standard.

Tanto è vero che il richiamo contenuto nel *Principio n. 21* alla "responsabilità" degli Stati di assicurare che le attività svolte all'interno della loro giurisdizione o sotto il loro controllo non causino danni all'ambiente, non si traduce in norme di diritto generale, e si trova bensì all'interno di molteplici trattati nei quali, *in funzione delle problematiche ambientali da essi volta a volta considerate*, si individuano specifiche regole in tema di regime della responsabilità, tipologia del danno risarcibile, obblighi degli Stati a ridurre o prevenire il danno ambientale. Inoltre, ed emblematicamente, quanto più si afferma l'intrinseca natura "globale" dell'ambiente alla stregua di patrimonio comune dell'umanità, tanto meno diviene rilevante la natura transfrontaliera o meno di determinati comportamenti lesivi dell'ambiente; sicché, oltre a quanto in appresso riferito a proposito della cooperazione internazionale, gli stessi trattati individuano standard comportamentali obbligatori per gli Stati senza più darsi carico di distinguere tra situazioni transfrontaliere e situazioni interne: ciò vale, tra le altre, per la CBD, la CQCC, la *Convenzione del 1973 sul Commercio Internazionale di Specie Animali o Vegetali in Pericolo* (CITES), la *Convenzione di Parigi del 1994 per combattere la desertificazione*, il *Protocollo di Cartagena/Montreal del 2000 sulla biosicurezza*.

3.1. *L'obbligo di cooperazione tra gli Stati per la tutela dell'ambiente transnazionale.*

Una prima conferma di quanto poc'anzi osservato si rinviene dall'esame di un'altra importante norma consuetudinaria, stabilente un obbligo di cooperazione tra gli Stati nella gestione delle questioni di tutela ambientale transnazionale. Questa norma, già presente nella *Dichiarazione di Stoccolma*, assume più precisi connotati in occasione della *Conferenza di Rio*, ove si stabilisce che gli Stati

> «devono cooperare in uno spirito di partnership globale per conservare, proteggere e ristabilire la salute e l'integrità dell'ecosistema della Terra» (*Principio n. 7*),
> «devono sviluppare norme nazionali riguardanti la responsabilità e il risarcimento del danno causato alle vittime di fenomeni di inquinamento e di altri casi di pregiudizio ambientale. Essi devono inoltre cooperare in modo spedito e più determinato per lo sviluppo di nuove regole di diritto internazionale riguardanti la responsabilità e il risarcimento degli effetti negativi derivanti dai danni all'ambiente causati da attività poste in essere all'interno della loro sfera di giurisdizione o controllo o al di fuori di esse» (*Principio n. 13*),
> «devono cooperare nello sviluppo del diritto internazionale dell'ambiente nel campo dello sviluppo sostenibile» (*Principio n. 27*).

L'obbligo di cooperare in buona fede nello sviluppo del diritto internazionale dell'ambiente è codificato in qualsiasi trattato stipulato in materia, e con sicurezza si può affermare che questo principio, nelle sue diverse accezioni, faccia ormai parte del diritto internazionale generale, ed operi anzi con efficacia trasversale relativamente a molteplici problematiche inerenti alla protezione dell'ambiente, come confermato nel già ricordato caso *Gabčíkovo-Nagymaros*.

Tale obbligo, peraltro, sembra gravare anche sugli Stati che intendono far valere diritti loro attribuiti da un trattato quando la loro attuazione rischia di determinare un danno ambientale: così, nel citato caso *Iron Rhine* si è precisato che il Belgio aveva diritto a pretendere dai Paesi Bassi la riattivazione di un'infrastruttura ferroviaria conformemente ad un vecchio trattato bilaterale, ma doveva farsi carico, in ragione delle tratte di competenza, dei più elevati costi previsti dalla normativa ambientale dei Paesi Bassi nelle more sopravvenuta, onde consentire il rispetto dei parametri di tutela dell'ambiente da essa sanciti.

3.2. *L'obbligo di consultazione e informazione e la rilevanza della c.d. valutazione di impatto ambientale nella sfera internazionale.*

Un corollario dell'obbligo di cooperazione è costituito dall'obbligo di consultazione e informazione cui ciascuno Stato è tenuto nei confronti di altri Stati interessati da una minaccia o un danno ambientale. Già espresso nella sentenza dello *Stretto di Corfù*, e confermato nell'arbitrato tra Francia e Spagna relativo al caso del *Lago di Lanoux* (sentenza arbitrale del 16 novembre 1957, in *Riv. dir. int.*, 1958, 430), quest'obbligo è contenuto in un vastissimo numero di convenzioni internazionali in materia ambientale, dalla CNUDM (art. 198) alla *Convenzione di Basilea del 1989 sul controllo del movimento transfrontaliero dei rifiuti pericolosi* (art. 13). Tanto che il *Principio n. 18* della *Dichiarazione di Rio* obbliga, tra l'altro, gli Stati

> «a notificare immediatamente ad altri Stati qualsiasi disastro naturale o altre emergenze idonee a produrre danni immediati all'ambiente di tali Stati».

Ed il *Principio n. 19*

> «a provvedere anticipatamente e tempestivamente alla comunicazione e alla trasmissione ad altri Stati potenzialmente interessati delle informazioni rilevanti su attività compiute dai primi che possano avere un significativo e negativo impatto ambientale transfrontaliero e a consultarsi con tali Stati in via preventiva e in buona fede».

Un'interessante evoluzione dei principi sopra accennati è costituita dall'obbligo per gli Stati interessati all'effettuazione di attività potenzialmente lesive dell'ambiente di svolgere una preventiva *valutazione di impatto ambientale* (v.i.a.) dell'attività medesima. Tale principio si trova in numerosi trattati, soprattutto di tipo regionale, ma anche di portata universale, come la CNUDM (artt. 204 e 206), ed è anche oggetto della *Convenzione di Espoo del 1991, rela-*

tiva alla Valutazione dell'Impatto Ambientale in Contesti Transfrontalieri, nella quale lo scambio di informazioni e le procedure di v.i.a. risultano disciplinate in modo organico.

Ancor più di recente sembra affermarsi un altro principio di "trasparenza" in materia ambientale, già evocato dal *Principio n. 10* della *Dichiarazione di Rio*, che riguarda in particolare il diritto delle comunità di individui (intesi come effettivi *stakeholders* rispetto alle questioni di tutela ambientale) ad avere accesso alle informazioni riguardanti decisioni degli Stati in materia ambientale, di partecipare all'adozione di tali decisioni e alle eventuali controversie che esse danno luogo. L'emersione di questo principio di "democrazia ambientale" – che riflette tra l'altro la progressiva importanza dei c.d. *non-State actors* nel diritto internazionale e specificamente nel diritto internazionale dell'ambiente (cfr. il Cap. I, nonché *infra*, il par. 5.3) – ha segnato un importante punto a suo favore con la *Convenzione di Aahrus del 1998, relativa all'accesso all'informazione, partecipazione pubblica alle decisioni e accesso ai giudici in questioni ambientali*, promossa dall'UNECE (United Nations Economic Commission for Europe) ed entrata in vigore nel 2001 tra numerosi Stati europei, oltre alla Comunità europea. A conferma della progressiva rilevanza di questi profili va ricordato che procedure assimilabili alla v.i.a. sono utilizzate all'interno dei regimi di cooperazione internazionale gestiti dalla Banca Mondiale, quale sorta di politica di salvaguardia: i documenti operativi al riguardo utilizzati stabiliscono infatti che

> «[t]he Bank requires environmental assessment (EA) of projects proposed for Bank financing to help ensure that they are environmentally sound and sustainable, and thus to improve decision making».

3.3. *L'obbligo di negoziare l'esecuzione di attività lesive dell'ambiente e il principio di buona fede.*

Accanto ad un dovere di informazione e consultazione, si è posta la questione se uno Stato intenzionato a compiere attività potenzialmente lesive per l'ambiente sia soggetto a un generale obbligo preventivo di negoziare con gli altri Stati potenzialmente toccati da tali attività le modalità, i criteri e la localizzazione delle stesse. Un tale obbligo è stato accertato nel citato caso del *Lago di Lanoux*, ed è previsto in numerose convenzioni internazionali in materia di ambiente, come la *Convenzione di Ginevra del 1979 sull'Inquinamento Atmosferico Transfrontaliero a Lungo Raggio* (v. anche *infra*, par. 4.4), in trattati regionali, ma pure in altre dichiarazioni o risoluzioni adottate da organismi internazionali aventi ad oggetto la protezione ambientale. Nella misura in cui la preventiva negoziazione sia interpretabile come una specifica espressione di un generale obbligo di buona fede, essa configura una norma di diritto internazionale generale, che tuttavia non pare specificamente relativa alla materia ambientale.

Viceversa, di rilievo appaiono talune applicazioni ... a rovescio del principio dianzi affermato, nelle quali la legittimità di atti unilateralmente adottati da uno Stato in funzione della protezione ambientale, aventi efficacia transfrontaliera o extraterritoriale e contestualmente idonei a violare altri obblighi internazionalmente assunti dallo Stato agente (ad esempio, in tema di libero scambio), è subordinata alla preventiva dimostrazione da parte del medesimo di aver cercato di negoziare con gli altri Stati interessati forme di intervento congiunto ovvero basate su accordi internazionali: nei casi *Gamberetti I e II* decisi dal *Appellate Body* dell'OMC (v. *supra*, Cap. VII, parr. 6.2 e 6.3 nonché *infra*, par. 6.2), è stato dato rilievo al tentativo degli Stati Uniti di negoziare accordi internazionali con Stati terzi precedentemente al varo di restrizioni all'importazione di gamberetti provenienti da tali Stati, quale esimente rispetto al divieto dei membri del GATT di impedire le importazioni di determinati prodotti da altri membri (WT/DS58/R del 12 ottobre 1998, e WT/DS58/AB/RW del 22 ottobre 2001, in <*http://www.wto.org*>).

3.4. *Il c.d. approccio precauzionale.*

Nel diritto internazionale dell'ambiente particolare importanza assume poi il c.d. principio precauzionale, da intendersi in senso diverso rispetto all'obbligo di prevenzione del danno ambientale transfrontaliero, di cui al *Principio n. 21*. Direttamente derivato dalle scienze naturali, in cui è più noto come "approccio" precauzionale, esso è codificato dal *Principio n. 15* della *Dichiarazione di Rio*, a norma del quale

> «al fine di proteggere l'ambiente, gli Stati applicheranno in modo ampio l'approccio precauzionale secondo le rispettive capacità. Qualora vi siano minacce di danni gravi o irreversibili, l'assenza di una piena certezza scientifica non sarà usata come argomento per ritardare l'adozione di misure efficaci, in funzione al loro costo, per prevenire il degrado ambientale».

In altri termini, dato atto dell'irreversibilità di molti danni ambientali causati dalle attività umane, la norma prevede un obbligo generale degli Stati di agire preventivamente, e cioè in chiave anticipatoria, al fine di evitare il prodursi del danno, anche a prescindere dalla certezza scientifica che possa giustificare una determinata azione, la cui acquisizione potrebbe risultare irrimediabilmente tardiva. Presente già in alcuni importanti documenti e convenzioni internazionali, come la *Convenzione di Vienna del 1985 sullo Strato di Ozono*, o il *Protocollo di Montreal del 1987* ad essa relativo, il principio precauzionale si è imposto da Rio in poi, ed è contenuto in tutte le più significative convenzioni nelle quali esso può trovare applicazione: ciò vale per la CBD, la CQCC, la *Convenzione di Helsinki del 1992 sulla Protezione e l'Uso dei Corsi d'Acqua Transfrontalieri e dei Laghi Internazionali*, l'*Accordo OMC sulle Misure Sanitarie e Fito-Sanitarie* (SPS) e il *Protocollo di Cartagena del 2000 sulla Biosicurezza*.

Peraltro, come per molte altre consuetudini, gli esatti contorni del principio in esame debbono tuttora assestarsi: alcuni lo ritengono il motore di sviluppo del diritto internazionale dell'ambiente (cfr. l'opinione dissenziente del giudice Weeramantry nel caso dei *Test nucleari* del 25 settembre 1995, in *C.I.J., Recueil*, 1995, 228, 342), e sulla sua scorta il Tribunale internazionale del diritto del mare ha adottato misure provvisorie volte a impedire che il Giappone adottasse unilateralmente programmi di pesca del tonno, anche in assenza di una certezza scientifica sugli effetti cagionati dai medesimi sulla conservazione dei livelli di stock (ordinanza del 27 agosto 1999, in *Dir. mar.*, 2001, 1047 nella controversia tra Giappone e Australia/Nuova Zelanda in uno dei casi relativi al *Tonno Pinne Blu del Sud*). Viceversa, nella sentenza sulla *Carne agli ormoni* che ha deciso in ambito OMC la controversia tra Stati Uniti e Comunità europea, l'invocazione del principio precauzionale non è servita a rendere legittimi i divieti posti dall'Europa all'importazione di carni di animali cui erano stati somministrati ormoni durante l'allevamento (in WT/DS26, DS48/AB/R del 16 gennaio 1998, in *http://www.wto.org*).

3.5. *Il principio della responsabilità comune ma differenziata.*

Viene invece ormai riconosciuta una speciale responsabilità degli Stati industrializzati nel campo della protezione ambientale. Essi, infatti, da un lato, hanno contribuito e contribuiscono in misura alquanto diversa al degrado ambientale del pianeta; dall'altro lato, hanno mezzi e capacità assai maggiori per promuovere programmi di tutela e risanamento ambientale: ciò comporta la necessità di distinguere tra le diverse categorie di Stati rispetto agli obblighi di protezione dell'ambiente. Al riguardo, si parla quindi di una responsabilità comune ma differenziata degli Stati in materia ambientale, precisandosi in particolare che

> «i Paesi sviluppati danno atto della responsabilità gravante su di loro nel raggiungimento a livello internazionale degli obiettivi di sviluppo sostenibile determinata sia dalla pressione che le società di questi ultimi esercitano sull'ambiente globale, sia sulle tecnologie e le risorse finanziarie di cui essi dispongono» (*Principio n. 7* della *Dichiarazione di Rio*).

Il principio della responsabilità comune ma differenziata si traduce, a livello pattizio, nella previsione di regimi duali per il raggiungimento di obiettivi ambientali, rispettivamente applicabili agli Stati sviluppati e a quelli a più basso livello di sviluppo, ma anche nell'applicazione di esenzioni o termini di adempimento diversi rispetto ad obbligazioni di tutela ambientale (cfr. la *Convenzione di Vienna del 1985 sullo Strato di Ozono*, la CQCC, il *Protocollo di Kyoto*). Altre volte è previsto poi che i Paesi industrializzati finanzino, mediante appositi fondi, almeno parte dei costi incrementali sostenuti dagli Stati più arretrati per raggiungere determinati obiettivi di tutela ambientale (così la CQCC). Si tratta, quindi, di un principio che esprime l'applicazione di canoni di equità nella nostra materia, e come tale risulta anche interpretato.

3.6. Il c.d. sviluppo sostenibile.

L'ultimo dei principi di cui occorre dar conto in questa rassegna è costituito dal concetto di sviluppo sostenibile, già accennato in sede di considerazioni introduttive, che è codificato nel *Principio n. 3* della *Dichiarazione di Rio* ed è espressamente previsto nella sostanziale totalità delle grandi convenzioni in materia ambientale. Lo sviluppo è considerato sostenibile quando soddisfa le esigenze della generazione presente senza compromettere la capacità di quelle future di soddisfare le proprie.

L'importanza di questo principio è fondamentale: esso si collega strettamente al diritto allo sviluppo degli Stati, limitandone la portata (v. *supra*, par. 1.6), e implica il rispetto dei diritti delle future generazioni, l'uso sostenibile e la preservazione delle risorse, l'integrazione tra ambiente e sviluppo. Esistono, quindi, elementi significativi all'interno di questo principio: da un lato, la necessità di un uso equo, prudente e razionale delle risorse naturali; dall'altro, la portata intergenerazionale della nozione qui in esame, che efficacemente è stata paragonata al *trust*, nel quale, com'è noto, tra gli obblighi del *trustee* vi è quello di non disperdere il patrimonio del *settlor* che deve essere goduto anche dai futuri beneficiari del *trust*.

Per contro, questo principio, alla stessa stregua di tutti gli altri principi e consuetudini in materia ambientale, si connette con gli altri in precedenza citati, ed assume così, ad esempio, anche implicazioni transfrontaliere, nel senso che lo sviluppo di uno Stato non deve andare a detrimento del patrimonio ambientale di altri Stati o delle risorse naturali del pianeta.

Nella prassi, l'importanza del principio viene riconosciuta nei casi, già citati, *Gabčíkovo-Nagymaros* e *Gamberetti I*. Resta tuttavia aperta, come per la totalità degli altri principi ambientali, la sua effettiva portata, per molti ancora limitata a profili di carattere programmatico, e che solo a livello di ordinamenti nazionali trova declinazioni più puntuali, come è il caso per molti principi vigenti nell'ordinamento internazionale (si pensi alla materia dei diritti dell'uomo). Per contro, la trasversalità del principio e la sua capacità di influenzare, quanto meno sul piano interpretativo, qualsiasi norma in materia di protezione ambientale, ovvero inerente allo sviluppo degli Stati, ne riconferma la centralità nel contesto dei principi generali applicabili nella materia.

4.1. *L'attuazione delle consuetudini in materia ambientale nel diritto internazionale pattizio.*

Si è osservato che il diritto consuetudinario dell'ambiente, pur pervaso da principi di grande portata, presenta un'efficacia concreta piuttosto limitata, e tende soprattutto ad orientare il comportamento degli Stati nel senso di indurre – e talora imporre – l'adozione di ulteriori regole atte a specificarne i contenuti. Così, forse come in nessun altro settore del diritto internazionale, in tema di protezione ambientale i trattati sono assai diffusi (alcune migliaia), e disciplinano, a livello bilaterale o multilaterale, qualsiasi aspetto riguardante l'ambiente. Questo enorme *corpus* normativo riduce anche l'importanza dell'indagine riguardante il carattere consuetudinario o meno dei principi analizzati ai parr. 3.1-3.6, essendo soprattutto i trattati il luogo in cui è codificato il diritto internazionale dell'ambiente.

Ovviamente, non è possibile dar conto dei contenuti di questi trattati, il cui oggetto è vastissimo: essi si occupano dell'inquinamento atmosferico nelle sue varie forme (inquinamento transfrontaliero a lungo raggio, protezione dello strato di ozono, cambiamento climatico), di biodiversità e protezione delle specie viventi, dell'inquinamento del mare e dello spazio, dei corsi d'acqua internazionali, della gestione dei rifiuti, specie se pericolosi, dei rischi ambientali derivanti dall'utilizzo dell'energia nucleare. Si cercherà allora di descrivere quanto meno i connotati salienti di questi accordi nelle loro caratteristiche distintive o peculiari al settore in esame.

Anzitutto si segnala la già accennata evoluzione del diritto dell'ambiente da applicazione *ratione materiae* del principio del *neminem laedere* a disciplina rivolta alla programmazione delle attività umane aventi impatto ambientale. Così, la gran parte dei nostri trattati ha ad oggetto comportamenti in sé sicuramente leciti, nei confronti dei quali, peraltro, si introducono correttivi atti a renderli compatibili con standard di sviluppo sostenibile. In questo modo, esso assume il carattere di norma internazionalmente cogente, nel senso di rendere illeciti comportamenti degli Stati che non osservino tali standard. In altri termini, gli standard di sviluppo sostenibile vengono creati e li si rendono obbligatori nei confronti degli Stati.

4.2. Trattati in materia ambientale e Stati terzi.

Quanto sopra ha un'ulteriore valenza "rivoluzionaria" rispetto alla tradizionale libertà degli Stati di aderire o meno a trattati internazionali, in coerenza col principio *pacta tertiis nec nocent neque prosunt* (v. *supra*, Cap. III, par. 2.1). L'assoluta necessità che tutti partecipino a determinati progetti di tutela ambientale "globale" ha talora spinto gli Stati aderenti ad una convenzione a concordare "sanzioni" applicabili anche nei confronti di quelli non aderenti: nel *Protocollo di Montreal* sulla protezione dello strato di ozono prevede l'obbligo, previsto come *erga omnes*, di ridurre o cessare la produzione e il commercio di prodotti contenenti sostanze lesive per l'ozono e l'utilizzo delle stesse nei processi produttivi, con conseguente possibilità di decidere embarghi o altre sanzioni commerciali nei confronti degli Stati – anche non contraenti – che non si conformino ad essi. Analoghe misure sono contenute, sia pur in forma più lieve, nella CITES sul commercio di specie animali e vegetali in pericolo.

Questa deroga al principio *pacta tertiis nec nocent neque prosunt* si giustifica alla luce della norma programmatica codificata dal *Principio n. 21* (v. *supra*, par.

2.3). Essa, quindi, appare senz'altro uno strumento non solo opportuno, ma decisivo al fine di superare gli ostacoli derivanti dalla necessità di "conformità globale" funzionale al raggiungimento di obiettivi di protezione ambientale (v. *infra*, par. 4.3). Sarebbe quindi auspicabile che tale meccanismo sia adottato anche in altri strumenti convenzionali.

Comunque, proprio per il rapporto molto stretto tra principi generali in materia ambientale e norme pattizie che danno loro contenuto e si pongono quindi come momento "attuativo" dei medesimi, la codificazione internazionale in tema di ambiente tende ad erodere gli spazi di sovranità statale. Essa, quindi, di fatto limita il diritto degli Stati di non partecipare alla formazione di un trattato che individua, rispetto a problemi ambientali specifici, i rimedi necessari a conformarsi al test di sostenibilità e alle norme generali analizzate in precedenza.

Ciò vale per le convenzioni sull'ambiente globale, ma anche per quelle regionali, relative cioè ai trattati che disciplinano specifiche problematiche ambientali "localizzate": si pensi alla *Convenzione di Salisburgo sulla Protezione delle Alpi del 1991*, ma anche alle numerose convenzioni regionali sulla gestione delle risorse ittiche.

Sicché, quando a livello politico matura la spinta verso la creazione di nuove norme internazionali, la stessa convocazione della conferenza diplomatica rappresenta per tutti gli Stati interessati un invito a partecipare al quale è difficile sottrarsi, per il rischio che altri Stati concorrano a formare le diverse norme internazionali rilevanti, magari sottovalutando o peggio penalizzando esigenze specifiche proprie di taluni di essi.

4.3. *Specificità dei contenuti delle norme dei trattati sull'ambiente. Il rapporto tra accordi quadro e norme o protocolli di attuazione.*

Per contro, il fenomeno appena descritto determina anche significative controindicazioni. Innanzitutto, l'ampio numero degli Stati partecipanti alla fase negoziale di un trattato ne allunga i tempi e ne aumenta le difficoltà, di per sé normalmente già notevoli per l'intrinseca complessità delle problematiche ambientali e la necessità di prevedere standard comportamentali e meccanismi articolati per il raggiungimento degli obiettivi di protezione ambientale volta a volta rilevanti.

Inoltre, all'esigenza di ciascuno Stato interessato di partecipare ai negoziati corrisponde in modo speculare la necessità degli altri Stati di *non escluderne* nessuno, al fine di evitare il fallimento degli obiettivi del trattato, che normalmente richiedono la cooperazione di tutti e rischiano di essere pregiudicati da comportamenti opportunistici dei non aderenti (come è il caso del *Protocollo di Kyoto*, che rischia di risultare inutile se gli Stati terzi non ridurranno a loro volta le proprie emissioni di gas serra).

Il che, a sua volta, spesso determina anche la necessità di adottare soluzioni normative di compromesso, ovvero norme di contenuto procedurale o strumentale, che rinviano a tempi successivi all'entrata in vigore del trattato un determinato risultato, con ulteriori dilatazioni temporali tra individuazione di problemi ambientali e messa in opera di rimedi sostanziali atti a farvi fronte.

Al riguardo, si è già accennato (v. *supra*, par. 1.5) allo stretto rapporto esistente tra diritto internazionale dell'ambiente ed economia. L'economia, infatti, intesa come scienza rivolta ad ottimizzare le risorse scarse, assume importanza centrale proprio al fine di garantire all'umanità il mantenimento di crescenti (o quanto meno identici) tassi complessivi di sviluppo, e cioè di produzione e consumo, con una crescente diminuzione del danno ambientale ad essi associato.

L'utilità nell'impiego di modelli economici nel diritto dell'ambiente dà luogo a norme innovative disciplinanti le modalità con cui gli Stati (*rectius*, le imprese in essi stabilite) possono svolgere determinate attività nel rispetto di standard e obiettivi predeterminati di tutela dell'ambiente: strumenti come "eco-punti", "permessi ad inquinare" ovvero altri "titoli" suscettibili addirittura di commercializzazione tra imprese aventi diversi standard ambientali, hanno già fatto il loro ingresso all'interno del diritto internazionale dell'ambiente, e in realtà appaiono particolarmente efficaci per governare i processi dello sviluppo sostenibile anche su scala transnazionale. Le norme internazionali quindi, vengono strutturate nel senso di offrire incentivi di tipo economico ad adottare comportamenti ecologicamente virtuosi.

Emblematico, al riguardo, è il caso della CQCC e del *Protocollo di Kyoto* nei quali gli obiettivi di tutela ambientale da essi previsti possono essere raggiunti non solo con la riduzione delle emissioni di gas serra, ma anche attraverso meccanismi economici flessibili (c.d. *flex-mechs*), quali l'attuazione di misure in comune tra più Stati che possono quindi "cumulare" i propri sforzi a prescindere dal luogo in cui le riduzioni avvengono: così, se nello Stato "A" la riduzione delle emissioni è più costosa che nello Stato "B", "A" può aiutare "B" a ridurre le proprie, giovandosi di quota parte delle stesse nel computo degli obiettivi gravanti sul primo. Altri *flex-mechs* prevedono poi il diritto di commercializzare "emissioni" da Stato a Stato, sostituendo quindi la riduzione delle emissioni con la facoltà di acquistare... diritti di emettere gas serra da altri Stati, più virtuosi o con costi di riduzione più bassi. Il tutto, in un'ottica in cui la gestione del sistema non dovrebbe più essere interstatale, bensì a livello di imprese che direttamente si scambiano tali "diritti di emissione".

In questa prospettiva, dunque, quanto più è ampio il "mercato" all'interno del quale è possibile valorizzare questi incentivi e realizzare così transazioni economiche aventi ad oggetto questi ultimi, tanto maggiore appare l'efficacia delle soluzioni. Ciò presuppone un sistema di rapporti internazionali aperto e globale, nel quale anche queste transazioni possano avvenire senza restrizioni.

Sotto un diverso profilo, le complessità, anche di ordine concettuale, che sorreggono l'adozione di soluzioni normative quali quelle appena accennate, producono significativi effetti anche sul tradizionale modo di essere del diritto internazionale dei trattati: l'impiego degli strumenti poc'anzi indicati richiede profonde modificazioni sia nella tecnica redazionale dei trattati, sia dal punto di vista del consenso degli Stati a vincolarsi a determinate norme internazionali di origine pattizia.

In particolare, gli Stati rinunciano di norma a stabilire, all'interno di un unico trattato, l'intera disciplina relativa ad un determinato problema ambientale, e preferiscono, piuttosto, predisporre inizialmente una convenzione-quadro, il cui scopo è quello (a) di stabilire criteri e principi programmatici, sui quali tutti gli Stati prestano (agevolmente) il proprio consenso, e (b) di dettare regole procedurali volte a dar corpo agli obiettivi generali del trattato. L'accordo-quadro spesso prevede anche un *forum* di carattere istituzionale al quale gli Stati sono tenuti a partecipare regolarmente. Ciò vale, ad esempio, per la *Convenzione di Vienna del 1985* sull'ozono, la CQCC, che individua nella Conferenza delle Parti Contraenti l'organismo di controllo periodico dell'attuazione della Convenzione, per il sistema creato dalla citata *Convenzione di Basilea del 1989* in materia di rifiuti.

L'accordo-quadro risulta quindi attuato da altri trattati (spesso definiti protocolli), ovvero contiene al proprio interno meccanismi di formazione di norme applicative, che diventano cioè vere e proprie fonti previste da un trattato, tali strumenti potendosi talora cumulare tra loro. In ogni caso, essi tendono ad avere contenuti molto tecnici e una efficacia tendenzialmente temporanea, nel senso di prevedere continui aggiornamenti in funzione dei risultati progressivamente ottenuti e dell'evolvere della situazione ambientale oggetto di disciplina pattizia.

Particolarmente significativa al riguardo è la normativa sull'ozono: così, mentre la *Convenzione di Vienna del 1985* offre la struttura istituzionale per un'azione coordinata e congiunta funzionale alla riduzione ed eliminazione della produzione dei gas (come CFC o aloni) responsabili dell'assottigliamento dello strato di ozono, sono i protocolli applicativi della stessa – innanzitutto dal *Protocollo di Montreal del 1987* e gli atti ad esso successivi – a stabilire standard precisi e obbligatori per gli Stati volti al progressivo *phasing out* dei gas, con tempistiche non solo differenziate tra Stati industrializzati e Stati più arretrati (v. *supra*, par. 3.5), ma anche ripetutamente accelerate nel tempo in funzione dei riscontri scientifici via via emersi, segnalanti l'aggravarsi del fenomeno e la necessità di anticipare i tempi di *phasing out* rispetto ai programmi originariamente previsti.

Nell'ambito di queste fonti attuative si realizzano anche importanti limitazioni della sovranità degli Stati aderenti, giacché la loro approvazione sovente è prevista a maggioranza qualificata, e non più all'unanimità. Altre volte, invece, l'attuazione degli accordi quadro e la capacità di adeguamento alle sopravvenute risultanze scientifiche è dovuta ad un altro interessante meccanismo, rappresentato dalla costituzione di organi terzi indipendenti cui gli Stati parti delegano sia funzioni consultive e scientifiche (si pensi ad esempio all'*Intergovernmental Panel on Climate Change* (IPCC) creato dalla CQCC), sia specifici poteri di attuazione e controllo degli obiettivi convenzionali, tra cui funzioni conciliative di eventuali controversie tra Stati.

Così, l'introduzione di nuovi standard ambientali internazionali applicabili nei singoli Stati può avvenire anche in difetto di uno specifico accordo al riguardo prestato da questi stessi Stati. Viste le esigenze di "conformità globale" caratteristiche del diritto internazionale dell'ambiente, si tratta tuttavia di un meccanismo più che opportuno; al contempo, esso dà luogo ad un'ulteriore peculiarità di questi trattati.

4.4. *Gli obblighi di cooperazione internazionale nei trattati in materia ambientale.*

Caratteristica degli accordi in esame è infine la serie di obblighi di cooperazione da essi previsti, presente sin dall'accordo più risalente, quello riguardante il fenomeno delle cd. piogge acide. Così, nella *Convenzione di Ginevra del 1979 sull'Inquinamento Atmosferico Transfrontaliero a Lungo Raggio*, basata sui principi consuetudinari di cui al caso della *Fonderia di Trail*, si prevede un obbligo di consultazioni tempestive in caso si verifichino situazioni di inquinamento atmosferico effettivo o rischi «significativi» che ciò avvenga. Analogo obbligo di cooperazione è stabilito anche tra gli Stati all'interno dei quali avvengono «significative» forme di questo inquinamento.

La cooperazione caratterizza anche la disciplina riguardante l'impiego dell'energia nucleare e il suo rapporto con l'ambiente, sviluppatasi soprattutto dopo il disastro di Chernobyl del 1986. In proposito, i numerosi accordi bilaterali esistenti in materia e la *Convenzione di Vienna sull'Immediata Notificazione di un Incidente Nucleare* del 1986, prevedono l'obbligo di ciascuno Stato, in caso di incidente nucleare verificatosi nel proprio territorio, di fornire immediata e compiuta informazione a tutti gli altri Stati che possano subire effetti diretti o indiretti dall'incidente. L'obbligo di informativa comporta inoltre l'avvio di consultazioni e quindi di aggiornamento costante sull'evolversi della situazione. Accanto a tale obbligo vi è anche quello di fornire assistenza ad altri Stati che ne facciano richiesta a seguito di un incidente nucleare, avvenuto o meno nel loro territorio. Così, in proposito, è stabilito dalla *Convenzione di Vienna sull'Assistenza in Caso di Incidente Nucleare o di Emergenza Radioattiva* del 1986.

5.1. *Tutela dell'ambiente, inquinamento derivante da attività non statali individuali e regime della responsabilità civile.*

Come già osservato, nel diritto internazionale dell'ambiente i piani interstatali e interindividuali tendono a intersecarsi e sovrapporsi, poiché la gran parte delle attività lesive dell'ambiente – anche di natura transfrontaliera o globale – è in realtà imputabile a individui e a imprese.

Tale caratteristica, si è visto, rende inadeguata la prospettiva dell'illecito internazionale al fine di studiare i profili di responsabilità per casi di inquinamento transfrontaliero. Per contro, nel diritto internazionale pattizio sono state da tempo elaborate specifiche regole volte ad introdurre *meccanismi di responsabilità civile* inquadrati all'interno di contesti internazionali. Ciò vale particolarmente per i fenomeni di inquinamento determinati dallo svolgimento di attività pericolose. Si tratta, cioè, di norme strutturate per molti versi come convenzioni di diritto uniforme, contenenti anche profili di diritto internazionale processuale.

Norme del tipo appena accennato si trovano, innanzitutto, con riguardo alla tutela dell'ambiente marino rispetto all'inquinamento da idrocarburi. Si rinvia, quindi, al Cap. XI, parr. 9.1 e 9.3. Esistono, peraltro, altri importanti settori coperti da specifiche norme convenzionali, sempre inerenti attività pericolose, tra cui innanzitutto quelle riguardanti l'esercizio di centrali nucleari. La *Convenzione di Parigi sulla Responsabilità nei Confronti dei Terzi nel Settore dell'Energia Nucleare* del 1960 e la *Convenzione di Vienna dell'AIEA sulla Responsabilità Civile per Danno Nucleare* del 1963, oltre ad individuare un regime di responsabilità oggettiva in caso di incidente, da un lato obbligano i gestori delle centrali a stipulare polizze assicurative per coprire il rischio nucleare; dall'altro lato, determinano limiti di responsabilità e impongono agli Stati che ospitano le centrali di farsi garanti dell'adempimento agli obblighi risarcitori.

Inoltre, norme specifiche riguardano l'individuazione del giudice competente ad accertare la responsabilità di inquinamento nucleare e a compiere le conseguenti statuizioni di carattere risarcitorio. Di regola, esso è quello del luogo in cui il danno ha avuto luogo, ovvero, in taluni casi, quello del luogo in cui la centrale è installata. È inoltre prevista la riconoscibilità delle sentenze in tutti gli ordinamenti degli Stati aderenti alle convenzioni.

Peraltro, essi sono tuttora pochi, e tra essi mancano gli Stati "nucleari" più importanti (USA, Russia, Giappone). Tanto che, ad esempio, in occasione dell'incidente di Chernobyl i danni subiti dalla popolazione per il *fallout* nucleare vennero largamente risarciti direttamente dagli Stati in cui essi si erano verificati, e le numerose richieste o riserve di richieste risarcitorie inoltrate nei confronti dell'allora URSS non ebbero seguito, anche per le grandi incertezze sul regime della responsabilità applicabile all'URSS e la conseguente difficoltà di accertare la violazione di specifiche norme.

Importanti regole di responsabilità civile per fenomeni di inquinamento transfrontaliero sono state recentemente adottate nel quadro della normativa internazionale relativa alla circolazione dei rifiuti pericolosi, che ha quale punto di riferimento la più volte ricordata *Convenzione di Basilea del 1989*. Il *Protocollo* del 1999, annesso alla Convenzione, si propone infatti di introdurre un compiuto regime di responsabilità e risarcibilità del danno determinato dall'abbandono di rifiuti: così, la responsabilità, di tipo oggettivo, grava sul detentore del rifiuto dal momento in cui lo abbia preso in possesso e fino al suo smaltimento. Come in tutti i casi di responsabilità oggettiva, il *Protocollo* prevede anche limiti massimi di risarcibilità del danno da abbandono di rifiuti, tuttavia non invocabili qualora il danno sia ascrivibile alla colpa del detentore degli stessi.

Le considerazioni che precedono evidenziano il ruolo importante ricoperto da individui ed imprese allo stato attuale di sviluppo del diritto internazionale dell'ambiente. Infatti, nei casi in cui vengono effettivamente azionati, i meccanismi di responsabilità civile e risarcimento dei danni di cui trattasi contribuiscono ad eliminare le esternalità che si determinano in conseguenza di qualsiasi evento inquinante e a rispettare così il principio "chi inquina paga". Inoltre, è la loro mera esistenza ad incentivare chi esercita attività inquinanti ad evitare o, comunque, a ridurre il rischio di incidenti ambientali. In questo senso, l'eventualità che istituti di diritto privato possano essere azionati davanti ad organi giurisdizionali interni stimola gli operatori a prendere tutte le misure preventive del caso. Inoltre, molti dei regimi previsti dalle convenzioni internazionali in discussione prevedono in linea di massima una responsabilità oggettiva ma limitata nel suo ammontare e, dunque, anche più facilmente assicurabile e "*budgetabile*" in senso tendenzialmente migliorativo rispetto a quanto potrebbe essere previsto dagli ordinamenti nazionali.

Così, pur venendo in rilievo in questi casi regimi giuridici di diritto internazionale "pubblico" per lo strumento nei quali sono contenuti (un trattato internazionale), i meccanismi impiegati, ferma restando la necessità di procedere all'"adattamento" nelle forme previste, sono quelli tipici del diritto "privato" e non si discostano da quelli noti agli ordinamenti giuridici interni. Ciò è importante perché la regolamentazione internazionale arriva ad incidere – seppure non direttamente – sulle posizioni giuridiche soggettive dei privati, individui ed imprese, e cioè sugli esponenti di quella "comunità umana" che in ultima analisi risulta essere titolare e responsabile per il corretto mantenimento dell'equilibrio dell'ecosistema. Il che, tra l'altro, con portata tendenzialmente molto vasta, attesa la progressiva pretesa degli Stati di esercitare anche la propria giurisdizione con portata extraterritoriale, tanto più giustificata ove essa sia rivolta a rendere efficaci valori provenienti dalla sfera internazionale, quali appunto quelli contenuti in convenzioni internazionali che finiscono anche per assolvere, magari indirettamente, ad una funzione di *benchmark* o standard normativo o comportamentale valevole su scala universale.

Peraltro, come si diceva, l'adesione ai trattati in esame è tuttora lungi dall'essere generalizzata. Si deve, quindi, puntare su un maggior coinvolgimento degli Stati al riguardo, visto il ruolo decisivo che tali regimi giuridici possono giocare nel futuro sviluppo del diritto internazionale dell'ambiente.

5.2. *Incidenti ambientali transnazionali e norme internazionali ad essi applicabili.*

Un cenno, da ultimo, va svolto con riferimento ai casi di responsabilità civile non coperti da specifiche convenzioni e derivanti da incidenti ambientali transfrontalieri o, più ampiamente, transnazionali, nei quali, cioè, l'elemento di internazionalità non è dato dal verificarsi di un danno ambientale in Stati diversi da quello in cui la condotta rilevante ha avuto luogo, bensì, ad esempio, dalla circostanza che l'autore del danno è un'impresa multinazionale. Al riguardo, è ovvio che casi del genere siano inquadrabili anche all'interno di profili di natura pubblicistica già in precedenza esaminati (a partire dal *Principio n. 21* o al precedente della *Fonderia di Trail*); peraltro, relativamente ad essi assumono rilievo anche altre questioni, di natura interindividuale, riguardanti ad esempio l'individuazione dei soggetti responsabili, dei danneggiati, il regime di responsabilità e la giurisdizione competente a pronunciare sentenze di condanna al risarcimento del danno.

La prassi, purtroppo, conosce ormai numerosi incidenti: basti pensare a quelli delle navi, da *Torrey Canyon* ad *Amoco Cadiz*, fino ai più recenti casi *Erika* e *Prestige*; alle nubi tossiche di *Seveso* o di *Bhopal*, all'inquinamento del Reno causato dalla *Sandoz*, o al caso del fiume *OK Tedi* in Papua-Nuova Guinea.

Soprattutto nei casi di inquinamento transnazionale l'aspetto maggiormente di rilievo è costituito dai fenomeni di c.d. *environmental shopping* ad esso associati, e cioè dalla circostanza che l'autore del danno è impresa svolgente attività pericolose, la quale insedia propri stabilimenti produttivi in ordinamenti esteri con standard ambientali più bassi al fine o di produrre beni ormai vietati nel proprio Stato di origine proprio per il loro impatto ambientale, ovvero, e quantomeno, di sottrarsi alle più stringenti responsabilità e requisiti previsti in quest'ultimo ordinamento. Ancora una volta, fenomeni del genere ripropongono spesso anche un'ulteriore contrapposizione Nord-Sud, nella misura in cui le imprese degli Stati industrializzati sfruttano la minore consapevolezza ecologica dei Paesi in via di sviluppo – o peggio, la loro necessità di investimenti esteri – causando significativi rischi per le popolazioni e l'ambiente di questi ultimi.

Nel caso in cui le attività di cui sopra determinino disastri ambientali, si tratta innanzitutto di comprendere se e di fronte a quale giurisdizione i danneggiati possano validamente instaurare un giudizio per il risarcimento del danno nei confronti dei responsabili, e cioè le società che controllano le imprese giuridiche stabilite nell'ordinamento in cui il danno si è verificato: ad esempio, nel caso di *Bhopal* l'autore del danno era una società indiana, la *Union Carbide India Ltd.*, peraltro controllata dalla multinazionale statunitense *Union Carbide Corp.*; analogamente, nel caso di *Seveso* la società *Icmesa*, autrice del danno, era controllata dalla *Hoffman-La Roche*, multinazionale del settore chimico-farmaceutico.

Inoltre, ove la pretesa risarcitoria possa essere fatta valere dinanzi ai giudici dello Stato di origine, non solo è più agevole l'applicazione degli standard ambientali o di sicurezza più elevati vigenti nel foro rispetto a quelli del *locus commissi delicti*, ma è anche probabile che la stessa normativa del foro consenta risarcimenti più elevati e immediati rispetto alla normativa locale. Basti pensare, ad esempio, che al tempo dell'incidente di *Seveso* non esisteva in Italia una compiuta legislazione ambientale, ciò rendendo più difficile anche l'applicazione di adeguate regole alla fattispecie.

Per contro, l'onere dei danneggiati di citare all'estero i responsabili del danno opera spesso come un deterrente, a tacere della circostanza secondo cui spesso si tratta di soggetti non in grado di far valere i propri diritti, a motivo della scarsa consapevolezza o della disorganizzazione delle popolazioni coinvolte nell'incidente: nel caso di *Bhopal*, le vittime erano largamente costituite da inermi cittadini indiani, privi di adeguata scolarizzazione e abitanti in condizioni di vita estreme, tipiche dei sobborghi industriali delle città indiane. Il che, necessariamente, con ovvie conseguenze sul piano delle rispettive posizioni in un eventuale giudizio dei danneggiati e della multinazionale responsabile. Giova tuttavia osservare che, in casi del genere, proprio per superare gli ostacoli poc'anzi accennati, spesso gli interessi dei danneggiati risultano formalmente o informalmente gestiti sotto forma di c.d. *class actions*, nelle quali, cioè, i governi o le municipalità locali agiscono per le popolazioni vittime del disastro ambientale. Tale è ad esempio l'esperienza di *Bhopal* e di *Seveso*.

La prassi dei disastri ambientali transnazionali non consente, a tutt'oggi, di affermare conclusioni univoche, a ciò ostando, tra l'altro, l'esistenza di diverse normative statali volta a volta interessate. Così, nel caso *Bhopal* i giudici statunitensi declinarono la propria giurisdizione nella causa instaurata contro la *Union Carbide Corp.*, ritenendosi *forum non conveniens* ed affermando invece che i giudici indiani fossero il *most appropriate forum*, purché la convenuta accettasse la giurisdizione di questi ultimi. Ciò comportò, peraltro, la trattazione della causa sulla base di standard ambientali e di un regime di responsabilità sicuramente meno rigoroso per la *UCC*.

Nel caso di *Seveso*, i giudici svizzeri si ritennero competenti a decidere la causa promossa dal Comune di Seveso nei confronti della controllante svizzera della *Icmesa*, mentre le responsabilità penali derivanti dall'incidente furono decise dai tribunali italiani, sia pur con esiti in definitiva assai favorevoli per gli imputati, a motivo soprattutto delle già ricordate gravi lacune allora esistenti nella normativa italiana.

Nel caso *OK Tedi*, le corti australiane affermarono invece la propria giurisdizione nei confronti della controllante *BHP*, società multinazionale australiana, convenuta dai danneggiati locali per i gravissimi danni determinati dall'attività estrattiva svolta dalla propria controllata *OK Tedi Mining Ltd.* senza le opportune cautele ambientali, invero non previste dalla legislazione locale, essendo anzi le modalità estrattive e l'impatto ambientale da esse derivanti frutto di uno specifico accordo tra l'impresa e il governo locale. *OK Tedi* appare dunque particolarmente significativo, perché, unico nel suo genere, esso comporta un'implicita applicazione degli standard ambientali australiani nei confronti delle imprese australiane, e loro controllate, ovunque operanti. Il che appare sicuramente apprezzabile, perché coerente col principio della responsabilità comune ma differenziata (v. *supra*, par. 3.5), e inoltre idoneo a erodere gli spazi al c.d. *environmental shopping*, che proprio in casi come questo dimostra tutta la sua potenziale dannosità, giacché il ... diritto ad inquinare viene utilizzato dai governi dei Paesi in via di sviluppo come una sorta di "incentivo" per investimenti esteri.

Se dal punto di vista della giurisdizione gli esiti della prassi appaiano piuttosto vari, più incerto ancora è il regime dell'accertamento della responsabilità in capo alle multinazionali. Infatti, tutti i casi poc'anzi descritti sono stati definiti con accordi transattivi nei quali le convenute hanno versato un indennizzo (più o meno elevato e tempestivo) ai danneggiati, o agli enti che li rappresentavano, evitando in tal modo una sentenza che affermasse la responsabilità della capogruppo.

5.3. *Il ruolo degli "attori non statali" nel diritto internazionale dell'ambiente.*

Una più ampia partecipazione di individui ed imprese alla governance ambientale mondiale costituisce quindi un obiettivo grandemente auspicabile. Si tratta di un percorso difficile, specie in termini generali, ma è senz'altro opportuno valutare termini e condizioni di coinvolgimento delle diverse forme di associazionismo generalmente comprese nella categoria delle «organizzazioni non governative» (o.n.g.). Al riguardo, nella *Conferenza di Johannesburg* si conferma di un certo *favor* verso forme di partecipazione più articolate ed evolute della società civile all'elaborazione e messa in pratica di soluzioni normative internazionalmente concordate per i «grandi temi» di politica ambientale. Tali risultati vengono per ora ricercati mediante una partecipazione di tipo (meramente) consultivo delle o.n.g. ambientali ai diversi *fora* aventi competenze in materia di ambiente, siano essi conferenze intergovernative, organizzazioni internazionali (v. *supra*, par. 3.5), tribunali internazionali, quali il DSB in seno alla OMC (v. *supra*, Cap. VII, par. 6.3), con effetti tuttavia per ora assai variabili, benché rappresentativi di importanti strumenti di pressione per gli Stati. In tal senso, le o.n.g. possono rappresentare un importante momento di raccordo delle istanze in gioco ai fini di una più compiuta valorizzazione degli interessi della «comunità umana» o quantomeno della comunità internazionale collettivamente considerate, tanto più necessarie in una fase storica caratterizzata purtroppo da un criticabile ritorno delle varie agende nazionali su posizioni espressamente o implicitamente unilateraliste. Il che sarà tanto meno difficile quanto più rapidamente si potranno individuare requisiti minimi indispensabili per attribuire a una o.n.g. (non solo ambientalista) quelle prerogative idonee a permetterle di partecipare, quale "attore", ai processi di formazione, applicazione e controllo delle norme di diritto internazionale dell'ambiente.

6.1. *Le misure con efficacia extraterritoriale adottate dagli Stati per proteggere l'ambiente transnazionale e il regime di diritto internazionale ad esse relativo.*

Si è osservato che il diritto internazionale dell'ambiente coesiste con quello interno. In effetti, la protezione dell'ambiente è maggiore in alcuni Stati (normalmente industrializzati) rispetto ad altri. Peraltro, la già ricordata natura transnazionale dell'ambiente implica sovente che norme ambientali adottate da uno Stato abbiano effetti e portata travalicante la giurisdizione esclusiva di quest'ultimo, e tendano quindi ad avere efficacia extraterritoriale.

Quanto precede assume particolare importanza in relazione a quelle regole che, ispirate dal principio «chi inquina paga» (v. *supra*, par. 1.5) cercano per quanto possibile di "internalizzare" i costi ambientali derivanti dallo svolgimento di attività di produzione o consumo, imponendo così il rispetto di determinati standard nel loro svolgimento, ovvero vietando determinati processi produttivi o di consumo.

Se la norma interna vuole prevenire danni all'ambiente in ambito interstatale (si pensi alle emissioni atmosferiche, o alla protezione delle specie viventi magari in aree non soggette alla sovranità degli Stati, come l'alto mare), gli standard unilateralmente previsti da uno Stato finiscono per applicarsi alle attività svolte al di fuori del territorio di questo Stato, quindi anche da parte di soggetti stranieri che possono risultare soggetti alle prescrizioni ambientali da quest'ultimo adottate, quanto meno nella misura in cui intendano avere contatti con l'ordinamento di tale Stato, ad esempio perché vogliono esportarvi beni da essi prodotti nel proprio ordinamento.

Per altro verso, e salvo quanto in appresso precisato, dalla prospettiva dello Stato agente l'operatività extraterritoriale di norme unilaterali quali quelle in esame risulta quanto meno opportuna, in quanto – proprio in forza del *polluter pays principle* – la mancata internalizzazione di costi ambientali da parte di soggetti/imprese interessate ad operare sui mercati nazionali provocherebbe un duplice nocumento: da un lato, lo svantaggio competitivo sofferto dalle imprese nazionali rispetto a concorrenti esteri, derivante dal fatto che le prime (e non le seconde) sono gravate dai "costi ambientali" imposti loro dalle norme di cui trattasi; dall'altro lato, un livello di produzione o consumo inefficiente, poiché la mancata internalizzazione del costo ambientale dei beni importati, prodotti in violazione degli standard ambientali, ne diminuisce il prezzo, aumentandone la quantità, con indesiderabili effetti dal punto di vista sociale e ambientale. In aggiunta, e a seconda delle attività considerate, la non applicazione con efficacia extraterritoriale di norme ambientali unilaterali può giungere a renderne inutile l'efficacia, perché altri potrebbero comunque danneggiare l'ambiente che la norma protegge limitatamente ai cittadini/residenti, l'unico effetto quindi residuante della norma stessa essendo quello di determinare discriminazioni a rovescio a danno di questi ultimi.

In concreto, le modalità più frequenti per conferire operatività extraterritoriale a norme quali quelle qui in esame, peraltro le più interessanti ai nostri fini, sono costituite dalla previsione di restrizioni o divieti alle importazioni di beni prodotti in violazione degli standard posti unilateralmente dallo Stato, al fine di opporsi a fenomeni ritenuti di "*dumping*" ecologico. Si tratta, cioè di misure che colpiscono il commercio in funzione di tutela ambientale, note anche sotto l'acronimo di TREMs (*Trade-Related Environmental Measures*).

6.2. *(segue): le c.d. TREMs e la loro legittimità alla luce delle norme GATT-OMC.*

In una prospettiva non limitata allo Stato agente, l'efficienza e utilità di tali misure appare discutibile, non solo sotto il profilo economico, ma anche dal punto di vista dell'equità nel commercio globale: benché le TREMs possano avere un sicuro effetto deterrente rispetto all'adozione di comportamenti incompatibili con lo sviluppo sostenibile da parte di determinati Stati e/o imprese situate in questi ultimi, esse possono nascondere obiettivi protezionistici, più che ambientali. Inoltre, la loro efficacia è direttamente proporzionale alla forza commerciale e politica degli Stati agenti, quindi tende, ancora una volta, ad accentuare i conflitti Nord-Sud, essendo peraltro frequente che le attività produttive non sostenibili, contro le quali le TREMs si dirigono, spesso rispondono ad una domanda di beni originata negli stessi Stati che le adottano.

Per contro, le TREMs tendono a porsi in contrasto con le norme di diritto internazionale dell'economia relative al libero scambio: ciò vale sia per alcune norme del *General Agreement on Tariffs and Trade* (GATT) (v. *infra*, Cap. XIII) tra cui l'obbligo di eliminazione delle restrizioni quantitative all'importazione o all'esportazione (art. XI), o l'obbligo di non applicare in modo discriminatorio eventuali restrizioni (art. XIII), sia per altre regole invalse nel sistema facente capo all'OMC, come i trattati sulle misure sanitarie e fitosanitarie (c.d. *Trattato SPS*) o sulle barriere non tariffarie al commercio (c.d. *Trattato TBT*). È vero che il sistema GATT-OMC contiene clausole di salvaguardia operanti in funzione derogatoria rispetto ai principi di libero scambio poc'anzi accennati: tra esse l'art. XX che consente agli Stati di adottare misure unilaterali

> «necessarie alla protezione della salute o della vita umana, animale o vegetale» (art. XX.(b)) ovvero «relative alla conservazione di risorse naturali esauribili, se queste misure sono adottate insieme con restrizioni alla produzione o al consumo applicate a livello interno» (art. XX.(g)),

a condizione che esse non siano applicate in modo arbitrario o ingiustificato, o che non costituiscano una restrizione dissimulata al commercio internazionale (così il noto *chapeau* dell'art. XX GATT).

Inizialmente, nel celebre caso *Tonno/Delfini*, l'esistenza di una simile eccezione ambientale in sede GATT venne esclusa. Col passare del tempo, tuttavia, la crescente importanza della tutela ambientale, e le critiche subite dalla decisione *Tonno-Delfini*, hanno contribuito ad un ripensamento sul rapporto tra commercio e ambiente. Così, nella giurisprudenza del *DSB* dell'OMC si ravvisa un'evoluzione verso un'interpretazione delle norme del GATT più coerente con le esigenze di tutela ambientale. Particolare importanza al riguardo assume il caso dei *Gamberetti I*, già ricordato, in cui, tra l'altro, si è precisato che

> «l'art. XX.(g) non è limitato alla conservazione di risorse naturali "minerali" o "non viventi". L'argomento principale degli appellati si fonda sull'assunto che le risorse naturali "viventi" siano "rinnovabili" e quindi non possano essere risorse naturali "esauribili". Non è credibile che le nozioni di risorse naturali "esauribili" e "rinnovabili" siano esclusive l'una dell'altra. Le scienze biologiche ci insegnano che le specie viventi, benché in principio capaci di riproduzione e in questo senso "rinnovabili", sono in certe circostanze suscettibili di riduzione, esaurimento ed estinzione, frequentemente a causa di attività umane. Le risorse viventi, così, sono "finite" esattamente come il petrolio, i minerali di ferro e le altre risorse non viventi. Le parole «risorse naturali esauribili» contenute nell'art. XX.(g) furono scritte oltre 50 anni fa. Esse debbono essere lette dall'interprete di un trattato alla luce delle preoccupazioni che la comunità delle nazioni contemporanea esprime sulla protezione e conservazione dell'ambiente. Benché l'art. XX non sia stato modificato in occasione dell'Uruguay Round [*che in vario modo ha modificato altre disposizioni del GATT 1947, n.d.r.*], il preambolo dell'Accordo istitutivo dell'OMC – che copre non solo il GATT 1994 ma anche tutti gli altri accordi stipulati in seno all'OMC – riconosce espressamente "l'obiettivo dello sviluppo sostenibile". ... Dal tenore del preambolo dell'Accordo OMC, il termine generico "risorse naturali esauribili" di cui all'art. XX.(g) non è "statico" nei suoi contenuti o riferimento, ma piuttosto "per definizione, evoluzionistico". In tal senso, è opportuno notare che le moderne convenzioni o dichiarazioni internazionali fanno frequente riferimento alle risorse naturali come comprensive di esseri viventi e non. ... Stante il recente riconoscimento della Comunità internazionale sull'importanza di azioni concertate bilaterali o multilaterali per proteggere le risorse naturali viventi, e dato atto dell'espresso riconoscimento dei Membri OMC dell'obiettivo dello sviluppo sostenibile nel preambolo dell'Accordo OMC, riteniamo che sia anacronistica un'interpretazione dell'art. XX.(g) del GATT che limiti la protezione garantita da tale disposizione alle sole "risorse naturali esauribili" non viventi».

Di rilievo, tuttavia, è anche quanto affermato riguardo alla possibilità degli Stati di proteggere talune specie animali in pericolo con provvedimenti aventi efficacia nei confronti di terzi. Dopo aver infatti rilevato che le tartarughe marine oggetto di protezione da parte della normativa statunitense, che proibiva le importazioni di gamberetti catturati con tecniche non selettive e quindi idonee ad uccidere le tartarughe, sono una specie migratoria e inserita dalla CITES, la convenzione più importante per la protezione delle specie animali e vegetali, tra quelle minacciate di estinzione, il *DSB* ha concluso che

> «le tartarughe marine di cui si tratta ... sono notoriamente presenti nelle acque sulle quali gli Stati Uniti esercitano la propria giurisdizione. Ovviamente, non si pretende che ciascun esemplare di tale specie migri o attraversi, un giorno o l'altro, le acque statunitensi. Né alcuna delle parti in causa pretende di esercitare diritti di proprietà esclusiva sulle tartarughe marine, per lo meno allorché esse nuotino liberamente nel loro habitat naturale – gli oceani. Senza entrare nel merito se l'art. XX.(g) contenga una implicita limitazione all'esercizio della giurisdizione, e quale sia la natura o l'am-

piezza di tale limitazione, è sufficiente osservare che, nelle circostanze specifiche del caso, ai sensi dell'art. XX.(g) esiste un nesso sufficiente tra gli animali marini migratori e in pericolo di estinzione di cui trattasi e gli Stati Uniti» (WT/DS58/R del 12 ottobre 1998, in <http://www.wto.org>).

Le conclusioni cui è giunto il *DSB* nel caso *Gamberetti I* sono importanti, sia per l'interpretazione evolutiva del GATT, sia per la rilevanza attribuita ai principi di diritto internazionale dell'ambiente e alle norme dei trattati ad esso relativi come criterio valutativo e interpretativo per verificare la compatibilità col GATT di *TREMs*.

Nella fattispecie, le misure statunitensi vennero poi ritenute illegittime perché, in concreto, erano state attuate in modo ritenuto arbitrario e ingiustificato ai sensi dello *chapeau* dell'art. XX GATT, che il *DSB* ha qualificato come una «*espressione del principio di buona fede*». Tuttavia, nel condannare le misure statunitensi, il *DSB* ha puntualizzato che

> «nel raggiungere questa conclusione, vorremmo sottolineare quello che non abbiamo deciso in questo appello. *Non* abbiamo deciso che la protezione e la conservazione dell'ambiente non ha significato per i Membri dell'OMC. Chiaramente, lo ha. *Non* abbiamo deciso che le nazioni sovrane membri dell'OMC non possano adottare misure efficaci per proteggere le specie in pericolo, come le tartarughe marine. Chiaramente, esse possono e dovrebbero farlo. E *non* abbiamo deciso che gli Stati non dovrebbero agire, in sede bilaterale, plurilaterale o multilaterale, in seno all'OMC o ad altri fori internazionali per proteggere le specie in pericolo e in generale l'ambiente. Chiaramente. Essi dovrebbero farlo e lo fanno».

Tanto che, in esecuzione della pronuncia del *DSB*, gli Stati Uniti hanno modificato le modalità applicative delle restrizioni all'importazione di gamberetti, ottenendo così la sanzione di compatibilità con le norme del GATT (caso *Gamberetti II*). Il che, quindi, lascia intravedere anche relativamente ai delicati profili qui in esame un importante sforzo per rendere coerente lo sviluppo economico e la tutela dell'ambiente, e le norme di diritto internazionale che, nelle diverse sfere, debbono trovare un'adeguata composizione ed una coerente interpretazione.

Bibliografia essenziale

a) In generale: S. ANNIBALE, *La tutela ambientale in campo internazionale*, Padova, 1996; G. BADIALI, *La tutela internazionale dell'ambiente*, Napoli, 1995 (rist. 1998); P. BIRNIE, A. BOYLE, *International Law and the Environment*, 2ª ed., Oxford, 2002; A. BOYLE, D. FREESTONE, *International Law & Sustainable Development*, Oxford, 1999; E. BROWN WEISS (eds.), *Environmental Change and International Law*, Tokio, 1992; G. CORDINI, P. FOIS, S. MARCHISIO, *Diritto ambientale. Profili internazionali, europei e comparati*, Torino, 2005; N. DE SADELEER, *Environmental Principles: from Political Slogans to Legal Rules*, Oxford, 2002; F. FRANCIONI, *Environment, Human Rights and International Trade*, Oxford-Portland (OR), 2001; M. GESTRI, *La gestione delle risorse naturali d'interesse generale per la comunità internazionale*, Torino, 1997; J. JUSTE RUIZ, *Derecho internacional del medio ambiente*, Madrid, 1999; A. KISS, J.-P. BEURIER, *Droit international de l'environnement*, 2ª ed., Paris, 2000; L. PINESCHI, L. CAMPIGLIO, D. SINISCALCO, T. TREVES (eds.), *The Environment After Rio*, London-Dordrecht-Boston, 1994; L. RAJAMANI, *Differential treatment in international environmental law*, Oxford, 2006; C. REDGWELL, *Intergenerational trusts and environmental protection*, Manchester, 1999; R.L. REVESZ, P. SANDS, R.B. STEWART (eds.), *Environmental Law, the Economy and Sustainable Development*, Cambridge, 2000; C.P.R. ROMANO, *The Peaceful Settlement of International Environmental Disputes: A Pragmatic Approach*, The Hague-London-Boston, 2000; P. SANDS, *Principles of International Environmental Law*, 2ª ed., Cambridge, 2003.

b) *Sui principi di portata generale*: A. BOYLE, M.R. ANDERSON, *Human Rights Approaches to Environmental Protection*, Oxford, 1998; D. FREESTONE, H. HEY, *The Preacautionary Principle and International Law*, The Hague, 1996; W. LANG, *Sustainable Development and International Law*, London-Dordrecht-Boston, 1995; M. MONTINI, *La necessità ambientale nel diritto internazionale e comunitario*, Padova, 2001; N. SCHRIJVER, *Sovereignty over Natural Resources: Balancing Rights and Duties*, Cambridge, 1997; A. TROWBORST, *Evolution and Status of the Precautionary Principle in International Law*, The Hague-London-New York, 2002.

c) *Sul diritto pattizio nel settore ambientale*: M. ARCARI, *Il regime giuridico delle utilizzazioni dei corsi d'acqua internazionali: principi generali e norme sostanziali*, Milano, 1998; F. BITAR, *Les mouvements transfrontières de déchets dangereux selon la Convention de Bâle: études des régimes de responsabilité*, Paris, 1997; E. BROWN WEISS, H.J. JACOBSON (eds.), *Engaging Countries: Strengthening Compliance with International Environmental Accords*, Cambridge Mass., 2000; F. MCCONNEL, *The Biodiversity Convention: A Negotiating History*, London-The Hague-Boston, 1996; K. KUMMER, *International management of hazardous wastes: the Basel convention and related legal rules*, Oxford, 1995; M.C. MAFFEI, *La protezione internazionale delle specie animali minacciate*, Padova, 1992; M.C. MAFFEI, L. PINESCHI, T. SCOVAZZI, T. TREVES (eds.), *Participation in World Treaties on the Protection of the Environment: A Collection of Data*, London-The Hague-Boston, 1996; L. PINESCHI, *La protezione dell'ambiente in Antartide*, Padova, 1993; T. TREVES, L. PINESCHI, A. FODELLA (eds.), *International Law and Protection of Mountain Areas*, Milano, 2002; D.G. VICTOR, *The Collapse of the Kyoto Protocol and the Struggle to Slow Global Warming*, Princeton-Oxford, 2001.

d) *Sulle regole di responsabilità*: E.H. BRANS, *Liability for damage to public natural resources: standing, damage and damage assessment*, The Hague, 2000; D.D. CARON, C. LEBEN (eds.), *Les aspects internationaux des catastrophes naturelles et industrielles / The International Aspects of Natural and Industrial Catastrophes*, The Hague-Boston-London 2001; F. FRANCIONI, T. SCOVAZZI (eds.), *International Responsibility for Environmental Harm*, London-Dordrecht-Boston, 1991; P. IVALDI, *Inquinamento marino e regole internazionali di responsabilità*, Padova, 1996; M.-L. LARSSON, *The Law of Environmental Damage: Liability and Reparation*, The Hague-London-Boston, 1999; R. LEFEBER, *Transboundary environmental interference and the origin of state liability*, The Hague-London-Boston, 1996; C. ZILIOLI, *Il risarcimento del danno derivante da incidenti industriali transnazionali*, Milano, 1995.

e) *Su commercio e ambiente*: M. BOTHE, P.H. SAND (eds.), *La politique de l'environnement: de la reglementation aux instruments économiques/Environmental Policy: From Regulation to Economic Instruments*, The Hague-Boston-London, 1994; E. BROWN WEISS, J.H. JACKSON (eds.), *Reconciling environment and trade*, Ardsley, N.Y., 2001; J. CAMERON, P. DEMARET, D. GERADIN (eds.), *Trade and the Environment: the Search for a Balance*, London, 1994; P. MANZINI, *I costi ambientali nel diritto internazionale*, Milano, 1996.

CAPITOLO XIII

IL DIRITTO INTERNAZIONALE DELL'ECONOMIA

di ALBERTO SANTA MARIA

SOMMARIO: 1.1. La cooperazione economica internazionale come strumento per garantire la pace. – 2.1. Dal GATT 1947 alla WTO ed all'attuale disciplina internazionale del commercio mondiale. – 3.1. L'adesione alla WTO da parte della Comunità europea. – 3.2. L'attuazione della disciplina della WTO da parte degli Stati Uniti. – 4.1. Il processo di globalizzazione dell'economia: il ruolo della WTO. – 5.1. Il Protocollo di accesso della Repubblica Popolare di Cina nella WTO. – 5.2. (segue): le misure di salvaguardia nell'ambito della WTO. – 5.3. Il processo di globalizzazione: l'ampliarsi della forbice fra paesi ad alto livello economico e paesi in via di sviluppo (PVS). Le difficoltà del *Doha Round*. – 6.1. PVS e multinazionali. La nozione di "impresa multinazionale". – 6.2. Imprese multinazionali e diritto internazionale. – 6.3. Elementi caratterizzanti il fenomeno in generale: i vantaggi non comparabili e le conseguenti distorsioni di base della concorrenza. – 6.4. Comportamenti illegittimi delle imprese multinazionali come elementi estranei alla fattispecie e meramente eventuali. – 6.5. La cooperazione internazionale per la soluzione dei problemi suscitati dall'operare delle imprese multinazionali. – 6.6. (segue): i c.d. "codici di condotta". – 7.1. "*Dumping*" e "sovvenzioni" come strumento di distorsione del commercio internazionale. – 7.2. La nuova disciplina internazionale del *dumping* e delle sovvenzioni e l'attuazione nella Comunità europea. – 7.3. (segue): la natura giuridica del *dumping*: i requisiti. – 7.4. *Dumping* e concorrenza nella Comunità europea. – 7.5. L'attuazione della disciplina convenzionale sul *dumping* e sulle sovvenzioni negli Stati Uniti d'America. – 7.6. L'attuazione delle regole del GATT/WTO sul *dumping* e sulle sovvenzioni nell'ordinamento cinese.

1.1. *La cooperazione economica internazionale come strumento per garantire la pace.*

Sin dalla conclusione della seconda guerra mondiale si è fatta strada la convinzione che soltanto una stretta cooperazione internazionale nel campo economico ed in quello sociale sia idonea a garantire una pace stabile e duratura. E così la Carta delle Nazioni Unite che nell'art. 1 prevede, fra i propri fini istituzionali, quello di

«impiegare strumenti internazionali per promuovere il progresso economico e sociale di tutti i popoli»,

dedica al tema il Capo IX, sotto il titolo "Cooperazione internazionale economica e sociale". In particolare, l'art. 55 dispone:

> «Al fine di creare le condizioni di stabilità e di benessere che sono necessarie per avere rapporti pacifici ed amichevoli fra le nazioni, basati sul rispetto del principio dell'uguaglianza dei diritti o dell'autodecisione dei popoli, le Nazioni Unite promuoveranno:
> a) un più elevato tenore di vita, il pieno impiego della mano d'opera, e condizioni di progresso e di sviluppo economico e sociale;
> b) la soluzione dei problemi internazionali economici, sociali, sanitari e simili, e la collaborazione internazionale culturale ed educativa;
> c) *omissis*».

È in tale contesto che fu istituita la *United Nations Conference on Trade and Development* (UNCTAD), a carattere permanente, con il fine precipuo di predisporre analisi e relazioni sulle tematiche più rilevanti ed attuali delle relazioni commerciali internazionali.

Analogo riferimento alla necessità di facilitare l'espansione del commercio internazionale è contenuto, fra gli altri scopi, nell'art. 1, par. 2 dell'*Articles of Agreement of the International Monetary Found* (in U.N., *Treaty Series*, vol. 2, 40). Con maggiore enfasi, l'art. 1, par. 3 degli *Articles of the International Bank for Reconstruction and Development* indica la sua funzione nel

> «promuovere una crescita equilibrata di lungo periodo del commercio internazionale ed il mantenimento dell'equilibrio della bilancia dei pagamenti, favorendo l'investimento internazionale tendente allo sviluppo delle risorse produttive dei membri, favorendo la crescita della produzione, le condizioni di vita e di lavoro» (*U.N. Treaties Series*, vol. 2, 134).

2.1. Dal GATT 1947 alla WTO ed all'attuale disciplina internazionale del commercio mondiale.

La disciplina internazionale delle relazioni economiche e commerciali nasce con il *General Agreement on Tariffs and Trade* (GATT). L'Accordo generale sulle tariffe ed il commercio, posto in essere con una convenzione multilaterale dal nome significativo, fu concluso a Ginevra il 30 ottobre 1947, a margine dell'iniziativa del Consiglio economico e sociale delle Nazioni Unite che si proponeva di realizzare con un progetto ben più ambizioso, l'istituzione, cioè, di un organismo internazionale di cooperazione economica a più vasto respiro, l'*International Trade Organization* (ITO).

In effetti, nel corso della conferenza delle Nazioni Unite sul commercio e l'occupazione, tenutasi all'Avana tra il 21 novembre 1947 ed il 24 marzo 1948, tale progetto venne portato a compimento con l'adozione dello statuto dell'ITO, più comunemente noto come "Carta dell'Avana". La Carta dell'Avana, una *summa* dai contenuti molto ampi ispirati al libero scambio e forse troppo avanzati per quel tempo, per la difficoltà di conciliare gli interessi divergenti di ciascuno Stato in una prospettiva così vasta, incontrò l'ostilità dei più importanti paesi.

Per contro, l'Accordo generale di Ginevra, ratificato da un numero sempre maggiore di Stati, in un quadro più limitato dai contenuti per lo più provvisori e, oltretutto, di graduale applicazione, ha finito con il sostituirsi all'altro progetto (abbandonato a seguito della decisione del Dipartimento di Stato americano di non sottoporre al Congresso la ratifica della Carta dell'Avana) e ha assunto *ab initio* e, *a fortiori*, dopo le pregnanti innovazioni introdotte nel 1994 al termine dell'*Uruguay Round*, con la costituzione della World Trade Organization (WTO), un ruolo di sempre più fondamentale rilievo nello sviluppo del commercio internazionale e nella regolamentazione dei comportamenti degli Stati in materia.

Al GATT/WTO aderiscono attualmente quasi tutti gli Stati del mondo il cui sistema economico sia improntato al libero scambio: 149, per la precisione, al 31 dicembre 2005, con l'Arabia Saudita, ultima in ordine di tempo ad avervi aderito, mentre pendono ancora i negoziati relativi all'adesione della Federazione russa. Così che si può dire che il GATT/WTO costituisce ormai, nella realtà delle cose, la regolamentazione "generale" del funzionamento dei traffici internazionali. È nell'ambito del GATT, del resto, che sono stati affrontati e disciplinati in un crescendo continuo i rapporti commerciali fra Stati Uniti, paesi della CE e terzi Stati ad economia di mercato, in una serie di Accordi, che vanno dalla prima revisione con il *Kennedy Round* del 1967 al *Tokio Round* del 1979 che, nelle materie del *dumping* e delle sovvenzioni più oltre esaminate in dettaglio, ha apportato un notevole contributo innovativo con l'adozione di due nuovi codici nelle rispettive materie, ponendo sostanzialmente fine a regole differenziate fra gli Stati Uniti, da un lato, e la CE, dall'altro lato, sulle misure *antidumping* e sui diritti compensativi (*countervailing duties*) conseguenti all'indebito utilizzo di "sovvenzioni" alle imprese e, quindi, con l'*Uruguay Round*, conclusosi con l'Atto Finale, sottoscritto da 111 Stati, il 15 aprile 1994, a Marrakesh. Il "*work in progress*" della regolamentazione del commercio internazionale è tutt'ora in corso con il c.d. *Doha Round*, nel quale il fenomeno della globalizzazione ha accentuato i contrasti fra i paesi industrializzati e quelli in via di sviluppo, rendendo più difficile l'individuazione di soluzioni accettabili da tutti.

Il testo attuale degli Accordi del GATT/WTO è formato da diversi trattati, protocolli e allegati; contiene, fra gli altri, una revisione dei codici del *Tokyo Round* in materia di *dumping* e sovvenzioni, improntata al fine di assicurare una maggiore trasparenza nello svolgersi della procedura *antidumping* e di ridurre la discrezionalità nella determinazione del margine di *dumping* ed in quella dell'individuazione del pregiudizio. La nuova disciplina, inoltre, introduce importanti chiarimenti alla nozione stessa di *sovvenzione*. Mi riferisco all'*Agreement on Implementation of Article VI of the General Agreement on Tariffs and Trade 1994* e all'*Agreement on Subsidies and Countervailing Measures*, l'uno e l'altro ricompresi nell'Allegato 1A, relativo agli Accordi multilaterali sugli scambi di merci, all'Accordo istitutivo della *World Trade Organisation*, (WTO). Benché l'intero pacchetto degli accordi con i quali si è concluso l'*Uruguay Round* sia stilato nelle tre lingue ufficiali, inglese, francese e spagnolo, le uniche a fare fede ai fini dell'interpretazione di quegli accordi sul piano internazionale, una traduzione (non ufficiale) degli stessi nelle varie lingue degli allora quindici Stati membri della CE (compreso l'italiano) è contenuta in appendice alla decisione del Consiglio del 22 dicembre 1994, relativa alla conclusione a nome della CE, per le materie di sua competenza, degli accordi dei negoziati multilaterali dell'*Uruguay Round* (1986-1994), in *GUCE*, L 336 del 23 dicembre 1994, 1 ss., per la decisione, e 3 ss., per il testo degli Accordi in questione.

L'attuazione pratica del GATT del 1947, a partire dalla sua entrata in vigore, è avvenuta in funzione di successivi protocolli che ne hanno disciplinata l'applicazione provvisoria. In particolare, il Protocollo portante appunto l'applicazione provvisoria del GATT, sottoscritto contestualmente all'Accordo generale nel 1947, considerava vincolanti soltanto i primi due articoli e conteneva l'impegno degli Stati contraenti ad applicare, a titolo provvisorio, la parte seconda dell'Accordo, dall'art. III in avanti, ma solo "*compatibilmente* con la legislazione in vigore" in ciascuno di essi. Tale formula era ripresa nei successivi protocolli di adesione, concordati di volta in volta con gli Stati che hanno aderito in seguito al GATT, sì che uno Stato contraente che avesse già nel proprio sistema interno una disciplina del *dumping* e delle sovvenzioni era esentato, per ciò solo, dal conformare la propria legislazione interna alle disposizioni meno rigide previste nella Parte seconda dell'Accordo in materia di *dumping* (art. VI) e di sovvenzioni (artt. XVI e XXIII).

Questo privilegio, di fatto, valeva essenzialmente per il Canada, lo Stato che per primo ha disciplinato la materia del *dumping* con l'art. 19 della legge doganale (*Customs Tariff Act* del 10 agosto 1904), e per pochi altri paesi, fra i quali gli Stati Uniti d'America (con l'*Antidumping Act* del 1916). In funzione della disposizione del GATT 1947 appena menzionata, nota come "*grandfather clause*", quegli Stati, dunque, hanno avuto per decenni il privilegio di mantenere in vigore e continuare ad applicare le divergenti disposizioni interne, spesso notevolmente più restrittive di quelle convenzionali, valendo nei loro confronti soltanto il divieto ad introdurre nuove restrizioni o a rendere più gravose quelle già esistenti (il cosiddetto obbligo di "*standstill*").

Per chiarire meglio, in termini pratici, le dimensioni del problema, è sufficiente ricordare che, negli Stati Uniti, nei quali rimaneva applicabile la legislazione *antidumping* del 1921, modificativa di quella del 1916, nel periodo intercorso fra il 1958 ed il 1964 sono iniziati duecentoventuno procedimenti *antidumping* che hanno portato all'applicazione di misure provvisorie in novantotto casi e di dazi definitivi in otto casi, a fronte, nello stesso periodo, nei singoli Stati membri della Comunità, dell'introduzione di un solo dazio provvisorio e di tre definitivi.

Il discorso è cambiato soltanto trent'anni dopo, a conclusione dei lavori del *Tokyo Round*, in forza dell'emanazione, a Ginevra, il 12 aprile 1979, di un Codice *antidumping* e di un Codice sulle sovvenzioni e sulle misure compensative, dai contenuti ampiamente rielaborati, l'uno e l'altro sottoscritti e, finalmente, resi esecutivi senza riserve anche dagli Stati Uniti d'America. In realtà, per altro, nella prassi attuativa statunitense, le preesistenti forti disparità con il testo pattizio si sono nella sostanza soltanto attenuate in funzione di una certa vischiosità degli organi interni americani (rimasti gli stessi) abilitati ad applicare le norme interne di adattamento alla disciplina internazionale.

Già il testo originario dell'Accordo generale del 1947 mirava al perseguimento dello *sviluppo armonico* del commercio internazionale sulla base del principio *di non discriminazione nei rapporti commerciali*, attraverso i due principali strumenti:

a) dell'applicazione nei rapporti commerciali internazionali del *trattamento della nazione più favorita*, con estensione automatica del trattamento riservato da uno Stato ad un altro nei riguardi di ogni altro membro dell'organizzazione; e

b) dell'estensione, anch'essa automatica, a tutti gli Stati contraenti delle *agevolazioni doganali* concesse, su scala bilaterale, da una parte contraente ad un'altra.

L'elencazione degli obblighi e dei divieti imposti agli Stati membri dalla seconda parte della carta originaria del GATT, quella – rammento – di applicazione soltanto "*provvisoria*", non aveva carattere tassativo, ricomprendendo necessariamente ogni comportamento idoneo a determinare

> «un mezzo di discriminazione arbitraria o ingiustificata oppure una restrizione mascherata al commercio internazionale».

Né quegli obblighi e quei divieti avevano una valenza assoluta, in presenza di una serie esplicita di deroghe ed eccezioni che comportavano il possibile ricorso di uno Stato membro a restrizioni temporanee, in ipotesi di forte squilibrio della sua bilancia dei pagamenti.

Il complesso degli accordi sottoscritti al termine dell'*Uruguay Round* ha rivoluzionato la preesistente regolamentazione, realizzando un sostanziale rafforzamento della struttura istituzionale volta a disciplinare il commercio fra Stati e stabilendo un nuovo sistema per la risoluzione delle controversie in materia commerciale internazionale nonché allargando notevolmente il campo di applicazione della regolamentazione *ratione materiae*. A cappello della disciplina internazionale del commercio mondiale viene posta la WTO. L'Accordo istitutivo della WTO è basato sulla convinzione comune dei suoi membri

> «che le loro relazioni nel campo del commercio e delle attività economiche dovrebbero essere finalizzate ad innalzare il tenore di vita, a garantire la piena occupazione e un volume sostanziale e in continua crescita di reddito reale e di domanda effettiva, e ad espandere la produzione e il commercio di beni e servizi, consentendo al tempo stesso un impiego ottimale delle risorse mondiali, conformemente all'obiettivo di uno sviluppo sostenibile, che miri a tutelare e a preservare l'ambiente e a potenziare gli strumenti per perseguire tale obiettivo in maniera compatibile con le rispettive esigenze e i rispettivi problemi, derivanti dai diversi livelli di sviluppo economico».

Esso si fonda sull'ulteriore assunto

> «che occorre adoperarsi concretamente affinché i paesi in via di sviluppo, in particolare quelli meno avanzati, si assicurino una quota della crescita del commercio internazionale proporzionale alle necessità del loro sviluppo economico».

La WTO costituisce, pertanto,

> «*il quadro istituzionale comune* per la gestione delle relazioni commerciali fra i suoi membri nelle questioni relative agli accordi e agli strumenti giuridici ad essi attinenti di cui agli allegati del presente accordo» (art. II, par. 1 dell'Accordo istitutivo della WTO).

Degli accordi e strumenti giuridici allegati all'Accordo istitutivo della WTO, del quale costituiscono parte integrante, i primi tre sono gli "Accordi commerciali *multilaterali*" impegnativi per tutti i membri, mentre, figurano come quarto allegato gli "Accordi commerciali *plurilaterali*", vincolanti soltanto per i membri che li hanno accettati e che, quindi, non comportano né obblighi né diritti per gli altri membri della WTO.

Giova subito chiarire che l'Accordo generale sulle tariffe doganali ed il commercio del 1994, il "GATT 1994", che costituisce l'Allegato 1A, è giuridicamente distinto dall'Accordo generale sulle tariffe doganali e sul commercio del 30 ottobre 1947, come successivamente rettificato, emendato o modificato prima dell'entrata in vigore dell'Accordo istitutivo della WTO, che, nel complesso degli accordi che hanno concluso l'*Uruguay Round*, viene indicato come "GATT 1947". Quest'ultimo, dunque, resta in vigore (sia pure in via residuale, limitatamente, cioè, ai punti non oggetto di una nuova o diversa regolamentazione) quale parte integrante del "GATT 1994" (art. 1 lett. *a*), che ricomprende, altresì: le disposizioni degli atti giuridici entrati in vigore, in via successiva nel tempo, nel contesto del GATT 1947, elencati nell'art. 1 lett. *b* del GATT 1994; le "Intese" sull'interpretazione di vari articoli del GATT 1947, elencate nell'art. 1 lett. *c* del GATT 1994 e riportate in calce a quest'ultimo Accordo; e, infine, il Protocollo di Marrakech del GATT 1994, sottoscritto il 15 aprile 1994 (art. 1, lett. *d*).

La WTO ha come compiti essenziali l'attuazione, l'amministrazione e il funzionamento dell'Accordo che l'ha istituita nonché degli *accordi commerciali multilaterali*, persegue gli obiettivi e funge da *quadro* per l'attuazione, l'amministrazione ed il funzionamento anche degli *accordi commerciali plurilaterali*. Essa, inoltre, fornisce un contesto idoneo a favorire negoziati fra i suoi membri per quanto riguarda le loro relazioni commerciali multilaterali anche al di là dei settori attualmente disciplinati. E, ancora, amministra l'intesa sulle norme sulle procedure di risoluzione delle controversie, "*Dispute Settlement Understanding*" ("DSU") ed il meccanismo di esame delle politiche commerciali, *Trade Policy Review Mechanism* ("TPRM"). Mentre il primo strumento ha essenzialmente natura giuridica, il meccanismo di esame delle politiche commerciali istituisce un controllo politico sull'impatto delle politiche economiche di ciascuno Stato membro sul sistema commerciale multilaterale. Tale controllo è esercitato in relazione ad un arco temporale che è *breve*, per gli Stati a sviluppo più avanzato e, *più lungo*, per gli Stati in via di sviluppo.

Infine, allo scopo di rendere più coerente la determinazione delle politiche economiche a livello globale, la WTO coopera, se del caso, con il Fondo monetario internazionale (IMF) e con la Banca internazionale per la ricostruzione e lo sviluppo (IBRD) e con le agenzie ad essa affiliate (art. III dell'Accordo sulla WTO). La WTO ha concluso, nel 1996, un accordo con l'IMF e, l'anno successivo, un accordo con la IBRD, l'uno e l'altro improntati al modello neoliberista.

Gli organi della WTO sono la Conferenza dei ministri, che si riunisce ogni due anni, ed il Consiglio generale, l'una e l'altro composti dai rappresentanti di tutti i membri dell'organizzazione (art. IV). Il Consiglio generale ha il duplice compito di operare come "*Dispute Settlement Body*", in collaborazione con i "*Panels*" e con l'"*Organo d'appello*" nell'ambito del nuovo sistema di soluzione delle controversie (DSU), e come organo di esame delle politiche commerciali degli Stati membri.

Le funzioni amministrative dell'organizzazione sono svolte da un Segretariato, sotto la direzione di un Direttore generale, nominato dalla Conferenza dei ministri che ha anche il compito di adottare i regolamenti idonei a specificarne "i poteri, i doveri, le condizioni di servizio e la durata del mandato". Il Direttore generale ed il personale del Segretariato da quello nominato hanno funzioni "di carattere esclusivamente internazionale". Ciò implica la loro completa indipendenza da governi o da qualsiasi altra autorità esterna alla WTO, mentre i membri della WTO, nel rispetto del carattere internazionale delle funzioni del Direttore generale e del personale del Segretariato, hanno l'obbligo di non cercare di influenzarli nell'esercizio delle loro funzioni (art. VI). Ai sensi dell'art. XI, par. 1, dell'Accordo, sono membri originari della WTO le parti contraenti del GATT 1947 alla data di entrata in vigore dell'Accordo e le Comunità europee. Precisa il secondo paragrafo dello stesso articolo, con una norma significativa di generale deroga, ma la cui portata potrà essere determinata soltanto dalla prassi futura, che

«i paesi meno avanzati, riconosciuti tali dalle Nazioni Unite, saranno tenuti ad assumersi impegni e a riconoscere concessioni solo nella misura in cui ciò sia compatibile con le loro specifiche esigenze commerciali, finanziarie e di sviluppo o con le loro capacità amministrative e istituzionali».

Osservo, infine, che l'art. VIII, par. 1, stabilisce:

«La WTO ha personalità giuridica e ciascuno dei suoi membri le riconosce le capacità giuridiche necessarie per l'esercizio delle sue funzioni».

Tale attribuzione, assente nel testo del GATT 1947, se non è di per sé risolutiva in quanto, come è stato correttamente osservato in relazione all'analogo problema sorto, a suo tempo, con riguardo al Trattato istitutivo della CEE, la personalità internazionale non può essere frutto di norme pattizie, ma va verificata, caso per caso, in funzione del complesso delle norme dell'organizzazione e dell'idoneità della stessa ad essere destinataria di norme internazionali (v., in tale senso, il parere della Corte internazionale di Giustizia del 1949 sulla "*Reparation des dommages subis aux services des Nations Unies*", in *C.I.J., Recueil*, 1949, 174 ss.) ha comunque la funzione di riconoscere alla WTO una posizione *forte* nella Comunità internazionale.

Dei quattro allegati all'Accordo istitutivo della WTO, il primo si divide negli Allegati 1A, 1B e 1C. L'Allegato 1A riguarda gli *Accordi multilaterali sugli scambi di merci* che ricomprende, oltre al GATT 1994: l'Accordo sull'agricoltura, quello sull'applicazione delle misure sanitarie e fitosanitarie, l'Accordo sui tessili e l'abbigliamento, l'Accordo sugli ostacoli tecnici agli scambi e quello sulle misure relative agli investimenti che incidono sugli scambi commerciali, l'Accordo relativo all'applicazione dell'art. VI del GATT 1994 (*dumping*), l'Accordo relativo all'applicazione dell'art. VII dell'Accordo generale sulle tariffe doganali e sul commercio 1994, l'Accordo sulle ispezioni pre-imbarco, l'Accordo relativo alle regole in materia di origine, l'Accordo relativo alle procedure in materia di licenze d'importazione, l'Accordo sulle sovvenzioni e sulle misure compensative e l'Accordo sulle misure di salvaguardia.

Sul piano interpretativo, una nota generale sull'interpretazione dell'Allegato 1A, in attuazione del principio di specialità, precisa che, in caso di conflitto fra una disposizione del GATT ed una disposizione di un altro Accordo compreso nell'Allegato 1A, prevale la disposizione di tale altro Accordo.

L'Allegato 1B contiene un'altra importante innovazione dell'*Uruguay Round*, vale a dire l'*Accordo generale sullo scambio dei servizi* ("GATS"), mentre l'Allegato 1C introduce nella regolamentazione del commercio mondiale, anche qui con carattere del tutto innovativo, l'*Accordo sugli aspetti di proprietà industriale attinenti al commercio* ("TRIPs"). Quest'ultimo ha ad oggetto il divieto di regolamentazioni sugli investimenti esteri che siano in contrasto con le regole sul trattamento nazionale e sull'eliminazione delle restrizioni quantitative. Esso contiene, altresì, innovative disposizioni in materia di difesa di diritti di proprietà industriale. Il GATS estende la disciplina liberalizzatrice del commercio delle merci al settore dei servizi, intesa l'espressione in senso ampio, tale, cioè, da comprendere le telecomunicazioni, i trasporti, il turismo ed i servizi bancari, assicurativi e professionali.

L'Allegato 2 riguarda l'Intesa dei membri della WTO sulle norme e sulle procedure che disciplinano la risoluzione delle controversie e l'Allegato 3 contiene il Meccanismo di esame delle politiche commerciali. Si è già osservato che gli Accordi e gli strumenti giuridici ad essi attinenti, contenuti negli Allegati, 1, 2 e 3, costituiscono gli "Accordi commerciali multilaterali", vincolanti per tutti i membri dell'Accordo istitutivo della WTO.

L'Allegato 4, infine, che riguarda i cosiddetti "Accordi commerciali plurilaterali", che vincolano soltanto i membri che li hanno espressamente accettati, ricomprende l'*Agreement on Government Procurement*, l'*International Dairy Arrangement* e l'*Arrangement regarding bovine meat*.

Giova sottolineare che l'Accordo Generale non può essere letto né interpretato al di fuori del diritto internazionale e più precisamente:

> «in accordo con le regole consuetudinarie di interpretazione del diritto internazionale pubblico» (art. 3.2 DSU).

Una chiara sintesi della natura e della funzione delle norme della WTO è espressa dall'Organo d'appello nel rapporto nel caso *Taxes on Alcoholic Beverages* (EC, Canada & U.S.A./Giappone) del 1° novembre 1996, doc. WT/DS8/AB/Z, WT/DS10/AB/R, WT/DS11/AB/R, 122:

> «Le norme WTO sono certe, chiare ed azionabili. Le norme WTO non sono così rigide ed inflessibili da non lasciare spazio all'interpretazione giuridica, a fronte delle innumerevoli e mutevoli fattispecie che si presentano nella realtà. Così concepite saranno maggiormente utili al sistema multilaterale degli scambi. In questo modo, noi realizzeremo quella certezza e quella prevedibilità del diritto necessarie per il sistema commerciale multilaterale, così come auspicato dai Membri della WTO attraverso l'istituzione del sistema di risoluzione delle controversie» (cfr. *Taxes on Alcoholic Beverages*, cit., 122).

3.1. *L'adesione alla WTO da parte della Comunità europea.*

In merito ai rapporti fra GATT e CE è stato ormai accantonato l'annoso problema sulla compatibilità di un'organizzazione economica regionale, come l'originaria CEE, con i principi informatori del GATT e, in particolare, con quello di non discriminazione, ovviamente nei riguardi degli Stati non facenti parte della Comunità, ma membri del GATT. Nei rapporti interni, in conseguenza dell'attribuzione alla Comunità della *competenza esclusiva* in materia di politica economica in forza dell'art. 133 (già art. 113) CE, è la CE ad essere abilitata a partecipare al GATT per successione nei diritti e negli obblighi degli Stati membri. Tale successione è stata di fatto accettata da tutte le altre parti contraenti dell'Accordo generale. Osserva in proposito la Corte di giustizia nella sentenza del 12 dicembre 1972, nelle cause riunite 21-24/72, *International Fruit Company NV ed altri* c. *Produktschap voor Groenten en Fruit*, in sede di domanda di pronunzia pregiudiziale proposta dal *College van Beroep voor het Bedrijfsleven* dell'Aja, in *Raccolta*, 1972, 1219 ss., specie 1227:

> «La Commissione ha assunto – gradualmente durante il periodo transitorio e complessivamente al termine di questo, in forza degli artt. 111 e 113 del trattato – i poteri relativi alla politica tariffaria e commerciale. Gli Stati membri nell'attribuire tali poteri alla Comunità, ponevano in rilievo la loro volontà di vincolarla mediante gli obblighi assunti in forza del GATT. Dall'entrata in vigore del Trattato CEE e, più precisamente, a partire dall'attuazione della tariffa estera comune, il trasferimento di poteri, dagli Stati membri alla Comunità, si è concretato in vari modi nell'ambito del GATT *ed è stato riconosciuto dalle parti contraenti*» (parr. 14-16).

Nel rapporto della Commissione per le relazioni economiche esterne del

Parlamento europeo del 17 marzo 1994, sui risultati dei negoziati commerciali multilaterali nel quadro dell'*Uruguay Round* del GATT (DOC IT/RR/248997, PE 207.974/def.), nella proposta di risoluzione sul tema, il Parlamento europeo

> «si compiace per il fatto che l'UE, in quanto tale, diventerà parte contraente della WTO (*World Trade Organisation*) insieme agli Stati membri e vede in tale iniziativa un consolidamento della politica commerciale comune prevista all'art. 113 CEE» (punto 14). Cfr. anche la successiva proposta della Commissione di decisione del Consiglio relativa all'adozione dei risultati dei negoziati commerciali multilaterali dell'Uruguay Round (1986-1994), del 15 aprile 1994 (COM(94)143 def.), approvata dal Parlamento europeo nella sessione 12-16 dicembre 1994».

In un importante parere, n. 1/94, del 15 novembre 1994, richiesto dalla Commissione ai sensi dell'art. 228, 6 CE (oggi art. 300, par. 6), sulla competenza della Comunità a concludere l'Accordo istitutivo della WTO e, in particolare il GATS ed il TRIPs, la Corte di giustizia ha ritenuto che: 1) la Comunità sia la sola competente, nei riguardi degli Stati membri, a concludere gli Accordi multilaterali relativi al commercio di merci; 2) la competenza per la conclusione del GATS sia divisa fra la Comunità ed i suoi Stati membri; 3) la competenza per concludere il TRIPs sia divisa fra la Comunità ed i suoi Stati membri. In conformità a tale parere della Corte, il Consiglio, in data 22 dicembre 1994, ha emanato la decisione relativa alla conclusione a nome della Comunità europea, per le materie di sua competenza, degli accordi dei negoziati multilaterali dell'*Uruguay Round* (1986-1994). A tale decisione sono allegati tutti gli accordi conclusi nel quadro dell'*Uruguay Round*, in ciascuna delle lingue ufficiali dell'Unione europea, a p. 3 s. Con la decisione del 22 dicembre 1994 sono stati approvati dalla Comunità, "relativamente alla parte di sua competenza", tutti gli accordi e gli atti multilaterali definiti in sede di *Uruguay Round,* nonché l'Accordo, concluso *a latere* con l'Uruguay, relativo alle carni bovine. In particolare, nel nuovo considerando della decisione è sottolineato:

> «l'indicazione degli artt. 100 e 235 (oggi, rispettivamente, 94 e 308) del Trattato quale base giuridica della presente decisione è giustificata in quanto l'accordo che istituisce l'Organizzazione mondiale del commercio (WTO), compresi gli allegati, concerne, da un lato, la direttiva 90/434/CEE del Consiglio, del 23 luglio 1990, relativa al regime fiscale comune da applicare alle fusioni, alle scissioni, ai conferimenti d'attivo e agli scambi d'azioni concernenti società di Stati membri diversi, e la direttiva 90/435/CEE del Consiglio, del 23 luglio 1990, concernente il regime fiscale comune applicabile alle società madri e figlie di Stati membri diversi, che si basano sull'art. 100 del trattato e, dall'altro, il regolamento (CE) n. 40/94 del Consiglio, del 20 dicembre 1993, sul marchio comunitario, fondato sull'art. 235 del Trattato».

Vi si precisa, infine:

> «l'accordo che istituisce l'Organizzazione mondiale del commercio (WTO), compresi gli allegati, *non è di natura tale da essere invocato direttamente* dinanzi alle autorità giudiziarie della Comunità e degli Stati membri» (undicesimo considerando). (Il corsivo è mio).

Osservo ancora che da una giurisprudenza ormai costante delle corti comunitarie risulta che le disposizioni del GATT 1947 erano sprovviste di carattere incondizionato e che non si poteva riconoscere loro il valore di norme di diritto internazionale direttamente applicabili negli ordinamenti giuridici interni dei contraenti (v. CG, 5 ottobre 1994, causa C-280/93, *Germania* c. *Consiglio*, in *Raccolta*, I-4973). Analogamente, dalla più recente giurisprudenza comunitaria risulta che l'Accordo della WTO ed i suoi allegati non sono intesi a conferire diritti che i singoli potrebbero fare valere in giudizio e che, inoltre, nonostante contengano disposizioni dai contenuti ben più definiti rispetto a quelle del GATT 1947, riservano comunque una posizione importante ai negoziati tra gli Stati membri, ciò che, di per sè, ne escluderebbe l'applicazione in controversie fra soggetti privati o sollevate da un soggetto privato (v. Tribunale di primo grado, 20 marzo 2001, causa T-30/99, *Bocchi Food Trade International GmbH* c. *Commissione*, in *Raccolta*, II-943, punti 51 e 52).

3.2. *L'attuazione della disciplina della WTO da parte degli Stati Uniti.*

All'accordo istitutivo della WTO ed agli altri Accordi dell'Uruguay Round è stata data attuazione negli Stati Uniti con l'Uruguay Round Agreements Act dell'8 dicembre 1994 (Pub. L. N. 103-465). Ciò non di meno, gli Stati Uniti mantengono una particolare cautela nei riguardi degli stessi. Infatti, la legge americana di attuazione del GATT '94 prevede (alla Sez. 125) una procedura di riesame (da condursi ogni 5 anni) volta a valutare in concreto l'incidenza dell'applicazione delle norme del GATT sugli "*interessi vitali*" degli SU (con facoltà del Congresso di votare il ritiro dagli Accordi in caso di incidenza negativa). Lo stesso risultato è previsto per il caso in cui un'apposita Commissione, istituita per la salvaguardia della sovranità e degli *interessi vitali* degli Stati Uniti, consideri eccessivo il numero delle decisioni degli organi giurisdizionali del WTO sfavorevoli agli Stati Uniti.

Nonostante siano firmatari dell'*Information Technology Agreement* che dispone l'eliminazione entro l'anno 2000 di ogni tariffa, gli Stati Uniti, nel settore delle fibre ottiche, non vi hanno provveduto. Nel suo *Report on US Barriers to Trade and Investments* del novembre 2002, la Commissione europea, denuncia, senza successo, l'imposizione di dazi sui prodotti di ceramica e su quelli di vetro quali un ostacolo significativo alle importazioni dalla Comunità europea. Anche per il tessile e con riguardo ai prodotti di abbigliamento lavorati in pelle, così come per la gioielleria, vengono applicate, da parte americana tariffe restrittive all'entrata.

A ciò si aggiunga il proliferare di misure ad effetto equivalente, quali, ad esempio, le elevate "*customer user fees*" per servizi prestati nei porti d'accesso, come la "*Merchandise Processing Fee*" o la "*Harbour Maintenance Tax*", previste rispettivamente dal *Customs and Trade Act* del 1990 e dall'*Omnibus Reconciliation Act* del 1990 e tutt'ora in vigore, o ancora l'imposizione agli importatori di una minuziosa documentazione in materia di *invoicing* tale da incidere ingiustificativamente sui costi posti a loro carico. Analogamente, le procedure doganali previste per lo smercio dei prodotti del mercato tessile e delle confezioni prevedono l'obbligo di fornire un'informativa molto dettagliata, per lo più, irrilevante. Notevoli difficoltà, frapposte agli importatori europei, in termini di costi aggiuntivi e di lungaggini procedurali, discendono anche dal *mancato riconoscimento* da parte delle autorità doganali statunitensi della Comunità Europea ("CE") come paese di origine e dal conseguente rifiuto di accettare certificati di origine europea dei prodotti. (Ciò che consente alla Cina di etichettare le proprie merci con il confusorio logo "CE" che sta per "China Export").

Da quanto sopra emerge evidente la portata sistemica dell'operare dell'amministrazione statunitense al riguardo.

Rispetto al contenuto delle regole internazionali, infine, restano tutt'ora varie differenze nella disciplina americana del *dumping* e delle sovvenzioni, per le quali si rinvia al par. 7.5 di questo capitolo.

4.1. *Il processo di globalizzazione dell'economia: il ruolo della WTO.*

Taluni avvenimenti di grande rilevanza internazionale, succedutisi a ritmo incalzante nell'ultimo decennio del secolo scorso e nei primi anni del nuovo secolo, unitamente allo sviluppo tecnologico, hanno notevolmente accelerato il processo di globalizzazione dell'economia.

Con il crollo del comunismo reale nei paesi dell'Europa dell'est e nell'Unione Sovietica e con la conseguente disgregazione di questa, è divenuto attuale il tema dell'adesione *optimo iure* alla WTO di quei paesi facenti in precedenza parte dell'URSS o considerati satelliti di quello Stato federale le politiche economiche dei quali non sono più improntate ai principi collettivistici propri dei sistemi ad economia di Stato.

Inoltre, in forza dell'allargamento ad est del 1° maggio 2004, l'UE con i venticinque Stati membri dà vita ad un mercato comune istituzionalmente improntato al libero scambio, che, per estensione geografica ed importanza della domanda, costituisce ormai uno dei poli di maggiore rilievo per il commercio mondiale.

Ma l'avvenimento che ha maggiormente inciso sullo sviluppo del commercio mondiale, riguarda l'ingresso nel GATT/WTO della Repubblica popolare cinese. Negli ultimi anni, infatti, la Cina ha iniziato un processo di sostanziale riforma dell'economia nazionale con l'intento di renderla compatibile con le regole pattizie sul commercio internazionale e contestualmente ha accelerato il processo di adesione alla WTO, portato a compimento l'11 dicembre 2001.

Vedremo nel paragrafo che segue i rilevanti effetti, non soltanto positivi, causati dall'esplosione dell'economia cinese, forte di un mercato interno con oltre un miliardo e trecento milioni di persone, sulla disciplina del commercio internazionale.

Mi sia consentito sin da ora sottolineare come la generale abolizione dei dazi doganali sulle merci "estere" con la correlativa imposizione del principio di non discriminazione in un'area sempre più vasta, ormai praticamente corrispondente al mondo intero, da un lato, e l'allargamento *ratione materiae* alla prestazione dei servizi della cooperazione internazionale, basata sugli stessi principi del libero scambio, nonché la nuova regolamentazione su scala mondiale della proprietà intellettuale, il tutto in parallelo all'utilizzazione, quale strumento universale, delle comunicazioni via internet nel commercio internazionale, comportino la "globalizzazione" delle reti commerciali non soltanto sotto il profilo dell'estensione geografica e dei mezzi, ma anche e soprattutto dei contenuti. È come se, insomma, vi sia ormai un unico, grande, mercato per tutte le attività del commercio internazionale di merci e di servizi con un'estensione che corrisponde tendenzialmente all'intero mondo, nel quale mercato, per l'appunto "*globale*", tutte le imprese appartenenti agli Stati membri del GATT/WTO devono "*liberamente*" confrontarsi.

Accanto ai grandi eventi internazionali sopra ricordati, si pone anche l'entrata in vigore dell'"Euro", come moneta unica, sostitutiva delle monete nazionali, sia pure riferita, per il momento, ad un'area limitata a dodici dei venticinque Stati facenti parte dell'Unione europea. L'avvento dell'"Euro", se, da un lato, costituisce un punto d'arrivo nella costruzione comunitaria, con il pieno consolidamento, accanto alle libertà di circolazione delle merci, dei servizi e delle persone (con la relativa libertà di stabilimento), della libera circolazione dei capitali e dei pagamenti nell'intero mercato comune, dall'altro lato, al di là del contrapporsi al "dollaro" nelle transazioni internazionali, in virtù della scelta di politica monetaria statunitense degli ultimi anni, volta a mantenere il tasso di cambio del dollaro rispetto all'euro a valori negativi oscillanti fra l'1,20 e l'1,30, penalizza fortemente le esportazioni delle imprese europee. Inoltre, il sostanziale perdurare della fluttuazione dello "*yuan*" o "*reminbi*" (moneta del popolo) cinese, artificialmente ancorato al dollaro americano, in aggiunta ad altri fattori concomitanti analizzati nei paragrafi che seguono, che determina un tale generale vantaggio alla localizzazione delle attività di produzione in Cina, da mettere persino a rischio, nei diversi settori nei quali i costi di produzione hanno maggiore peso, la stessa sopravvivenza di un'industria manifatturiera europea.

5.1. *Il protocollo di accesso della Repubblica Popolare di Cina nella WTO.*

È dunque un fatto incontrovertibile che il peso della Repubblica popolare cinese nel contesto del commercio internazionale sia in costante crescita e la misura di tale crescita abbia assunto negli ultimi anni livelli eccezionali.

L'aumento vertiginoso dei dati economico-commerciali si è manifestato a partire dall'entrata della Cina nel GATT-WTO, operativa dall'inizio del 2002: al di là dell'apertura di un grande mercato interno di importazione la cui capacità reale ai livelli di quella dei paesi più sviluppati cresce ad un ritmo stimato in circa dieci milioni di persone l'anno, le esportazioni dalla Cina di beni e servizi hanno rappresentato il 3,8% circa dell'interscambio mondiale complessivo nell'anno 2002 ed il 5,8% nell'anno 2003 e sono in continuo aumento negli anni successivi.

L'*export* cinese, il cui contributo al PIL annuo è aumentato del 10% in 10 anni (dal 19,5% del 1992 al 29,5% del 2002), cresce ad un tasso medio annuo quasi doppio rispetto a quello degli USA: ciò che equivale ad un incremento del 283% nell'ultimo decennio (da 84.940 a 325.565 milioni di dollari americani). Il *trend* è in costante aumento: nel 2004, il valore delle esportazioni cinesi ammontava a 593.400 milioni di dollari con un incremento del 35.4%.

Dinamica simile presentano anche le importazioni cinesi in espansione del 266% nel decennio tra il 1992 ed il 2002. Nel 2003, le importazioni sono cresciute del 40% e nel 2004 di un ulteriore 36% (per un valore totale pari a 561.400 milioni di dollari nel 2004).

Ciò determina una sostanziale stabilità del saldo commerciale complessivo della Repubblica popolare, comunque in attivo di oltre 32 miliardi di dollari (nel 2004, in aumento di 6,5 miliardi di dollari rispetto al 2003), con un *trend* in cospicua ulteriore crescita nel primo trimestre del 2005.

In base alle statistiche fornite da EUROSTAT, la Cina è stata nel 2003 il secondo *partner* economico dell'Unione europea (dopo gli Stati Uniti) e, a sua volta, nello stesso anno l'Unione europea ha rappresentato per la Cina il secondo mercato di esportazione più importante (ma se si considera l'UE allargata a 25 Stati membri, questa risulterebbe già nel 2003 il principale mercato di esportazione).

È chiaro che la conversione del colosso cinese – quale ne sia la sincerità degli intenti – alle regole del liberismo internazionale ha una valenza epocale; ma è altrettanto chiaro che tale evento segna il repentino rovesciamento degli equilibri economici consolidati sino a pochi anni fa a livello mondiale: nella contrapposizione fra paesi ad alto sviluppo tecnologico e paesi in via di sviluppo si assiste ad un ribaltamento, radicale quanto immediato, per cui l'attuazione delle regole del libero scambio ed il contestuale generale azzeramento dei dazi, o l'eliminazione delle quote, lungi dal "*proteggere*" i paesi "*ricchi*", costituiscono il grimaldello sul quale poggiano i due grandi paesi, una volta "*poveri*", la Cina e, qualche passo indietro, l'India (due miliardi e trecento milioni circa di abitanti, complessivamente) per ribaltare nell'immediato la loro arretrata posizione economica. Il bassissimo costo del lavoro di quei paesi (notoriamente, un operaio costa 1 US $ l'ora in Cina, contro i 20 US $ in USA ed i 20 € in Europa!), in aggiunta alle precarie condizioni del lavoro ed all'assenza pressoché totale in quei paesi di strumenti di protezione del lavoratore ed a carenze strutturali di ordine igienico, ecologico nonché, per quanto attiene alla Cina, all'artificiale cambio dello yuan, nonostante la recente simbolica rivalutazione sul dollaro, consentono al PIL di quei paesi una crescita su due cifre così lontana da quella europea, con l'economia nazionale dei principali paesi dell'Unione europea a crescita modestissima o persino nulla.

Benché il contrasto di fondo, in teoria, non sia diverso da quello consueto che si verifica nella contrapposizione dei costi di produzione particolarmente contenuti in un paese in via di sviluppo con quelli di un'impresa produttrice in un qualsiasi Stato industrializzato, nel caso della Cina la tematica assume connotati del tutto peculiari per varie ragioni. Innanzitutto, perché, a differenza del fenomeno tipico di un paese in via di sviluppo, qui si è ormai in presenza di un mercato interno cinese di cospicue dimensioni, in continua progressiva espansione, che conta attualmente su una base numerica in assoluto notevole – che va già oltre il 10% dell'intera popolazione del grande paese – localizzata in aree ben determinate, con strutture idonee ad offrire servizi generali a buon livello. Ciò fa del fenomeno economico "*Cina*" un ibrido, con aspetti da paese fortemente industrializzato che si sovrappongono e si mischiano con altri propri di un mercato, nella più ampia generalità, ancora prettamente agricolo e con larghe fasce della popolazione tutt'ora con redditi molto bassi, caratteristiche queste ultime tipiche di un paese in via di sviluppo.

In quel contesto, il cosiddetto *dumping* monetario, determinato dalla scelta di politica monetaria di ancorare la moneta nazionale al dollaro, scelta non facilmente spiegabile in chiave tecnica in funzione del diverso tasso di crescita e delle differenti condizioni economiche di base esistenti fra Stati Uniti e Repubblica Popolare, si traduce in un ulteriore grave pregiudizio – lo ho già osservato – principalmente rivolto nei confronti delle imprese produttive al di fuori della Cina. Il fenomeno è ulteriormente amplificato nei confronti di quei paesi dell'Unione europea, e fra questi l'Italia, nei quali esistono tutt'ora ampie aree in cui piccole-medie imprese sono dedite alla produzione di beni a bassa tecnologia industriale.

Il progressivo e continuo allargamento delle forze costituenti il mercato della domanda cinese, se, da un lato, rende sempre più interessanti gli investimenti esteri a carattere industriale in Cina – ciò che contribuisce ad alimentare lo sviluppo del fenomeno ed a garantirne la continuità – dall'altro lato, rende il caso Cina *unico* a livello mondiale per la contestuale esistenza nello stesso grande paese di una popolazione complessiva tutt'ora in larga maggioranza con tenore di vita di sottosviluppo, ma tale da garantire, nonostante il tasso di crescita a due cifre, il mantenimento nel tempo degli incomparabili vantaggi di base dati dai bassi costi del lavoro e della produzione. Di qui la particolare rilevanza assunta, nel caso, da quei profili di *dumping sociale*, che vanno dal basso costo del lavoro alla mancanza o insufficienza delle regole sia volte a garantire l'igiene e la sicurezza del lavoro sia poste a tutela dell'ambiente, le une e le altre producenti alterazioni sulla concorrenza per chi produca al di fuori della Cina che non hanno riscontro nelle altre aree del mondo.

Preciso che l'utilizzo delle espressioni *dumping "monetario"* e *dumping "sociale"* ha una valenza essenzialmente definitoria in quanto, nonostante l'analogia degli effetti distorsivi che nei due casi si determinano, né l'uno né l'altro si ritiene rientrino nella regolamentazione antidumping prevista dal sistema del GATT/WTO. Dubito fortemente che le necessarie caratteristiche di generalità ed astrattezza dei provvedimenti strutturali sui cambi, così come l'assenza o l'insufficienza di regole in materia di sicurezza del lavoro, di tutela dell'ambiente e dell'igiene ambientale, si concilino con la funzione ordinaria che la disciplina antidumping ha nei confronti di specifiche e concrete distorsioni del commercio internazionale.

A conferma di quanto sin qui osservato, preciso che nel 2004 gli investimenti da parte di imprese straniere in Cina hanno superato i 60 miliardi di dollari, con un incremento del 13,3% rispetto all'anno precedente. Dall'altro lato, nello stesso anno, gli investimenti diretti esteri delle imprese cinesi sono aumentati del 27% pari a 3,6 miliardi di dollari, mentre i contratti di investimento già firmati sono cresciuti del 77,8% per 3,7 miliardi. Ma, mentre più dei due terzi del totale degli investimenti cinesi all'estero sono stati destinati all'acquisizione di azioni (anche minoritarie) in compagnie straniere, gli investimenti diretti stranieri in Cina sono pressoché integralmente indirizzati a stabilirvi centri di produzione, delocalizzandoli dal paese di origine, per lo più membro anch'esso del GATT. Si assiste così al verificarsi di un macroscopico effetto distorsivo nella disciplina pattizia del commercio internazionale: nata per assicurare la libera circolazione delle merci al di fuori del paese di produzione e senza dazi all'ingresso, garantendone così la parità di trattamento rispetto alla merce nazionale, in concreto, in considerazione del fenomeno economico cinese, è verso la Cina che va orientandosi la scelta produttiva "*obbligata*" di tutti, sì da farne oggi un sito di produzione tendenzialmente monopolistico.

5.2. (segue): le misure di salvaguardia nell'ambito della WTO.

In relazione al quadro appena descritto, sia chiaro, non avrebbe senso un qualsiasi tentativo di arginare con forme di difesa protezionistica un fenomeno in linea di principio – lo ripeto – largamente positivo; rispetto ad esso si tratta piuttosto di individuare quelle forme di intervento legittime, se vi sono, al fine di ristabilire condizioni di maggiore equivalenza nelle relazioni commerciali internazionali a un più equilibrato giuoco della concorrenza internazionale. In termini più concreti, le imprese comunitarie possono lamentare che sia totalmente mancata da parte della Commissione un'informazione preventiva finalizzata al risultato di dare tempo alle imprese di quei settori che sarebbero stati più seriamente colpiti dall'ingresso della Cina nella WTO, di convertire, ove possibile, la loro produzione in modo tecnologicamente più sofisticato o di aggiungere alla semplice attività produttiva quei servizi complementari che potessero consentire, nell'offrire quel *quid pluris* idoneo a meglio soddisfare la domanda, di competere con i minori costi dei prodotti di fabbricazione cinese.

Nell'atto di accesso della Cina al sistema della WTO non vi sono condizioni particolari o clausole specifiche idonee ad arginare il fenomeno. Vi è previsto un periodo transitorio di 12 anni (con scadenza l'11 dicembre 2013) durante il quale gli Stati membri dell'Organizzazione possono adottare misure di salvaguardia (dazi o quote o altri strumenti quali le restrizioni volontarie all'*export*) per difendere specifici settori industriali esposti al rischio di gravi crisi a seguito dell'improvvisa apertura alla concorrenza cinese.

L'esame di quali siano in concreto i margini di manovra di un singolo Stato membro della CE di fronte al continuo aumento delle importazioni di prodotti dalla Cina ha la base giuridica nella disciplina internazionale della WTO e nei regolamenti comunitari che ne hanno dato attuazione nell'Unione europea. Giova in proposito rammentare che l'intera politica commerciale è sottratta agli Stati membri ed è appannaggio esclusivo della CE ai sensi degli artt. 3 e 133 CE. Anzi, la competenza del Consiglio e della Commissione nella materia è assoluta, talché, in linea di principio e da un punto di vista generale, il singolo Stato membro non può porre in essere alcuna misura individuale idonea a contrastare l'ingresso di merci di origine *extra* comunitaria nella Comunità. È così, senza eccezioni di sorta, nell'applicazione della disciplina antidumping o sulle sovvenzioni, oggetto di esplicito esame più oltre, in questo capitolo. Ma anche al di fuori di tali situazioni patologiche, nelle ipotesi di importazioni dalla Cina che, per quantità o modalità, possano comunque arrecare serie turbative al mercato di determinati prodotti nell'Unione europea, è la Commissione che, in linea generale, ha il potere di intervenire con il ricorso alle clausole di salvaguardia. In quest'ultimo caso, per altro, in ipotesi di attivazione delle c.d. misure regionali, nonché in casi che interessano ambiti specifici quali la difesa della proprietà intellettuale e le misure sanitarie e fitosanitarie, una qualche libertà di azione è eccezionalmente lasciata al singolo Stato membro dell'Unione europea.

L'art. 16 del protocollo di adesione della Cina alla WTO prevede il *Transitional Product-Specific Safeguard Mechanism* (TPSSM), vale a dire, un sistema temporaneo della durata di 12 anni di misure di salvaguardia, poste a tutela dei mercati dei singoli membri dell'Organizzazione contro possibili effetti distorsivi creati da massicce importazioni di prodotti provenienti dalla Cina.

In forza di tale sistema, le misure di salvaguardia possono essere istituite quando determinati prodotti sono importati dalla Cina nel mercato di uno Stato membro della WTO in quantitativi talmente elevati o a condizioni tali da creare una turbativa o costituire una minaccia alla stabilità di quel mercato. In presenza dei requisiti richiesti, è consentito ad uno Stato membro della WTO di dare inizio a negoziati bilaterali con la Repubblica Popolare Cinese per trovare una soluzione soddisfacente per entrambe le parti, dandone previa comunicazione al Comitato di Salvaguardia. In mancanza di un accordo entro sessanta giorni dalla richiesta di consultazioni, lo Stato membro potrà applicare talune misure di salvaguardia, quali la revoca delle concessioni esclusive (*to withdraw concessions*) o la limitazione delle importazioni dei prodotti in questione.

In circostanze particolarmente critiche è anche consentito al singolo Stato membro di applicare *direttamente* misure *temporanee* di salvaguardia sulla base di una stima preliminare della dannosità delle importazioni. In questa ipotesi, la notifica delle misure e la richiesta di negoziati bilaterali dovrà essere effettuata al Comitato di Salvaguardia immediatamente dopo l'applicazione delle misure stesse, che non potranno in ogni caso avere una durata superiore a 200 giorni.

A livello comunitario, in considerazione delle differenze esistenti tra le disposizioni relative alle misure di salvaguardia contenute nel protocollo di adesione della Cina alla WTO, da una parte, e la disciplina generale prevista dai regolamenti (CE) n. 519/94 del 7 marzo 1994 e (CE) n. 3285/94 del 22 dicembre 1994, relativi, in generale, ad un regime comune applicabile alle importazioni nella Comunità, dall'altra parte, si è resa necessaria l'adozione di un nuovo regolamento avente a specifico oggetto le misure di salvaguardia e le misure in materia di diversione degli scambi relative ad importazioni originarie della Cina. In ragione di ciò, il 3 marzo 2003, il Consiglio ha adottato il regolamento (CE) n. 427/2003 (*Transitional Product Specific Safeguard Mechanism* – "TPSSM").

Il TPSSM consente di imporre alle importazioni cinesi misure di salvaguardia (specifiche per prodotto) nei casi in cui il loro rapido aumento determini turbative (o minacci di farlo) al mercato *dell'industria comunitaria* di quel prodotto. L'utilizzo delle misure di salvaguardia, tuttavia, trova un limite nella necessaria riferibilità dell'elemento pertubativo all'intero ambito comunitario. *La procedura è demandata alla Commissione europea in via esclusiva.*

In particolare, ai sensi dell'art. 10 del regolamento (CE) n. 427/2003:

> «*Quando, in base in particolare agli elementi ...*, risulta che in uno o più Stati membri sussistono le condizioni previste per l'adozione di misure *in forza degli artt. 7 e 9* (vale a dire l'istituzione di misure di salvaguardia provvisorie e di quelle definitive), la Commissione, *dopo aver esaminato soluzioni alternative e ritenendo che un'applicazione a questo livello sia più appropriata di un'applicazione a livello dell'intera Comunità*, può autorizzare, in via eccezionale, *l'applicazione di misure di salvaguardia* limitate allo Stato membro interessato. *Dette misure devono avere carattere* temporaneo e non devono perturbare il funzionamento del mercato interno. *Esse vengono adottate secondo quanto previsto rispettivamente agli artt. 7 e 9*».

L'unica possibilità, dunque, per uno Stato membro di porre in esser misure di salvaguardia relative al proprio territorio è quella di attivare la speciale procedura prevista dal regolamento n. 427/2003 per l'applicazione delle c.d. *misure regionali*, ciò che presuppone l'esistenza di una grave perturbazione del mercato o di una significativa diversione degli scambi di un determinato prodotto.

Giova aggiungere che restano espressamente esclusi dall'applicazione del regolamento n. 427/2003: a) le calzature, le porcellane ed il vasellame fino al 2005 e b) i tessili (sia le fibre naturali che sintetiche) per i quali è in vigore il regolamento n. 138/2003. Sebbene la procedura prevista dal regolamento n. 138/2003 sia, nella sostanza, identica a quella del n. 427/2003, in quello *non* è tuttavia *prevista la possibilità di istituire misure regionali*.

5.3. Il processo di globalizzazione: l'ampliarsi della forbice fra paesi ad alto livello economico e paesi in via di sviluppo (PVS). Le difficoltà del Doha Round.

Il fenomeno economico della Cina sopra descritto, seguito sia pure ad una certa distanza dall'India se non altro per l'analogia delle dimensioni del relativo mercato, nel contribuire all'irrefrenabile progressiva globalizzazione dell'economia, ha anche accentuato le differenze fra paesi a grande sviluppo economico e ad avanzata tecnologia e PVS: rispetto ai più deboli di quelli, il solco, negli ultimi anni, si è notevolmente accresciuto.

L'art. XVIII del GATT 1947, nel testo modificato nel 1955, e, successivamente, la parte quarta dell'Accordo Generale introdotta nel 1994, e prima ancora la decisione relativa ai PVS adottata il 28 novembre 1979, al termine del *Tokyo Round*, in funzione del principio della cosiddetta "ineguaglianza compensatrice" ed in deroga ai principi del libero scambio, riconoscono ai PVS la facoltà di mantenere le loro tariffe doganali e d'istituire delle restrizioni quantitative alle importazioni a protezione delle loro industrie nascenti.

Il criterio dell'"ineguaglianza compensatrice", consente eccezionalmente l'applicazione di disposizioni diverse dai PVS in funzione del loro diverso (inferiore) livello di sviluppo economico.

Ne discende così un *"diritto allo sviluppo"*, attribuito ai PVS, cui corrisponde un obbligo di solidarietà a carico degli Stati che già godono di un alto sviluppo economico, diritto-obbligo confermato anche dall'*United Nations Conference on Trade and Development* (UNCTAD), l'organo permanente delle Nazioni Unite sul commercio mondiale. Ciò non di meno, negli ultimi anni del secolo scorso ed all'alba del nuovo, il problema del sottosviluppo si è acuito anche e soprattutto in funzione dell'improvvisa esplosione delle nuove tecnologie informatiche applicate al commercio. Di conseguenza, si è accresciuto il numero degli Stati che registrano, negli ultimi anni, consistenti ritardi nella crescita rispetto agli altri paesi (v. UNCTAD, *Trade and Development Report*, Geneve, 1999).

Negli Accordi di Marrakech non vi è alcuna disposizione (ad eccezione di quella programmatica già menzionata contenuta nell'art. XI, par. 1), idonea a stabilire, in termini generali, i contenuti del trattamento differenziato spettante ai PVS: è nelle singole convenzioni allegate all'Accordo della WTO che, settore per settore, sono contenute disposizioni idonee a concretizzare appunto quel trattamento più favorevole rivolto ai PVS.

Viene invece risolto il tema pregiudiziale relativo alla determinazione dei PVS. Nel senso che, mentre rimane mancante una definizione dei PVS, è stata introdotta la sottocategoria dei cosiddetti "Paesi meno avanzati" (PMA), la cui identificazione, in rapporto a parametri economici e sociali prestabiliti, viene rimessa al Comitato per la programmazione e lo sviluppo delle Nazioni Unite e da quello periodicamente aggiornata. Nei diversi accordi allegati a quello istitutivo della WTO, i PMA sono riconosciuti titolari di diritti ulteriori rispetto a quelli propri dei PVS (v. ad es., l'Accordo sull'agricoltura, art. 15, par. 2; l'Accordo sugli ostacoli tecnici agli scambi, art. 12, par. 7; l'Accordo sulle sovvenzioni, art. 27, parr. 2, 3 e 5; il GATS, art. IV, par. 3; il TRIPs, art. 66).

Nella nuova disciplina del GATT 1994 soltanto i PMA, e non invece la più ampia categoria dei PVS, sono considerati esenti dall'applicazione nei loro confronti del principio di reciprocità. La "non reciprocità", per altro, potrà essere dagli stessi invocata unicamente finché continueranno a far parte di quella categoria. E ciò perché il sistema della WTO tende alla completa (progressiva) integrazione di tutti gli Stati, quelli in via di sviluppo ed i meno avanzati, nel regime ordinario.

Nel novembre del 2001, in coerenza con un'attitudine consolidata nella materia delle relazioni commerciali internazionali, è stata ripresa la revisione della relativa disciplina pattizia secondo un'agenda per lo sviluppo, stabilita a Doha (Qatar) dai rappresentanti degli Stati membri della WTO. Il *Doha Round*, per altro, non ha ancora portato a nessun accordo, pendendo tuttora i negoziati che, in linea generale, contrappongono agli Stati del G7 i paesi in via di sviluppo, ma che, su vari aspetti, sono oggetto di prese di posizioni discordanti in via trasversale.

La proposta presentata dall'UE il 28 ottobre 2005, a margine della riunione ministeriale di Hong Kong, è l'unica sul tavolo dei negoziati. In particolare, l'UE offre di tagliare del 70% gli aiuti agricoli interni che distorcono gli scambi, di ridurre del 60% le tariffe più elevate e di dimezzare il dazio agricolo medio riducendolo al 12%. L'UE condiziona la sua offerta a miglioramenti significativi in materia di NAMA (accesso ai mercati non agricoli, *Non-Agricultural Market Access*) e di libera circolazione di servizi di altri partner nonché ad un accordo su un registro delle indicazioni geografiche e su una loro estensione. L'UE ribadisce che lo smantellamento degli aiuti al settore agricolo deve condurre ad una parità di condizioni *anche fra i paesi industrializzati* e rinnova la sua richiesta a che gli Stati Uniti si impegnino ad eliminare gli aiuti alimentari, i crediti all'esportazione ed a modificare i criteri della categoria blu (tale categoria, la c.d. *blue box*, costituisce un'eccezione alla regola generale per cui i sussidi legati alla produzione devono essere ridotti o condotti entro proporzioni *de minimis*; v. art. 6 par. 5, del *Agreement on Agricolture*) ed a che Canada, Australia e Nuova Zelanda si impegnino per quanto riguarda le imprese commerciali di Stato.

La posizione critica nei riguardi di taluni aspetti della proposta comunitaria e, più in generale, la scarsa flessibilità mostrata dagli Stati Uniti, ma anche dalla Cina (a dire del Commissario europeo Mandelson), non avrebbero consentito la conclusione positiva dei negoziati nella sessione di Ginevra del 23 luglio 2006.

6.1. PVS e multinazionali. La nozione di "impresa multinazionale".

La contrapposizione sempre più netta fra i paesi ad alto livello economico (e tecnologico) ed i PVS sul palcoscenico del mercato mondiale ripropone l'annosa problematica determinata dell'operare delle imprese multinazionali.

Innumerevoli definizioni sono state date all'espressione "imprese multinazionali". Di particolare efficacia la definizione di chi ravvisa l'elemento qualificante del contenuto del concetto di "multinazionalità" di un'impresa nell'unità dell'organismo economico in contrapposizione alla pluralità delle organizzazioni giuridiche nelle quali tale organismo economico accentrato svolge l'attività di impresa in più ordinamenti giuridici.

In altre parole, nella prospettiva appena indicata, all'unità materiale della struttura economica non corrisponde affatto un'unità formale dell'organizzazione giuridica. È vero anzi il contrario: il carattere "multinazionale" delle imprese in questione emerge così dalla pluralità delle società "nazionali" di diversi paesi nei quali si esercita l'attività economica nei vari momenti che caratterizzano la vita e le vicende dell'impresa unica. Ne discende che sembra impreciso parlare di *società* multinazionali perché, in realtà, le società sono sempre "nazionali" e sono, invece, le *imprese* che possono essere "multinazionali". Mentre appare persino evidente che tali imprese possono poi operare, e normalmente operano, mediante società *nazionali*, dandosi qui all'attributo "nazionale" il significato traslato, volto, cioè, ad indicare la soggezione di una società alla legge regolatrice di un certo paese in forza della quale è legalmente organizzata come soggetto giuridico e di cui, quindi, è "nazionale".

Le varie accezioni dell'espressione "imprese multinazionali", dalle più complesse alle più semplici, hanno, comunque, un minimo comune denominatore: il concetto di "multinazionalità" è loro attribuito in relazione al fatto che si tratta di imprese che, a prescindere dalle dimensioni per numero complessivo di dipendenti, per volume del fatturato o per misura degli utili consolidati, hanno tutte in comune la caratteristica di *esercitare l'attività tramite più di un soggetto giuridico ed in più ordinamenti*.

6.2. Imprese multinazionali e diritto internazionale.

In linea di principio e da un punto di vista generale, nell'esercizio dell'attività di un'impresa multinazionale è agevole individuare due distinti "interessi" in gioco, l'uno e l'altro meritevoli di tutela. Da un lato, vi è l'esigenza, ovviamente molto sentita dalle imprese multinazionali, di ricevere piena protezione dei propri investimenti in uno Stato estero e, dall'altro lato, da parte di tale Stato, si pone la necessità di impedire che centri di potere, non di rado di portata economica superiore a quella dello Stato stesso, possano influenzare, in modo più o meno determinante, la gestione della cosa pubblica. I termini del problema acquistano particolare rilievo nello schema caratteristico del fenomeno, quando, cioè, l'attività economica di un'impresa multinazionale venga svolta in via organizzata in un PVS.

> «Gli investimenti stranieri costituiscono una forma di proprietà, diritti o interessi, e come tali godono in linea di principio della protezione del diritto internazionale. Poiché i tipi e i modi relativi ad investimenti di questo genere sono numerosi e molteplici, e poiché sono ancora in una fase di continua crescita ed espansione, risulta inevitabile al momento attuale della loro evoluzione che nuove circostanze e sconosciuti fattori si presentino nella tutela di tali diritti ed interessi in campo internazionale. Ma in concreto tutti ricadono nell'ambito delle norme generali o diplomatiche e nella protezione giudiziaria a livello giuridico internazionale. Ciò che è in gioco è il principio fondamentale della protezione» (Così la *Separate Opinion* del Giudice WELLINGTON KOO, *Barcelona Traction Light & Power Co. Ltd. Case*, in *C.I.J., Recueil*, 1964, 55).

La protezione giuridica degli investimenti stranieri nel diritto internazionale suscita complessi problemi. Con una prassi di base, per lo più nata e sviluppatasi nel secolo scorso ed agli inizi del secolo attuale, i problemi in questione sono riemersi, in relazione al noto caso della società canadese, *Barcelona Traction Light & Power Company Ltd.*, dichiarata fallita in Spagna, caso che ha contrapposto, in una controversia decisa dalla Corte internazionale di giustizia, il Belgio, supposto Stato offeso, quale Stato nazionale della maggioranza degli azionisti della società canadese (l'88%), alla Spagna, presunto Stato offensore.

La controversia ha formato oggetto di due successive sentenze della Corte internazionale di giustizia (CIG): la prima del 24 luglio 1964 (in *C.I.J., Recueil*, 1964, 3 ss.) che, pronunciando su quattro eccezioni preliminari sollevate dalla Spagna, ne respingeva due e riuniva le altre due al merito; la seconda del 5 febbraio 1970 (in *C.I.J., Recueil*, 1970, 3 ss.) che, accogliendo la terza eccezione preliminare, vertente sul difetto di legittimazione in capo al Belgio, Stato nazionale degli azionisti della società canadese, all'esercizio, nella fattispecie, della protezione diplomatica, respingeva la domanda del Belgio, senza pronunciarsi sull'ultima eccezione preliminare della Spagna, riguardante il mancato previo esaurimento dei ricorsi interni.

Sulla regola riguardante il cosiddetto previo esaurimento dei ricorsi interni, quale condizione generale per l'esercizio della protezione diplomatica è sufficiente ricordare, accanto alla tesi, condivisa dal Giudice MORELLI (*Dissenting Opinion* alla decisione del 24 luglio 1964 della CIG sulle eccezioni preliminari del caso *Barcelona Traction Light & Power Company Ltd.*, cit., 114), che considera il previo esaurimento dei ricorsi interni regola sostanziale di diritto internazionale, l'opposta opinione dottrinale che la ritiene invece una regola processuale, una condizione all'esercizio sul piano processuale del diritto dello Stato offeso conseguente all'illecito, già in precedenza perfetto sin dal compimento dell'atto o fatto lesivo dello Stato offensore.

Nel caso della *Elettronica Sicula S.p.A.* (*ELSI*), Stati Uniti c. Italia, deciso dalla CIG con sentenza del 20 luglio 1989, l'Italia aveva sollevato il problema dell'irricevibilità della domanda statunitense perché le due società americane,

Raytheon e *Machlett*, azioniste totalitarie della società italiana *Raytheon-Elsi S.p.A.* (già *Elettronica Sicula S.p.A.*), dichiarata fallita il 16 maggio 1968 dal Tribunale di Palermo, non avrebbero esaurito previamente le possibilità di ricorso interno per le stesse aperte in Italia. Dal canto loro, gli Stati Uniti avevano obiettato che la regola del previo esaurimento dei ricorsi interni non avrebbe potuto essere invocata in relazione ad una controversia introdotta ai sensi dell'art. XXVI del Trattato bilaterale con l'Italia, di amicizia, commercio e navigazione, del 1948, che non faceva alcuna menzione della regola in questione.

Di contrario avviso è andata la CIG nella medesima sentenza:

> «La Corte non ha alcun dubbio che i membri del trattato possano convenire che i rimedi interni non si applicheranno ai ricorsi fondati sulle pretese violazioni di questo trattato oppure possano confermare che lo stesso debba applicarsi. Inoltre, la Corte ritiene di non potere accettare che un importante principio di diritto internazionale consuetudinario possa essere tacitamente non applicato, in assenza di un qualsiasi riferimento ad una chiara intenzione di derogarvi. Tale elemento dell'argomentazione giuridica degli Stati Uniti, rispetto all'obiezione italiana, deve essere, perciò, rigettata».

La Corte, poi, respingeva l'eccezione *ex parte* italiana sull'argomento che l'Italia non avrebbe dato una prova esauriente dell'effettiva azionabilità, al tempo della vertenza, di ricorsi avanti al giudice nazionale da parte delle due società americane. Come ho già osservato, la Corte, infine, dava ragione all'Italia nel merito.

Con la seconda sentenza nel caso della *Barcelona Traction*, la CIG ha avuto modo di fissare taluni punti nella complessa materia, a mio avviso, almeno nelle valutazioni di diritto, in armonia con le indicazioni fornite dalla prassi internazionale precedente. La Corte è partita dalla considerazione che, a differenza di quanto attiene ad alcune obbligazioni internazionali, quali, ad esempio, le obbligazioni riguardanti gli atti di aggressione, il genocidio, ovvero quelle che concernono i diritti fondamentali della persona, ivi comprese le pratiche della schiavitù e della discriminazione razziale, tutte aventi il carattere di obbligazioni *erga omnes*, le obbligazioni di cui *la protezione diplomatica* ha per oggetto di assicurare il rispetto – ciò che si verifica allorché uno Stato invochi dei diritti che ritiene ad esso conferiti in favore dei suoi cittadini, persone fisiche o giuridiche che siano, dalle *regole del diritto internazionale relative al trattamento degli stranieri* – sussistono *esclusivamente* nei confronti dello Stato nazionale del soggetto privato leso (v. la sentenza *Barcelona Traction* del 1970, cit., 32, parr. 33, 34 e 35).

In definitiva, dunque, oltre al previo esaurimento dei ricorsi interni, due sono le condizioni richieste perché uno Stato possa fare valere, sul piano internazionale, quest'ultimo tipo di obbligazioni da illecito con il ricorso all'istituto della protezione diplomatica: innanzitutto, che vi sia la violazione di un obbligo internazionale sul trattamento degli stranieri, imputabile ad uno Stato, nei riguardi di cittadini di un altro Stato; in secondo luogo, che *soltanto* lo Stato nei confronti del quale esiste l'obbligazione internazionale può validamente far valere tale violazione (già in tale senso, v. il *Parere consultivo* della Corte internazionale di giustizia sulla *riparazione dei danni subiti al servizio delle Nazioni Unite*, in *C.I.J., Recueil*, 1949, 181 ss.).

Come affermato dalla Corte permanente di giustizia internazionale, nella sentenza del 28 febbraio 1939, relativa al caso *Chemin de fer Panevezys-Saldutiskis*:

> «Questo diritto non può necessariamente essere esercitato (da parte di uno Stato) se non per conto dei suoi cittadini, in quanto in assenza di accordi speciali, è il vincolo della cittadinanza tra lo Stato e l'individuo che da solo è in grado di conferire in capo allo Stato il diritto della protezione diplomatica» (CPGI, *Chemin de fer Panevezys-Saldutskis, Recueil*, Séries A/B, N. 76, 16 s.).

Osserva la CIG nel citato caso *Barcelona Traction*, dopo aver richiamato la sentenza della Corte permanente di giustizia internazionale del 28 febbraio 1939:

> «La protezione diplomatica riguarda un settore molto delicato delle relazioni internazionali, *poiché l'interesse di uno Stato straniero alla protezione dei propri cittadini si scontra col diritto della sovranità nazionale*, un fatto rispetto al quale il diritto generale ha dovuto tenere conto al fine di evitare abusi e tensioni. In considerazione delle sue origini strettamente legate al commercio internazionale, la protezione diplomatica ha affrontato l'impatto della crescita delle relazioni commerciali internazionali e, al contempo, le rilevanti trasformazioni che hanno avuto luogo nella vita economica degli Stati. Gli ultimi avvenimenti hanno dato vita alla formazione di enti che hanno superato i confini e hanno iniziato ad esercitare una considerevole influenza sulle relazioni internazionali. Uno di questi fenomeni particolarmente interessante riguarda la società per azioni». (Il corsivo è mio).

Nella prassi internazionale si è andata affermando nel tempo una norma generale che consente allo Stato nazionale della società o della persona giuridica, in parallelo con la regola concernente gli individui, l'esercizio della protezione diplomatica a tutela della stessa società o persona giuridica in ipotesi di violazione di una norma internazionale attinente al trattamento degli stranieri. Ora, anche senza voler estendere alla persona giuridica quanto espressamente disposto per la persona fisica dalla CIG nel caso *Nottebohm* (mi riferisco alle note sentenze del 18 novembre 1953 e del 6 aprile 1955, rispettivamente in *C.I.J., Recueil*, 1953, 111 e, *ibidem*, 1955, 4, spec. 20), la presenza di una certa "effettività" nel rapporto, il "*real link*" o "*real bond*" da aggiungersi al vincolo interno di nazionalità, quale condizione necessaria per l'accoglimento di un reclamo internazionale presentato da uno Stato in difesa di una società sua nazionale, trova ampia conferma nella prassi arbitrale, a partire dalla seconda metà del secolo scorso. Per quanto attiene alla prassi diplomatica, è da notare che, normalmente, gli Stati non hanno ritenuto di aver diritto all'esercizio della protezione diplomatica a tutela di una società loro nazionale, qualora il collegamento fra Stato e tale società si limitasse al mero vincolo interno di nazionalità, senza che nessun altro collegamento sostanziale fosse presente nelle fattispecie.

In deroga a tale norma generale, poi, si è formata nella prassi internazionale un'ulteriore norma di diritto non scritto che attribuisce allo Stato nazionale dei soci il diritto di intervenire in difesa dei loro interessi in talune circostanze ben precise. La prima vera pretesa da parte di uno Stato di tutelare internazionalmente i suoi cittadini per il pregiudizio da questi subito nella loro qualità di azionisti di una società commerciale risale al caso Mc Murdo, altresì noto come il caso Delagoa (*Sentence Finale du tribunal Arbitral de Delagoa concernant le chemin de fer de Lourenço Marques du 29 mars 1900*, Berna, Imprimerie Copérative, 1900).

Da un esame dei documenti e delle note scambiate tra le parti nell'iniziale fase diplomatica di quel caso, si evince come alla base dell'intervento della Gran Bretagna e degli Stati Uniti sia stata, innanzitutto, la convinzione del torto ingiustamente subito dai loro nazionali, azionisti di una società portoghese, a seguito dei provvedimenti portoghesi (in *Parliamentary Papers*, 1890, Africa, I, 58). L'altro elemento ritenuto essenziale consisteva nell'impossibilità reale per i cittadini britannici e quelli americani di ottenere giustizia attraverso la società portoghese, sia sul piano internazionale, dove la società, con la nazionalità dello stesso Stato offensore, non poteva trovare protezione alcuna, sia nell'ordinamento giuridico interno, in quanto la stessa, essendo *estinta di fatto*, era stata posta nell'impossibilità pratica di tutelare validamente, attraverso i propri organi societari, i propri interessi e con essi quelli dei soci. Da parte statunitense, Mr. Blaine, segretario di Stato, in una nota di istruzioni dell'8 novembre 1889 a Mr. Loving, ambasciatore americano a Lisbona, motivava l'atteggiamento del proprio governo sostenendo che:

> «la società portoghese *trovandosi senza alcuna azione da poter esperire ed avendo praticamente cessato l'attività*, l'unica possibilità a disposizione di coloro le cui proprietà sono state confiscate è rappresentata dall'intervento dei loro rispettivi governi» (in *U.S. Foreign Relations*, 1902, 808 ss.).

Analoghe valutazioni, da parte inglese, erano espresse dal marchese di Salisbury in una nota di istruzioni all'ambasciatore britannico a Lisbona del 10 settembre 1889.

La successiva prassi internazionale ha confermato l'indirizzo del caso *Delagoa* (cfr.: la decisione arbitrale di Cleveland, Presidente degli Stati Uniti, nel caso *Cerruti*, Italia c. Colombia, in *U.S. Foreign Relations*, 1989, 245 ss. e 403 ss., e il lodo di Giorgio V, Re d'Inghilterra, nel caso *Alsop*, Stati Uniti c. Cile, in *U.S. Foreign Relations*, 1911, 38 ss. e, più recentemente, cfr. la decisione dell'arbitro Sisnett, giudice dell'Honduras britannico, nel caso *Shufeldt*, Stati Uniti c. Guatemala, in *Shufeldt Claim, U.S. Govern. Printing Off.*, Washington, 1932). Pertanto, si può oggi rilevare l'esistenza di una norma internazionale generale volta a considerare eccezionalmente illecito nei confronti dello Stato nazionale dei soci il comportamento di uno Stato che non abbia concesso alla società sua nazionale e della quale i cittadini del primo Stato siano azionisti quel trattamento riservato dal diritto internazionale agli stranieri, *in subordine al fatto che lo*

Stato offensore non possa essere ritenuto responsabile nei confronti dello Stato nazionale della società direttamente lesa. Ciò si verifica, innanzitutto, allorché Stato offensore e Stato nazionale della società coincidano e, quindi, la società in questione, di fatto o di diritto, abbia cessato di esistere, a seguito degli atti lesivi imputabili al suo stesso Stato nazionale; si verifica, altresì, quando al vincolo interno di nazionalità fra Stato e società non corrisponda una nazionalità altrettanto valida sul piano internazionale, in assenza appunto, in concreto, di un qualsiasi legame effettivo fra società e Stato nazionale. Soltanto in quei due casi, dunque, vi è una responsabilità in capo allo Stato offensore nei confronti dello Stato nazionale dei soci: nei confronti di questo, quindi, la responsabilità del primo è soltanto sussidiaria. La tutela dei soci nel diritto internazionale da parte del loro Stato nazionale per danni subiti dalla società di diversa nazionalità ha dunque portata meramente residuale. Nel senso che essa è proponibile soltanto in quanto non sussista un diritto di protezione diplomatica, internazionalmente rilevante, in capo allo Stato nazionale della società.

Questa conclusione è ribadita nella sentenza del 1970 nel caso *Barcelona Traction*, più volte citata. Si rinvia, in particolare, ai parr. 64 e ss., 74 e ss. e 92 della sentenza. La Corte, da un lato, osserva che, nella fattispecie,

> «non può essere messo in discussione il fatto che la struttura aziendale della società abbia cessato la sua attività, o che abbia perduto la sua capacità di agire come soggetto» (par. 66),

dall'altro lato, sottolinea la sussistenza, nel caso, di vari legami di collegamento *effettivo* con lo Stato nazionale della società, il Canada, in aggiunta appunto al criterio interno di nazionalità (par. 69 ss.). E così, sotto quest'ultimo profilo, la Corte osserva che

> «nel caso in questione, non è obiettabile il fatto che la società canadese fosse stata costituita in Canada e che avesse in questo Stato la propria sede sociale. La costituzione della società secondo il diritto canadese è stata *un atto di libera scelta*. Non soltanto i fondatori della compagnia vollero che questa fosse ricostituita in ottemperanza al diritto canadese, ma la stessa *vi è rimasta soggetta per un periodo di cinquanta anni*. Questa ha mantenuto in Canada *la propria sede sociale, i propri fondi e libri sociali. I consigli di amministrazione furono tenuti in questo Stato per molti anni; questa attività è registrata nei documenti delle autorità fiscali canadesi. Quindi, una stretta e permanente connessione è stata* individuata, consolidatasi in mezzo secolo di esistenza. Questa connessione non è in alcun modo indebolita dal fatto che la società si impegnò fin dagli esordi in attività commerciali fuori dal Canada, in quanto questo era il suo obiettivo dichiarato. *I legami della Barcelona Traction con il Canada sono così molteplici*». (Corsivo aggiunto)... «quindi la nazionalità canadese della società ha ricevuto un generale riconoscimento».

In definitiva, dall'analisi condotta dalla CIG sembrerebbe che non solo la sede statutaria, ma anche quella effettiva della società, intesa quest'ultima come centro volitivo dell'attività sociale, fosse in Canada (in senso contrario a tale conclusione, sulla base di forti argomentazioni in fatto, si vedano peraltro: l'opinione individuale del giudice Jessup, in *C.I.J., Recueil*, cit., 162 , specie par.

44 e ss., 986 ss., e quella del giudice Gros, in *C.I.J., Recueil*, cit., 268, specie al par. 22, 280 ss.). A rafforzare la tesi della valida titolarità del Canada, la Corte si diffonde sui termini del precedente interessamento al tema da parte del governo canadese il quale, nonostante la successiva desistenza

> «ha comunque conservato il suo diritto di esercitare la protezione diplomatica; nessun ostacolo di natura legale lo ha limitato nel fare ciò» (par. 77).

E, d'altro canto, rammenta sempre la Corte che l'esercizio della protezione diplomatica resta prerogativa propria di ciascuno Stato che ne abbia diritto

> «cosicché è suo proprio diritto farlo valere» (par. 78) e ancora

> «lo Stato è *l'unico giudice* in grado di stabilire quando la sua protezione debba essere fornita, con quali modalità, e quando essa debba cessare» (par. 79). (Corsivo aggiunto).

In definitiva, dunque, la decisione della CIG sulla carenza di legittimazione del Belgio all'azione a tutela degli azionisti belgi della società canadese poggia sul convincimento, basato su di un'analisi – giusta o sbagliata che fosse – delle situazioni di fatto presenti nel caso di specie, che il diritto all'esercizio della protezione diplomatica spettasse validamente al Canada in quanto Stato nazionale della società.

Se, dunque, da un punto di vista generale, non assume, di per sé, rilievo nella materia il cosiddetto criterio del controllo, basato, cioè, sulla nazionalità del prevalente capitale sociale, giova sottolineare che tale conclusione non pare in linea con il principio di trasparenza della proprietà che sembra informare la prassi internazionale del dopoguerra, per lo più favorevole ad una tutela dei soci più ampia di quella loro accordata dalla precedente prassi arbitrale e diplomatica (v. la sentenza del 1970 nel caso *Barcelona Traction*, cit., parr. 90, 79) né con i numerosi progetti di codificazione riguardanti la materia né, soprattutto, con la Convenzione di Washington del 18 marzo 1965 avente ad oggetto «la soluzione delle controversie relative ad investimenti fra Stati e cittadini di altri Stati». Quest'ultima, ratificata e resa esecutiva dall'Italia, trova applicazione fra un centinaio di Stati ed è ormai lo strumento più importante di tutela degli investimenti esteri in Stati terzi. L'accettazione del meccanismo arbitrale previsto dalla Convezione del 1965 da parte di un numero sempre maggiore di Stati dell'America latina, da un lato, sottolinea l'importanza crescente di tale Convenzione e, dall'altro lato, testimonia l'attenuazione dell'avversione di tali paesi per l'istituto dell'arbitrato internazionale in materia di investimenti esteri, avversione sostanzialmente dovuta alla "*dottrina Calvo*" secondo cui la protezione diplomatica esercitata da uno Stato straniero è contraria alla sovranità nazionale e, quindi, le controversie con investitori stranieri debbono essere risolte dal giudice nazionale applicando la legge del paese destinatario dell'investimento.

Alla luce di quanto sin qui esposto, è ora possibile trarre alcune considerazioni conclusive con particolare riguardo alla protezione diplomatica delle imprese multinazionali.

Innanzitutto, osservo che la *Barcelona Traction* non era un'impresa multinazionale in senso proprio. Non ne aveva, infatti, la struttura: non era una *holding* di partecipazioni né faceva parte di un gruppo di società, ma era una società operativa canadese con l'esercizio della sua attività di impresa esclusivamente in Spagna. I problemi appena enunciati appaiono, dunque, ancor più complessi se riferiti ad imprese realmente "multinazionali", nel senso sopra precisato, vale a dire ad imprese sostanzialmente unitarie dal punto di vista economico, ma operanti in più ordinamenti attraverso molteplici soggetti di diritto interno. In quest'ultimo contesto, è lo Stato nazionale della società i cui diretti interessi siano pregiudicati da atto o fatto, internazionalmente rilevante, imputabile ad altro Stato ad avere il diritto individuale a tutelarla sul piano internazionale ovvero il diritto di protezione diplomatica spetta esclusivamente allo Stato cui l'impresa multinazionale appare più intimamente collegata, vale a dire, allo Stato nazionale della società capo gruppo?

L'attuale evoluzione della prassi internazionale sembra tuttora propendere, in linea di principio, per la prima soluzione. Di conseguenza, salvo il caso eccezionale, ormai pacifico, di coincidenza fra Stato offensore e Stato nazionale della società, anche alla luce della sentenza della Corte internazionale di giustizia nel caso *Barcelona Traction*, appare quanto meno problematica la concreta individuazione di quel legame *effettivo* che si aggiunga al vincolo giuridico di nazionalità fra la società in questione ed un dato Stato e c'è anche il rischio che quest'ultimo, l'unico avente titolo, declini l'intervento. In tali ipotesi, vi sono concreti rischi per l'impresa multinazionale di rimanere senza protezione alcuna.

La portata di tali rilievi, per altro, è limitata dall'esistenza di accordi internazionali, multilaterali o bilaterali. Basti al riguardo ricordare che l'art. 25, par. 2, lett. *b* della Convenzione di Washington del 18 marzo 1965, già citata, nel determinare la nozione di *"national of another contracting state"* ai fini della delimitazione della competenza del Centro internazionale per la risoluzione delle controversie relative agli investimenti stranieri, dispone che vi rientrano:

> «ogni persona giuridica che possieda una nazionalità di uno Stato contraente, diversa da quella dello Stato parte della controversia alla data in cui le parti hanno acconsentito di risolvere la medesima, attraverso la conciliazione o l'arbitrato, e ogni persona giuridica che possieda la nazionalità di uno Stato membro parte della controversia alla medesima data e che, a causa del controllo straniero, le parti hanno deciso debba essere considerata come un soggetto appartenente ad un altro Stato membro, *in forza del controllo esercitato su di esse da interessi stranieri»*. (Corsivo aggiunto).

Confermano tale assunto talune considerazioni espresse dalla CIG, nel caso della *Barcelona Traction*, al par. 89 della sentenza del 5 febbraio 1970:

> «Considerando gli importanti sviluppi della scorsa metà del secolo, la crescita degli investimenti stranieri e l'espansione delle attività internazionali delle società, delle società capogruppo in particolare, che sono spesso multinazionali, e considerando il modo in cui gli interessi economici degli Stati sono cresciuti, *può, a prima vista, sembrare sorprendente che l'evoluzione del diritto non sia andata oltre e che regole generalmente ri-*

conosciute in materia non si siano cristallizzate sul piano internazionale. Nondimeno, un esame più approfondito dei fatti mostra che il diritto sulla materia si è formato in un periodo caratterizzato da un intenso conflitto di sistemi ed interessi. Si tratta, essenzialmente, di rapporti bilaterali per i quali i diritti degli Stati che esercitano la protezione diplomatica, e di quegli Stati nei cui riguardi una protezione è richiesta devono essere ugualmente tutelati. Qui, come altrove, un insieme di norme non avrebbe potuto svilupparsi se non con l'assenso degli interessati. Le difficoltà incontrate si sono riflesse nell'evoluzione del diritto in oggetto». (Corsivo aggiunto).

6.3. *Elementi caratterizzanti il fenomeno in generale: i vantaggi non comparabili e le conseguenti distorsioni di base della concorrenza.*

Si consideri ora, sotto un diverso profilo, quell'idoneità, tipica delle imprese che operano in più ordinamenti, a sfruttare a proprio vantaggio le difformità esistenti fra le varie legislazioni nazionali nei più diversi settori, dal tributario al societario e a quello del lavoro, adottando, di volta in volta, la soluzione più favorevole, sul piano sostanziale, per quei problemi che si presentino nell'esercizio della loro attività.

A maggior chiarimento, è opportuno considerare che il *modus operandi*, tipico dell'impresa multinazionale, non si discosta dai modelli di comportamento propri di qualsiasi impresa di dimensioni ed interessi esclusivamente nazionali. La differenza fondamentale sta nel fatto che, mentre quest'ultima è alla ricerca delle condizioni ottimali – e, quindi, anche giuridicamente più favorevoli – in un *ambito nazionale* per la realizzazione di una data operazione, l'impresa multinazionale, invece, ha la possibilità di operare la sua scelta fra le diverse ipotesi di maggior favore in concreto esistenti su *scala mondiale*.

Una tale attitudine delle imprese multinazionali a muoversi nelle pieghe degli ordinamenti, innanzitutto, ha una conseguenza di estremo rilievo: si traduce nell'acquisizione da parte delle imprese multinazionali di una posizione di *vantaggio economico di base* nei confronti di tutte quelle altre imprese che operano esclusivamente in un mercato nazionale. Vantaggio economico di base che, il più delle volte, viene giuridicamente protetto, e quindi rafforzato, dall'applicazione indiscriminata, alle imprese multinazionali come a quelle nazionali, della disciplina posta a tutela della concorrenza, vigente in un determinato mercato.

In regime di concorrenza, infatti, sarà proprio l'impresa multinazionale – con il solo limite che non operi con comportamenti che si traducono in "*abuso di posizione dominante*" – ad aver tutto l'interesse a pretendere una rigorosa applicazione delle regole di quel singolo ordinamento in cui si trovi ad operare. E questo perché la concorrente di dimensioni e di interessi esclusivamente nazionali non ha nessuna possibilità di compensare, come invece fa l'impresa multinazionale, gli svantaggi derivanti dalla rigorosa osservanza delle norme di quel dato ordinamento con i vantaggi conseguenti all'utilizzazione di discipline settoriali più favorevoli, esistenti in altri ordinamenti. Si assiste, in altre parole, ad un effetto particolare in base al quale, in un dato ordinamento giuridico, sul piano della giustizia sostanziale, degli interessi economici risultano maggiormente protetti dalla legge rispetto ad altri della stessa natura. Eppure, e qui sta il punto, non si può parlare, in realtà, di vantaggi illegalmente acquisiti dalle imprese multinazionali perché, nello svolgersi tipico del fenomeno, a quei risultati di favore in quel dato ordinamento, tali imprese pervengono nel pieno rispetto delle norme in esso ordinamento esistenti.

Ai fini di una corretta identificazione del fenomeno qui in esame, non rilevano affatto le ipotesi di alterazione dei reali termini dell'interscambio fra società madre e società controllata ovvero fra società comunque collegate nell'ambito di uno stesso gruppo, ma, operanti in ordinamenti diversi. Tale assunto si basa sulla constatazione che, in quelle ipotesi, si è in presenza di comportamenti di per sé illegittimi dal punto di vista di ciascuno degli ordinamenti interessati, in quanto si tratti di atti che si traducano, in violazione, se non delle norme che regolano la formazione del bilancio, di norme tributarie o di disposizioni doganali. Il fatto che i comportamenti illegittimi attinenti, ad esempio, all'alterazione artificiosa di fatture intra gruppo possano non essere facilmente individuabili dal punto di vista di un certo Stato, e quindi restare impuniti, ha carattere episodico, spesso conseguente alle carenze legislative esistenti in quel dato sistema (o anche alla non corretta applicazione delle regole esistenti) e alla mancanza (o anche alla non utilizzazione) di adeguati strumenti di cooperazione giudiziaria internazionale.

Ma quei vantaggi di cui godono le imprese multinazionali nel senso indicato, si badi bene, non sono una caratteristica esclusiva di tali imprese. Infatti, l'idoneità a porsi, per raggiungere un determinato vantaggio economico, sotto l'ombrello di un ordinamento le cui norme si presentino a quel proposito come le più favorevoli, eludendo nel contempo le norme imperative dell'ordinamento naturalmente competente, era ed è attitudine propria di chiunque, individuo o società, possieda un patrimonio da investire. Sotto questo aspetto, dunque, ai consueti termini del problema le imprese multinazionali portano una differenziazione *quantitativa, non qualitativa*. Anche se non si può negare che l'operare delle imprese nel senso sopra descritto e, in particolare, l'idoneità a trasferire "legalmente" da uno Stato all'altro (o anche da una valuta all'altra) ingenti capitali, a seconda del momentaneo, specifico interesse della singola impresa multinazionale o anche in funzione dell'andamento generale del mercato dei cambi, può assumere proporzioni tali da sostanzialmente alterare la bilancia dei pagamenti dell'uno o dell'altro PVS e, su di un piano più generale, da incidere sulle strutture stesse dell'economia internazionale.

Ciò non di meno, l'essenza del fenomeno sta proprio nelle conseguenze che questo tipo di comportamento implica sul piano della concorrenza, vale a dire nella posizione di *vantaggio economico* che le imprese multinazionali, con quell'operare nell'ambito dell'esercizio della loro attività di impresa, mirano a conseguire e, nella realtà, conseguono nei confronti di imprese di dimensioni e di interessi soltanto nazionali; vantaggio di base che, lo si è già osservato, pur non traducendosi nella fattispecie vietata dalle regole comunitarie e nazionali della concorrenza di *abuso di posizione dominante*, è tale da alterare radicalmente nei suoi stessi presupposti il gioco della concorrenza fra le une e le altre imprese in relazione ad uno stesso mercato.

Tale profilo del tema è stato oggetto di esame in una pronuncia del Tribunale di primo grado della Comunità europea del 20 marzo 2001, nella causa T-30/99, *Bocchi-Food*. A fronte del rilievo della parte ricorrente per cui

> «le piccole e medie imprese non dispongono delle stesse opportunità di approvvigionamento e di vendita delle multinazionali», (Tribunale di primo grado, 20 marzo 2001, causa T-30/99, *Bocchi-Food Trade International Gmbtt c. Commissione*, in *Raccolta*, II-943)

il Tribunale precisa:

> «tali differenze riguardanti l'effetto della normativa, dovute a elementi obiettivi come *la diversità di dimensioni e di posizione sul mercato*, non possono essere qualificate come "discriminazione" ai sensi del Trattato» (v., nello stesso senso, CG 18 marzo 1980, causa 52/79, *Debauve e a.*, in *Raccolta*, 833, punto 21). La tesi della ricorrente presuppone in realtà un intervento politico del legislatore a sostegno delle piccole e medie imprese (punti 76 e 78)». (Corsivo aggiunto).

Sostanzialmente in linea con tale affermazione è la posizione della Commissione europea che, nella stessa causa T-30/99, aveva affermato che, per fare scomparire una siffatta discriminazione,

> «occorrerebbe attuare le decisioni in materia di politica dei mercati riconoscendo diritti differenti alle piccole e medie imprese e alle multinazionali. Tale soluzione rischierebbe tuttavia di distorcere la concorrenza in modo ingiustificabile» (*ibidem*, punto 71).

Se, inoltre, le dimensioni dell'impresa non incidono sulla qualificazione dell'attività tipica delle imprese multinazionali, rimanendo comune sia alle imprese multinazionali di notevoli dimensioni sia alle PMI l'utilizzazione degli stessi schemi sopra descritti, vale a dire, il ricorso ad un medesimo *modus operandi* con i relativi vantaggi, tuttavia, la misura di tali vantaggi, da un lato, e la pericolosità degli effetti di ordine pubblicistico del loro operare, dall'altro lato, aumentano in progressione geometrica in funzione delle maggiori dimensioni dell'impresa multinazionale in considerazione.

6.4. *Comportamenti illegittimi delle imprese multinazionali come elementi estranei alla fattispecie e meramente eventuali.*

Si è così chiarito che l'elemento che caratterizza l'operare delle imprese multinazionali è dato dai vantaggi di base che tali imprese "legalmente" acquisiscono nella loro azione proiettata su scala mondiale nei confronti delle imprese con struttura esclusivamente nazionale. Non vi è niente di illegittimo, ad esempio, nella scelta attuata da anni da *General Electric*, una conglomerata, fra le maggiori multinazionali statunitensi, di concentrare la maggior parte della propria attività di produzione in Cina, godendo così ampiamente di tutti quei vantaggi in precedenza sottolineati propri di quel mercato.

Ciò non significa, si badi bene, che talune imprese multinazionali non possano cercare di "incrementare" la misura di quei vantaggi attraverso comportamenti *per sé* illegittimi. La varietà della casistica è molto ampia e va dagli atti di corruzione di funzionari pubblici esteri al fine di ottenere illeciti vantaggi economici ad una data impresa multinazionale, all'inganno o anche a comportamenti negligenti nei riguardi del pubblico dei risparmiatori volti ad occultare situazioni di sostanziale insolvenza in capo a soggetti debitori, ai veri e propri disastri ecologici derivanti, se non altro, dall'esercizio in aree inadatte, ad alta densità di popolazione, di attività pericolose.

Per altro, quei comportamenti illegittimi non sono qualificanti dell'operare delle imprese multinazionali. Basti ricordare le grandi catastrofi ecologiche imputabili a Stati (si pensi all'allora Unione Sovietica ed al disastro nucleare di Chernobil); o che l'esercizio di attività pericolose è prerogativa anche di società, nazionali o multinazionali, ma in casa propria (si pensi, a titolo di mera esemplificazione, al campionario di casi attribuito alla Montedison: dai "*fanghi rossi*" di Scarlino alla nube tossica in Versilia, all'*Acna* di Cengio o agli impianti chimici di Porto Marghera); o ancora che il problema della corruzione non ha necessariamente connotazioni internazionali (si pensi alla "*tangentopoli*" milanese degli anni novanta o anche alla più recente "*calciopoli*" italiana).

6.5. *La cooperazione internazionale per la soluzione dei problemi suscitati dall'operare delle imprese multinazionali.*

La cooperazione internazionale, ha per lo più favorito il porre termine a specifiche situazioni illegittime e, in taluni casi, ha consentito l'individuazione delle singole responsabilità, ma non è stata idonea ad operare in fase di prevenzione. A tale stato di fatto i singoli ordinamenti nazionali hanno cercato di porre rimedio. Per quanto attiene, ad esempio, alle ipotesi di corruzione commesse all'estero, l'introduzione negli ordinamenti che disciplinano la vita e le vicende delle più importanti imprese multinazionali di pesanti sanzioni penali in relazione a comportamenti scorretti tenuti all'estero da funzionari, diretti o indiretti, o da agenti delle stesse, dovrebbe servire anche da deterrente e garantire comportamenti legittimi. Alla stregua del *Sarbanes-Oxley Act* americano, inoltre, in vari ordinamenti sono state introdotte leggi a tutela del mercato finanzio idonee a rendere più trasparenti e assoggettate a maggiori controlli le imprese, nazionali e non, che ricorrono al pubblico risparmio in quel dato mercato.

Sul piano internazionale, l'amplissima rete dei trattati per evitare le doppie imposizioni e per *prevenire le frodi fiscali*, ormai esistente a livello mondiale, dovrebbe allargare a dismisura quello scambio di informazioni fra le autorità fiscali degli Stati contraenti (art. 26 del modello di convenzione OCSE del 1977 contro la doppia imposizione) e consentire quei controlli incrociati sull'estero idonei a mettere l'autorità fiscale di ogni singolo Stato in condizione di colpire l'evasore, ma anche, talvolta, di individuare il responsabile di reati comuni (quali, ad esempio, il falso in bilancio per aver iscritto al passivo una fattura per un pagamento all'estero ad un soggetto di comodo in contropartita di servizi nella realtà mai prestati). In altri casi, è soltanto grazie alla cooperazione internazionale che sono stati sviluppati modelli di soluzioni normative uniformi (ad esempio quelle su *royalties* e *transfer prices*) che, da un lato, consentono di reprimere ed anche di prevenire possibili comportamenti illegittimi delle imprese multinazionali in campi fino a pochi anni or sono molto fertili per le stesse e, dall'altro lato, riducono le ipotesi di incertezza e di seria difficoltà nei rapporti interni delle imprese multinazionali.

Nell'ambito di una necessaria cooperazione internazionale, nel senso appena precisato, si colloca la Convenzione di Strasburgo dell'8 novembre 1990, sul riciclaggio, la ricerca e la confisca dei proventi di reato. Tale Convenzione è stata ratificata e resa esecutiva dall'Italia con legge 9 agosto 1993, n. 328. Alla Convenzione modificata nel 2001, ha fatto seguito una nuova Convenzione europea sull'antiriciclaggio del 16 maggio 2005 che ne estende l'applicazione al finanziamento del terrorismo e contiene disposizioni più pregnanti risultato dell'applicazione del precedente testo convenzionale. Analogo è l'*iter* seguito dall'UE con la direttiva 91/308 CEE del 10 giugno 1991 sulla prevenzione dell'uso del sistema finanziario a scopo di riciclaggio dei proventi di attività illecite, modificata dalla direttiva 2001/97 CE del Parlamento europeo e del Consiglio (*GUCE*, L 344 del 28 dicembre 2001, 76). A quella ha fatto seguito una nuova disciplina contenuta nella direttiva 2005/60 CE del 26 ottobre 2005 (*GUCE*, L 309 del 25 novembre 2005, 15) che abroga la precedente. Le misure internazionali e quelle comunitarie trovano un limite nel rispetto dei diritti dell'uomo dei soggetti inquisiti. Tale concetto è espresso con chiarezza nell'ultimo *considerandum* della direttiva 2005/60 che opportunamente precisa:

> "La presente direttiva rispetta i diritti fondamentali e osserva i principi riconosciuti in particolare dalla Carta dei diritti fondamentali dell'Unione europea. Nessuna disposizione della presente direttiva dovrebbe essere interpretata o applicata in modo incompatibile con la Convenzione europea dei diritti dell'uomo."

Per essere efficace, dunque, il discorso dovrebbe avere una portata così ampia da far ritenere una sua concreta realizzazione senz'altro utopistica. In tale prospettiva, infatti, la cooperazione dovrebbe essere attuata con la piena partecipazione non solo degli Stati industrializzati e dei PVS nella contrapposizione tipica dell'odierna società internazionale, ma anche di tutti gli altri Stati, non rientranti nella bipartizione appena ricordata, normalmente di dimensioni piccolissime (si pensi, a mero titolo esemplificativo, a taluni Stati caraibici) che fanno dell'ospitare società o, peggio ancora, banche "*off-shore*", le une e le altre (le cosiddette "*non resident companies*") con licenza di operare solo all'estero, la ragione stessa della loro esistenza. E lo sviluppo di traffici illeciti, dalla droga alla mafia ed alle grandi truffe internazionali, deve moltissimo a quei paesi ed all'irresponsabilità (o corruzione) del loro apparato pubblico!

Diviene, così, auspicabile la soluzione prospettata in dottrina di considerare tali imprese "autonome attrici nell'ordine legale internazionale" ovvero di riconoscere alle imprese multinazionali "una qualche soggettività internazionale", al fine di pervenire in tale modo ad una loro diretta sottoposizione ad obblighi nascenti da una disciplina internazionale specifica. In effetti, una delle conseguenze proprie della globalizzazione consiste nel dilatare la nozione di soggetti "interessati", valida nel nuovo ordine internazionale, in modo tale, in altre parole, da ricomprendere non soltanto gli Stati direttamente coinvolti in senso tradizionale (si pensi alla distinzione fra autotutela individuale e autotutela collettiva nella sentenza della *Barcelona Traction* sopra citata), ma anche tutti coloro (altri Stati ed anche soggetti diversi, all'uopo dotati di soggettività imperfetta) che attuano comportamenti illegittimi o anche subiscono a vario titolo le conseguenze di comportamenti illegittimi di terzi.

6.6. (segue): i c.d. "codici di condotta".

Soprattutto nell'ultima parte del secolo scorso si è sviluppata una tendenza di organizzazioni internazionali a predisporre "codici di condotta" o "codici etici", rivolti, non tanto agli Stati, ma direttamente alle stesse imprese multinazionali o transnazionali allo scopo precipuo di "moralizzarne" l'attività, oltre che in campo economico, anche in relazione alla politica sociale, stabilendo a tale proposito dei principi cardine atti a regolare gli aspetti fondamentali dei rapporti di lavoro e delle relazioni industriali a livello transnazionale (v. la "*Dichiarazione tripartita di principi sulle imprese multinazionali e la politica sociale*" del Com. Ann. OIL del 16 novembre 1977, in *International Economic Law-Basic Doc.*, a cura di DE GRUYTER, Berlin, 1993, doc. 43).

Fra i codici di condotta di contenuto generale sulle imprese multinazionali, predisposti da organizzazioni internazionali si rammentano quello dell'OCSE del 1976, con testo rivisto ed aggiornato nel 1982 e nel 1984 e quello delle Nazioni Unite del 1982, rivisto nel 1986. Più recentemente, nella stessa prospettiva si collocano i *Principi direttivi* all'indirizzo delle imprese multinazionali approvati a Parigi, in sede di Consiglio dell'OCSE, il 27 giugno 2000 dai ventinove Stati membri dell'organizzazione oltre che da Argentina, Brasile, Cile e Slovacchia. Caratteristica comune dei vari codici è di essere privi di valore vincolante persino nei singoli ordinamenti nazionali: ciascuno di essi mira a regolare la condotta delle imprese senza imporre l'adattamento del diritto interno a disposizioni internazionali di contenuto non obbligatorio e che vengono soltanto "raccomandate".

Il risultato attuale, a ben vedere, frutto di compromessi fra gli interessi di cui sono portatori gli Stati industrializzati e quelli dei PVS, non è particolarmente stimolante.

I grandi scandali finanziari degli ultimi anni, scoppiati proprio in taluni dei principali Stati industrializzati (si pensi ad Enron, WorldCom, Parmalat, per citarne qualcuno) costituiscono la prova più evidente dell'inefficienza del sistema *"volontaristico"*.

Ciò nondimeno, non si può negare alla dialettica internazionale nella materia il risultato di avere contribuito a distinguere, con ampie convergenze, le attività illecite da quelle legittime dell'operare delle imprese multinazionali. Inoltre le regole di comportamento dei codici, anche se hanno al più natura di *"soft law"* per le ragioni sopra esposte, ove oggetto di continuativa applicazione nella prassi, potrebbero dare luogo alla formazione di singole norme consuetudinarie o anche essere inserite in accordi internazionali, acquistando così, un'efficacia vincolante.

7.1. *"Dumping" e "sovvenzioni" come strumento di distorsione del commercio internazionale.*

In via di mera approssimazione e facendo riferimento al concetto elaborato dalla dottrina economica, si ha una vendita in "dumping" allorché un prodotto viene immesso in un mercato estero, il mercato di importazione, ad un prezzo più basso rispetto a quello di un prodotto identico o comparabile, in vendita nel mercato d'origine o di esportazione. La definizione appena data descrive soltanto *prima face* il fenomeno, nella realtà, ben più complesso, ma ne coglie l'aspetto sostanziale di strumento volto a provocare distorsioni al commercio internazionale. Ed infatti le vendite in *dumping*, innanzitutto, sono dirette a determinare perturbazioni, in misura più o meno importante a seconda dei casi, in un dato settore economico del mercato di importazione; hanno, poi, l'ulteriore effetto di attribuire un vantaggio di base all'impresa esportatrice nei confronti di qualsiasi altro produttore, estero o nazionale, che operi nel mercato di importazione.

Analoghi sono gli effetti pregiudizievoli che, in linea di principio, hanno le "sovvenzioni" all'esportazione delle quali, a qualsiasi titolo ed in qualunque modo, possono beneficiare determinate imprese o categorie di imprese di un certo paese, con riguardo al processo produttivo od altro, in modo tale da trarne vantaggio nell'esportazione di un prodotto o di una serie di prodotti, all'atto della loro immissione in un mercato diverso da quello d'origine. Anche in questa seconda ipotesi il pregiudizio al commercio internazionale si identifica con il pregiudizio arrecato ad un settore economico di un mercato cui corrisponde, quale ulteriore effetto, un indebito vantaggio che le imprese o le categorie di imprese beneficiarie delle sovvenzioni acquisiscono nei confronti di tutti gli altri concorrenti nello stesso settore di quel determinato mercato.

Inquadrati così il fenomeno del *dumping* e quello delle sovvenzioni fra gli strumenti di distorsione del commercio internazionale appare del tutto logico che gli effetti negativi appena enunciati siano stati oggetto della disciplina convenzionale di cui agli artt. VI, XVI e XXIII del GATT. La materia è oggi disciplinata da due distinti trattati: l'*Accordo relativo all'applicazione dell'articolo VI* del GATT 1994 (sul *dumping*) e l'*Accordo sulle sovvenzioni e sulle misure compensative*, l'uno e l'altro facenti parte, lo si è già osservato, dell'allegato I all'Accordo istitutivo della WTO.

D'altro canto, va subito messo in rilievo che l'arbitrario ricorso alle procedure *anti dumping* da parte dell'autorità di questo o di quello Stato o della CE (che nella materia costituisce l'unico interlocutore internazionale in sostituzione dei singoli Stati membri dell'UE, *ex* art. 133 CE), può trasformare l'applicazione di tale disciplina in forme, più o meno occulte, ma senz'altro efficaci, di protezionismo, con conseguenti distorsioni gravissime al commercio internazionale. In altri termini, l'utilizzazione strumentale delle disposizioni atte ad annullare gli effetti pregiudizievoli propri delle vendite in *dumping* o con il sussidio di sovvenzioni si traduce in un illegittimo vantaggio di un dato settore dell'industria nazionale, realizzando, in definitiva, proprio quel risultato distorsivo che l'Accordo Generale mira ad evitare.

7.2. *La nuova disciplina internazionale del* dumping *e delle sovvenzioni e l'attuazione nella Comunità europea.*

Anche in funzione di tali ultimi rilievi, i nuovi testi internazionali sottoscritti a Marrakech contengono una regolamentazione completa sia del *dumping* sia delle sovvenzioni con la previsione di disposizioni innovative che investono quasi ogni aspetto della relativa disciplina.

In particolare, l'Accordo sul *dumping* assoggetta a requisiti più severi l'imposizione di misure *antidumping*, introducendo norme particolareggiate sulla determinazione del margine del *dumping*; regola in modo più preciso la procedura per l'apertura e lo svolgimento di un'inchiesta e sottopone a restrizioni l'istituzione di dazi provvisori e l'applicazione delle norme relative all'assorbimento del dazio *antidumping*.

L'Accordo sulle sovvenzioni aggiunge ai profili appena indicati una più precisa individuazione della fattispecie, introducendo, per la prima volta in un testo internazionale, la nozione di "*sovvenzione*".

Dall'analisi complessiva dell'Accordo, infatti, si ricava che gli elementi distintivi della sovvenzione sono fondamentalmente tre. Il primo, concerne il carattere specifico o meno della sovvenzione. La distinzione poggia sull'assunto per cui soltanto la sovvenzione destinata a particolari soggetti (imprese o gruppi di imprese) è suscettibile di conferire ai destinatari vantaggi competitivi apprezzabili. Il secondo elemento, poi, è relativo alle modalità di erogazione della sovvenzione, che può essere *diretta*, consistendo in un'attribuzione di denaro in funzione dell'attività svolta, o *indiretta*, quando l'impresa beneficia di una riduzione dei costi e degli oneri che deve sostenere. Il terzo ed ultimo elemento è relativo alla distinzione tra sovvenzione all'esportazione e sovvenzione alla produzione. Nel primo caso, soggetto a divieto assoluto (semaforo rosso), l'aiuto statale viene concesso allo scopo di aumentare le esportazioni; mentre, in relazione all'ipotesi di aiuto finalizzato a sostenere, in modo selettivo o generale, lo sviluppo dell'industria nazionale sul piano interno, trattasi di sovvenzione vietata (semaforo giallo), soltanto allorché dalle misure agevolatrici possa derivare un pregiudizio al commercio di terzi Stati.

L'uno e l'altro accordo contengono disposizioni speciali in favore dei PVS, membri dell'Organizzazione. Così, in base all'art. 15 dell'Accordo sul *dumping*, l'applicazione di dazi *antidumping* che possano pregiudicare gli interessi fondamentali dei PVS, presuppone l'esame negativo delle possibilità di utilizzare una diversa soluzione costruttiva offerta dall'Accordo. L'art. 27 dell'Accordo sulle sovvenzioni contiene tutta una serie di disposizioni implicanti un trattamento speciale e differenziato degli Stati membri in via di sviluppo, nella convinzione comune che le sovvenzioni possano svolgere un ruolo importante nei programmi di sviluppo economico dei PVS.

Il complesso delle nuove norme, è informato a quel rafforzamento della certezza del diritto che aveva costituito il principale obiettivo perseguito dalla Comunità europea all'inizio dei negoziati dell'*Uruguay Round* e che, alla fine, è stato raggiunto con una maggiore precisione delle norme, un più alto grado di trasparenza ed un miglior rispetto dei diritti delle parti.

In funzione dei diversi organi abilitati ad applicare la regolamentazione internazionale sul *dumping* e sulle sovvenzioni nelle varie aree geografiche, nella realtà effettiva, assumono decisiva rilevanza le regole interne (non sempre identiche) di attuazione di quella regolamentazione internazionale. E ciò, in particolare, si verifica nella CE, negli USA, in Messico ed in Canada ed in applicazione del *North American Free Trade Agreement*, *NAFTA*, ed ancora, più recentemente nella Repubblica Popolare di Cina, nell'ambito dei rispettivi strumenti giurisdizionali.

I relativi atti normativi comunitari vigenti sono:

a) il regolamento del Consiglio n. 384/96 del 22 dicembre 1995, relativo alla difesa contro le importazioni oggetto di *dumping* da parte di paesi non membri della Comunità europea (entrato in vigore il 6 marzo 1996, ai sensi dell'art. 24), così come modificato dal regolamento del Consiglio n. 2331/96 del 2 dicembre 1996, dal regolamento del Consiglio n. 905/98 del 27 aprile 1998, dal regolamento del Consiglio n. 2238/2000 del 9 ottobre 2000, dal regolamento del Consiglio n. 1972/2002 del 5 novembre 2002 e, da ultimo, dal regolamento del Consiglio n. 461/2004 dell'8 marzo 2004; e

b) il regolamento del Consiglio n. 2026/97 del 6 ottobre 1997, relativo alla difesa contro le importazioni oggetto di sovvenzioni provenienti da paesi non membri della Comunità europea (entrato in vigore il 21 ottobre 1997, ai sensi dell'art. 35), così come modificato, da ultimo, dal regolamento del Consiglio n. 461/2004 dell'8 marzo 2004.

Nell'ambito dei documenti attuativi dei recenti accordi internazionali conclusi in sede di GATT è stato pubblicato anche il regolamento del Consiglio n. 3286/94, del 22 dicembre 1994 (in *GUCE*, L. 349 del 31 dicembre 1994, 71 ss.), così come modificato dal regolamento del Consiglio n. 356/1995 del 20 febbraio 1995, che stabilisce le procedure comunitarie nel settore della politica commerciale comune al fine di garantire l'esercizio dei diritti della Comunità nell'ambito delle norme commerciali internazionali, in particolare di quelle istituite sotto gli auspici dell'Organizzazione mondiale del commercio (WTO).

7.3. *(segue): la natura giuridica del* dumping*: i requisiti.*

Ponendosi dal punto di vista dell'Unione europea, si versa in ipotesi di *dumping* allorché:

a) le vendite, con importazione di prodotti nella Comunità dall'esterno di essa, siano state effettuate ad un prezzo inferiore al loro valore normale, purché tali vendite non abbiano un carattere saltuario o occasionale, con riferimento ad un periodo di tempo "prolungato", di norma, un anno, e, comunque, non minore di sei mesi; la differenza fra il valore normale di un prodotto simile, risultante dall'applicazione di complesse formule matematiche, ed il prezzo all'esportazione del prodotto nella Comunità, preso in considerazione allo stesso stadio del modello, a seguito di un "equo confronto" determina il margine di *dumping*, indicato in percentuale sul prezzo all'esportazione;

b) vi sia un conseguente pregiudizio, attuale o potenziale, per l'industria comunitaria, che deve essere "notevole" e va determinato sulla base di "prove dirette positive";

c) tra le vendite in considerazione nel periodo ed il pregiudizio vi sia un nesso di causalità.

La presenza di tutti e tre gli elementi sopra enunciati dà luogo all'applicazione di una forma di sanzione particolare, vale a dire, di misure, sotto la forma di dazi, le quali, in relazione alle circostanze di fatto del caso di specie, risulteranno appropriate al fine di eliminare il pregiudizio causato dal *dumping* (o dalla sovvenzione) o, meno di consueto, per prevenirlo.

A quegli elementi, nella disciplina comunitaria, se ne aggiunge un ulteriore, dato dal c.d. "*interesse della Comunità*". Salva l'ipotesi eccezionale di avvio d'ufficio dell'inchiesta *ex* art. 5, par. 6 del regolamento n. 384/96 e *ex* art. 10, par. 10 del regolamento n. 2026/97, l'onere della prova di ciascuno dei tre elementi costitutivi del *dumping* appena indicati spetta al denunziante.

Mentre la presenza di una situazione di *dumping* si manifesta, di consueto, con un eccessivo aumento della quota di mercato di certi prodotti extracomunitari o con la non diminuzione della quota di mercato nonostante l'apprezzamento della moneta del paese di esportazione rispetto a quelle comunitarie, è in ogni caso necessaria l'esistenza di un nesso di causalità tra le importazioni che sono oggetto del *dumping* o della sovvenzione ed il pregiudizio. Così a mero titolo esemplificativo, nel regolamento n. 2516/86 della Commissione del 4 settembre 1986, che istituisce un dazio *antidumping* provvisorio sulle importazioni di cuscinetti a rotolamento originari del Giappone (in *GUCE*, L. 221 del 7 settembre 1986, 16 ss.), risulta esplicita nell'ambito della determinazione del pregiudizio la valutazione dell'importanza dello stesso e del regime di causalità. Al primo riguardo viene espressamente affermato al punto 56:

> «Il sensibile aumento delle importazioni di sostegni per cuscinetti a rotolamento di origine giapponese registrato dopo il 1981 (26%), i livelli dello sottoquotazioni constatati nel periodo 1° dicembre 1984-31 maggio 1985, la relazione fra la quota di mercato dei sostegni di origine giapponese e quella dei produttori comunitari interessati (praticamente 40: 60), l'impatto che deriva sull'industria comunitaria per quanto riguarda i prezzi di vendita dei sostegni comunitari, lo sfruttamento della capacità, i benefici e il rendimento degli investimenti dei produttori comunitari in questo settore, *hanno indotto la Commissione a concludere che le importazioni dei sostegni, originari del Giappone, a prezzi di dumping hanno causato un importante pregiudizio all'industria comunitaria*». (Il corsivo è mio).

A conclusione dell'esame preliminare la Commissione ha applicato un dazio provvisorio in misura non inferiore ai margini ponderati di *dumping*. È interessante rilevare che fra gli esportatori colpiti dal provvedimento, accanto alla *Nippon Seiko KK* raggiunta da un dazio del 17,99% e ad altri esportatori, con dazi in diversa misura, vi è la *Nachi Fujikoshi Corp.*, colpita da un dazio del 1,13%, esattamente corrispondente al margine di *dumping* rilevato nei suoi confronti e che tale modesta percentuale non ha avuto alcun impatto nell'accertamento dell'importanza del pregiudizio e nella conseguente applicazione del dazio. La responsabilità, infatti, consegue automaticamente alla violazione, restando del tutto irrilevante la presenza di colpa e tanto meno di dolo da parte dell'esportatore o, eventualmente, dell'importatore.

È ancora il caso di ribadire che non tutta l'industria del paese di esportazione viene ad essere colpita da misure *antidumping* o compensative: l'imposizione di tali dazi, si badi bene, concerne unicamente quelle imprese non comunitarie che hanno esportato in violazione nella Comunità ed è del tutto consueto che, nel corso della procedura, talune imprese vengano riconosciute esenti da responsabilità e che, quindi, in definitiva, non trovino applicazione nei loro confronti le misure *antidumping* o quelle compensative. In ogni caso, poi, i dazi *antidumping* o compensativi vengono applicati, anche nella stessa procedura, in modo differenziato in funzione del margine di *dumping* realizzato da ciascun esportatore ed in relazione ad ogni tipo di prodotto sotto inchiesta.

Ampi sono i diritti di difesa riconosciuti agli inquisiti ed analogamente ampi sono i diritti che la regolamentazione in questione attribuisce ai denunzianti, produttori della Comunità. Si tratta del diritto di presentare alla Commissione qualsiasi informazione ritenuta utile, di prendere conoscenza, sia pure con talune riserve, delle informazioni di cui dispone la Commissione, di essere sentiti su loro istanza, di avere la possibilità di incontrare le altre parti del procedimento e, infine, di essere informati, con almeno un'indicazione di sintesi dei relativi motivi, nel caso in cui la Commissione decida di non dare seguito alla denuncia sia nella fase preliminare dell'inchiesta sia in caso di chiusura delle indagini finali (v. CG, 4 ottobre 1983, causa 191/82, *Fediol c. Commissione*, in *Raccolta*, 2934). In funzione dei rilievi appena esposti non può stupire che, in aggiunta alla procedura di riesame, globale o parziale, dei regolamenti che istituiscono dazi *antidumping* o compensativi e delle decisioni di accettare impegni ed alla domanda di restituzione, procedure esplicitamente previste dagli artt. 8 e 11 del regolamento 384/96 per il *dumping* e dagli artt. 18-21 e 13 del regolamento n. 2026/97 per le sovvenzioni, tutte le parti interessate in un procedimento *antidumping* o sulle sovvenzioni siano legittimate a ricorrere in annullamento, a partire dal 15 marzo 1994, al Tribunale di primo grado, ai sensi del quarto comma dell'art. 230 del Trattato CE.

Per quanto attiene alla posizione dei soggetti inquisiti, la Corte di giustizia, già nei noti casi dei "cuscinetti a sfere" dal Giappone, ha ritenuto ricevibile il ricorso in annullamento delle società giapponesi produttrici ed esportatrici, colpite dall'applicazione di dazi *antidumping* e di talune società importatrici, espressamente considerate nel provvedimento del Consiglio, riconoscendo, nella fattispecie, che si trattava, nella sostanza, di "una decisione collettiva riguardante dei destinatari nominativamente designati" e che le disposizioni in questione toccavano "direttamente" e "individualmente" gli interessi delle persone fisiche e giuridiche nei confronti delle quali venivano applicate.

In ipotesi di regolamento che imponga dazi *antidumping* sulle importazioni di prodotti fabbricati da varie autonome imprese esportatrici, è chiaro che ciascuna di tali imprese può essere considerata interessata "direttamente" e "individualmente" nei limiti di quella parte del provvedimento che riguarda l'importazione nella Comunità dei suoi prodotti. Nella sentenza del 10 marzo 1992 (causa C-174/87, *Ricoh* c. *Consiglio*, in *Raccolta*, 1335, punti 6 e s.), la Corte ha respinto la domanda principale di annullamento integrale del regolamento *antidumping* impugnato, dichiarando ricevibile soltanto la domanda formulata in subordine e intesa a far annullare il regolamento impugnato nella parte che riguardava individualmente la *Ricoh*.

Anche l'impresa o l'associazione di imprese denuncianti, che prendono parte attiva al procedimento, sono legittimate a proporre il ricorso alla Corte (oggi al Tribunale di primo grado) in base all'art. 230, quarto comma, del Trattato di Roma, in ipotesi di chiusura di una procedura senza applicazione di misure di difesa da parte delle istituzioni comunitarie o anche in caso di applicazione di misure di difesa da quelle ritenute inidonee ad eliminare il pregiudizio v. Corte di giustizia, sentenza del 4 ottobre 1983, in causa 191/82, *Fediol*, cit.).

7.4. Dumping *e concorrenza nella Comunità europea.*

La ricostruzione appena delineata della regolamentazione comunitaria come risultante dall'attuazione degli Accordi del GATT 1994 conferma che tale disciplina ha la funzione diretta ed immediata di eliminare quella sorta di distorsioni al commercio, determinata da indebite importazioni nella Comunità in *dumping* o con l'aiuto di "sovvenzioni". E quell'effetto primario si realizza mediante l'applicazione di una normativa uniforme, di origine internazionale: il gruppo di accordi del GATT/WTO del 1994. In altre parole, la normativa comunitaria *antidumping* e sulle sovvenzioni costituisce, innanzitutto, uno *strumento di politica commerciale* destinato a proteggere il mercato comune contro importazioni *illegittime* provenienti da paesi terzi.

Tale disciplina ha un ulteriore rilevante effetto, che va al di là della sua primaria funzione macroeconomica: nell'ambito del settore di mercato colpito da importazioni illegittime, ha anche la funzione di eliminare le distorsioni che si producono in quel mercato sul piano della concorrenza, evitando che delle imprese (extracomunitarie), esportatrici, e/o delle imprese (comunitarie), importatrici, si avvantaggino indebitamente su di altre imprese (nazionali, comunitarie od anche extracomunitarie). Sotto questo secondo profilo, dunque, la problematica si sposta dalla tutela di interessi di Stati alla tutela di quegli interessi individuali che sono propri delle imprese di un determinato settore.

La stretta connessione fra le norme che regolano la materia e la disciplina della concorrenza era del resto ben presente al legislatore comunitario che, non a caso, ha inserito le "pratiche di *dumping*" (infracomunitario), nel capo I, sotto il titolo "Regole di concorrenza", del titolo primo della parte terza del Trattato CE, fra le "Regole applicabili alle imprese" artt. 81-86 e gli "Aiuti concessi" dagli Stati artt. 87-89. Osserva l'Avvocato generale, VERLOREN VAN THEMAAT, nelle sue conclusioni nelle cause riunite 239 e 275/82, *Allied Corporation*, in *Raccolta*, 1005 che

> «il dumping è un fenomeno apparentato, per natura, a forme di alterazione della concorrenza cui, nel sistema del Trattato CE, si cerca di opporsi mediante decisioni. In particolare, il dumping costituisce una discriminazione in materia di prezzi che estende oltre i confini di un solo Stato (resa possibile dall'esistenza di barriere doganali), di natura strettamente affine alle pratiche discriminatorie vietate dall'art. 85, n. 1, lett. d) (oggi art. 81) e dall'art. 86, lett. c) (oggi art. 82) del Trattato».

E prosegue affermando che,

> «nei suoi effetti, il dumping è inoltre paragonabile all'istituzione di aiuti dichiarati incompatibili col mercato comune dall'art. 92 (oggi art. 87), in particolare aiuti all'esportazione, ai quali si cerca ugualmente di opporsi mediante decisioni».

Un'ulteriore conferma testuale in tale senso è data dal disposto del secondo comma dell'art. 131, posto nel Capo IV del Titolo II, sotto il titolo "Politica commerciale comune", lo stesso in cui si colloca l'art. 133, n. 1, costituente la base normativa della competenza comunitaria in merito al *dumping* extracomunitario. Dispone il secondo comma dell'art. 131 che

> «la politica commerciale comune tiene conto dell'incidenza favorevole che la soppressione dei dazi fra gli Stati membri può esercitare sullo sviluppo della capacità di concorrenza delle imprese di tali Stati».

I profili concorrenziali, del resto, sono tenuti ben presenti nella prassi comunitaria della materia qui in considerazione, innanzitutto, nelle valutazioni del "pregiudizio" da parte delle istituzioni della Comunità, inoltre e soprattutto, nell'esame sulla presenza del cosiddetto "interesse della Comunità". Sotto quest'ultimo aspetto, Consiglio e Commissione, a seconda dei casi, non di rado, si sono espressamente preoccupati, non soltanto dell'esigenza di eliminare le distorsioni che non consentissero all'industria comunitaria "di sostenere la concorrenza con le importazioni", ma persino di accertare che la stessa introduzione dei dazi *antidumping* non dovesse produrre effetti negativi sulla concorrenza nel mercato comune.

Muovendosi in questa prospettiva, il Consiglio nel regolamento 2322/85 del 12 agosto 1985, nel caso relativo alle importazioni di glicina originaria del Giappone, già ricordato nel paragrafo che precede, nell'ambito dell'accertamento dell'interesse della Comunità ha espresso determinazioni che tengono in tutta preminenza la difesa della concorrenza nel mercato comune (v. *GUCE*, L 218 del 15 agosto 1985). È sempre sulla base di una valutazione di aspetti attinenti alla concorrenza che, in situazione analoga, nell'istituire un dazio *antidumping* provvisorio sulle importazioni di permanganato di potassio provenienti dalla Cecoslovacchia, dalla Repubblica democratica tedesca e dalla Repubblica popolare cinese (v. regolamento 2495/86 del 1° agosto 1986, cit., 12 ss.), la Commissione ha ritenuto che tale dazio dovesse essere applicato in misura esattamente corrispondente al pregiudizio.

Da tali rilievi discendono conseguenze di non poco momento sul piano delle impugnative. Innanzitutto, in ipotesi di utilizzazione strumentale da parte delle autorità di uno Stato della disciplina sul *dumping* e sulle sovvenzioni a fini meramente protezionistici, è sempre possibile l'intervento in sede GATT dello Stato (o della CE, *ex* art. 133 CE, per accuse di vendite in *dumping* o con l'ausilio di sovvenzioni da parte di terzi Stati nei confronti di imprese comunitarie) i cui interessi economici siano danneggiati ai sensi dell'art. 17 dell'*Accordo antidumping* del 1994 che regola, appunto, "consultazioni e risoluzione delle controversie" in materia di *dumping* e dell'art. 30 dell'Accordo sulle sovvenzioni di pari data.

Su di un piano diverso, ponendosi dal punto di vista dell'ordinamento comunitario, con riguardo alle conseguenze di ordine "privatistico", al danno, cioè, subito dalle imprese per effetto di una vicenda di *dumping* o di sovvenzioni, la rilevata stretta connessione con la materia *antitrust* fornisce un'ulteriore conferma del fatto che spetti a ciascuno dei soggetti interessati nell'ambito di una determinata procedura l'impugnativa al Tribunale di primo grado a tutela dei rispettivi interessi ai sensi dell'art. 230, quarto comma, CE.

Giova ancora rilevare che gli stessi elementi di fatto presenti nella singola fattispecie, oggetto della disciplina *antidumping* o sulle sovvenzioni potrebbero venire in considerazione anche dal punto di vista della normativa *antitrust*, per integrare ipotesi di illiceità colpite in sede di applicazione degli artt. 81 e 82

CE. Così, a titolo di esempio, una pratica di *dumping* potrebbe avere alla base un accordo sulla fissazione diretta o indiretta dei prezzi d'acquisto fra produttore estero e impresa importatrice comunitaria. In tale caso, a lato della violazione delle regole sul *dumping*, si concreterebbe anche l'autonoma violazione del par. 1, lett. *a* dell'art. 81 CE o ancora potrebbe essere lo strumento con il quale un produttore, in forza di vendite sottocosto (*predatory pricing*) miri ad eliminare un concorrente dal mercato.

Si osserva, infine, che la complementarietà delle regole di concorrenza rispetto a quelle sul *dumping* può venire in evidenza sotto un differente profilo. Mi riferisco a quelle ipotesi di concorrenza sleale rimaste nella competenza di ciascun sistema interno. Così, ponendosi dal punto di vista dell'ordinamento italiano, possono venire in rilievo quelle violazioni dell'obbligo di conformità ai principi della correttezza professionale idonee a danneggiare l'azienda altrui, qualificate come atti di concorrenza sleale ai sensi dell'art. 2598 n. 3 c.c. Ed è ormai consolidata l'opinione di chi ritiene che commette atti di concorrenza sleale, ai sensi della disposizione appena citata, colui che si avvantaggia, nella sua attività di impresa, della violazione di norme di diritto pubblico, siano esse di ordine penale (contrabbando) o anche amministrativo (imposte sul valore aggiunto – IVA), norme cioè direttamente rivolte ai fini di tutela di interessi superiori. In tali ipotesi, si ritiene che determinati atti considerati illegittimi nella disciplina pubblica dell'economia possano altresì costituire un atto di concorrenza sleale, *allorché sussistano gli elementi previsti dall'art. 2598 n. 3 c.c.* La qual cosa si verifica ogni qualvolta il mancato rispetto di norme economiche fa sì che, in rapporto di causa ad effetto, la posizione di un'impresa diventi *più vantaggiosa* di quella dei concorrenti, mutando in modo inammissibile "l'uguaglianza delle condizioni di gioco".

Non ho dubbi che, in caso di conclusione di un procedimento comunitario per vendite in *dumping* o con l'ausilio di sovvenzioni di imprese extracomunitarie in Italia con l'imposizione da parte della competente autorità comunitaria di dazi *antidumping* o di diritti compensativi, le imprese danneggiate abbiano la facoltà di utilmente agire per danni, ai sensi dell'art. 2600 c.c., nei confronti di tali imprese extracomunitarie anche davanti al giudice italiano, sull'argomento della violazione degli obblighi di correttezza professionale, tutelati dall'art. 2598 n. 3 c.c., *a latere* e sul presupposto dell'accertata violazione in sede comunitaria.

7.5. *L'attuazione della disciplina convenzionale sul* dumping *e sulle sovvenzioni negli Stati Uniti d'America.*

Il diritto americano è stato adeguato agli Accordi dell'*Uruguay Round* in tema di *dumping* e di sovvenzioni con l'*Uruguay Round Agreements Act* dell'8 dicembre 1994, cit., Sec. 201-291.

Nella legislazione degli Stati Uniti il procedimento *antidumping* era e rimane un procedimento complesso, demandato alla competenza del *Department of Commerce* (DOC) e dell'*International Trade Commission* (ITC), un'agenzia governativa indipendente, composta di sei membri di nomina presidenziale.

Al primo compete la determinazione dell'esistenza del *dumping*, mentre alla seconda spettano le valutazioni attinenti all'esistenza di un pregiudizio importante ("*material injury*") o della minaccia di un tale pregiudizio per un settore dell'industria nazionale, quale conseguenza del *dumping,* o alla verifica se lo stabilimento di un'industria negli Stati Uniti sia "*materially*" ritardata a motivo di importazioni di merce o di vendite o di minaccia di vendite di tale merce per l'importazione. Il sistema del doppio binario è di per sé fonte di difficoltà per le imprese inquisite, non essendo in concreto facilmente separabili le rispettive competenze e procedendo le due amministrazioni in modo autonomo. In generale, poi, la denunzia da parte di imprese americane assume nella sostanza un peso molto maggiore di qualsiasi attività di difesa, a prescindere da chi, formalmente, abbia l'onere della prova. La doppia decisione finale, "*l'order*", ove positiva, determina l'applicazione di dazi antidumping; é impugnabile dalle imprese interessate avanti alla *US Court of International Trade*. La sentenza di quest'ultima è eventualmente appellabile, secondo le regole generali, avanti alla *US Court of Appeals for the Federal Circuit* e, successivamente, avanti alla *Corte Suprema*.

Si segnala, inoltre, che il *Continued Dumping and Subsidy Offset Act* dell'ottobre 2000 (noto come "*Byrd Amendment*") prescrive addirittura che i ricavi ottenuti dalle sanzioni irrogate in applicazione delle norme anti-dumping e sulle sovvenzioni *siano distribuiti alle società americane che hanno denunciato le violazioni*, in aperto conflitto con diverse disposizioni degli accordi sulla WTO. Con questo ingegnoso meccanismo le industrie americane ricevono di fatto un doppio beneficio dalla propria legislazione nazionale: attraverso l'imposizione di dazi anti-dumping vengono protette dall'importazione di prodotti esteri, originariamente venduti a prezzi inferiori rispetto a quelli nazionali, ma ottengono anche, quali "*affected domestic producers*", la distribuzione dei proventi dei dazi antidumping riscossi in un certo anno fiscale, entro 60 giorni dall'inizio dell'anno fiscale successivo. Nonostante che un *WTO Panel*, con raccomandazione del 16 settembre 2002 (WT/D234R), confermata dall'*Appellate Body* il 16 gennaio 2003 (WT/DS 234/AB/R) abbia riconosciuto l'illegittimità della legge ed abbia raccomandato al DSB di richiedere agli Stati Uniti di adeguare la propria legislazione agli obblighi scaturenti dall'Accordo Anti-Dumping ed a quello sulle Sovvenzioni, gli Stati Uniti continuano a distribuire alle industrie domestiche i proventi in oggetto. In data 13 giugno 2003, l'arbitro unico Taniguchi ha depositato il lodo in base al quale il "*reasonable period of time*" per gli Stati Uniti per conformarsi alla decisione *ut supra* scade definitivamente il 27 dicembre 2003.

A tutt'oggi, gli Stati Uniti non hanno modificato la legge. Come reazione, la

CE ha chiesto all'organo di conciliazione di essere autorizzata a sospendere l'applicazione agli Stati Uniti delle proprie concessioni tariffarie e dei relativi obblighi assunti nell'ambito del GATT 1994. La vertenza è stata deferita ad arbitrato. Il 31 agosto 2004, l'arbitro ha stabilito che l'entità dell'annullamento dei benefici o del pregiudizio causati ogni anno alla Comunità era pari al 72% dell'importo dei pagamenti per il Byrd Amendment relativi a dazi antidumping o compensativi versati per le importazioni provenienti dalla Comunità nel corso dell'anno più recente per il quale erano all'epoca disponibili dati pubblicati dalle autorità statunitensi. L'arbitro ha pertanto concluso che la sospensione richiesta dalla CE era legittima sino alla concorrenza di un valore commerciale complessivo annuo non superiore all'entità dell'annullamento dei benefici o del pregiudizio. Il 26 novembre 2004, conformemente alla decisione dell'arbitro, l'organo di conciliazione della WTO ha concesso alla CE l'autorizzazione a sospendere l'applicazione agli Stati Uniti delle concessioni tariffarie e dei relativi obblighi previsti dal GATT 1994 nei limiti indicati. Di conseguenza, la CE ha emanato il regolamento (CE) n. 673/2005 del Consiglio, del 25 aprile 2005 (in *GUUE*, L 110 del 30 aprile 2005, p. 1), che istituisce dazi doganali supplementari sulle importazioni di determinati prodotti originari degli Stati Uniti d'America. L'art. 1 prevede che:

> «Le concessioni tariffarie e gli obblighi connessi previsti per la Comunità nel quadro dell'accordo GATT del 1994 sono sospesi per quanto riguarda i prodotti originari degli Stati Uniti d'America elencati nell'allegato I del presente regolamento»;

mentre l'art. 2 stabilisce:

> «In aggiunta ai dazi doganali previsti dal regolamento (CEE) n. 2913/92 del Consiglio, del 12 ottobre 1992, che istituisce il codice doganale comunitario, sui prodotti originari degli Stati Uniti d'America elencati nell'allegato I del presente regolamento sono applicati dazi pari al 15 % *ad valorem*».

Alcuni allegati al Regolamento 637/2005 sono stati integrati dal regolamento (CE) n. 632/2006 della Commissione, del 24 aprile 2006 (in *GUUE*, L 111 del 25 aprile 2006, p. 5).

7.6. *L'attuazione delle regole del GATT/WTO sul* dumping *e sulle sovvenzioni nell'ordinamento cinese.*

La Repubblica Popolare di Cina ha depositato l'*application* per l'ammissione al WTO il 7 dicembre 1995. Poco dopo, nel 1997, ha emanato un primo regolamento antidumping e contro le sovvenzioni dal contenuto estremamente vago e, come tale, aperto alla più ampia discrezionalità in sede applicativa, all'evidente scopo di attribuire valore di importanti "concessioni" alle modifiche che vi ha poi dovuto apportare in esecuzione del Protocollo di Accesso del 2001, con successivi emendamenti sino al giugno 2004. La procedura, oggi affidata al

Ministero del Commercio, nonostante si ispiri al modello comunitario, conserva ancora delle aree grigie rispetto alle regole internazionali della WTO.

Innanzitutto, il regolamento contiene, all'art. 56, l'espressa previsione di misure di ritorsione che possono essere adottate dalla Cina in risposta a dazi antidumping dalla stessa considerati discriminatori, imposti da altri paesi su prodotti esportati dalla Repubblica Popolare Cinese. Nonostante *ex parte* cinese sia stato affermato che la disposizione in questione riguardi soltanto i paesi non membri del GATT/WTO, la generalità della formulazione della disposizione non esclude affatto una sua diversa futura applicazione.

Limitando altri rilievi all'essenziale, si osserva, innanzitutto, che il regolamento cinese, in ciò distaccandosi dal modello europeo, prevede l'inizio dell'istruttoria per accertare la veridicità delle allegazioni di parte soltanto dopo aver imposto le misure provvisorie, con un evidente pregiudizio dei diritti di difesa delle imprese estere denunziate.

Inoltre, le imprese inquisite sono tenute alla compilazione di complessi formulari scritti soltanto in cinese, dovendo rispondere, a pena di decadenza, nel termine *perentorio* di 37 giorni dall'emissione, ad una serie cospicua di domande, alcune delle quali attinenti ad aspetti rilevanti dell'attività di impresa, altre che impongono l'effettuazione di complessi calcoli ed altre ancora richiedenti dati del settore di mercato interessato non sempre facilmente disponibili. La garanzia di confidenzialità dei questionari è pressoché nulla. In particolare, con riguardo alle informazioni sensibili, attinenti, cioè, ai dati ricevuti dalle imprese inquisite, la protezione è soltanto eventuale, formando oggetto di una "*concessione*" rilasciata dall'autorità cinese caso per caso, successivamente alla comunicazione obbligatoria dei dati nei soli casi in cui la richiesta sia ritenuta "ben fondata". Con la conseguenza che le imprese estere si trovano nell'alternativa di rendere pubblici dati riservati o di vedersi imporre un calcolo fittizio ed un dazio esorbitante, basato sulle "migliori informazioni disponibili", come conseguenza punitiva della mancata collaborazione.

Vi è poi piena incertezza sulla durata del procedimento, per la quale trova normale applicazione il termine di 18 mesi previsto come limite massimo valido nelle situazioni eccezionali.

Teoricamente, le parti possono ricorrere in appello contro l'imposizione di una misura antidumping avanti all'*Intermediate People's Court* di Pechino. Ma, poiché tale organo giudicante ha strette competenze di mera legittimità e, d'altro canto, l'autorità amministrativa è tenuta per legge a basare la decisione su fatti dei quali non è previsto sia dimostrata l'accuratezza e l'affidabilità, non può stupire che, a tutt'oggi, nessuna causa sia stata intentata. Ben più utile è la trattativa continua con l'autorità inquirente durante la fase amministrativa, stante la predisposizione naturale al negoziato che in Cina è considerato un'arte.

Bibliografia essenziale

a) *Sul GATT e la WTO*, in generale: T. FLORY, *Le GATT, Droit international et commerce mondial*, Paris, 1968; J. JACKSON, *World Trade and the Law of GATT*, Indianapolis, 1969; K.W. DAM, *The GATT, Law and International Economic Organization*, Chicago-London, 1970; D. CARREAU, *Les négociations commerciales multilaterales au sein du Gatt: le Tokyo Round (1973-1979)*, in *Cah. dr. eur.*, 1980, p. 145 ss.; K.R. SIMMONDS, B. HILL, *Law and Practice under the GATT*, New York, 1987; K.W. ABBOT, *GATT as a Public Institution: the Uruguay Round and Beyond*, in *Brooklyn Journ. of Int. Law*, 1992, p. 31 ss.; G. PATTERSON, *The GATT: Categories, Problems and Procedures of Membership*, in *Columbia Business Law Review*, 1992, p. 7 ss.; A. COMBA, *Il neo-liberismo internazionale. Strutture giuridiche e dimensione mondiale dagli accordi di Bretton Woods all'Organizzazione Mondiale del Commercio*, Milano, 1995; T. FLORY, *La Communauté Européenne et le Gatt – Evaluation des accords du cycle d'Uruguay*, Rennes, 1995; H. VAN HOUTTE, *The Law of International Trade*, London, 1995; P.M. MOORE, *The Decision Bridging The GATT 1947 and The WTO Agreement*, in *Am. Journ. Int. Law*, 1996, p. 317 ss.; G. SCHIAVONE, *Il principio di non discriminazione nei rapporti commerciali internazionali*, Milano, 1996; K. ADAMANTOPOULOS, *An anatomy of the World Trade Organisation*, The Hague, 1997; D. CARREAU, P. JUILLARD, *L'Organisation Mondiale du Commerce, Centre d'étude et de recherche de droit international et des relations internationals*, The Hague, 1997; J. JACKSON, *The World Trade Organization: Constitution and Jurisprudence*, London, 1998; O. BLIN, *L'Organisation Mondiale du Commerce*, Paris, 1999; T. FLORY, *L'Organisation Mondiale du Commerce: droit institutionnel et substantiel*, Bruxelles, 1999; P. MENGOZZI (a cura di), *International Trade Law on the 50th Anniversary of the Multilateral Trade System*, Milano, 1999; G. VENTURINI (a cura di), *L'Organizzazione mondiale del commercio*, Milano, 2000; G. ADINOLFI, *L'organizzazione mondiale del commercio. Profili istituzionali e normativi*, Padova, 2001; M. VELLANO, *L'Organo d'appello dell'OMC*, Napoli, 2001; C. DORDI, *La discriminazione commerciale nel diritto internazionale*, Milano, 2002; P. PICONE, A. LIGUSTRO, *Diritto dell'Organizzazione mondiale del commercio*, Padova, 2002; G. PERONI, *Il commercio internazionale dei prodotti agricoli nell'accordo WTO e nella giurisprudenza del* Dispute Settlement Body, Milano, 2005.

b) *Con riguardo alle imprese multinazionali*: D.F. VAGTS, *The Multinational Enterprise, A new Challenge for Transnational Law*, in *Harvard Law Rev.*, 1969-1970, p. 739 ss.; J.M. VERNON, *Les enterprises multinationales. La souveraineté nationale en peril*, Paris, 1973; R. HELLMAN, *Kontrolle der Multinationalen Unternehmen*, Baden-Baden, 1974; A. SANTA MARIA, *Imprese multinazionali e Comunità europea*, in *Riv. dir. int.*, 1975, p. 279 ss. e in *Riv. soc.*, 1975, p. 924 ss.; B. GOLDMAN, *L'Enterprise Multinationale Face au Droit*, Paris, 1977; F. GRASSIVARO, *Le imprese multinazionali*, Padova, 1991; P. MERCIAI, *Les enterprises multinationales en droit international*, Bruxelles, 1993; A. SANTA MARIA, *Diritto commerciale comunitario*, 2ª ed., Milano, 1995, p. 245 ss.; ID., *EC Commercial Law*, London, 1996, pp. 184-232; M.L. PROSPERI MANGILLI, *Merger Review in a Global Market from the EU-US Perspective: International Co-operation and Harmonization*, in *Contratto Impresa/Europa*, 2001, p. 163 ss.; C. GULOTTA, *Le relazioni industriali nelle imprese multinazionali: i diritti di informazione e di consultazione dei lavoratori nell'Unione europea e nel diritto internazionale*, Milano, 2002.

c) *In relazione alla protezione diplomatica*: J.B. MOORE, *Digest of International Law*, Washington, 1906; E. BORCHARD, *Diplomatic protection of citizens abroad*, New York, 1919, XXXVII-988; M. JONES, *Claims on behalf of nationals who are shareholders in foreign companies*, in *British Year Book Int. Law*, 1949, p. 225 ss.; A. SANTA MARIA, *La tutela dei soci nel diritto internazionale*, in *Riv. soc.*, 1965, p. 1088 ss.; G. GAIA, *L'esaurimento dei ricorsi interni nel diritto internazionale*, Milano, 1967; C.F. AMERASINGHE, *State Responsibility for Injuries to Aliens*, Oxford, 1967; F. FRANCIONI, *Imprese multinazionali, protezione diplomatica e responsabilità internazionale*, Milano, 1979.

d) *In materia di dumping e sovvenzioni*: K. JUNCKERSTORFF, *Antidumping Recht: Texte, Erlanterunger Dokumentation*, Berlin, 1974; P. DIDIER, *EEC Anti-Dumping Rules and Practices*, in *Common Market Law Rev.*, 1980, p. 349 ss.; L.G. UBERTAZZI, *Dumping*, in *Nov.mo Digesto it.*, Torino, 1982, I, Appendice, p. 198 ss.; A. SANTA MARIA, *Le dumping et les subventions dans le cadre du droit international et du droit des Communautés européennes*, in *Le droit international à l'heure de sa codification, Etudes en l'honneur de Roberto Ago*, IV, Milano, 1987, p. 295 ss.; ID., *EC Commercial Law*, cit., p. 325 ss.; E.A. VERMULST, *Antidumping Law and Practice in the United States and in the European Communities: a Comparative Analysis*, Amsterdam, New York-Tokyo, 1987; N.D. PALMETER, *Exchange Rates and Anti-dumping Determination*, in *Journal of World Trade*, 1988, p. 51 ss.; R.M. BERWAGEN, *GATT Article VI and the Protectionist Bias in Anti-dumping Laws*, Boston, 1990; E.U. PETERSMANN, *GATT Dispute Settlement Proceedings in the Field of Anti-Dumping Law*, in *Common Market Law Rev.*, 1991, p. 69 ss.; E. VERMULST, *EC Anti-Dumping Law and Practice After the Uruguay Round*, in *Journal of World Trade*, 1994, p. 5 ss.; A. BEVIGLIA ZAMPETTI, *The Uruguay Round Agreement on Safeguards, A Competition-Oriented Perspective*, in *World Competition*, 1995, p. 147 ss.; M. BRONKERS, *WTO Implementation in the European Community: Anti-Dumping Safeguards and Intellectual Property*, in *Journal of World Trade*, 1995, p. 73 ss.; G. HOLLIDAY, *The Uruguay Round's Agreement on Safeguards*, in *Journal of World Trade*, 1995 p. 155 ss.; W.T. COLLINS, G. SALEMBIER, *International Discipline on Subsidies: The GATT, The WTO and Future Agenda*, in *Journal of World Trade*, 1996, p. 5 ss.; C. STAMBROOK, P. BENTLEY, *Dumping and Subsidies: The Law and Procedures Governing The Imposition of Anti-dumping and Countervailing Duties in The European Community*, Boston, 1996; B. O'CONNOR, *Special Safeguard Measures in EC and WTO Law*, Brussels, 1998; D. LAYTON, *The Litigation of Anti-dumping Disputes before the World Trade Organisation*, in *Business Law International*, 2002, p. 294 ss; A. SANTA MARIA, *Cina: regole internazionali e* dumping *sociale e monetario*, in *Dir. Comm. Int.*, 2003, p. 667 ss.; Id., *Limiti alle importazioni dalla Cina fra clausole di salvaguardia ed interventi a tutela della concorrenza*, in *Dir. Un. Eur.*, 2005, p. 317 ss.

BIBLIOGRAFIA GENERALE

Autori italiani

AGO R., *Lezioni di diritto internazionale*, Milano, 1943.
ANZILOTTI D., *Corso di diritto internazionale. Introduzione, teorie generali*, 3ª ed., Padova, 1928.
ANZILOTTI D., *Corso di diritto internazionale. Introduzione, teorie generali*, 4ª ed. (con l'aggiunta di note dell'autore e di un capitolo sugli Accordi Lateranensi), Padova, 1955.
BALLADORE PALLIERI G., *Diritto internazionale pubblico*, 8ª ed., Milano, 1962.
BARILE G., *Lezioni di diritto internazionale*, 2ª ed., Padova, 1983.
BOSCO G., *Lezioni di diritto internazionale*, rist. integrata, 2ª ed., Milano, 1992.
CANSACCHI G., *Istituzioni di diritto internazionale pubblico*, 6ª ed., Torino, 1979.
CAPOTORTI F., *Corso di diritto internazionale*, Milano, 1995.
CASSESE A., *Il diritto internazionale nel mondo contemporaneo*, Bologna, 1984.
CASSESE A., *Diritto internazionale*, Bologna, 2003.
CASSESE A., *International Law*, 2ªed., Oxford, 2005.
CONFORTI B., *Diritto internazionale*, 7ª ed., Napoli, 2006.
DIENA G., *Diritto internazionale pubblico*, 4ª ed. rifatta, Milano, 1939.
FERRARI BRAVO L., *Lezioni di diritto internazionale*, 4ª ed., Napoli, 2002.
GIOIA A., *Manuale breve. Diritto internazionale*, Milano, 2006.
GIULIANO M., SCOVAZZI T., TREVES T., *Diritto internazionale*, Milano, 1983.
GIULIANO M., SCOVAZZI T., TREVES T., *Diritto internazionale. Parte generale*, Milano, 1991.
LEANZA U., *Il diritto internazionale. Da diritto per gli Stati a diritto per gli individui*, Torino, 2002.
MIELE A., *La comunità internazionale*, 3ª ed., Torino, 2000.
MONACO R., *Manuale di diritto internazionale pubblico*, 2ª ed. riveduta, Torino, 1989.
MORELLI G., *Nozioni di diritto internazionale*, 7ª ed., Padova, 1967.
PERASSI T., *Lezioni di diritto internazionale*, Padova, [1957-1961].
QUADRI R., *Diritto internazionale pubblico*, 5ª ed., Napoli, 1968.
ROMANO S., *Corso di diritto internazionale*, 4ª ed., Padova, 1939.
RONZITTI N., *Introduzione al diritto internazionale*, Torino, 2004.
SAPIENZA R., *Elementi di diritto internazionale*, Torino, 2002.

SAULLE M.R., *Lezioni di diritto internazionale*, Napoli, 2001.

SCOVAZZI T., *Corso di diritto internazionale. Caratteri generali ed evoluzione della comunità internazionale,* Milano, 2000.

SCOVAZZI T. (a cura di), *Corso di diritto internazionale. Trattati, norme generali, adattamento, responsabilità*, Milano, 2006.

SERENI A.P., *Diritto internazionale*, Milano, [1956-1965].

SPERDUTI G., *Lezioni di diritto internazionale*, Milano, 1958.

TANZI A., *Introduzione al diritto internazionale contemporaneo*, Padova, 2003.

TREVES T., *Diritto internazionale. Problemi fondamentali*, Milano, 2005.

ZICCARDI P., *Diritto internazionale odierno. Nozione e contenuto*, Milano, 1964.

Casi e materiali

BADIALI G.,*Testi e documenti per un corso di diritto internazionale*, 4ª ed., Dogana (San Marino), 2001.

CONETTI G., MIGLIORINO L., SCOVAZZI T., *Testi di base per lo studio del diritto internazionale*, 2ª ed., Milano, 2001.

FRIGO M., LANG A., *Diritto dell'Unione europea e della Comunità internazionale. Casi e materiali*, Torino, 2005.

LUZZATTO R., POCAR F., *Codice di diritto internazionale pubblico*, 4ª ed., Torino, 2006.

SAPIENZA R., *Diritto internazionale. Casi e materiali*, 2ª ed., Torino, 2002.

SCOVAZZI T., *Esercitazioni di Diritto Internazionale*, Milano, 1994.

Autori stranieri

ADOUKI D., *Droit international public. Les Sources*, Paris, 2002.

ALLAND D. (a cura di), *Droit international public*, Paris, 2000.

BEDJAOUI M. (a cura di), *Droit international. Bilan et perspectives*, Paris, 1991.

BRIERLY J.L., *The Law of Nations*, 6ª ed., Oxford, 1963.

BROWNLIE I., *Principles of Public International Law*, 6ª ed., Oxford, 2003.

CARREAU D., *Droit international*, 8ª ed., Paris, 2004.

CARRILLO SALCEDO J.A., *Curso de derecho internacional público*, Madrid, 2003.

COMBACAU J., SUR S., *Droit international public*, 6ª ed., Paris, 2004.

DAHM G., *Völkerrecht*, Stuttgart, [1958-1961].

D'AMATO A., *International Law. Process and prospect*, 2ª ed., New York, 1995.

DECAUX E., *Droit international public*, 4ª ed., Paris, 2004.

DIEZ DE VELASCO M., VALLEJO M., *Instituciones de derecho internacional público*, 13ª ed., Madrid, 2003.

DUPUY P.M., *Droit international public*, 6ª ed., Paris, 2002.
FALK R.A., *Law in an Emerging Global Village. A Post-Westphalian Perspective*, New York, 1998.
GONZALES CAMPOS J.D., SANCHEZ RODRIGUES L.I., SAENZ DE SANTA MARIA P.A., *Curso de derecho internacional público*, 8ª ed., Madrid, 2004.
IPSEN K., *Völkerrecht*, München, 5ª ed., 2004.
JANKOVIC B.M., *Public International Law*, New York, 1984.
JENNINGS R., WATT A. (a cura di), *Oppenheim's International Law*, 9ª ed., Harlow, 1992.
KACZOROWSKA A., *Public International Law*, London, 2002.
KELSEN H., *Principles of International Law*, 2ª ed., New York, 1967.
KIMMINICH O., HOBE S., *Einführung in das Völkerrecht*, 7ª ed., München, 2000.
KOKOTT J., DOEHRING K., BUERGENTHAL T., *Grundzüge des Völkerrechts*, 3ª ed., Heidelberg, 2003.
LAUTERPACHT H. (a cura di), *Oppenheim's International Law*, 5ª ed., London, 1935.
MALANCZUCK P., *Akehurst's Modern Introduction to International Law*, 8ª ed., London, 2002.
MARTIN P.M., *Droit international public*, Paris, 1995.
NGUYEN Q.D., DAILLIER P., PELLET A., *Droit international public*, 8ª ed., Paris, 2004.
O'CONNELL D.P., *International Law*, 2ª ed., London, 1970.
RANJEVA R., CADOUX C., *Droit international public*, Montreal, 1998.
ROUSSEAU C., *Droit international public*, Paris, [1970-1983].
RUZIE D., *Droit international public*, 18ª ed., Paris, 2006.
SCHACHTER O., *International Law in Theory and Practice*, Dordrecht, 1991.
SHAW M.N., *International Law*, 5ª ed., Cambridge, 2003.
STARKE J.G., *Introduction to International Law*, 10ª ed., London, 1989.
TOUSCOZ J., *Droit international*, Paris, 1993.
VERDROSS A., SIMMA B., *Universelles Völkrrecht*, 3ª ed., Berlin, 1984.
VERHOEVEN J., *Droit international public*, Bruxelles, 2000.
WALLACE R.M.M., *International Law*, 4ª ed., London, 2002.
WENGLER W., *Völkerrecht*, Berlin, 1964.

Casi e materiali

BRETTON P., *Travaux dirigés de droit international public et de relations internationales*, Paris, 1991.
BROWNLIE I., *Basic Documents in International Law*, 5ª ed., New York, 2002.
DIXON M., MCCORQUODALE R., *Cases and Materials on International Law*, 4ª ed., London, 2003.
DUPUY P.M., *Grands textes de droit international public*, 5ª ed. Paris, 2006.
FERNANDEZ TOMAS A., *Derecho Internacional Publico Casos y materiales*, 5ª ed., Valencia, 2001.

HARRIS D.J., *Cases and Materials on International Law*, 6ª ed., London, 2004.
MACLEAN R.M., *Public International Law Casebook*, London, 1997.

Finito di stampare nel mese di settembre 2006
nella Stampatre s.r.l. di Torino – Via Bologna, 220